JN135242

# 映画観客とは何者か

## メディアと社会主体の近現代史

藤木秀朗｜著｜Hideaki Fujiki

名古屋大学出版会

映画観客とは何者か　目　次

## 第IV部　大　衆

# 序　章

映画観客は、二〇世紀初めからおよそ百年間にわたる日本の近現代史の中で、社会主体として行為し想像されてきた。本書では、映画観客と「民衆」「国民」「東亜民族」「大衆」「市民」との結びつきを分析することにより、メディアと社会主体の関係史を描き出す。

「民衆」「国民」「東亜民族」「大衆」「市民」は、歴史的文脈の中で生み出されてきたカテゴリーであり、アイデンティティであり、社会主体である。これらの言葉はそれぞれ、ある時代に頻繁に使われた一方で、別の時代にはあまり使われないということがあった。映画観客とのかかわりに限っておおよその傾向を言えば、「民衆」は一九一〇年代から二〇年代にかけて、「国民」は三〇年代から二〇一〇年代の現在に至るまで、「東亜民族」は一九三〇年代後半から四〇年代前半まで、「大衆」は二〇年代終わりから六〇年代まで、「市民」は六〇年代から二〇一〇年代の今日に至るまで流通した言葉だった。見ての通り、この歴史は単線的ではなく、複層的である。しかも、それぞれの時代には資本主義、総力戦、帝国主義、民主主義、冷戦体制、ポストフォーディズム、リスク社会、新自由主義、ネットワーク社会といった、歴史に大きく作用してきた数々の問題系が絡んでいる。こうした中にあって「民衆」「国民」「東亜民族」「大衆」「市民」といった言葉は、いずれも辞書的に定義された固定的で普遍的な意味として使用されたわけではなく、むしろそれぞれが多様な立場の言説によって言及され意味づけられながらある程度のずれや矛盾を含みもち、なおかつ歴史的文脈とともにそれぞれの意味合いを変容させてきた。また、それらの概念は、他者を表象する言葉として使用される場合もあれば、自己を定義する言葉としても使用されてきたし、さらには単に言葉として言及されるだけでなく、行為として遂行されてきた側面もある。したがって、あとで詳しく見るように、「民衆」「国民」「東亜民族」「大衆」「市民」はいずれも、単なるステレオタイプ的な集団カテゴリーでもなければ首尾一貫したアイデンティティでもなく、歴史的な文脈の中で生成した、ある程度流動的で、多様で、複雑で、矛盾した意味合いを持ち合わせた社会主体だと言える。映画観客は、社会から完全に切り離された存在ではなく、むしろそうした歴史的文脈にある社会主体として捉えることができるのである。本書の最大のねらいは、映画観客を、そうした歴史に規定されると同時に歴史を動かす社会主体として捉えることで、映画観客の、さらにはより大きくメディアと社会主体の、重層的な近現代史のダイナミズムを実証的かつ分析的に浮かび上がらせることにある。

とすれば、より具体的に、社会主体として映画観客を捉えるとはどういうことなのか、そのためには映画や他のメディアをどのように考える必要があるのか、そもそも社会主体とはどういうものか、そして総合的に見て本書は映画・メディア史研究に対してどのように寄与するのか。以下では、これらの点を順を追って確認していきたい。

## 映画観客へのアプローチ

本書で言う映画観客とは、ごく一般的に言えば、映画を観て聴く人を指す。しかしここにはすでに言葉の矛盾が現れている。字義通りに言えば、「観客」、つまり「観る客」は、聴く面を指し示してはいないからだ。今日ではたいていの場合、映画を観ると同時に聴くことは当たり前だし、サイレント映画の時代であっても映画観客は、劇場で弁士の声や楽士の奏でる音楽を聴いていた。また、「観客」の「客」も正確ではない。『日本国語大辞典』によれば、「客」には主要な意味として「その人の家、居所へたずねてくる人。また、招かれて来る人」という意味と、「代価を払って、品・労力などを求めに来る人」という意味の二つがあるが[1]、映画観客は映画館を訪れる人であっても、招かれた人は多くない。また、本書で論じる「映画観客」は、テレビやパソコンやスマートフォンで映画を半ば無料で観る人や、自主上映会に参加する人も含むので、後者の代価を払う消費者としての意味も十分ではない。それどころか、本書では、映画をじっくりと鑑賞する人だけでなく、DVDプレイヤーやユーチューブで映像を飛ばしながら見る人、映画の部分的なイメージだけを一瞥する人、映画のあらすじや広告だけを見る人、映画音楽だけを聴く人、さらには映画を観ていないにもかかわらず言説上で観ているかのように言及されている人なども含めて「映画観客」として想定している。要するに、本書では、「映画観客」という概念を、字義通りの厳密な意味としてではなく、ある程度幅をもった意味として使用している。そもそも、「映画観客」を単一の意味に固定することは不可能だし、そうすることには学術的にも社会的にもまさに意味がない。むしろ、本書では、映画観客といえば映画館で映画を鑑賞する人々を指すといった固定観念を打ち破り、歴史的事実に基づきながら、そうした固定観念には収まらない「映画観客」の意味を広げていきたい。映画観客の意味が限定されるとすればそれは歴史的な文脈との関係においてであり、この点こそが「映画観客とは何者か」を問う本書の大前提となっている。

映画観客については、文学の読者、演劇の観衆、テレビの視聴者、ラジオの聴取者、美術の観者、インターネットのユーザーなどの研究と並んで、すでに夥しい数の研究が発表されてきた。私自身も『観客へのアプローチ』と題した編著書や論文をものしたことがある[2]。この序章では、それらの先行研究を網羅的に紹介することはせず、むしろ、本書のアプローチをこれまでの映画観客論の成果との関係で位置づけることによって、その特徴を明らかにしていきたい。実際のところ、本書では、従来の映画観客論ではほとんど見られなかった新たなアプローチを採用している。従来の映画観客論の大多数は、メディアと受容者の対面的な関係に基づくコミュニケーション・モデルを中心に展開されてきた。そうした研究の多くの関心はもっぱらスクリーン上のイメージと観客との関係にある一方、映画館のような観る場、その地域性、批評言説、検閲、公共空間にまで分析対象を広げる研究も多数現れてきた。とはいえ、いずれにせよメディアと観客の対面的関係があくまで中心であり、そこから外延的に考察の対象が広がっている傾向にある。これに対して本書では、そうした対面的関係中心のコミュニケーション・モデルを参考にしつつもそれには固執せず、すでに言及したように「民衆」「国民」「東亜民族」「大衆」「市民」といった社会に広く流通してきた概念との結びつきに着目し、その観点から映画観客を分析する。こうしたアプローチによって、映画観客を一つの作品との関係、一つのメディアとの関係に限定することなく、より広範な歴史的文脈に位置づく社会主体として捉えることができるからである。

　コミュニケーション・モデルに基づく従来の映画観客論には、大きく分けて二つの傾向があった。ここではそれぞれをスペクテイター論とオーディエンス論と呼ぶことにしよう。語源的には英語のspectatorは視覚性（ラテン語のspectare）を含意し、audienceは聴覚性（ラテン語のaudire）を含意するが、[3] 研究上は両者はそうした差異にはほとんど関係のないところで展開してきた。すなわち大雑把に言えば、スペクテイターはスクリーン上の視聴覚イメージによって構築または想定された観客であり、オーディエンスはそのような構築された主体（subject）としての観客ではなくスクリーンの外に実際に存在する行為主体（agent）としての観客を指す。スペクテイターはさらに、研究の進展とともに、映画以外の言説、観る場の環境、検閲などの制度によっても構築されていると考えられるようになってきた。これに対してオーディエンス論もまたそうした広がりを見せながら、しかし観客を行為主体として考察することで、構築主体としてのスペクテイターには収まらない側面を照射しようとしてきた。もちろんスペクテイター論とオーディエンス論は明確に区別できない場合もある。ここではそうしたグレー・ゾーンも含めてスペクテイター論とオーディエンス論が前提とする広義のコミュニケーション・モデルを概観した上で、本書のアプローチの特徴を示したい。
スペクテイター論の歴史は、ルイ・アルチュセールのイデオロギー論とジャック・ラカンの精神分析を基にした一九七〇年代の主体位置づけ理論（装置理論ともスクリーン理論とも呼ばれる）[4]に始まると言ってよいだろう。アルチュセールは「イデオロギーと国家のイデオロギー諸装置」（一九七〇年）の中で、人は日常生活を送る中で家庭、学校、職場、教会、メディアなどの「イデオロギー国家装置」に触れることを通して国家のイデオロギー（資本主義のイデオロギー）の主体（subject）に無意識のうちに位置づけられると論じた。その際イデオロギー装置は決して抑圧的に機能するわけではなく、むしろ装置の問いかけ（interpellation）に人が自発的に応じるプロセスを通じてその人はそのイデオロギーに従属（subject to）する。[5]主体（subject）とは、したがって自発性と従属性という一見矛盾しているかのように思える二つの性格を併せもつものである。装置理論の映画研究者たちは、このアルチュセールの主体位置づけ理論を前提にして、映画観客は自発的に映画を見るプロセスを通じてその映画のイデオロギーの主体に位置づけられることを論じた。例えば、ジャン・ルイ・ボードリは一九七〇年の論考の中で、映画装置が西洋絵画で発達してきた一点消失遠近法の技法を踏襲していると指摘しながら、観客はこのイデオロギー装置にかかわるプロセスを通じて西洋合理主義と人間中心主義のイデオロギーの主体に無意識のうちに位置づけられると示唆した。[6]ボードリが映画そのものを論じたのに対し、ローラ・マルヴィはその有名な論考「視覚的快楽と物語映画」（一九七五年）の中で、古典的ハリウッド映画に焦点を合わせ、アルフレッド・ヒッチコックのような窃視症的映画とジョセフ・フォン・スタンバーグのようなフェティシズム的映画といったタイプの違いはあるにせよ、いずれにしろ古典的ハリウッド映画は男性中心主義的な表象の装置として成り立っており、映画観客は——性的アイデンティティの別にかかわらず——この種の映画を観ることを通して男性中心主義のイデオロギーの主体に位置づけられると主張した。[7]
以後の数々のスペクテイター論は、ボードリやマルヴィに影響されつつ、それらを乗り越えようとする中で多様に展開されてきた。確かにボードリとマルヴィの間には、前者が映画そのものを単一的で均質なものとして想定しているのに対して、後者は古典的映画とアヴァンギャルド的映画を対比しているように、映画の中の多様性をある程度考慮し、なおかつジェンダー化して考えている点に重要な違いがある。しかしいずれにせよ、ボードリの論とマルヴィの論には、その後の研究が批判的に探究していくさまざまな欠落点や問題点があった。それは、観客と映画または登場人物の関係を一対一の対応関係として捉え、観客が複数の登場人物に同一化する可能性があることを追究していない点、[8] 映画を観ている間のプロセスにおける観客の心理的な揺れ動きを検討していない点、[9] 男性以外の観客のジェンダーの位置を問題にしていない点、[10] 映画装置を非歴史的に考え映画や映画観客の歴史的変容を考慮していない点、[11] イメージに対するまなざしの関係を固定的なものとして想定し断片的なイメージ群に目を這わせていく流動的なまなざしを軽視している点、[12] 男性が女性を対象にするサディスティックな快楽を重視し不快を快楽として感じるマゾヒスティックな快楽を考えていない点、[13] 欧米の映画を中心的なモデルにし多様なアイデンティティの問題や植民地主義的もしくはポストコロニアリズム的な不均衡性を視野に収めていない点、[14] トランスナショナルな受容を考えていない点、[15] 視覚中心主義的で聴覚や他の感覚受容にまったく触れていない点、[16] マルヴィは観る場としての映画館を考慮しているにせよ、映画館ごとの違いや興行の方法、映画館の地域性とそこに集まってくる人々の公共性については等閑視している点、[17] 無意識やイデオロギーを前提にして身体、情動、認知といった側面を無視している点などである。[18] このように装置理論を批判的に検討しながら、スペクテイター論は多様な広がりを見せてきた。とりわけ、スクリーン上のイメージと観客の対面的な二者関係にとどまらず、映画を観る場の環境や社会関係にまで研究の範囲が広がってきたという点は、社会主体としての映画観客を探究する本書にとって特筆に値する。

しかし、この社会論的とも言えるスペクテイター論には、ここで確認すべき三つの重要な問題点がある。このことを明確にするために、映画研究にあってもっとも重要な著作の中の二冊に挙げられる、ミリアム・ハンセンの

『バベル・アンド・バビロン――アメリカのサイレント映画におけるスペクテイターシップ』(一九八九年)と、エラ・ショハットとロバート・スタムの『無思慮なヨーロッパ中心主義――多元文化主義とメディア』(九四年)を比較しながら考えてみよう。ハンセンの議論の一つの大きな特徴は、一九〇九年から一六年の間に変容したという映画の「公共圏」を、映画テクスト、映画館とその興行形態、映画館が立地する地域とそこに集まる人々、映画産業というように多層的なレベルから構成されているものとして論じている点にある。すなわち、第一章でより詳しく見るように、映画テクストのレベルでは、非自己完結的な提示=現前(presentation)――スクリーン上の世界が自己完結的なものとしてではなく、観客席と同一空間にあるかのように提示されること――を基調とする初期映画の形式が主流だったが、やがてそれが衰退して自己完結的な表象=再現(representation)を基調とする古典的映画の形式が支配的になったこと、興行のレベルでは、当初は映画館ごとにその地域の観客層に合わせて映画とその他のさまざまな出し物(ヴォードヴィルのパフォーマンスや歌、踊りなど)が組み合わされて独自のプログラムが組まれていたが、映画産業が大量生産・大量配給のシステムを発達させると興行の場は人種的・階級的・ジェンダー的な多様性が抑えられ均質化したこと、そして映画館の立地についても、第二世代の移民たち(とくに東欧系、南欧系、ユダヤ系)の労働者階級が拠点としていた地域から、新中間層中心に整備された商業地域に移行したことが示されている。[19] 一方、ショハットとスタムもまた次のように観客を条件づける複数の層を示している。

①映画テクスト自体によって形作られたスペクテイター
②技術的装置(映画館、ビデオプレイヤーなど)によって形作られたスペクテイター
③映画の観方の制度的な文脈(映画館に行くという社会的慣習、授業での映画分析など)によって形作られたスペクテイター
④周辺の言説(批評や映画評など)やイデオロギーによって形作られたスペクテイター

⑤身体、人種、ジェンダーによって特徴づけられ、歴史的に位置づけられた実際のスペクテイター[20]

ここで指摘しておきたいのは、まず第一に、ハンセンも、ショハットとスタムも、スクリーン上のイメージと観客との対面的な関係を超えた広い社会的な要素を視野に収めているという点である。その意味で、両者ともに、映画作品だけによる構築主体としてのスペクテイターにとどまらない観客を論じることに成功している。しかし第二に、ハンセンと、ショハットとスタムは、前者が「公共圏」を構成する多層的なレベルを調和的なものと考えているのに対して、後者は似たような多層性を「分裂的」と考えている点で大きく袂を分かっている。この点は、もう一つの第三の問題点と関係している。すなわち、後述するオーディエンス論の立場からジャネット・スタイガーが批判するように、ハンセンは、スクリーンと観客との対面的関係を超えた数々の社会的な要素を視野に入れるとともに、テクストによって規定されるスペクテイターのあり方と「映画受容の公共的次元」とのずれを認識していることを示している一方で[21]、観客を、実際の行為主体としてよりも、「公共圏」(映画とそれを取り巻く環境)——ハンセンが「経験の地平」とも言い換えているもの——から構成された構築主体として論じているために[22]、結果的に興行や地域のレベルで論じられた観客像が、概ね映画テクストで想定されているスペクテイターと調和したものになっているのだ。これに対し、ショハットとスタムは、五つのすべての層で「スペクテイター」という言葉を使用しているものの、観客を、映画テクストには必ずしも規定されない行為主体(agent)として扱っている。実際二人は『無思慮なヨーロッパ中心主義』の中で、ハリウッド映画のいくつかに対して非西洋圏出身の観客が葛藤を覚えたり反発を覚えたりとさまざまな反応を見せている例を挙げている。ヨーロッパの映画館で白人観客たちがスクリーン上の黒人の登場人物と自分を同一視してこちらにまなざしを向けていることに恐怖を覚えたというマルティニーク出身の理論家フランツ・ファノンのエピソードや[23]、男根主義的なまなざしをもてず、かといって白人女性のように欠如——男根をもっていないこと、つまりは男性ではないという否定——によって構築されることもない黒人女性はハリウッド映画を観る際に、その白人中心主義的表象を脱構築しながら観ることに快楽を感じるというベル・フックスの指摘などがその例である。[24]

こうしたショハットとスタムの見方は、観客を構築主体（subject）としてよりも行為主体（agent）として分析しようとするオーディエンス論、とりわけカルチュラル・スタディーズに近い。ショハットとスタム自身、カルチュラル・スタディーズのオーディエンス論の理論的支柱ともなったスチュアート・ホールの有名な論考「エンコーディング／デコーディング」（一九七九年）とデイヴィッド・モーレイによるその発展的応用研究（一九八〇年）に言及している。[25] こうしたハンセンと、ショハットとスタムの違いや、ホールと、ショハットとスタムの親近性を踏まえながらオーディエンス論を考えると、四つの要点があることがわかる。すなわち、①カルチュラル・スタディーズは、構築主体には還元され得ない行為主体の重要性を理論的・実証的に示していること、②しかしまたカルチュラル・スタディーズはこの行為主体を、完全に生身の人間であるとも、あらゆる条件から自律した個人であるとも考えているのではなく、むしろ常に社会的・文化的に構築されるプロセスにある主体であると考えていること、③その一方で、オーディエンス論はカルチュラル・スタディーズに必ずしも収まらない広がりを見せていること、④しかしそれでもなお多くの場合、広義のコミュニケーション・モデルが前提になっていること、の四点である。最初の点に関しては、ショハットとスタムの示した図式と、ファノンやフックスの例で十分納得できるだろう。行為主体は映画テクストの想定とは違う反応をしうる。第二の点については、ホールの論とそれ以前のマス・コミュニケーション研究との違いを見ることで明瞭になる。後者については第五章で詳述するが、それは概ね、クロード・シャノンとウォーレン・ウィーバーが提唱したような、発信者がメッセージを送信し受信者がそれを受け取るという一方向的なコミュニケーション・モデルを前提にメディア受容者の調査を行うことが多かった。[26] 一九二〇年代終わりから三〇年代初めにかけて映画の子どもへの影響を調査したアメリカのペイン財団研究（The Payne Fund Studies）はそうした一方向的なメディア効果を前提とした調査の例としてよく知られている。[27] とはいえ、マス・コミユニケーション研究の中でも、「利用と満足」研究のように受け手がメディアを自身の欲求に応じてさまざまに――気晴らし、自己確認、人間関係の構築など――能動的に利用していることを明らかにしようとするものがあるし[28]、また日本では、第一章で見るように、権田保之助が一九二〇年代という早い時期から自身の社会調査を基に、映画観客が自発的に自らの生活に合わせて映画などの娯楽を享受していることを指摘していた。しかし、ホールの論考は、受け手を単なる自律した個人ではなく、そのメディア作品――この論考の場合、テレビ番組――に接する以前から文化的・社会的文脈に依拠した知識の枠組みをもつ存在として想定し、その知識の枠組みにより、制作者側にとって好ましい受け取り方をしたり、あるいはそれと交渉するような受け取り方をしたり、あるいはまた反発するような受け取り方をすると論じた。換言すれば、ホールのモデルは、自身でそれを「意味づけのポリティクス」と呼んでいるように、受け手を単に能動的な行為主体とみなすだけでなく、文化的・社会的文脈に依拠した政治的な行為主体とみなすところに特徴があった[29]。特筆すべきは、こうしたホールの論の核心を引き継ぎ発展させたカルチュラル・スタディーズの議論では、ショハットとスタムが明確にしているように、階級、ジェンダー、人種などのアイデンティティが所与の固定的なカテゴリーとして前提されているわけではないということである。むしろ、そのように固定的なアイデンティティを前提に議論を進めるアイデンティティ・ポリティクス論――ある種のカルチュラル・スタディーズが陥ってしまっている論――とは異なり、ホールの論を継承するカルチュラル・スタディーズでは行為主体のアイデンティティは常に社会的・文化的に構築されるプロセスにあり、それゆえ変容の可能性に開かれていること、また一人の個人においてアイデンティティは単一ではなく複数のものが混在しせめぎ合っていることが想定されている[30]。その意味で、カルチュラル・スタディーズが論じる行為主体は同時に構築主体でもある。

第三と第四の点に関して、オーディエンス論は確かにスクリーンと観客との対面的な二者関係にとどまらない多様な、しかも実証的な研究を発展させてきた。それは、例えば、興行形態、映画館建築、映画館の地域性、観客の社会階層、映画館へ通う行為のあり方や映画館での振る舞いなどの研究[31]、映画が製作された場所とは異なる国や文化におけるクロス・カルチュラルな受容や、映画が製作された時代とは異なる時代におけるクロス・ヒストリカルな受容の研究[32]、帝国主義や（ポスト）コロニアリズムの観点からの受容研究[33]、ファン、オタク、スターに関する研究[34]、特定のジャンルの受容に関する研究[35]、実験心理学的研究[36]などがある[37]。しかしオーディエンス論は、このように百花繚乱の様相を呈する一方で、後述するファン、オタク、スター研究以外のほとんどがなおも映画と観客の対面的関係ないしはスクリーン上の映画を観る行為を軸にしながら、その周辺に調査領域を拡大しているように見える。

このことをスタイガーの包括的展望を基に確認してみよう。スタイガーによれば、観客は、映画のテクスト・レベル、興行レベル、受容レベル、歴史的文脈レベルの四つの層にかかわっている。これは、ショハットとスタムが示した包括的展望に似ているが、スタイガーは、自身のアプローチを「歴史的物質主義」と呼ぶように、ショハットとスタムのようなポストコロニアリズム的な考察よりも歴史的文脈を考慮に入れた考察にこだわり、さらには受容レベルで観客がそのアイデンティティにかかわらず「倒錯的な反応」も含め多様な反応を見せることを強調している[38]。ここで重要なのは、このスタイガーの展望がその広がりにもかかわらずなおも映画と観客の二者関係を軸にしているということであり、また上に挙げたオーディエンス研究のほとんどがその多様性にもかかわらずこの図式の最初の三層の範囲内に収まるものだということである。加えて、四層目の歴史的文脈レベルにしても、スタイガーは一九一〇年代と三〇年代のアメリカにおける『国民の創生』（*The Birth of a Nation*, 一五年）の受容の違いを比較しているように[39]、その議論は映画の解釈をめぐって展開されている。その意味で、スタイガーの議論も、広義のものであるとはいえ、映画と観客の二者関係のコミュニケーション・モデルにとどまるものだと言わざるを得ない。

とはいえ、もちろん、ここで言いたいのは、こうした数々のスペクテイター論とオーディエンス論の芳醇な成果が無駄だったということではない。それらはすべて有意義である。問題なのは、それらの大半が、広義のコミュニケーション・モデルを含め映画と観客の二者関係を軸にしているために、社会主体としての映画観客の意味を十分に捉えきれていないのではないかという点である。これに対して、本書では、次の三つの点を重視して映画観客にアプローチする。第一に本書では、これまでのスペクテイター論とオーディエンス論の成果を踏まえ、映画観客が構築主体（subject）としての側面と、行為主体（agent）としての側面の両面をもちうると想定する。したがって、すでに示唆したように、本書で言う「社会主体」とは、この両面を併せもつか、もしくはこの両面がせめぎ合っている存在を指す。本書では、過去の映画観客については言説分析の手法を使い、現代の映画観客――より具体的には、「市民」――については参与観察的な手法も使うが、いずれにせよ、映画観客が言説または権力によって規定されたり構築されたりする面と同時に、そうした言説による規定や規範化に沿わない行為主体としての映画観客の側面も言説や行為から読み解く。第二に本書では、すでに触れたように、「民衆」「国民」「東亜民族」「大衆」「市民」との結びつきを分析することによって、映画観客を、映画と観客との二者関係のコミュニケーション・モデルに限定されない歴史的文脈に位置づく社会主体として浮かび上がらせる。例えば、「民衆」という言葉は、第一章で詳しく見るように、二〇世紀初めには、映画館に群がる人たちだけでなく、日清・日露戦争から第一次世界大戦を経る中で興隆した資本主義とともに立ち現れてきた人々や、「騒擾」、労働運動、「デモクラシー」にかかわる人々を示唆していた。したがって、そのようにその時代の多様な場面に関係する人々を表す言葉として広く使用され流通した「民衆」との結びつきを考慮に入れることにより、映画や映画館との関係だけにとどまらない映画観客の歴史的・社会的意味を明らかにできる。この意味で、メディアと観客の対面的関係を超えてファン同士のコミュニティをも考察の対象に据えるファン研究や[40]、映画館内にとどまらず数々のショーウィンドウや広告看板に目を這わせながら街を歩く遊歩者になぞらえて観客または観る人を概念化するベンヤミン的な研究[41]――どちらの系統の研究も重要であることは言うまでもないが――よりも広範囲にわたる、しかも重層的で複合的な文脈を視野に収めることができるだろう。

そして第三に、本書では映画だけでなく、演劇、見世物、印刷メディア、ラジオ、テレビ、ソーシャル・メディアなど他のメディアとの関係を重視し、トランスメディア的な観点からも映画観客を捉えていく。一九二〇年代から今日に至るまで、メディア環境全体における映画の位置は大きく変容した。一九二〇年代までは映画は映画館が建っている場所と同じ興行場の娯楽――演劇、寄席、見世物など――と同等視されることが多かったが、三〇年代までに特定の場に限定されない機械性複製技術の近代的産物として、印刷媒体（とくに雑誌、広告）やラジオと結びつけて語られることが多くなった。したがって、映画が一つの大きな産業として発達したのは、映画が他のメディアから自律したからではなく、むしろ他のさまざまなメディアと結びつくようになったからこそだと言うことができる。こうして一九三〇年代までにもっとも人気のあるメディアと目されるようになった映画はしかし、五〇年代終わりになるとテレビなどの普及により人気に陰りが見え始め、映画観客は再定義を余儀なくされた。一九九〇年代にはインターネットが、二〇〇〇年代にはソーシャル・メディアが普及するようになると、映画館で観るという意味での映画はますますメディア環境全体の中での中心性を失ったが、テレビ・モニター、パーソナル・コンピュータ、スマートフォンなど多様なメディア・プラットフォームで観られるようになったという意味では遍在性を強めたとも言えるだろう。その一方で、二〇〇〇年代以降、ＤＶＤ、ポータブルなプロジェクター、パソコンといったデジタル・メディアの発達によって誰もが手軽に映画を上映できる環境が整い、自主上映会が、映画祭とともに、盛んになってきた。こうした一九二〇年代からの百年間にわたる歴史の中で映画は、他のメディアとともに総力戦、帝国日本、冷戦体制、新自由主義といった趨勢と一体化してきた面があり、それがしばしば言説上でも認識されてきた。同時にまた、「民衆」や「国民」と同一視された映画観客は男性労働者中心に、「東亜民族」と結びつけられた映画観客は「日本人」中心に想像された一方、「大衆」映画観客は、戦前戦中には女性と同一視される傾向が強かったのが、一九五〇年代後半になるとテレビ視聴者が家庭や女性（とくに主婦）と結びつけられ、それとともに映画観客が男性とみなされる傾向も出てきた。それに対して、一九六〇年代から顕著になってきた「市民」は、そうしたジェンダー化を打ち破るような特徴を見せていた。したがって、本書を通じて詳しく見ていくように、社会主体としての映画観客は、メディア環境全体における映画の位置の変容や、権力関係や社会関係の推移と切り離せないものだったと言えるのだ。

要するに、本書では、「民衆」「国民」「東亜民族」「大衆」「市民」といった概念を切り口にして、構築主体と行為主体の両面と、他のメディアとの関係を考慮に入れながら、映画観客を歴史的文脈に条件づけられた社会主体として分析していく。とすれば、歴史的文脈に条件づけられた社会主体とは、そもそもいったいどういうものなのか。社会主体は、「民衆」「国民」「東亜民族」「大衆」「市民」といった概念とどう関係しているのか。そして、そうした見方は、映画・メディア史とどうかかわっているのか。本書の議論の理論的文柱であるこうした点を、さらに掘り下げて確認しておきたい。

## 偶発性からの社会主体と歴史

本書では、社会主体としての映画観客の歴史を偶発性（contingency）の観点から捉える。[42] より正確に言えば、社会主体と歴史の両面を、偶発的に生成しているものとして捉えて分析する。こうした方法論を採ることにより、従来の映画・メディア史の叙述を根底から再検討する。

社会主体と歴史が偶発的であるとはどういうことなのか。それは、言い換えれば、普遍的でも客観的でも必然的でもないということであり、多様な要素が偶発的に生まれ関係し合いながら生成しているということである。このことを「民衆」「国民」「東亜民族」「大衆」「市民」を例に考えてみよう。これらの言葉は、少なくとも「東亜民族」を除いては、今日でも多かれ少なかれある種の人々の集合を指す客観的な概念として使用されることがある。日本史の教科書に出てくる「民衆」、政治家が演説の際に大切にしているかのように言及する「国民」、エリート的な芸術と区別されて庶民受けする芸能に冠する言葉として使われる「大衆」、余暇を利用してレクリエーションを楽しんだりボランティア活動に従事したりする「市民」といったようにである。これらの言葉の日常的な使用法では、そうした人々があたかも当たり前に存在しているかのように受け止められるだろう。言い換えれば、それらの言葉はたとえ抽象的ではあっても特定の人たちを客観的に参照しているかのように感じられるのだ。「東亜民族」でさえ、第四章で詳しく見るように一九三〇年代終わりから四〇年代前半にかけてはあたかも実際に存在しているかのように語られることがあった。しかし、例えば「民衆」という言葉は、日清戦争（一八九四年）、日露戦争（一九〇四年）、第一次世界大戦（一四～一八年）という度重なる戦争を契機とした重工業の成長と資本主義の発達、それに伴う労働問題・貧困問題、民主主義的思想や社会主義思想の普及、日比谷焼き討ち事件（〇五年）から米騒動（一八年）に至るまでの「騒擾」、そして映画や寄席のような娯楽に興じようと浅草などの興行場に群がる人々といった、さまざまな出来事や人々の行動が絡み合いながら顕著になる中ではじめて、大日本帝国憲法（一八八九年公布）に規定された「臣民」の意味には収まらない社会主体を指すものとして知識人の間で使われ始めた。すなわち、「民衆」という言葉は、さらに言えば「民衆」なるものは、こうした文脈と連動してはじめて存在したのであり、そうでなければそれがこの時期に存在する必然性はなかった。同様に、「大衆」も、資本主義の発達を背景として一九二〇年代に消費文化が広がるとともに、新聞・雑誌や円本などに見られる印刷技術、レコードや映画といった機械性複製技術、そしてラジオのような通信技術の発展によって同じ情報が大量の人々に受容される状況が生まれてはじめて、そうした人々を指す言葉として広く使用されるようになったのであり、こうした文脈がなければ「大衆」は存在しなかったとさえ言える。「東亜民族」に至っては、今日ではそうした民族カテゴリーはあり得ないことが常識化している――しかしまた第四章では、言葉はなくなってもその思考様式は今日まで継承されていることを論じる――ところからもわかるように、それが戦前戦中の日本の帝国主義の文脈の中にあったからこそ生まれてきた言葉であることは明らかだろう。本書では、「民衆」にしろ「大衆」にしろ「東亜民族」にしろ、さらに多くの意味づけが複雑にせめぎ合っている様相を検証していくが、いずれにせよ、社会主体とは、中立的でも普遍的でも客観的でも必然的でもなく、さまざまな言説、さまざまな非言説的行為、さまざまな出来事が偶発的に関係し合う中で偶発的に生成するものだと言える。さらに、これらのさまざまな要素間の関係は決して中立的でも普遍的でも平等でもなく、常に不均衡な力関係に裏打ちされている。第一章で詳述するように、「民衆」は一九一〇年代に知識人たちがエリートである自分たちよりも下層の人たちを指す言葉として使用したものである。「東亜民族」もまた、当時の台湾や朝鮮の住民たちが自称していたわけでなく、帝国日本を支持する知識人や官僚の権力言説によって言及されたり定義されたりしていたものだ。

より理論的に言えば、このように社会主体を歴史的偶発性として捉えるアプローチには六つの要点がある。これらは、ミシェル・フーコー、エルネスト・ラクラウ、ニクラス・ルーマン、ジュディス・バトラー、シャンタル・ムフの論に依拠している。第一に、社会主体の歴史的偶発性は、言説によるところが大きい。「民衆」という言葉は、当時の歴史的文脈を成す数々の言説を通して生成されていたものである。ただし、すでに繰り返し言及してきたように本書では、社会主体を、言説による構築主体としてだけでなく、言説に必ずしも規定されない行為主体としても考えている。このことを、フーコーの講義『言説の領界』（一九七一年）の次の一節を基に確認しよう。

> 狂者の言葉は、聴いてもらえないか、もしくは、聴いてもらえる場合には真理の言葉として聴取されるかのいずれかでした。（中略）いずれにせよ、狂者の言葉は厳密な意味では存在していなかったのです。狂者の狂気は、狂者の言葉を通して認識されていました。その言葉は確かに、分割が実行された場所でした。しかしその言葉は決して、記録されることも聴取されることもありませんでした。(43)

ここでフーコーは、狂者の言葉は、言説上に現れない以上、存在しないと示唆している。それは言説上で言及されてはじめて存在するのだ。しかしまたフーコーは、もし狂者の言葉が言説上で言及されるとすれば、それはそれまで誰も知らなかった「真理」であるかのように語られるとほのめかしている。つまり、狂者の「真理」は言説によって構築されるのである。要するに、狂者という社会主体は、言説によって構築され、さもなければ存在しないもの、少なくとも言葉や意思をもたないものとされてしまう。フーコーにとって、この言説の恣意性、すなわち偶発性こそが歴史を構成するのである。しかし、リチャード・ローティが言葉の偶発性を論じる中で批判するように、フーコーの論は言説による構築主体に集中し、そこから排除されたり周縁化されたりする行為主体の能動性を追究することがない(44)。本書では、この点を考慮に入れながら、たとえ言説によって排除、隠蔽、あるいは否認される傾向があるにせよ、数々の言説を渉猟することでそこから読み取れる行為主体の能動性にも注意を向ける。

第二に、社会主体の歴史的偶発性は権力関係と切り離せない。狂者の言葉についてのフーコーの引用はこのことを端的に示している。すなわち、狂者に対して言説が権力をもっているからこそ、その言説次第で狂者の言葉の存在や、狂者自身の存在の有無が決まってしまうのだ。ラクラウもまた、「社会関係はつねに偶発的なものである」とした上で、「社会関係とはつねに権力関係」であると喝破している(45)。本書の事例に引きつけて言えば、映画館に群がる人々や、米騒動を起こした人たちは「民衆」として客観的に存在していたわけではなく、知識人の言説、すなわち一種の権力言説によって名指されたものであり、また当時の文脈から言えば、大日本帝国憲法で規定されていた「臣民」とは違って、単に天皇に忠誠を誓う人たちとは異なる自発性を備えた人々を含意していた。つまり、当時の「民衆」は、知識人の言説という権力によって規定されるとともに、帝国憲法という権力に――抵抗とまでは言わないまでも――必ずしも忠実ではないものとみなされたという意味で、二重の権力関係にかかわっていた。

第三に、社会主体は偶発的に生成したものであるにもかかわらず、その起源は時間とともに忘却され客観化されやすい。ラクラウはこれを「起源のルーチン化」とも、「忘却の沈殿化」とも言い表している(46)。「民衆」を例にすれば、権力関係にある知識人の権力言説がその言葉を生み出したにもかかわらず、その後の数々の言説――それらは公けに表明され広く流通するという点で、権力に裏打ちされている——で言及されるうちにその政治性が忘れ去られ、あたかも「民衆」なるものが客観的に存在しているかに感じられるようになるということだ。ラクラウは、そのように権力こそが客観性を創るという意味で「権力がなければいかなる客観性も存在しない」とまで言い切り、政治性を感じさせないその状態を「社会的なもの」の形成と表現している。この点でラクラウにとって「社会主体」という言い方は、それが客観的に成り立っているという印象を与えかねないものであり、それゆえ、その権力関係に根ざす偶発性を忘れないために、それを「政治主体」という言い方に置き換えた方がよいとさえ示唆している。[47]

したがって第四に、社会主体を歴史的偶発性として捉えるとは、権力による客観化に抗って、その政治的起源にまで遡るか、もしくはそれが難しければその政治的起源を考慮に入れて、その歴史を構成する権力関係を明るみに出し、同時に権力言説による構築主体には必ずしも回収されない行為主体の可能性を探るということを意味する。ラクラウは、権力関係は決して消去し得えず、調和した社会へ到達することは不可能だと指摘している。[48] しかし同時にラクラウはまた、歴史を構成する権力関係・権力構造は客観的なものでも固定的なものでもなく偶発的なものから成るがゆえに流動的であり、したがって「主体が構造に規定されていない決断の場を構成し」「ある程度構造から自律している」以上、行為主体にはその関係性と構造を動かし変える可能性があるとも論じている。[49] 本書では、資料的な制約もあり、ラクラウが言うほどの「ラジカルな歴史性」を徹底的に追究するところまではできないが、社会主体の生成と変容を客観的なものとは想定せず、その歴史を構成する権力関係、矛盾、葛藤、断層と行為主体の能動的可能性を明らかにする。

第五に、ルーマンのダブル・コンティンジェンシーの考え方にも触れておきたい。というのは、ここまでは歴史的偶発性を社会主体の創発を起点に検討してきたと言えるが、ルーマンの理論は、ある社会主体と別の社会主体、ある言説と別の言説、ある社会主体とある言説、ある言説とある出来事のように複数の要素間の関係もまた偶発的だということを示唆しているからである。大雑把に言えば、ルーマンにとって、偶発性が二重であるのは、二人のコミュニケーションにおいて、自分の発言や行動が偶発的であるとともに、それに対する相手の反応も偶発的であるからである。ルーマンの考えるシステムは、この必然的でも不可能でもない両者のダブル・コンティンジェンシーから創発され、その独自の内的な展開、すなわち「オートポイエーシス」の展開の中で偶発性が「縮減」されながら確立されていく[50]。しかしルーマンはまた、このシステムは、偶発性を基にしたオートポイエーシスだからこそ最終的な確実性はなく、未来の変容へと開かれているとも指摘している[51]。このルーマンの理論にはラクラウのような政治性への関心はあまり感じられないが、偶発性による創発とその後のオートポイエーシスの展開の関係は、ラクラウの言う偶発的な社会主体の創発とその後の権力言説による客観化のプロセスに似ている。両者ともに、創発は必然的でも客観的でもないと想定し、その後の展開は自己閉塞的なものでは必ずしもなく変化に開かれているというのである。ルーマンはまた、「近代社会は以前のどの社会にも増して、偶発的なものと関わりあっている」と言うように[52]、偶発性を歴史的な現象としても理解している。要するにここで重要なのは、ルーマンのダブル・コンティンジェンシーの理論は、複数の要素間の偶発的な関係性が歴史を織り成すことを示唆しているということである。

　そして最後に確認したいのは、歴史的偶発性に根ざした社会主体は、構築主体であるにしろ行為主体であるにしろ、その起源は自律的なものでもなければ、単一的なものでもないということである。社会主体が自律的なものではないというのは、それが排除や差異化を含む文脈に依存しているからである。バトラーは、ラクラウの言う権力言説による客観化にも似て、「主体は、排除や差異化、つまりはおそらくその後の自律の効果によって隠蔽され覆い隠される抑圧を通じて構築される。この意味で、自律とは、依存を否認した論理的な帰結である」と述べている[53]。すなわち、社会主体は文脈や他者に依存することなしには成立し得ないものであるにもかかわらず、その依存の側面が覆い隠され――つまり否認され――、あたかも何者にも依存しない個人として自律しているような幻想が生まれるというのだ。例えば、第二・三章で詳しく見るように、「国民」は、一九三〇年代に「日本」の住民たちの間のジェンダー的、階級的、人種的な不均衡性を克服するような自己規律的な主体として構築されたが、それは同時にこの言葉により、実際には決してなくならなかったそれらの不均衡性が覆い隠されるということでもあった。一方、社会主体が単一的ではないというのは、次のムフの指摘を考慮してのことである。すなわち、「主体は、多種多様な主体位置の結節点において構築され、これらの種々の主体位置については、何ら先験的ないし必然的関係は一切なく、それらの節合は、ひとえに支配的な慣習の帰結にほかならない。その結果、いかなるアイデンティティも決定的な仕方で確立されているということはない。むしろそこには、複数の異なる主体位置の節合のされ方に即した仕方で、つねにある程度の開放性と曖昧性が存在する」というのである。[54] このことを念頭に入れて「国民」を考えれば、「国民」としてカテゴライズされた人々は同時に、個々のレベルでも集団のレベルでも、ジェンダー的、性的、階級的、人種的、地域的、年齢的などの点で複数のアイデンティティを他者定義的・自己定義的に併せもち、しかもそれらのアイデンティティは固定的ではなくある程度変容しうるものであり、また相互に葛藤し合うものでもあったと言える。第二章から第四章で検討するように、帝国日本では、男性中心主義的であるにもかかわらずあたかも普遍的な社会主体であるかのように構築された「国民」に対して一部の女性の知識人たちがそれになろうと努力し葛藤する状況が見られたし、「日本人」中心であるにもかかわらずあたかも普遍的な帝国の主体であるかのように構築された「東亜民族」になろうと被植民地の男性知識人の一部が競い合うという事態が見られた。加えて、バトラーは「数々のアイデンティティのカテゴリーは決して単純に記述的であるわけではなく、常に規範的であり、それゆえに排他的である」とも指摘している。[55] 本書では、「民衆」「国民」「東亜民族」「大衆」「市民」における規範化の中のせめぎ合いと、規範的な構築主体とそこに収まらない行為主体のせめぎ合い、そしてさらには規範化に対する行為主体の間のせめぎ合いの、複合的なせめぎ合いを分析する。

以上の六つの理論的要点が、映画観客にアプローチするために本書が採用する、社会主体の歴史的偶発性という考え方の根底にある。これらの要点の一部については、ヴィクター・コシュマンがその著『戦後日本の民主主義革命と主体性』（一九九六年）でも言及しており、[56]私もそれを参考にした。しかし、コシュマンは、一九五〇年代の日本の思想家たちが盛んに論じた「主体性」の概念を綿密に考察している一方で、それと歴史的偶発性に根ざした社会主体との関係については具体的なことをまったく示していない。これに対して本書ではこれまで述べてきたように、歴史的偶発性に根ざした社会主体という理論を、映画観客を分析するための方法論的観点として採用している。

この方法論は、それによって従来の映画・メディア史の叙述を再検討することができるという意味でも重要である。私がここで従来の映画・メディア史の叙述として想定しているのは、三つの異なるタイプの、しかしいずれも日本の映画・メディア史研究の中でもっとも影響力があり洗練された近年の研究成果に数え上げることのできるものである。ここでは、それぞれをシフト論的歴史叙述、国民国家論的・総力戦論的歴史叙述、合理主義的歴史叙述と呼びたい。最初のものは、長谷正人、北田暁大、アーロン・ジェローによって、二番目のものは佐藤卓己によって、そして最後のものは古川隆久、加藤厚子によって発表されてきた。興味深いことに、これら三種の研究は相互に矛盾し対立した見解を示しているにもかかわらず、互いにその対立関係に言及し合うことはほとんどなく発表されてきた。しかも、奇妙なことにと言うべきか、私の知る限り、その後の研究でも誰もそれらの間の違いを追及してこなかったし、指摘すらしてこなかった。それらの研究それぞれについては、より詳細に第一章と第二章で論述するので、ここでは要点だけを示し、歴史叙述の問題点を提起しておきたい。

シフト論的歴史叙述は、簡単に言えばミリアム・ハンセンのスペクテイター論の日本映画史への適用と言い換えてよいだろう。つまり、第一章でより詳しく見るように、この種の叙述は、シフトの時点については見解を異にしているものの、いずれも映画テクスト、映画産業・検閲の制度、興行形態、観客の受容という、複数の異なるレベルの特徴が全体としてほぼ調和的にシフトすることを論じている。確かにそれらの研究は、日本の映画テクストの変容が、ハンセンが想定するようなアメリカにおける初期映画から古典的映画への変容とは必ずしも同じではないということを十分に認識している。しかし、それらの研究ではほぼ共通して、当初のテクストが弁士による意味づけや観客の身体的な反応といった興行面に依存している点で開かれたものだったのに対して、やがてそれが興行から自律して、物語と視覚性を中心とする自己完結的なテクストへとシフトしたことが論じられている。と同時に、この種の研究の論理では、このテクスト・レベルのシフトが、的屋的な商売から合理的な産業システムへのシフト、劇場ベースの検閲から脚本とフィルム自体の検閲へのシフト、身体的な戯れのような接触受容から視覚中心の鑑賞理解の受容へのシフトといった、異なるレベルのシフトと連動して起こったことが前提とされている。これらのシフトはさらに、天皇制の秩序に反した身体的行為を見せる「社会問題」としての観客から、権力を内面化した自己規律的な観客へのシフトとも重ね合わされている。これにより、権力の作用を受けていない行為主体（agent）としての映画観客から、権力の作用を受けた構築主体（subject）としての映画観客への転換が、言い換えれば統制されていない状態から統制された状態への転換が、示唆されているようにも思える。(57)

佐藤卓己の国民国家論的・総力戦論的歴史叙述は、そうしたシフト論的歴史叙述と共通した面をもちつつも、大きく異なっている。佐藤の関心は、「ファシスト的公共圏」なるものが、第一次世界大戦から第二次世界大戦の間に、さらにはそれを超えて戦後に至るまでの間に、いかに形成されたかというところにある。「ファシスト的公共圏」とは、ユルゲン・ハーバーマスが論じたような自立した市民による対話を基にした「市民的公共圏」とは異なり、天皇のような共同体の象徴を介して共感を基に合意しながら形成される、ファシズムに適した公共圏である。そこでは階級、世代、ジェンダーなどの差異が解消され、あたかも構成員全員が同じであるかのような一体感が形成され、構成員たちはその共同体に強制的にではなく自主的に参加する主体になるという。この「ファシスト的公共圏」が二つの大戦を契機に確立され、その遺産が戦後にも継承されたというわけなのだ。(58) 確かにこの叙述には、シフト論的歴史叙述と一致した見解が見られる。それは、人々は権力に強制的に従わされるのではなく、強制感を覚えることなく自主的に国民国家の権力を支える主体になるという見方である。しかしその一方で、シフト論が大正期から昭和初期にかけての転換を強調するのに対して、総力戦論は同時期の連続性を強調している。この連続性の強調は、大正デモクラシーと総動員体制の断絶を、さらには戦前と戦後の断絶を当然視するそれ以前の歴史叙述に対するアンチ・テーゼでもあった。[59] この点で、明らかにシフト論と総力戦論は整合していない。

これらの歴史叙述に対して、もう一つ取り上げたいのが古川隆久や加藤厚子による合理主義的歴史叙述とでも呼べるものである。古川は『戦時下の日本映画——人々は国策映画を観たか』（二〇〇三年）の中で、戦時中の国策映画は総じて人気がなく、したがってプロパガンダとしては効果がなかったことを論じている。加藤は官庁が映画産業を統制することによっていかにそれを「国民動員装置」として機能させようとしたかを検証し、最終的にはその試みは失敗に終わったと結論づけている。[60] 興味深いのは、佐藤の総力戦論との共通性と違いである。古川と加藤は、一方では、権力による自主性の調達という、総力戦論と同じ観点を採っている。古川は国策映画は人気、すなわち人々の自発的な参加があって初めてプロパガンダとして機能すると想定しているし、加藤は「官庁側＝加害者、映画会社・制作従事者＝被害者」[61] という観点を否定し、映画法制、官庁、映画産業は国民の自発性を汲み取る「国民動員装置」を、十分に合理的なシステムとして成立させていたかどうかという観点から分析を行っているからである。だからこそ両者は、ピーター・B・ハーイの『帝国の銀幕——十五年戦争と日本映画』（一九九五年）[62] を、それが照射する官僚と製作者の座談会を例に挙げて、権力による人々の自主性の調達という観点ではなく、上からの工作・統制という観点から戦時体制を考察した研究として批判したと言えるだろう。[63] しかし問題なのは、佐藤が総力戦の「成功」を語っているのに対して、古川と加藤は映画政策の「失敗」を語っているという決定的な相違である。両者は人々の自主性を重視するという同じ観点を共有していながら、なぜこのように対照的な見解を見せているのだろうか。その理由は、古川と加藤は、映画政策にもっぱらの焦点を合わせ、それが合理的なものとして機能したかどうかを基準に映画史を考察しているからだと考えられる。二人は他のメディアとの関係を視野に収めていないだけでなく、[64] 歴史の偶発性を考慮に入れてない。もし偶発性を考慮に入れれば、映画政策が成功したか失敗したかを問うこと自体、無意味であろう。戦時体制は、政府や軍部による意図的な政策によって遂行された面もあったにしろ、全体としては合理的に形成されたわけではない。むしろ、数え切れないほどの多様な要素が偶発的に結びつき合う中で形成され展開したと考えるべきである。意図的な政策もそうした偶発的な要素に影響されなかったとは考えられない。佐藤の国民国家論・総力戦論的歴史叙述にも、こうした問題を十分追究していないという点で、大きな問題がある。それは、数々の偶発的な要素やそれらの結びつきを検証することなしに、「ファシズム的公共圏」という均質な枠組みをメディア史に当てはめ、そこにある矛盾や葛藤、断層を覆い隠してしまっているからである。

言うまでもなく、私はこれらの研究者たちによる見解や洞察を全面的に否定するものではない。それどころか本書はそれらに多くを負っている。しかし、これまでの比較検討から明らかなように、シフト論的歴史叙述、国民国家論的・総力戦論的歴史叙述、合理主義的歴史叙述は、相互に整合していないし、それぞれにも問題があることは否定できないだろう。本書は、歴史的偶発性の観点からそうした問題を克服し、それによって映画・メディア史研究に新たな展開をもたらすことを一つの大きな目標にしている。詳しくは第一章から第三章に譲るが、本書では第一次世界大戦が起こった一九一〇年代の時期から第二次世界大戦が起こった三〇年代後半・四〇年代前半の時期までの流れを、「民衆」「大衆」「国民」の三者関係から捉えている。ここで単純化して示せば、「国民」は一九三〇年代後半に、一〇年代から二〇年代の「民衆」の政治的自発性と、二〇年代から三〇年代にかけての「大衆」の消費者的自発性を取り込む形で再定義された。したがって「国民」は権力による人々の自発性の調達という意味では「民衆」「大衆」のそれぞれがもつ一側面を利用しつつ、同時にそれらを再編し統合しようとするものだった。しかしこのことは、「国民」の規範的な構築主体としての側面だけを示しているにすぎない。「国民」は自発性を基にする自己規律的な主体として構築される一方で、行為主体同士の間のジェンダー的、地域的、人種的不均衡性、軋轢、矛盾を抱え込んでおり、しかし同時に言説上ではその均質な言葉の効果によりそれらの断層が不可視化され、それゆえに同志的なものとしてファンタジー化される傾向にあった。このような観点から本書では、一九一〇年代から四〇年代にかけての時代を連続性と非連続性が絡み合う歴史として捉え、さらには資本主義と総力戦が複雑に交錯する歴史として論じる。こうした経緯を考察する中で私は、身体的情動から視覚的理解への転換を論じたシフト論的歴史叙述とは異なって、映画観客の身体に対する映画の情動の問題は、一九二〇年代から四〇年代前半に至るまでの総力戦に資する社会主体を構築しようとする言説上で、一貫して重要なテーマになっていたことを主張する。[65]

要するに本書では、それらを敢えてかぎ括弧付きで示しているように「民衆」「国民」「東亜民族」「大衆」「市民」を歴史的文脈の中で偶発的に生成した社会主体として捉え、それらとの結びつきを検証しながら映画観客の百年の歴史を考察する。第Ⅰ部となる第一章「社会主体のはじまり――民衆娯楽・社会教育による「民衆」と映画観客」では、一九〇〇年代から一〇年代にかけて資本主義の興隆、暴動、社会運動、「デモクラシー」、そして映画などの「民衆娯楽」との関連で「社会問題」――社会に影響を及ぼす行為主体として発見されたという意味では社会主体のはじまり――として認識され始めた「民衆」が、映画を通じて、二〇年代に「社会」という用語で構想された共同体に資する主体へと構築されようとしていた状況を明らかにする。この社会主体を唱道したのは主として、当時隆盛した民衆娯楽論と社会教育論である。それらの言説では映画は機械性複製技術としてよりも、もっぱら興行場の民衆娯楽の一種として見られ、映画観客は労働・余暇・睡眠から成る生活を規則正しく送る自己規律的な男性労働者をモデルに想定され、女性の消費者などはそれを脅かすものと考えられた。第Ⅱ部は、一九三〇年代に言葉として使用されなくなった「民衆」に置き換わるようにして頻繁に使用されながら再定義された「国民」に焦点を合わせる。前半の第二章「総力戦とトランスメディア的消費文化――「国民」の再定義と矛盾をめぐって」では、先述のように「国民」が「民衆」と「大衆」の意味合いを取り込みながら再定義されていったのと並行して、一九二〇年代中頃以降の機械性複製技術、通信技術、資本主義の発達とともに映画がもはや興行場の「民衆娯楽」ではなく、印刷、ラジオ、レコードなどとの結びつきを強めトランスメディア的消費文化とも呼べる新しいメディア環境を成すようになり、それが総力戦に取り込まれようとした状況を明らかにする。同時に、「国民」が均質で平等な主体の集合として規範化されながら、社会階層、地域、ジェンダーなどに関する矛盾と葛藤を内包しつつそれらを覆い隠すものであったことも浮かび上がらせる。第三章「「国民」への動員——映画観客と総力戦、そして戦後」では、映画の固有性を論じる言説を中心に分析しながら、映画を観る場への人々の動員、再定義された自己規律的な主体としての「国民」への動員、総力戦への動員の三つのレベルが同一視されていたこと、娯楽と教育、人気と威信、自発性と強制など異なる原則をめぐって葛藤が生まれていたこと、にもかかわらずそうした葛藤が地域やジェンダーなどをめぐる矛盾とともに否認されファンタジーが形成されていたことを検証し、そのファンタジー構造が戦後から今日に至るまで引き継がれてきた様子を概観する。第III部となる第四章「「東亜民族」の創造／想像——帝国日本のファンタジーと映画による動員」では、この種のファンタジーが「東亜民族」という言葉とともに帝国のレベルでも創造されるとともに想像され、そこに映画を一つの回路として帝国の住民たちが動員されようとしていた状況を、主体イメージの形成とインフラストラクチャーの形成の両面から明るみに出す。ここにも「内地」と「外地」の間や、それぞれの内部で多種多様な矛盾や葛藤があったが、善意に満ちた言説によってそれらは否認され理想化されたがゆえに、戦前戦中の帝国の推進がその侵略性にもかかわらず戦後には「良き思い出」になった可能性があるということも指摘する。第IV部では、「大衆」に注目し、それが、資本主義、官僚主義、冷戦構造などの「巨大システム」によって規定された主体、家庭を中心とした日常生活の主体、そしてメディア消費文化の主体という三つのレベルの主体として重層的に意味づけられるプロセスにあったものとして捉える。第五章「テレビと原子力の時代への「大衆」ポリティクス——大衆社会論、大衆文化論、マス・コミュミケーション論」では、大衆社会論、大衆文化論、マス・コミュニケーション論が別々の水脈をもちつつも、「大衆」にまつわる問題系を戦前から引き継ぎながら、戦後の文脈でシステム的な権力への抵抗の可能性として「大衆」に「民主」を見出そうとする点で節合していたことを詳らかにする。第六章「民主としての「大衆」——テレビによるトランスメディア的消費文化の再編と映画観客」では、テレビの普及によってトランスメディア的消費文化が再編される中で、テレビ論と映画論が大衆社会論、大衆文化論、マス・コミュニケーション論と絡み合いつつ、それぞれ「消費生活的な民主」と「近代政治的な民主」とでも呼べる観点から、テレビ視聴者としての「大衆」と映画観客としての「大衆」を語っていたことを照らし出す。地域やジェンダーに関する問題は、そこでも既存の社会体制を揺さぶる可能性を内包していた。第V部では、一九六〇年前後に政治的・思想的に重要な意味合いをもつようになり、その後の展開の中で脆弱な主体とも呼べる性格を備えるようになった「市民」を論じる。第七章「脆弱な主体としての「市民」――戦後とリスクの時代の個人化とネットワーク化」では、一九六〇年頃に自発的な個的主体として期待された自律的な「市民」が、リスク社会、新自由主義、権力ネットワークの進展とともにプレカリアス（不安定）でフレキシブルな自己責任の主体として脆弱な位置に置かれるようになった経緯と、その過程に伴うジェンダー的な葛藤や矛盾を浮き彫りにする。その上で第八章「「市民」の多孔的親密‐公共圏――自主上映会とソーシャル・メディアのトランスメディア的社会運動」では、「市民」による自主上映会を事例に取り上げ、それが偶発的に生まれた身体の脆弱性という共通性を基に親密圏を形成しつつ、同時に対話的な公共圏的性格をも持ち合わせながら、メディア、関心、人の多層的なネットワークを生み出すノマド的・多孔的な場として機能している様子を、その困難とともに活写する。

言うまでもなく本書は、映画観客と「民衆」「国民」「東亜民族」「大衆」「市民」の関係史を網羅的に記述することを目的とはしていない。一つ一つの社会主体について詳細に検討するとすれば、それぞれが一冊以上の分量を要するだろう。しかし、本書のようにそれらを同じ一冊の中で扱えば、映画観客の歴史がいかに百年という長きにわたって重層的で複合的でダイナミックなものとして展開してきたのかを描き出せるというメリットがある。また本書では、映画作品の分析をほとんど行っていない。それはもちろん、映画作品の分析が不要だからということでもなければ、映画と観客の対面的関係が重要ではないからということでもない。むしろ、従来の映画・メディア史の研究では欠落していた観点――歴史的偶発性――から映画観客の歴史を捉えることを、そしてそのことによって映画・メディア史研究に新しい見方をもたらそうとすることを優先させているからにほかならない。映画観客は、単に映画館で映画を観る人たちだけを指すのではなく、近現代史を織り成す重要な社会主体として考えられるのである。

# 第Ⅰ部　民衆

# 第一章　社会主体のはじまり

## ――民衆娯楽・社会教育による「民衆」と映画観客

一九二〇年代、ドイツではジークフリート・クラカウアーが映画観客を「大衆」（die Masse）として論じていたのに対して、日本では権田保之助がそれを「民衆」として論じていた。権田は当時、美学、文化経済学、マルクス主義理論、ヨーロッパの文化的実践など広範囲にわたる学術領域に精通した、卓越した社会調査研究者として知られていた。一九二〇年から四三年の間には（二三年五月から二七年九月までのブランクを除き）、文部省の嘱託となり、同省が進めた娯楽調査や社会教育の理論形成に寄与した。クラカウアーの「大衆」と権田の「民衆」はともに新しい社会階層を示し、それが資本主義の興隆によって生まれたと示唆している点で二人は共通していた。また両者は同じように、この階層が工場で働く労働者であるとともに、レビューや映画館のような近代の娯楽興行に群がる人々である点に注目している。二人の思想家はさらに似て、「大衆」の「社会的現実」や「民衆」の日常的な実践を適切に理解していないという理由で、同時代の他の知識人たちを批判している。クラカウアーが論じるところでは、「大衆」観客は劇場で披露される一連の刺激に魅了されてそれを楽しんでいるにもかかわらず、知識人たちは「個性、内面、悲劇」に芸術の「真実」を見出すことにこだわり、大衆のそうした「純粋な外面性」に執着する「現実」を軽蔑してばかりいるというのである。(1) 同様に権田も、資本主義産業によって提供される製品を「民衆」

が自分たちなりに利用して快楽を得る過程こそが「民衆」文化の創造性であるにもかかわらず、知識人たち——「文化主義者」と権田が呼ぶ知識人たち——はこの過程を正当に評価せずに、自らの教養を基準に「民衆」文化を低級なものとみなしていると苦言を呈した。[2]とはいえ、こうした共通点の一方で、近代を論じたドイツと日本の二人の思想家には、少なくとも二つの点で重要な違いがあった。まず、クラカウアーが、映画館に通う「大衆」の行為を、組み立てラインの工場で労働者がオートメーション化された単純労働に従事することと同一視したのに対し、権田は、映画館に行く行為を「労働」と対になる「余暇」の創造的行為と捉えた。それどころか、以下で論じるように、同時代の権田の言論では、映画やその他の民衆娯楽を享受する行為は、既存の社会体制にとって好ましい社会主体になるための学習行為として想定されていたと見ることができる。また、クラカウアーは、テオドール・アドルノやマックス・ホルクハイマーらとともにフランクフルト学派にかかわることになったように、一九三〇年代後半に向かうにつれ「大衆」は全体主義に対して無防備で脆弱だという認識をもつようになっていったが、[3]権田は、次章で見るように、「民衆」を「国民」という言葉に置き換え、娯楽を、帝国日本に奉仕する主体を育てるための手段として唱道するようになった。

のちに「大正デモクラシー」と呼ばれる時期とも重なるこの一九二〇年代に、映画観客を「民衆」と同一視して語ったのは、民衆娯楽論者の代表格である権田一人に限らない。橘高廣、山根幹人、大林宗嗣など他の民衆娯楽論者から、当時「社会教育」を推進した乗杉嘉壽、江幡亀壽、中田俊造といった文部官僚に至るまで多くの論者が映画や芸能を民衆娯楽として言及し、それらの享受者を「民衆」として論じた。統計的な数値を出すことは難しいが、そもそも「民衆」という言葉自体が二〇世紀初頭の二〇年間に、思想、文学、芸術、宗教、行政など多岐にわたる分野で広く使用され、前の時代の明治中期に大日本帝国憲法（一八八九年公布）に明記された「臣民」という言葉や、のちの一九三〇年代に「民衆」に代わって人々を指す言葉として主流となる「国民」という言葉とは異なる、「非特権階級」の主体を含意する言葉として普及するようになっていた。ただし、一九二〇年代の民衆娯楽論の

「民衆」は、六〇年代・七〇年代に日本の歴史学でブームになった民衆史の「民衆」とはかなり趣の異なるものである。歴史研究者キャロル・グラックが分析するように、色川大吉、鹿野政直、安丸良夫といった当時の民衆史を代表する歴史家たちは、異なる面があるにせよ概ね皆同様に、農村や地方（「郷土」）に生きる人たちを「民衆」として歴史の主役に据え、その共同体の土俗信仰、通俗道徳、政治行動に注目しながら、「民衆」の歴史を「精神史」として記述した(4)。これに対して、一九二〇年代の民衆娯楽・社会教育論における「民衆」は、日清戦争、日露戦争、第一次世界大戦を経る中で興隆した資本主義とともに立ち現れてきた人々を示唆し、しばしば都市の男性工場労働者がその典型とされた。「民衆」はまた、資本主義、暴動（「騒擾」）、社会運動、「デモクラシー」、そして映画など、同時代的な問題、ないしはすぐれて近代的な現象にかかわる人たちを連想させる言葉でもあった。

本章では、映画観客を「民衆」として言及する一九二〇年代の言説を考察しながら、それがどのように同一視され、そこにどのような歴史的な意義があったのかを明らかにする。この問いに答えるためには、「民衆」という言葉に含まれた意味を、それが頻繁に用いられた一九〇〇年代から二〇年代の歴史的文脈に照らし合わせて検証する必要があるだろう。したがって本章の前半では、「民衆」が社会問題として認識されるとともに、それが社会主体──より正確に言えば、当時まさに「社会」という概念で構想されていた共同体の主体──として編成されようとした事態を概観する。序章で示した本書全体の理論的観点から言えば、「民衆」は、社会問題として認識されたその時点で、社会に影響を及ぼす行為主体（agent）として発見されたということであり、その意味で一種の社会主体として認識されたということにほかならないが、本章では混乱を避けるために、「社会主体のはじまり」を、社会問題として認識された「民衆」が、権力的な言説によって規範化された社会主体へと導かれようとしていた状況として論じる。その上で、当時興隆した民衆娯楽論・社会教育論において、「民衆」が民衆娯楽、とりわけ映画を通して社会主体へと養成されようとしていた状況を浮かび上がらせる。すなわち、映画観客はそれぞれの嗜好にしたがって快楽を得るために映画館に通う個々バラバラの存在ではなく、「民衆」として「社会」という共同体に資する主体となることが期待されるようになったのである。ここにはとりわけ三つの重要な論点がある。第一に、映画は資本主義産業の産物と考えられる一方で、もっぱら興行場の娯楽——すなわち、文学やそれを流通させた新聞・雑誌などの印刷媒体とは別もの——として概念化され、身体的快楽を通した学習にもっとも適した媒体として考えられた。第二に、この規範化された社会主体としての「民衆」は、男性労働者を中心に想定され、労働・余暇・睡眠の日常生活をバランスよく規則的に送る自己規律的な主体——さらに言えば、政治性を払拭した生活主体——として構想された。そして第三に、この「民衆」は、とりわけ個々人の創造的・自主的行為を含意していた点で、一九二〇年代後半から顕著となる消費文化の主体たる消費者としての「大衆」や、マルクス主義的な言動で組織化されようとしていたプロレタリア階級としての「大衆」とは似て非なるニュアンスをもっていた。「大衆」については第五・六章で詳論する。

この時代の社会教育と民衆娯楽については多くの研究蓄積があり、言うまでもなくどの研究も重要な情報と示唆を与えてくれる。しかし、社会教育はもっぱら教育学者によって検討され、民衆娯楽は歴史学者や社会学者によって考察されてきたように両者は別々に論じられることが多かった。[5]そのために、文部省の社会教育政策の中で、「民衆」、映画、映画観客が教育と娯楽の接点に位置づけられていたという決定的な問題が十分に追究されてこなかった嫌いがある。娯楽と教育はともすると単純に区別されがちだが、日本の社会教育政策はそれとは裏腹に、一九二〇年頃のその成立当初から、「民衆」に人気のあった娯楽を教育に利用することを目論んだ。この過程で、「民衆」は、映画などの娯楽に群がる未熟な存在とみなされると同時に、教育的に改善された娯楽に接すればそれを通して帝国主義国家を支える調和的な「社会」の主体へと自主的に——強制的にではなく——成長を遂げるだろうと期待された。権力的な言説は社会問題としての「民衆」を抑圧しようとしたわけでは決してなく、むしろその主体性を生かす形で彼らが規範化する社会主体としての「民衆」へと陶冶しようとしたのである。従来の研究では、当時の民衆娯楽論を権力対民主という単純な二項対立図式に当てはめて評価しがちだったが、本章ではそれを資本主義、帝国主義、ナショナリズムが交差する歴史的な結節点として捉え、戦前戦中から戦後へとつながる男性中心の社会主体の端緒をなすものとして考える。

## 社会問題としての「民衆」――階級、自発性、ジェンダー

「民衆」は社会問題として発見された。それは、一八七〇年代の殖産興業に始まり、八〇年代の松方デフレ政策、九〇年代の製糸・紡績の機械化による大量生産の確立と日清戦争（九四年）による海外市場の拡大、一九〇〇年代の重工業の成長と日露戦争（〇四年）による軍需拡大を経て進展した資本主義と切り離しては考えにくいものである。第一次世界大戦（一九一四～一八年）はさらに貿易と工場生産の急速な拡張につながり、労働市場の広がった各都市への地方からの人口流入を促進した[6]。こうした資本主義の発達は、労働問題や貧困問題を伴い、民主主義的な思想や社会主義思想の普及とともに、持てる者と持たざる者との間の格差を感じさせる状況を生み出した[7]。成金に見られるように、一部の人々は資本主義のおかげで社会上昇を実現できた一方で、大多数の人々は悲惨な労働環境に引き込まれ、その環境にとどまることを余儀なくされた[8]。「民衆」は、こうした資本主義がもたらした問題群と結びつけられる形で見出されたのである。この「民衆」には言説上で、見過ごすことのできない三つの性格が付与されていたと言える。それは、非特権階級、自発性、男性である。これらはときとして世界の帝国主義的地政学との関連で理解されることがあった。

なによりもまず「民衆」は、特権階級やエリートと対置される存在として想定される傾向にあった。権田の見方はその端的な例である。彼は、一方では後述するように「民衆」の能動的な側面を強調し、さらにそれは public, folk, people, volk といった西洋語には還元できないものだとしながら[9]、他方ではマルクス主義的な見地から、それ

が資本主義の産物であることを繰り返し指摘した。彼によれば、日清戦争と日露戦争を契機として発達した資本主義によって貧富の差が生じ、暇と金に乏しい新しい社会階級たる多数の「民衆」が生み出された[10]。さらに権田は別のところで、日露戦争と第一次世界大戦によって資本主義が発達し、それによって有産階級と無産階級がもたらされたと主張しながら、「民衆」は分業化された工場生産の単調な仕事に従事している無産階級であり、個性のない均質な存在であると示唆している[11]。彼にとって、こうした特徴をもつ無産階級は、時間をかけて余暇を楽しむ従来の「手工業者」や「小商人」とははっきりと区別されるべきものである[12]。

ただし、「民衆」をもっぱら工場労働者と同一視する権田の見方は、必ずしも当時の言説の典型とは言えない。確かに一方では、「民衆」を「新興階級」として言及する大杉栄[13]や、「現代産業及経済組織が（中略）民衆を生み出した」という教育学者の海野幸徳のように[14]、権田と共通した見方を示している論者もいる。しかし、他方では、資本主義に限定せずに、大林宗嗣のように、同じ「民衆」という言葉を使いながら「知識的民衆」と「一般民衆」に振り分けたり[15]、本間久雄のように「民衆」を「中流以下」の「平民」と定義している場合もあった[16]。さらには、内務官僚の松村松盛のように、国家や公共団体を「主体」とし、それに対置する形で「民衆」を「不特定多数」の「客体」として定義している場合もあれば[17]、橘高廣のように「有産特権階級と対立せず、一般公衆と同義」としてその範囲をさらに曖昧にしている場合もあった[18]。加えて、文部官僚の中田俊造のように、「年齢、職業、性別、趣味、傾向」の点で多様な個人が集合したものだとみなす見方もあった[19]。実際、一九〇〇年代から二〇年代にかけての都市の娯楽興行の場に通っていた人たちが皆工場労働者であったとは言えない。すでに多くの研究者が指摘しているように、第一次世界大戦による景気の上昇によって都市に工場が増え、それに伴い農村部からの人口流入によって工場労働者が増加したとはいえ、彼らが従来の商人や職人などに単純に置き換わったわけではなく、むしろ「民衆」は「前代からの商工業者・雑業者層と新しい労働者の混合」[20]だったと考えるのが妥当だろう。この点で、権田の「民衆」の定義は、かなり狭い範囲にとどまっている。とはいえ、こうした多様な見方はあったものの、概ねどの言説でも「民衆」は、知識人の論者自身とは暗黙のうちに区別され、有産階級やエリートとは異なる特権的な位置にはいない人たちとみなされていることには変わりがなかった。

したがって、「民衆」は貧困と同一視されることはあっても、富裕層と同一視されることはなかったし、社会調査の対象にはなっても、社会調査の主体として自らを語ることはなかった。「民衆」が貧困と結びつけられやすかった一つの大きな要因は、一八九〇年代に資本主義産業の興隆に並行して社会主義やマルクス主義の思想が普及するようになっていたからであろう。よく知られているように、一九〇一年五月一八日には社会民主党宣言書が発表された。社会民主党自体はすぐに治安警察法により禁止命令が下されたが、その宣言が『毎日新聞』『万朝報』『報知新聞』などの新聞に掲載された。他方、資本主義の発達により貧富の差がもたらされたという見解を示した権田の場合、早稲田中学在学中に安部磯雄の影響を受け、ドイツ語で資本論を読むことを目指して東京外国語学校独逸語科に入学したと言われている。その後、櫛田民蔵、高野岩三郎といったマルクス主義に傾倒する学者と出会い、進学先の東京帝国大学では同じくマルクス主義に傾倒していた河上肇に師事した[21]。権田がまさに体現しているように、マルクス主義の思想は、人々を大きく有産と無産に二分する見方をもたらし、「民衆」を後者に結びつけて考える思考の素地を作ったと言えるだろう。むろん、幸徳秋水や片山潜は、マルクスと違って、社会秩序を支える道徳や調和的人格の必要性を訴えていたという指摘があるように[22]、社会主義とマルクス主義は単純に一括りにはできない違いや推移がある。とはいえ、社会主義やマルクス主義を抑圧しようとしていた官僚たちでさえ、それらへの関心を共有し、「民衆」を貧困などの社会問題として扱った点は重要である。これについては後ほどさらに詳しく考察するが、例えば、先述の内務官僚の松村は、社会主義思想を取り締まる立場にありながら、一九二二年の著書の中で「多数の民衆はその日暮らしの貧乏だ」と記しているし、大阪市社会部調査課はその調査報告書『余暇生活の研究』を、「資本主義の圧迫に苦しみつつある大都市の民衆にとっては余暇生活の問題」が深刻になっているという認識を示しながら書き出している[23]。

こうした社会問題としての「民衆」への関心は、この時期に活発に行われるようになった労働環境・生活環境の惨状の告発や社会調査にもよく表れている。田中正造編「足尾銅山鉱毒事件陳情書」(一八九八年)、横山源之助『日本之下層社会』(九九年)、河上肇『貧乏物語』(一九一七年)などは、政治家、ジャーナリスト、研究者などが民間レベルで惨状を訴えたものとしてよく知られた例である。[24] こうした動向に並行して、一九二〇年に開始された「国勢調査」に見られるように、行政側も省庁と市政の両レベルで盛んに社会調査を実施した。労働と娯楽に関する調査に限って言えば、内務省衛生局が、当時東京帝国大学の助教授だった高野岩三郎に委託して行った「月島調査」(一九一八～二〇年)[25]や文部官僚の中田俊造の主導によって行われた文部省の余暇調査(二一年頃)[26]、そして先述の大阪市社会部調査課によって行われた『余暇生活の研究』(二一年)[27]などがある。権田によれば、文部省による「全国民衆娯楽調査」の初回が一九二一年に、第二回が二九年に行われた。[28] さらには帝国教育会(一八九六年設立の民間教育団体)が一九一七年に「活動写真調査委員会」を設けて権田と秋山暉二に委嘱して行った「活動写真に関する調査」[29]や、大原社会問題研究所(二〇年設立)が大林宗嗣に委嘱して行った「大阪市民衆娯楽調査」(二〇年)[30]も見過ごすことができない。これらの社会調査から、「民衆」が社会問題として行政や民間団体、知識人から関心をもたれ、精査されようとしていたことは明らかだろう。しかも、その動向は映画館や演芸場への入場者数などのように統計的な数値によって示された。したがって、「民衆」は、支援者的な観点から可視化されると同時に、権力的な観点から掌握される存在であり、いずれにせよ階層化された社会において弱者または劣位にある、問題を抱えた人たちだとみなされていたと言える。

とはいえ、「民衆」は単に受動的だとは考えられていなかった。ここでも権田の論は最良の例である。「民衆」は、資本主義の産物だという意味では、受け身的な存在に思えるが、後述するように彼は、自ら娯楽を工夫して楽しむという「民衆」の自発性も強調していた。「民衆」をこのように能動的な存在とする見方は、権田に限らなかった。むしろ「民衆」という言葉そのものにそうした能動性の含意が感じられるほど広く共有された見方だったと言える。

**図 1-1**　第 1 回メーデー（1920 年 5 月 2 日）。屋外で可視化された「民衆」の例の一つ

というのも、「民衆」は当時、暴動、社会運動、「デモクラシー」の主体としても想像されていたからである。

周知の通り、この時代には一九〇五年の日比谷焼き討ち事件から一八年の米騒動に至るまで、暴動がたびたび発生した。こうした暴動は当時「騒擾」と呼ばれた。これと並行して、労働運動、農民運動、部落解放運動、アイヌや沖縄の民族運動、女性運動も芽生え、第一次世界大戦が終了し米騒動が収まった後は普通選挙運動が活発化した[31]（図 1-1）。この背景には、一九〇五年までに義務教育が確立し、全国の就学率が九五パーセントにまで達していることがあった。これにより、識字能力をもつ人々は天皇中心の臣民教育を受けると同時に、新聞や雑誌を通して権利意識や承認要求を学ぶ機会を得やすい状況が生まれていた[32]。また、当初は労働者同士の相互扶助を目的として一九一二年に結成された友愛会が、二一年に日本労働総同盟と改称された頃には労働組合的な性格を強め、これにより労働者たちは、雇用者に温情を求めるよりも、自分たちの人格の尊重、生活の保障、技能・効率の向上、権利の拡張を要求するようになった[33]。こうした動向とともに労働組合や農民組合が各地で結成されて労働者と農民の組織化が進行すると同時に、青年団体や宗教団体も自発的に社会問題に対処すべくさまざまな地域で創始された[34]。一九二二年三月に結成されて部落解放運動を主導した水平社も融和よりも解放を訴え、同情にすがるよりも団結闘争へ向かった[35]。もちろん、これらの現象や運動は多様な性格やさまざまな衝突を伴っており、十把一絡げにできるものではないし、それらを詳述することは、ここでの目的ではない。重要なのは、そうした出来事を通して、「民衆」が既存の政治体制におとなしく従って過ごしている存在ではなく、むしろ自らの考えや感情によって行動し、ときとして政治にも関与する能動的な主体であるという認識が生じてきたということである。

この認識は二つの側面で葛藤を伴っていた。一つは、そうした能動性を民主的な政治行動と見るか、それとも鬱憤ばらしの勝手な行動として見るかという葛藤である。民本主義で知られる吉野作造は、よく知られた『中央公論』一九一四年四月号の特集「民衆の勢力によって時局を解決せんとする風潮を論ず」の巻頭を飾った論文「民衆的示威運動を論ず」の中で、ポーツマス条約に反対した日比谷焼き討ち事件を「民衆運動の始まり」として一定の評価を示した。すなわち、元老や官僚からすればそれは「モッブや社会主義」に見えるだろうが、密会によって政治を決定する従来の寡頭政治とは違って「民衆」が政治的一勢力になり、「民衆」が自らの判断によって政治を決定しようとしている点では、立憲政治の理念に近いというのである。しかし、その一方で吉野は、目的の漠然とした抗議活動や、議会政治に反するストライキなどの行動を憂うべきものとみなした[36]。さらに吉野は同誌一九一八年一〇月号の論文「民衆運動対策」で、米騒動が暴動の形をとったことを嘆きながらも、「民衆」の「正当な要求」までも警察が鎮圧したことに対して批判の意を表明した[37]。こうした吉野の言明には、「民衆」の自発的な行動に肯定的な価値を与える当時の「デモクラシー」思想を看取できる。その一方で彼は、「民衆政治を基礎とする貴族政治」を理想的な議会政治のあり方として示し、「民衆」に経済的な安定をもたらす社会政策とともに、暴動ではなく言論を通して自分の立場を訴える能力と、正義を理解するための「道義」とを身につけさせる政治教育の必要性を訴えた[38]。

もう一つの葛藤は、帝国主義が支配する世界のナショナリズムに関係している。確かに、「騒擾」に関する近年の多くの研究が指摘しているように、日比谷焼き討ち事件で「民衆」が派出所を破壊するほどの暴動に走った背景には、「人足、車夫、職人などの都市雑業、職工、商人」などの階層の人々が戦争のための煙草や砂糖への課税に不満を感じたり、産業化のために失業したりという惨状があったと見ることができる[39]。また、「暴動で噴出したのは、生活難の改善要求だけでなく、日常的に積み重なった男性労働者の疎外感と強烈な承認願望」であり、「その暴力性は必ずしも上位の権力に向かうとは限らず、社会的弱者に対する蔑視や排外意識」ともなり、それが関東大震災（一九二三年）の際の朝鮮人虐殺につながったという見解もある。[40] いずれにせよ、暴動は個人的な生活感情から起こったと見ることが可能である。こうした行動をとる「民衆」は、支配層から見れば、ギュスターヴ・ル・ボンが『群衆心理』（一八九五年）で論じたのと同じように、[41] 感情に支配された「群衆」以外の何者でもなく、既存の秩序を脅かすものであった。実際、一九一三年に『群衆論』を著した樋口秀雄はその中で、ル・ボンをたびたび参照しながら、日比谷焼き討ち事件を例に「群衆とは激昂せる感情に支配せられて心理的に一団となって行動するがごとき状態を呈した多数人の集合」だと述べた。[42] 米騒動では、新聞が暴徒化した「民衆」の行動をセンセーショナルに書き立てることでさらなる行動へと煽り、内務省が報道規制に乗り出すことにもなった。[43] とはいえ、少なくとも日比谷焼き討ち事件に限って言えば、ロシアの賠償金未払いに対する不満の表明は、「民衆」が日本という国に自らが属しているということと帝国主義の列強の圧力とを意識していたことを示唆している。すなわち、この出来事は、「民衆」が、世界の枠組みに規定された国家の政治に自発的に参加しているという意識を示すものでもあったのだ。[44]「民衆」の行動は、こうした自発的な政治参加を示唆するものであったからこそ、後述するように官僚たちは、強圧的に「民衆」を啓蒙しようとするよりも、むしろその自発性を生かす形で社会の主体へと陶冶しようとしたと言える。「民衆」は、民主的な政治意識という点でも、体制への従順さの欠如という点でも、知識人の思惑にそぐわない面が多分にあったが、それが思慮深いものであるにしろ感情的なものであるにしろ、暴動や労働運動などを通じて自発的に行動する主体として想像されるようになっていたのである。

このように「民衆」は、非特権階級であり、自発的に行動する人たちとみなされる傾向にあったが、もう一つ見過ごせない特徴として、男性を中心に想定されていた傾向がある。このことは確かに、当時の言説にあからさまに表明されているというわけではない。しかし、それが暗黙の前提にされ、その偏りが問題にされることなくあたかも自然であるかのように語られていることは明らかである。例えば、権田が論じた工場労働者としての「民衆」はほとんどが男性であろう。非特権階級の人々には、女性やその他の性的アイデンティティをもつ人たちがいたはずだが、彼の議論ではそうしたジェンダー的な多様性は考慮されることなく、男性が絶対的な基準にされている。後述するように、彼は「民衆娯楽と女性」を論じているが、そこで想定されている映画や演劇を観る主体はあくまで男性であり、女性はとりもなおさず女優という見られる客体として位置づけられている。[45] 都市の暴動も、農村から流入して工場で働くようになった男性労働者が中心的な担い手となって引き起こされたにもかかわらず、[46] 彼らが「民衆」という、性差を感じさせない言葉で指示されることで、そのジェンダー的な偏向が覆い隠されてしまっていた。言うまでもなく、上でも触れたように、「民衆」の自発性を示唆する当時の「デモクラシー」の動向には女性運動も含めて考えられる。平塚らいてう、市川房枝、奥むめおらが女性の政治的権利の獲得を目指して一九一九年に結成した新婦人協会や二一年に結成された女性の社会主義団体である赤瀾会はその端的な例である。しかし、少なくとも以下で論じる民衆娯楽論や社会教育論では、女性の立場を考慮した議論はほとんどなかった。橘高廣のような論者は、「民衆」を工場労働者に限定せずに、あらゆる人々を包摂した概念として考えるように提案したが、歴史的に作られ積み重ねられた性をめぐる偏見や差別の問題を考慮することなく、男性基準に論を進めている点では権田と変わりがなかった。ジェンダーの問題はさらに都市と地方の格差とも関係していた。一九二〇年代までの日本では、都市への人口流入が激増したとはいえ、依然として全体の半分以上が長男を中心とした農家であり、次男以下が都市に出て行くのが主流だったが、[47] 民衆娯楽論の「民衆」は都市を中心に考えられ地方の人々は考慮されていない場合が多かった。

都市の男性労働者に代表される、こうした非特権階級の「民衆」は、自発的に行動したにせよ、官僚からすると自己規律的な主体ではなく、「物心両面の改造が必要」[48] だとされることが多かった。しかも、この認識は単に純粋に国内の問題への関心から出てきたものというよりも、欧米中心の世界の地政学に根ざした国際意識と密接に結びついていた。一九〇四年一〇月に文部省に入省し、一九年六月に文部省普通学務局第四課の初代課長に就任した、当時のいわゆる新官僚の乗杉嘉壽は[49]、二三年の著書『社会教育の研究』の中で次のように記している。「英米アングロサクソン民族の営みつつある社会生活に較べて、大に見劣りする生活をなして居ることは、実に遺憾至極のことであつて、ただ国家の権力の下に漸く、其の社会共同の生活の体裁を整へて居るに過ぎない。箇々の国民として甚だ自主自立の精神に乏しく、従てお上だより人だよりで、権利は主張するが、義務履行の精神と体験に乏しいことは甚だ概嘆に堪へない次第である」[50]。ここで乗杉が「西洋」を基準にして「国民」を評価していることは明らかだろう。乗杉は、民衆娯楽と社会教育を論じた同書の中で「民衆」と「国民」をほぼ同義の言葉として使用している。彼がこうした西洋普遍主義的な考えを披露した背景の一つには、自身が一九一七年に数カ月間かけてアメリカ、イギリス、フランス、イタリア、スイスを視察したということがあった[51]。また、一九一九年六月に締結されたベルサイユ条約にしたがって国際労働機関（ＩＬＯ）が設立され、同年一〇月にワシントンで第一回大会が開かれた際に、日本の労働に関する法的状況——女性の夜間労働、労働者の団結権・争議権・団体交渉権の制限（治安警察法一七条）、一二歳（軽作業は一〇歳）雇用最低年齢（工場法）など——が厳しく批判されたということがあった。日本は立て続けに戦争に勝利し産業が発達することで世界の「一等国」に上昇していると考えられた一方で、そうした国際的な勧告が、乗杉をして、世界の中で日本が「特殊国」として二流の地位にとどまっていることを意識させたのである[52]。

「民衆」は、資本主義の発達、社会主義・マルクス主義・「デモクラシー」の思想の普及、欧米中心の地政学といった多層的な文脈が絡み合う中で、社会問題として発見された。それは、国内問題だったが、国際的な意識の中で認識された。そして、さまざまに意味づけられつつも、非特権階級であり、自発的に行動する人たちであり、男性であることが概ね前提とされていた。それはときとしてナショナリズムを求める主体ではあったが、支配層が期待する枠組みに従順であるどころか、そこから逸脱し、既存の政治体制を脅かすことすらある「政治的」主体であった。こうした文脈の中で、当時登場した新官僚たちは既存の枠組みを「社会」という新たな枠組みへと改変し、社会問題であった「民衆」をその「社会」の主体へと陶冶することを目指すようになった。その様相を次に確認しておこう。

## 「社会」主体としての「民衆」

劣悪な労働条件、貧困、暴動などの社会問題とともに発見された「民衆」は、一九一〇年代までに、明治の帝国憲法が想定した「臣民」とは別ものであり、従来の「国家」という機制では対処できないものだと考えられるようになっていた。そこで登場してきた枠組みが「社会」という共同体の考え方である。これは、思想家たちと官僚たちの双方によりさまざまに論じられたように、一定の幅をもって構想された。したがって、「社会」は、構成員の相互扶助と自主性を重んじる点で、寡頭政治による統治を前提としていた「国家」と区別されながらも、ときとして――とりわけ官僚の言説では――「国家」に従属するものとして考えられることもあった。しかし、いずれにせよ、「民衆」は逸脱的行為を自制し、その自主性という特性を生かしながら新しい共同体概念たる「社会」の主体として振る舞うことが期待されるようになった。この主体は脱政治化された――政治的不穏さを骨抜きにされた――生活主体でもあった。民衆娯楽と社会教育の議論に入る前に、ここでその思想的背景と官庁の動向を概観しておきたい。

一九一〇年代から二〇年代初めにかけて、「社会」という言葉は、「国家」に必ずしも還元されない共同体を意味する概念として論じられた。これを論じた思想家は、吉野作造、杉森孝次郎、福田徳三、大山郁夫、高田保馬、長谷川如是閑、大杉栄などである。飯田泰三が一九八〇年に発表した論文「吉野作造――〝ナショナル・デモクラット〟と社会の発見」は、そうした思想状況をもっとも鮮明に描き出したものの一つだと言えるだろう。飯田によれば、「社会」は、「第一次世界大戦後の「解放」と「改造」の機運のなかで（中略）〝国家の発見〟によって開始した「明治の精神」」が解体状況になったときに注目されるようになった。飯田は、歴史的文脈を考慮に入れながら、この概念の二つの側面を強調している。一つは、日清・日露戦争を経て発達した資本主義による自由競争と生活不安の中で注目されるようになった「生活」の側面であり、これは「生存」、「生命」、「人生」といった言葉によっても言い表された。もう一つは、何のために生きているのかを煩悶する青年に見られるような「人間としての自己、人格としての主体の発見」であり、ここには天皇・国家の「臣民」には還元できない、そこから自律した「「自我」の内面的主体」を看取できる。(53) 要するに、主体的に生活を送る「民衆」の共同体が、「国家」とは区別された「社会」という言葉で想像されるようになっていたと言えるだろう。飯田は、この「社会の発見」の典型を一九二〇年に発表された吉野の二つの論文に見出している。初期の吉野では「国民の共同生活体」はあくまで「国家」であったのだが、それに対して、それら二つの論文では「国家と社会とを混同するの非」を戒め、クロポトキンの「相互扶助説」に依拠しながら、「「権力の統制によらざる社会生活」、なかんずく個人の「内面的自由意思」に依拠した「民衆の自由集団」」の「自由連合」」を「社会」として論じた、というのである。(54) さらに飯田は、長谷川如是閑もまた「社会」を構成員の相互扶助によって成り立つものとして論じ、それを、「民衆」とは闘争的関係にある「国家」と対置させたと指摘している。(55)

飯田の見解に対しては「リベラリズムに引き付け過ぎ」などの批判もあるが、(56) ここで重要なのは、「社会」という言葉が、明治的な「国家」と資本主義の両者に対峙するものとして概念化され、構成員の相互扶助と主体性を基礎とする共同体を意味するものとして使用されたという事実である。こうした考え方は、多少の違いはあるにせよ、大山郁夫のような論者にも共通していた。大山は一九一九年の論文「社会改造の根本精神」で、資本主義の交換価値に支配された「社会の経済化」を憂いながら、対抗手段として産業に規制をかけるとともに、相互扶助に似た

「社会奉仕の観念を基調とする新倫理の樹立」を提唱した[57]。大山はやがて一九二三年までに公益や調和よりも階級闘争を強調するようになるが[58]、少なくも一九年の論考は、相互扶助を「社会」の一つの重要な特徴として考え、それを支える個人の自主性を重んじている。大山の他にも、「民衆」を国家に制約されない自律した個人として前景化する言説が多様な思想に現れた。阿部次郎や左右田喜一郎は物質よりも精神を重んじて自己実現を達成するための教養主義や文化主義を講じ[59]、西田天香や後藤静香は明治の立身出世主義にはそぐわない禁欲的な修養主義を主張し[60]、田中玉堂はデューイのプラグマティズムの影響を受けながら「個人の生活改造」を訴え[61]、そして野間清治は立身出世主義的な修養主義を唱えつつ、『キング』の創刊号で「専制的でなくて民衆的であ」ることを宣言した[62]。

「民衆」の相互扶助や自主性を基盤に成立する「社会」という概念はさらに、思想言説だけでなく、行政的な言動でも浸透するようになっていた。ただし、行政では、多くの思想言説とは違って、「社会」と「国家」の区別は曖昧であり、高田保馬の『社会と国家』(一九二二年)と同じように「国家」が「社会」の一種にすぎないものとしてしか位置づけられていない場合すらあった[63]。また、内務省には警察や検閲に典型的に見られるように「消極的な統制」(「民衆」の言動への抑圧)の傾向が見られるのに対して、文部省には教育を中心とした「積極的な統制」(国家に貢献する「民衆」の言動の奨励)の傾向が見られるという違いがあった。とはいえ、内務省も文部省も、「民衆」を強引に国家に従わせようとするよりもむしろ、「社会」を国家へと取り込み、「民衆」を「社会」の主体でもあり、かつ「国家」の主体でもあるように導く方向へと向かった。その点で、両省がともにこの時期に、「社会主義」を想起させることを懸念しながらも、「社会」という言葉を使い始めたという経緯は興味深い。内務省では一九一七年八月に地方局内に救護課が設置されたが、それが一九年一二月に社会課と改称され、二年後には内務省の外局になった。一九一八年の米騒動を契機とした、こうした名称の変更には、賑恤救済から社会行政へ、慈恵から社会連帯への政策転換が窺える[64]。一九一九年一二月に床次竹二郎内務大臣の肝煎りで渋沢栄一らを中心に内務省の外郭団体として設立された財団法人の協調会には、その転換がよく表れていた。というのも、協調会はまさに、抑圧的ではなく、労使協調的な態度・政策によって労働者の修練を促し、労働者や労働組合を懐柔することを目的に設立されたからである。(65) 他方、文部省でもまた、後で詳述するように、一九二〇年一〇月に普通学務局第四課内に社会教育研究会が発足した頃から「社会」という言葉が頻繁に使用されるようになり、四年後に第四課が社会教育課に改称された。加えて、すでに触れたように、資本主義の発達に伴う社会問題が表面化したこの時期に、労働組合や農民組合の結成とともに、各地で青年団体や宗教団体による結束が顕著になったが、内務省と文部省はともにそうした青年団体を修養団体として非政治化しながら包摂しようとした。(66) こうした動向も、政府による「社会」の取り込みの一種だと言えるだろう。

確かに、日露戦争後に開始された内務省の教化運動は、一九〇六年から一八年までの地方改良運動、一九年から二三年までの民力涵養運動、二四年から二六年までの勤倹奨励運動と続いた経緯を見ても、教育勅語（一八九〇年一〇月発布）と戊辰詔書（一九〇八年一〇月発布）の理念を基に「民衆」を、節制の道徳と国家への忠誠心を身につけさせるべく「教化」しようとする傾向が強かった。しかし、そうした政策はまさに、国家が「民衆」を強引に従わせるのではなく、むしろ「民衆」が自らの意志で自分たちを統治しながら国家に奉仕するように仕向けるものであった。(67)「地方改良運動」が当初は、「社会改良運動」の名称によって展開されようとしていたという事実はそうした方針を端的に示すものである。この名称自体は「社会主義」との混同を懸念して断念されるが、その企図は、市町村や農村地域を一つの「社会」として捉え、それを介して国家との関係を協調的・調和的にしようとする動きだったと見ることができる。(68) 民力涵養運動は、消費節約の奨励と国旗掲揚・神社参拝の強制とともに、「危険思想」の防止を目的として、市町村民に「自治」を促し半官半民団体を次々と創設させた。(69) 関東大震災後の一九二三年一一月一〇日には国民精神作興詔書が公布され「資本主義による生活上の奢侈と危険思想」が戒められるとともに、翌二四年一月の内務省社会局の通達により各府県に教化団体連合会が立ち上げられ、自治による管理がさらに促進された。(70)

文部省の第四課が推進した生活改善運動は、内務省の政策よりも資本主義との関係を比較的両義的なものとして位置づけながら、内務省の運動と同じように個々人と「社会」の両レベルでの自治を促し、さらには「相互扶助」、「公共心」、「機会均等」を強調した。資本主義との関係が両義的であるのは、生活改善運動が単なる節約ではなく、生活の合理化・能率化を推奨するものだったからである。第四課は、一九一九年一一月から翌二〇年二月の間、東京教育博物館にて生活改善展覧会を開催し、その間の一月に生活改善同盟会を発足させた。そこでは、旧慣因習の改善を求める形で、資本主義産業の大量生産体制にも通底する「時間厳守、合理、能率」が推奨された。[71] この運動は、森本厚吉と吉野作造と有島武郎が一九二一年に創始した文化生活研究会ともリンクしていたように、文部省の直接的な政策を超えて広がりを見せた。[72] 森本は、「文化生活」というキーワードを軸に生活の「進化」と「改造」を訴えた人物である。また「生活改善」「文化生活」を掲げたこの文部省と民間の協働的運動は、当時柳田國男が批判したように、都市中心に考えられていた傾向があったとも言える。[73] しかも、乗杉が「一等国」として強調する「欧米」を基準に想定されたこの近代的な生活ビジョンは、時間的にも経済的にも余裕のある人々にしか手に届くものではなく、多くの「民衆」にとっては高嶺の花だった。[74] しかしまた、「文化生活」の規律は、良妻賢母の観念に根ざしたジェンダー的分業を前提にしており、雑誌を読み耽ったり街に出かけて遊歩したりする女性の消費行動――より正確には、実際の購買の有無にかかわらない視覚的消費行動――を逸脱行為とみなすものだった。[75] こうした資本主義の原則を内包する生活改善運動は、他方で資本主義の原則に対抗するような「社会」の自治を促進する政策と両輪をなしていた。乗杉によれば、「社会とは共同目的を有する人格者をその要素とする有機的の団体」であり、「家庭も、学校も、国家も、ひとつの社会」である。[76] 乗杉はこれを、資本主義に対置させ、自治の精神に則って「私利私欲」を捨てた公利公益、相互扶助、機会均等を実現させるものとして唱道した。[77]

このように、内務省と文部省の政策には資本主義に対する対応の仕方などに違いも見られるが、にもかかわらず両者は同じように「社会」をある程度自律的なものと考えつつも国家に従属的なものとして想定し、「民衆」が自治と相互扶助を実行することを通してその主体になることを期待し奨励した。この「社会」と「国家」の位置づけは、世界の地政学と関係している点でも重要である。丸山眞男は一九六一年の論考の中で、大山郁夫、長谷川如是閑、河上肇、櫛田民蔵の唱えた「社会」が「国家」と区別されたものであることを踏まえた上で、これを対外的発展が頭打ちになった当時の歴史的状況の中で内向きの政治に向かったことの証左として論じた[78]。一方、高田保馬は先の一九二二年の著作で、民族自決の機運の中で台湾と朝鮮の自治要求が起こったことに対して、日本帝国を一つの「社会」とみなしうるかという問題を提起した[79]。この問題に答えるかのように、吉野作造は、西洋中心の普遍主義的な意味合いをもつ「文明」に対して、「文化」を強調することで朝鮮人・台湾人の自立性を支援しようとしたが、それは「主体性を喚起しつつ、帝国秩序の枠内へと誘導・包摂するもの」だという指摘もある[80]。これに対して、矢内原忠雄は、資本主義が植民地まで浸透したために生じた、朝鮮人の無産化と帝国主義の行き詰まりを問題視した[81]。いずれにせよ、こうした諸々の思想言説では、「社会」は「国家」から自律し、さらには「国家」を超えて成立しうるものとして言及された。しかしながら、行政の言説では、先述の乗杉に典型的に見られるように、「社会」は、欧米中心の地政学の中で、進んでいるか劣っているかという社会進化論的な基準で測られることが多かった点で、「国家」と同一視されるか、もしくはそれに従属的なものとして考えられる傾向にあった。ここにおいて、社会問題としての「民衆」は対抗政治的な主体性を骨抜きにされ、その意味で政治的に——換言すれば、官僚政治によって——脱政治化された。そして、一九二五年三月二九日に制定された普通選挙法に示唆されるように、この「社会」の主体はあくまで男性中心に構築され、選挙権のない女性と植民地の人々は周縁化されていた。知識人の言説にしろ官僚の言説にしろ、「社会」をめぐる言説では、そうした人々の周縁化は問題にされることがなく、話題にすらされなかった。

民衆娯楽と社会教育の論議は、こうした一九〇〇年代から二〇年代にかけての同時代的な文脈と切り離して考えることはできない。すなわち、民衆娯楽と社会教育、あるいは民衆娯楽としての映画と社会教育としての映画は、

「民衆」を「社会」の主体に養成する手段として考えられているところが大きかった。とすれば、民衆娯楽と映画はどのような教育手段として構想されたのか。次節ではこの状況を詳述する。

## 民衆娯楽としての映画と「民衆」

「民衆」が社会問題として発見されたように、「民衆娯楽」もまた社会問題として発見された。[82]そして、「民衆」を「社会」の主体へと陶冶することが期待されるにつれ、民衆娯楽も教育手段として機能することが期待されるようになった。こうした考え方は、一九一〇年代後半から二〇年代にかけて民衆娯楽論と社会教育論が複雑に入り組む中で展開された。確かに、民衆娯楽とその教育的効用をどのように考えるかについては論者の見解に幅があった。しかしながら、「民衆」は娯楽や映画を自らの意志で自発的に楽しむ点、民衆娯楽とくに映画は資本主義の産物でありながらそれらは皆興行の場によって規定され身体的刺激を与えるものとして了解されていた点、そして男性労働者をモデルにした生活の自己規律的主体が、民衆娯楽を楽しむ「民衆」の理想的なあるべき姿とされていた点では概ね一致していた。ここではまず民衆娯楽論に焦点を合わせて見ていきたい。

先述のように「民衆」は、貧困、暴動、劣悪な労働条件などの社会問題とともに話題に上ることが多くなり、非特権階級、自発性、男性として特徴づけられる傾向にあったが、民衆娯楽論もまたそうした文脈から登場したものである。すなわち、民衆娯楽の問題は単に娯楽だけの問題ではなく、特権をもたない人たちの生活のあり方全体にかかわる問題として考えられていた。権田はそうした見方をした論者の典型であり、だからこそ、生活全体から切り離して民衆芸術や民衆娯楽を論じる人たちを批判したと考えられる。よく知られているように、一九一〇年代から二〇年代初めにかけて民衆芸術論・民衆娯楽論が興隆した。民衆芸術を論じたのは坪内逍遥、本間久雄、島村抱月、中村星湖、大杉栄、松居松葉、大山郁夫などであり、民衆娯楽を論じたのは権田、橘高廣、大林宗嗣などであるが、両者は交じり合っているところもあれば、対立しているところもあった。権田はなかでも民衆芸術論の多くを「文化主義」と呼んで二つの点で批判した。一つは、彼らが想定する芸術・文化は、従来のエリートの芸術・文化を基準にしているという点であり、もう一つはそこで前提とされている芸術・文化を創造する主体はあくまでエリートであり、「民衆」がそれを創造できるとは考えられていない点である。[83] 確かに、例えば大杉は、本間に対して高級芸術を想定して民衆芸術を論じていると指摘しながらも、単なる生活論に終わらない「芸術を楽しむ事の出来る自由な精神を持つている民衆を」育てることの必要性を訴えている。[84] これに対して権田は、時間と財力に乏しい「民衆」にとって芸術や娯楽を一から創ることは不可能であり、むしろ産業によって与えられた安価なものを、たとえそれが既製品であるにせよ自らの手で独自に利用する過程にこそ創造性があると主張し、それを「民衆娯楽」や「民衆芸術」と呼んだ。[85] 権田にとって民衆娯楽とは、上から与えられる「結果」としての創造物ではなく、あくまで自発的に利用する創造の「過程」なのである。[86]

権田は、この自発的な創造過程としての民衆娯楽を抽象的な制度面と具体的な実践面の両面から説明している。前者については、「民衆」同様、民衆娯楽も資本主義による産物だという見方を示している。権田によれば、近代以前の娯楽は、それを創作するにしても受容するにしても、習練が必要であり、享受者は時間をかけて教養を積まなければ楽しめないものである。それに対して、浅草オペラ、浪花節、活動写真といった近代に登場し発達してきた娯楽は直観的な刺激に訴えるものなので教養のない素人でも楽しめる。[87] しかも、それは、生活の日用品と同じように、大量生産された安価な出来合いのものであり、それゆえに時間と金に乏しい「民衆」にとって手頃なものである。こうした生産と受容の仕方を可能にしたのが、資本主義産業にほかならないというわけなのだ。[88] しかし権田はまた、こうした制度的な説明をする一方で、民衆娯楽が「机上の抽象概念の産物ではなくて、社会生活が街頭より自然に生み出した具体的事物の産物」であることを強調した。[89] だからこそ、「民衆娯楽問題の原書は丸善にはありません、浅草にあります」と断言したり、[90] 興行場の入場者数が増えていることを参照しながら民衆娯楽が「社会事実によって作り出された」と評したりしたと考えられる[91]（図1-2）。権田はこのように言うことで「事実としての民衆娯楽」の重要性を強調し、その一方で官庁主導で教育に利用しようとする「政策としての民衆娯楽」を「作為の産」として批判した。[92] しかし同時に、権田は前者を「自然の産」と規定しているところからも窺えるように、彼の論じた民衆娯楽も彼なりの解釈であることを免れないにもかかわらず、それをあたかも客観的な事実であるかのように示しているという点には注意をしておく必要があるだろう。

図 1-2　大正末の浅草

いずれにせよ、民衆娯楽は、権田にとって資本主義の問題であり、同時に社会調査によって実態を把握されなければならない問題、すなわち社会問題だった。こうした見方は、概ね他の民衆娯楽論者にも共通している。すでに引用したように、教育学者の海野幸徳も、「現代産業及経済組織が（中略）民衆を生み出したのだが、この民衆の要求するところは、矢張り民衆娯楽に他ならぬ」と、民衆娯楽を資本主義の問題に関連づけている。[93] 一九一九年から三六年の間に大原社会問題研究所に勤めていた研究者の大林宗嗣も一九二二年刊行の著書『民衆娯楽の実際研究』の中で、カーク・パトリックの理論に依拠しながら産業革命以後の工場労働者の生活サイクルに合わせて民衆娯楽の特質を規定しようとしている。すなわち、産業革命以前は労働自体が「自由なる創造」であったが、産業革命により賃金制度が導入されると労働はその「自由なる創造」から分離し、労働とは異なる活動として新たに形成された娯楽がその役割を担うようになったというわけである。[94] 同様に、大阪市社会部調査課が刊行した『余暇生活の研究』も、「資本主義的大企業組織の下にある現代都市に於ては民衆の従事する仕事そのものが技術的には機械及分業の応用に拠り単調無味のものと化せるのみならず（中略）賃銀労働者として活動するに止まるが故に生産活動そのものに対して興味を見出すこと難く」というように、労働と余暇の分離を指摘し、それを資本主義に起因するものとして説明している。[95]こうした大林と大阪市社会部調査課の見解には、両者が同じように民衆娯楽を資本主義との関係で規定し、その上でそれぞれの調査の結果を記していることがわかる。両者には、制度的な説明と「実態」の説明を組み合わせている点で、権田と共通したロジックを指摘することができるだろう。

さらにここで確認しておきたいのは、これらの論者はいずれも民衆娯楽を、資本主義によって変容した生活全体にかかわる問題として論じているという点である。権田は資本主義によって生み出された「多数の無産者」、「同質の無産者」[96]にとっての娯楽を生活の観点から問題にした。工場での単調な労働に従事するために暇もなければ金もなく、労働が終われば疲労困憊の状態にある労働者にとって、望ましい娯楽とはどのようなものなのか、というのが彼の根本的な問題意識であった。[97]だからこそ、こうした「民衆」の生活全体のあり方を考慮せずに自分たちの従来の芸術観を押し付けようとする民衆芸術論を「文化主義」と呼んで批判したと言える。大林もまた「民衆」とりわけ工場労働者の生活パターン全体を問題にし、衣食住に直結する側面ばかりが注目されて、余暇や娯楽の重要性が無視されている傾向を憂うところから論を始めている。[98]そして大阪市社会部調査課も、「余暇利用は生産能力を高め之と同時に生産活動は亦余暇利用の能力を高むるべきものである。唯今日の如き資本主義的生産組織が存続する限りは余暇利用は都市民衆を人間として生活せしむるの時間として特に重要なる意義を有する」と記し、労働とセットで余暇と娯楽の問題を講じている。[99]こうした問題意識の背景には、先述のＩＬＯの会議をきっかけとした労働問題があったと考えられる。すなわち、民衆娯楽に注目が集まったのは、単に国内で浅草オペラ、浪花節、映画といった新しい娯楽形式が登場してきたからだけではなく、欧米を中心とした世界情勢の中で資本主義下の労働のあり方に注目が集まり、それとの関連で余暇や娯楽が生活の中の一側面として問題にされるようになったと言えるのである。ここでは紙幅の関係で触れるだけにとどめるが、そうした問題関心には、権田や大林が翻訳したり参照したりしたカール・ブッヒャー、ハインリッヒ・ヴェンティッヒ、ヴェルナー・ゾンバルト、カーク・ダグラス、ウィリアム・モリスなどによる経済と芸術・文化の関係に関する議論が国境を越えて影響していたことは言うまでもない。(100)

このように民衆娯楽は「民衆」と同じように社会問題として論議を巻き起こしたが、同時に民衆娯楽論は、彼らが理想とする社会主体へと「民衆」を向上させることに娯楽を役立てることを求めた。これがもっとも明白な形で表明されていたのが、後で考察する文部官僚を中心とした社会教育論であるが、権田をはじめとする民衆娯楽論もまた、ときとして社会教育に疑義を示しながらも、かなりの程度理論的に社会教育を支えるものとなっていた。それは、「民衆」の自発性、生活、男性性、国家の議論に関係している。まず、民衆娯楽論は、すでに見たように「民衆」が民衆娯楽に能動的にかかわる点を重視している。例えば大林は、一日二四時間の生活を「作業、娯楽、睡眠」の三つに八時間ずつ等配分すべきだというパトリックの論を紹介しながら、「娯楽」と「作業」の間を厳格に区別しようとする。すなわち、「作業」(労働や勉強)が工場などの制度によって強いられて(もしくは、収入を得るためなど何らかの実利的な目的のために半ば仕方なく)行う行為であるのに対し、「娯楽」は各個人が自分の意志で自由に楽しむものだというのである。こうした認識に立って大林は、「娯楽」と「鑑賞」を対比させ、後者が知識人に望ましいものとされているのに対して、前者は「種々の感覚的刺激による快感」と「苦痛や疲労を忘れて楽しむ心理」をもたらすゆえに「民衆」が好んで接触するものであると示唆している。(101) 権田もまた、知識人が与える娯楽ではなく、「民衆」自らが望み楽しむ娯楽に価値を置き、それが安価でわかりやすいという条件の上に成り立っている点を繰り返し強調した。(102) たとえそれが創造物ではなく創造過程であっても、「民衆の爲めではなしに、民衆によって、民衆の中から」出てくる創造こそが民衆娯楽だというわけである。(103) これに対して、内務省の検閲官でもあった橘は、「民衆の生む娯楽、民衆の所有する娯楽に就いてよりも、民衆の爲めの娯楽」を求めた。(104) 彼にとって民衆娯楽は、個々の生活と国家の両方に活力を与えるという明確な目的をもつべきものなのである。[105] ただし、これは、娯楽が知識人から強制されるべきものだという意味ではない。むしろ、橘は「真のプロパガンダ」について「芸術の花の影に隠れ、目的は底深く秘蔵して、容易に発見されない様にし然も初期の目的を達せんとする」と述べているように、[106] 目的をもちつつも、受け手がそれを意識することなく能動的にかかわることの重要性を認識していた。したがって、論に違いはあるにせよ、「民衆」の自発的なかかわり方を重視している点では、大林、権田、橘、その他の民衆娯楽論者、さらには後述する社会教育論者も皆共通していた。

これは、民衆娯楽の目的に対する見方にも当てはまる。従来の研究では、橘や官僚と、大林や権田などの論者は、同じ民衆娯楽を論じていても異なる考え方をしていると強調されることが多かった。[107]「民衆のための娯楽」を唱道する橘のような立場と「民衆による娯楽」を訴える権田のような立場は確かに対照的である。しかし、例えば大林は、「ディレッタンティズム」に陥らないように「教化的、道徳的基礎」を娯楽に求めた点、そして「知識的民衆」と「一般民衆」を区別し、現行の民衆娯楽に満足することなく、「科学、芸術、哲学、政治」の観点から前者が後者を新しい民衆娯楽の創造へと導くように唱道している点で、単に「民衆」が満足さえすればよいと考えていたわけではなかった。[108] 権田の場合は、一九二〇年代の論考では娯楽の創造過程を強調する一方でその目的や効用については曖昧なままにする傾向があったが、しかし彼もまた、後述するように、労働に見合った娯楽を規範にし、そこから逸脱した単なる消費としての娯楽の享受に対しては強い不快感を表明していた。したがって、権田は「民衆」の自発性だけを手放しで推奨していたわけではなかった。民衆娯楽論者は、ときとして民衆娯楽が自由で民主的であることを称揚したが、実際には彼らが理想とする規範を明に暗に設けていたのである。

この点で、大林も権田も、そして橘も、男性工場労働者の生活を中心的な規範にしている点は見過ごせない。大林によれば、娯楽の形態として「遊戯、歓楽道楽」、「慰安」、「休養、睡眠」の三つが考えられてきたが、いずれにせよそれは生活全体の中で「実生活の手段」である「作業」と区別されながら、同時にそれと組み合わせられるべきものであり、[109] その組み合わせの中で「作業によって失われたエネルギーと疲労を回復する」再創造（re-creation）の作用をもつべきものである。[110] 権田もまた、民衆娯楽を、労働で「疲労困憊」になった状態から回復する手段として位置づけ、それを「呑気で贅沢な道楽」と区別して、「実生活」にとって「必需品」であるべきものだと主張した。疲労を癒すためには「単なる安静、睡眠」のみでは不十分であり、「強烈な刺激の慰安」としての娯楽を通して「自分自身をリクリエート」する必要があるというのである。[111] その一方で、「村芝居」「草角力」「盆踊」のような「農村娯楽」は、都会の娯楽を導入することで「改造」すべきだと示唆している。[112] さらに彼は「民衆娯楽と女性」というテーマを扱いながらも、あくまで男性を民衆娯楽を観て楽しむ生活主体として位置づけ、女性を観られる客体として位置づけた。「アイディアリスティック」の時代から「リアリスティック」の時代になった近代を代表する「活動写真」では、男性観客にとって女形は「不自然」極まりなく、「名女形の妙技に感服するよりは、仮令芸は大根でも、女優の優しい声を聞き、肩や腰の曲線美に打たれて、陶然と酔った様な気分になる方が寧ろ望ましくなっている」というのである。[113] そして、橘もまた、娯楽の必要性は、「快楽のためよりも、神聖な活力を与えるリクリエーティヴなところに」あり、「明日の活動に資する」ためにこそ存在意義があると断言している。[114] このように、彼らは皆、労働と余暇を合理的に等配分した工場労働者の生活パターンを理想的な規範にして民衆娯楽を論じているのは明らかであろう。しかも、そこで暗黙のうちに娯楽を享受する主体として想定されているのは男性工場労働者であり、良妻賢母のイデオロギーを全うするにせよ、消費行動に走るにせよ、いずれの女性のあり方も無視されていた。ましてや、それ以外のジェンダーのあり方はまったく考慮されていない。先述した、「民衆娯楽の民衆は、有産特権階級と対立せず」、「一般公衆と同義」だという橘の言明は、こうしたジェンダー的偏向を隠蔽するものだったということは言うまでもない。

一方で、前節で見た「社会」は、後述する社会教育論では鍵となる概念になっていたが、民衆娯楽論ではほんんど触れられていない。これに対して「国家」は、少なくとも橘の論では一つの核をなしていた。彼にとって、民衆娯楽は個々の生活に活力を与えるだけでなく、国家を元気にするものでもある。その根拠として彼は、各国が民衆娯楽をプロパガンダに利用し始めていることを指摘している。(115)「プロパガンダ宣伝」には「善悪」があると、彼は言う。彼にとって「悪」のプロパガンダは、明示はしていないが明らかにマルクス主義のそれであり、既存の国家体制のイデオロギーを揺るがすものであった。同様に、もう一つの別の国家の秩序を脅かすものとして、アメリカ映画による「アメリカナイゼーション」にも警戒を示していることにもうなずける。こうした「悪」のプロパガンダについて、橘は「宣伝が芸術の仮面でくるとき厳密な社会的批判が不可欠」だとして、検閲の重要性を説いている。他方、彼にとっての「善」のプロパガンダは言うまでもなく当時の日本の国家体制のイデオロギーを広める娯楽である。とはいえ、「善悪」いずれにせよ、橘は、「宣伝だと意識させない」ところにプロパガンダの真髄を見ていた。(116)ここには、「国家」が「民衆」を従えるためには、それを強制するのではなく、むしろ「民衆」は、自ら進んで娯楽を楽しむ過程を通してしらずしらずのうちに「国家」を支えるイデオロギーを受け入れるという考え方が垣間見られる。一方、権田は当時、民衆娯楽を営利主義や国家の宣伝に利用することを批判し、現状を踏まえた「民衆生活の純化としての民衆娯楽」を推奨していた。(117)しかし、これまで見てきたように彼の論は、「民衆」が自発的に娯楽を楽しむ過程を強調していた点、そしてその過程を通して彼が理想とする労働者としての生活倫理を身につけることを期待していた点では、橘のプロパガンダ論に対抗するどころか、むしろそれに対して脆弱であり、それを下支えする論ですらあったと言うことができるだろう。実際、権田は、次章で詳しく見るように、一九三〇年代になると「民衆娯楽」を「国民娯楽」という言葉に置き換え、ナショナリズムに寄与する娯楽を推奨するようになる。橘と権田は、確かに従来の研究が指摘するように異なる面もあるが、その根底に共通する面があることも決して軽視できないのである。

ところで、ここまでは映画を他の民衆娯楽とあまり区別せずに論じてきた。実際、「民衆娯楽」が何を指すのかは論者によって異なっているところがあり、曖昧である。例えば、大林はいくつかのやり方で娯楽を分類しているが、その一つとして、「知的娯楽」（観光、美術館など）、「意的娯楽」（修練を要する柔道などの競技）、「本能的娯楽」（競争、遊戯、狩猟など）、「情感的娯楽」の四つに分け、「情感的娯楽」をさらに細かく「感覚的娯楽」（煙草、酒など）、「情緒的娯楽」（音楽、文学、彫刻など）、精神的娯楽（「自己催眠」など）、そして「総合的娯楽」に分類して、映画を演劇、舞踏、オペラとともにこの最後のカテゴリーに入れている。[118] 大阪市社会部による調査では、民衆娯楽施設として、「芝居」、「活動写真」、「寄席」（落語講談、浄瑠璃、浪花節）、「歌舞、音曲」（能楽素謡、琵琶、箏曲、尺八、長唄、舞踊、洋楽）、「雑」（相撲、諸芸）が挙げられている。[119] 権田の場合は、著作によって多少のばらつきがあるが、すでに指摘したように「寄席」、「劇場」、「活動写真」を三大民衆娯楽と呼んで、たびたびそれらの比較を行っている。[120] 当時「活動写真」と呼ばれていた映画は、こうした民衆娯楽全体の中でどのような位置にあると考えられていたのであろうか。論者や論の文脈によって違いはあるものの、概ね映画は他の民衆娯楽に対してそれほど特別なものとして論じられていたわけではなかった。むしろ、近代の民衆娯楽を象徴する先端的なものであることと、他と同じように興行の場をベースにしたものであることの、二つの側面が前景化される傾向にあった。

なるほど、アーロン・ジェローが論じるように、一九一一年にフランスで製作され同年に日本にも輸入されて公開された映画『ジゴマ』をきっかけにして、映画は、現実的に見える度合いが他の媒体（例えば原作の小説）に比べて極めて高いゆえにその社会的影響力が特別に大きいと認識された点で、他の芸術と区別されるようになったと見ることは可能である。[121] また、一九一七年八月に発布された東京府警視庁令の活動写真興行取締規則は、映画の固有性が認識された証だということもできる。従来映画は、演劇と同じ検閲規則で取り締まられていたからである。[122] 権田もまた、一九一四年に刊行した著書『活動写真の原理及応用』の中で、「形式美」と「内容美」という言葉を使いながら、「形式美」に根ざした舞台劇が全体として統一や構成を重視するのに対し、「内容美」を特徴とする「活動写真」は構成面よりも直接的に登場人物の意志や感情、さらには「実生活」そのものを観客に直感的に体験させるものだと論じた。[123] 権田はまた別のところで、一九一八年頃に「活動写真」の人気のために寄席が打撃を受けて衰退する傾向にあることを指摘しているように[124]、民衆娯楽の中で映画と別の娯楽が競合関係にあったことも示唆している。とはいえ、権田は、映画を民衆娯楽として論じる場合、その固有性を強調しているというよりも、むしろそれを民衆娯楽全体の先端的な象徴として語っているように見える。権田にとって民衆娯楽としての「活動写真」の特徴は、「複写」、「拡大映写」、「娯楽の企業化」を実現させた資本主義産業の産物であるという点にあり、またそれゆえに観客はたとえ教養がなくても、そこで大量生産される作品の刺激を短時間で安価に楽しむことができるという点にあった[125]。確かに、こうした点は、「活動写真」ならではの特性として認識されていたという側面もある。例えば、松村松盛も、おそらく権田に影響されながら、「活動写真より一層民衆的なものはない」と断言し、安価、短時間、刺激といった「活動写真」の特徴を「現代の民衆が生んだ芸術の中で驚異」だと記している[126]。しかし、固有性以上に重要な点として考慮すべきは、これまで論じてきたように、その特徴が男性工場労働者の生活パターンの中にある民衆娯楽の特徴として位置づけられていたという点である。この意味で、映画は特別な面があるとされつつも、あくまでも他の民衆娯楽と同じ土俵の上で語られていた。だからこそ、権田は、「活動写真」が他の民衆娯楽よりも「民衆」の生活に密着している点を前景化しながらも、まさにそれゆえに「活動写真」を「民衆が民衆の手によって民衆の間より生み出した娯楽」であることを強調したと言えるだろう[127]。

このことは、映画と他の民衆娯楽とに共通すると想定されていた、もう一つの重要な側面とも関係している。それは、いずれもが興行の場を基に論じられているという側面である。確かに、ときとして権田や大林は、場としての映画だけでなく、作品としての映画にも言及している。大林は、「活動写真」は営利化されているために好奇心を誘う「恋愛」、「犯罪」、「争闘冒険」、「滑稽」、「社会暗闇」といったテーマが多いなどと指摘している[128]。権田は、「西洋物」は科学、歴史、地理、自由平等の精神を伝えるという意味で知的教育に優れている一方で、犯罪などの「知識の悪用」や「接吻などの風俗」を見せる点で問題があり、「日本物」は「家族主義的精神」を伝える点で情意教育に利点がある一方で、「忍術もの」のように科学を蔑視し論理的思考を惑わしたり、女性をひ弱に描いたりしている点で容認しがたいと示唆している。[129] こうした認識は、興行の場には必ずしも規定されていない。橘はさらに多くの箇所で、作品内容の観点から映画の「善悪」を論じていた。[130] しかしながら、民衆娯楽論では、映画は他の民衆娯楽とともに、興行の場と分かちがたく結びつくものとして想定されていたところが大きい。大林がパトリックに倣って主張した、「労働、余暇、睡眠」の三つによる生活の等分割という、先述の考え方は、時間による均等な区分であると同時に、労働の場、娯楽の場、家庭という、場による区分けとして見ることも可能である。[131] また、民衆娯楽調査員は浅草などの興行場まで足を運んで調査を行った。[132] のちに鶴見俊輔が権田の考え方の特徴として際立たせたように、権田は、「東京の人は、「活動」を見に浅草にいくのではありません。「浅草」の活動を見に行くのです」と断言していた。[133] 鶴見が言うように、映画に対するこうした姿勢は、単に試写室という特権的な空間で映画を芸術として批評する態度とは明らかに異なっている。[134] 加えて、活動写真興行取締規則も、その名称に「興行」と付いているところからも窺えるように、その比重は興行にあり、民衆娯楽論の理解する興行場をベースにした映画の考え方に一致している。全六章のうち「フイルム」の検閲について述べている章は一章だけであり、それに対して「興行場」、「説明者」、「興行」にそれぞれ一章分が割り当てられているのだ。[135] さらに重要なことに、権田や大林のような民衆娯楽論者の言う民衆娯楽は、特定の場を占める施設で上演または上映されるものであり、一九二〇年代中頃に産業として成立してくる機械性複製技術をベースにした書籍（とくに円本）、雑誌、レコードといった類いの娯楽はたいていの場合考慮されておらず、また新聞、広告、写真といった報道や宣伝を主たる目的とした（とはいえ、娯楽的な要素も含む）媒体も排除されていた。一九二五年に始まったラジオも同様である。民衆娯楽論にとっての映画とは、あくまで場に根ざした娯楽であり、複製技術としての特徴はそれほど重要ではなかったのである。

以上のことから、民衆娯楽としての映画と「民衆」について、三つの要点を強調しておきたい。第一に、民衆娯楽としての映画は、男性工場労働者を暗黙のモデルにした生活パターンの一部として考えられ、その観点から「民衆」は論者が理想とする生活の自己規律的な主体となることが期待された。第二に、それゆえに、映画は作品（主題、物語展開、形式）として以上に、生活パターンにおける「労働」とのバランスから、身体に刺激を与える場として考えられる傾向にあった。そして第三に、「民衆」はそれを強制ではなく、自発的に楽しむ過程を通してしらずしらずのうちに生活を自己管理する主体になると想定された。要するに、民衆娯楽論は総じて、社会問題として発見された「民衆」が、そこで理想化された自己規律的な「民衆」へと陶冶されることを期待した。これから見ていくように、文部官僚が中心となって進めた社会教育論は、「社会」という概念を前面に出している点などで、民衆娯楽論とまったく同じだとは言えない。しかし、その根底では、ここで述べてきた多くの点を共有していたことは間違いないだろう。

## 社会教育としての映画と「民衆」

権田は社会教育を批判することもあれば、推奨することもあった。一九二一年刊行の『民衆娯楽問題』の中では批判している。学校の枠を超えて教育を「民衆化」することは「一種の押売り」であり、机上の空論だというのである。そして、「民衆」の「社会事実生活」を観察すればわかるように、「活動写真は女子供の玩具から現代社会の枢要に」なっていると説いている。ここにはジェンダーに関する偏向があることは明らかだが、権田の意図としては、映画などの娯楽は上から押し付けられるべきものではなく、「民衆」自らが選んでそれを楽しむ過程にその意義があるということであろう。しかし、その一方で、権田は映画の教育的効果や教育的利用の必要性をいたるところで説いていた。例えば、『社会と教化』一九二二年二月号に掲載された講演記録では、社会教育への映画の積極的な利用が実現されつつある状況を高く評価している。[136] 確かに権田と文部官僚は必ずしも良好な関係にあるとは言えなかった。一九二〇年四月に文部省内に民衆娯楽調査委員会が設置された際、権田は橘らとともにその委員となり[137]、同年六月開催の社会教育講習会と翌二一年二月開催の活動写真説明講習会で講師を務めている。いずれも文部省が主催しているものである。しかし、一九二三年二月には、権田と橘を含む多くの委員が民衆娯楽調査委員会を辞した。文部省の乗杉は当時社会主義者の溜まり場だとみなされていた大原社会問題研究所に権田が関係しているにもかかわらず彼を受け入れた一方で委員会を通して[138]、二人は不仲になったとも伝えられている[139]。だがその後、権田は一九二七年七月に文部省が主催した全国教育映画事務担当教育者講習会の講師を務め、同年一〇月までに文部省嘱託に復帰し[140]、以後四三年まで文部省の社会教育政策に携わることになった[141]。

このように権田と文部省の関係は曖昧で、紆余曲折していたところもあったが、実際の人間関係がどうあったにせよ、これから見ていくように、権田の論は他の民衆娯楽論とともに、文部官僚が推進した社会教育論にかなりの程度影響を与えていたと言える。社会教育論は、一方で、この時代に思想言説でも議論の的になっていた「社会」を「国家」にもつながるものとして概念化し、社会問題として発見された「民衆」をその「社会」の主体へと導くことを目標に掲げた。この点で、それほどあからさまに教育の必要性を強調していなかった民衆娯楽論とは幾分異なっている。他方で、「民衆」自らが主体的に娯楽にかかわる過程を重視し、それを通して自己規律的な主体へと陶冶することを想定していた点には明らかに民衆娯楽論の影響を見て取ることができる。さらに重要なことに、労働者を生み出した資本主義を受け入れながらも逸脱的な消費文化に批判的だった権田に呼応するかのように、文部官僚たちは資本主義に対抗する社会教育論と映画制作を推進するようになった。

すでに言及したように民衆娯楽は当初、「民衆」自体と同様に、社会問題として発見されたが、次第にそれを教育的に利用しようという声が強くなった。この軌跡は、とりわけ「活動写真」をめぐる言説に顕著である。「活動写真」の社会的害悪がジャーナリストや教育関係者の間で危ぶまれるようになった一つの大きなきっかけは、先述した一九一一年公開のフランス映画『ジゴマ』だった[142]。その後、帝国教育会はその機関誌『帝国教育』一九一七年四月号で「活動写真取締に関する決議」を発表し、文部省と警察の連携による監視、検閲基準の統一、弁士の許可制、衛生と風紀の改善、一四歳以下の児童の夜間入場禁止などの規制を呼びかけた[143]。続く五月号では「活動写真」の特集を組み、権田と秋山暉二に委託した調査の結果を掲載するとともに、学校長、医者、大学教授、官僚などによる否定的なコメント――とりわけ児童に対する害悪を危ぶむ声――を多く載せた[144]。この動きが、同年八月の警視庁令「活動写真興行取締規則」の施行につながる。文部省もまた、一九二〇年代初めに、各府県に映画の利害について報告するよう命じた[145]。しかし、ここで注目すべきことは、そうした映画への批判に対して、興行場と、映画作品または映画自体とを分けて映画を肯定的に支持しようとする言説が増えてくるという現象である。権田と秋山の調査は、「フイルム全体を目して教育上有害なるものなりと断ずるは早計（中略）児童はフイルム館に赴き、活動写真館内の空気に触るるてふ点よりして活動写真の悪影響を享受しつつあるものなり」と結論づけたが[146]、こうした見方が広がったのである。例えば、大林も、「必ずしも芝居〔活動写真〕その物が悪いのではなくして芝居的環境が悪い場合が極めて多いのである」と述べている[147]。松村松盛の『民衆之教化』（一九二二年）もまた、子どもに焦点を合わせているとはいえ、「活動写真」の有益性（知識、勧善懲悪の道徳、感情陶冶、趣味常識の養成など一二点）と有害性（醜悪な説明者、睡眠不足、光線の刺激、犯罪描写、換気、時間浪費など二四点）の両方を列挙し、「以上有害と認むる点は要するに、映画の内容に関するもの、説明者に関するもの、設備に関するもの及興行場に関するものであって、活動写真其のものの本質に属する欠点でなく何れも絶対的に改善可能な事柄計りであります」と締めくくっている[148]。要するに、大林が一九二二年の著書の中で「一時は活動写真の弊害のみを見るに峻厳であった人々も近頃は漸く其の特質を認め（中略）進んで此等を善導」しようとしていると指摘しているように[149]、興行場と映画作品の二つのレベルで「改善」すれば、映画は教育的な利用価値があるという認識が強くなっていった。その「改善」の方法については後ほどより詳しく検討するが、この時代の官僚は、一九三〇年代とは異なり、映画産業全体を統制することで資本主義を利用しようとするよりも、むしろ資本主義が生み出す「営利本位」の映画に対抗することに主眼を置いていた[150]。このことは、文部官僚たちが資本主義に対峙する形で打ち出していた「社会」の概念に呼応する点で極めて重要である。ここで、社会教育論が映画や民衆娯楽をどのように利用しようしていたのかを検討する前に、社会教育論自体がどのように成立し、そこで「社会」と「民衆」がどう構想されたのかを確認しておきたい。

興味深いことに、映画をはじめとする民衆娯楽に教育的な価値が認められるようになった経緯は、文部省内の「通俗教育委員会」が、「社会」という名称を冠した「社会教育委員会」へと再編される過程と軌を一にしている。一九一九年六月に文部省普通学務局内に新設された第四課の課長・乗杉以下の新世代の文部官僚たちは「社会教育」を、従来の「通俗教育」と差別化しながら打ち出した。[151]「通俗教育」は一九一一年五月に文部省内に設立された通俗教育調査委員会によって推進されたものであり、この言葉は第四課が設置されたのちもしばらく使用され続けた。しかし、一九二〇年代に入るとそれが「社会教育」に置き換えられることとなる。これは、一九二〇年一〇月に第四課のスタッフを中心に創設された社会教育研究会や、二一年一月に創刊した雑誌『社会と教化』を見ても明らかであり、この雑誌は二四年一月号より『社会教育』と改称された。「社会教育」を主題に掲げる文部官僚たちの著書――江幡『社会教育の実際的研究』（一九二一年）、乗杉『社会教育の実際』（一九二三年）、中田『娯楽の研究』（一九二四年）など――が立て続けに刊行されたのもこの時期である。[152]このような経緯で打ち出された「社会教育」という概念は、二つの点で「通俗教育」とは微妙だが決定的に異なる意味合いを帯びていた。第一に、政府や知識人が下層の人々に知識をわかりやすく伝え指導する「通俗教育」に対して、「社会教育」は、「民衆」が強制と感じることなく自発的に学ぶ――より正確に言えば、学んでいると自覚することなく学ぶように導く――ことを理想とした。その過程を通して、「単に法令の威力を以て社会民衆を統御するよりも、更に民衆個々の者が各自の胸に小さなる政府を其の身に体現し得る国民を作り出す事が行政の主要なる目的」とされた。[153]第二に、「通俗教育」は大日本帝国憲法や教育勅語に一致する道徳や知識の教化を意味するにすぎなかったが、「社会教育」は社会全体の「改造」を目指して行われるものと考えられた。江幡はその著書『社会教育の実際的研究』を次のような文言で始めている。「今や世界の人類は生活の一大回転機に逢着した。政治の改造、生活の改造、教育の革新といつた様な声が思想界に充満している」[154]。実際、この時期、「改造」という言葉は、一九一九年四月に創刊された左翼的な雑誌『改造』から、同年に国粋主義者・北一輝が上海にて執筆した『日本改造法案大綱』に至るまで、知識人たちの間で広く使用された一種の流行語であり、立場の違いはさまざまであるにしろいずれも社会全体の構造的な変革を目指すものだった。

この主張が、これまでに見てきた、日清戦争から第一次世界大戦へと至る中で展開した地政学的な情勢や、資本主義の興隆とともに顕著になってきたさまざまな現代的な問題に対する意識と密接に結びついていたことは言うまでもない。文部官僚は、一方では、帝国主義的な前提に立ちながら、「民衆」が「社会教育」を通して「国民」としての自覚を養い、それによって世界における国家の地位を列強に匹敵するほどに向上させることを目標の一つに掲げた[155]。他方、(失業や過酷な労働条件をめぐる)労働問題、労働争議、貧困問題、(日比谷焼き討ち事件から米騒動に至るまでの)暴動、(民主主義、社会主義、共産主義をめぐる)思想問題を明に暗に指摘し、教育によって社会全体を改造することがこれらいっさいの問題解決につながると唱えた。先述の江幡の「改造」についての発言は、その端的な例である。確かに、乗杉はある箇所で、社会教育の目標を「思想問題」、「生活改善の運動」、「職業の指導」として、より具体的な内容を、「趣味」向上、「国民の体質の改造や体力の増進」、「公衆衛生」、「社会の健康」、「活動能率」増進、「社会に於ける弱者」の「教育的救済」のように広範囲にわたって列挙している[156]。しかし、「国家」と「社会」、とりわけ「社会」という概念が彼らの社会教育論の根幹を成していることには変わりがなかった。

乗杉によれば、「社会とは精神的交通を有する個人の形成する団体である」。またそれを、「共同目的を有する人格者をその要素とする有機的の団体」とも言い換えている[157]。ここには、単に天皇中心の国家主義に直結する思想ということだけでは割り切れない微妙なニュアンスが含まれていることが感じられるだろう。実際、乗杉の唱える「社会」は、「デモクラシー」、社会主義、資本主義という、当時興隆してきた三つの大きな政治的・経済的・思想的潮流に対して両義的な意味合いをもっていた。すでに言及したように、欧米中心の帝国主義的な世界の文脈にあって、乗杉たちが「社会」を国家の基盤として考えていたことは確かである[158]。これは、一九世紀末以来日本の植民地主義的な言説では、日本の帝国主義的拡張と植民地の獲得が国内の社会問題を解決するための特効薬と考えられていたことと一致している[159]。この点で、彼らは、国家に対して個人を優先させるほどの民主主義的な考え方を推奨することはなかった。社会主義に対する拒絶はさらにはっきりしていた。乗杉は、従来文部省で「社会教育」という言葉が公式に採用されなかったのは、「社会」という言葉が社会主義を思わせるからだと示唆している[160]。官僚たちは、さまざまな箇所で、社会主義を共産主義とともに危険思想と明言し、それが帝国憲法や教育勅語によって正当化された天皇中心の国家体制を脅かすと恐れた[161]。他方、資本主義はあからさまに言及されることはあまりなかったが、乗杉たちが資本主義的な原則を社会教育政策に組み込もうとしていたことは疑い得ない。先述のように、彼らが一九二〇年一月に生活改善同盟会を設立し、旧慣因習に対して日常生活の「合理化」と「能率化」を推奨しながら経済力の確保を図ったことは、そのことを端的に物語っている。彼らは時間の浪費を戒めながら、計画的な時間管理と時間厳守を労働と生活の両面にわたって浸透させようとしていた[162]。

しかし、新世代文部官僚が、民主主義的な考え方や社会主義的な考え方を取り入れ、その一方で国民の生活を守るために資本主義への対策を考えていたことも確かである。彼らはしばしば、「自主自立」、「公共心」、「共同心」、「機会均等」の達成を、自分たちの理想とする「社会」の原理として強調した。乗杉は、人々が自主自立することにより、国家権力に頼ることなく自主的に国民国家の一員として行動することを期待している[163]。そして、国民としての責任を果たすことで君主国でも個人の自由がある程度尊重されるべきだと論じている[164]。と同時にまた、彼は、人々が「社会」の一員であることを自覚し、積極的にお互いを助け合うためにも自主自立もしくは「自治」の精神が必要だと唱えている[165]。こうした考えが当時の「デモクラシー」の考え方と密接に結びついていることは、当時、影響力のあった教育学者、春山作樹の次の言葉を参照すればわかりやすい。

社会教育組織化を必要ならしめたのは今日のデモクラシーである（中略）階級主義的社会では一部少数の指導者だけが十分の教育を受けて居れば他の多数の者は教育を受けなくとも教養のある指導者に随従すれば安全な生活をすることも出来また社会全体も幸福であった。（中略）然るに今日のデモクラチックな社会に於ては此少数者の負担した責任をすべての人が連帯で果たさなければならない。[166]

要するに社会教育論の考え方には、何らかの民主主義的な考えと社会主義的な考えが混じり合い、それが「公共心」や「共同心」といった他の目標とも結びついていることが容易に見て取れるだろう。これらの目標はさらに、暴動や（民主主義を含む）「外来思想」への抑止力として設定されるとともに、システムとしての資本主義の興隆がもたらしたと考えられたもの、すなわち「私利私欲」、「快楽主義」、他人への無関心に対する対抗策としても説明されている。[167]「機会均等」の主張もまた、社会教育は学校教育とは違ってどの階級の人々にも同等に教育の機会を提供するという見識に基づいている。[168] 要するに、新世代文部官僚が夢見た「社会教育」と「社会」は、資本主義、民主主義、社会主義に根本的に相反するものでもなければ、完全に同調するものでもなかった。あるいはまた、「国家」に絶対的に従属するものでもなかった。

社会教育論は、「民衆」をこうした性格をもつ「社会」の主体へと導くことを唱えていた。そこでは、これまでの節で見てきたことに一致して、「民衆」が二つの段階で把握されている。一つは現状の社会問題としての「民衆」、もう一つは規範としての「民衆」である。いずれの「民衆」も、権田らの民衆娯楽論者と同じように都市の男性工場労働者をモデルにしている場合が多く見られるが、地方の農民も広く考慮に入れられており、ジェンダー的・帝国主義的な偏向があるものの、少なくとも表向きにはあらゆる階層の人々が想定されていた。現状としての「民衆」は、「刹那主義」、「個人主義」、「快楽主義」、「利己主義」に走る場合が少なくなく、暴動や労働争議などに接すればル・ボン的な意味での「群衆」――すなわち、ある刺激をもとに、興奮しやすく判断力を欠き、感情を容易に爆発させるといった特徴を共有する人々の集合――ともなると考えられた[169]。これに対し、規範としての「民衆」は、「効率」、「公共心」、「相互扶助」、「連帯」、「自主性」といった経済的・倫理的了解をもとに「有機的な関係」をもちながら「社会」を構成する人たちとして、さらにはそのことを自覚している人たちとして構想された。文部省監掌官の山内雄太郎が、「個人も社会的関係を離れて、単独には考へられぬ、社会の一員として初めて意義ある生存と発展を期し得る」と述べているのは、そうした考えの端的な例である[170]。このように規範化された「民衆」が、柳田國男の言う「常民」、クラカウアーの言う「大衆」、ユルゲン・ハーバーマスの言う「市民」のいずれとも異なっている点は特筆に値する。「民衆」は、伝統的な習俗や慣習を担う「常民」とは異なり、近代的な人々として設定されている。他方、「民衆」は有機的な関係として構想されていた点で、資本主義システムの歯車としての個人の機能的集合と目された「大衆」とは別ものである。しかしまた、「外来思想」への「合理的」な批判力を養うことが奨励されながらも、「民衆」同士の自由闊達な議論がまったく想定されていない点で、「市民」とは決定的に違っている[171]。

このように、社会教育論が想定した規範としての「民衆」は、「デモクラシー」、資本主義、社会主義、国家主義に対して両義的である。とはいえ、重要なのは、これを、「社会」をめぐる思想言説が活発化した一九二〇年代の歴史的な文脈との関連で考えることだろう。確かに、一方では、社会教育論は、「民衆」個々人の幸福や相互支援の重要性をたびたび強調した。乗杉は言う。「我が国の国家社会を基礎とせる団体生活が、あらゆる個人の幸福を齎す基礎であることを領得して、社会生活の共同並に公共の精神を旺盛にすることに努めねばならぬ[172]」。こうした文言からは、新世代文部官僚が、国家に忠実な国民を育てることに終始するよりも、「民衆」と国家を調和的に媒介する「社会」なるものを想定し、それを担う主体へと「民衆」を育てることに大きな力点を置いていたことが読み取れる。その点で、思想言説が「社会」を「国家」に還元できないものとして論じたことにも符合するところがある。同時に、それが、資本主義に対抗しようとする見方である点も見過ごせない。他方、これまでに見てきたように、社会教育論の想定する「社会」は、当時の思想言説が概念化した「社会」よりも「国家」に従属する面が強いのは明らかだ。だからこそ、社会教育論は、「民衆」に、帝国主義に支配された世界の地政学にあって国家を支える国民たるべきことを求めたし、反国家的な態度や思想をもつことを容認しなかった。

さらに、民衆娯楽論が、階級差を強調していたのに対して、社会教育論はそれを無化していたことにも留意すべきである。つまるところ、社会教育論が規範化する「民衆」は、階級に限らず、ジェンダー、エスニシティ、地域などにまつわる格差や差別があたかも存在しないかのように想定する考え方が基盤となっている、均質な人々の集団だった。そこには歴史学者・松尾尊兊が七つの階層に分けて示した大正デモクラシーの担い手としての「民衆」――貧民層、職人層、無産階級、都市中間層、中小商工業者層、新聞、反藩閥急進グループ――がすべて含まれていたと考えることは可能だが、それらの間の格差や軋轢がどこまで考慮されていたかは疑問である。[173] むしろ、その相互扶助を唱える言説は、誰もが同じように貧困その他の社会問題に苦しんでいることを前提とするがゆえに、そもそもの格差を隠蔽する側面をもっていたと言える。『キング』が「専制的でなく民衆的」であることを謳い文句に年齢、性別、職業を超えて読者を均質な消費者として開拓しようとしたとすれば、社会教育論は「民衆」を「社会」の均質な主体にしようとした。それはまた、戸坂潤が一九三七年の論考の中で回顧的に批判したような、政治的急進性が払拭された主体でもあった。[174]

社会教育論において、「民衆」をそうした「社会」の主体に養成する手段として期待されたのが民衆娯楽であり、なかでも映画である。むろん、社会教育の手段は広範囲に及んでいた。図書館、図書巡回、読書会、講演会、生活改善運動、展覧会、育英事業、青年団などの民間団体の指導、社会事業（例えば、貧困対策、失業対策）など多岐にわたっている。[175] この意味で、社会教育の手段は民衆娯楽論の論じる範囲をはるかに超えている。社会教育論では、民衆娯楽は、あくまでもそれらの他の諸々の手段と並列的に位置づけられながら、法令上、演劇、寄席、「観物」、「活動写真」から成るとされていた。[176] これらの社会教育の手段は全体として、学校の拡張・開放ともいわれる一方で[177]、学校と違って規則や義務があるわけではなく、実生活に根ざし、なおかつ「民衆」が自ら選ぶ自由があるところに価値があるとされた。実生活のなかで意図せず学ぶ行為であることから、江幡はこれを「無意的社会教育」と呼び、それまでの「有意的社会教育」からの転換を促している[178]。この考え方が、しらずしらずに学ぶ過程を重視した民衆娯楽論に呼応していることは明らかだろう。

社会教育論が民衆娯楽を教育的手段として有意義だと考えた理由は、主として三点ある。第一に、民衆娯楽は芸術的な要素を含むことから、美学的に洗練された作品を享受すれば、「趣味」の向上が期待でき、ひいてはそれが道徳と思想の陶冶につながると考えられた。「趣味」という考え方は、一九〇〇年代から一〇年代にかけて、意匠に力を入れて流行を喚起することで消費を誘おうとした三越に代表される百貨店的な消費文化と、知識人による教養主義的な美的感覚とが複雑に絡まり合うなかで流布したと言われているが[179]、乗杉もまた「趣味」は単なる美的センスの問題ではなく道徳と思想にも直結するものと想定していた[180]。こうした見方は、「活動写真の享楽的態度」の「矯正を希望すると同時に、〔教育関係者の〕活動写真」に対する「間違っている価値判断をも避け」、「その誤らない本当の趣味を発揮させ」ることを説いた『活動写真の原理及応用』の権田にも共通している[181]。第二に、社会教育論は、民衆娯楽論と同じように、民衆娯楽を生活パターン全体の一部として考える傾向にあった。上記の「実生活」を強調した江幡の言及に加えて、「生活苦の疲労を癒す[182]」や「元気の泉であり、活力の源泉」、「身体的に勢力を増進するばかりでなく精神的に精力を増進する[183]」といった松村や中田の表現を例として挙げることができるだろう。そして第三に、民衆娯楽は快楽をもたらすので、「民衆」は強制されることなく、それぞれの娯楽の過程を楽しみながら、自主的に学習して自己規律的な主体になるということが期待された。確かに、こうした見方には葛藤を伴うこともあった。例えば、小尾範治は、教養主義的な観点から、「民衆」が娯楽に感じる快楽が「創造的要求によるものか、享楽主義的態度か」を訝った[184]。乗杉もまた、「健全なる娯楽による正当な人生の快楽」があると言いながら、「現状は人生を純化するよりも堕落せしめる効果」が大きいと嘆いた[185]。とはいえ、両者はともに、「民衆」が自主的にかかわるところに教育手段としての民衆娯楽の積極的な可能性を見出し、他の論者とともに、とりわけその効果を映画に期待した。

映画は、これら三つの教育手段としての特徴をもつ民衆娯楽の代表格とみなされた。さらに強調しておきたいのは、社会教育論において映画は、民衆娯楽論においてと同様に、他の民衆娯楽――演劇、寄席、「観物」――と同じく、場に規定されるものとみなされる傾向にあったということである。二つの論ではともに、映画が、新聞、雑誌、円本、レコードなどの、一九二〇年代までに産業として興隆してくる、機械性複製技術に根ざしたメディアと同列のものとして論じられることは稀だった。言い換えれば、民衆娯楽論と社会教育論は、映画を、複製されることによって時空を超えて情報を拡散するメディアとしてみなすよりも、他の民衆娯楽と同じくその時その場のプロセスを楽しむ娯楽であり、同時にそれが学習としても成り立つ場であるとみなしていた。さらに言えば、生活全体の中で、「余暇」が「労働」および「睡眠」とセットで一つの時間帯（八時間）として区分されると同時に、「余暇」の一部である「娯楽」は、「労働」の場（とくに工場）および「睡眠」の場（家庭）とセットで、一つの場として考えられていたと言える。だからこそ、民衆娯楽論の影響を色濃く受けていた社会教育論は、次章以降で見る一九三〇年代の行政とは異なって、産業全体を統制し指導しようとするよりも、興行の場と個々の作品を問題にすることに終始したと考えられる。

このような観点から映画は他の民衆娯楽と同等もしくは代表的なものとして論じられたが、しかしそれが社会教育にとって他に類を見ない特別なものとして有効だと考えられたことも確かである。それは、一つには、一九一〇年代から映画の著しい人気が認められ、まさに「民衆的」と呼ぶにふさわしい娯楽になっていたということがある。このことは、一九二一年に普通学務局第四課が実施した第一回全国民衆娯楽調査にも明らかだった。この調査は、他の娯楽に比べて映画を愛好している人たちが全国的に多いことを示していた[186]。そのように圧倒的な人気があることは、多数の人たちが義務としてではなく自ら進んで映画を見に行くということだと受け止められた。それはまた、学校教育とは異なるメリットとして説明され、現代的な問題に対処するためには学校をすでに卒業した人たちを対象に広範囲にわたって教育すること、すなわち社会教育を施す場が必要だという見方につながっていた[187]。自発的に接するという点で、映画は「意図的な教育」である学校教育よりも「無意図的」な教育である「社会教育」に向いているという意見がたびたび表明された[188]。

映画が「社会教育」の特別な手段だと考えられたのには、それが他の既存のメディアと違って知識から感情、身体感覚に至るまで人に全面的に影響を及ぼすと考えられたからということもあった。『ジゴマ』から活動写真興行取締規則の発令に至るまでの、映画弊害論はそのことを端的に物語っている。興行場も含めて映画は、犯罪の知識から映画館における猥雑な身体接触に至るまで、観客に悪影響を及ぼすと考えられた[189]。しかし、内務省と違って、文部省関係者の関心は、悪影響ばかりに目を向けてそれを抑圧することよりも、むしろ良い影響に注目してそれを積極的に教育に利用することにあった。だからこそ、権田と同じように、松村も中田も海野も映画の弊害と利点の両方を列挙した上で、知識から感情に至るまでの教育的有効性を指摘したと言える[190]。先述の通り、生活パターンの観点から、労働で疲れた心身を癒すという意味で、身体的な刺激も肯定的に語られた。こうした文脈においてとりわけ興味深いのは、社会教育論が、映画の教育上の利点として感情へ訴えかける力に注目したという事実である。

山根幹人はその典型的な論者の一人である。彼は、映画雑誌の記者から映画製作に転じ[191]、一九二一年には内務省の民力涵養映画の監督を担当するとともに、この頃から『社会と教化』誌にたびたび寄稿するなどして文部省ともかかわりをもっていた。山根によれば、映画は「感化力」を備え、物語を冷静に理解させるよりも、情熱を掻き立て「同感、共鳴、会得」を呼ぶことに長けている。したがって、映画は難しい講演よりも、都会の人であろうが田舎の人であろうがはるかに多くの人々を惹きつける力があり、これを教育的に巧く利用すれば、個々バラバラの「群衆」を社会的に連帯した「団体」へとしらずしらずのうちに導くことができる、というのである[192]。知識の獲得から感覚的な刺激や感情に至るまでの広範囲にわたる映画の効力は、究極的には人格形成や生活態度にまで及ぶと指摘されることもあった。[193] とはいえ、彼らは一見して人々への映画の全面的な感化力を指摘しているように見えながら、実際にはそこから漏れていたことも多く、例えば観客個々人の深い考察を触発する映画の可能性に言及することがなかったことを見過ごすことはできない。

加えて、映画はすぐれて近代的なメディアであり近代生活にもっとも適合しているという理由でも、「社会教育」にとって有益であると考えられた。例えば、近代生活は、電車の音、道路、建築の音、人々の騒がしさ、看板の色などさまざまな刺激に満ち溢れており、刺激を与えることを特徴とする映画は（芝居よりも）この環境に適しているという見解があった。[194] また、近代の生活スタイルに映画を位置づけようとする見方も珍しくなかった。中田は、この種の説明を、近年「産業の変革、交通の進歩、教育の普及」によって社会生活が一変してきたという認識を示すところから始めている。そして、そのために経済競争が激しくなり、平和な家庭に亀裂が生じ、能率化・機械化が図られ、生活が窮迫し、労働過多となり、疲労困憊するという事態が起こってきたと指摘する。だからこそ、現代人には仕事の疲労から回復するための娯楽が必要であり、手軽に効率よく大人数で刺激を楽しめる映画こそがその娯楽として最適だというのである。[195] ここでもまた、単に学習の機会としてのみでなく、彼らが理想とする生活パターンに映画を組み込もうとする意図が感じられる。映画を観るという行為は、労働と余暇のバランスを計画的にデザインする近代生活の理想の下で重視されたのである。

とはいえ、最後に確認しておかなければならないのは、文部官僚たちが理念化してきた社会教育論が、実際にどれほど効果があったのか、あるいは効果は正確に計れないにしても彼らの政策はどれほど実効性があったのかという点である。これまで見てきたように、文部省の政策の大きな目標は、民衆娯楽とりわけ映画を通して、「民衆」が自ら進んでしらずしらずのうちに「自治的精神」、「公共心」、「相互扶助」に支えられた「社会」の主体となるように導くことである。その主体は、生活の自己規律的な主体であると同時に、官僚たちが理想とする美的感覚、道徳、思想を総合的に兼ね備えた「人格」であることが期待された。そのようにして陶治された「民衆」であれば、西洋の列強の国々に比べても恥ずかしくないというのが、彼らのシナリオであった。

結論から言えば、一九二〇年代の文部省の政策は、三〇年代の映画統制と「国民」の再編にもつながる重要な基盤となった一方で、理念が先行し、実際には「民衆」は必ずしも「社会」主体になったとは言えず、それどころか少なからず社会問題のままであったことが窺える。確かに、文部省の政策理念が「通俗教育」から「社会教育」へと転換する中で、実践的な映画政策も変化したのは明らかである。一九一〇年代の映画政策は、幻燈や「活動写真」を道徳や技術的知識の伝授に利用したり、その目的に見合ったものを認可したりする傾向が強く、観客が主体的にかかわるプロセスを利用して「人格」を総合的に養成しようという意図は感じられないものだった。当時は、写し絵がもっぱら見世物として興行的に利用されていたのに対して、幻燈が知識を伝達する補助的な道具として利用されていた。[196] 例えば、幻燈は、学校で識字能力の低い人々も多い父兄に教育制度を理解させるために利用されたり、[197] 日露戦争の状況を説明するための講話会で使われたりし、後者はまさに「幻燈会」とも呼ばれた。こうした状況からは、幻燈が、「活動写真」とともに、学校教育の枠外で、一般「民衆」への啓蒙を目的とする「通俗教育」の手段として機能していたことがわかる。一九一一年五月の通俗教育委員会の設置に続いて同年一〇月に同委員会によって「幻燈映画及活動写真フィルム審査規程」が発表され、一三年六月の同委員会の改組に伴ってその七月に「幻灯映画及活動写真フィルム認定規程」が改めて制定されて、教育勅語を基準に作品が認定を受けるようになったが、その規程はそれらの視覚媒体を教育に利用することを承認するためのものであって、積極的に推奨するものではなかった。[198]

これに対して、文部省は一九二〇年代になると、新官僚たちがちょうどその頃唱道し始めた、「社会教育」のために映画を積極的に利用する政策をとるようになった。一九二〇年四月に設置された「民衆娯楽に関する調査委員会」では認定だけでなく「優良フイルム」を推薦することになったし、その六月開催の社会教育講習会や翌二一年二月開催の活動写真説明講習会では、興行者や弁士の「道徳的」向上が図られるとともに、「活動写真」やその他の民衆娯楽が教育手段としていかに有効であるかが講じられた[199]。また、会期中一三万人もの来場者があったという、一九二一年一一月二〇日から同年一二月一〇日に開催された文部省主催の活動写真展覧会でも、さまざまな展示やデモンストレーションを通して、従来の害悪を及ぼす社会問題として批判されていた映画のネガティヴなイメージを払拭し、教育的に有効な媒体であることを公共的に知らしめる努力がなされた[200]。さらに、文部省は一九二〇年代初めから主として東京シネマ商会（一四年創立）に教育映画制作を委託していたが、二三年からは自ら映画制作にも乗り出すことになる[201]。

しかし、これらの政策が、民衆娯楽とくに映画を通して「民衆」を「社会」主体に育てることにどれほどつながったかは疑問である。何よりもまず、民衆娯楽論者や社会教育論者がしばしば論じた、「民衆」が快楽を感じながらしらずしらずのうちに学ぶというプロセスは実際の政策では実現が難しかったように思える。文部省の推薦制度では、一九二〇年代を通じて、「社会教育上価値があるもの」として欧米の映画ばかりが推薦され、日本映画が推薦されることはめったになかった[202]。このことは、推薦制度が「民衆」を「国民」（既存の国家の体制にとって望ましい主体）へと養成することに役立たなかったということだけでなく、文部官僚が理想とするような、楽しむことと学ぶことを両立できている日本映画が皆無だったということを意味する。橘は、「興行価値と教化価値の両立」を狙った「民衆大学」としての映画館を提唱したが、これも実現しなかった[203]。逆に、「文部省推薦」と掲げたり教育映画と称したりすると、押し付けがましく感じられ逆効果だという意見がよく見られた[204]。文部省の映画制作も同様である。それらの作品は、目録化されて、全国の地方自治体や学校に頒布や貸与され、原則的に商業映画館で上映されることはなかった[205]。換言すれば、一九二〇年代の文部省の政策は三〇年代の映画統制とは違い、産業や消費文化を掌握してそれを自分たちの理念化した社会教育のために利用しようとするよりも、むしろ商品とは異なるオルタナティヴな作品を作り、それらを「民衆」に提供しようとするものだったのである。このことは大きく見れば、文部官僚が「社会」という共同体を構想したことと符合している。すなわち、「自治」、「相互扶助」、「公共心」をベースに理念化された「社会」が、「個人主義」、「競争」、「私利私欲」といった特徴をもつ資本主義に対抗するものとして考えられたように、文部省の教育映画も資本主義産業が生産する映画とは異質なものとして作られたのだ。[206]次章以降で論じるように、一九三〇年代の映画統制は、消費文化の主体を「大衆」として把握し、それを「国民」へと編成しようとするが、二〇年代の文部省の政策は消費文化を社会教育へ組み込もうとする意思はそれほど強くなく、むしろ消費を奢侈として戒め、権田のように「変態」としてみなすことすらあった。[207]

とはいえ、一九二〇年代の社会教育の民衆娯楽政策が、次章以降で論じる三〇年代の総動員体制の布石になっている面がいくつかあることも見過ごせない。第一に、それは映画や他の民衆娯楽を、個々の「民衆」の日常における生活実践の一部として位置づけ、それを通して「民衆」は自己規律的な生活主体に陶冶されると考えた。そして、そうした生活の自己規律的な主体が、「社会」にしろ「国家」にしろ、一つの共同体の主体となることで、同時にその共同体を支えると想定していた。この規範化された「民衆」はさらに、社会問題としての「民衆」が既存の政治体制に不穏さを感じさせるものであったのに対して、その政治的不穏さを削ぎ落とされた主体であったとも言えるだろう。第二に、社会教育論は、「民衆」の自発性、自主性を重視した。「民衆」は、強制によってではなく、自らの自由意志で自発的に娯楽を選び楽しむからこそ、その過程を通してしらずしらずのうちに「社会」または「国家」の主体になるべく学習すると考えられた。第三に、映画は知識をわかりやすく伝えることもさることながら感情や身体的な刺激を体験させることに長けた媒体であると考えられた。すなわち、情動こそが映画の教育的効果の根幹をなすと了解されていたのである。そして第四に、社会教育論は、地方の農村地域も視野に入れ、また階級差を超えたあらゆる層の人々を想定していることを強調している点で民衆娯楽論とは一線を画していたが、同時にその影響を受けながら、男性工場労働者をモデルに「民衆」を想定しているところがあった。次章以降で分析するように、一九三〇年代に再定義された「国民」への動員——単なる「国民」の動員ではなく——を推進した、のちの映画統制はここに挙げた最初の三つの特徴を受け継いでいる。また、その映画統制が想定した「国民」は、必ずしも工場労働者を規範にするものではなかったが、男性が中心に据えられている点では、「民衆」と共通していた。要するに、一九二〇年代の民衆娯楽論と社会教育論は、映画観客を単なる個々の集まりではなく、社会に影響を与える行為主体（一種の社会主体）として発見し、それを「社会」に資する社会主体へと導くことを構想した点で、映画史的にもメディア史的にも、そして社会史的にも画期的な意義をもっていたのである。

## 「社会」主体としての「民衆」映画観客

一九一〇年代から二〇年代にかけての映画史は、しばしば歴史的転換として論じられてきた。すでに序章で言及したように、そうした議論にはミリアム・ハンセンの『バベル・アンド・バビロン――アメリカのサイレント映画におけるスペクテイターシップ』の影響が色濃く見られる。ハンセンによれば、アメリカでは一九〇九年から一六年の間に映画の「公共圏」（public sphere）が大きく変容した。ハンセンにとって「公共圏」とは、特定の歴史的文脈における多種多様な立場の人々の経験の関係性のあり方であり、そのあり方が、都市の映画館――ニッケルオデオン（五セント劇場）――で第二世代の移民たちが交じり合い混沌としていた公共圏から、映画産業の発達とともに商業と新中間層を中心に階層化された公共圏へと変容したというのである。この変容は、映画テクスト、映画館とその興行形態、映画館の立地地域とそこに集まる人々、映画産業という他のレベルとも連動しながら多層的なレベルで起こったということもすでに触れた通りである。より詳しく確認すれば、映画テクストのレベルでは、非自己完結的な提示＝現前（presenation）を基調とする形式が衰退し、自己完結的な表象＝再現（representation）を基調とする形式が主流になった。すなわち、提示＝現前の形式では、演劇の舞台と同じようにスクリーンの世界と観客席の世界の両世界が同じ場にあるかのようなものとしてつながっていることが前提とされているが、表象＝再現の形式ではスクリーン上の世界が観客席の世界とは切り離され一つの世界として完結していることが前提となっている。興行のレベルでは、ニッケルオデオンの時代には、映画館ごとにその地域の観客層の特徴に合わせて映画とその他のいろいろな出し物（ヴォードヴィルのパフォーマンスや歌、踊りなど）などが組み合わされることにより独自のプログラムが組まれ、観客は拍手をしたり声をかけたりして活発に映画や出し物にかかわったが、映画産業が大量生産・大量配給のシステムを発達させ、表象形式を基調にした、いわゆる「古典的映画」(classical cinema)形式が支配的になると、興行の場は人種的・階級的・ジェンダー的多様性が排除されたり周縁化されたりして均質化し、観客も個々に黙って映画を見るようになった、というのである。この変容は一九二〇年代末のトーキーへの移行により完成するというのが、『バベル・アンド・バビロン』でのハンセンの見方である。ここではかなり単純化して要約しているが、ヘテロトピア（異種混淆性の場）からユートピア（同質性による理想郷）へ、全身的な刺激の経験から視聴覚中心の物語理解へ、経験的主体をベースにしたボトムアップによる公共圏から産業制度に支配されたトップダウンによる公共圏へのシフトがこのハンセンの論の基軸になっていることが見て取れるだろう。[208]

権力と映画の関係に関心を寄せる、近年の日本映画史研究は、ハンセンの議論やミシェル・フーコーの権力論の影響を受けながら、同時期の日本映画の歴史を似たようなシフト論により説明してきた。例えば、長谷正人の「検閲の誕生──大正期の警察と活動写真」は、一九二五年五月に発令された内務省令「活動写真「フイルム」検閲規則」をきっかけにして、映画と権力の関係に変化が生じたと論じている。すなわち、検閲規則以前の映画では、その時その場の偶発的な出来事に左右される弁士や映写方法などの上映形態──「ライブ・パフォーマンス性」──や、掛け声、拍手、笑い声などの身体的な反応や弁士とのやりとりを特徴とする映画観客のあり方に比重があり、検閲（監視）もその興行の場ごとに目に見える形で行われたが、検閲規則が施行されると、観客の目には見えない製作レベルで映画フィルムが検閲・管理され、不可視の権力が観客よりもむしろ映画製作者個々人の「内面」に及ぶようになったというのである。[209] 北田暁大の「誘惑する声／映画（館）の誘惑──戦前期日本映画における声の編成」も長谷の議論を引き継ぎながら、一九三〇年代初めに弁士がトーキーに置き換えられていく過程で、身体的な接触や「戯れ」に重点が置かれた映画の受容形態が、視聴覚的に映画テクストを理解する受容形態へと変化したことを論じている[210]。アーロン・ジェローは北田のこの論に異議を表明しているが、しかしなお、彼の『日本モダニティのヴィジョン——映画、ネイション、スペクテイターシップの発露、一八八五〜一九二五年』もまた、一九一七年発令の警視庁令「活動写真興行取締規則」や弁士の免許制度を契機として権力が、それまでさまざまな行動や態度を見せて手に負えなかった観客を、その「内面」を管理することによって統制する方向へと（交渉や葛藤を経ながらも）変化したという見解を提示している[211]。

本章はこれらの見解に全面的に異議を唱えるものではないが、民衆娯楽論と社会教育論に着目すると、一九一〇年代から二〇年代にかけての映画をめぐる状況についてそれらの論とは大きく異なる見方ができるとも言える。本章でも、当時の言説が、「民衆」としての映画観客を「社会問題」から「社会主体」へと変換させようとした様相を明らかにしてきた点で、一種の変容を扱ってきた。しかしながら、ハンセンの影響下にある上記の三つの転換論とは、少なくとも次の三点で決定的に異なる見方を提示している。第一に、本章では、国家権力と資本主義は両義的な関係にあることを見てきた。上記のシフト論では、警視庁や内務省に代表される国家権力が資本主義産業と調和的な関係にあり、両者はともに映画観客に対峙するものとして位置づけられている。映画産業が発達すれば、映画テクストが製作レベルで管理され、それと軌を一にして検閲も製作レベルのテクスト上で行われるようになり、これらが中央集権的な権力を成すことで興行の場と映画観客は均質的に管理されるというわけである。これに対して、本章では、一九二〇年代の内務省の政策は全体的に資本主義に対抗しようとする傾向が強く、文部省のそれは、一方で時間管理・生活規律の面で資本主義産業の原則を取り入れつつ、他方で資本主義に対抗する形で「社会」という共同体概念を理念化していることを明らかにした。権田の民衆娯楽論も、「民衆」を労働者として論じる際は資本主義を受け入れる一方で、それを「消費者」として見る場合は極めて否定的な見解を示していた。しかしまた、資本主義の発達とともに映画が人気となり、その人気に乗じて文部省やその関係者が映画の利用に乗り出したという側面もある。したがって、国家（さらには帝国）と資本主義は、調和的でも相似的でもなく、むしろそれぞれ固有の制度的実践として成り立っており、緊張関係を伴いながら互いを利用していく関係にもあったと見た方が妥当だと言える。次章以降でも、一九三〇年代以降に両者の関係がどのように展開したかが、一つの大きな論点になる。

第二に、権力の言説は、映画によって「内面」や思考を重点的に統制しようとしていたわけではなかった。確かに、検閲を内面化して自主規制しようという動きはあったかもしれないが、社会教育論や民衆娯楽論が関心をもっていたのは何よりもまず身体と情動であり、そして思想や道徳であった。そうした論で規範化された「民衆」観客のあり方は、娯楽が与える身体的な刺激によって活力を得て労働に精を出すという、自らの身体を自己管理して規則的な生活サイクルを送る主体である。また、日比谷焼き討ち事件や米騒動などにかかわった「民衆」は政治的な意識をもっていたかもしれない一方で、そうした「社会問題」としての「民衆」は生活の自己規律的主体になることで、個人的思考や感情による政治的要求を抑制し、代わりに相互扶助や自治をベースにした「社会」ひいては「国家」に自発的に奉仕することが期待された。映画は、知識や道徳の教育の点でも利用価値が認められたが、それ以上に身体的・情動的に人に訴えかける力が注目され、その点でこそ利用されようとしていた。換言すれば、社会教育論では、映画を媒介にした権力は映画観客の「内面」以上に身体と情動に作用することが重視されたのであり、次章以降で明らかにするように、このことは一九三〇年代以降の帝国の総動員体制下の言説においてますます顕著になる。観客の身体は単に「内面」の自己規制によって統制されようとしたわけではなく、むしろ身体そのものが「国民」ないしは「東亜民族」としての主体を形成するための資源と目されたのだ。

そして最後に、ハンセンの「公共圏」論では女性ないしジェンダーの問題が重要な位置を占めていたのに対し、先述の日本映画史のシフト論ではこの問題がほとんど論じられていない。本章では、民衆娯楽論の多くが男性工場労働者を中心的なモデルにして「民衆」や映画観客を語っていることを明らかにしてきた。社会教育論では「民衆」が男性労働者だけでなくあらゆる層から成ることを強調しているものもあったが、それでもなお民衆娯楽論と同じように、男性労働者を暗黙のうちに中心として前提にしていることが多く、逆にあらゆる層から成ることを主張する言説はそうした偏向や多様性があたかも存在しないかのように隠蔽することにもなっていた。その一方で、権田は消費に走る若い女性を「モガ」とみなし、「変態」と同一視したが、それは言い換えれば、権田の規範化する「民衆」がいかに偏向しているかを問題化して示していると解釈することもできるだろう。ジェンダーの問題は、次章以降で検討する「国民」「東亜民族」「大衆」「市民」に関しても見過ごすことができない。

一九三〇年代以降は、「民衆」という言葉が比較的使われなくなり、代わりに「大衆」や「国民」という言葉が頻繁に使用されるようになった。そして、映画観客は「民衆」よりも、「大衆」や「国民」として語られるようになる。こうした言葉の使われ方の推移は、単に認識論上の転換を示しているわけではなく、むしろ民衆娯楽論や社会教育論が総動員体制の言説へとアップデートされた様相を示唆している。次章とその次の章では、映画観客が「国民」と同一視されるようになった状況について考察しながら、一九二〇年代との断絶と連続性についても検討を加えていきたい。

# 第II部　国民

# 第二章　総力戦とトランスメディア的消費文化

## ――「国民」の再定義と矛盾をめぐって

一九四一年七月に刊行された『国民娯楽の問題』の序で権田保之助は、「民衆娯楽」から「国民娯楽」への転換の必要性を高らかに宣言した。「第一次欧州大戦によって昂揚された社会民衆主義、経済的自由主義、個人主義的自由主義の潮流に乗せられて、娯楽一切の範囲に展開し、其処に民衆娯楽という一存在を創り出した。然るに最近に於ける新しい（中略）「時局」は、此の民衆娯楽を止揚して、国民娯楽を生み出そうとしているのである。民衆娯楽より国民娯楽へ！」[1] 一九三〇年代後半に発表された数々の論考を集めたこの論集の序文は、かつてトップダウン式に知識人によって与えられる「民衆のため」の娯楽を「文化主義」と呼んで批判し、「民衆によって民衆の中から」生み出される「民衆娯楽」の重要性を唱えた人物の、転向宣言とも受け止められる発言だと言えるだろう。[2] いまや権田にとって「民衆娯楽」とは個々人の「特権性、消費性、個別性、自由性」を象徴するものであり、これは「時局」が要請する「全体主義・統制主義、勤労生産」を基にした「国民生活」に反するがゆえに打破されるべきものである。[3] 第一章で見たように、もともと権田は一九二〇年代から文部省の政策の理論的支柱となっていたが、「民衆」を「国民」に置き換えることを主張し始めたこの時期には、完全に御用学者になったように見える。しかし「国民」による「民衆」の置き換えは、単に権田の個人的な見解にとどまらない。それは、「国民」という言葉が頻繁に用いられるようになる一方で「民衆」という言葉が比較的用いられなくなるという、一九三〇年代から四〇年代半ばまでの、そしてさらにはそれ以降の全般的な言説の傾向と一致している。

実際、この時期に映画観客は「民衆」としてよりもむしろ、「国民」や「大衆」として語られることの方が圧倒的に多くなった。いったいそれはどうしてなのだろうか。また、そうした変容にはどのような歴史的な意義があるのだろうか。本章と次章では、こうした問題を考えるために、映画観客が「国民」と同一視されるようになった歴史的状況に焦点を合わせて検討する。

一九三〇年代に「国民」という言葉の使用が主流になった背景には、二〇年代中頃から映画やその他のメディアが産業として発展し、それによって人々の生活環境が大きく変化したということがあった。この状況は一方で、映画観客が「大衆」と同一視される条件となったが、他方でそれが総力戦の趨勢と結びつくことで「国民」が再定義されてこの言葉が頻繁に用いられる下地となった。総力戦は体制としても思想としても第一次世界大戦から展開したと言えるが、一九三一年の満洲事変を機に一層強まったと言える。「大衆」については第五章でより詳しく論じるが、本章と次章では、こうした二つの大きな文脈——メディア環境の変容と総力戦の展開——を検証しながら、「国民」が、「民衆」と「大衆」を更新・修正する形で、国家に自発的に奉仕する自己規律的な主体として再定義された歴史的経緯を明らかにする。重要なことに、この「国民」は、さまざまな矛盾や格差を孕む一方で、そのまさに均質性を示唆する意味作用によってそれらの矛盾や格差を隠蔽する性質を備えていた。一九三〇年代から四〇年代にかけて映画観客は、こうした特質をもつ主体として想像され、それが戦後にも継承されたと見ることができるのである。

「民衆」から「国民」への言説上の転換は、第一次世界大戦から第二次世界大戦に至る戦間期、さらにはそれと戦後との関係をどのように捉えるかという、歴史叙述に関する近年の論争を想起させる。成田龍一が概説するように、一九五〇年代に信夫清三郎によって「大正デモクラシー」と名付けられた一〇年代から二〇年代にかけての思想的・政治的・社会運動的動向――民本主義、政党政治の確立、普通選挙を求める運動、女性や被差別部落の解放を求める運動、米騒動（一九一八年）、二五歳以上の男子に選挙権を与える普通選挙法（一九二五年）など――に対する評価は、戦後の歴史研究において大きく変化してきた。それは、一九六〇年代までは「戦争を阻止しえなかった」という意味で否定的に捉えられていたが、七〇年代に至ると民衆史ブームの中で日本における民主主義の萌芽として肯定的に語られるようになった。しかし、一九九〇年代に入ると、この「デモクラシーにもかかわらずファシズム」という逆説論的・断絶論的な認識は退潮し、代わりに「デモクラシーゆえにファシズム」という連続的・順接的な認識が優勢になってくる。[4] この背景には、総力戦論に典型的に見られるように、「前近代性」批判から「近代性」批判へという歴史認識論上のシフトがあった。すなわち、「市民社会派」の思想家や「戦後歴史学」の研究者が戦前日本の「前近代的」で「封建的」な後進性に戦争の原因を求めたのに対して、総力戦論は第一次世界大戦と第二次世界大戦の二度にわたる戦争によって近代合理主義に基づくシステム社会の編成が目覚ましく促進された点を重視するのである。[5] 成田はこうした総力戦論の要点を二つにまとめている。第一に、「近代による階級などの差異に代わり、国民としての社会的平準化」がもたらされ、「戦時動員の過程で人びとを国民として平準化し「国民化」が進行した」点。そして第二に、戦時動員体制のもとで、「人びとの主体的な営みが、システムに取り込まれ」、「自発的な社会参加を通じた統合がなされる」点である。[6] 総力戦論の代表的な理論的支柱である山之内靖によれば、この日本の戦時動員体制は、アメリカのニューディール政策やドイツのナチズムとともに、戦後のさらなる社会システム化の素地となり、冷戦終結後には企業活動のグローバル化や情報のデジタル化を通じてグローバルな展開を見せるようになった。[7]

メディア史研究では、一九二四年一一月に創刊されて一世を風靡した雑誌『キング』からラジオとテレビの放送、宣伝理論に至るまでの多様なメディアに関する歴史を考察した佐藤卓己による一連の著作が総力戦論に沿ったもっとも顕著な研究成果だと言えるだろう。佐藤は、ラジオからテレビへとつながる放送史の問題を論じた論考の中で、野口悠紀雄による『一九四〇年体制――さらば「戦時経済」』（一九九五年）と山之内靖などによる『総力戦と現代』[8]（一九九五年）を典拠に次のように述べている。「この総力戦体制では社会の合理性、効率性が極度に推し進められ、先進各国において階級社会からシステム社会への移行が加速化された。メディアによるシステム社会化とは、階級・世代・性差による受け手の利害対立を「国民」という抽象性の高い次元で解消し、個人の主体性や自主性をシステム資源として動員可能にすることである」[9]。佐藤はまた別の論考で、「十五年戦争」という枠組みで歴史を見ると第一次世界大戦から連続している事象を隠蔽してしまう危険性があると指摘しながら、第一次世界大戦時の宣伝研究から戦後のマス・コミュニケーション研究に至るまでの過程を連続的に捉える必要性を訴えている[10]。こうした一連の研究において佐藤は、さまざまなメディアが「ファシスト的公共圏」を形成する機能を果たしたことを繰り返し強調している。「ファシスト的公共圏」とは、ユルゲン・ハーバーマスが論じたような、自立した市民が対話によって築き上げる「市民的公共圏」とは異なって、共同体（とくに国家）の象徴を介して共感をもとに合意しながら生成するファシズム体制に適した公共圏であり、そこでは階級や世代、ジェンダーなどに基づく差異が解消されて、あたかも構成員たちが全員同じであるかのような一体感が形成される。そして同時に、そうした構成員たちはその共同体に強制されることなく自主的に参加する主体になるというのである[11]。こうした佐藤の論に従えば、「国民」はまさしく「ファシスト的公共圏」の主体として定義できるだろう。しかも、この現象を「十五年戦争」という枠組みで捉えると、それがあたかも第二次世界大戦の終結とともに途絶えたかのような錯覚を与えるが、実際にはメディアは「戦後も民主化に向けて国民を「総動員」する」機能を果たし続けたという[12]。

一方、これまでの映画研究における総動員体制の議論では、総力戦論とは異なり、もっぱら官僚・官庁による支配体制がいかに映画産業とその関係者、さらには日本の人々の統制に成功したのか、失敗したのかという点が争点となってきた。一九九五年に刊行された、戦時体制下の映画についての初の本格的な学術研究とも言えるピーター・B・ハーイの『帝国の銀幕――十五年戦争と日本映画』では、官僚、政治家、軍人、企業家、映画製作者、批評家など多様な立場の多様な人物たちによる証言を拾い上げることによって事態の複雑さが浮き彫りにされている一方で、官僚がいかに座談会などの機会を利用して総動員体制を指導し、業界関係者たちがそれを受け入れ映画製作において具体化しようとしたかが中心的な論点となっている。それは、製作者を含む業界関係者や批評家たちが積極的・自主的に総動員体制に協力し、それに見合う映画作りを模索した状況を照射している点で総力戦論に符合する側面をもちつつも、映画表象や批評家の言動に見られる「精神主義」を終始一貫して不合理なものとして論じている点で、内面が合理的に統制されたと見る総力戦論とは明らかに見解を異にしている。[13] これに対して、加藤厚子の『総動員体制と映画』(二〇〇三年)と古川隆久の『戦時下の日本映画——人々は国策映画を観たか』(二〇〇三年)はそれぞれ、映画のイデオロギー効果を無根拠に前提としているとみてハーイの議論を批判している。その上で、映画を総動員体制の「縮図」として位置づけたハーイとは対照的に、[14] 加藤は、映画産業を統制することによって映画を「国民動員装置」として機能させようとした官庁の試みは最終的には失敗に終わったと結論づけ、古川は、「国策映画」は観客を惹きつけるだけの人気がなかったために戦時体制にはほとんど役立たなかったと主張した。[15] いずれにせよ、両者の見解は総動員体制に対する映画の効力について否定的な評価を下している点で、さらには戦中と戦後の関係にはほとんど関心を示していない点で、総力戦論とは対立している。

とはいえ、ここで問題にしたいのは、総力戦論、ハーイ、加藤、古川のいずれの論も、統制が合理的ないしは戦略的であるかどうかを基準にしているところが大きいという点である。総力戦論は、総力戦によって合理的に管理される社会が成立したと想定し、ハーイは官僚機構が不合理な精神主義を映画界との交渉を通して普及させたと考え、加藤と古川は「国民動員装置」としての映画の不十分さ(不合理さ)を指摘することでそれを失敗だったと結論づけた。これに対して本章では、総力戦体制は、完全に合理的・戦略的なものとして確立されたのではなく、むしろ第一次世界大戦以降に同時進行的に形成されていた資本主義・消費文化に依存した、偶発的な(contingent)性格を多分にもっていたことを論じる。このような観点をとれば、総力戦体制が成功だったか失敗だったかということよりも、総力戦体制や資本主義の制度的に合理化された側面が、日常生活を含めた消費文化やメディア環境における偶発的なものと結びつくことで、どのように全体としての戦時体制を形成していたのかということの方が重要な問題になるであろう。

総力戦論の立場からすれば、第一次世界大戦から第二次世界大戦に至るシステム社会の形成の過程において人々は、映画観客になることで総動員体制の主体たる「国民」に編成されたということになる。しかしこの見解は、映画研究の領域においては、一九七〇年代に隆盛を極めながらもいまや古色蒼然としているルイ・アルチュセールのイデオロギー国家装置に基づく映画装置論を髣髴とさせる。この映画装置論に従えば、人々は日常的にイデオロギー国家装置としての映画に接触することを通して、そのイデオロギーの主体に位置づけられるということになるが、[16]映画研究ではこの見方は単純かつ一方的な見方として徹底的に批判されてきた。もし総力戦論が、戦前戦中に人々は映画を観ることを通じて総動員体制のイデオロギーの主体たる「国民」に位置づけられたと考えるのであれば、観客に対する映画のイデオロギー効果が単純に、しかも実証的な根拠もなしに前提されているという、装置論に向けられたのと同様の批判を免れ得ないだろう。[17]さらにまた総力戦論的な見方では、一九三〇年代後半までに「民衆」という言葉の使用が減少し、代わりに「国民」という言葉が多用されるようになった現象をどう説明できるのかという問題もある。装置論に対するスティーヴン・クロフツなどの批判的研究が示してきたように、ナショナル・シネマについて考察するためには、産業的、文化的、政治経済的なさまざまな要素がどのように歴史的にせめぎ合い絡まり合う中でそれが形成されてきたのかを、[18]その過程に内包されている矛盾や葛藤も含めてつぶさに検証する必要がある。

以下では、映画自体よりもむしろ観客についての言説を主たる分析対象にすることで装置論のような単純な効果論を回避する。これにより、映画と観客の間に起こりうる多様な関係の可能性を考慮に入れながら考察することができるだろう。さらに、「民衆」から「国民」への転換を、字義通りに考えるだけでなく、同時に一九二〇年代の民衆娯楽論との関係や、第一次世界大戦以降のメディア環境の変容と総力戦体制の進行といった歴史的文脈に即して検討する。一九二〇年代中頃以降、機械性複製技術、通信技術、資本主義産業の発達によって、娯楽、報道、広告、教育、プロパガンダ——当時もっぱら「宣伝」と呼ばれた——、儀礼が複雑に交差する、トランスメディア的消費文化とも呼べる環境が生まれ、総力戦体制は表向きには資本主義を否定する一方で、実際にはそうした新しいメディア環境に便乗する形で展開し、完璧に合理的・戦略的なものであったというよりも偶発性に依存するところが少なくなかった。ここにおいて映画は、もはや第一章で見たような単なる興行場に規定された「娯楽」ではなく、むしろそうした複雑なメディアの網の目の一つの、しかし傑出した、結節点と目されるようになった。本章ではまず、こうした文脈において一九三〇年代後半に「国民」が再定義され、映画観客はこの「国民」への重要な一回路として論じられるようになった状況を詳らかにする。その上で、印刷（新聞、雑誌、書籍、広告）、ラジオ、レコードといった機械性複製技術・通信技術を基にした新しいメディアが消費文化の興隆と結びつきながら新しいメディア環境を形成した様相と、それが総力戦に結びついていた状況を明らかにする。すなわち、官僚、批評家、業界関係者などが訴えたのは、所与の「国民」の戦争への動員というよりも、新たに定義し直された「国民」への動員である傾向が強かった。それは、総力戦体制に主体的に奉仕する自己規律的主体としての「国民」であり、そこへと導かれるべき対象とされたのは新しいメディア環境と消費文化の広がりとともに認識されるようになった欲望主体としての「大衆」と、「大衆」というカテゴリーには必ずしも当てはまらないと見られた知識人や地方の人々であった。このようにして再定義された「国民」は、均質で平等な主体の集合として理想化されながらも、常に社会階層、地域、ジェンダーなどに関する矛盾や葛藤を内包していた。本章の目的は、こうした総力戦と新しいメディア環境との全般的関係の特徴を明らかにすることであり、映画観客についてはこれを踏まえた上で、次章でより詳細に考察する。

## 「国民」の再定義――「民衆」の更新

「国民」は一九三〇年代後半までに再定義された。それは、単に国内に住む住民という意味にとどまらず、国家に自発的に奉仕する自己規律的な主体であり、階級や居住地などによる格差や差異のない集団として規定された。もちろん、この再定義は法的に規定されたということではなく、あくまで多種多様な言説上で語られた曖昧なものであり、常に理想化を伴っていた。したがって、自己規律的な主体とは一つの目標ないしは理念として規範化されたカテゴリーであり、そこで言及されていた格差や差異の解消は現実に存在していた事実の隠蔽だと言い換えることもできる。しかも、この「国民」の再定義は、資本主義を否認しながら――つまり、現実にはそれを受け入れ利用しているにもかかわらず、表向きにはそれを否定しながら――それを総力戦体制に組み込むという過程の中でなされた。実際、本章の後半で論じるように、再定義された「国民」は資本主義・消費文化との関係や、地域やジェンダーなどに関して常に矛盾と葛藤を内包していたが、同時にそうした矛盾や葛藤は不可視化される傾向にあった。

言うまでもなく、「国民」という言葉自体は一九三〇年代後半以前から使用されていたし、この言葉が想起させるナショナリズムという現象も明治期から起こっていたと見るのが常識的な見方だろう。その語源上の起源はともかくとして、一八八九年に公布された大日本帝国憲法では「臣民」という言葉が使用され、それ以前に起草された植木枝盛による私擬憲法（八一年）では「人民」という言葉が使われていたことが知られているが[19]、同時期には徳富蘇峰の民友社による『国民之友』（八七年創刊）や『国民新聞』（九〇年創刊）に端的に示されているように「国民」という語も知識層を中心にかなりの程度流通していた。ただし、徳富が「国民」を「臣民」と区別しながら「平民」と同一視し、国の枠組みに基づきながらもあくまで下からの主体意識を想定していたことは[20]、のちに再定義される、自己規律的でありながらも平準化された人々の集合として定義された「国民」の概念とは似て非なるものだったということに注意が必要である。一方、テッサ・モーリス＝スズキが論じるように、近代以前の日本にはいたるところに境界線があったのに対して、「明治期に一つのネーションと別のネーションの間の境界線を印すただ一つの明白な線としての国境線という発想」が支配的になったと言うこともできるだろう。[21] また、国民国家論の古典が示唆するように、一九三〇年代までに効率性に基づく産業、分業体制、教育制度が整備され（アーネスト・ゲルナー）、小説・新聞を介して「国語」を流通させる「印刷資本主義」が発達し（ベネディクト・アンダーソン）、国旗や国歌などのシンボルが全国的に共有されていた（ジョージ・モッセ）とすれば、ナショナルなアイデンティティが近代の産物として形成されていたとしても不思議ではない。[22] 天皇は法的根拠としても、表象の流通においても、さらにはシンボルとしてもそうした国民国家形成にとって核心的なものだった。[23] 一八七一年に導入された戸籍制度や九八年に施行された民法による家制度も、第二次世界大戦終結まで、さらにはその後ですらも、天皇を中心にしたナショナルなアイデンティティの形成と継続に一役買っていたと言える。[24] 民衆娯楽論が盛んだった一九二〇年代においても、文部省社会教育課長の小尾範治が「教化の妙は説かずして説くところ」として『忠臣蔵』を「国民思想の善導」の例に挙げたように、「国民」という言葉の使用は少なからず認められる。[25] したがって、これらさまざまな観点から、「国民」という言葉で言い表せるようなナショナルなアイデンティティは一九三〇年代までに確実に形成されていたと考えられる。

とはいえ、統計的な数値を出すことは不可能だが、一九三七年三月に『国体の本義』が発行され同年七月に国民精神総動員運動が開始された前後から、明らかに「国民」という言葉がさまざまな言説上に増殖した。『大日本帝国憲法』では「国民」という言葉がまったく使用されていないのに対して、『国体の本義』では「国民」という言葉が「臣民」とほぼ同義で使用され数的には「臣民」よりも多用されており、この傾向は一九四一年七月に刊行された『臣民の道』にも顕著である。[26] 一九四一年当時情報局に勤務していた映画評論家の登川直樹は二〇〇〇年に刊行された雑誌のインタビューの中で、当時「国民」という言葉が特別な意味合いで使用され始め新鮮な感じを与えていたことを指摘しながら、「国民学校」に端を発して「国民食堂」「国民酒場」のようにブームになり、その流れの中で「国民映画」という言葉が出てきたと回顧している。[27] 一九四〇年一二月六日設置の情報局により奨励された、彼の言及する「国民映画」については後ほど詳述するが、[28] ここで重要なのは、この個人の記憶がどこまで正確かどうかはともかくとして、その発言には当時「国民」という言葉がそれ以前とは異なる意味合いをもちながら一種の流行語のように人口に膾炙したことが窺われる点である。一九四一年四月一日からは国民学校令が施行され、全国の小学校は「国民学校」になったことは言うまでもない。

実際、一九三〇年代後半から四〇年代前半にかけての雑誌、新聞、書籍、広告などを見ると、「国民」という言葉が多様なメディアに溢れていることが一目瞭然である。しかし、この現象は単に言葉の使用が増大しただけでなく、登川が示唆しているように、その意味自体に歴史上の重要性があることを見逃すことはできない。当時の観客言説を詳細に見ると、この「国民」の再定義は、資本主義と消費文化の発展、それによるメディア環境の変容、そして総力戦という、当時の歴史的文脈上における大きな政治・経済・文化的な動向と連関していたことが認められる。総力戦とのかかわりでは「民衆」概念との関係が、資本主義とのかかわりでは「大衆」概念とのかかわりがとくに重要であるが、同時に両者は複雑に交差し、再定義を通して概ね「国民」という概念に収斂していたと見ることができる。

まず総力戦体制との関係を見ていこう。それは不破祐俊の言葉に端的に示されている。彼は、文部省社会教育官として一九三九年五月公布の映画法の立法にかかわり、情報局設置後には当局第五部第二課長に就いていた。言わく、「東亜に於ける輝しき新秩序建設の大使命を達する為に（中略）強い国民精神を培うこと」が必要であり、「その為には、国家として国民文化の赴くべき方向を指示する力強い文化政策を確立し、その上に文化のあらゆる部門を動員するに最も適応せる機構を整備し、すぐれた我々の国民文化を国民すべての間に行きわたらせ、真の国民文化財としての機能を十分にはっきしなければならない[29]」。ここでは、帝国日本の拡張が「国民精神」と「国民文化」の強化を正当化する理由とされ、そこに映画を含むあらゆる文化的活動が寄与すべきことが説かれている。さらに当時の言説は、「個人的なものから国民的なものへ」と「文化の価値の転換」が行われるべきだとか[30]、「国家あっての個人、国体あっての日本人[31]」といった文句で、個人としての「国民」と差別化しながら国家に従属すべきものとしての「国民」を前面に打ち出した。この「転換」は同時に、本章冒頭の権田の発言と同じく、前の時代に広まっていたと彼らが考える「自由主義」や「個人主義」の否定とセットで唱えられることが多かった[32]。雑誌『日本映画』一九四三年四月号に掲載された映画館支配人の島尾良造の見方はその典型である。言わく、「最近新しい言葉に国民文化ということが台頭している。（中略）之からの時代の文化、芸術、娯楽と言うものは総て国民的性格を無視して成り立つものではない（中略）未だ自由主義の華やかなりし頃には（中略）総て欧米の暗い趣味にかぶれた、所謂ひとりよがりなデカダン式のものが横行していた[33]」。この種の認識が官僚や批評家だけでなく、彼のような興行者からも表明されていたことは、それが立場の違いを超えて広範囲にわたって共有されていたことを示唆している。

とはいえ、「個人主義」や「自由主義」への批判が横行していたにせよ、「国民」は完全に国家に従うべき受け身的存在として考えられたわけではない。確かに、雑誌『社会教育』に見られるように、「本当に国家にご奉仕することができる国民を作るためには一層訓練、鍛錬に重きを置くことが必要」といった言明を見つけることは難しくない。不破もまた『映画法解説』などの論考の中で、「文化機構が整備されて、ボタン一つ押せばその機構が総動員して、たちどころに文化動員の態勢となり、国家の意図する啓蒙宣伝政策が軌道に乗り得るわけである」と述べている[34]。「ボタン一つ」で総動員を行えるようにするという有名な文句は、少なくとも字面だけを見ると「国民」を操作可能な対象として規定していることは疑い得ない。しかし、不破は同じ著作の中で「日本人としての自覚」「日本国民たるの自覚」「国民的自覚」ということにも言い及んでいる[35]。国家のために自らの意思で尽力するのが理想的だというのである。したがって、ここで言われている「国民」とは、単に国家に操作される対象というだけでなく、国家に自らを従属させる主体だったとも言える。一九四一年一一月号の『中央公論』で「国家的・国民的目的」を「一切の私的利益」に対して優先させることを唱えた社会思想研究者の森戸辰男——一九一〇年代にはクロポトキンの無政府主義についての論文を発表し、いわゆる「森戸事件」を起こしたが[36]——の論考はこうした考え方を適切に説明するものとなっている。「国民は文化意欲の主体とみられるよりも、文化的宣伝及び啓発の対象として扱われがち」であるが、「国民の自主性と創造性とを公共的目標に向かって盛り上がらせることを使命とする国民的協力体制が、特に文化新体制において必要とされるゆえん」であると言うのである。[37]このように、重要なのは、強制によってではなく、自主的に共同体に尽くすことこそが「国民」に求められる理想の姿であった。

こうした、共同体に尽力する主体という考え方は新しいものではなかった。むしろそれは、第一章で見たように、すでに一九二〇年代の民衆娯楽の議論の中にあった考え方である。乗杉嘉壽ら当時の文部官僚は「民衆」を、「社会」という共同体の主体とするべく指導することを唱えていた。それは決して個人主義や自由主義と呼べるものではなく、政府が理想化した「社会」に自らの意志で従うことが期待された主体だった。もちろん、一九二〇年代の思想界で論じられた「社会」は「国家」とは区別されるべきものであったし、官僚もまた単純に「民衆」が「国家」に従属することを奨励していたわけではなく、資本主義の興隆がもたらした劣悪な労働条件、貧困、暴動といった問題への対策として「相互扶助」、「公共心」、「機会均等」といった横のつながりを唱道していた。とはいえ、帝国主義に支配された当時の世界の地政学の中で、官僚たちは「社会」を「国家」と同一視する傾向があったということも前章で論じた通りである。また、彼らは日比谷焼き討ち事件のような暴動や社会運動に見られる政治性を払拭しながら、「民衆」を政治的に無害な生活主体へと導こうとした。したがって、「社会」という言葉を使うか、「国家」または「(大)東亜共同体」(もしくはそれに類似する表現)という言葉を使うかの違いはあっても、そこに所属する人々を、自ら進んで共同体に奉仕する主体として理想化している点では、「民衆」も「国民」もそれほど大きな違いはなかった。その意味で、一九三〇年代後半から四〇年代前半にかけて興隆した「国民」論は、三〇年代の「民衆」論との間に断絶があるというよりも、むしろその延長線上にあったと考えるのが妥当だろう。この流れにあって「社会」は「国家」（さらには「大東亜共栄圏」）として再定義され、そこに編成されるべく「民衆」が「国民」として再定義されたと言える。こうした言説上の系譜を踏まえれば、「国家」に尽くす自己規律的主体たる「国民」は、第一次世界大戦から第二次世界大戦へと至る総力戦体制の形成の文脈の中で、「社会」に尽くす「民衆」として理想化された自己規律的生活主体が更新されたものだと考えられるだろう。

さらに、この「国民」を想像する主体（より正確には、その想像を期待された主体）には、ジェンダーや出身地域などとの関連でずれがあったにもかかわらず、それらのずれが否認される傾向にあったことも忘れるべきではない。本章の後半や次章以降で論じるように、女性がなるように求められた「国民」や、朝鮮や台湾のような植民地出身の人々がなるように求められた「国民」は、同じ「日本人」すなわち「国民」たる自己規律的な主体としてのアイデンティティを身につけることを期待されながら、本土の男性と同等の政治的権利は与えられないという矛盾を内包していた。

一方、「国民」の再定義は、このように「民衆」概念を引き継ぐとともに、「大衆」に対処するものでもあった。「大衆」については第Ⅳ部で詳しく論じるが、ここで重要なのはそれが「国民」へと陶冶されるべき対象であり、かつ「国民」となるべき主体とみなされた点である。すなわち、「国民」とは所与のものではなく、「大衆」と比較され、それを制御し包摂するためのカテゴリーとして再定義されたのである。この背景には、「大衆」が、主として一九二〇年代中頃からのメディア環境の変容によってもたらされた消費文化の欲望主体として見られていたということがあった。次節では、このメディア環境の変容と、それに伴う欲望主体の経験のあり様を概観することで、「国民」が再定義された歴史的文脈のもう一つの重要な側面を確認しておきたい。

## トランスメディア的消費文化と「大衆」

一九二〇年代中頃から、資本主義、機械性複製技術、通信技術の発達とともに、出版（新聞、雑誌、書籍）、映画、広告、音楽（レコード）、ラジオといったメディアが産業として発展し始めた。それは、個々のメディアが産業化されたというだけでなく、異なるメディア間の連結を伴うものだった。異なる業種が同一の物語や視聴覚イメージを基に結びつきあったり、同一の物語やイメージが複数の異なる媒体で製作されたり、受容者が異なる媒体を横断しながら同一の物語やイメージを楽しむといった、今日の言葉で言えば「トランスメディア」や「メディア・ミックス」とも言えるようなメディア環境が生まれてきたのである。[38] このメディア環境は、遍在性、アテンション・エコノミー、流動性、一過性を基調とする、形象の美学とでも呼べるものが潤滑油となることで促進され、それによって刺激、表層消費、散漫、複層的時空間、アイデンティティの流動性を経験するメディア消費の基盤が形成された。したがって、戦後のメディア・ミックスを詳細に論じたマーク・スタインバーグが『鉄腕アトム』のアニメーションをその起点として捉えたのに対して、[39] 本書ではそれ以前の戦前からメディア・ミックス的なものがすでに広がりを見せ、物語上のテーマや形象――イメージの断片――がその潤滑油として機能していたと考える。第六章では全般的な用語としての「トランスメディア」とキャラクター・ビジネスに基づく「メディア・ミックス」を区別するが、ここではひとまず両者を異なるメディア間の連動を意味する言葉として同義のものとみなしておきたい。いずれにせよ、「国民」へと導かれるべき「大衆」はこうした状況の中で立ち現れてきた消費文化の欲望主体（ないしは、略して消費主体）だと見ることができる。

## メディアの産業化

一九二〇年代半ばまでにさまざまな種類のメディアが産業化し、作品や情報が商品として大量生産・大量販売され始めたことはすでに多くの論者が指摘しているところである。『大阪朝日新聞』と『大阪毎日新聞』の両紙は、一九二〇年代前半にそれぞれ五〇万部以上の部数を発行するようになり、東京系列の『東京朝日新聞』、『東京日日新聞』と合わせて全国紙として展開し始めた。『読売新聞』も、一九二四年の正力松太郎による買収を機に、「大衆的報道新聞」として急成長を遂げることになる。[40]『大阪朝日新聞』と『大阪毎日新聞』はさらに、一九二二年にそれぞれ『週刊朝日』や『サンデー毎日』という週刊誌を創刊し、当時としては新しい形の定期刊行物で売り上げを伸ばした。[41]また、一九〇〇年代から新潮社（一九〇四年）、講談社（〇九年）、岩波書店（一三年）、平凡社（一四年）、中央公論社（一四年、公式には「反省会」として創設された一八八六年）、主婦之友社（一九一六年）、小学館（二二年）、文藝春秋社（二三年）といったのちに大型出版社に成長する会社が次々と創設され、『中央公論』（一八九九年創刊）や『文藝春秋』（一九二三年創刊）などの総合雑誌、『講談倶楽部』（一一年創刊）や『講談雑誌』（一五年創刊）のような講談雑誌、『婦人公論』（一六年創刊）や『主婦之友』（一七年創刊）のような女性雑誌、『少年倶楽部』（一四年創刊）や『少女倶楽部』（二三年創刊）のような少年少女雑誌などの多種多様な雑誌や、「新潮文庫」（一四年）、「岩波文庫」（二七年）、「改造文庫」（二九年）などの文庫本が広く出回るようになった。[42]なかでも、一九二五年一月に講談社が創刊した『キング』は、「一〇〇万部を超える部数を定着させ」、「性別・年齢・地域・職業を問わず幅広い読者を開拓した日本最初の大衆雑誌」として知られるようになった。[43]加えて、一九二六年に改造社が出版した『現代日本文学全集』（全六三巻）を皮切りに、新潮社の『世界文学全集』（全三八巻）など三七〇以上に及ぶ円本全集が企画・出版され、いわゆる円本ブームが起こったこともよく知られている通りである。[44]こうした大手出版社以外にも、多数の中・小規模の出版社が生まれ、さまざまなタイプの定期刊行物――『キネマ旬報』（一九一九年創刊）、『映画年鑑』（二五年創刊）、『国際映画新聞』（二七年創刊）を含む――や書籍が大量に出回るようになった。

こうした出版産業の勃興に並行して、一八七七年にエジソンによって発明され、七九年までに日本に輸入されたフォノグラフに端を発するレコードもまた、一九二〇年代に産業化された。それは、日本蓄音機商会（一九一〇年創業、二七年米国コロムビアへ経営権譲渡）、日本ポリドール蓄音機商会（二六年創業）、日本ビクター蓄音機株式会社（二七年創業）という三つの外資系会社の投資によるところが大きいと言われている。[45]広告の産業化も見過ごせない。広告ビジネスは一八九〇年代から一九〇〇年代にかけての三大会社の創業――萬年社（一八九〇年創業）、博報堂（九五年創業）、日本広告会社（一九〇一年創業、〇七年に日本電報通信社、通称電通に改称）――に始まったと言えるが、一九一〇年代にオフセット印刷やゴム版印刷が導入されることで印刷媒体への写真の複写が迅速に行えるようになり、[46]さらには二〇年代に石版印刷に代わってＨＢプロセス（写真の多色刷りシステム）が普及することでポスターの大量生産が可能になり、急成長を遂げた。[47]

映画業界は、こうした広告産業の発達と連動しながら産業化したと見ることができる。一般的には、一九一二年三月の日活（日本活動写真株式会社）の創立が映画の産業化の端緒とされている。とはいえ、一九一九年一二月に国活（国際活映株式会社）が創業した後、二〇年にアメリカの映画産業に影響を受けながら松竹キネマ合名会社（二月）や大活（大正活映株式会社、四月）といった新しい映画会社が立て続けに設立されたことが、産業として発展する大きな契機となった。[48]映画広告の歴史的変容を辿ると、そうした映画の産業化の一端を窺い知ることができる。拙著で詳述したように、映画の広告は、一九一〇年代までは興行者や輸入業者を宣伝するものが多かったが、二〇年代になると製作配給会社と映画作品を宣伝するものが主流になった。それに従い、スターや映画の場面をあしらう映画広告が劇的に増加し、[49]そうした広告が映画館はもちろんのこと、ビールや食品の広告とともに銭湯や床屋などの公共の場から新聞・雑誌までいたるところに目に付くようになった。[50]こうした映画広告の変容は、映画産業全体が製作中心に構造化した経緯と密接に結びついていた点で重要である。一九一〇年代までは、弁士、楽士、映写技師、映画館主といった人たちによってその時その場で運営される興行こそが観衆を惹きつける映画ビジネスの中心だったが、それに対して一九二〇年代初めまでに製作会社が主導権を握る形で映画作品を商品として生産し流通させるシステムが整備されるようになった。これに伴い、以前は映画館ごとに行われていた映画評が、映画作品ごとに行われるようになったし、一九一七年の警視庁令「活動写真興行取締規則」では興行場や弁士が検閲の対象として大きなウエイトを占めていたのに対して、二五年発令の内務省令「活動写真「フイルム」検閲規則」では、映画作品と脚本が何よりも重要な検閲の対象とされた[51]。さらに言えば、映画館で上映される映画作品は、石鹸や自動車のような日用品よりもはるかに頻繁に取り替えられ、それに乗じて広告も次々と新しいものが生産されたように、映画業界と広告業界は相互に連携して製品を迅速かつ大量に生産・流通させる必要性から、ともに合理的なシステムとしての性格を強めていった[52]。

こうした出版、音楽、広告、映画の産業化はいずれも、①創造行為の労働化・商品化、②機械性複製技術をはじめとするテクノロジーの発達、③そして市場の創出という、少なくとも三つの要件に支えられていたことに留意すべきである。例えば、小説家の創造物は、文壇や学校などの文化的制度によって権威づけられるだけでなく、新聞や雑誌の売り上げに貢献する商品としての価値をもつようになり、作家はその目的で雇われ収入を得るための職業ともなった[53]。そうした出版のための労働は、作家、編集者、校正者、事務などのように分業化されるとともに階層化され、それにより生産過程が能率化された。さらに、その創造物は、作家の手を離れ、企業がもつ複製技術によって大量に複製され流通することで、多数の人たちに入手可能な商品となった。しかしまた、それが利潤を産むためには、それだけの消費を可能にする市場が必要であり、逆にその市場が創出され広がったからこそ、企業はさらに新しい商品を次々とシステマティックに生産し流通させることができた。メディアが産業として確立されたのは、こうしたサイクルが一つの企業ないしは複数の企業にわたって大規模に展開されるようになったからだと言えるだろう。複製技術としての印刷はまた、一円の円本、五〇銭の『キング』、二〇銭の岩波文庫星一つ、三〇銭から四〇銭の映画館入場料といったように、創造物を安価に提供することを可能にし、それが低所得者層をも含めた市場の拡大につながった[54]。洋楽、小唄、浪曲・浪花節、映画劇（脚本）、映画説明（弁士）、演説などを録音し複製したレコードもまたしかりである[55]。印刷物やレコードは、個人が所有・収集できるほど軽量で手頃なサイズであるがゆえに、その流通範囲は容易に地方にまで広がった[56]。映画もまた、印刷物やレコードほどではないにしろ、巡回上映によって映画館のない地方にも徐々に行き渡るようになった。巡回上映については次章で詳述する。

一方、この時期に登場した最新のメディアであるラジオ放送は、当初新聞社、アマチュア無線、通信社、無線電話会社などによる多様な実験が行われたが[57]、一九二五年に公益社団法人の日本放送協会が逓信省の監督下で放送を独占することになったので、必ずしも営利的な産業として成立したわけではなかった。この独占体制は一九五〇年まで継続する[58]。とはいえ、創造行為の労働化、テクノロジーの発達、市場（または聴取契約）の創出という点では他種のメディアの産業化と軌を一にしていたと言える。洋楽演奏者、小唄の三味線奏者、浪曲師、弁士、講演者、アナウンサーといった出演者は、番組の時間枠に従って一種の労働者として管理されたし、放送番組は出演者に加えてディレクター、アシスタント、音響、企画構成などによる階層的な分業体制によって制作された。また、ラジオの通信技術のおかげで、音楽、舞台の音声、講演はその場にいる人たちだけでなく、電波の届く範囲にいる大勢の人たちに共有されることが可能になったし、レコードの音声を放送する場合にはレコードという複製技術の力に加えてさらにラジオという通信技術によってリスナーを増やすことになった。さらに重要なことに、通信技術は、録画・録音技術や複製技術と違って、情報を異なる場所にいる人たちと同時的に共有することを可能にし、新聞や映画のような既存の複製技術メディアでは到底不可能なニュースの速報性を実現した。しかもラジオは、この情報の伝達速度に加えて、受信契約者が一九二五年の五千人から三一年には百万人へと急速に増加したように[59]、情報の流通範囲という点でも他のあらゆるメディアを圧倒的に凌駕していた。とはいえ、ラジオはこのように独自の特性をも備えていたが、創造行為の労働化、テクノロジーの発達、市場の創出に裏打ちされていた点では、出版、音楽、広告、映画といった、機械性複製技術を基にした当時の他の新しいメディアと共通した産業的な構造を持ち合わせて発展した。

もちろんここで言いたいのは、メディアが完璧に合理的な産業システムとして成立したということではない。映画のように、業種によっては、的屋やヤクザのような取引があっただろうし[60]、創作活動のあらゆる側面が機械化されたわけでもなければ、すべての創作物が規格化されたわけでもなかった。的屋的・ヤクザ的な要素が資本主義産業に反するかどうかといった議論は別にして、本章の目的にとって重要なのは、機械性複製技術や通信技術を基にしたメディアが組織的・制度的なビジネスとして発展することで、新しい社会的・文化的環境が出現し、それが「大衆」や「国民」の認識につながったという点である。ここではさらに、この目的に沿う形でメディアの産業化によってもたらされた四つの特徴的な環境を指摘しておきたい。

## 文化の市場化とトランスメディア

まず最初に踏まえておきたいのは、文化が市場化したということである。文学作品・美術作品から映画作品・舞台作品に至るまでのあらゆる文化的産物が金銭によって計られ取引されうるようになった。文壇や学校で権威づけられていた文学作品を一円単位で計り社会に流通させた円本は、その最たる例だと言えるだろう。円本を売り出した改造社は、この値段設定で「明治大正文学の民衆化を高唱」して[61]、エリートに限らない中間層以下の層の購買欲をも誘おうとした。こうした文化の市場化は、一方で、階級差や教養の差を緩和することにつながっただろう。価格を安く設定し、誰にでも親しめるイメージを与えることは、教養がなければ理解できないという固定観念を和らげることになっただろうし、また高尚な文学を所有することは顕示欲を満たすことにもなったかもしれない[62]。周知のように、ピエール・ブルデューの「文化資本」の考え方によれば、教養はその人の育った家庭環境によって培われ、資本のように親から受け継がれるために、親の学歴、経済力、社会的地位に左右されやすい[63]。しかし、教養の商品化と低価格化はそうした文化的・社会的格差の再生産を揺るがす可能性をもっていた。この背景にはもちろん、一九二〇年代までに義務教育制度が確立することで識字率が高まり、新中間層と呼ばれる層が広がったという状況や、第一章で見たような「民衆」や「デモクラシー」といった考え方が普及したという文脈があった。しかしながら他方では、文化の市場化は、教養と階級の差を揺るがすからこそ、芸術主義・教養主義・文化主義的な見方と「人気」・「大衆性」との間の葛藤を伴うことにもなった。「読んでためになる」ことを謳い文句にした『キング』はもちろんのこと、新聞やラジオもまた「民衆的」「大衆的」であることを打ち出して契約者を増やそうとしたが[64]、それらの作品や番組の内容が低俗なものとして知識人から軽蔑されたり批判されたりすることも少なくなかった。後ほど詳しく見るように、この種の葛藤が総動員体制をめぐる言説にも付きまとうことになる。いずれにせよ、メディアの産業化によって、文化的創造物が廉価で広範囲にわたって出回るようになり、それに従って文化が金銭や人気で計られ取引される、文化の市場化が進行した。

こうした現象とも関連しながら、第二に、異種のメディア同士が結びつく「トランスメディア」と呼べる傾向が顕著になった。異なる種類のメディアは、確かに一方では、市場原理の基で競合することがあった。例えば、ラジオ研究で言及されることの多い、雑誌『女性』一九二五年五月号の特集「ラヂオの時代」に寄稿した、当時の東京朝日新聞社の新聞記者、杉村廣太郎（楚人冠）は、速報性に優れたラジオに対抗して、新聞の利点を多様な観点から強調した。新聞は、情報収集力、情報の多様性、多角的な見方、移動範囲、リニアな時間に制約されない点、解説の力、情報の確認と保存といった点で、ラジオに勝っているというのである[65]。これらがすべて正しいとは言えないが、少なくとも新聞はラジオの登場に危機感を抱いていたことがわかる。他方、同業の会社間で、競争ゆえにトランスメディアないしはメディアの複合企業化に乗り出したケースも見られる。大阪毎日新聞社は、ライバルの大阪朝日新聞社と熾烈な読者獲得競争を繰り広げながら、一九二七年に大毎フィルム・ライブラリーを開設して以降、新聞社の販売網も利用して、学校巡回映画連盟や工場映画連盟といった関連機関を発足させ、「文部省の映画教育事業を圧倒的に上回る」ほど事業を広げたが[66]、それに対抗して朝日新聞社もまたニュース映画に乗り出した[67]。日活や松竹といった映画会社が、『向島』（一九二三年創刊）や『蒲田』（二二年創刊）といった雑誌を刊行し自社作品や契約俳優のイメージや記事を流通させたり、文藝春秋社が菊池寛の監修の下で『映画時代』（二六年創刊）や『演劇新潮』（二四年創刊）という雑誌を出して、映画・演劇関係の記事や写真を掲載したりしたことも、[68]一つの企業が複数のメディアを駆使するようになった例だと言えるだろう。講談社は、一九三〇年に報知新聞を買収する一方で、講演班を組織して巡回講演会を開いたり、映画班を組織して巡回上映会を行ったり、さらにはラジオ講演を提供したりしていた。[69]

こうした傾向にも窺えるように、テクノロジーの発達と産業化とともに盛んになったトランスメディアは複雑なメディア間の結びつきを見せるようになったが、なかでも顕著になったパターンをここでいくつか確認しておきたい。その一つは、同一の物語的要素や視聴覚的イメージが異なるメディア・プラットフォームにわたって変奏されるものである。菊池寛原作の「東京行進曲」は、『キング』（一九二八年六月号から二九年一〇月号）に連載中に、映画化され（二九年五月公開）、楽曲も作られ、レコード化された（二九年五月発売）が、[70]こうした一つの物語を題材にした印刷メディア、映画、音楽のメディア・ミックスが一九二〇年代に当たり前のものとなっていた。ラジオは、浪花節、講談、落語、弁士の語り、講演、演説を中継したり、そうした声のパフォーマンスのレコードを流したりしたが、[71]それだけでなく、無声映画の出演俳優による映画せりふ劇を放送したり、新聞に連載中のマンガの次の展開についてヒントを与えたりしたように、[72]他種のメディアとの結びつきを強めていた。

このトランスメディアのパターンと連動しながらも多少異なるパターンとして、広告を媒介にしたつながりがあった。そもそも、映画の主題曲になったおかげでレコードが売れるようになったり、[73]ある浪花節がレコード、ラジオ、舞台など複数のメディアで流通することがそれを題材とする浪曲トーキー映画の宣伝になったりしたように、トランスメディアには元来の性質そのものに宣伝の効果が備わっている。[74]そう考えれば、各企業が宣伝のためにトランスメディアを駆使しようとしたとしても不思議ではない。一九二〇年以降、『大阪朝日新聞』は紙面の五〇パーセント以上が広告で占められるようになったという指摘もあるように、この時期に新聞と広告の組み合わせは常道となった[75]。改造社は全国紙と主要地方紙のほとんどの新聞に広告を載せて、自社の円本である『現代日本文学全集』の宣伝を行った[76]。『キング』は、一頁全面の新聞広告、宣伝ビラ、ダイレクトメール、チンドン屋、のぼり、ポスターなどあらゆる媒体を利用したことで知られている[77]。先述の「東京行進曲」は、同一の素材が雑誌、映画、レコードで表現されたことに加えて、宣伝のために千枚のレコードが東京市内の蓄音機を備えた喫茶店に配布されたとも言われている[78]。映画俳優は、出演映画の広告だけでなく、化粧品、薬、食品、衣料、美容室などの広告にも写真イメージとして登場し[79]、自身と他の諸々の商品の広告となりながら、同時にそれらの異なる媒体を結びつける結節点として機能した。

これらのトランスメディアのパターンに加えて、一回性を特徴とする、その時その場のパフォーマンスを複製技術や通信技術のテクノロジーを介して、その場にいない人々にも共有させるというパターンが盛んになったことも興味深い。ただし、それは、パフォーマンスを無媒介に伝えているわけではなく、常にメディア・テクノロジーとそれを使用する人が介在している点に留意すべきだろう。例えば、浪花節のレコードとは言っても、一九二〇年代当時のものは一面に約三分一〇秒しか録音できず、一曲を録音するには複数枚が必要だった[80]。あるいは、ラジオの普及を加速させたという一九二七年二月七日の大正天皇の葬儀や二八年一月六日の昭和天皇即位の「御大典儀式」は、実況中継のようでありながら、実際には予定原稿をアナウンサーが読み上げていた[81]。こうした媒介に伴う変化は、言うまでもなく、編集、撮影者の視点、字幕の説明ないしは説明者（または弁士）の声などによって意味が左右されるニュース映画にも当てはまる。とはいえ、ライブ・パフォーマンスがレコード、ラジオ、映画、広告、印刷媒体といったメディアと組み合わせられるケースが増えたのは明らかだろう。映画カメラの前での演技がそれ自体では作品や商品とはならないのに対して、舞台や音楽のライブ・パフォーマンスは、メディアを介さずとも観客さえいれば作品や売り物として成立するので、その点では独自の価値がある。ライブ・パフォーマンスはそうした独自の価値のある商品として、レコード、そのレコードを蓄音機で聴かせる喫茶店、ラジオ、あるいは映画の力を借りれば、その時その場を超えて不特定多数の人々にも届けられるようになった。一九二〇年代から三〇年代にかけて絶大な人気を誇っていた浪花節のファンの多くは、劇場に入れなくても、レコードやラジオでそれをある程度楽しむことができたし[82]、実際権田は、ラジオによって「同一の娯楽内容をすべての聴衆に同時に享受させること」さえ夢見ていた[83]。

しかしまた、このことは、レコード、映画、ラジオといった複製技術または通信技術に基づくメディアが、ライブ・パフォーマンスの代替にはならなかったことも意味する。もし代替として受け止められていれば、ライブ・パフォーマンス自体がすぐに消滅しただろう。むしろ、それはトランスメディア的なつながりをもつことで、ライブならではの独自の魅力を保ちながら、新たな展開を示したと言える。寿々木米若のような浪曲師は、レコード、ラジオ、映画に出演する一方で、巡業を家業の中心に据えていたし[84]、溝口健二が監督した『唐人お吉』の映画館上映では、その場で主題歌が歌われ、同じ小唄がレコードとしても売り出された[85]。吉本興行系の花月劇場は、一九三〇年代にニュース映画館に転換されたが、そこではニュース映画の上映とともに「ニュース漫才」が披露された[86]。またラジオはこのようにライブの表現の場を活性化させただけでなく、受容の場に意味を与えることにも一役買った。東京放送局の総裁だった後藤新平や児童心理学者の倉橋惣三は、家族一緒にラジオを囲んで聴くことで一家団欒が生まれることに積極的な意義を見出していた[87]。文部省社会局の水谷徳男はさらに、一九三三年の論考の中で、村落の活性化のために「村に於ける会合等の余興プログラムにラヂオの演芸放送番組を組み入れること」を提案している。「集団的に聴取せられる場合は、集団そのものにも社交的意味など」があるというのである[88]。要するに、複製技術や通信技術といった新しいテクノロジーによって助長されたトランスメディアは、物理的な場の意味を完全に消失させたわけではなく、むしろそこに新たな息吹をもたらした面が少なくなかったのである。

トランスメディアにはもう一つ重要なパターンがあった。それは、報道、教育、娯楽、儀礼といった通常異なる機能と思われるものを混在させるあり方である。報道、教育、娯楽は、出版、映画、ラジオの各メディアで異なるジャンルとして区別されることが多かったが、それは逆に言えば、一つのメディアにおいてそれらの異なるジャンルが並存していたということである。新聞は報道記事だけでなく、啓蒙的・教育的な解説や、娯楽的な漫談などを載せたし、映画には「ニュース映画」、「教育映画」(ないしは「文化映画」)、劇映画の区別があった。ラジオもまた然りである。しかし、これらの区別はあくまでも慣例的で便宜的な区別であり、絶対的なものではなかった。例えば、一九二八年一一月六日の「京都行幸の儀」から同月三〇日の「還幸後皇霊殿神殿に親謁の儀」に至るまでの儀式として執り行われた、先述の昭和天皇即位の「御大典」は、新聞記事、写真、ニュース映画、ラジオ番組、レコードの題材とされ、トランスメディアとして展開しながら、一大メディア・イベントをなした。ラジオ放送局が実況放送のために独自の原稿を予め用意したことはすでに言及した通りだが、その実況とは別にニュース放送の場合は新聞社が配信したものに頼ったし、ラジオで放送された音声はレコード盤が作成されたり、「御大礼」無声映画が製作されたりもした。その映画の上映の際には、映画の進行に合わせてそのレコードが再生されたという[89]。ここで問いたいのは、こうしたトランスメディア・イベントとでも呼べるものは、純粋な儀礼なのか、それとも報道や教育とも言えるのか、あるいは娯楽的な要素はないのか、というように、ジャンルの境界を曖昧にしているということである。もちろんそれぞれの機能をどのように定義するかにもよるだろうが、個々としても全体としてもそれらのメディアは出来事を伝える報道とも言えるし、天皇の権威を学ばせる教育だとも言えるし、人々の好奇心を惹きつけるアトラクションでもあり、なおかつ娯楽作品にもしばしば見られる「荘厳」な物語と同じだとも言えるはずである。前章で見た橘高廣や山根幹人から、後述する「宣伝」論に至るまでのプロパガンダ論が重視したのは、まさにこのように報道、教育、娯楽、儀礼などの機能を混在させるメディアのあり方だった。こうして一九二〇年代にメディア・テクノロジーの発達とメディアの産業化とともに形成されたトランスメディアは、いくつかのパターン——同一の物語的要素や視覚イメージの共有、広告を媒介にしたつながり、ライブ・パフォーマンスの媒介、報道・教育・娯楽・儀礼といった異なるジャンルの混在——を展開させながら、メディア環境の変容を促進したのである。

## 形象の美学

文化の市場化とトランスメディアとともに顕著になったもう一つの新しいメディア環境として、形象の美学(figural aesthetics)の普及がある。拙論で詳しく論じたように、形象の美学とは、広告デザインに典型的に見られるものであり、広告の対象(つまり商品)をそのまま忠実に表象しようとするよりも、形、色、タイポグラフィー、映画のスチル写真を含むさまざまな形象的な構成素を、限られた紙面の中で相互に関係づけ配置することによってポジティヴな雰囲気や感覚を与えようとするものである。[90] この広告の美学は、一方ではアメリカの社会心理学者、ウォルター・ディル・スコットの『広告の心理学』(一九〇八年、邦訳一五年)に、他方ではロシア構成主義、オランダのディ・スティル、ドイツのバウハウスなどのヨーロッパのモダニズム・デザインに影響を受けていたように、商業と芸術、科学的管理と芸術的創造を融合する形で発達した。[91] 一九二四年に図案創作研究グループ、七人社を立ち上げたメンバーの一人である杉浦非水、二六年に商業美術協会を結成した濱田増治、前衛芸術家としてすでに著名になっていた村山知義や吉田謙吉などが、この種の商業美術を推し進めた代表的人物だと言える。この形象の美学でもっとも特徴的な点の一つは、人間の形象、色、レタリングなどの構成要素が、ある媒体から別の媒体へと容易に移動でき、交換可能だということである。要するに形象の美学にとっては、形象と形象の関係が、商品自体と広告の関係に勝るとも劣らないほど重要なのである。さらに、こうした特徴は、一から広告を創らなくても既存の形象を組み合わせることで完成させることもできたので、広告を迅速に作成しその複製を大量生産し流通させるシステムにとっても大きなメリットがあった。形象の美学は、文化の市場化や教養の商品化にも呼応して、芸術的な感覚を与えると同時に、産業的な生産と流通にも適合し、芸術性と商業性を混合させながら消費を喚起するものであった。

本章にとって重要なのは、この形象の美学の隆盛が、メディア環境の変容にどのように関係していたのかということである。先述の通り広告自体が、異なるメディアをつなぐ重要な要素となっていたが、それとともに写真、イラスト、マンガ、デザインをはじめとして多種多様な形象的要素が機械性複製技術の力を借りながら、新しいメディア環境の生成の潤滑油とも呼べるものになっていた。また、形象の美学は広告だけでなく、出版、映画、ラジオなど、これまで見てきた複製技術・通信技術を基にしたメディア全般に見られる傾向でもある。というのも、形象的な要素はこれらのメディアに物理的に取り入れられただけでなく、簡単にどこにでも移動させることができ、なおかつ交換が容易だという点で、新しいメディアのメタファーになっていたとも言えるからである。この形象の美学が新しいメディア環境の構成要素になっていた側面は多々あるが、ここでは本章にとって重要なものとしてとくに、遍在性、アテンション・エコノミー、視覚的平明さ、一過性、流動性という五つの側面を指摘しておきたい。

形象の美学は、機械性複製技術とメディアの産業化の力とも相俟って、メディア内の空間とメディア外の空間の両方のいたるところに広がった。広告は、雑誌、新聞、書籍、映画などのさまざまな媒体に広範囲にわたって頻繁に見られたし、チラシやポスターは刊行物とともに家庭内はもちろんのこと、公衆浴場、床屋、駅、店、街頭の電柱や壁などに散在するようになっていた。都市と地方ではその割合に違いはあっただろうが、人々はそうした広告に囲まれて日々の暮らしを送るようになっており、そうしたメディア環境の外部に出るのは難しいほどになっていたと言える。このように多種多様な広告が溢れるようになってくると、広告主にとってはいかに消費者の注意を惹くかということが重要になってくる。「アテンション・エコノミー」という概念自体は、確かにノーベル経済学賞受賞者のハーバート・サイモンが一九七〇年前後に理論化したものであり、その後インターネットの普及とデジタル化による「情報革命」とともにますます重要視されるようになった現代マーケティングの戦略用語である。[92]しかし一九三〇年代の日本の消費文化にはすでに、作品や製品をじっくりと鑑賞させたり吟味させたりするよりも、形象

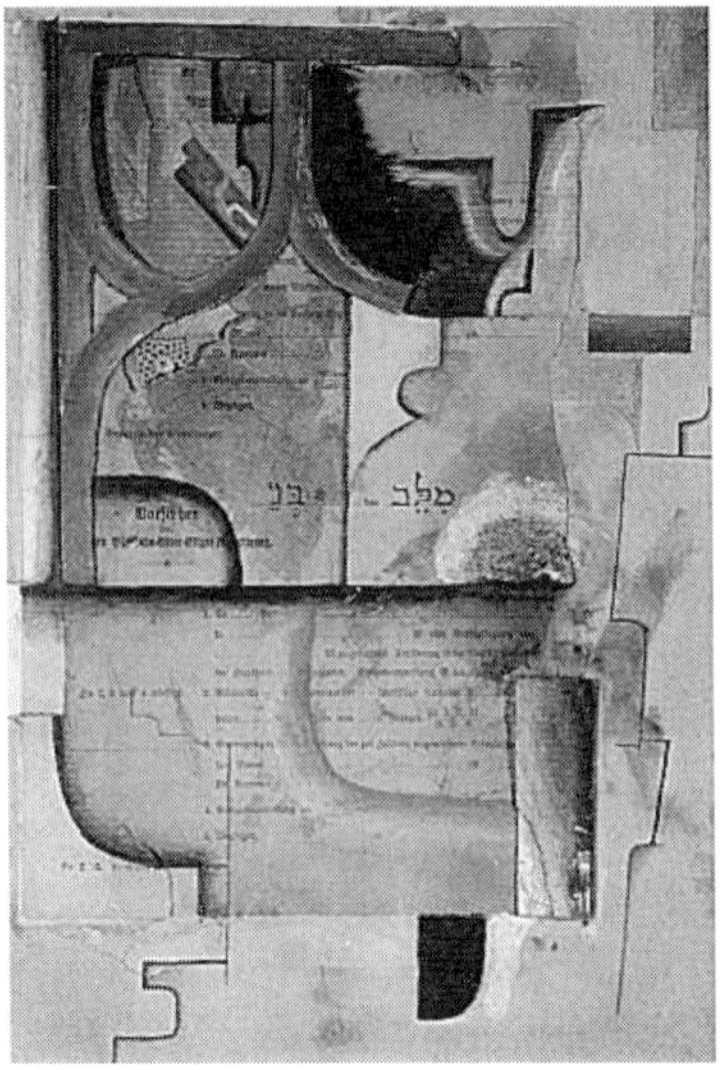

**図 2-1**　村山知義「あるユダヤ人の少女像」1922 年

の提示の仕方や組み合わせによって一瞥的な注意を惹きつけ消費への関心をもたせることに価値が置かれるようになった状況が、形、色、タイポグラフィーによって（情報の伝達以上に）雰囲気を醸成することを重視する形象の美学が行きわたった環境から窺える。

こうした形象の美学のアテンション・エコノミーは、視覚的平易さ、もしくは平明さと密接に連関していた。そのもっとも端的な例は、ふりがなであり、イラストだった。『キング』は、識字率の低い層も読者として取り込むために、ほとんどすべての漢字にルビが振られ、イラストもふんだんに使用された[93]。しかし、このような、内容の理解を助けるために形象的な要素を利用するという場合以上にアテンション・エコノミーと関係していたのは、平明なデザインを打ち出した表層のイメージによって人々の関心を惹きつけようとするものである。確かに、村山知義などの作品に見られるように、商業目的とは別の前衛性を目的にして作成された構成主義的なポスターは決して平明とは言えないだろう。例えば、「あるユダヤ人の少女像」（一九二二年）という彼の作品は、カラー、図形、テクスト、デザインが「ユダヤ人の少女像」とどう関係しているかについてヒントを与えるものがまったくなく、平明というより難解という印象をもたらすかもしれない（図2-1）。一九二五年に雑誌『文藝時代』の表紙のために作成した村山のデザインは、タイトル名や「4月號」といった文字情報から、それが何を意味するものかが幾分わかりやすくなっている（図2-2）。実際、村山はこの頃までに、実践的な目的を重視するプロレタリアートの芸術に傾倒していた[94]。とはいえ、個々の図形や色、配置、デザインは入り組んでおり、複雑で斬新であるがゆえに、平明というには無理がある。これに対して、

**図 2-2**　村山知義『文藝時代』1925 年 4 月号表紙

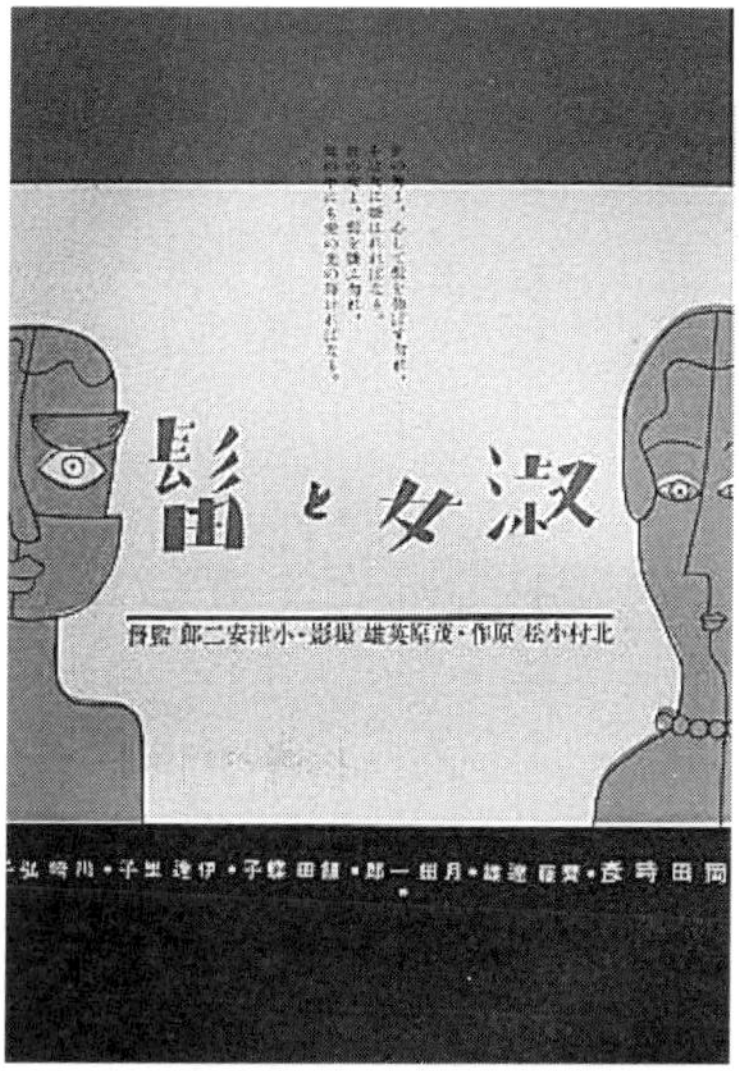


**図 2-3**　河野鷹思『淑女と髭』（松竹，1932 年）のポスター

村山や吉田から強い影響を受けていた、松竹お抱えのデザイナー、河野鷹思の映画ポスターの多くは、シンプルさによるインパクトが際立っていた。例えば、小津安二郎の『淑女と髭』（一九三二年）のポスターは、黒、茶、赤、黄土色の四色を中心に描かれ、スペースが三色面に分割されて、二人の男女を思わせる人物が両端にそれぞれ右半身・左半身で配置されている。その間にタイポグラフィー的に趣向が凝らされたタイトルが大きく示され、スタッフ情報も記載されている。しかし、このポスターからは映画の内容を窺い知ることはまったくできない（図 2-3）。デザイン——つまりは、形象の美学——によって人を惹きつけるようなシンプルな平明さはあるが、情報を詳しく伝え理解させるものとはなっていないのだ。要するに、前衛的芸術の影響を受けながら発達した商業的な形象の美学は、詳しい情報を提供することよりも、シンプルさのインパクトを駆使した表層のイメージによって人々の関心を惹きつけることに適したものとして発展した。

　形象の美学はさらに、単に物理的なレベルだけでなく、メタフォリックな意味においても、その形を次々と変化させていくという一過性や流動性を推し進めた。ラジオは形象を空間的に配置するわけではないが、時間的に新しい情報のまとまりを次々につなぎ合わせていくという点では、異なる形象を組み合わせていく形象の美学と共通性をもっている。情報の流れに途切れがなく、完全に同じ状態に止まるということはあり得ない。映画もまたさまざまなレベルで一過性と流動性を体現している。上映の間は、なんらかの事故でフィルムの回転が止まらない限りは、映像は常に時間の流れに即して動き、一つ一つのフィルム・フレームに刻まれている静止画は映写の間、瞬時瞬時に次々と置き換えられながら動画を構成していく。そしてもちろん、映画の一過性と流動性はこのレベルにとどまらない。一九二〇年代後半、日本の映画館プログラムは三本立て四時間が普通であり、それが一週間ごとに入れ替えられていた(95)。この入れ替えの回転速度に即して、映画作品のポスターやチラシなどの広告も定期的に置き換えられた。このことは、情報がそれだけ速いペースで移り変わることを意味する。言うまでもなく、情報が一日単位、週単位、隔週単位、月単位で移り変わることは、新聞、週刊誌、隔週誌、月刊誌といった定期刊行物においても日常的になっていた。

## 消費主体の経験

では、こうした、遍在性、アテンション・エコノミー、視覚的平明さ、一過性、流動性といった形象の美学に象徴されるメディア環境の変化は、どのような経験を人々にもたらしたのだろうか。実際この問題は、ヴァルター・ベンヤミンやジークフリート・クラカウアーの理論に着想を得た多くの研究者たちが近年、モダニティの経験として論じてきているものである。そうした研究者たちにとってモダニティが興味深いのは、その経験が近代以前に比べて合理的で知性的なものであるからではなく、むしろ情動（affect）、見世物的魅惑（attraction）、散漫（distraction）

といった感覚的経験をもたらすものだからである。[96] こうした点も踏まえながら、ここでとくに強調しておきたいのは、刺激、表層消費、散漫、複層的な時空間、アイデンティティの流動性といった経験が顕著になったということである。本書の議論を進める上で、これらの特徴を確認しておく必要がある。

## 新しいメディア環境の経験

刺激は、ベン・シンガーが詳しく論じているように、自動車や路面電車が行き交う交通から、機械化された工場、遊園地、センセーショナルな記事を書き立てる新聞、美学的な実験を行うキュビスムなどの前衛芸術、アトラクション的な魅力で観客を惹きつけようとする映画や演劇（とくに「メロドラマ」）など、モダン都市のさまざまな面に顕著になってきた現象だと言える。[97] 第一章で見たように、日本ではさらに、権田をはじめとする一九二〇年代の「民衆娯楽」論者が、生活のサイクルの重要性を強調し、単調な仕事に対する娯楽による刺激の必要性を唱えていた。権田はしかし、一九二〇年代後半から、労働と消費を区別し、「労働生活」を活性化する娯楽の刺激を奨励する一方、欲望による消費を促す刺激を批判するようになった。[98] 大宅壮一は一九二九年のエッセイの中で、権田よりもやや中立的な立場から、「あるものはただ人工的刺激によって強く感覚に印象される刹那があるばかりである」と記した。[99] 長谷川如是閑や戸坂潤は、新聞が「主義主張を論じる政論新聞から、センセーショナルな報道を主とした資本主義的な大衆新聞へ変化」したことを嘆いた。[100] これらの言論は、それをどのように評価をしているにせよ、当時刺激ということが目立った現象として現れていたことを示唆している。それは、刺激が新しいメディア環境と消費文化の動力を成していると見れば、当然のことだろう。消費文化は古いものを新しいものに置き換えることで刺激を生み出しながら消費を誘い、新しいメディア環境はこの消費文化と一体になりながら、形象・情報を次々と流動的に置き換えることで刺激を生産し消費を促すからである。この流れが停滞し同じ状態が続けば、刺激は途絶えることだろう。

消費文化と結びついた新しいメディア環境——とりわけ、形象の美学によるもの——はさらに、表層だけに取り憑かれた消費を誘う。言い換えれば、外観の背後にある奥床しさ、内実、思想、知識、伝統、文脈を理解せずに、表向きの鮮やかさ、心地よさ、奇抜さ、魅惑、そして刺激だけに魅了されて、それを所有しようとしたり、見て楽しんだりしようとする。権田は、「消費」に批判的であったが、一九二二年の論考で似たような区別を「近世民衆娯楽」（すなわち、映画などの近代的娯楽）と、「旧世民衆娯楽」（すなわち、近代以前の歌舞伎などの演劇）との間に行い、後者を楽しむには修練や予備知識が必要である一方、前者は「直観的」で「強烈な刺激」を与えるものだと主張していた。[101] 大宅壮一は、一九二九年のエッセイの中でさらに明快に、「本質的生産的」に対置する形で「モダン」の特徴を「末梢的消費的」と定義し、「モダン・ライフとは感覚的満足を目的とする一種の消費経済である」と述べた。彼によれば、この消費経済には「刺激」はあっても、「理想」も「道徳」も「感激」も「執着」もない。[102] マルクス主義批評家の蔵原惟人もまた、当時の「消費的文化」を「近代資本主義・帝国主義段階」にあると見て、「生産に参加せず」「無内容」だと批判した。[103]

こうした表層消費とともに顕著になってきたと思われる経験が、散漫である。街には、多様な広告の断片が、相互に質的・内容的な連関をもつことなくいたるところに散在しており、[104] 人々はそのどれかの一つのイメージだけに集中することなく、あちらこちらの広告イメージに次々と脈絡もなく目を向けざるを得ない。こうした現象は、異なる記事と広告を散りばめている新聞や雑誌の頁をめくる際の経験や、悲惨なニュースの後に愉快な漫談を続けるといったラジオ番組の聴取にも当てはまるだろう。ニュース映画館では、日中戦争が勃発した一カ月後の一九三七年八月になってもなお、ニュース映画と漫才が組み合わされていたという報告もある。[105] 周知のように、ベンヤミンは「複製技術の時代の芸術作品」の中で、映画のフレームの絶え間ない切り替わりなどを例に、散漫（distraction,日本語では「気散じ」と訳されることが多い）を論じたが、それは礼拝的もしくは展示的凝視を途絶えさせ、ファシズムにもつながるアウラに対抗するという政治的な意味合いが強い。[106] 一方、別の彼の論考「パリ——十九世紀の首都」では、「ファンタスマゴリア」――交換価値に根ざした商品が消費者をフェティッシュに取り憑かせる、その表層イメージ――や「フラヌール」――ファンタスマゴリアが散在する街を行く遊歩者――といった概念とともに、散漫（もしくは「気散じ」）を一九世紀のモダン都市で顕著になった消費文化の特徴として論じた[107]。本章で重要なのは、こうした表層消費と散漫という経験それ自体が政治的かどうかということではなく、そうした経験が新しいメディア環境と消費文化によってもたらされたという特定の歴史的文脈の中で、後述するように総力戦体制の主体として期待された「国民」に対して両義的な意味合いをもったということである。すなわち、自己規律的主体としての「国民」には単なる消費とは異なる教養が求められた一方で、表層消費からくる散漫は政治的批判性を消失させることにもつながっていたと考えられるのである。

さらに、複層的な時間・空間の経験も、新しいメディア環境がもたらした経験として特筆すべきものである。単純に考えて、映画館で映画を楽しむことは、スクリーン上で展開する作品の物語の時空間と、観客席に座っているいま・ここの時空間を同時に経験していることである。加えて、一九二〇年代ともなると、単一の場所で単一の時系列に沿うだけの物語展開を示す映画作品を上映する映画館は、ほとんど無かったと言ってよいだろう。観客は、映画を見ながら、その同一作品の中で異なる複数の時間と空間を経験することになる。このことは、形態こそ違うが、他のメディアにも共通することである。雑誌や新聞には、異なる記事やストーリー、広告がちりばめられており、それらが言及する時間・空間はまちまちである。同時にそれは、家庭内であろうが、家庭外であろうが、さまざまな場所でさまざまな時間に読まれうる。ラジオもまたそれが置かれているその時その場とともに、ニュースからせりふ劇や音楽に至るまでの番組を通してさまざまな時間・場所を経験させる。しかし、ラジオは、ライブ中継の際には、聴取者がいる場、アナウンサーがいる場、そしてその放送が中継している場を同時進行的に体験させるという点で、当時の他のメディアにはない特性をもっていた。また、電気時計がなかったその時代に、学校の時計、駅のプラットホームの大時計、あるいは映画館の上映時間など、公共の場には時計的な時刻を知らせるシステムが公共の場に行きわたっていたが、時間的に厳密な放送番組を組み、なおかつ時報を流すようになっていたラジオは、秒単位の時間のリズムを人々の家庭の中に持ち込んだとも言われている。[108] しかも、ラジオは聴覚メディアなので、人はそれを聴きながら、同時に別のもの――例えば、新聞や雑誌――を見たり別の行為を行ったりすることができ、それによって同時進行的に異なる時間・空間を経験することができた。加えて、これらの個々のメディアとともに忘れてはならないのが、機械性複製技術や通信技術によるトランスメディアがもたらした時空間の複層性である。それは、例えば、同じ場で起こった出来事を異なる時間に経験させることを可能にした。「御大典」のラジオの中継放送を、その場の音とそれ以前に書かれたシナリオを通して聴き、その新聞記事を別の時間に読んだり、その場面を記録したニュース映画をまた別の時間に観たりする、ということがあり得た。要するに、新しいメディア環境は、従来にないほど複層的で複雑な時間・空間の経験をもたらしたのである。

そして最後に新しいメディア環境と消費文化が助長した経験として指摘しておきたいのが、個々のアイデンティティの流動化、複数化、多様化である。映画のスター・システムを論じた拙著の中で、私はこの問題を論じたことがある。すなわち、観客は、さまざまな映画を観ることを通して、あるいは映画以外のメディアで流通しているスター・イメージを見ることを通して、自らの階級的・ジェンダー的・国籍的アイデンティティに限定されないアイデンティティを想像することができた。[109] 例えば、アメリカのフラッパー・スターのクララ・ボーの真似をした「日本人」女性はそれによって自らのナショナリティを超えたアイデンティティを想像することができたし、「日本人」男性の学生観客はエルンスト・ルビッチ監督作品のような上流階級の社会を舞台にした欧米映画を観ることを通して、そこに登場する上流階級の白人女性にさえも部分的にしろ同一化できたかもしれない。こうした想像上のアイデンティティは、それとは別の制度的・物理的に規定されたアイデンティティ――例えば、その時その場の映画館で映画を観ている自分――と同時にもちうるものであり、その意味でも人は複数のアイデンティティを同時に併せもつことができた。しかしまた、このアイデンティティの複数性はアイデンティティの流動性として捉えることも可能である。よく知られているように、ローラ・マルヴィ以後の多くのフェミニズム映画理論研究者は、マルヴィが男性中心主義のハリウッド映画を観る観客は誰でも性差にかかわらず男性中心主義のイデオロギーの主体に位置づけられると想定したのに対して、観客は映画のさまざまな登場人物に同一化することを通して自らの性的アイデンティティとは異なるアイデンティティを想像することができると論じてきている。[110]

権田もまた同様に、しかし幾分異なる観点から、一九二〇年代後半に書いた論考の中で、アイデンティティの流動性を論じていた。彼の観察によれば、ダンス・ホール、カフェ、映画館、音楽会場、レストランといった場に集まって「街頭の生活」を一時的に楽しむ人々は、そこにいるときは「モガ」や「モボ」であるが、家に帰ると「モガ」や「モボ」ではなくなるという。権田はこの「街頭の生活」を「生産の生活から離れた余暇の時間が（中略）消費される過程」とみなし、近代の明るい解放性を表現していると評しつつも、「健全」な「労働生活」から遊離した「変態的嗜好性」を表すものとして批判した。[111]ここで権田の言う「モガ」「モボ」は、当時の言説によって認識されていた、私の言葉で言う「消費文化の欲望主体」ないしは「消費主体」の典型的な例である。彼ら彼女らは、自らの欲望に従って行動しているように見えながら、資本主義がもたらした消費文化と、それと一体化していた新しいメディア環境に突き動かされていると、想定されていたからである。ただし、新しいメディア環境におけるアイデンティティの流動性と複数化・多様化は、権田の想定するような「街頭」と「家庭」の二項対立には還元できない点があることにも注意が必要である。家庭内に限ってみても、人々はますます、雑誌、新聞、書籍、ラジオを通じて異なる複数のアイデンティティを想像することができるようになっていた。新しいメディア環境におけるイメージ消費を通じて人々は、どこにいても複数のアイデンティティを生きることが当たり前のようになっていたのである。

## 消費主体とアイデンティティ

こうした見方は、思想史研究者のハリー・ハルトゥニアンが日本の近代について論じたことに近いが、それとは大きく異なっている重要な論点が少なくとも一つある。それは、消費主体を総力戦との関係からどう捉えるかという問題にかかわる。ハルトゥニアンによれば、日清戦争以降の資本主義産業の発達によって、商品が家、仕事、街といった異なる場の境界を超えて自由に流通するようになり、それにしたがってそれまで特定の場と結びついていた階級や性差のアイデンティティを超える新しいアイデンティティが生まれてきた。例えば、良妻賢母の観念では女性は家庭の場と分かちがたく結びつけられていたが、街に出て消費を行うモダン・ガールはそうした場とのジェンダーの観念的・慣例的結びつきを突き崩す可能性をもっている。このことは、日本の領土（制度的に画定された「日本」という場所）とナショナリティ（「日本人」というナショナルなアイデンティティ）との関係にも当てはまる。ハルトゥニアンは、このような、場もしくは領土との結びつきによって固定化されていたアイデンティティを揺るがす現象を「脱領土化」と呼んでいる。ここで重要なのは、こうした論を進めるにあたってハルトゥニアンは、消費文化における生活実践と、それに対する言説・制度による意味づけ・価値づけとの間の対極関係を前提にしているという点である。すなわち、消費文化の生活実践は、心地よさ、快楽、欲望に従って消費する行為の遂行過程それ自体にアイデンティティを断片化し不安定化する力があるのに対して、当時の知識人言説の多くは、そうした行為の道徳的・社会的良し悪しをメタ的な次元から評価し、一つの意味に還元し固定化しようとしたというのである。ハルトゥニアンは、前者を重視する言説を「日常的な近代生活についての社会的言説」、後者を「社会的なものに関する二次的な言説」と呼び、前者に肯定的な評価を与える一方後者に批判的な目を向けながら、一九二〇年代から四〇年代前半にかけて執筆されたさまざまな思想家の思想を論じた。後者は、ファシズムに通じるというのがハルトゥニアンの論の核心にある。[112]

これに対して本書では、こうした二項対立的な見方とは異なり、日常的な実践を行う消費主体には総動員体制ないしは総力戦にとって、少なくとも三つのレベルで両義的な意味合いがあったと主張したい。第一に、確かに、消費主体は、これまで論じてきたように、一方で刺激、表層消費、散漫、複層的な時空間、アイデンティティの流動性の経験を通して、階級、ジェンダー、ナショナリティに関する固定的なアイデンティティを揺るがすものであったと言えるだろう。当時の多くの言説はこれに対して、第五章で詳しく見るように、こうした消費主体を対象化し、無名な人々の塊（マス）、すなわち「大衆」として言及した。言い換えれば、この種の言説は、ハルトゥニアンの言う「社会的なものについての言説」にも呼応して、絶え間なくパフォーマティヴに変化している流動的で断片的で多様な個性をもつ主体たちを「大衆」という均質な枠組みにはめ込もうとした。しかしながら他方で、次節で見るように総力戦に関する言説は、「大衆」の「国民」化を論じる際に、消費主体としての「大衆」の自発性を重視し、それを国家に自ら奉仕する自己規律的な「国民」主体の形成に生かそうとした。すなわち、「国民」言説は単純に消費主体を抑圧しようとするだけのものではなかった。第二に、「大衆」や「国民」といった同質的なカテゴリーは、欲望主体の流動性、多様性、さらには都市と地方の格差、ジェンダーやエスニシティにまつわる差別など、さまざまな矛盾や葛藤を、それらがあたかもないかのように抑圧し隠蔽する効果をもっていた。しかしこのことは同時に、それらのカテゴリーが常に潜在的にそうした矛盾や葛藤を抱え込んでいることを意味する。実際、次節以降で論じるように、「国民」言説にはそうした矛盾や葛藤が随所に垣間見られる。例えば、娯楽と教育、消費と理解、刺激と知識のどちらを重視するかといった葛藤はその典型である。教育、理解、知識の必要性を強調する一方で娯楽、消費、刺激を通して「国民」へと動員しようという主張があったように、その種の言説は、「日常的な近代生活についての社会的言説」対「社会的なものに関する二次的な言説」、あるいは「経験、表層、パフォーマティヴ、現在、生成、変容、時間」対「解釈、深層、意味、本質化、固定化、場所の生産、時間の空間化」といった単純な二項対立図式に還元できるものではなかった。[113] 逆に、ラジオを教育もしくはプロパガンダとして利用しようという思惑とは裏腹に、一九四一年一月号の『文藝春秋』は、「近頃のラジオは面白いか」という問いに対して六〇七人が否定的な答えを寄せ、六八人しか肯定していないという結果を報告しているように[114]、娯楽と教育の融合を唱える言説の矛盾も露わにされることがあった。

最後に、「国民」言説が「大衆」を個人主義的とみなし、「デモクラシー」の主体と同一視してそれを批判する傾向にあったように、流動的なアイデンティティを生きる消費主体は、確かに既存のジェンダー的、階級的、ナショナルな枠組みを超えるものだったかもしれないが、それは政治的な意識をもった主体であるというわけでもなかったという点も押さえておく必要がある。この問題についても、不破の発言は考察のための有益な出発点である。「在来の民衆娯楽政策では、個人主義文化政策のもとでデモクラティックに楽しめる考え方で国家的指導精神がなくてただ楽しめればよいとされてきた。大衆に媚びる商業主義の娯楽以外の何ものでもなかった。日常生活を倫理化させることによって国民文化を向上させなければならない。今後は大衆性に対して指導性を与えなければならない[115]」と彼は言う。ここでは、「デモクラシー」が「商業主義」と混同されるとともに「商業主義」の根源が「大衆」とみなされ、それが「倫理」的な「国民」と対照されていることがわかる。同様に、批評家の澤村勉も映画法の目的を「資本家・大衆のものであったものを国民・国家のもの」にすることだと主張しながら、「大衆のための映画を狙う資本家」と「国民のための映画法」という単純明快な二項対立図式を強調した[116]。この種の図式は、「国民」に言及する観客言説のいたるところに見られるものだった[117]。しかし、ハンナ・アーレントの論を借りれば消費文化とともに形成された主体は均質的・画一的な孤立した個人であり、民主主義の主体とは相反するものだったとも言える。アーレントによれば、「大衆」(Mass)とは政治参加と政治的責任から排除され、それに無関心であり組織されていない個人の集積である。それは階級社会の解体とともに出現し、自ら組織する力をもたない。だからこそ、ひとたびヒトラーのような独裁者が現れるとそれに熱狂的に従うことになる[118]。言い換えれば、それぞれ孤立した個的主体の集積としての「大衆」は人と人との間の関係性を失い、世界を消費することだけに従事するが、そうした性質ゆえに権力に利用されやすいものとなる[119]。アーレントの論については第五章以降でより詳細に検討する。

実際、次節で検討するように、一九三〇年代から四〇年代にかけての日本の「国民」言説でも、「大衆」は商業主義やアメリカニズムと結びつけられて批判されたが、国家の総動員体制の目的に即した「娯楽」に接すれば簡単にそのイデオロギーの主体になると想定されていた。すなわち、そこでは個々の主体がメディアに対して批判的な意識をもつとか、互いにコミュニケーションを取り合うことで批判的な見方を養う可能性があるといったことはほとんど考えられていなかった。哲学者の戸坂潤が同時代に喝破したように、「大衆」は「アトミズム化」していたために消費者としては能動的な主体であっても政治的には従順な主体であり操作されやすい対象として想定されていたと言える。[120] 上海事変が勃発してから二カ月ないしは三カ月後に発表された新居格の『文藝春秋』(一九三七年一〇月)の論考には、そうした「大衆」の性格の一端が窺える。彼によれば、戦場は日本の国外にあるので、「大衆」は戦争中であっても切迫感をもつことなく娯楽を楽しめるというのである。[121] 一九三八年一〇月には女性のダンス・ホールへの入場が禁止され、その二年後には全国のダンス・ホールが閉鎖されたが、にもかかわらず「人々は映画にビールに観光旅行に可能な形態で消費を続け」たという指摘もある。[122]「モダン・ライフは戦争を継続するための国の施策や軍需景気と相俟って、戦死者・障害者を増やし続ける戦争の膨大なコストに対する日本人の批判意識を麻痺させた」とも言われている。[123]

「国民」言説は、こうした消費文化の欲望主体としての「大衆」を、統制された娯楽や消費を通して強制感を感じさせることなく、自己規律的な「国民」主体へと陶冶することを促していた。そこで重要になってくるのが、総動員体制の統制下で資本主義や消費文化がどのように位置づけられていたかという問題である。次節では、この問題を考えながら、新しいメディア環境とともに立ち現れてきた消費主体がどのように「国民」化されようとしたのかを考察したい。

## 消費主体の「国民」化――（反）資本主義、階級、ジェンダー

一九三〇年代後半に再定義された「国民」は、二〇年代の「民衆」を修正しながら引き継ぎ、同時に、新しいメディア環境とともに立ち現れてきた消費主体に対応し、それを取り込もうとするものだった。以下で見ていくように、この消費主体の「国民」化は、言説のレベルでも制度・法のレベルでも、総動員体制の統制が資本主義と消費文化を否認する――表向きには拒絶していながら、実際には利用する――傾向を帯びていた。このことは、消費文化に対する統制政策の両義的な性格に表れていた。ここでとりわけ注目したいのが、消費文化の新しいメディア環境に特徴的だったトランスメディアが「国民文化」という形で利用されようとした状況である。「国民」言説は、この「国民文化」を通して消費主体を総動員体制の主体たる「国民」へと動員することを促したが、それは必然的に矛盾や葛藤を伴うものであり、同時にまたそれらを隠蔽するものでもあった。

### 反資本主義

一九三〇年代から四〇年代前半にかけて消費主体の「国民」化を推進した総動員体制の統制は、制度的・法的にも言説上でも、資本主義に対抗する側面と、資本主義を利用する側面の両面をもっていたと見ることができる。すでに多数の研究が示してきているように、資本主義に対抗する統制政策の側面の数々を挙げることは難しくない。一九三一年七月公布の「重要産業統制法」に始まる統制経済は、そのもっとも端的な例だと言えるだろう。日中戦争勃発から三カ月後の一九三七年一〇月には、内閣資源局（二七年五月設置）と企画庁（三七年五月設置）が統合・再編される形で企画院が発足し、総合国策機関として三八年四月公布の国家総動員法を実現させた[124]。この政策を押し進めた「革新官僚」の一人であり、企画院で国家総動員法の起案にあたった元逓信省の奥村喜和男は、大恐慌後

の世界状況に危機感を抱きながら、自由主義と個人主義の行き詰まりを意識し、「高度国防国家建設」のための物質的基礎を確立し磐石にするために「全体主義計画経済」を唱えたと言われている。[125]これはまた、満洲で一九三六年一〇月に成立した「満洲開発五カ年計画」にも通じるものであり、実際そこで中心的な役割を果たしていた岸信介は、三九年一〇月に満洲から帰国して商工省次官に就任するとともに、革新官僚の元締め的な存在として企画院の政策立案にもかかわった。こうした経緯の中で、一九四〇年に第二次近衛文磨内閣に提出された「経済新体制確立要綱に関する企画院案」が、当時商工大臣だった小林一三などの財界人から共産主義的な計画経済と批判され、岸がその責任をとって職を罷免されるという出来事が起こった。このことは、小林らの反対が受け入れられた点で資本主義的なものがある程度容認されていたことを窺わせる一方で、企画院の政策が資本主義経済とは対極的なものとみなされていたことを示唆している。企画院の政策にも影響を与えたと言われる、一九三八年の笠信太郎のベストセラー『日本経済の再編成』もまた反資本主義的な性格が強い。笠は、一九二八年から大原社会問題研究所に勤め、その後三六年に朝日新聞社に入社して同新聞の論説委員となり、同書の執筆当時は、革新官僚や三木清、蠟山政道などの研究者が属していた近衛のブレーン団体、昭和研究会にも参加していた。同書は、三木の「共同主義」の考え方も参考にしていると言われるように、公益重視の計画経済を志向し、資本主義的営利主義に対して、所有と経営を分離して、企業の合理的経営を日本全体の生産力増強に生かすことを奨励した。[126]

こうした資本主義産業に対する統制政策とともに、消費の抑制政策が行われたこともよく知られている。二宮尊徳の「報徳思想」から社会学者の高田保馬が一九三〇年代に提唱した「貧国国家論」に至るまで、清貧、節制を説く思想がしばしば国家主義的イデオロギーと結びつけられる形で唱えられていたが、[127]三八年四月一日に国家総動員法が公布されてからは、そうした考え方を底流としつつも、より現実的・物質的な次元でさまざまな消費活動に政策的に制限が加えられるようになった。パーマネントは禁止となり、街のネオンは全廃され、先述のようにダンス・ホールには閉鎖が命じられた。[128]カフェ、バー、ダンス教習所にも規制が加えられる。[129]さらに、七・七禁令とも呼ばれる、一九四〇年七月七日施行の奢侈品等製造販売制限規則では、宝石類や、一定価格以上の衣料品・服飾雑貨の販売が禁止された。その頃から砂糖とマッチが切符制となり、太平洋戦争勃発後は味噌、醤油、衣料品なども切符制となり、米やたばこが配給制となった。[130] 戦時体制下では、従来の資本主義の発達がもたらした消費文化は、イデオロギー的という以前に、物質的・現実的に成り立ち得なくなっていたのは明らかだった。さらに、こうした規制的な経済政策の中で、闇市も広がった。大日本言論報国会理事の法学博士、小野清一郎は一九四四年の演説の中で、「いまなお統制に対する不満の声を聞くことが多いのみならず、「闇」が行われていることは隠れもない事実」だと述べている。[131] この発言からは、政府が反資本主義・反消費文化的な統制政策を採っているという事実と、そこに綻びがあるという実態の両方を窺い知ることができる。

興味深いことに、資本主義への批判は、一方ではかつてのマルクス主義者が行った批判に共鳴するものであり、他方ではアメリカニズムへの批判とセットにされていた。例えば、テッサ・モーリス＝スズキが論じるように、一九二〇年代にマルクスの『資本論』を邦訳した高畠素之は、「ネーションを資本主義の到来以前に出現したと考え、資本主義時代以前に具体化されていた、ネーションの純粋な統合の回復を目指す革命の信奉者」だった。[132] 国家を優先するか、階級を優先させるかの違いはあるにしても、資本主義に対して批判的であるという点においては、両者は一致している。かつてマルクス主義に傾倒したこともあった、先述の森戸辰男も、「国家的・国民的目的」を「一切の私的利益」に対して優先させることで「資本主義体制の革新」を訴えた。[133] 一方、資本主義（もしくは少なくとも資本主義的なある側面）をアメリカとの組み合わせで批判することが常套句のようになっていた。アメリカとアメリカニズムを「物質文明」「機械文明」と呼んで批判を繰り返した津村秀夫はその代表である。「我々の闘わねばならぬものはアメリカニズムであるということになる。その人間生活の人工化と機械文明の魔力に対してであります」という文言に見られるように、アメリカを資本主義の権化とみなして敵視し、それとの対比で日本の目指すべきところを示そうとした。[134] 飯島正もまたアメリカ映画を「商業主義」とみなして非難した一人である。「アメリカ映画は、目にうったえる外見的なもののまどわしを、商業主義的に利用していることがおおい」としながら、それが「日本のわかいひとたちにあたえた悪影響」を嘆いている[135]。

こうした趨勢の中で娯楽もまた、「民衆娯楽」との差別化だけでなく、消費文化との差別化によっても「国民娯楽」として再定義された。権田は、本章冒頭で示した言述にあるように、従来の「民衆娯楽」を個人主義的・自由主義的なものだとみなすとともに、消費主義的なものだともみなしていた。その上で、「国家総動員法により私経済的営利原則を克服」する娯楽の新形態が可能になり、これにより「国民共同的意識」をもたらすことができると主張した[136]。この見方は、「娯楽がたんなる消費ではなく」、「新たな労働」であり、「国民の総力を高め国民生活を有形無形に前進せしめるようなものでなくてはならなくなる」という今村太平の発言とも呼応している。今村はこれこそが「国民映画」に求められるものだと訴えた[137]。同様に、柴田芳男は『世界映画戦争』の中で、企業が「国民を国民ならざる大衆」とみなし「企業利潤の対象」として利用したと批判しながら、「文化戦」ではそれとは逆にその「大衆」を「国民」にすることが任務であると述べている[138]。これらの見解が、先に示した不破の言明と一致することは言うまでもない。不破にとって「国民娯楽」は、「大衆に媚びる商業主義の娯楽以外の何ものでもな」い「民衆娯楽」に取って代わるべきものであった。

## 資本主義と「大衆」の踏襲――自発的な主体と平板な集団

とはいえ、一九三〇年代後半から四〇年代前半にかけて流通した数々の言説を見渡すと、「国民」の再定義において資本主義が完全に否定されたとは考えにくい。むしろ、たとえ表向きには資本主義やそれと結びつけられた「大衆」――消費文化の欲望主体――が否定されているように見えても、実際には資本主義的なものが踏襲されていたと言う方が適切であろう。それは、とりわけ自発的な主体と平板な集団という二つの特徴をもつ「大衆」を、それらの特徴を生かしながら「国民」へと養成しようとしたところに窺える。自発的な主体という「大衆」の特徴については、不破の発言が示唆的だ。彼は、「商業主義」と「国民文化」を対比させた先の引用に続けて次のように述べている。「今後は大衆性に対して指導性を与えなければならない。教育教化の重大な武器として、映画の面白みを十分に利用してしらずしらずの間に、一般大衆の心になんらかの指導性をもたらすものでなければならない。映画の持つ大衆性を生かしつつそこに芸術性と指導性（すなわち思想的感化力）を蔵するものこそ真の国民娯楽」なのだと。[139] ここでは、ただ単に「大衆性」に任せるのではなく、そこに「指導性」を加えるべきことが訴えられつつも、「大衆性」を全否定するのではなく、むしろ映画や娯楽を自発的に受容するという「大衆性」を生かしながら、「大衆」を「しらずしらずの間に」国家に奉仕すべき自己規律主体へと導くことが主張されている。すなわち、資本主義を含意する「大衆性」は拒絶されるべきものではなく、利用されるべきものなのだ。不破は別の論考で「映画の持つ大衆性のあることによって国民を引きつけるだけの魅力があるものでなければならない」とも述べている。[140] ある批評家はこの見方をさらに一歩進めて、「大衆性」を保持することが戦時体制の制約による鬱憤を抑えることにもつながるとも指摘している。「いかに戦時とはいえ、数千万の国民大衆が一人残らず聖人のような立派な人ばかりとは考えられぬのであって、この大衆に向かって、真正面から純理論を振り回して見ても、決して国民はついてくるものではなく、むしろ国民という大きなマッスのうちに、なんとはなしに反感を呼び起こし」てしまうというのである。[141] ここでは、「国民」と「大衆」を対極化するのではなく、むしろ「国民大衆」という言葉を媒介に欲望主体的な側面と自己規律的な側面を収斂させ、それを現実主義的な見解として示している。

こうした、資本主義に密かによりかかろうとする見方は、松竹の城戸四郎のような企業側の人間にとっても都合の良いものだった。もし資本主義が完全に否定されて国家に統制されたのであれば、企業が利潤を確保する余地はなかっただろうし、映画会社に所属する映画製作者の自由はさらに制限されただろう。しかし、「大衆性」が一定程度重視されることで、企業や映画製作者は自分たちの裁量がある程度尊重されていると受け止めることができた。だからこそ城戸は、「映画は常に大衆の物である。（中略）先ず大衆の心理や欲するところの物を把握して然る後に、指導する」と主張して、統制とのバランスをとりながら企業の存在意義を担保しようとしたと言える。[142]さらには、これを利用して芸術志向の批評家を批判することもできた。「ファン大衆からかけ離れて仕舞っては如何に高邁なる芸術精神によって生まれたる物と雖も三文の価値も認められぬ。(中略)大衆と離反した映画批評などと云うものは玄人芸人のオナニズムに任せて置けばいい」。こうしたことから、不破が国家主義的な道徳の「指導性」を示す作品を「芸術性」があるものとみなしたのに対して、城戸が「指導性」を「芸術性」と切り離し、逆に「大衆性」と結びつけている点にも頷けるだろう。[143]

このように資本主義を踏襲して「大衆」をしらずしらずのうちに「国民」へと陶冶するという考え方はさらに、バラク・クシュナーの言う「民主的ファシズム」という見方を想起させるかもしれない。クシュナーは、情報局官僚の横溝光照や内務官僚の新居善太郎の発言を引き合いに出しながら、日本の官僚によって期待されたメディアの役割が一九三〇年代までに、説教のように指導する「教化」から、「押し付けでなく、日常で文化価値・態度に染み入る」ように伝える「宣伝」に転換したと論じ、後者を「民主的ファシズム」と呼んだ。[144]ただし私の見方では、第一章で指摘したように、この考え方はすでに一九二〇年代の「民衆娯楽」論に存在していた。さらに「大衆」との関係で言えば、不破などの「国民」の再定義言説に見られる考え方としては、「民主的ファシズム」というよりもむしろ「資本主義的ファシズム」もしくは「消費文化的ファシズム」と呼んだ方が適切だろう。というのも、不破も他の論者も、「国民」へと指導されるべき「大衆」を、知性や思想に基づいて民主的な行動をしていると見るよりも、「感覚的刺激」に触発されて行動していると見る傾向にあったからである。[145]例えば、相川春喜は『文化映画論』(一九四四年)の中で、「思弁を嫌って感性に頼るのが大衆心理の不可避的な傾向である。感性をもって事実にあたり、理屈は抜きに実際の行動に身を挺するのが国民的心理である。(中略)直接には思考を媒介しなくとも所謂の目的を達しえられるような、映画という判りやすい感覚的手段に訴えることは、もっとも広汎であり大衆的であり、集団的である」と述べている。[146]確かに不破と相川の間には微妙な違いがある。先述のように、不破は「ボタン一つ」で総動員できるようになることを理想的だと言いながらも、「知識の上からも情操の上からも陶冶が必要」だと強調し、「国民的自覚」を促していた。[147] これに対して、相川の論では、思考を媒介しない理屈なき行動をとると想定される「大衆」の性質がそのまま「国民」のもつべき性質として規定されている。とはいえ、いずれも「大衆」を、知性や理性ではなく、消費文化の中で感覚的刺激に突き動かされて行動するものだと見る点では共通していた。いうなれば「ファシズム」の主体としての「国民」は、この資本主義の主体たる「大衆」の上に考案されたと言えるのである。

資本主義的な原理は、言説上だけでなく、制度的にも不可欠な前提とされていたと見ることができる。加藤厚子は、映画産業が国営化されておらず、政府が継続的・直接的な資金提供をしていなかった日本にあって「映画が国民動員装置として機能するための再生産構造維持のためには、十分な興行収入を確保する必要があった」と指摘している。[148] したがって、後述するように学校などの公的機関や民間団体などの企画による集団鑑賞によって、映画館の入場者が確保される場合もあったが、[149] 基本的には映画会社や映画館はそれぞれ独自に入場者を増やして利潤を上げる努力が求められた。さらに広告は、反資本主義を標榜するそぶりを見せながら、資本主義を踏襲するという矛盾を示す最たる例だと言える。七・七禁令の発令とともに「ぜいたくは敵だ！」という広告看板が東京都内だけでも一五〇〇本掲げられたとの報告があるが、[150] これまでに見てきたように広告自体が資本主義・消費文化とともに発達してきたものだということは言うまでもない。このことはもっと広く、戦争と総動員体制自体が資本主義と親和的な関係にあることを示している。実際、日清・日露戦争以来、同時代に起こっている戦争に便乗して作られた幻燈、レコード、映画は枚挙にいとまがなく、[151] そのことは一九三〇年代には十分認識されていたことだった。例えば、新居格は一九三七年の『文藝春秋』に寄せた記事の中で、「戦時は映画やレコードに無条件に反映する（中略）まして政府が乗り出して協力を求めた位だから、映画に、レコードに、戦時色が濃厚になったのは当然で、事変発生後、『北支の空を衝く』『進め皇軍』（中略）等々と題した映画は続々製作上演され」たと述べている。[152] 加えて、歴史研究者のルイーズ・ヤングが論じるように、満洲事変時に国家のために犠牲になることを競い合った「競争的犠牲精神」もまた、資本主義・消費文化が総動員体制に組み込まれていることを物語っている[153]。興味深いことに、メディアが煽り立てたこの「戦争熱」では、資本主義・消費文化の特徴である個々人の卓越や出世をめぐる競争と同様、個々人の間で栄光の承認を得ようとする競争が繰り広げられた一方で、一九二〇年代の「民衆」に対する社会教育論で唱えられた相互扶助的な「社会」の考え方（前章参照のこと）は風化していた。

同様に、資本主義と結びつけられて批判されたアメリカやアメリカニズムも、簡単に葬り去ることはできないものだった。歴史研究者の吉田裕によれば、「日本国内で敵愾心をあおりたてるような反米的な戦時キャンペーンが本格化するのは一九四三年」だった。この年、政府の広報誌『写真週報』が「米英レコードをたたき出そう」や「看板から米英色を抹殺しよう」といった文句を掲載し始め、『朝日新聞』が米英兵の残虐性を記事にした。極端な反米キャンペーン——キャンペーン自体が資本主義・消費文化の産物でもある——が開始されるのは、一九四三年二月のガダルカナル島をめぐる攻防戦敗北以降であり、「鬼畜米英」のスローガンが出始めたのは一九四四年後半頃からだという。吉田は、こうした状況について、アメリカナイゼーションの長い歴史がすでにあったからこそ、あからさまなアメリカ批判が真珠湾攻撃の直後に展開されることは必ずしもなかったと解釈している[154]。同じように、津村秀夫が「アメリカ物質文明」を繰り返し批判したにもかかわらず、南方へのプロパガンダ政策になると「物質文明の方からしらしめていかなければならない」と唱えたことは、資本主義にしろアメリカニズムにしろ、簡単には捨て去られることはなく、むしろ否認されながら保持されていたことを示唆している[155]。小津安二郎が派兵された南方でアメリカ映画を享受していたり、チャップリンの人気が真珠湾攻撃以後も続いていたりしたように、アメリカ映画の人気が密かに続いていたこともよく知られている[156]。「国民」の再定義に関する多くの言説は、このように資本主義を密かに踏襲しつつ「大衆」をその主体とみなしてそれを陶冶しながら取り込むことに関心を寄せていたのである。

さらにまたそれらの言説は、資本主義とともに登場した「大衆」は格差が「平板化」された人々の集合であるという認識も共有していた。権田は映画、ラジオ、レコードなどの「新興娯楽」が娯楽の「平衡運動」をもたらしたと論じたが、その背景に資本主義の普及があったことを示唆している。彼によれば、「新興娯楽」によって都市では知識階級による「高級趣味」が「大衆化」し、同時にラジオによって浪花節が広がったように大衆向けの娯楽が「高級趣味化」した。そして、それらの「新興娯楽」によって都市と農村との格差も解消しつつあるという。実際には、後述するように都市と農村の格差をはじめとしてさまざまな矛盾は決して解消されることはなかったが、権田は「大衆生活の根底に新興娯楽」が行き渡り、「差別や伝統」を脱して「国民大衆」が形成されたと主張し、それが可能になったのは「機械生産と娯楽分配の大企業化」によって「供給設備」が大規模化したからだと指摘している。[157] さらに彼は、こうした「新興娯楽」と資本主義を通して形成された「地方、職、年、性を超越」した「大衆性」をもとに、国家はその「指導性」によって「国民精神総動員」を完成させるべきだと主張した。[158] 権田以外にも、このように資本主義ないしは「新興娯楽」や消費文化によって階級差が平板化したという認識を披瀝する言説はいたるところに見られた。津村は「愚昧な大衆」だけでなく「知識人」もアメリカニズムに影響を受けていると警鐘を鳴らし、それを「デモクラシーの平均運動」と同一視している。[159] 拙著でも論じたように、消費文化の中で映画スターの価値が、家元制度のような伝統を引き継いだ文化的・芸術的ヒエラルキーによって規定されるよりもむしろ、既存の階級差を超えた市場に基づく人気によって決まるようになったことを考えれば、そうした認識が生じてくるのも当然だと言えるだろう。[160] 廉価な商品の消費や視覚的消費——必ずしも購入しない消費——は貧富の差や階級差に比較的左右されずに行われる。加えて、今村や、おそらく今村に影響されたと思われる澤村は、映画は識字能力が必要ないのでそれによって「教養の平等化」[161]が達成され、「階級の柵がなくなる」[162]という論を展開した。

ここで重要なのは、こうした平板化された「大衆」の性質がそのまま「国民」に引き継がれるべきものとして見られる傾向があった点である。一九四一年の『映画旬報』のある記事は、「大衆」の意味が今では「官吏、会社員、学生、科学者、技術者、農、漁、商或いは一般家庭人等」を含むまでに変化したと指摘しながら、それらを「国民」の総力として結合すべきだと訴えている。[163] 相川もまた『文化映画論』の中で、動員は「知識の高低、身分の上下関係なし」に「一億国民」として行われるべきだと説いている。これに呼応するかのように、雑誌『農村文化』の一九四一年一一月のある記事は「一億一心となって猛進撃を行うために、先ず第一条件として大衆性」をもつことを掲げているし、[164] 亀井勝一郎は「知識人は国民に身を埋没」して「日本精神」を遂行するよう促した。[165] これらの言説はすべて「国民」が格差のない平等な集団であることを示唆しており、それ以前に「大衆」の特徴として論じられてきたことと共通した基盤に立っていた。

### 矛盾の内包——主体／対象とジェンダー

こうして「国民」は、「大衆」の主体としての側面と平板な集団としての側面の、二つの側面を矯正しながら組み込むことで再定義されたと考えられる。こうした見方は、佐藤卓己が『キング』やラジオを分析しながら指摘した「ファシスト的公共圏」の特徴に一致するものだとも言えるかもしれない。佐藤は、この概念によって、「大衆」が「国民」として主体的に政治に参加したという点と、ハーバーマス的な「市民的公共圏」とは異なって知識人に独占されない平等な「大衆的公共圏」ないしは「国民的公共圏」が成立したことを強調している。[166] とはいえ、「国民」の再定義に関してここで問題にしたいのは、単に「国民」の「想像の共同体」や「ファシスト的公共圏」が構築されたということではない。むしろ表向きには否定されていたように見える資本主義的な原理が実際には踏襲されていたという点がより重要であり、だからこそ「大衆」に対して「国民」を再定義しようとした言説には矛盾を内包した、より複雑な両者の関係性が含意されていることが読み取れるのだ。ここでは二つの基本的な点を確認しておき、後ほどさらに議論を発展させることにする。

まず根本的なこととして、「国民」の再定義言説は、主体としての「大衆」を「国民」に取り込むことを目論んだが、しかし同時に「大衆」にしろ「国民」にしろ、その言説の語り手はメタ的な次元からそれを対象として論じる傾向にあったということがある。すなわち、資本主義産業が「大衆」を消費者として対象化したように、官僚や批評家は「国民」を総動員の主体としてと同時に対象として語った。消費主体としての「大衆」はさらに自己規律的な主体としての「国民」に「しらずしらずの間に」訓育されるべき対象とみなされた。したがって、再定義された「国民」はあくまでそれを対象化する語りの中で主体として理想化されたものだった。資本主義的な原理はあくまでこの枠内で踏襲されたと言える。いうなれば「国民」はその制度内で対象化された主体だったのだ。

また、「大衆」と「国民」の関係性について考える際に見過ごすことができないのが、ジェンダーの問題である。「国民」とはあくまで言説によって規範化されて語られたものであり、現実との間には常にずれが伴っていたことについては繰り返し述べてきた通りである。「大衆」や「国民」において差異や格差が平準化され平等になったというのは、確かにそういう面もある程度はあっただろうが、完全にそれが達成されたということはあり得ない。実際、数々の言説を仔細に読むと、規範化の側面——これは同時に現実との矛盾を隠蔽する機能を果たす——と同時に、現実との矛盾を示唆する側面が窺い知れる。第四章で見るように、理想主義的な言説において「皇国臣民」として「国民」に包摂された「朝鮮人」は、実際には法的にも日常的にも「日本人」との間で明らかに差別されていたが、同時にその事実は「国民」という、あたかも平等で均質な集団であるかのように意味するその言葉によって隠蔽される傾向にあった。さらに、「国民」として認められようとするために、被植民者・被支配者の間で、より「日本人」に近い「国民」としての承認をめぐって競争が起こった。ジェンダーについても同様のことが言える。平準化を強調する言説は、実際に存在した男女間の差別や、異性愛と同性愛との間にあった差別を覆い隠す機能を果たした。また、多くの論者が指摘しているように、女性は、参政権をもたず兵役の義務もなかったという法的不平等の状況下で「「国民」でありながら、「国民」ではない」[167]という位置に置かれていた。そうした中で、高群逸枝などの「フェミニスト」が総動員体制に積極的に加担することで男性と同等に「国民」として認められようとしたという事実は、女性もまた「国民」としての承認をめぐる競争に駆り立てられていたという事態を物語っている。(168)物理的・金銭的・知的資源は公的機関によって再分配されるのではなく個人の努力によって獲得されるべきだという競争原理の上に立つ資本主義と同様、この場合も「国民」としての権利と義務は国家によって平等に再分配されてはおらず、むしろ女性自らの個人的な努力によって獲得されるべきものであるかのような状況が成立しており、それが競争を煽っていたと見るべきだろう。「大衆」と「国民」の平準化を強調する言説は、資本主義と総動員体制に共通する、こうした不均衡性を基盤とした競争原理を不可視化しているのだ。

このことと連動しながら、「大衆」と「国民」はジェンダー化される傾向にあった点にも留意すべきである。上野千鶴子などの研究者が指摘するように、近代・家父長制・国民国家にあって「国民」は男性に代表されて普遍化されていた。(169)すなわち、参政権は男性にしかなく、その意味で「国民」は実質的に男性しか代表していないにもかかわらず、この語はあたかも女性を含むすべての人々を平等に表しているかのように使用された。これに対して、「大衆」は女性と結びつけられることが多かった。津村は、女性を「低俗感情」をもち「アメリカ映画」を好み、「個人主義」的な傾向があると特徴づけた上で、それが戦時生活の「国民の要求」に反していると批判した。(170)『日本映画』誌のある記事も、「女性大衆」が娯楽本位の映画しか享受できないとみなし、こうした「大衆」に媚びて映画を製作することを戒めている。(171)このような言説から読み取れるのは、女性が消費者、もっと言えば欲望主体としての「大衆」と結びつけられて語られているという傾向である。この点で、「大衆」を「国民」へと陶冶するべきだという主張は男性に対する女性の従属化というニュアンスを帯びていた。こうした言説は、言うまでもなく女性に参政権をもたらすべきだとも、徴兵の対象とするべきだとも主張することがまったくない。女性はむしろ、家庭に引き戻されて隣組などの活動を通じて家庭と地域をつなぎ、それによって国家体制に寄与する役割を期待されたり、あるいは勤労動員という形で消費者から労働者への転換を促されたりすることによって「国民」の資格を——男性に対して劣位に置かれながら——かろうじて得ることができるということが無言の前提とされていた。(172)

「国民」は決して平等ではなかったのだ。「国民」という言葉は、ジェンダーに関する格差があたかもないかのような体裁をもちながら、実際には男性中心主義を含意する、矛盾した概念だった。

このように「国民」は、「デモクラシー」とともに語られていた「民衆」と、資本主義や消費文化と結びつけられていた「大衆」の両方を取り込みながら再定義された。それは個人主義や資本主義を表向きには否定しつつ、実際には踏襲していた。「国民」はまた、自己規律的主体としてと同時に平等な集団として理想化され、格差や矛盾を内包しながらそれらを見えにくくするという性格をもつものでもあった。消費主体とみなされた「大衆」は、必ずしも消費主体とはみなされなかった人たち――これについては後述する――とともに、そうした「国民」へと動員されようとした。ではいったい、どのようにして「国民」へと動員されようとしたのか。以下では、総力戦体制の文脈を概観した上で、消費文化とともに発達した新しいメディア環境、とりわけトランスメディアが総動員体制に利用された状況を分析することにする。

## 総力戦体制とメディア環境

美術史研究者の若桑みどりは、その著『戦争がつくる女性像』の中で、「国民は国策によっては心を動かさない。政策や法は国民を物理的に動かすが、内面からは動かさない。内面から国民を動かすには「文化」を動員しなければならない」と指摘している。その上で、その内面にかかわる「文化」として、ジャーナリズムと芸術（軍歌、軍国映画、軍国文学、軍国マンガを含む）から私生活（結婚、恋愛、妊娠、出産、育児、教育、教養、趣味、服装、髪形、食事、生活スタイルのすべての細部）に至るまでの広範囲にわたる領域を列挙している。[173] 私は、人々の日常生活と一体化した「文化」が広範囲にわたって権力装置として機能し権力の内面化を促すという、このフーコー的な見方に概ね同意するが、同時に当時の歴史的な文脈から考えて次の三点については一定の留保をつけたい。第一に、若桑の論では「政策」と「文化」、さらには「法」と「内面」が、「ハード」と「ソフト」の対立や「合理」と「不合理」の対立のように想定されているが、いずれの場合もそのように二項対立的に考えるべきではないだろう。映画法をはじめとする映画政策に端的に見られるように、「文化」は人々の内面——当時、「精神」と呼ばれた——と行為を合理的に管理し方向づける手段として構想された。加えて、ここに「内面」とともに「行為」と記したように、単純に「内面」には還元できない身体的な所作への「文化」の効力の可能性も考慮に入れるべきだろう。先述の「思考を媒介しない理屈なき行動」を理想とする相川の言説はこのことを的確に示している。第二に、総動員体制を考える場合、本章のはじめにも言及したように、満洲事変以降の状況だけでなく、第一次世界大戦以降の総力戦の文脈を考慮に入れる必要がある。とりわけ、メディアを考察するためには、以下で示すように、第一次世界大戦時に芽生えた宣伝論・思想戦論がどのように一九三〇年代から四〇年代前半にかけての総動員体制へと展開されたのかを押さえておく必要がある。そして第三に、一九二〇年代に顕著となった消費文化と新しいメディア環境との関連を考慮に入れる必要がある。繰り返すまでもなく、本章で主張したいのは、総力戦体制は、資本主義、消費文化、新しいメディア環境を単純に否定したわけではなく、むしろ積極的に便乗し、それを完璧に合理的・戦略的に遂行したというよりも、偶発性に依存したところが少なからずあったということである。「国民」への動員は、そうしたメディア環境を通して実現されると想像され、ある程度実践された。一方で、そこには常に矛盾や葛藤があった。

### 総力戦の文脈

総動員体制においてメディアが果たした役割や意味を考える場合、一方では後述するように資本主義・消費文化との関係を検討することが欠かせないが、他方でそれと密接に連関していた総力戦・総力戦論の趨勢を考察する必要がある。なかでも重要なのが、総力戦（論）との結びつきで展開された思想戦論・宣伝論である。総力戦とは、軍隊による戦闘を超えてすべての人々が戦争に参加することが期待され、その社会・文化のあらゆる側面が戦争に動員されることを意味する。こうした参加・動員をメディア自体も動員しながら促進することを訴えたのが思想戦論・宣伝論である。宣伝論とはしたがって、端的に言えば、人々を動員するためのプロパガンダ論である。ただし、「プロパガンダ」という言葉は人民に対する操作性をあからさまに意味するため、「宣伝」という言葉に置き換えられることが多かったし[174]、この「宣伝」という言葉すら忌避されることがあった[175]。一方、思想戦論とは、プロパガンダによって自らの「思想」を他の「思想」よりも優位に広く行き渡らせるための論だと定義できる。ここで言う「思想」とは、偏向した思考様式を意味する「イデオロギー」と同義だと言えるが、当時の「イデオロギー」という言葉には共産主義やマルクス主義を含意するコノテーションがあったためにこの言葉が表立って使用されることは稀であり、代わりに「思想」という言葉が使用された。それにより、実際には既存の国家体制に与する偏った思考様式であるにもかかわらず、あたかもそれが普遍的な考え方であるかのようにしてその国家的イデオロギーを人々に浸透させることが狙われた。「宣伝」という言葉は、商業的な広告宣伝の意味としても使用されたが、思想戦論・宣伝論ではもっぱら、そうした一種の国家的イデオロギーとしての「思想」の普及を促すことで人々を「国民」へ、そして戦争へと動員するプロパガンダを、暗黙のうちに意味していた。

もし「プロパガンダ」を「情報の流れを統制し、世論を操縦し、あるいは行動を操作する手段」と定義すれば、それは古代からあったと言える[176]。しかし、新聞記事、映画、写真、講演、書籍、説教、ポスター、うわさ、看板広告、チラシ、ビラなどの多種多様なメディアによってあらゆる層の人々の愛国心の高揚と戦時努力への参加が促されたという意味では、第一次世界大戦が画期的な契機となった[177]。イギリスでも、フランスでも、アメリカでも、そしてドイツでもそれぞれ平時に開発されたメディアが戦争のためのプロパガンダに利用されたことが知られている[178]。とりわけアメリカでは、一九一七年四月二日にウッドロウ・ウィルソン大統領が参戦を表明してから一週間後に広報委員会（Committe on Public Information, CPI）――ジャーナリストのジョージ・クリールが委員長に就いたことでクリール委員会とも呼ばれる――が設置され、欧州派遣米軍プロパガンダ課（または心理課）とともにこの機関が中心となって、国内外で広範囲にわたる組織的なプロパガンダ政策が遂行された。[179]そしてさらにアメリカでは、この大戦を振り返る形で一九二〇年代にプロパガンダ研究が興隆し、ウォルター・リップマンの『輿論』（二二年）、エドワード・バーネイスの『輿論を結晶化する』（二三年）、ハロルド・ラスウェルの『世界大戦におけるプロパガンダ技術』（二七年）などのプロパガンダに関する多数の書籍・論文――「プロパガンダ」というあからさまな言葉に代えて、「パブリック・オピニオン」や「パブリック・リレーション」という言葉が使用される傾向にあったが――が刊行された。[180]ドイツでは、アドルフ・ヒトラーの『わが闘争』（二五、二六年）をはじめとして、第一次世界大戦における自国の「敗戦を英国のプロパガンダの優秀さのせいにする者が多かった」と言われているが、この傾向もまた戦争におけるプロパガンダの重要性がこの大戦をきっかけにして広く認識されるようになったことを示唆している。[181]こうした中で、日本では大戦中から、ドイツやアメリカのプロパガンダの状況が報告されたり書籍が翻訳されたりし、さらにはソ連の共産主義のプロパガンダも紹介されていた。内務省警保局『獨逸プロパガンダの研究』（一九一八年）、ウラディミール・レーニン『アジテーションとプロパガンダ』（青木俊三訳、二九年）、小西鐵男『プロパガンダ』（三〇年）はその端的な例であり、このうち小西の著作は自らがラスウェルの下で研究した成果やクリールに取材した内容を中心に構成されている。[182]したがって、日本でもまたこの頃から、第一次世界大戦のような近代戦はもはや単なる武力戦ではなく、思想戦・宣伝戦を推進力とする総力戦であるという認識が広まりつつあったのは明らかである。

この認識は、一九三一年の満洲事変から三七年の日中戦争へと戦時色が次第に色濃くなる中で拍車がかかってくる。すでに一九二〇年代後半から三〇年代前半にかけては「軍部の総力戦思想の普及のために陸軍省パンフレットが最も多く刊行された時期」だったが、三四年一〇月一〇日にはそれらの集大成として「国防の本義の其強化の提唱」が発表された。[183]「思想戦」という用語が人口に膾炙したのはこのパンフレットによるとも言われている。[184]こうした軍部の動きと並行して、一九三〇年代後半から四〇年代前半にかけて、思想戦論・宣伝論に関する著作物が続々と刊行された。一九三〇年代初めにも田中豊『戦争と宣伝』（三一年）のような書籍が出版されたが、小山栄三『宣伝技術論』（三七年）、神田孝一『「思想戦」と宣伝』（三七年）、ヨーゼフ・ゲッベルス『宣伝の威力』（高野瀏訳、三九年）、ハロルド・ラスウェル『宣伝技術と欧州大戦』（小松孝彰訳、四〇年）、小山栄三『戦時宣伝論』（四二年）、戸澤鐵彦『宣伝概論』（四二年）、米山桂三『思想闘争と宣伝』（四三年）、戸澤鐵彦『宣伝戦の史実と理論』（四三年）のように、そのブームは三〇年代後半からだと言える。[185]雑誌でも小松孝彰「宣伝と近代戦争」『中央公論』（一九三七年九月）、小山弘建「現代総力戦の構想」『中央公論』（四二年五月）、佐藤邦夫「戦争と映画宣伝戦」『映画之友』（四二年二月）などを挙げるまでもなくおびただしい数の記事が思想戦論・宣伝論を行った。これらの著者のうち小山栄三、神田孝一、米山桂三はプロパガンダの理論的研究者として知られていたが、東和商事映画部の宣伝部員だった佐藤邦夫のような「民間のプロパガンディスト」[186]も「宣伝」を総力戦とのかかわりで論じた。彼の上記の論考は、「近代戦は総力戦である。武力の戦いであると同時に経済戦であり思想戦である。ここにいたって各国の虚々実々の宣伝戦が火花と散る」と述べ、思想戦においては「ラヂオも、音楽、美術、演劇、そして映画など、あらゆる文化的技術が武器として動員される」と記している。[187]これは、「総力戦」という言葉を世界的に広めたという、第一次世界大戦で活躍したドイツ軍人、エーリヒ・ルーデンドルフの考え方にぴたりと一致するものだと言えるだろう。ルーデンドルフの著書『国家総力戦』（一九三五年）は三八年に邦訳出版（間野俊夫訳）されている。その下敷きには、現実に起こっている「現実戦争」は、国家・国民挙げての総力戦ではあるものの、敵の全面的壊滅を志向する「絶対戦争」とは異なり、経済、技術、思想、教育、宣伝といった戦闘以外の要素も含めてあらゆる側面を政治的手段として結集するものだという、プロイセンの将軍カール・フォン・クラウゼヴィッツの『戦争論』（一八三二〜三四年）の考え方があることは言うまでもない。[188]

一九三〇年代から四〇年代にかけて論じられた、そうした数々の思想戦論・宣伝論については、より詳細に共通性と違いを検討する必要があるだろうが、ここでは本章の目的にとって重要な考え方をいくつか確認するにとどめたい。第一に、すでに繰り返し指摘しているように、思想戦と宣伝の必要性は総力戦と結びつけられることで正当化された。例えば、神田孝一は、「文明の進展に伴う武力戦の技術的進歩と、それによる武力戦の広汎化とは、武力戦そのものに画期的変革を齎すと共に交戦国の国民全部を戦争に巻き込むこととなった結果、国是遂行の手段も積極深刻且つ全面的となって、ここに「思想戦」の重要性が武力戦と結びついて齎され承認されるにいたった」[189]と述べている。

第二に、総力戦における宣伝の目的、すなわちメディアの目的は、真実を伝えることではなく、対戦国の思想を打ち負かし、思想戦に打ち勝つことである。極端に言えば、真実を伝えなくても、思想戦に打ち勝つためならどのような情報を伝えても良いということになる。したがって、一九四〇年代前半の小山栄三の理論にとって重要だったのは、真実をいかに伝えるかという倫理学ではなく、宣伝目的に合わせて宣伝技術をいかに駆使するかという技術論であり[190]、だからこそ彼はとりわけラジオを「最も鋭利な、最も大衆化された、而も最も近代的な宣伝手段」として重視し、「「民衆」を組織して新たに結束した「国民」を作ること」を「報道機関の使命」として提唱したと言える[191]。小山弘建は、同様の前提に立ちながらクラウゼヴィッツやルーデンドルフに言及し、「かくして世界戦争としての総力戦は、必然的に一つの最高の理念、一つの世界秩序」を目指すものとなり、日本が「八紘一宇」ひいては「大東亜共栄圏」を旗印に「主導的民族の周囲に数多の民族を結集する次の歴史段階」を達成すべきことを説いている[192]。

第三に、宣伝は理性的に人々を説得するものではなく、感情に訴えるものだという考え方が唱えられた。小山栄三は、前章で指摘したギュスターヴ・ルボンや樋口秀雄とはまったく逆に、感情に支配される「群衆」を批判するどころか、むしろ「群集は感情的に考え、感情によって行動するものである。だから宣伝は大体理性に訴えるよりも、感情に訴える方法で提出されなければならない」と述べ、[193]「群衆」(または「群集」)の性質と考えられるものをそのまま利用しようとした。同様に、戸澤鐵彦もまた、「個人か群衆か公衆か組織的集団かで(宣伝の)方法や手段が異なる」と言いつつも、戦時には誰もが感情に訴える「不合理な宣伝」に動かされると主張した。[194]次章以降で詳しく述べるように明らかに小山らの宣伝論に影響されて映画政策論や思想戦論を展開していた津村秀夫もまた、一九四三年に出版された著書『続映画と鑑賞』の中で、新聞、ラジオ、トーキーのプロパガンダとしての有効性を論じながら、前者二つのメディアが「知性に訴える技術」であるのに対して、トーキーは知性に訴えるのみならず「直接感性に訴える」と主張した。そして彼は、こうしたプロパガンダが、知性ではなく感性によって動く「大衆」に作用するのに効果的だと強調した。[195]いずれにせよ、知性に訴えるよりも情動によって動員を促そうという見方は、これまで示唆してきたように、また以下でも論じるように、総力戦と消費文化(およびそれとともに生成したメディア環境)の関係を考える上で極めて重要である。

最後に、思想戦・宣伝には、あらゆる種類のメディアが「文化的技術」として動員されるべきだという考え方が、理論研究者から「民間のプロパガンディスト」に至るまでの幅広い層の論者にわたって共有されていた。戸澤は「宣伝戦があらゆる方法や手段を尽して行われねばならない事を考えて見ても、政治家、官僚、軍事専門家、レコード界の経営者、画家彫刻家などの美術家、音楽家、小説家、詩人、歌人、劇場経営者、劇作家、俳優、映画界の経営者や技術者や俳優、漫画家や漫文家、ポスター画家、広告家、等等、各方面の人々の協力を得なければ宣伝戦は十分な成績を上げる事が出来ない」と述べているし、[196]佐藤邦夫もまた「ラジオ、新聞、映画、写真、各種展覧会、書籍、雑誌、宣伝ビラ、音楽、演劇など」の結集の必要性を訴えた。[197]

こうした思想戦・宣伝は、単に言説上で論じられただけでなく、ある程度制度化され実践されたという点でも重要である。一九三六年一月一日に発足した同盟通信社と、四〇年一二月六日に設立された情報局は、制度的実践の最たる例である。どちらの場合も、満洲事変に対する国際世論の圧力に対応すべく外務省と陸軍省の両省が結成した時局同志会を基に、海軍、内務、逓信、文部の各省がそこに加わる形で一九三二年七月に組織された、官制によらない「非公式の〈情報委員会〉」[198]が一つの大きな起点になった。この情報委員会による対外情報宣伝強化策の構想が結実したのが同盟通信社であり、これは、新聞社聯合を母体とし、幾多の交渉の末に日本放送協会の融資を受けて日本電報通信社の通信部門がそこに吸収されることで創立された[199]。他方、「非公式の〈情報委員会〉」を基にして、一九三六年七月一日に官制による内閣情報委員会が設置され、三七年九月二四日にはそれが内閣情報部へと改組された。そして四〇年一二月六日には内閣情報局が設立されるに至り、それが四五年一二月三一日の廃止まで続くことになる。

一九三六年七月の内閣情報委員会の設置は、四〇年一一月に開催が決まっていた「紀元二千六百年祭」と、それに関連する行事として同年に開催が予定されていた万国博覧会と東京オリンピックが動機になっていたところが大きく、満洲事変以降の歴史的文脈の中でこれらの行事によって国威発揚が意図されていたと言われている[200]。内閣情報委員会はまた一九三六年一〇月に、総合的国民啓発雑誌を謳う『週報』を創刊した[201]。一九三七年七月に盧溝橋事件をきっかけとして日中戦争に突入すると、戦時色が強まり、同年八月二四日に国民精神総動員実施要綱が閣議決定されるのと軌を一にして、内閣情報委員会は同年九月二五日に内閣情報部へと改組された。この内閣情報部では「国防と思想戦」が最重要視され、思想講習会、思想戦展覧会、時局問題研究会、地方時局懇談会などが企画され実施された[202]。第一次近衛文麿内閣（一九三七年六月から三九年一月）の下で、国民精神総動員運動を主導したのもこの機関である[203]。また、参与制がしかれ、緒方竹虎（朝日新聞社）、高石新五郎（毎日新聞社）、正力松太郎（読売新聞社）、古野伊之助（同盟通信社）、芦田均（ジャパンタイムズ）、野間清治（講談社）、小林一三（阪急）、大谷竹次郎（松竹）、菊池寛などのメディア関係者がその地位に就いた[204]。内閣情報部はさらに、法令や政策の説明などを内容とする『週報』よりも幅広い層を読者として想定したグラフ雑誌『写真週報』を一九三八年二月に創刊した[205]。そして、第二次近衛内閣（一九四〇年七月二二日から四一年七月一八日）が組閣されると、それを契機に情報局が設立された。

これは、セクショナリズムを温存していたなどの問題も指摘されているが、「情報蒐集、報道及啓蒙宣伝」、「新聞其ノ他ノ出版物ニ関スル国家総動員法第二〇条ニ規定スル処分」、「電話ニ依ル放送事項ニ関スル指導取締」、「映画、蓄音機、レコード、演劇及演芸ノ国策遂行ノ基礎タル事項ニ関スル啓発宣伝上必要ナル指導取締」を職務とした、検閲から「宣伝」に至るまでの総合的な統制機構として成立した。[206]

こうした「非公式の〈情報委員会〉」、同盟通信社から情報局に至るまでの、思想戦・宣伝の制度化の経緯に関して本章にとって重要なのは、「国民」言説や思想戦論・宣伝論とも結びつきながら自己規律的主体としての「国民」を養成するための自主性の啓発が重視されていた点であり、また多種多様なメディアを利用することによりその影響力が日常生活を含む文化のあらゆる領域に及ぶように構想され実施された点である。最初の点に関して、内川芳美は、よく知られているように一九八九年出版の先駆的な著書『マス・メディア法政策史研究』において、情報局の成立に収斂されるマス・メディア政策史を、「消極的なマス・メディア統制」と「積極的な情報宣伝」の一元的統合の過程として説明してきた。前者は、検閲によってメディアの表現を否定するという意味で「消極的」であるのに対して、後者はメディアの表現をプロパガンダとして助長するという意味で「積極的」であり、情報局は両者を一元化したものだというわけである。こうした二分法は確かに、メディア表現に対する政策のあり方とその歴史的推移を捉える上では有益である。しかし、より広くメディアや法令を含めた文化を介した主体形成に対する権力の働きかけを考える上では、さらにきめ細かく三つのパターンを念頭に置いた方がより有効だろう。一つは、「自発性の否定と行為の強制」とでも呼べるパターンである。検閲、治安維持法、国家総動員法とそれに基づく国民徴用令（一九三九年七月八日）や七・七禁令、国民勤労報国協力令（四一年一一月二二日）などがこれにあたり、「消極的統制」の例と言い換えてもよい。検閲と治安維持法に限って言えば、人々は法と（警察を含む）行政の監視によって権力にとって不都合な情報に目を閉じ、口を噤むように仕向けられた。特筆すべきことに、警察史を専門とする歴史研究者の荻野富士夫は、一九三三年四月の斎藤実内閣における思想対策協議委員会の設置から四一年六月の近衛文磨内閣における同名の思想対策協議委員会の設置に至るまでの八年間に、治安体制は「社会運動の監視から、社会それ自体の監視へ」と移行したと指摘している。[207] このパターンの統制では、自発性や自由な意志はほとんど尊重されていないと言ってよい。

これに対して、「自発的規制の助長」とでも呼べる権力のあり方がある。これは単なる他者からの強制や禁止ではなく、むしろ自らの意志によって自らの言動を規制するように促すものである。自主規制をもたらす検閲などの権力効果や「宣伝」がこの典型例であり、隣組のようなピア・プレッシャーもより複雑な例として考慮に入れるべきだろう。自主規制はいたるところで起こっていたと考えられるが、例えば、「当時ニュースは国策的通信社「同盟通信」から配信を受けていたにもかかわらず、配信原稿をニュース原稿にリライトする際、情報局の検閲とか逓信局からの指示ではなく、情報部員の判断によって、日本や日本軍についての好ましくない表現をトーンダウンさせていた」ということがあった。[208] また、ぜいたく廃止運動の中で展開された「ぜいたくは敵だ！」などの広告や、街ゆく女性の服装に点数をつけるといった試みは、[209]「ぜいたく」を強制的に止めさせるというよりも、自らの意志で止めるように誘っている。さらに、一九四〇年九月には内務省訓令「部落町内会隣保班市町村常会整備要項」によって隣組が制度化され、自分の意志では必ずしもないが、しかしあからさまに強制されているわけでもない自主規制を地域社会の相互監視の中で行わざるを得ない状況が強まった。[210] 同様に、当時の雑誌記事にも明示されているように、一九四二年七月から行われた戦時国防強化運動では、「国民の一人一人が戦士であり、職場職場が戦場である今日の国家総力戦」という認識の下で、「秘密職の対象も亦、国民の一人一人に向けられることになった」。[211] このような状況の中で「各個人は次第に、内部の目に見えない敵の脅威に対する監視の役割を担わされるように」なったと言える。[212] これらの例に見られる「自発的規制の助長」は、単純に「消極的」とも「積極的」とも言い切れず、むしろ両方が結びついているものであり、どちらかのカテゴリーに分けようとするとその両義性が見失われてしまいかねない。

そして、この「自発的規制の助長」のパターンと連動しながら、より「積極的」な行為を促す権力の働きかけとして「自発的表現の助長」とでも呼べるパターンがあった。これは、「国民」形成と総力戦体制に不適切な言動の規制を誘うよりも、「国民」形成と総力戦体制にふさわしい言動を促すものであり、官制・民間の数々の各種団体の活動、思想戦講習会や演説会などの講演、思想戦展覧会などの行事、そして多様なメディアがその手段として利用された。各種団体の例としては、第一次近衛内閣の国民精神総動員運動（一九三七年九月から四〇年）を推進した官制の国民精神総動員委員会と民間の国民精神総動員中央連盟および両者を統合した国民精神総動員本部、それを刷新する形で成立し第二次近衛内閣の「新体制」を推進した大政翼賛会（四〇年一〇月から四五年六月）、さらには大日本産業報国会（四〇年一一月から四五年九月）、大日本言論報国会（四二年一二月から四五年八月）、日本文化中央連盟、日本宣伝文化協会、報道美術協会、報道技術研究会、浪曲向上会、検閲漫画会、日本蓄音機レコード文化協会、大日本婦人会など枚挙にいとまがない。こうした団体がそれぞれ個別に、あるいは時には連携しながら、講習会、講演会、映画上映会、展覧会、音楽会、演芸会などを催したり、広告、雑誌、書籍、パンフレット、レコードなどを作成・刊行したりして「宣伝」活動を行った[213]。

こうした「自発的表現の助長」という権力の働きかけの一つの重要な点として、人々を強制的に動員するのではなく、自主的に参加するように誘うということがある。内閣情報部の思想戦講習会を例にとってみよう。これは確かに、一般向けではなく軍人、官僚、学者、マスコミ関係者向けのものであり、またそこでは「宣伝科学」の立場から「日本精神」研究の立場に至るまで、一見して合理的見解と不合理的信念といった矛盾しているかに見える立場からの数々の講義が並立して行われた。とはいえ、第四章で見るように「精神」論は科学的・合理的な体裁をもって語られることが少なくなかったし、どのような立場の講義であるにせよ、思想戦講習会では自主性の動員が最大の関心事になっていたことに変わりなかった[214]。また、この種の言説や「宣伝」では自主性を鼓舞するためにしばしば敵の存在が強調されたことも、「自発的表現の助長」の一つの特徴である。そこで言及された最大の敵は「資本主義」だった。内閣情報部員として全国各地で講演を行ったりパンフレットを作成・刊行したりしながら「国防国家」論を普及させたと言われる陸軍少佐の鈴木庫三は、国内の「資本主義の経済的不平等、戦争負担の不公正」を解消することが大きなモチベーションだったと言われているし[215]、大政翼賛会の初代文化部長に任命された岸田國士は、都市を商業文化によって支配されたものとして批判した[216]。同様に、大日本言論報国会の創立総会で、当時情報局次長だった奥村喜和男は、従来の言論が「滔々たる商業主義」によって「売文」業に貶められていたことを批判し、それに対抗するものとして思想戦に勝ち抜くための言論の必要性を主張した[217]。すでに言及したように、こうした「資本主義」批判は社会主義の考え方にも共鳴するものである。実際、一九三七年の選挙で躍進した社会主義政党の社会大衆党の一グループは、反資本主義的な観点から陸軍革新派へ接近したし[218]、山川菊栄、宮本百合子、佐田稲子などのマルクス主義的フェミニストたちは切符制や奢侈品禁令に肯定的な発言を行った[219]。

しかしそれでもなお、これまで繰り返してきたように総力戦体制においては、資本主義的なものがすべて否定されたわけではないことにも留意する必要がある。一九三八年二月に内閣情報部が主催した思想戦展覧会はその象徴的な例である（図2-4）。この展覧会では、国民精神総動員のポスターから中国の抗日ポスター、ソ連のポスター、佐野学と鍋島貞親の転向書、「支那事変と思想戦」と題したパノラマに至るまでの多岐にわたる資料や作品が展示され、思想戦を広範囲にわたって、しかし日本の総力戦体制の立場から、視覚的に実感できるように構成されていた[220]。ここでとくに注目したいのは、この展覧会が最初に東京日本橋高島屋で開催され、一日平均七万人、合計一三三万人もの人々が来場し、その後大阪難波高島屋、京都丸物百貨店などを巡回したという点である[221]（図2-5）。すなわち、数字の信憑性はともかくとして、この思想戦展覧会が、資本主義・消費文化と一体化していたことは疑い得ない。というのも、来場は基本的に強制ではなく消費活動と同様に個々人の意志に基づいていた上に、総力戦・思想戦を可視化する品々が、百貨店という消費文化を象徴する場で、あたかも商品の隠喩——それぞれの展示品自体が、スペクタクル性や希少性やスリルや残虐性などの商品的な魅惑をもつ——であると同時に換喩でもある

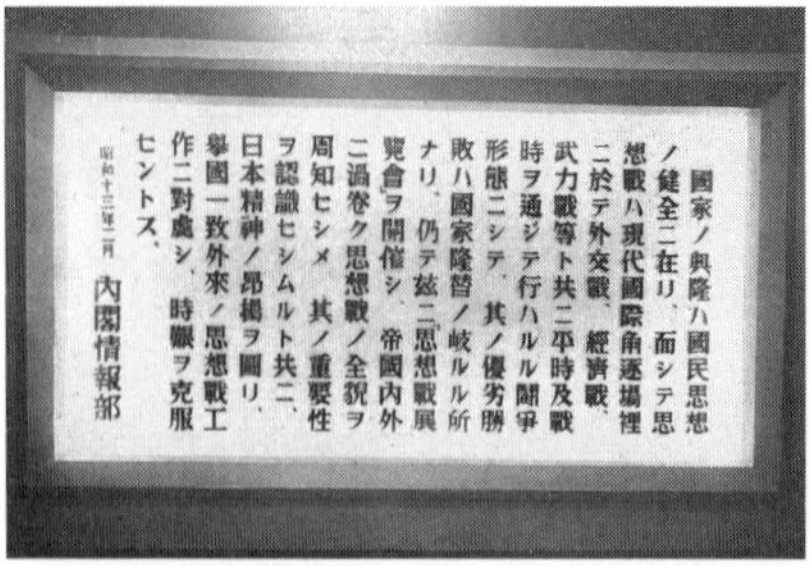

思想戰展覽會開催趣旨

會場正面左側

日本精神の昂揚（內閣文庫出品）

會場正面右側

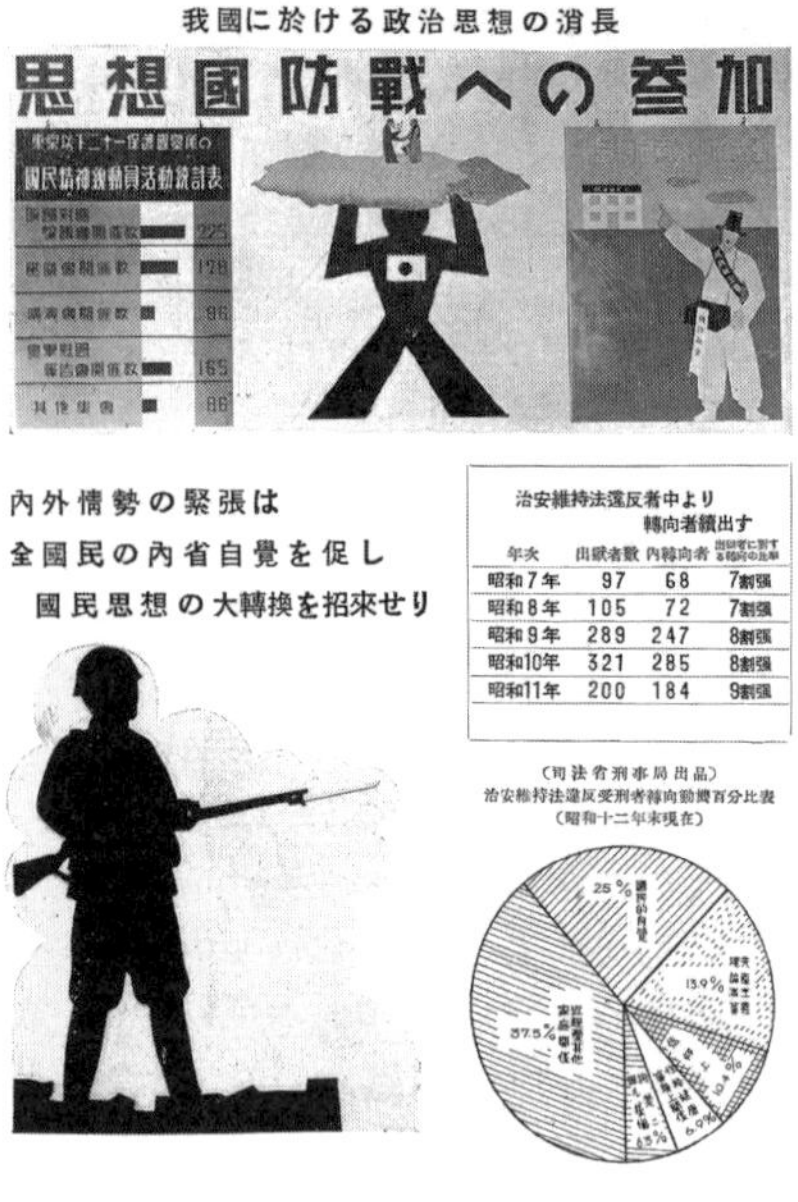

第三室全景

**図 2-4** 思想戦展覧会（1938年2月）の会場と展示物

もの――百貨店内には通常の商品も陳列されている――として展示されており、こうした消費の場だからこそ、それほど大勢の来場者を呼び込むことができたと推察できるからである。(222)

## 総力戦とトランスメディア的「文化」

このように思想戦ないし宣伝は、一九三〇年代から四〇年代前半にかけて、言説上でも制度的実践の上でも、文化のあらゆる領域にわたって自己規律的主体としての「国民」の形成と総力戦への動員を強力に推進した。それは、思想戦論・宣伝論にしろ、情報局へと至る制度化の流れにしろ、単に強制したり規制したりするだけでなく、むしろ人々を対象化しつつ同時にその自発性を自己規律的なものへと仕向けようとするものだった。総力戦体制はさらに、少なくとも表向きには資本主義への対抗を露わにしながら、思想戦・宣伝を合理的、戦略的に遂行しようとした。とはいえ、総力戦体制は、資本主義・消費文化を拒否するどころかむしろそれに便乗しており、またそれを完全に合理的・戦略的に統制していたというよりも偶発性に依存していたところが少なくなかった。すなわち、それは、これから見ていくように、一九二〇年代までに生成した消費文化とメディア環境、とくに機械性複製技術と通信技術を媒介にした多様なメディアが交差する環境――トランスメディア的環境――を基盤にするものであった。だからこそ、矛盾や葛藤も垣間見られた。

図2-5　日本橋高島屋で開催された思想戦展覧会（1938年2月）の広告

この問題を考えるためには、思想戦・宣伝の議論と制度化が進展する中で、総力戦体制が「文化」や「国民文化」の名の下に日常生活を含むあらゆる領域に及ぶものとして認識されていた状況を検討する必要がある。この「文化」ないし「国民文化」は、一方で、権田や三木清をはじめとして多くの知識人によって明瞭に語られるとともに、他方で、既存の複数の異種のメディアを媒介にする形で実践されていた。権田は、『中央公論』に寄稿した一九三八年九月の論考で、統制に行き過ぎがあることに警鐘を鳴らしつつも、「指導精神を高揚して統制主義を徹底させようとするこの時代の風潮が、社会一般に、国民生活の全範囲に横溢氾濫して成果を上げ得、以て国民生活の上に良好なる影響を与へている事実は多々ある」と記している[223]。こうした認識にも呼応しながら、文部省は映画法の実施に伴って一九三九年一〇月一日に従来の社会教育局庶務課での映画の取り扱いをやめて社会教育局内に新たに映画課を設置し、この課が映画の指導助成に当たることとした[224]。そして同年一二月二〇日には従来の「民衆娯楽改善委員会」を廃止し、新たに「演劇、映画、音楽等改善委員会」(別称「国民娯楽改善員会」)を設置した[225]。不破は、この改組を「映画関係の事務のみでなく演劇、音楽も」含めた「国民文化に密接な関係をもつ国民芸術文化並びに国民娯楽」を扱うためだと説明している[226]。

一九四〇年代に入ると、「文化」や「国民文化」といった総称的概念がさらに強調されるようになる。権田は、一九四四年四月発表の長文の論考「「国民文化」理念の昂揚と文化問題の展進」の中で、過去四年間を振り返りながら、四〇年の夏、「高度国防国家建設への要請が生じ、(中略)「文化」に対しては(中略)積極的な関心を寄せていなかった国民精神総動員運動が解消し、これに代わって大政翼賛運動が雄々しい進発をなすに当たり、「文化」は(中略)華やかに掲揚されることとなった」と主張した[227]。実際、大政翼賛会は、日中戦争を「武力のみ」で「解決」することは不可能であり、「文化総ての部門に皇国の優秀性を反映せしめ」て世界に望まない限り、東亜秩序建設という「聖戦の目的」は達せられないという見方を表明していたし[228]、大政翼賛会文化部長に就任した岸田國士は一九四一年出版の書籍の序で「「文化」という言葉に、私は少し食傷しはじめた」というぐらいこの言葉が流行した[229]。権田はさらに先の文に続けて、文部省社会教育局が一九四一年一二月前後に「全国道府県社会教育主事又は社会教育主事補五十名を動員して「戦時国民文化講習会」を開催」したことと、その頃に自らが中心的な役割を担っていた「演劇、映画、音楽等改善委員会」の改組の計画があったことを紹介しながら、この時期に「国民文化」の理念が登場したことを示唆している。そして一九四二年の一年間に「文化問題」に関する一九八もの論述が雑誌に掲載されたことをリストにして示しつつ、それらの論文と、同じく「文化問題」を論じた数冊の書籍を分析しながら、総力戦体制（権田の言葉では「高度国防国家体制」）における演劇、映画、音楽から日常生活、「隣組文化」、「農村文化」、「勤労文化」、「国民厚生運動」に至るまでの広範囲にわたる「文化」の重要性に注目が集まったことを力説した(230)。不破もまた、雑誌『日本映画』一九四二年六月号の論考で、「国民娯楽」を「国民文化」とも言い換えながら、情報局がその例として「国民映画」や「国民演劇」の樹立を呼びかけていることを強調している。大政翼賛会の成立の影響がどれほど大きいものだったかについては今後の検証を待たなければならないが、いずれにせよこうした文部省の動向や権田や不破などの言説から窺えるのは、当時、日常生活と多様なメディアを、個別のものとしてではなく、「文化」という概念で包括して捉え、機能させようという傾向ないしは欲望があったということである。

言うまでもなく「文化」は元来多義的で曖昧な意味合いをもつ概念であるが、ここで重要なのは、当時の総力戦の文脈において、この言葉が統制と結びつけられながら、メディアを含めた人々の生活環境を包括的に把握するために使用されていたという点である。確かにこの言葉には、一九二〇年代から四〇年代前半の文脈に限ってみても、いくつかの見方や意味合いの違いがあったことも見過ごせない。これまでに見てきたように「民衆」から「国民」に至るまでの特権階級ではない人々の立場を重視してきた権田は、文部省と同じ統制者の観点を採りつつも、「文化」という概念をそうした「普通」の人々の日常生活に根ざしたものとして使用してきた。仮にこの権田のような見方を生活主義的な見方と呼ぶならば、それとは幾分異なり、モダニズム的、文化主義的、あるいは科学主義的とでも呼べる見方も存在していた。モダニズム的な意味合いは、一九二〇年代に流行した「文化生活」、「文化住宅」、

「文化食品」、「文化包丁」、「文化おむつ」といった言葉に見られるように、「モダーン・ライフ」とも言い換えられるような新しさの感覚や（アメリカ文化の影響を受けた）コスモポリタン的な意味合いを帯びていたものだった。[231] しかし、モーリス＝スズキが指摘するように、「文化」という言葉は、このように「コスモポリタン的な色彩を帯びていたのに対し、公的なものよりも私的なもの、科学よりも審美的なものを強調する傾向」が「一九二〇年代末以降に登場した新しくて明確にナショナリズム的な色彩を持つ思想に自然に合流」したために、それが三〇年代後半までに「西洋の科学や社会・政治思想に表明されている「近代」の価値への異議申し立て」として謳歌されるようになった。[232]「近代の超克」シンポジウム（一九四二年）は、「近代」としての「西洋」に対抗して「文化」としての「日本」を打ち出す文化主義の端的な例である。このシンポジウムにも参加していた亀井勝一郎は「文化戦について」（一九四二年七月）という評論の中で、先述のように、知識人であることを否定して「名も無き民衆のひとりとして国民自体の裡に身を埋没し、素朴な一国民として再生すること」を強調しながら、「日本精神」を旗印に「西洋精神」に対して「文化戦」を戦うべきことを唱道している。[233] しかしまた、三木清のように、「文化政策」を「文化主義」に対置しながら、「生活文化」を経済・政治と連携させて総合的・計画的に統制する必要があると訴える者もあった。近衛文麿の私的な政策研究団体、昭和研究会に属していた頃の一九四〇年一二月に発表された論考の中で彼は、「文化統制とは文化計画のことであるべきだ。自由主義的無政府状態を克服して計画性を」重視すべきだと提唱している。[234] 不破もまた、一九四一年七月の時点で、「文化宣伝を行うに当たっても、文化政策の確立が不十分であった」という認識に立ち、「各々の文化機構の整備が国家の急務である」と訴えた。[235] 三木の主張は「自由」の保証にも言い及んでいた点で不破の主張とは大きく異なるが、計画的・組織的な「文化政策」の必要性を唱えていたという点では両者は共通している。こうした考え方は、雑誌『日本映画』（一九四〇年一二月）に掲載された大政翼賛会文化部長の岸田國士や同会の国民生活指導部長の喜多壮一郎の見解とも共鳴するものだと言えるだろう。例えば、喜多はこの中で、「国民の文化生活は科学的知見を日に日に必要としている。それは戦時下における国民生活を生産化するためにも、戦時経済の必要に基づく生活の計画化のためにも大東亜建設を担う健全な大国民の性格を育成するためにも」必要だと訴えた[236]。この見方はさらに、科学への信望を強く抱いていた今村太平のメディア論とも一致していた。彼は、「日本文化をたかめる独創力は、決して古い抒情日本の懐旧からくるものではなく、(中略)科学技術の世界の体得から生まれるのである」としながら、それを推進するものとして映画、ラジオ、新聞といった機械性複製技術のメディアの活用を「文学的想像」に対置して唱道した[237]。

このように、「文化」の考え方には、生活主義的、モダニズム的、文化主義的、科学主義的とみなすことができるほどの違いがあった。しかし、いずれの場合も「文化」を、芸術から日常生活に至るまでの「国民」が生きる環境全体を包括する概念として使用している点では変わりがなかった。総力戦体制にとって、こうした言説上の見方は日常生活・メディア環境を包括的に捉える視点を与えたという意味で重要である。しかし同時に、このことは、総力戦体制が完全にそれを合理的・戦略的に統制したということを意味しない。実際それは、一九二〇年代までに生成したトランスメディア的な環境に依存していたところが少なくなく、したがってそこには偶発的な側面が多分にあった。確かに、小山栄三や三木清のような合理的な宣伝論・統制論に加えて、政府が文化を全面的に統制してしまうのではないかという危機感が当時からあったし、今日でさえも当時の統制をあたかも完璧に合理的もしくは戦略的であったかのように説明する仕方は根強く続いている。当時の統制に対する危機感について言えば、例えば一九三一年六月の『中央公論』では村山知義が、日本放送協会の要職から民間人を徐々に駆逐して逓信官僚に独占させる状況を嘆いているし[238]、三五年九月の同誌では「ラヂオの反動化を難ず」という特集が組まれ、長谷川如是閑や清澤洌が国家によるラジオの統制に対して警戒心を露わにした。長谷川は、「内容に対する統制が、厳格にできる」という点でラジオは「統制の道具としては、印刷物よりも有利」だと指摘し、清澤は「国民大衆が種々なる社会現象と、国際関係をラヂオによって解説され、それによって些少の疑いすらいだきえない」ようになるために、ラジオは「国際化、非国粋化ではなく、むしろ国家意識や国粋主義を育成」すると批判した[239]。吉見俊哉は一九九五年の『声の資本主義』で、こうした「国家による大衆の統制を批判する論」を紹介しつつ[240]、四〇年代前半に山中利幸や小山栄三のような、「ラジオを国家的な電波の拡声器として、つまり放送を宣伝と完全に等置していく議論」が展開されるにつれ、「声のコミュニケーションの国民空間化、すなわち電話なりラジオなりの声が、国土空間の均質的な広がりの中で一元的に流通させられていくようになる過程」が進んだと論じている[241]。おそらくそうした現象もある程度はあっただろうが、私がここで強調したいのは、総力戦体制は、官僚・軍・政治家・知識人の統制政策によって完璧に合理的・戦略的に進められたというよりもむしろ、既存のメディア環境の自発的営為に依存していたところが少なくなかったという点である。

総力戦体制に協力的ないしは支持的なメディア環境は、実際、均質ではなく複雑であり、政府が絡んでいる場合でもそれが統制によるものなのか自発的なものなのか——より正確に言えば、「自発的規制の助長」によるものなのか、「自発的表現の助長」によるものなのか、それとも純粋に自発的なものなのか——が極めて曖昧であった。一九三二年二月以降の「肉弾三勇士」のブームはその典型的な例である。満洲事変において三人の兵士が死を恐れずに敵の陣営に乗り込んだという出来事を、新聞、雑誌、ラジオ、映画、人形浄瑠璃、演劇、浪曲、講談、舞踏などのさまざまなメディアはいずれもまことしやかに、しかし多様な形式で報道したり再現したりし、それによって美談が相乗的に増幅された[242]。こうしたトランスメディア的現象は政府が直接指導したわけではない一方で、こうした現象が生じた前提として「個々のメディアが国家・天皇を至上価値と考え、それへの献身を美化することを自明と[243]」する状況が、明治期以来の天皇制と第一次世界大戦以降の総力戦体制が絡み合う中で定着していたと見ることも可能である。「国民精神総動員強調週間」では、内閣情報部の指導によってパンフレットやビラが大量に配布されるとともに朝礼や講演がラジオで中継放送され、さらには薬品会社森下仁丹が有力新聞に近衛首相の告諭と総動員声明文の贈呈に関する広告を掲載したり、栄養化学工業が「銃後の護りは国民強健の総動員」という広告を出したりした[244]。国民歌謡の中でも評価の高かった「蚕」や「隣組」といった歌は、大政翼賛会や情報局が推進し日本音楽文化協会（音文）が協力した国民皆唱運動と、東宝の映画スター、神田千鶴子による歌のラジオ放送やレコードとのタイアップにより普及した。[245] さらには、「海軍と映画展」におけるポスター（図2-6）、三越のショーウィンドウ、商品展示・販売の場としての三越という百貨店自体、映画、新聞広告の間の連携や、[246] 大毎文化教室における新聞（大阪毎日新聞）、映画、講演会・講座、ラジオ講演、雑誌、レコード、音楽の間の連動も、[247] 総力戦と消費文化が結びついたトランスメディアの例だと言えるだろう。それは、異なるメディアが同じテーマ（例えば、「海軍と映画展」）の下に結びつくとともに、一つのメディア・プラットフォーム（例えば、「海軍と映画展」のポスター）において総力戦的諸要素と消費文化的諸要素（例えば、「海軍」、「海軍省」、砲撃によって沈みゆく船のイメージ、「三越」の文字とロゴ、会場としての「三越」）が組み合わされたものでもあった。

図 2-6　三越で開催された「海軍と映画展」ポスター

こうした総力戦体制とメディア環境との協働作業は、統制と消費文化の協働作業とも言い換えることのできるものであり、そこではこれまでに見てきた一九二〇年代以来のメディア環境と消費文化の特徴のいくつかが機能していたと見ることができる。先述の例にも見られるように、同一のテーマや素材をもとに物語やイメージを増幅させるトランスメディア的現象や、広告による媒介はその核となる特徴だが、それに加えて競争原理も重要な特徴の一つである。満洲事変時の「戦争熱」や「肉弾三勇士」の報道は「他社よりも少しでも国家忠誠的で」あることを競う「忠誠競争」の典型例であるが、[248] この他にも満洲事変の際に繰り広げられた各社競っての「大規模な慰問金募集運動、慰問文募集運動」や、[249] 日中戦争勃発後に森永製菓が自社の戦争協力の姿勢をアピールしようと時局講演、ニュース映画、音楽を組み合わせて開いた「森永音楽献金の夕」(一九三七年九月)や、その他の新聞社や化粧品会社が主催したその類の催しが例として挙げられる。[250] さらにはトランスメディア的媒介による総力戦体制と消費文化の曖昧な関係からなる協働作業は、「宣伝」によってだけでなく、競争原理によっても助長された。情報局やその他の多様な機関がこうした競争原理に乗じてさまざまな懸賞を企画したことはその興味深い例である。一九三七年九月に国威発揚に資するという条件の下で内閣情報部が募集した「愛国行進曲」[251]、四〇年に東京朝日新聞社の後援で日本産業美術協会が募集した「国策宣伝図案」[252]、日本放送協会(主として、三六年五月と四〇年二月)や放送局以外の政府諸機関、官制国民運動団体、メディアなどさまざまな機構によって公募された「国民歌謡」[253]、四一年秋からの情報局による「国民演劇選奨」[254]、そして次章で検討する四一年五月からの情報局による「国民映画」選定と脚本募集は、そうした総力戦に関連した数々の懸賞のうちのごくわずかな例である。これらの例では、必ずしも利潤追求のための競争ではないとはいえ、インセンティヴによって主体的な参加が促されるという資本主義と共通した競争原理が働いていたことがわかる。

一九二〇年代以来のトランスメディア的消費文化に依存した総力戦のもう一つの特徴として、報道、教育、娯楽、儀礼の境界が融解して機能するという傾向がある。政治家の演説やパフォーマンスを伝えるメディアはその最たる例だと言えるだろう。一九三七年九月一一日には日比谷公会堂で開催された国民精神総動員大演説会の近衛文麿やその他の閣僚の演説がラジオや新聞で報道されるとともに、文部省により映画にも撮影され、各都道府県に配布されて上映された。[255] また、「メディアを意識的に利用した最初の政治家」[256]とも言われている東条英機は、新聞やラジオによる報道だけでなく、映画の院内撮影を認め、一九四一年一一月一七日の帝国議会貴族院臨時会から自らの演説を「日本ニュース」に収録させてすべての映画館で上映されるようにした。[257] 当時の日本の映画館ではどこでも基本的に、一九三九年一〇月施行の映画法によってニュース映画の強制上映が行われていたことは言うまでもない。これら二つの事例では、先述の天皇の「御大典」とは異なり、その主人公である政治家自身の声が直接放送され収録されているが、そのことの如何にかかわらず、それぞれの政治家のパフォーマンスのメディア表象が演説を伝えるニュースでもあり、国の方針を伝える教育的情報でもあり、政治家の演技を見せるショーでもあり、時局演説というメディア・イベントとしての儀式でもあるものとして機能していることが窺える。

　こうした機能の区別の融解という現象に加えて、一九二〇年代以来のメディア環境によってもたらされた時間・空間の経験も総力戦にとって有効なものとして機能していた。先述の政治家のパフォーマンスの例では、新聞、ラジオ、レコード、映画といった機械性複製技術・通信技術を基にした複数のメディアによる報道・表象によって、その出来事が、それがまさに起こっている時間と空間を超えて不特定多数の人々に共有されると同時に、二度と繰り返されることのない、まさにその時その場で起こっているものとして伝えられているという感覚が強められることにもなっていた。ラジオによるライブ中継によって同時進行的感覚が与えられるとともに、後続するさまざまなメディア・プラットフォーム――ラジオのニュース、ニュース映画、各種新聞――による報道を通して、そのパフォーマンスが特定の日時に起こった「真実」の出来事として次々と確証されていくのである。さらに、一九二〇年以来のメディア環境は、出来事の場の共有とともに受容の場の共有を強めることがあったことも思い出したい。新聞や雑誌などの印刷媒体にしろ、ラジオにしろ、個々人がそれぞれ異なる時間・場所で受容することはもちろん可能だが、それらのメディアは同時に、ある出来事を特定の時空間を超えて不特定多数の人たちに共有させるとともに、物理的物体としてのそのメディア自体が集団で共有される可能性も内包していた。実際、雑誌や書籍が家庭やさまざまな公共の場で回し読みされていたことはよく知られているし[258]、真珠湾攻撃を伝えるラジオでは情報局第二部第三課長の宮本吉夫が「ラジオの前にお集まりください」と呼びかけたというエピソードもある[259]。ベネディクト・アンダーソンの「想像の共同体」論に依拠すれば[260]、ラジオを通して語られた「政府と国民ががっちりと一つになり、一億の国民が互に手をとり、互に助け合って進まなければなりません」という宮本の声は、異なる場所にいる人たちに同じナショナルな共同体へのアイデンティティを想像させたと考えられるが、同時にラジオ自体がきっかけになり、人々が、それが置かれた一つの場所に集まるという状況が生まれていたということも忘れるべきではない。それにより、人は同一の場所にいる人たちと同一の情報を、まさにいま・ここの同一の時間・空間において共有しているという感覚をもち、ひいてはその対面的な人間関係を通してナショナルなアイデンティティを確証することにもなり得たと考えられるのである。逆に言えば、この現象は、一九二〇年代以来のメディア環境がなければ起こり得なかったものである。

総力戦にも寄与した、一九二〇年代以来のメディア環境と消費文化の特徴としてさらに、形象の美学とその経験の可能性も挙げられる。本章では、形象の美学の特徴として遍在性、アテンション・エコノミー、平明さ、一過性、流動性と、その経験の特徴として刺激、表層消費、散漫、複層的時空間、アイデンティティの流動性ということを指摘してきた。総力戦体制においてこれらは、どれも否定されていないどころかむしろ十全に、もしくは少なくとも（否認されながらも）部分的に、重要な役割を果たしていたと言える。広告はポスター、チラシ、新聞・雑誌広告という形で、一九三〇年代以降の公共空間・家庭空間のいたるところに広がっていた。先述の総力戦に与する広告は、一九二〇年代以来のこうした消費文化空間の中で、商品広告と同じように広がっていった。[261] その種の広告は、商品広告と並存するとともに、先の「海軍と映画展」のポスターのように、一つの広告紙面に消費文化的な要素と総力戦的・国家政策的要素が混在している場合も多々あった。「海軍と映画展」のポスターでは、「海軍」、「海軍省」、砲撃によって沈みゆく船のイメージ、「三越」の文字とロゴ（会場として示された「三越」）が並列されている。このことはまた、この種の広告が、商品の広告と同じように、複数の形象――形、色、タイポグラフィー、映画のスチル写真、標語など――の組み合わせによって成り立ち、商品広告がその商品そのものの性質を正確に見せようとするよりもむしろ口当たりのよい雰囲気やイメージをもたらそうとするように、総力戦の広告も数々の形象の組み合わせによって総力戦そのものの実態よりも、スペクタクル性（迫力、かっこよさ、センスのよさなど）や雰囲気（切迫感や勇ましさ）を醸し出すものだったことを示唆している（図2-7）。だからこそ、この種の広告は決して難解な感覚を与えるものではなく、イメージとして極めて平明であり、総力戦について深く考えさせたり（ましてや批判的な思考を誘ったり）、そのイメージ自体をじっくり鑑賞させたりするのではなく、むしろ一瞥的な関心を誘い、消費文化の流行と同じく、社会全体が否応なくそうした趨勢へと動いており、それに乗り遅れてはいけないかのような感覚を喚起するものとして機能していたと言えるだろう。一過性や流動性といった形象の美学の特徴もまた、広告や標語が次々に生み出され、古いものに置き換えられることで常に新しさの感覚が喚起されようとしていたという点で、総力戦体制に確実に受け継がれていた。こうした一連の状況があったからこそ、形象の美学の広告技術に長けたデザイナーたちは総力戦体制において重要な人的資源となったし、彼らの芸術的・商業的技術がプロパガンダへと明に暗に動員されることになったとも言える(262)。

さらに形象の美学によってもたらされた経験のあり方も、総力戦体制に全面的に反するものではなかったどころか、それに資する面があった。すでに指摘したように、思想戦論・宣伝論では知的に理解させること以上に、刺激によって身体に訴えかけることの重要性を主張するものが少なくなかった。総力戦の広告にしても、商品広告と同じように刺激をもたらすために次々と更新され、しばしば「ぜいたくは敵だ」や「撃ちてし止まむ」といったセンセーショナルな宣伝文句を前面に掲げた。「ぜいたくは敵だ」は、言葉自体は消費を否定していながら、言葉を載せている媒体自体は広告として機能している点で、一九二〇年代以来のメディア環境・消費文化の延長線上にある。しかもそれは、他の総力戦の宣伝広告と同じように、たとえ表層へのフェティシ

**図 2-7**　コラージュからなる典型的な「形象の美学」と言える戦意昂揚のポスター

ズムを誘うものではないにしろ、深く考えさせるものでもなければ、ましてや政治的批判意識を触発するものでもない。むしろそれは、他の多数の広告と並置されながらメディア環境をなしている点で、総力戦の趨勢を雰囲気として醸成することに寄与しつつ、同時にあちらこちらに注意を向かわせる散漫な経験を誘うものの一要素として機能していたと言えるだろう。さらに「銃後」にいる人々は、ラジオによって戦争関連の出来事をあたかも同時的ないしは速報的に経験しているかのような感覚を得ながら、同時に普段の物理的な日常生活の時間・空間を経験することにもなり、さらにはまた家庭で新聞や雑誌を同時進行的に読んだり映画館や他の公共空間に足を運んだりすることも可能だという点で、異なる複数の時間・空間を同時的に経験したり移動したりすることができるようになった。したがって、これはあくまで仮説にすぎないが、こうしたメディア環境においては、総力戦が、少なくとも本土での全面戦争になる以前は、逆説的に、生活全体にかかわるものではなく、むしろ生活の一部にすぎないものとして受け止められた可能性もある。そして最後に、一九二〇年代以来のメディア環境・消費文化がもたらした個々のアイデンティティの流動化（個々人のアイデンティティが変化すること）、多様化（人々のアイデンティティがさまざまになること）、複数化（個々人が複数のアイデンティティをもつこと）は、すでに指摘したように、「大衆」や「国民」といった均質的なカテゴリーを揺るがす面をもちつつも、そのアトミズム的な性格は政治的に脆弱であり、「国民」というアイデンティティを身につけた自己規律的な主体へと容易に導かれるような、操作されやすい対象ともなっていたと考えられる。要するに、一九二〇年代以来のメディア環境と消費文化によって育まれた形象の美学とその経験――とりわけ表層消費、散漫、アイデンティティの流動化――は、総力戦体制を阻害する面もあれば、寄与した面もあったという両義的な機能を果たしていたと見ることができるのである。このことはまた、総力戦体制が決して百パーセント合理的・戦略的な計画によって成り立っていたわけではなく、むしろメディア環境・消費文化との偶発的な関係に強く依存するものであったことを示唆していることにほかならない。

## 矛盾と葛藤

だからこそ、総力戦体制に関する当時の言動にはさまざまなレベルで矛盾や葛藤が垣間見られる。報道、教育、娯楽、儀礼の融解における矛盾は、その一つである。融解といってもそれは相対的なものであり、実際には競合している場合もあった。一九三七年七月の日中戦争を契機にニュース映画がブームとなったが[263]、新居格は当時「事変以来ニウス映画館以外に演芸館や小劇場が臨時にニウス映画を見せるようにさえなった。そのことは高価な入場料を要する娯楽からの巧妙にして自然な一歩退却である」と記している[264]。あるいは一九四二年の熊本放送局の報告によると、政府要人の講演のラジオ放送の時間に、映画館や劇場に対して興行の中止の要請があったという[265]。こうした場合には、報道、教育、娯楽、儀礼の区別をめぐって立場の違いによる葛藤があったことが窺える。前者の例では、制度的強制ではないにもかかわらず、ブームに便乗して観客を呼び込もうという商業的な関心から演芸館や小劇場がニュース映画を見せるようになったのに対して、新居はその商業的な思惑によるジャンルの混合に違和感を抱いている。後者では、ジャンルを混合する傾向のある映画や演劇に対して、より明確に教育と儀礼を目的としたラジオが政策的に優先され、あからさまに表沙汰にはできなかったかもしれないにせよ娯楽を求める観客との間に葛藤を生んでいたことが察せられる。

これらの例は、統制と消費文化との間の葛藤を示唆しているとも言えるだろう。消費主体をその自発性を生かす形で「国民」へとしらずしらずに陶冶するということが統制側の理想ではあったが、「自発性の否定と行為の強制」(ないしは「消極的統制」)と「自発的規制の助長」を組み合わせる政策は、日常生活における必需品も含めて消費に対する欲求を抑制させるものであっただけに、人々に葛藤をもたらすことは必然だった。一九四二年三月に日本能率協会の初代理事に就任することになる森川覚三は、前年四月の雑誌記事「戦時下の国民娯楽」の中で、「いかに戦時とはいえ、数千万の国民大衆が一人残らず聖人のような立派な人ばかりとは考えられぬ」と述べ、「国民娯楽」が教育的もしくは教条的で、人々の消費意欲を誘う娯楽にはなっていないことに警鐘を鳴らしていた[266]。消費と教育に関して見られるこの種の葛藤は、すでに指摘した、娯楽と教養に関する権田の一九一〇年代の論にまで遡ることのできるものであり、戦時中では、次章で映画論に関して詳しく見るように、「娯楽」と「芸術」、「娯楽」と「指導」、「娯楽」と「教育」をめぐる葛藤として頻繁に表明されていた。その一方、一九三九年末から米や炭が店頭より姿を消し闇取引が横行するようになったが[267]、戦争が末期になるにつれそれが恒常化、公然化し、軍や軍需工場でさえ「熟練労働者の獲得や重要資材、重要物資、さらには、生活必需品の闇価格での大量買い漁りに狂奔」する状況となり、自発性と自己規制のバランスをとることのできる自己規律的主体になることは困難を極めた[268]。

総力戦体制と消費文化の結びつきに内包されていた矛盾と葛藤は、ジェンダー、地域、世代などの立場の違いとも分かちがたく関係していた。すでに指摘したように、「国民」という言葉にはあたかもすべての人々が均質で平等であるかのような印象を与えながら差異や格差を隠蔽する傾向があったが、ジェンダーに関して当たり前のように前提とされていた差別が恒常的に葛藤や矛盾を生んでいたことは明らかだろう。「モガ」言説に見られるように、女性の過剰な消費は男性中心の総力戦体制にとって脅威と感じられていたが[269]、「自発的規制の助長」と「自発的表現の助長」の統制政策とも相まって、男性とともに女性自らが女性の多様性と差異を否認しながら女性の自発性を消費から切り離し、家庭と労働という二つの領域に道徳的に結びつけることによって規律化する現象も見られた。平塚らいてうや市川房枝のような女性解放運動家は、女性の家庭外労働による戦争協力を推進することで女性の地位を男性と同等のものに向上させるべく発言したり、団体を結成したりした[270]。一九三二年三月設立の国防婦人会(同年一〇月に大日本国防婦人会)は、三〇年余り前から活動していた「上流階級」主導の愛国婦人会(〇一年二月創立)と違って、主婦層から「紡績女工やデパートガール、遊郭の女たち」に至るまでの幅広い層にわたる女性たちを軍の支援の下に組織し、(「国防は台所から」というスローガンを掲げていたように)家事と工場労働を通じて「国防」に協力することを、総力戦における女性の公共的な存在意義として打ち出していた[271]。国防婦人会はさらに、銃後の妻には「貞操」を守るように目を光らせながら、その一方で前線における低所得者層を中心にした女性たちによる兵士たちの性欲処理を支援ないしは容認した。[272] このように総力戦体制に貢献することで公共的な存在感を得て「国民」になろうという自発的な努力は、従来男性によって占められていた軍需工場の労働分野に女性が進出したとはいえ、既存の不平等な政治的権利（選挙権と兵役の義務）と家父長制の性の役割分担を自明の前提として行われていただけに、そのジェンダー分割・差別を覆すどころか強化するものだった。総力戦は資本主義と家父長制の下で生み出されたジェンダー格差と階級格差（女性の中の格差も含めて）を温存しながら、[273] あたかも平等に見える「国民」への動員政策とそれに与する知識人の言動によって、その格差が見えにくくされる傾向にあったとも言える。

同様に、都市と地方（とくに農村）の間にも厳然とした違いと格差があり、それが認識されていたが、「国民文化」や「文化」の名の下に両者を（経済や政治の次元よりも）文化の次元で統一することで、その矛盾を解消しようという傾向があった。すでに多くの研究が論じてきたように、当時都市と地方農村の格差はさまざまなレベルで認識されており、資本主義やそれと結びつけられた「西洋文化」の影響がその原因として批判されるようになっていた。[274] 一九二〇年代末の世界恐慌以降に顕著になった農村を中心とするそうした資本主義批判は、理論的にはマルクス主義とも共通するものだが、周知のように階級闘争を同時に前景化するマルクス主義（プロレタリア文学・芸術を含む）は危険思想として弾劾され、農本主義的な思想がナショナリズムと結びつくことによって力をもつようになった。[275] これとも関連して、民俗学を主導した柳田國男も、東京帝国大学を卒業して農商務省に勤めながら地方改良運動に従事していた一九〇〇年代の頃とは一転して、三〇年代までに改良よりも農村の伝統的な生活文化を保持することに傾注するようになっていた。[276] これらの動向には、一方で農村の疲弊と都市との格差が認識され、他方で農村が日本文化の本質として理想化されるという二面性があり、それがとりわけ二つの大きな矛盾につながっていた。第一に、農村は疲弊していると認識されている一方で理想化されるという矛盾があった。これは、大政翼賛会文化部長の岸田國士の言論に如実に表れている。彼は、文化部長に就任した一九四〇年一〇月頃に発表した論考の中で、皇室を「我が国文化の本質」としつつ、「かくのごとき日本文化の正しき伝統は、外来文化の影響の下に発達した中央文化のうちよりも、特に今日に於ては地方文化の中に存し、これが健全なる発達無くして新しき国民文化の標識を樹立することは不可能」と断言している。[277] 大政翼賛会副文化部長の上泉重信はさらに、都市文化を資本主義と西洋文化の権化とみなし、「地方文化」をこれと対置することでその国民文化としての規範化を推し進めた。[278] これに対して、都市の生活文化を中心に持論を展開してきた権田は、都市と地方を対極的に捉えて都市文化を批判する岸田や上泉のような論に警戒感を示していた。[279] しかし、権田のような議論を行う以前に、経済的に困窮を極めていた地方を本当に国民文化の本質として謳歌できるのかという問題があった。岸田は大政翼賛会の文化部長を辞任した一九四二年七月から一年半ほど経った四四年二月発表の論考の中で、「皇国農村の建設」にとって必要なのは単なる経済的対策でもなければ、農村文化を国民文化として理想化することでもなく、むしろ農民たちが自分たちの生き方に充実感をもつことであり、これこそが農村のあるべき「文化」であるという議論を展開した。[280] それでもなお、この論考では、経済的に疲弊した農村でどのようにしたら充実した「生き方」を送ることができるかということについては何も具体的なことが語られていない。むしろ村人の表情や村の雰囲気を強調するあまり、現実の生活の厳しさを覆い隠してしまうことにもなっていた。

これとも関連して、もう一つの都市と地方の格差にまつわる矛盾は、都市文化に対する農村文化の自律性の問題にかかわっていた。岸田は先の一九四一年刊行の著書の中で、大政翼賛会が推進すべき「地方文化新建設の当面の方策」を示しながら、「地方文化の伝統並に発揚」と「地方文化再建運動の新展開」を並置し、後者については「講演会、講習会、座談会、展覧会等の開催」、「ラジオ、新聞雑誌、出版文書等の積極的活用」、「移動文化隊（演劇、映画、音楽、図書等）の活動」の三点を推奨した。その上で、「文化の地方的特色を最大限発揮せしめるよう留意」すべきとのただし書きをしている。しかし、後者の「地方文化再建運動の新展開」に記述されている活動はすべてが都市から発達したものであり、それらが「地方文化」とどのように整合しうるのかについては具体的な説明がなされていない[281]。実際、この問題に関しては、都市文化を広めることによって農村の疲弊を克服しようという主張、都市文化とは異なる農村の実生活を尊重していこうという主張、さらには先述のように地方農村をユートピア化する農本主義的な考え方が、一九三〇年代・四〇年代前半を通して絶えず拮抗していた。例えば、地元住民は近代化を求めているにもかかわらず、柳田は農村の伝統的な生活文化に価値を置きそれを保持することを訴えた[282]。文部官僚の水谷徳男は、一九三三年の論考「農村娯楽問題と映画及びラヂオ」の中で、実際に農村を訪れて、都市のサラリーマン・労働者と、農家の人々の間にはそもそもの生活のリズムに違いがあることに気づき、それまでそれを知らずに都市文化を押し付けてしまっていたと反省の意を表明した[283]。その一方、例えば古瀬傳蔵は雑誌『農村文化』一九四一年一一月号の中で、宣伝論的な見方を踏襲し、「一億一心となって猛進撃を行うためには」「娯楽性をもったラヂオ、映画、演劇等の文化施設を利用することがもっとも有効適切」だと主張している[284]。これは、後述するように、資本主義・消費文化によって発達した一九二〇年代以来のメディア環境における不均衡なインフラを、公共政策的な巡回上映・上演によって補完しようとするものでもあった。しかしまた、同時期に、演劇にしろ映画にしろ、都市から発信される「文化」に嫌悪を示し、農村の生活を「文化」として守ろうとする考え方も表明されていた[285]。一九四一年九月の「福島県における文化活動報告書」では、「消費的なものの代わりに生産的なもの、装飾的なものの代わりに実生活的なもの」が推奨され、映画・演劇・文芸講演会の要求には応えないようにすべきだとすら記されている[286]。岸田もまた先の一九四四年の論考の中で、農村では一時的に一部の人たちが映画に熱狂したとしても、それは実生活にとっては何ら本質的なものではないと一蹴し、日常生活における「生き方」こそが大切だと訴えた[287]。さらにはしかし、「厚生文化運動」としても展開した地方文化運動では、「素人の音楽、演劇、舞踏、詩吟、握手演劇などの奨励・指導」が行われても、「実情は（中略）既存商業演劇の模倣に偏し、低俗な方向に流れ」ている状態にあるとの認識もあり[288]、この現実は、地方農村を理想化する農本主義的な見方に対するアンチテーゼともなっていた。いずれにせよ、これらの見解は、それぞれ都市と地方農村の間に厳然とあった格差を示唆する一方で、「国民」、「文化」、「生活」といった当時としてはポジティヴな意味合いをもつ言葉によってそれがあたかも克服できるかのように思わせながら、その実その根底にある政治的・経済的問題を見えにくくするという効果をもっていた。

ジェンダーや地域に関するこうした格差とその隠蔽との関係性は、世代に関しても見られたし、さらには第四章で扱う「大東亜共栄圏」の「東亜民族」にも顕著だった。文部官僚の水谷は、先の一九三三年の論考の中で、ラジオにおける青年と中年の嗜好のずれに触れ、前者が「管弦楽、吹奏楽、ジャズ、独唱、合唱、歌劇、映画劇、映画物語、ラヂオドラマ、スポーツ実況」を好むのに対して、後者は「謡曲、狂言、箏曲、尺八、三曲、古曲」を好み、両者がともに好むものには「講談、浪花節、落語、漫談等があるに過ぎない」と指摘した。(289) こうした嗜好の違いが資本主義・消費文化の中で生まれたものであることは言うまでもない。嗜好は、強制ではなく選択によるものであり、ジャンルは消費者の選択によって人気と不人気の差が生まれ、やがては淘汰されるかもしれないものでもある。「国民」への動員に関する総力戦の言説は、ジェンダー、地域、帝国と同様に世代に関しても、「国民文化」や「文化」の名の下にそこにまつわる格差と差異を克服しようとするものであったが、それが資本主義・消費文化に多かれ少なかれ依存するものであった以上、それらを完全に解消することはそもそも不可能である。むしろ意図していたかどうかにかかわらず、「国民」という自己規律的な主体へと導くことで、そうした格差・差異をあたかも無に帰することができるかのように信じ込ませながら、そこから目を逸らせようとするものだったと言うことができるだろう。

総力戦論が唱えるように、一九二〇年代と三〇年代の関係は対立的ではなく、「順接的」と捉えるのが適切だろう。当時の総力戦に関する言説は、第一次世界大戦後に意識化された「社会」または「国家」に自発的に寄与しようという意味での「主体性」だけでなく、それと同じ時代に興隆した消費文化に顕著になった消費的な意味での「主体性」を矯正しつつ組み入れる形で、自己規律的な主体としての「国民」の形成を目論んだと見ることができる。だからこそ、表向きには消費文化への批判を露わにする一方で、権力に強制的に従わせるよりも、「自発的規制」と「自発的表現」を助長した。こうした文脈においてこそ、一九二〇年代に興隆したトランスメディアは消費文化と総力戦の結びつきを媒介したという点で重要な役割を果たしたと考えられるのだ。しかしまた、本章では、消費文化と総力戦の結びつきは、完璧な合理的・戦略的な計画によって進められていたというよりも、むしろかなりの程度偶発的なものだったという点も強調してきた。また、こうした中で一九三〇年代後半に再定義された「国民」は決して合理的な主体の集団ではなく、むしろ主体性と平等性を実現するものとして再定義され規範化されたために、ジェンダーや地域などに関する格差・矛盾を不可視化する効力をもった。消費文化とともに発達したトランスメディアは、このようにして総力戦に取り込まれながら権力と断層を媒介し、多分にそれらを強化する機能を果たしたと考えられるのである。次章では、この消費主体の「国民」化の問題を、消費文化を補完する公共政策的な配給・上映活動も含めて映画に焦点を合わせながら、さらに掘り下げてみたい。

# 第三章　「国民」への動員
## ――映画観客と総力戦、そして戦後

映画は、再定義された「国民」へと人々を陶冶し動員するためのもっとも有力なメディアの一つと目された。もちろん、これまで見てきたように総力戦体制に利用されようとした文化領域は、映画だけでなく、消費文化とともに興隆したトランスメディア的環境から日常生活の細部に至るまでありとあらゆるものを含んでいた。加えて、映画は、他の機械性複製技術・通信技術に基づく近代的なメディア――印刷物（新聞、雑誌、書籍、広告）、ラジオ、レコード――とともに、またそれらと複雑に結びつくことによって、娯楽としてだけでなく、報道、教育、儀礼として機能することも期待された。思想戦論・宣伝論をはじめとする総力戦の言説では「国民」への動員は、このように一九二〇年代以来のメディア環境に依存しながら強制感を感じさせることなく「しらずしらずの間」に行われるべきだと考えられた。しかし、映画観客と「国民」に関する言説では、映画ならではの固有性が強調されることが少なくなかったというのも確かである。これから見ていくように、映画はとりわけその「大衆性」、感化力、流通範囲の拡張性が注目された。それはまた、一九二〇年代の民衆娯楽論における映画とは違って、既存の興行場に規定されるものでなく、むしろ集団的な観る場を生み出すものと目され、そこにまた観客たちの自発性が発揮され平等な関係が実現するとも期待された。こうした状況の中で映画は、製作、流通、受容のすべてのレベルで総動員体制に組み込まれていくことになったが、しかしそれは消費文化の完全な抑圧の上に成立したものではなく、むしろ一九二〇年代以来のメディア環境と消費文化を利用し拡張しようとするものだったと見ることができる。言い換えれば、官僚や批評家の多くの言説では、映画は、資本主義・消費文化の主体たる「大衆」と、必ずしもそれには当てはまらない人々の両方を「国民」へと仕向けるための最適なメディアとして考えられ、そのための制度的実践が進められたのである。

本章では、このような経緯を詳らかにしつつ、次の三つの点を明らかにしたい。第一に、理論的に言えば、映画館ないしは上映会会場への人々の動員、「国民」への動員、総力戦への動員は必ずしも一致しない——映画を観たからといって、その映画に感化されて「国民」になるとは限らないし、総力戦に参加したい気持ちになるとも必ずしも言えない——はずなのだが、映画観客に関する言説ではこれら三つの段階があたかも同じであるかのように同一視されていることが多かった。だからこそ、映画作品の質と映画館来場者の数が最大の問題とされる一方で、効果論以上に映画を観ること自体の質や多様性が問われることは少なかった。第二に、総力戦体制の映画政策は資本主義・消費主義との曖昧かつ偶発的な関係の中で成立しているところが大きかったので、娯楽と教育(「指導性」)、人気と威信(国家的権威づけ)、自発性と強制など、異なる原則をめぐる葛藤が露わになることがしばしばあった。そして第三に、これまでにも指摘してきたように、映画による「国民」への動員は、消費文化との関係に加えて、地域やジェンダーなどをめぐる矛盾や葛藤を内包しつつそれらを否認するファンタジーとして成立していた。戦後になると「国民」が再定義され、その後いくつかの興味深い展開を見せるが、そのファンタジー構造自体は、二〇一〇年代の現在に至るまで引き継がれていると見ることができる。

## 映画独自の力

前章で見たように、映画は他の諸々のメディアとともに、またそれらと結びつくことで総力戦体制を支えるメディアとして機能したが、同時に官僚や批評家たちによる多くの言説では映画独自の力が注目された。それは、主として「大衆性」、感化力、拡張性という三つの言葉で表現できるものである。こうした独自性があるからこそ、映画は自発的で平等な「国民」を形成するのに有効だと考えられた。同時にしかし、それらの独自性の認識は資本主義・消費文化の中で興隆してきた映画に対する観察に基づくものであり、したがって総力戦体制と消費文化との曖昧で偶発的な関係性を示唆するものでもあった。

映画独自の力はまず、資本主義・消費文化の興隆とともに顕著となった「大衆性」――一般的には、不特定多数の人々を惹きつける性質と定義できるが、後述するように論者によって見方が異なる場合がある――として量的・質的の両面から注目された。雑誌『社会教育』は、一九三二年一〇月号の記事で年間の映画観客数が一億九千万人に上っていることを示しながら、「活動写真がいかに国民生活と密接になったか」とその浸透ぶりを強調し教育手段としての映画の利用の必要性を訴えた。そしてそれから六年半後の同誌一九三九年五月号のある記事は、映画は「一年に三億も捉えることができ、映画を通じて国民大衆に訴える」ことができるとして同じような主張を繰り返した。[1] 一般の映画雑誌でも、例えば『日本映画』は一九三六年七月号の記事で最近の映画観客は千人につき四七人という「高率」で増加していると指摘しているし、『映画旬報』は四二年四月一一日号の記事で「検閲統計によると、大正十五年度の映画館数は千五十七館で、映画観覧者総数は一億五千余万人であったが、十五年後の昭和十五年の映画館数は二千三百六十三館、映画観覧者総数も四億四千余万人に激増を示している」との見解を示している。後者は、「観覧者数が急増したのは近年のことで、ことに観覧者数は昭和九年頃まではせいぜい毎年二千万人位の増加に過ぎなかったものが、昭和十一年以降は、三千万、四千万、あるいは五千万以上の増加を示した年さえある」という補足的な説明も付け加えている。(2)これは、映画観客数の増加は一九三五年までは微増であり、ニュース映画が活況を呈した三六年に急増し、それが日中戦争の開始や戦争景気を契機として四〇年までの映画観客数の増加のきっかけになったという古川隆久の見解とも一致している。(3)雑誌記事で示された数値にはばらつきがあり、正確さについては疑問もあるが、(4)ここで重要なのは、一九三〇年代を通じて明らかに映画館入場者数が増え、それが多数の人々への映画の影響力の大きさとして認識されることにつながっていたという事実である。実際、このように量的な意味で映画の「大衆性」を認識していたからこそ、前章で指摘したように不破祐俊は「映画の持つ大衆性を生かしつつそこに芸術性と指導性」をもたらすことを主張したと言えるし、(5)舘林三喜男は、内務省警保局警務課事務官として映画法案の作成にあたっていた一九三七年に、映画は「他の一切の娯楽に類を絶して、最も広範なる国民大衆をその対象とし」ていると述べたと考えられる。(6)

映画の「大衆性」はこのように量的に認識される一方で、質的に説明されることもあった。それは、視覚性、わかりやすさ、集団性を映画の特長として強調した今村太平の論に典型的である。映画は、文字と違い直接視覚に訴えるものであり、識字力を必要としないがゆえに、教養に左右されることなく誰にでも理解できる。しかも、書籍の読書と違い複数の人たちが一緒に同時に思想的・感情的表現を共有できるという点で集団的であり、ゆえに平等だというのが彼の基本的な考え方であった。(7)こうした説明の仕方は、言い換えれば、いかに映画が多数の人々に受け入れられやすい媒体なのかという、映画の「大衆性」の論拠を示す試みだったと見ることができる。今村の場合、後述するように芸術としての映画の「大衆性」を資本主義の産物としての映画の「大衆性」から区別しようとしたが、(8)しかしどちらにせよ多数の人々を惹きつける点を「大衆性」の基本的性質として前提にしていることには変わりがなかった。一方、哲学者の戸坂潤は、映画雑誌『映画創造』一九三六年五月創刊号に寄稿した「映画の実写的特性と大衆性」という題目の論考の中で、「映画の大衆性は、社会人の普遍的な感覚(現実感・風俗感・エロティシズム其他）に訴えて、之をいつの間にか道徳・同義感・社会思想に移行させるという所に、その本質を備える」と同定しそれを「風俗感覚の弱点」とみなした。彼は、少なくともこの論考の中では一九二〇年代以来の消費文化における映画の人気に直接言及しているわけではないが、おそらくその経験に基づいて映画が多数の人々を惹きつけると判断し、それを暗黙の前提として映画の「大衆性」を理屈づけようとしていたことが窺える。(9) このように今村と戸坂の論には違いがあるものの、いずれも映画が不特定多数の人々に支持されている現象を、映画独自の内的な性質を論拠に説明しようとしており、逆に言えばそうした映画の「大衆性」を疑うべくもない前提として権威的な立場から裏書きするものだった。

と同時に、二人の議論にも窺えるように、映画には「大衆性」があるという認識は、映画には「大衆」に作用する力があるという認識、換言すれば映画には感化力があるという認識と結びついていた。今村の場合、それは、その視覚性とわかりやすさゆえに映画には誰にでも理解される力があり、その集団的性格ゆえに思想・感情を多くの人々に同時に共有させる力がある、ということである。こうした今村の論に似て、映画法にかかわったある人物は、映画の「大衆」への効力について、「国家総動員に際して、眼を以て直接訴て行くと云う此の映画を採用していくならば、精神総動員の際に行わるる百回の講演会よりも、一本のフィルムこそ偉大なる力を発揮するもの」と述べている。(10) これは、第一章で言及した山根幹人の指摘とも類似している。山根はすでに一九二三年の段階でこうした映画の固有性を「感化力」として論じていた。(11) さらに前章で述べたように、一九四四年刊行の相川春樹の『映画文化論』は、今村の影響を受けながら映画の集団性とわかりやすさを指摘し、思考を媒介しない感覚的刺激に訴える点を映画の強みとして打ち出した。これはもっとも強力な映画の感化力論だと言えるだろう。(12) 特筆すべきことに、相川が強調するような、身体や感情に訴えかけるという映画独特の力は、まさに一九四〇年代の小山栄三の宣伝論に合致するものだった。小山は言う。「群集は感情的に考え、感情によって行動するものである。だから宣伝は大体理性に訴えるよりも、感情に訴える方法で提出されなければならない」(13)。次章で詳述するように、津村秀夫もまた情動に訴える機能を映画固有の力として論じていた[14]。

映画独自の力はまた、自らの流通範囲を拡張する機能があるところにも見出されていた。映写機とフィルムは比較的安価にレンタルでき、持ち運びやすく操作が容易であり、さらには一本のフィルムは反復して使用できるので、映画館のない地方でも上映会を開くことはそれほど難しいことではない。文部官僚の水谷徳男は一九三三年の論考の中でこうした点を指摘しながら、映画は、ラジオとともに「農村娯楽機関」としてもっとも有効な娯楽であり教育手段だと論じている。しかも、映画は、盆踊りや村芝居と違って、同一の作品を何度も繰り返して見せることができるがゆえに、より多くの人たちに見てもらうことができる[15]。加えて、ラジオは映画と違って放送時間が限定されているが、映画もラジオも両方とも村人たちが定期的に集まるきっかけになる点で有益だと言う[16]。さらに水谷は、農村には都会とは異なる生活のリズムがあるので、映画とラジオを利用するにあたっては都会のやり方を押し付けるのではなく、農村独自のリズムに合わせるべきだとも強調している[17]。このように機械性複製技術としての映画の特徴と、集団受容の場を創造するものとしての映画の特徴、さらには農村独自のリズムを尊重しようとする水谷の論は、一九二〇年代の権田保之助の民衆娯楽論と似ていながらも、大きく異なっている点で重要である。権田も水谷も同じように映画を生活との関係で重視しているが、権田が都市の個々人の男性労働者をモデルに観客を想定し映画をもっぱら寄席のような興行場の娯楽と同等視していたのに対し、水谷は農村の集団としての人々を観客として想定し、映画の機械性複製技術としての側面と受容場の側面との両方を加味しながら、ラジオという、興行場に限定されない新しいメディアと関連づけて考察を行っている。水谷にとって、機械性複製技術としての映画の特性は、都市の資本主義・消費文化とともに興隆してきた「大衆」に対してだけでなく、その恩恵を被ることなく映画館すらない農村地域の人々に対しても生かされるべきものなのである。受容の場はもはや興行場の映画館のように固定化された既存のものではなく、むしろ可動的かつ創造的なものとして想定され、それにより、都市を超えた、より広範囲の地域にわたる映画の受容が可能になると考えられたのだ[18]。

## 映画統制と消費文化

このように映画は、とりわけ「大衆性」、感化力、拡張性の三点で他のメディアにはないような威力をもつものとみなされ、それゆえに総力戦ないし「国民」への動員にあたっては都市の「大衆」に対してだけでなく、地方の農村地域の必ずしも「大衆」とは呼べない人々に対しても有効だと考えられるようになっていた。こうした状況を考慮に入れれば、「国民」への動員の機運が盛り上がった一九三〇年代後半に、「大衆」に加えて、「大衆」とは必ずしも言えない人たち——都市に住んでいても映画または日本映画に興味のない知識人や、地方に住んでいるために映画を容易に観ることができない人たち、さらには「大衆」と呼べるかどうか微妙な、映画に関心がない人たち——も「新しい観客」として映画に呼び込み、広範囲にわたる動員を実現しようという言動が顕著になったとしても不思議ではないだろう。この時期、官僚たちや一部の批評家たちの間では、「新しい観客」を動員するという課題は、営利企業だけに任せていては達成が難しいと考えられるようになっていた。一九三〇年代後半から映画産業を営利中心から国家主導に転換しようとする動きが強くなった背景には、こうした事情があった。しかしまた、総力戦体制が資本主義・消費文化から完全に乖離することはなく、むしろ形を変えながらもそれに依存し続けていた点も看過できない。

確かに、よく知られているように、映画統制の機運自体は、一九三三年二月に「映画国策樹立ニ関スル建議案」が第六四回議会衆議院建議委員会第二部会に提出され、その翌年三月に映画統制員会が設置されたときに、にわかに高まりを見せた。それは、第二八回列国同盟ジュネーブ会議に議員団として参加した政友会の代議士・岩瀬亮が、外国人の撮影によるニュース映画の中で「熱海の宿屋の庭で貧弱な体をした半裸体の芸者が踊る場面を見て」恥ずかしい思いをしたと発言したことをきっかけに促されたと言われている。(19) しかし、これまで見てきたように、「国民」が再定義され映画による「国民」の養成が本格的に叫ばれ始めたのは、日中戦争が勃発し国民精神総動員運動が始まった一九三七年頃だと言えるだろう。この年の四月には、映画フィルム検閲法が改正されて教育用・官庁宣伝用の映画だけでなく、娯楽映画も「基準を満たせば」検閲手数料が免除されることになり、その意味で「国策映画」が推奨されることとなった。[20]また、翌月の五月には映画教育中央会が発足し、「映画が大衆に及ぼす影響の大きいのを利用して、国民の教育教化に努めることは極めて大切な事であります」という設立趣旨を発表した。[21]前年六月には閣議決定により内閣情報委員会が設立され、「情報宣伝機関が初めて中央政府機構の中に」組み込まれることにより、「国民精神総動員運動を内務省・文部省共同で実施」する体制が整えられていたことは、前章で述べた通りである。[22]

こうした状況の中で法的整備が進められ、一九三九年四月五日に映画法が公布されるに至る。その第一条では、「本法ハ国民文化ノ進展ニ資スル為映画ノ質的向上ヲ促シ映画事業ノ健全ナル発達ヲ図ルコトヲ目的トス」という有名な文言が掲げられ、「国民」が前面に打ち出された。[23]舘林はこの頃の座談会で、現行の映画事業を営利本位だとして批判し、国民文化進展・国民知育向上に奉仕すべきだとの見解を示した。[24]そうした言動には資本主義・消費文化の主体としての「大衆」を「国民」に転換させようという意図が明確に表れている。澤村勉が映画法の意義として「資本家・大衆のものであったものを国民・国家のものに」と発言したことも前章の通りである。映画法は第一条の大義名分に基づきながら、続く各条項で映画産業の統制の方法を各方面にわたって記している。[25]事業者の免許・登録、検閲、外国映画上映本数の制限、主務大臣への命令権付与、有料映画の選奨制度、「文化映画」（後述のようにこの言葉自体は使用されていない）の強制上映、興行時間・上映方法・入場者の年齢に応じた映画の種類分けなどがそれである。加藤厚子は、映画法が成立したこの時期を「映画国策確立期」と呼び、その後映画法施行規則第三五条を改正してニュース映画の強制上映を規定した一九四〇年九月以降の体制を「映画新体制」、さらには映画産業が統廃合により松竹・東宝・大映の三社と社団法人映画配給会社（映配）を中心とする体制へと再編された四一年八月以降の体制を「映画臨戦体制」と位置づけながら、「戦時国民動員装置」としての映画産業統制の歴史的変遷を詳述している。[26]「映画新体制」では、一九四〇年一二月六日に内閣情報部が情報局に格上げされ、その一週間後に映画法・映画法施行令が改正されることにより、検閲などの消極的統制を情報局第四部第一課が担当し、助成・指導などの積極的統制を同局第五部第二課が担当するという分業体制が明確にされた。その際、生フィルムの配給調整の規定と、後述する「国民映画」の確立が課題項目として新たに盛り込まれた。[27]「映画臨戦体制」では、公益法人による配給制度が成立したことにより、映画は営利を目的とした「嗜好品的娯楽」ではなく、営利に左右されない「必要物資」として配給されるようになった。[28]

しかし、どれほど統制が厳しくなっても、人々が映画を観に行くという選択行為までを管理し強制することは、学校などの教育機関による半強制的な集団鑑賞を除いて、実現しなかった。確かに「映画臨戦体制」に移行した後は、製作・配給統制に加えて興行統制も強化された。一九四三年四月には大日本興行協会（大興）が設立され、その道府支部では警察部長が会長となり、「自主的」という建前でありながら、利潤度外視の社会奉仕としての興行体制の整備が図られた。[29]また、後述するように国民映画普及会――映画館が営業しない午前中の時間を利用して非営利に団体鑑賞することを目指して創設された[30]――による集団鑑賞の斡旋の試みや巡回映写も盛んに行われるようになった。しかしなお、消費行為としての映画鑑賞が抑圧されたわけではなく、むしろ温存されていた。一九四三年という戦争の只中にあって政策とは裏腹に、「製作における優遇も興行助成措置もない非一般用映画が、観客の嗜好に支えられ高い興行成績[31]」を収める傾向にあったことはそのことを如実に示している。「非一般用映画」とは一四歳未満の者の入場が制限された映画であり、年齢制限のない「一般用映画」と区別された、娯楽的要素が強く国策的要素が弱い映画だったが、いずれにせよどちらの映画を観るかという選択は人々に委ねられていた。「一般用映画」の興行には助成金が支給されたが、映画館に足を運び映画を観るという行為自体が直接コントロールされたわけではなかったのである。さらには、一九四三年に映配は、一度入場したら最後の作品まで観続けることが可能な「流し込み」制を廃止し「入れ替え」制を導入したが、これによりかえって「観覧意欲の強い観客でなければ来場しなくなった」[32]。澤村は一九四一年刊行の著作の中で、観客の統制の難しさについて次のように吐露している。「映画観客の統制は、外からの制度をいくらつくってみたところでどうなるものでもなく、所詮は、観客個々の統制心に待つほかはないであろう。もっとも、そんなことを言ってもはじまらない人々も、映画観客の中にはすくなくないだろうから、そういう観客を統制する手段は、結局、無益な有害な享楽心だけをそそる映画をつくらないようにすることに帰着するかもしれない」[33]。

こうした状況が生まれる背景の一つには、当時の日本の映画産業は、一九三七年に映画産業を国営化したドイツと違って完全に国家の経営になったわけではなく、資本主義的な経営にかなりの程度依存していたということがある[34]。確かに製作会社が少数の会社に統合され、配給が一元化され、興行もある程度規則が設けられたものの、それがすべての人々に対する完全な強制的映画鑑賞になることはなかった。映画鑑賞を強制しなかった点では国営化されたドイツの映画産業も同様だが[35]、日本の場合は製作から興行に至るまでの過程で映画館に人々を惹きつけるための工夫が民間の経営努力に任されている度合いが比較的高かったと言える。館林は、国策遂行のためには映画会社の利潤の保護がある程度必要だという認識に立っていたとも言われている[36]。さらに根本的な問題として、そもそも映画には人を惹きつける力があると認識されたからこそ、人々を「しらずしらずの間」に「国民」へと陶冶する力があると考えられたので、この性質を強制的な鑑賞によって抑圧することは本末転倒であった。おもしろみに欠ける映画であれば、観客は観ている間に眠ってしまうかもしれないし、心の中ではその作品を批判的に受け止める可能性もある。したがって、このことが意識されていたにしろ、されていなかったにしろ、法制的にも実質的にも映画鑑賞を強制的なものにできないという条件が映画統制の根本にあった。

こうした状況の下で、すでに映画の消費者であった「大衆」と、必ずしも「大衆」とは言えない人たちを別々に考えて、「国民」へと陶冶することが検討されていた。前者についてはもっぱら映画の作りをいかに工夫すればよいかということに焦点が当たっていた。というのも、「大衆」には自主的に映画を観に行くという習慣がすでに備わっていると考えられていたからである。したがって、個々の映画作品の性質を「改善」しさえすれば、その映画の鑑賞を通して単なる欲望主体としての消費者から自己規律的な「国民」へと導くことが可能だと思われた。しかし、自主的な映画選択行為と「国民」の養成という両基準を同時に満たす性質の映画作品を製作するのは容易ではなかったし、官庁、業界、批評家たちの間にその二重基準について明確なコンセンサスがあるわけでもなかった。

むろん映画を「国民」の形成に結びつけようとする抽象的な言論はいたるところに溢れていた。例えば、映画は、生活や芸術を含む「文化」を共有する者としての「国民」の自覚を促すべきだという考え方があった。長谷川如是閑は、「映画は映画自体の文化であるよりは、国民文化の「複製」」であるべきであり、「日本芸術の伝統的性質を獲得しなければならない」と主張した[37]。伊丹万作は「国民の生活を反映しないような映画はすでに映画ではないのだ」と断言した[38]。飯島正は「映画を見ることは同時に国民としての反省でもある」と記した[39]。これらの批評家にとって映画とはとにもかくにも「国民」としてのアイデンティティの形成に寄与すべきものだった。また、「近代の超克」座談会にも呼応して、「西洋」や「西洋映画」を均質なものとして想定し、それとの差別化によって映画を「国民」と結びつけようとするロジックもあった。不破は、前章で示した津村秀夫のアメリカニズム批判と同様に、「単なる商品として、徒らに大衆の好みのままに迎合する感覚的刺激にすぎない」映画を「外国映画」の特質とみなし、それと対比しながら「日本人としての正しい自覚を呼び覚ま」す映画を「国民映画」として提唱した[40]。澤村は日本が「西洋映画」に植民地化されてきたという認識に立って、洋画ファンに「国民としての覚醒をあたえ、映画観覧に際しての統制心をもたせる」必要性を訴えた[41]。この澤村の見方はすでに見たように映画作品の統制だけでなく興行の統制にまで及んでいる。さらには、映画は「精神」、感情、情動の観点からも「国民」と結びつけられた。先に引用した、「感性をもって事実にあたり、理屈は抜きに実際の行動に身を挺するのが国民的心理である」という相川春喜の発言はその典型である。しかし、これらの言説はいずれも極度に抽象的であり、具体的にどのような映画がそれに当たるのかを示そうとはしていない。その上、「大衆性」もしくは選択行為としての映画の消費とどのように折り合いをつけたり組み合わせたりできるのかについても触れることがなかった。

こうした抽象的な言説の一方で、自主的な映画選択行為と「国民」養成との二重性は、映画製作に関する官庁と業界関係者との折衝の主題になっていたと見ることもできるだろう。映画会社は基本的に、映画法による統制を事業の安定化と映画の社会的地位向上を期待して歓迎していた。[42] ピーター・B・ハーイが強調して論じているように、雑誌が主催した座談会やその交渉の場においても、官庁側の抽象的な要求に対して業界関係者は試行錯誤しながらもその期待に応えようとした。[43] しかしその一方で、たとえ官僚から営利本位だと批判されようとも、消費行為の観点を失うことはなかった。当時東宝の常務取締役だった森岩男は雑誌『映画旬報』の座談会で、どんな観客をも感化する映画を作るべきだという津村に対して、インテリ、勤労者、女性では趣味が違うので対象ごとに分けて製作すべきだと訴えているし、[44] 一九四二年一月の設立以来、大映の専務に就いていた永田雅一は「娯楽味」を出すことによって観客動員を増やすべきだと唱えた。[45] 大日本映画協会（一九三五年一一月発足）の会長を務め一九四二年一月からは大映の初代社長に就くことになる菊池寛も、四〇年一〇月の大政翼賛会からの通達に対して「個人的感情を扱うのは妥当ではない」と賛同を表明する一方で、その一年後には官僚の映画内容に対する過剰な規制を批判した。[46] 城戸四郎が「映画は常に大衆の物である。（中略）先ず大衆の心理や欲するところの物を把握して然る後に、指導する」と述べたのも先に指摘した通りである。

このような状況の中で、一定数の映画作品が製作され、ある程度のバリエーションをもって「国民」のイメージが具体化されたのも事実である。ハーイやその他の多くの研究者や批評家が試みてきたように、当時の映画作品を分析すれば、「国民」の表象の傾向やその変遷を読み取ることは可能である。それは、例えば、日本人男性同士のホモソーシャルな仲間関係を前面に出した姿（『五人の斥候兵』〔田坂具隆監督、一九三八年〕など）であり、もがき苦しみながら行軍に従事する兵士たちの姿（『土と兵隊』〔田坂具隆監督、一九三九年〕など）であり、「皇国」のために献身的に戦う兵士へと成長する男性(『ハワイ・マレー沖海戦』〔山本嘉次郎監督、一九四二年〕など)であり、軍国の母(同上作品など)である。ここに挙げたこれらの映画作品は批評家の間でも賞賛され、模範的な戦意昂揚映画として例示されることが少なくなかった。また、後ほど詳しく検討するように、映画法で強制上映に指定された「文化映画」や、一九四一年に情報局により創設された「国民映画」も、「国民」の養成に即した模範的な映画として構想されていたと言えるだろう。「国民映画」には、一般から脚本を募集するものと、映画会社に製作を委嘱して完成した作品の中から選考し賞と助成金を与えるものの二種類があったが、いずれにせよ映画法の第一条に呼応して「高邁ナル国民的理想ヲ顕現シ国民生活ニ根ザシ(中略)深イ芸術味ヲ持ツト共ニ延イテハ国策遂行上啓発宣伝ニ資スル如キ映画(47)」であることが要件として掲げられていた。

とはいえ、これらの個々の映画作品にしろ、あるいは日本映画全般にしろ、それらがどれほど自発的な映画享受と「国民」養成の両基準を同時に満たすことができていたかは疑問である。実際、官僚や批評家が理想的な映画として賞賛した上記のような映画作品のすべてが興行的に成功したわけではなかった。例えば、不破が評価し一九四一年度の第一回「国民映画」の佳作に選ばれた森一生監督の『大村益次郎』や溝口健二監督の『元禄忠臣蔵』の興行成績は不振に終わった(48)。しかし、ここで問題にしたいのは、映画作品が興行的に成功したか失敗したかではない。「大衆」を「国民」へと陶冶しようとするこうした試みがどのように構想され、制度化されたかである。一九三〇年代後半には、こうした「大衆」の「国民」化とともに、知識人や地方の人々、さらにはこれまで映画に関心がなかった人たちを、「新しい観客」として映画館や映画上映会に呼び込もうという言動も顕著になった。次にこの状況を見てみよう。

## 「新しい観客」

すでに消費文化の中で映画の消費者になっていた都市の「大衆」とは違って、「新しい観客」として期待された人たちに関して問題にされたのは、どのような映画作品を観させるかという以前に、どのように映画を観させるかということだった。言い換えれば、そうした人たちは、既存の資本主義・消費文化と同じ原理に則っていては映画を観るようにさせるのは難しいと考えられていた。ただし、もちろん知識人と、地方の住民やその他の映画に関心のない人たちとでは置かれた社会条件が大きく違っていた。知識人について岡田眞吉は、一九四二年に出版された『映画と国家』の中で、「新しい観客層とはどういう階級に属する人々であるだろうか。甚だ残念な事であるが、それは指導階級であり、知識階級である」と述べている。岡田は「我が国では民衆が指導階級に従順」だという見解を示しながら、知識人が模範になることを求め、[49] その一方では他の論考で「知識層は外国依存主義思想に毒されている」とも述べていた。[50] 他方、今村太平は同年の著書『戦争と映画』の中で、「昭和十二年度における突如たる観客増加は、あきらかにニュース映画による新観客の吸収にあると見られる。(中略)この厖大な新観客の非常に多くは、今迄映画を軽蔑していた人々であろうと考えられる。そしてその中のまた非常に多くが知識階級であると思われる。(中略)従来の娯楽映画観客とは異なる彼らの欲求がなんらかの形で映画に反映し始めることは当然」だと記している。[51] 知識人は「欧米映画」を好んでいるという岡田に対して、今村は知識人のニュース映画への興味を強調している点で両者の見方は異なっている。しかしいずれにせよ、二人とも知識人を娯楽映画の消費者たる「大衆」とは異なる存在として認識している点では一致していた。不破もまた、知識人が既存の観客層の埒外にいると考え、この人たちを「新しい観客」として呼び込むためには、企業による商業的な宣伝方法とは異なる宣伝方法を講じるべきだと主張した。[52]

知識人が、娯楽の消費よりも芸術や知識を志向する価値観のために映画（とくに日本映画）を選択してこなかったと認識されていたのに対して、地方の住民や、都市に住んでいても映画に関心のない（知識人以外の）人たちは、資本主義主導の消費文化の中では映画に触れる機会がなかったために興味をもつことができないでいると想定されていた。こうした状況の中で有効だと考えられたのが、映画館の少ない地方を回る巡回映写と、公共団体や中間団体が主催する集団鑑賞会であり、ともに資本主義的原則に左右されない公共事業としての性格を色濃くもち一九四〇年代初めに顕著になった。[53] 巡回映写という方法自体は、大阪毎日新聞社が活動写真班を設置し、「フイルム通信」を巡回映写した一九一七年にまで遡ることができるだろう。[54] しかし地方での巡回映写が活発化するのは、毎日新聞社学校巡回映画連盟や大日本青少年団の映画班が全日本映画教育研究会と映画教育中央会の二団体から映画の配給を受けて巡回上映を行う一九四一年に入ってからだと言える。[55] この二団体は、一九四三年四月には文部省によって大日本映画教育会へと統合された。大日本産業報国会もオリジナルの映画を製作したり既成の映画を購入したりしながら積極的に移動（巡回）映写隊を各地に派遣し、一九四二年度のその予算規模は同会の文化事業の中でも最大だったとも言われている。[56] にもかかわらず一九四二年一一月になってもなお「巡回映写網の拡充強化」[57] を叫ぶ声があった。この同じ記事は、その年五月の社団法人日本映画社（日映）の設立により配給が一元化されたのを受けて、[58]「大都市では一年に平均一〇回の観覧数に対して、全国人口の大半を占める農村に於ては、一人平均一回に過ぎない」という状況を打破すべきだと訴えている。[59] この記事は、映画上映への「動員」と総力戦への「動員」を同一視したニュアンスで「観客大衆の計画的動員」という言葉を用い、それを「自由主義的経済に基づいた興行の方法」や「営利主義的な市場」と対比している。この年の『映画旬報』六月一日号は、日本移動文化協会が前年三月に仕事を始めてから樺太と沖縄を除く全県を巡回映写し、回数が七二〇六町村にも及んでプリントがボロボロになったことを紹介しながら、その苦労と努力を評して、営利を度外視した「報国精神に挺身する真摯な姿」だと賞賛した。[60] おそらくこうした状況をも打開すべく、一九四三年八月に各新聞社の移動撮影隊を統合する形で日本移動映写連盟が結成され、農山漁村での巡回映写による常設館一般興行の代行、特定のテーマ設定による鉱山・工場・軍などへの計画的巡回を、より組織的・一元的に行うようになった[61]。

公共団体や中間団体の主催による集団鑑賞会もまた、従来の消費文化では取り残されてきた人々を「新しい観客」として取り込む方法として論じられた。映画鑑賞に中間団体を利用する動きは、遅くともドキュメンタリー映画『海の生命線』（一九三三年製作）が地方で封切られたときに見られる。映画批評家の立花高四郎（橘高廣の別名）はこれを「社会のあらゆる階級人を相手とし、年齢の差別なく、都鄙の区別なく、あらゆる人々が共に楽しめる映画」として「未開拓の観客層」へと働きかける例に挙げている。しかし、このときは在郷軍人会、青年団、国防婦人会、愛国婦人会、処女会といった団体に半額切符が配られただけで、それらの団体が集団鑑賞を主催したわけではなかった[62]。公共団体・中間団体による集団鑑賞会が本格的に始まるのは一九四二年頃だと言えるだろう。この年の七月に、松竹、東宝、大映の宣伝事務責任代表から構成された日本映画普及連盟が「新観客層の充実、優秀映画の普及を目指して」発足し、大政翼賛会との共同主催で映画上映会を催すようになった[63]。さらには国民映画普及会が、一九四二年一二月の『ハワイ・マレー沖海戦』の公開を契機に県ごとに結成された[64]。先に触れたように国民映画普及会は、通常映画館が営業されていない午前中を利用して中間団体による集団鑑賞を促進したが、例えば翌年の一二月八日から午前中を利用して全国すべての映画館で上映された『海軍』には、国民学校、警護団、婦人団体などの協力を得ることで約一七万人が「動員」されたと言われている[65]。

こうした動きは、次章で考察する帝国の領土における巡回映写も含めて「新観客獲得運動」とか「集団鑑賞運動」とも呼ばれ[66]、しばしば「自由主義的」と言われた資本主義的な原則による選択的消費としての映画鑑賞と差別化されて提唱された。津村は一九四三年刊行の書籍の中で、産業組合中央会、大日本青少年団、大日本婦人会、国民学校、中等学校等の団体によるこうした集団鑑賞が『マレー戦記』や『空の神兵』の興行的成功に乗じて飛躍的に発達し、従来の「映画ファン的観客層」とは異なる観客層の獲得につながっているとの見方を示した[67]。柴田芳男もまた国民映画普及会を、「自由観覧打破」を達成するための動きとして評価し、映画館はデパートや銀行ではなく公共事業の郵便局のようにすべきだと訴えた。(68) 雑誌『文化映画』一九四三年八月号のある記事はさらに、「観客の自由選択に委ねて居ては駄目」だと主張しながら、集団鑑賞による「映画観客動員」をコーポラティズムの一つに位置づけている。すなわち、「今、我国は種々の角度から組織化されつつある。我々は職場の一構成分子であると共に各種団体の、又隣組の一員でもある。夫々の組織に属し機構に内在して各種の活動をしているのである。従って映画をもって夫々の団体に対して働けることは、映画の最も有効な活用方法」だというわけである。(69) このように、ニュース映画、巡回映写、集団鑑賞などによって、必ずしも「大衆」と同一視されなかった人々を「新しい観客」として映画館や上映会に動員し、ひいては「国民」へと動員しようという企図が論じられ、ある程度実行にも移された。『映画旬報』一九四二年四月号のある記事は、一年間の巡回映写の観客総数が八〇万人に上っていることを示しながら、「営業成績の数字〔だけ〕から観客層を判断することは不可能」だと論じている。(70)

こうした必ずしも「大衆」とは言えない潜在的な「新しい観客」に対しては、どのように映画を観させるかということが最大の課題ではあったが、言うまでもなく、どのような映画作品を観させるかという問題も等しく懸案になっていた。先述の水谷の論考は、当時の現代劇映画作品の大多数は題材がサラリーマンの生活など都会を中心に選ばれているために農村の人々には馴染めない点を批判していた。(71) 水谷はそこで「無教育な農民は、都会の観客にとっては普通だと認められるリズムを以て製作された映画さえ理解することが出来ない」というレオン・ムシナックの言葉を引用している。(72) 一方、農村の疲弊が話題になり、前章で触れたように柳田國男が農村の伝統的な生活文化の保持を訴えたり、農本主義的言説が農村を「国民文化」として理想化したりするにつれ、農村を主題にする映画作品も一九三〇年代中頃から少しずつ現れるようになった。(73)『蒼氓』(熊谷久虎監督、一九三六年)、『故郷』(伊丹万作監督、三七年)、『鶯』(豊田四郎監督、三八年)、『土』(内田吐夢監督、三九年)、『大日向村』(豊田四郎監督、四〇年)、『土に生きる』(三木茂監督、四一年)、『馬』(山本嘉次郎監督、四一年)はその代表的な例だと言えるだろう。

これらは、それ以前の現代劇映画の多くが都市を舞台にしているのに対して、多かれ少なかれ農村にまで想像力を広げるものとなっている。とりわけ『土』と『馬』は『キネマ旬報』のベストテンの上位に選ばれるなど批評家から高評価を得るとともに、興行成績も良好だった。[74] しかし、このことはこれらの映画が農村の人々の「国民」化に寄与したことを必ずしも意味しない。実際、すでにいくつかの研究で指摘されているように、『土』にしろ『馬』にしろ、描かれている農村は都会に住む人々によって理想化されたイメージであるところが小さくなく、[75] それゆえに農村をユートピア化する農本主義的言説に対応している一方で、農村の人々（とりわけ近代化を求めている人々）が快く受け止めたかどうかは疑問である。[76]『大日向村』の場合は、満洲を理想化し、それに対置しながら日本の農村の疲弊ぶりを前景化する点で『土』や『馬』とは対照的だが、それだけに日本の農村の否定的なイメージを見せるものとなっている。このように農村を題材にした映画作品を一瞥しただけでも、地方農村の人々を映画によって「国民」化することは容易ではなかったと察しがつく。

## 矛盾と葛藤の否認――消費文化、地域、ジェンダーをめぐって

こうした事例から考えると、総力戦体制の映画政策が「大衆」と「大衆」以外の人々の「国民」化に成功していないことは明らかだろう。しかし、ここで問題にしたいのは、映画が「国民」化の装置として機能することに成功していたかどうかではない。追究したいのはむしろ、映画作品とそれを取り巻く言説にはさまざまな矛盾や葛藤が如実に表れていたにもかかわらず、それらや、「国民」への動員自体の不可能性や不毛さが問題視されることはなかったということである。すなわち、そこには総力戦体制と消費文化の関係（「国民」と「大衆」の関係）や、階級（知識人と「大衆」など）、地域、ジェンダーなどに関してずれや格差が表面化していたにもかかわらず、それらは

否認されあたかも平等な「国民」への動員が将来必ず実現可能であるかのような至上命題として語られるという、いわばファンタジーの二重構造とでも言える仕組みが成立し作動していたのである。

矛盾、葛藤、軋轢を伴う緊張関係は、総力戦体制と、それが依存していた消費文化の間に顕著であり、前者はしばしば「国民」「指導性」「教育」といった言葉で、後者は「大衆」「大衆性」「娯楽」といった言葉で言い表された。例えば、『映画旬報』一九四一年二月二一日号に掲載された座談会では、『大日向村』について「文化映画で教育されるような感じ」がして「大衆」が嫌って見ないということが指摘されている。これに対して不破は相変わらず「娯楽性と指導性は渾然一体となる」べきだと述べながら、興行の不振を、一体化を実現できない作品の質のせいにして反論している。[77] これまで見てきたように総力戦体制は、映画の「大衆性」を利用することで多数の人々を引き寄せ「国民」へと動員することを狙っており、不破の見方はその方針を代表するものだった。またこうした官僚の見方は、「娯楽性」による人気が「指導性」に役立つと強調することで企業の存在意義を担保しようとした城戸四郎のような企業家と利害関係が一致していたことも前章で述べた通りである。また権田も一九三八年六月の論考の中で企業とは異なる視点を採りながらも、歴史的経緯の観点から「大衆性」と「指導性」のバランスを説明しようとした。すなわち、かつての「民衆娯楽」の初期段階では、少数の知識人に占有されていた「特殊娯楽」から娯楽を解放すべく「大衆性」を重視する必要があったが、今や「地方、職業、年齢、性別を超越して、弘く一般を包含する」ことで「大衆性」が十分に確立されたので、今後娯楽は中央集権的な「指導性」の下に全体的に統制されるべきだというのである。[78] 他にも、「指導性」のある作品は「大衆に（中略）迎合するという意味でなく、大衆をリイドしながら大衆を愉しませ得る作品」だといった意見など、[79]「指導性」と「娯楽性」をなんとかして整合させようと苦心している発言は枚挙にいとまがない。しかし、こうした見方は実際には実態とかけ離れた理想論であるということがしばしば露わになった。[80]『映画旬報』一九四一年一二月一一日号の「興行概説」はそれをあからさまに示している。「この頃の映画はおもしろくないと業界の誰もが云う。（中略）作品が大衆から見放されては官庁の映画行政理念は地につかぬものと云われても仕方がない」[81]。実際、近年の研究でも、全般的に「娯楽本位」の時代劇や「非一般用映画」の方が、戦意昂揚映画や「一般用映画」よりも人気を得ていたことが指摘されている[82]。こうした状況に鑑みると、「大衆のもっとも身近な娯楽として、映画が存在する。（中略）併し時代の進展と共に、映画は娯楽性を超越して、社会教化に、国民指導の最も的確な媒体として飛躍」したという東宝の宣伝課の一人による一九四三年の発言は[83]、事実を語っているというよりも、むしろほとんどの作品は「娯楽性」と「指導性」をついぞ両立することはできなかったということを示唆している点で、統制側への揶揄とも受け止められうる発言だったと言えるだろう。

「国民」「指導性」「教育」と「大衆」「大衆性」「娯楽」の緊張関係は、批評家の間では「芸術」や「文化財」といった概念とも関連づけられてさらに複雑な葛藤の様相を呈していた。すでに指摘したように、澤村勉は「国民」の映画を、資本家による「大衆」向けの映画と区別しようとした。彼にとって『土と兵隊』、『馬』、『沃土万里』（倉田文人監督、一九四〇年）は、消費的「大衆性を乗り越えた」映画として理想的な作品だった[84]。一方、上野耕三は「娯楽」と「芸術」が同一のものであることを主張し、その同一性を可能にしているのが「ヒューマニティ」の表現だと論じた。彼にとって「ヒューマニティ」とは「日常生活、労働、芸術、文化」のどの面にも浸透している情緒・感情であり、『五人の斥候兵』、『綴方教室』（山本嘉次郎監督、一九三八年）、『路傍の石』（田坂具隆、三八年）といった作品はその表現に成功している模範例だった[85]。この見方は、同じような映画作品を「ヒューマニズム」を表現している作品として賞賛していた津村秀夫の見方と一致している[86]。津村もまた、こうした「ヒューマニズム」を表現する優れた映画作品は「大衆性」――澤村とは違って、多数の人々を惹きつけるという肯定的な意味での「大衆性」――をもっていると評価した[87]。これに対して（とくに上野に対してあからさまに）、今村太平は「娯楽」と「芸術」を同一視する見方を猛烈に批判した。今村は、マルクス主義的な理解に暗に立ちながら、資本主義産業によって形成された嗜向と非特権的な不特定多数の人々の嗜向を厳格に区別し、前者を「娯楽」として批判し、後者を「大衆性」と呼んで推奨した。今村にとって、「大衆性」とは資本主義・消費文化によるものではなく、「芸術」に依拠すべきものであり、だからこそ彼は「大衆に面白がられず、喜ばれないものは、それは少しも芸術ではない」と主張したと言える。[88]「芸術」は「大衆」に「科学」を理解させる「技術」だというのが彼の一貫した考え方だった。[89]しかし、今村の主張は、そのあからさまな批判にもかかわらず、上野や津村のそれとあまり変わりがなかったとも言えるだろう。というのは、上野も津村も「娯楽性に卑俗なるものと高級なものがある」[90]といった区別を指摘し、上記の「模範的」な諸作品を『愛染かつら』（野村浩将監督、一九三八年）や『支那の夜』（伏水修監督、四〇年）などの恋愛映画の「娯楽」と区別していたからである。これは、言葉遣いこそ異なるものの、「『愛染かつら』の大衆性」と「芸術の大衆性」は違うという今村の発言に合致するものである。[91]この他、岡田眞吉のように、映画を「文化財」と位置づけ、これを「娯楽」とも「芸術」とも区別して、国家が管理すべきものと主張する者もいた。[92]

このように批評家たちの言動は、表面上複雑に対立し合っていたが、表向きには資本主義を否定しながら、実は不特定多数の人々が自主的に映画を観ることを重視している点で、いずれも資本主義・消費文化的な原理を全否定しているわけではなかったことがわかる。この意味で、今村の言う「大衆性」が消費文化的な原理から完全に離れて成立することはあり得ないのは明白だろう。問題は、多くの批評がこのように自己矛盾を抱えていたにもかかわらず、その矛盾自体が問題視されていなかったという点にある。この自己矛盾は、しばしばあからさまな形で言説上にも表れていた。岡田は、「文化財」を「娯楽」と「芸術」から区別する先述の見解にもかかわらず、「すぐれた映画が、興行的に失敗したのは、その映画のすぐれた長所を大衆に理解させる宣伝が不足し、どういう風にその映画を鑑賞すべきかを示す努力が欠けて居た」からだとして、「映画会社宣伝部の責任」を追及した。彼はここで「大衆を甘やかすだけで、これによき指導を与へることを怠って居た」と映画会社を批判しているのだが、[93]映画を文化財にしようとするのであれば、批判は宣伝不足の映画会社ではなく国家的管理を進めない政府に向けられるべきだろう。津村は、岡田とは違い、『五人の斥候兵』、『残菊物語』（溝口健二監督、一九三九年）、『土』、『爆音』（田坂具隆監督、三九年）、『馬』といった作品を例に、「ヒューマニズム」を表現する「優秀映画」は「大衆性」を有するがゆえに興行的にも成功したと論じている。ここでの彼の論理は、「ヒューマニズム」は普遍的な価値であり、「大衆」はそれを十分に知的に理解できるということである。[94] その一方で津村はプロパガンダ映画を論じた別のところで、「大衆というものを知的に高く評価するのは元来がすこぶる危険なことであり、実は大衆の最も動かされ易い弱点はその感性にこそ在る」と述べた。[95]「大衆」を動かすためには、「ヒューマニズム」によって知性に訴えかけるよりも身体的刺激に訴えたほうが手っ取り早いと言っているようなものである。いずれの見解も、著者自らを優位な立場に置いた、上からの目線によるものであることは疑い得ないが、「大衆」を一方では知的な理解力をもつ存在として示し、他方では知的な理解力のない存在として同定している。これは、次章でも論じる、一方では「物質文明」を批判し、他方では「物質文明」を推奨するといった津村の一貫した自己矛盾ないしはご都合主義の姿勢に符合するものだったと言えるだろう。しかし、岡田や津村をはじめとして批評家や官僚たちは「指導性」と「大衆性」、「芸術性」と「娯楽性」が一致しないことを映画製作者の力不足、映画の質、「大衆」の能力不足のせいにすることはあっても、自分たちの矛盾やご都合主義を省みることは決してなかった。

地域格差にしても、批評家たちは「国民」の名の下にそれがいつかは必ず解消されることを、疑うべくもない前提として論を進め、その不可能性を問題視することはなかった。すでに触れたように、権田は、映画、レコード、ラジオによって「農村娯楽の都市化」が進み、それによって差別を脱して「国民大衆」が形成されることを夢見ていた。[96] 今村は、映画の視覚性によって、「文字による差別」が乗り越えられ、「教養の平等化」が達成されるという信念を披瀝していた。[97] 津村は、「地方及び地方人」が包摂されることにより「国民という観念」に新しい意味が生まれ、「日本的なネーション」が新たに誕生すると説いた。[98] 長谷川如是閑は、「高級映画を全国民へ」届けることで「国民の文化性を高め」、「文化の国民的平均化を目指すべき」だと唱えた。[99] このように批評家たちは、異なる観点からとはいえ、いずれも都市と地方（ないしは農村）の格差がなくなり「国民」としての一体化が実現することを当然視していた。しかし、すでに言及したように、地方や農村の人たちにどのような映画を観させるかという問題だけを考えてみても、地域の格差を解消することは容易ではなかった。実際、大政翼賛会の地方文化運動（地方映写運動を含む）に関する言説にそうした矛盾の一端を読み取ることは難しくない。一九四一年二月の『日本映画』のある記事は、「映画を、都会の消費的な娯楽から解放し、また高級らしい芸術理論から救出して、之に一層実際的な役割を与えることは、既に議論の余地なく実行されつつある」と述べ、農山漁村に対する巡回映画班の派遣と「文化映画」の上映を紹介している。[100] 他方、同年八月の『文藝春秋』のある記事は、東北のある市や信州のある町では『愛染かつら』や『支那の夜』が大盛況だったことを記し、「都会の持込み文化は絶対に避けねばならぬ」と戒めている。[101] これは、「田舎」を都会から切り離して「田舎」だけの経済文化圏を創ることで、都会による植民地化を避けることをなかば夢想的に提案した土田杏村の『文明は何處へ行く』（一九三〇年）に呼応している。[102] 両種の相異なる言説を比較して明らかなのは、一見して地方農村に寄り添いその独自性を尊重しているかのように見える書き手の願望と、そこに実際に住む人々の嗜向がずれているということである。興味深いことに、批評家・官僚たちに軽蔑され、総力戦体制にはそぐわないと考えられた消費文化的な娯楽映画は、都市と地方の両方で人気を博したという意味で、（統制側にとっては皮肉にも）両者の格差を乗り越えるものだったとも言える。しかし、そうした嗜好は「国民」にふさわしくないものとして否定され、「文化映画」などの映画が「国民」にふさわしいものとして推奨された。すなわち、地方の巡回映写では、「大衆」と「国民」との間の齟齬に呼応して、農村の人々と「国民」との間にも同じような齟齬があることが露わになっていたが、にもかかわらず批評家・官僚たちはその嗜向を未熟なものとして否認し、巡回映画の上映作品の選択と啓蒙活動により「国民」にふさわしい標準的な嗜向へと改善すべきだという見解を唱えていた。[103] 実際には、都市と地方（農村）の経済格差と文化的差異が解消されることは、決してなかったことは言うまでもない。

ジェンダーに関する格差についても同じようなことが言えるが、「国民」と女性の関係は、「国民」と地方の人々の関係とはかなり異なっていた。地方や農村は農本主義的な言説に見られるように国の根幹として尊重されたり理想化されたりすることがあったが、女性がそのようなものとして尊重されることはほとんどなかった。映画の総力戦体制に与する官僚と批評家はほぼ全員が男性であり、彼らは女性を肯定的に見たとしてもせいぜい家庭の管理人、人口を維持増加させるための手段、男性労働者不足を補うための補助的な労働力として見るのが関の山であり、根本的に彼らにとって女性は、映画を「類型的な感覚の故に、娯楽本位にしか享受できない[104]」という軽蔑の対象でしかなかった。津村はそうしたミソジニストの典型であり、女性を、「低俗感情」「アメリカ映画」「個人主義」といった言葉と等式で結んで論を展開していた。彼は一九四三年二月の論考で、『ハワイ・マレー沖海戦』(四二年一二月公開)のヒットを引き合いに出しながら、それ以前のメロドラマ的な映画を念頭に置いて、「女性を目標とした低俗な感情的作品が早速時代の神経や生活感情に応じ難くなった」と断じている[105]。女性は「国民」になるために、津村が形容したような「女性性」を削ぎ落とすことが求められたが、その一方で「女性がまるで男性と等しい言葉を使う」と非難されることもあった[106]。「女性中心主義の映画製作」に傾注してきたことを自認していた松竹の撮影所長の城戸四郎は、女性映画の製作を、国家を支える「家族中心主義」を打ち出すことで正当化しようとしたが、その発言は女性を尊重しているように見えてその実、家族との結びつきを必然的な前提とする女性に対するステレオタイプを強化するものでしかなかった[107]。これらの例は、上野千鶴子などのジェンダー研究者が指摘するような、「近代・家父長制・国民国家の枠のなかでの「男女平等」が原理的に不可能[108]」だということを示唆するものだと言えるが、総力戦体制ではさらに、「国民」になることを求められながら「国民」には決してなれないという女性に対する矛盾が強められ、にもかかわらずその矛盾自体は問題視されることなく不可視化される傾向にあった。こうした状況が映画をめぐる言説からも読み取れるのである。城戸は、一九四〇年の「映画新体制」に当たって「女性を対象とした大船調を廃止」し「男女平均した製作」を行うという声明を出したが、『西住戦車長伝』(四〇年)以外は「依然として女性映画」を作り続けたと言われている。[109] しかし、それ以上に問題なのは、「新しい観客」の獲得が官僚・批評家の間で叫ばれる中で、女性は仮に『西住戦車長伝』の観客になったとしても、決して男性と同等の「国民」には原理的になれなかったということであり、にもかかわらずその原理が問われることは決してなかったということである。

映画による「国民」への動員は、総力戦体制が資本主義・消費文化を否認しながら利用するという構造の中で推進されるとともに、階級、地域、ジェンダーに関する格差や矛盾を否認しながら温存するというプロセスを伴っていた。「大衆性」と機械性複製技術といった観点から総力戦における映画の有効性を論じる言説は、そうした矛盾を強めつつ不可視化する傾向にあったのだ。

## 「国民映画」と「文化映画」

こうした状況をさらに明瞭に理解する上で格好の事例と言えるのが、一九三〇年代後半から四〇年代前半にかけて総力戦体制によって推進された「国民映画」と「文化映画」である。一般的に映画には多種多様なジャンルやカテゴリーがあると想定しうるが、そうした中でもこの時代、「国民映画」は自己規律的な主体としての「国民」を養成するのに最適なタイプの映画だと考えられた。両者はまた、総力戦体制と資本主義・消費文化との曖昧な関係をそれぞれの有り様で見せている点でも興味深い。「国民映画」は、あたかも民主的で平等な「国民」の形成に寄与するようなものとして語られながら、それが暗に踏襲していた資本主義にまつわる矛盾や、ジェンダーや地域に関する格差を不可視化する側面をもっていた。一方、「文化映画」には、全般的にドキュメンタリーが想定されていたが、情報伝達と「事実の創造的扱い」の混合体、さらには報道、学問、科学、芸術、教育、

「宣伝」といったさまざまな性質の混合体として言及される傾向にあった。それだけに、このカテゴリーをめぐる言説には矛盾やずれが窺えるのだが、にもかかわらずそうした矛盾やずれは問題化されることはなく、それよりも「国民」や総力戦への動員に資することが当然視されて議論されることがもっぱらであった。

「国民映画」とは、先に引用した映画法第一条に基づき、情報局が一九四一年に新しい映画のカテゴリーとして創設したものである。その理念的な定義は、「高邁ナル国民的理想ヲ顕現シ国民生活ニ根ザシ之ヲ豊穣ナラシメ深イ芸術味ヲ持ツト共ニ延イテハ国策遂行上啓発宣伝ニ資スル如キ映画[110]」というものであった。この「国民映画」の選定には二つの方法があった。一つは、一般から脚本を募集しその中から選定・懸賞するものであり、情報局が発行している『週報』一九四一年五月二一日号などにその「国民映画・演劇脚本募集」が掲載された[111]。もう一つは、情報局が各映画会社に「国民映画」の製作を委嘱し、完成した作品の中から「情報局総裁賞」「情報局賞」を与えるものである。ここで注目したいのは、「国民映画」によっていかに積極的統制が強化されたかということではない。むしろ、このカテゴリーが総力戦体制と資本主義的原理の関係をどのように媒介していたのかという点である。実際、それは資本主義へのアンチテーゼとして提唱されることが多かった一方で、にもかかわらず資本主義的な原理に依拠し、それゆえにさまざまな矛盾を内包していたと見ることができる。さらには、自発性や平準化の装いを見せながら、ジェンダーや地域などにまつわる差異や矛盾を隠蔽するという、「国民」への動員が伴う典型的な構造を体現するものでもあった。

「国民映画」は、資本主義への対抗措置として論じられながら、資本主義的な原理や消費文化の慣例に基づいていた。すでに触れたように、「国民映画」を推進する言説の多くは、西洋とくにアメリカに対する日本、商業主義に対する伝統文化、娯楽に対する芸術性や生活感という二項対立を設定し、後者を賛美する表象を「国民映画」に期待した。不破は、「国民映画とは（中略）文字通り広く国民全体のための映画を指すのである。それは、まず第一に「国民的性格」を持っていなければならない。いわば、日本人の伝統的性格を正しく反映したものでなければならない」と規定している。その上で、「真の国民映画とは、国民すべての生活感情にうったえて、国民のすべてに深い感動を与えることが必要であり、その意味で高い芸術的価値を持っていなければならない。（中略）そうであってこそ、第二に「国民のために」という性格が生まれてくるのである」と述べている。[112] この文言で「日本」「伝統的性格」「生活感情」「芸術的価値」といった言葉がキーワードになっていることは明らかだろう。不破は、この「国民映画運動」を「英米文化の撲滅」とセットで論じることがあった。[113] 同様に、権田も「国民映画」を「営利主義的自由主義」「個人主義的自由主義」「欧米依存」と対置させながら、「国民的意識に立脚し国民的情感に焼灼されて、国民生活に相向き、国民文化に利益する映画」だと主張した。[114] 今村は、ドイツのレニ・リーフェンシュタールによる『民族の祭典』（*Olympia*, 一九三八年）を範例にして、「国家的意志」と「国民的理念」を反映させた大作こそが「国民映画」と呼ばれるにふさわしいものだと論じ、これを「政治の芸術化」と表現した。彼はそこで、アメリカ映画の大作を商業主義の権化とみなし、「国民映画」をこれと対比している。[115] 今村はさらに「国民映画」が、「全アジアの映画市場を支配」していたアメリカ映画と入れ替わって「全東亜民族」に支持されるべきものとなることを夢想していた。[116] こうした「東亜民族」に関する今村の論については、次章でより詳しく考察したい。このように、論者によって多少の差はあるものの、「国民映画」はアメリカ、消費文化、娯楽、ひいては資本主義と差別化されることで特徴づけられた。

しかし、「国民映画」は、資本主義的な原理から完全に切り離された純粋な「文化財」として製作されることはなかった。確かに「国民映画」の懸賞自体は情報局の主導によって進められたが、脚本募集にしろ映画会社への委嘱にしろ、映画製作そのものは民間の映画会社に一任された。さらに、両種の「国民映画」はともに、個々がエントリーを行い、より多くの支持を受けたものが生き残るという資本主義にも似た競争原理に基づいていた。逆に言えば、複数の脚本家を集めて共同で一本の脚本を練るとか、会社の別を超えて共同で制作するとかいった、資本主義的な競争原理に対抗するようなコレクティヴによる制作ではなかった。さらに、「国民映画」は、国家的使命を託されながらも資本主義・消費文化と同じように人気――すなわち、「大衆」の自発的な選択・参加――を得ることが求められた。先述のように「国民映画」が国民映画普及会などによって集団鑑賞会で上映されたのは確かであるが、一般の映画館で上映されて観客が自主的にその映画館に足を運ぶという従来の形が「国民映画」の基本的な上映形態として想定されていることに変わりはなかった。そうした人々の自発性を重視するからこそ、不破は「映画として無味乾燥なものであったり、押し付けがましいお説教であったりしては、やはり真の国民映画とはいえない」と発言したと言える。これらの点で「国民映画」は、言説上のあからさまな「娯楽」批判とは裏腹に、無自覚的であるにしろ消費文化の原理に則ったものだった。

したがって、「国民映画」は消費文化を戦略的に統御するといった類のものではなかった。むしろ、「国策」とはいえ、総力戦体制と消費文化との偶発的で曖昧な関係の上に成立していた。だからこそ、「国民映画」をめぐって矛盾や葛藤がしばしば表面化したと見ることができる。このことは、映画会社に委嘱した「国民映画参加作品」をめぐる議論に明らかである。第一回の一九四一年度は、情報局総裁賞に該当する作品はなしとされ、『父ありき』(松竹、小津安二郎監督)と『将軍と参謀と兵』(日活、田口哲監督)が情報局賞に、『元禄忠臣蔵』(興亜、松竹、溝口健二監督)、『大村益次郎』(新興キネマ、森一生監督)が佳作に選ばれた。[117] これらの作品のほとんどは興行的に不振に終わり、官僚たちはその原因を「国民」の鑑賞能力不足のせいにして嘆いた。[118] しかし、このように嘆くこと自体が消費文化との軋轢を物語っていると言えるだろう。それらの興行不振によって、たとえある映画作品を「国民映画」として認定したとしても、その国家的権威づけが「大衆的」な人気には必ずしもつながらないということが露呈したからである。

こうした中で小津安二郎の『父ありき』(図3-1)は一定の興行成績を収めたが、これを「国民映画」として認めることには批評家の間に意見の食い違いがあった。津村は独自に「国民映画」を、①いかなる階層にも理解と感動を与えるもの、②「国民」は英語で言う「ネーション」とは違い「臣民」の意味合いを含んでいること、③アメ

**図 3-1**　『父ありき』の広告。『映画旬報』1942 年 3 月 11 日

リカの影響を脱して日本人としての意志や決断力を示すもの、④「協力精神」を描くもの、⑤天才や偉人ではなく「平凡人」を主人公にするものとして条件づけていたが、(119)『父ありき』は「現代日本人の精神としても、生活としても首肯し難い」という理由で「国民映画」としての資格はないと断定した。(120)これに対して飯島正は、『父ありき』を「大衆性」と「芸術性」の両方を併せもつ「国民映画」の模範例として賞賛した。(121)これは、「国民大衆とのつながり」を重視し、「国民映画」に「興行価値と作品価値」の両立を求める大塚恭一の見方とも一致するものである。(122)中村武羅夫は「国民映画」全般の性格が曖昧な点と東宝の「営利主義」的な態度を批判する一方で、『父ありき』を「最高の倫理」を描く映画として讃えた。(123)清水千代太は、『父ありき』に言及しながら「国民の感銘さえ得られれば十分国民映画」だと述べている。(124)この作品の商業的成功と批評家たちの異なる見方を合わせて考えると、「国民映画」が一つの基準をもとに絶対的な国策映画として意味を決定されていたものではなく、むしろ個人的な嗜向はもとより、「娯楽性」、「芸術性」、「指導性」といった異なる基準の間で葛藤が生じていたことがわかる。もし「国民映画」に、「人気」や、「大衆」の自発的な選択行為といった消費文化的な要素がまったく考慮されていなければ、こうした葛藤は生じなかっただろう。人気に左右されない「国民映画」を作り、その上映会に強制的に人々を参加させるようにすれば、少なくとも観客動員数の問題は生じなかったはずであり、また義務教育における学校の授業と同様のものと思われていれば、観客の興味を惹きつけるために「娯楽性」に頼るといった考えはほとんど生じなかっただろう。「国民映画」は単に総力戦体制だ

けに規定されていたわけではなく、人々が自らの好みや評判をもとにして映画館に自発的に足を運ぶという消費文化的な慣例を前提にしていたと言えるのである。

一九四二年度の第二回では、真珠湾攻撃一周年記念として東宝によって製作された『ハワイ・マレー沖海戦』が情報局総裁賞を授与し、興行的にも成功を収めた。したがって、この映画に限って言えば、「娯楽性」「芸術性」「指導性」の間の葛藤は比較的和らいだと言える。しかし、本書の関心にとって問題なのは、「国民映画」が自発性や平等を思わせながら、差異や矛盾を見えにくくする構造を伴っていたということであり、当時の言説では「国民映画」の定義や質が論じられるばかりで、その構造的問題自体が問われることはなかったということである。国民国家論的・総力戦論的な議論が示すように、「国民映画」の脚本募集や懸賞制度は、自発的参加を促し平等な扱いを期待させた点で人々を「国民」として主体化させる典型例の一つだとみなすことができるだろう。とくに前者は、「日本語という言語と国民意識さえ有していれば、性別や職業、年齢、居住地などの区別なく参加することができ、例えば女性であっても男性と対等に評価され、優れた成果を残し、その原作が「巨匠」の手により映画化され高い評価を得ることで社会参加を果たすことができ」る、つまりは「誰でも参加可能な「民主的」イベント」として機能していた。[125] しかし、本章の見方からすれば、こうした自発的で平等な「国民」への参加は、一九二〇年代以来の消費文化とともに現れた「大衆」の自発性と平準化の装いを基盤にするものであり、個々に競い合うという意味でアトミズム的な特徴を伴うものでもあった。さらに重要なことに、こうした「国民映画」への参加、ないしは映画を通じた「国民」化には、ジェンダー、地域、階層などにかかわる格差や矛盾を不可視化する効果があったことを忘れるべきではないだろう。権田や津村などの批評家は「国民映画」によってあたかもあらゆる差別が解消されるかのように語ったが、あらゆる種類の格差や差別が無くなるはずはなく、その幻想を煽る言説はむしろ、これまでに見てきたような実際の格差や差別、矛盾を否認するものでしかなかった。問題なのは、このファンタジーのために格差や差別が認識されにくくなるということであり、それゆえにこのことが疑問視されなくなるということである。実際、「国民映画」を論じる言説はどれも、その定義や作品個々の質を問題にすることはあっても、「国民映画」自体のファンタジー性を問題視することは決してなかった。逆に言えば、その定義や作品の質を論じることはそれ自体、自発性と平等の装いの下に格差を隠蔽する「国民映画」の構造を是認し強化する機能を果たしたと言えるだろう。

加藤厚子が詳述しているように、「国民映画」の選定方式は一九四三年五月に変更され、従来の各映画会社によるエントリー方式が廃止となり、内務省の事前検閲に提出された全映画脚本の中から、情報局指定の委員会が「国民映画参加作品」を選定するという方式となった。さらには、生フィルム不足となった戦時下で一九四三年三月からは、文部省推薦・情報局国民映画・検閲手数料免除などに認定され、なおかつ会社の製作態度や企画方針などの審査に合格した映画にのみ生フィルムが特別に褒賞として与えられる制度に切り替わった。これにより、「国民映画が増加し、褒賞制度対象外の非一般用映画は減少」した。[126] こうした状況からは、確かにこの段階に至って各映画会社は観客を呼び込むことよりも、官庁受けの方を優先するようになったことが窺える。しかし、そうした映画作品は、全映画製作本数の割合の上では多数を占めるようになったものの、一般の映画館上映では一部を除いて集客力が弱く、割合的には少ない非一般映画の方が人気があった。[127] このことは、総動員体制と消費文化のバランスが大きく崩れたことを示していたと言えるだろう。それはまた、もし「国民映画」を総力戦体制が消費文化との関係の上に遂行してきたメディア利用の頂点にあると考えるならば、映画を通じてより多くの人々を自己規律的な「国民」へと養成し動員するという意味でも、さらには一九二〇年代以来の消費文化で培われた「大衆」の自発性を「国民」の主体性につなげるという意味でも、「国民映画」の自滅を意味していることにほかならなかった。しかしそれでもなお、「国民映画」が多くの格差や矛盾を見えにくくしていることを問題視する言説はついぞ現れることはなかった。

「文化映画」もまた、ジャンル的には「国民映画」とは異なりドキュメンタリーとして想定されながらも、「国民」形成と総動員への有効な手段として期待され、独自の矛盾・葛藤とそれらの不可視化を伴っていた。「文化映画」とはもともと、ドイツの「クルトゥアフィルム」（Kulturfilm）に影響されて出回ったジャンル名であり、主としてドキュメンタリー映画に対する呼称として一九三〇年代初めに流通し始めたものである。それまで「教育映画」と呼ばれていたものが、一九三四年二月に制定されたナチスドイツの映画法が日本に紹介されてから「文化映画」と呼ばれるようになったとも言われている。[128] その後一九三七年四月に活動写真「フイルム」検閲規則が改正され、「文化映画」が「娯楽映画」と区別されて検閲手数料の免除が明記されることにより、この呼称が初めて公的に使用されることになった。[129] 同年に設立された東宝では、ＰＣＬ——トーキー映画の開発を機に一九三三年に設立された映画製作会社で、東宝に合併される三七年まで続いた——から引き継いだ広報宣伝映画製作部門が第二製作部として設置され、それが「文化映画部」という通称で呼ばれるようになったが、松竹や日活でもこの時期までに文化映画部が設置されていた。[130] そして、映画法施行規則第三五条では、「文化映画」という用語自体は明示的に使用されなかったものの、「国民精神ノ涵養又ハ国民智能ノ啓培ニ資スル映画（劇映画ヲ除ク）」という言い回しで強制上映が規定された。[131] その一方、「文化映画」という呼称は、『小島の春』（一九四〇年）のような劇映画を指して使われる場合もあった。[132]

こうした経緯からも窺えるように、「文化映画」は、劇映画と区別されてドキュメンタリーとして定義されることが多かった一方で、「国民映画」やそれに類似する映画と同じように「国民」形成の手段として期待され、その観点から劇映画との区別が曖昧にされることもあった。より正確に言えば、そこには、相互に関連している二つのレベルでのカテゴリー間の境界の曖昧さが見られる。一つは情報伝達と創作の区別の曖昧さであり、もう一つは報道、学問、科学、芸術、教育、「宣伝」といった区分の曖昧さである。前者に関しては、「文化映画」というジャンル自体が一九三〇年代の複雑な影響関係の下で形成されていたということが関係していた。確かに「文化映画」は、その呼称の由来であるドイツのクルトゥアフィルムと同質のものとみなされたが、同時に、同じドキュメンタリー的なものとしてイギリスのジョン・グリアソンやその継承者であるポール・ローサによるドキュメンタリー理論と関連づけて言及されることがあり、さらにはソ連のプロパガンダ映画が影響していた可能性も完全には否定できない。[133] クルトゥアフィルムは、山岳を主たる対象とした山岳映画や動植物や自然を観察する「科学映画」によって性格づけられているところが強く[134]、そこから「文化」は科学や観察を意味するニュアンスを帯びることがあった。並行して、ローサの著書 *Documentary Film*（一九三五年）が厚木たかによって『文化映画論』という題名で邦訳出版され、グリアソンによる有名なドキュメンタリーの定義、「事実の創造的扱い」が紹介された。[135] この理論が権威となって、ドキュメンタリーまたは「文化映画」は、単に事実を忠実に伝えるのではなく、むしろ事実を創造的に、いわば演出や加工を施して伝えるものだということにお墨付きが与えられた。

こうした理論的な背景とも関連して、「文化映画」は、「娯楽」と区別されて性格づけられた。大政翼賛会国民生活指導部長の喜多壮一郎は、「娯楽映画は従来の低俗性を止揚して（中略）商業的恣意を排して、逆に文化映画の領域へ」進むべきだと説いたが、ここでは「娯楽映画」と「文化映画」がはっきりと区別されていることがわかる。[136] 今村太平は、『愛染かつら』の観客に言及し、これと対照しながら「文化映画」が「新しい観客」たる知識人に訴えるものであることを指摘している。[137] 一九三〇年代を通して教育映画を推進していた関野嘉雄は、資本主義が大衆を薫陶する商品として生み出したものが劇映画だと断じ、「文化映画」をそれに対置させた。[138] これらの見解はいずれも、ドキュメンタリー映画理論研究者のビル・ニコルスが「真面目さ」（sobriety）と性格づけたドキュメンタリー映画の特質を想起させる。[139] すなわち、「文化映画」は「娯楽」と対比されながら「真面目なもの」であることが大前提とされていた。しかし同時に、喜多の言説からは、「娯楽映画」も「真面目」になれば「文化映画」もしくはそれと同等のものになる可能性があるとも受け取れる。その意味で、「娯楽映画」と「文化映画」の違いは、現実を忠実に参照するかどうかの違いでもなければ、現実の出来事を創造的に再構成するかどうかの違いでもなく、むしろ「真面目」か否かの違いだった。それは「文化」という言葉に込められていた意味合いでもあったと言える。

実際、不破は、「文化と云う言葉の意味の解釈から、文化の進展に寄与する、いふところの文化性を持つものならば、それ等は劇であらうと、実写であらうと、ニュースフラッシュ的なものであらうと、それは文化映画と呼んでよいとするやうな非常に広く考えている人々もあるが、映画法に於て」「文化映画とは」「現実を描いた映画」であると同時に、「国民精神の涵養に資」すべきものであり、単なる気晴らしや慰安ではないことを強調している。[140]

こうした「真面目さ」に規定された「文化」はさらに報道、科学、芸術、教育、「宣伝」といったいくつかの異なる概念によって正当化されながら、「娯楽」と区別される傾向にあった。映画法による「文化映画」の強制上映を「娯楽としての映画から文化・学問」への動きとして歓迎した今村は、[141] すでに触れたように、科学を芸術の力によって「大衆」にわかりやすく伝えるものとして「文化映画」を特徴づけていた。[142] 同じように、長谷川如是閑も、科学の教養を「日本の大衆」に理解させるものとして「文化映画」に言及した。[143] この二人の論では、科学、芸術、教育という異なる機能が融合していると考えられていることは明らかだろう。一方、文部官僚の三橋逢吉は、「現実の事実を知らせることによって、国民の知能を啓発し且つ国民精神の涵養を図らむとするところの映画」と定義づけた。[144] 不破もまた、「大東亜戦争は文化映画に就いては端的に言い切るならば、米英文化の徹底的撲滅戦であり、これに代わるべき日本国民文化の建設戦である。されば、映画のみならずすべての国民芸能分野に於ける思想戦である」と主張した。[145] 相川春喜は『映画文化論』の中で、『マレー戦記』(一九四二年)(図3-2)や『空の神兵』(四二年)などの戦争ものを文化映画の例に挙げながら、映画によって「戦争という国家的事実」を伝えることで「国民生活に強烈な刺激をあたえ、興奮をよびおこし、あらゆる神経系統を動員し、(中略)一死国に殉ずるの社会的雰囲気(中略)それも知識の高下身分の上下に関わりなく、一億国民あげて同じ戦慄に立つことを理想とする」と論じた。[146] これら三人の発言は、強調点が異なるものの、報道、教育、「宣伝」を結びつけていることがわかる。確かに、映画は撮影してから一般に公開されるまでに一定の時間を要したために、ラジオや新聞ほどには即時的にニュースを伝えるメディアとはなり得なかった。ニュース映画『日本ニュース』を製作していた日映は、真珠湾攻撃

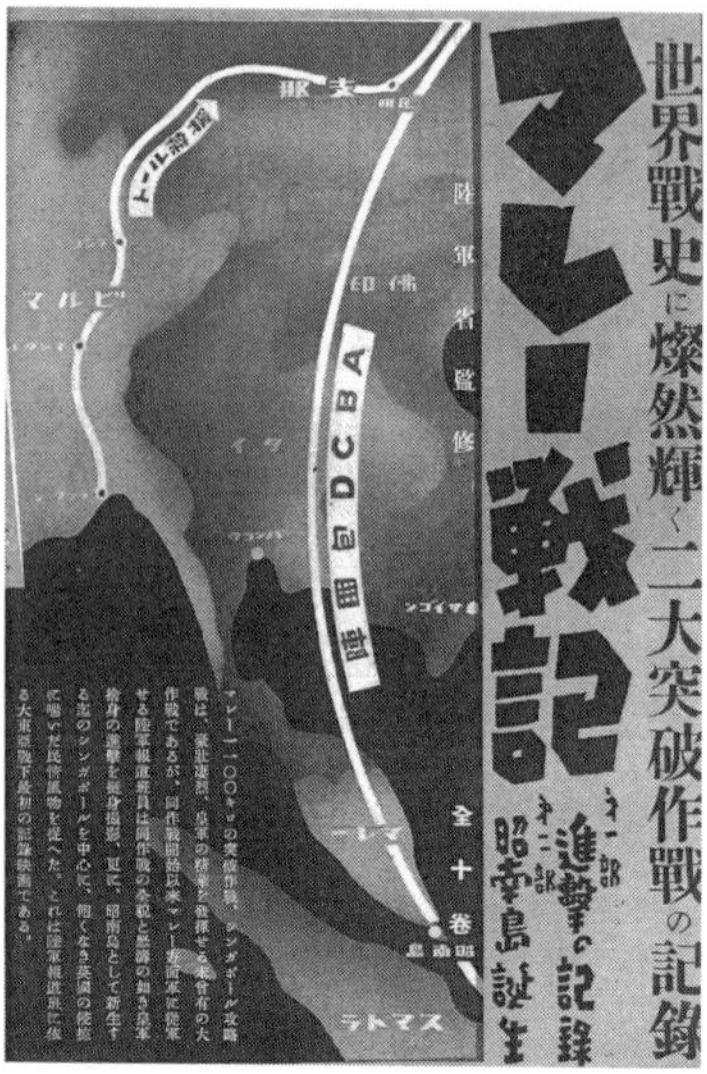


図 3-2　『マレー戦記』（1942 年）の広告。『映画旬報』1942 年 8 月 1 日

の大本営発表の際に報道機関として呼ばれることはなく、演習時の海軍省のフィルムを借用してそれを再現したとも言われている。(147) しかしまた、「写真が報道的に言って武器になっているのは事実であり又、雑誌新聞が紙の弾丸であることも事実ですが、映画はそれを合わせた様な力がある」というように、多様な性質の混合体としての映画の性格を的確に認識している発言もあった。(148) しかも、これらの言説では、想定されている映画の効果が知識の学習や芸術の鑑賞といった知的なレベルから感覚的・情動的刺激の感受といった身体的レベルに至るまで広い範囲に及んでいる点は看過できない。したがって、「文化映画」は、単なる事実を伝達するという意味でのドキュメンタリーではなく、むしろ「事実の創造的な扱い」であり、報道、科学、芸術、教育、「宣伝」といったさまざまな性質を併せもつものとして了解されていたと言えるのだ。

と同時に、それらの言説からも窺えるように、「文化映画」は「国民」という枠組みによって規定される傾向にあった。牧野守が発掘した文部省の内部文書にはそれが次のように明示されている。

国家が文化映画に期待する諸事項を列挙してみれば、
一、国民の道徳的品位の向上を目的とするもの
一、国民の社会道徳的教養を深めるもの
一、国民の政治的教養を高めるもの

一、国民の経済的、産業的、職業的、知識の習得に貢献するもの
一、国民の保健衛生に関する知識の普及を図るもの
一、国民の宗教的信念の要請を図るもの
一、国民の諸科学的知識（特に日常生活に密接なる関連ある）の普及を図るもの
一、国民の芸術、美術、その他高尚なる趣味の養成に積極的に貢献するもの
一、国民に対して国家的諸事業、諸国策の宣伝徹底を目的にするもの
一、海外に対して我が国策を闡明し、あるいは我が産業、文化、風俗等を紹介宣伝するもの(149)

こうした規定の一方で、牧野が詳述するように、一般的にドキュメンタリー映画ないしは「文化映画」と目されている亀井文夫監督の『小林一茶』（一九四一年）は映画法に基づいた「文化映画」には認定されなかった。(150) このエピソードからは、「文化映画」の認識には、それを意味づける立場や論者によってずれや軋轢があったこととともに、それが官庁や官庁の考えに同調する人々が思い描く「国民」という概念に強く規定されるものだったことがわかる。実際、「文化映画」を「国民」と関連づけて語る言説が当時多く見られた。先述の三橋や不破のような文部官僚や、相川の言説はその典型である。相川は、「要するに戦う国民的感情を前線と銃後に結びつけ、一つの交流する共感にたかめ、組織して、これをさらに解放と新秩序の戦争の理念へのあこがれに昇華させるよう組織すること」が「文化映画」、とくに戦争を伝える「文化映画」の意義だと要約している。(151) こうした「文化映画」の「国民」性は、しばしば外国への対抗意識によって強められた。例えば、雑誌『文化映画』一九四二年一月号に掲載された「総力戦と文化映画」という論考は、「米英的に歪められ、彼らの都合のいいように編集された「世界」を正しく見直し、新たに発見し、日本的に再統一し、スクリーンに表現する」ことが「正しい意味の文化映画」だと論じている。(152)

しかし、こうした理想化はさまざまな矛盾や齟齬を覆い隠すことにもつながっていた。それは、今村と不破の見

解の不一致に明らかである。今村は、上述のように、科学的知識を芸術的営為によってわかりやすく感動的に「大衆」に伝えるのが「文化映画」に求められる役割だと主張し、その効力を知識の「大衆化」とも「国民的普及」とも呼んでいた。[153] グリアソンの定義に即して言えば、今村にとって「文化映画」は、「大衆」に「事実」や「科学」を理解させるために「創造的扱い」を工夫することが極めて重要だったということになるだろう。これに対し不破は、原則的に映画はどんな作品であっても、誰にでも理解できる「大衆性」を備えているということを前提とし、その「大衆性」を通じて人々を惹きつけ、「国民精神」「国民知能」を養うことを「文化映画」の何よりも重要な意義だと考えていた。[154] したがって、「文化映画と国民教養」と題した論考の中で彼が、「高度の科学映画、学術映画の如く特殊の知識を持っていなければ理解出来ないものは、その上映の目的とはかけ離れたもので、これ等も除かれるべきものだろう。矢張り、あくまで映画の持つ大衆性のあることに依って国民を惹きつけるだけの魅力があるものでなければならないことは云う迄もない」と述べたとしても不思議ではない。[155] 不破にとっては、今村とは違い、科学や知識の創造的扱いということよりも「国民」形成への効力こそが「文化映画」に何よりもまず期待されるべきものだった。とはいえ、科学的知識を伝えることと、「国民」への動員の間には根本的な論理的矛盾があるのは明らかであるにもかかわらず、それぞれの論者は「文化映画」の規範を示そうとする持論を唱えるばかりで、そうした矛盾を追及することはなかった。

さらに「文化映画」をめぐる言説には、資本主義との葛藤も垣間見られる。すでに喜多や今村などの言論に見たように、「文化映画」は表象上の性質の点で反資本主義的、反「商業主義」的、反「営利主義」的なものとして位置づけられることが多かった。これは「娯楽」に対する「真面目さ」のニュアンスとも連関していたと言えるだろう。この表象レベルの性格づけに加えて、「文化映画」は流通の面でも反資本主義的なものとして位置づけられる傾向にあった。映画法による強制上映しかり、地方農村への巡回上映のプログラムで最重要視されたことしかりである。『文化映画』一九四三年八月号に掲載された「文化映画」の上映に関する文部官僚の三橋の発言は、この点を端的に示している。「然し映画の上映を通して対象に結び付けるには、観客の自由選択に委ねて居ては駄目である。観せたい映画を、観せたい対象に当て嵌めなければならぬ。然しそれは、従来の映画興行に放任していては到底達し得られぬことである」[156]。これは、「文化映画」の完全なる反資本主義的かつ国家政策的強制上映の勧めである。しかし同時に、そのような推奨を行うことからは、逆に強制上映が実現されていないということも窺われる。実際、すでに指摘したように映画法による強制上映がすべての人々に強制的に観させるということではなく、あくまで映画館に対する強制上映の要請であったように、「文化映画」の配給・上映は資本主義に完全に対峙するものではなかった。むしろ、自発的な選択に基づいていたからこそ、自己規律的な主体としての「国民」への動員に寄与する条件を備えていたとも言える。したがって、「文化映画」はあらゆる意味で反資本主義的な性格を帯びていたというわけではなく、むしろ言説の上では反資本主義的な意味づけが目立つ一方で、資本主義的な性格も確実に兼ね備えており、その矛盾が時に葛藤として露呈していたと見るべきだろう。実際、三橋は別の論考で、「大衆」が「文化映画」を毛嫌いして観ようとしないという指摘もしている[157]。この論者はそれゆえに「文化映画」を観る習慣をつけさせることを推奨しているのだが、嫌なものを無理やり観させてどれほどの効果があるのか、プロパガンダとしてはむしろ逆効果ではないのかという疑問を禁じ得ない。このように、反資本主義を声高に唱える統制的言説と、「文化映画」がなおも資本主義の原理に即している面があるという事実との間のギャップが言説の端々に窺えるのだが、その他の諸々の矛盾と同様にこの問題も追及されることはなかった。

これに対して、ジェンダーに関する不均衡性は言及すらされることがなかった。もちろん、数少ないものの女性の「文化映画」製作者がいなかったわけではない。厚木たかや坂根田鶴子はその代表的な人物である。ローサの *Documentary Film* を邦訳出版したことで知られる厚木は『或る保姆の記録』（一九四二年）（図3-3）、『わたし達はこんなに働いてゐる』（四五年）などを作ったし[158]、一九四〇年まで溝口健二の監督助手だった坂根はやがて『北の同胞』（四一年）、『働く女性』（四二年）、『開拓の花嫁』（四三年）などを監督した[159]。また、ドイツのレニ・リーフェンシュタールによる『意志の勝利』（*Triumph des Willens*, 一九三五年）や『オリンピア』（先述のように『民族の祭典』という邦題がつけられていた）といった映画も「文化映画」の模範例として批評家に言及されることが多かった。(160) したがって、「文化映画」の女性製作者がいなかったわけでも、完全に無視されていたわけでもなかった。しかしながら、問題なのは、「文化映画」全般にまつわるジェンダー的な不均衡性に言及されることはほぼ皆無だったということである。性的多様性については言うまでもなく、女性を主題にした「文化映画」は「文化映画」全体の中でも圧倒的に少ないにもかかわらず、(161) このことが決して問われることはなかった。あるいは逆に、数少ないながらも女性を主題にした「文化映画」が製作されたにもかかわらず、「文化映画」は言説上で男性中心的なものとして普遍化——すなわち、男性中心的なものとして偏向しているにもかかわらず、その偏向が不可視化されてあたかも中立的で正当であるかのように当然視——された。そのように普遍化された「文化映画」は「真面目さ」とも結びつけられ、女性的とみなされた「娯楽」と対置されることで、当時の男性中心主義の社会状況の下で権威化された。資本主義・消費文化、娯楽、「大衆」、女性、アメリカ文化が実際にはある程度踏襲されているにもかかわらず、それらは男性中心主義的な言説上で軽蔑の対象とされるとともに否認され、あたかもそれらを超越するかのような総力戦、「科学」、「文化」、「国民」を代表する普遍的なものとして「文化映画」が語られていたのである。

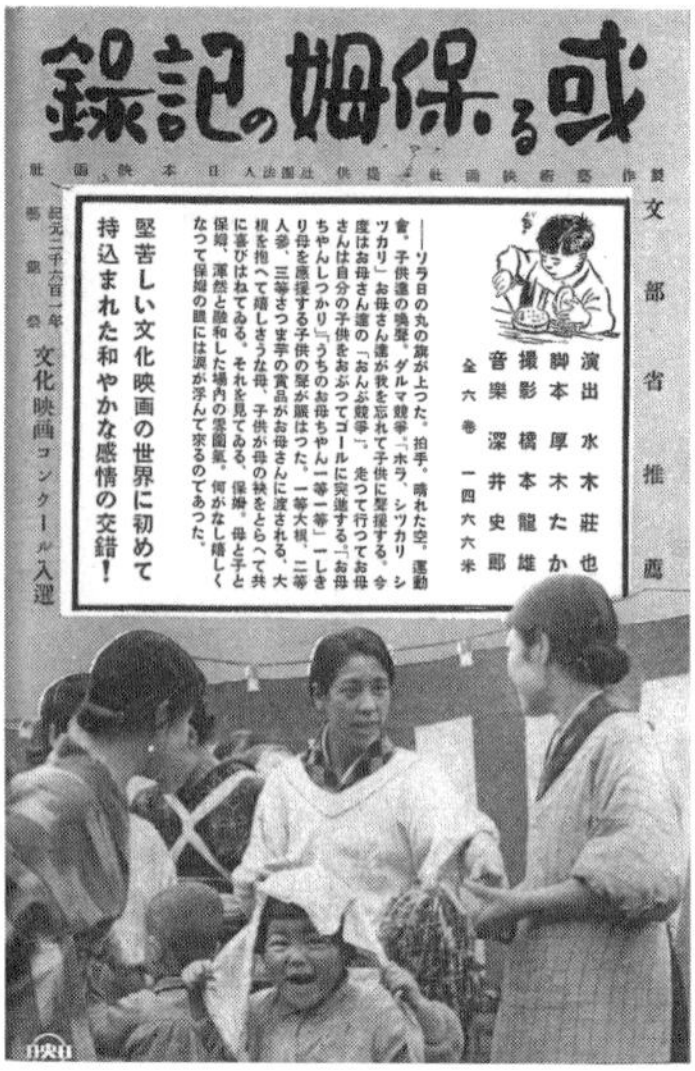

**図 3-3** 『或る保姆の記録』（1942 年）の広告。『映画旬報』1942 年 2 月 11 日

「国民映画」と「文化映画」は両者ともに、制度的にも言説的にも「国民」と総力戦への動員装置として規定さ

れた。しかし、これらの事例を検討したかったのはそれらが動員装置として成功したかどうかを判断するためではない。むしろ、ここで注目したかったのは、それらが反資本主義なものとして言及されながらも、総力戦体制と資本主義・消費文化の融合と矛盾の両面をそれぞれの有り様で示しているという点であり、多様な要素のせめぎ合いとそれらの否認を伴っているという点である。「国民映画」と「文化映画」は、単に総動員体制の装置だったというだけでなく、「国民」という観念にまつわるファンタジーの二つのバリエーションを示すものだったと言えるのである。こうした視点がとりわけ重要なのは、それが戦後にも変奏されながら引き継がれたと考えられるからである。この点でこそ一九三〇年代後半に再定義された「国民」の歴史的意義が考えられるべきだろう。次節では、前章と本章を通じて論じてきた「国民」と映画観客に関して戦後の状況を概観することで、本章を締めくくることにしたい。

## 戦後、そして現代へ

一九九八年に刊行された『ナショナリズムとジェンダー』の中で上野千鶴子は、戦前・戦後を貫く日本近代の歴史を「国民国家」とジェンダーの関係から捉え直し、次のように結論づけた。「「女性の国民化」は近代国民国家が女性に押し付けた背理を体現し、総動員体制はその背理を極限的にグロテスクな形で示すことで、逆に近代国民国家の枠のなかでは女性の解放が不可能であることを立証した」[162]。戦時中、市川房枝、平塚らいてう、高群逸枝などのフェミニストはそれぞれの思索に基づいて総力戦体制への女性の協力的参加を推進したが、それらはいずれも「男は国外の〈前線〉に、女は国内の〈銃後〉に[163]」といった性別役割分担を担保するものでしかなく、「女性」は常に「二流国民」の地位に置かれたままだった。この結論は、戦前から戦後にわたって続いてきた「近代・家父長制・国民国家の枠のなかでの「男女平等」が原理的に不可能だということを証明」してきたフェミニストの「国民国家」分析を再確認するものでもあった。[164]

上野も指摘するように、このように「国民国家」を相対化して分析する試みは一九八〇年代前後から顕著になった。[165]ジョージ(ゲオルゲ)・モッセ『大衆の国民化』(一九七五年、邦訳九四年)、ベネディクト・アンダーソン『想像の共同体』(八三年、邦訳八七年)、アーネスト・ゲルナー『民族とナショナリズム』(八三年、邦訳二〇〇〇年)、アントニー・スミス『ネイションとエスニシティ』(八六年、邦訳九九年)、エリック・ホブズボーム『ナショナリズムの歴史と現在』(九二年、邦訳二〇〇一年)、西川長夫『国民国家論の射程』(一九九八年)は、国民国家論に関するおびただしい数の文献の中でも先駆的でもっとも影響力のあるものだと言えるだろう。[166]並行して、この頃に映画研究でもナショナル・シネマを相対化しようという試みが現れている。[167]また、一九五五年に結成されてから二〇〇一年まで続いた左翼系の団体、国民文化会議でも一九九〇年代後半から、それまで自明視されてきた「国民」という概念の問題性が指摘されるようになった。当団体の機関紙『国民文化』一九九七年一一月号で政治学者の高畠通敏は、上野千鶴子、石田雄、姜尚中の発言や著作、そして何よりも尹健次『日本国民論』(九七年)を列挙しながら、「国民」という言葉によって無自覚的に「日本人であること」を語ることが在日コリアンなどの微妙な立場にいる人たちに対する排他性につながっていると言及している。[168]こうして人文学研究では、「国民」は所与のものではなく歴史的に創られたものだということが自覚され、その創造および想像のプロセスの分析に力が注がれるようになった。

しかし、その一方で、一九三〇年代から四七年五月三日の日本国憲法の施行を経て二〇一〇年代後半の今日に至るまで「国民」という言葉は、衰退するどころかますます盛んに使用され、多様な次元で制度化され言説化され身体化されている。憲法はもとより、血統主義(jus sanguinis model)を戦前から受け継いだ国籍法(一九五〇年施行)や国籍保持者に選挙権を限定している公職選挙法(五〇年施行)などの法的制度、各省庁の政策、右翼系と左翼系を含む政治団体や関連人物の言説、選挙活動、国会、社会運動、ヘイト・スピーチを含む社会現象、消費文化、思想、そしてメディアなど、さまざまな領域・次元にわたって「国民」という言葉が溢れていることは明らかだろう。とすれば、このように多岐にわたって展開してきている「国民」概念は、一九三〇年代終わりに再定義された「国民」とどのように関係しているのだろうか。ここではこの問題を詳細に検討する余裕はないが、前章と本章で考察してきた四つの観点——境界設定と格差の否認、自己規律性、資本主義・消費文化との関係性、トランスメディアと映画——から、戦後における「国民」概念の戦前との連続性と新たな展開の両面を展望しておきたい。このように展望するだけでも「国民」概念が、国民国家体制が消滅しない限りなくならないということだけでなく、政治・経済・社会・文化の絡み合いの中で強力な力を発揮してきていることがわかるだろう。

### 境界設定と格差の否認

「国民」は国民国家体制という大枠の制度を支柱としている限りにおいて揺るぎない集団的カテゴリーとして機能してきた一方で、その境界設定は歴史的に流動的かつ不安定であり、それゆえにさまざまな葛藤をもたらし続けてきた。その葛藤は、「国民」の「内部」と「外部」の境界をめぐるレベルと、「内部」の差異・格差をめぐるレベルの二つのレベルに分けて考えることができるが、両者は密接に関係し合ってもいる。この二つのレベルの葛藤はまた戦前戦中から戦後・現代に至るまで、エスニシティ、ジェンダー、階級などのアイデンティティと絡まり合いながら、変容しつつも持続してきていると見ることができる。[169] ここでは、主として「国民」の「内部」の差異・格差をめぐるジェンダーと階級の問題に焦点を絞り、「内部」と「外部」の境界をめぐる国籍とエスニシティの問題については、帝国の問題を扱う次章の最後の節で考察したい。

ジェンダーについて法的に言えば、戦前戦中、女性は参政権がなかったという点で排他的に差別されていたのに対して、戦後は男性と同等の権利をもつこととなったという意味で、より対等な「国民」になったように見えるかもしれない。しかし、すでに多くの論者が指摘するように、家父長制や「家庭と仕事」の性別分業の慣習の残滓が根強く残る中で選択的夫婦別姓制度がいまだに成立していないこと、これまでの男性中心主義的でヘテロセクシュアル中心の慣習のために女性や「セクシャル・マイノリティ」の自己決定が表明されにくいこと、行政上の管理職や代議士などの女性の割合がいまだに低いことなどを見ても、「国民」の内部にジェンダー的な差別・格差が根強くあり、女性が「日本国民」の代表になりにくい状況が続いている。[170] また、第七章でも見るように、一九八五年に男女雇用機会均等法、九九年に男女共同参画社会基本法が成立したが、二〇一〇年代の現在に至るまで男女間の格差が解消したとは言えない。むしろ、男女雇用機会均等法が正規雇用者中心の法律となっているために、同じ年に成立した労働者派遣法とセットで見れば、たとえ少数のエリート女性にとっては男性と対等に昇進できる機会を得ることができるようになったにせよ、その他の多くの女性は企業にとって使い勝手のよい派遣労働者として利用されるようになった。[171] さらに、一九七〇年代のウーマリブ運動から八〇年代のフェミニズムを経て、性的多様性の問題を含む現在のポストフェミニズムへと続く運動の展開の中で、バックラッシュを受けながらも状況の改善が進められてきたが、[172] おそらく「国民」というあたかも平等であるかのような言葉が使用され続けているために——つまりは、前章と本章で問題にしてきたこの言葉の効果のために——、いまなお社会全般においてジェンダーの不均衡さがあるにもかかわらず、それがあたかも存在しないかのように中立的かつ自然で当たり前なこととして受け止められているところがある。こうした現状からも、近代の家父長制に規定されてきた「国民国家」の枠組みがある限りジェンダーに関する既存の格差・差別が永続化するのは必然的だという上野などのフェミニスト研究者の指摘は間違ってはいないように思える。いったい「国民」という概念はジェンダー的な不均衡性を改善するのに役立つことがあるのだろうか。第七章と八章ではこの問題を「市民」の観点から捉え直す。

階級に関しては、「国民」の境界設定はエスニシティやジェンダーと関係しつつ異なる展開を示してきた。男性の「内地」出身者に限って言えば、一九二五年の「普通選挙法」制定から第二次世界大戦を経て現在に至るまで、法的には階級に関わる差別はないように思える。また言説上では、権田保之助などの著作に見たように、一九三〇年代に再定義された「国民」は階級格差や地域格差を超えて人々を統合する概念として提唱された。前章で見たように、実際には階級格差は決して解消されなかったが、総力戦体制の下で「国民」の創造・想像が強力に推し進められることでその不均衡性は覆い隠される傾向にあった。戦後になると階級にかかわる「国民」は、左派による意味合いとそれ以外（政治家、官僚、マス・メディアの多くを含む）による意味合いの二つに大きく分かれた。左派的な意味合いの「国民」は、（多分に男性中心的な）労働者に代表され、権力に対峙する「日本国民」を意味する。一九五五年七月に「文化人と労働者の交渉によって明るい国民文化をつくろうという」[173]趣旨の下に発足した「国民文化会議」は、その最たる例である。当時の職場の文化サークル活動の高まりによって各労働組合と日本労働組合総評議会（総評、一九五〇～八九年）がその設立に向けて動き出し、戦前の治安維持法の復活として危険視された破壊活動防止法（破防法、五二年制定）、憲法改正、基地問題、原子爆弾水素爆弾禁止問題（原水禁問題）に関する活動が労働組合とともに共闘してきた学者・文化人の間で盛り上がり、その設立を後押ししたと言われている。[174]したがって、「国民文化会議」が「国民」を階級の観点から、国家権力に対抗するものとして規定していたことは明らかである。こうした「国民」の位置づけは、「真の愛国の党」を自称していた日本共産党や、丸山眞男、大塚久雄、竹内好、石母田正などの多くの知識人たち——立場や考え方は異なるにしろ——にも広く共有されていた。[175]この見方はまた、日本国憲法の前文——「ここに主権が国民に存することを宣言し、この憲法を確定する。そもそも国政は、国民の厳粛な信託によるものであつて、その権威は国民に由来し、その権力は国民の代表者がこれを行使し、その福利は国民がこれを享受する」——におおむね即していると言えるだろう。とはいえ、近年多くの研究者が指摘しているように、そうした考え方は被害者の観点から「国民」を想定することと同根であったと見ることができる。先の戦争を推進したのは政府と軍部であり、「国民」は二度とその犠牲にはなりたくないという考え方がその根底にあった。この被害者的観点のために、戦前戦中の帝国日本によるアジア諸国・諸地域への加害の問題は忘れられがちになり、旧植民地出身者は「国民」の埒外に置かれ、その排除や周縁化が問題にされることなく議論が進められる傾向にあった。こうした認識が次第に強まる中で（これが唯一の理由ではないにしろ）、国民文化会議は二〇〇一年に解散となった。[176]

こうした左派的な意味合いの「国民」に対して、左派以外の政治家、官僚、マス・メディアなどは「国民」を権力に対峙するものとしては必ずしも見ないが、左派と共通した問題も抱えている。そうした人たちにとって「国民」とはまずなによりも、国籍（パスポートのような形をとる）、戸籍、年金手帳などによって把握される行政的な単位であり、「国民生活」「国民所得」「国民総生産」などの統計的数値で測られる指標である。「国民」はまた、権力の側に立つ人たちが自らにとって都合よく想像する集団であり、レトリック上の方便である。事例は枚挙にいとまがないが、例えば、二〇一七年七月に安部晋三内閣の支持率が急落したことを受けて首相は「国民が求めることを一生懸命やるのみ」と発言したと各種メディアが伝えたことに対して、[177]インターネット上では「安部退陣と共謀罪の撤回」が「国民が求めていること」だという週刊誌の主張が拡散された。[178]首相の言う「国民」が、週刊誌の言う「国民」と食い違っていることは明らかだろう。前者は、首相が自らの政治的・権力的地位を維持するために使用した言葉であり、そこには週刊誌が言うような「退陣」を要求する「国民」は想定されていない。「国民」を語り手自らの立場にとって都合よく想像するという点では、左派も首相も同じであるが、権力に対して対峙的に考えるか同調的に考えるかという点では対照的である。とはいえ、左派も首相も両者ともに、「国民」という言葉を使用するそのまさに言語行為のプロセスにおいて、排他的にその集団の枠組み——つまり、国籍に基づくナショナルな枠組み——を再生産するとともに、内部の誰もがあたかも同じように考え、差異や格差がないかのように思わせている。

## 自己規律性

一九三〇年代の総力戦体制下で再定義された「国民」はまた、自己規律的な主体として構想されたという側面もあった。一九二〇年代の民衆娯楽論や社会教育論で論じられた自発的な主体としての「民衆」の主体性や、同年代の消費文化とトランスメディア的環境の興隆の中で立ち現れてきた消費主体としての「大衆」の主体性を矯正しつつそれらを生かす形で、国家に自らの意志で奉仕する自己規律的主体として「国民」が再定義されたわけである。この自己規律性は戦後どのような展開を見せたのだろうか。この考え方は戦争終結とともに消滅したのだろうか。日本国憲法の「主権在民」の規定ゆえに、戦前戦中とは違って国家や戦争のような権力装置はあからさまではなくなり、国家権力に自発的に奉仕すべき存在として「国民」を考える考え方も、三島由紀夫や右翼のような一部の例外を除き、影を潜めるようになった。[179] しかし、「国民」が自発的に国の主体になるべきだという見方や、意識するまでもなくすでに自発的な「国民」主体になっている現象は、形を変えながらも現在に至るまで根強く続いている。前者の自己規律的な見方は、左派と右派の両方の言説に見られるし、後者の必ずしも自己規律的とは言えない行為は消費行為に顕著である。

左派（やリベラル）と右派の言説は、天皇制、戦争、軍隊、憲法第九条などについては明らかに見解を異にしているものの、その他の多くの点では共通して自己規律的な「国民」を想定してきている。丸山眞男は、一九五一年発表の「日本におけるナショナリズム」以降、愛国心の復活を警戒するようになったと言われるが、[180] 戦前戦中の「忠君愛国」や占領軍への迎合に対して、「健全」で「民主的な」ナショナリズムを推奨した。[181] しばしば指摘される通り、この見方の前提には、西洋近代を理想化し、日本はまだその近代化の道半ばにあるという講座派や近代化論にも通底する認識があった。[182] そうした丸山の見解では、「国民」が民主国家にふさわしい自己規律的な主体として規範化されて構想されていたことがわかるだろう。同様に、国民文化会議も、日米安全保障条約やベトナム戦争などを契機としたアメリカ寄りの政策や消費文化の広がりに対して、文化活動を通じて労働者を中心とした「国民」

主体の形成を目指した[183]。要するに、リベラルな思想家や左派の論者は、総力戦体制とは違い国家権力への主体的な従属ではなく、国家権力への主体的な抵抗を前提としていたが、しかしいずれにせよ自己規律的な「国民」を構想していたことには違いがなかった。こうした理想からすれば、国の問題に無関心な消費主体は、「国民」から逸脱した存在であり、国の問題に向き合う自己規律的な「国民」へと教育されなければならない存在とみなされたのは当然であっただろう[184]。

これに対して、右派は天皇制に対するスタンスの点では左派と対照的であり、国防をめぐっては反米と親米に分かれるなど一定の多様性があるが、にもかかわらず「国民」を消費主体と対置し、国に貢献する自己規律的な主体として考えている点では左派とほとんど変わらないと言える。例えば、一九九七年に「日本を守る国民会議」(七八年発足)と「日本を守る会」(七四年発足)を統合して設立された日本会議は、「国民運動」と称する運動を展開し、「大量消費システム」「大量消費型社会」「目先の豊かさ」が「道徳の腐敗」や「自然破壊」をもたらすとして、消費社会に対置する形で天皇制をはじめとする日本の「伝統文化」に根ざした国づくりを打ち出し、その主体にふさわしい自己規律的な「国民」の教育を提唱している[185]。戦前戦中の総力戦体制の下で育まれた自己規律的主体としての「国民」という考え方は、戦後・現代にも左派・右派の違いを超えて受け継がれているのである。

とはいえ、このように左派も右派も消費主体に対置する形で自己規律的な「国民」を規範化することが多かったが、その一方で多数の消費主体は規律的であることを求められるまでもなく「国民」主体になってきたと言える。一九二〇年代の消費文化の興隆とともに顕著になった「大衆」に関して認識されていたように――すなわち、戸坂潤やハンナ・アーレントなどが論じていたように(前章と第五章を参照のこと)――、消費主体は人と人との間の関係を失い、アトム化して個々の欲望を追求すると見ることができる。しかし、この性格は、「国民」主体と必ずしも矛盾しない。むしろ、消費主体は国別対抗の国際的なメディア・イベントの体験を通じて「国民」になる環境に置かれる。しかもそれは、オリンピックやワールドカップに典型的なように、一回限りのものではなく、二年や四年の間隔で定期的かつ断続的に経験され、消費主体を「国民」へと教育・再教育する契機となっている。この経験はまた、その国の代表チームの身体的な努力の物語とその勝敗の結果のドラマを、感動的に、すなわち情動的に受容するがゆえに、消費主体はまさに「しらずしらずの間」に全身を通して「国民」になるように導かれる。さらに、何十万人もの人々が集まるオリンピック・パレードでは、そうしたメディア・イベント体験が大量の人々の集合体のスペクタクルとしてメディアの内外で可視化され[186]、あたかも「国民」の共同体の象徴であり、「国民」の「自然な」感情の発露であるかのように示される。こうしたメディア・イベントの消費を通じた「国民」化のプロセスに対しては、強い自覚がなければ、批判的な意識を向けることは難しいかもしれない。したがって、消費主体としての「国民」は、自己規律的な主体としての「国民」とは必ずしも同じではなくそこから逸脱するところもあるだろうが、自発的にナショナルなアイデンティティを身につけるという点に限って言えば、左派と右派が規範化する「国民」主体に同調している。

### 「国民文化」と資本主義・消費文化

このことにも関連して、前章と本章ではまた、「国民」は、総力戦体制だけの産物ではなく、むしろ総力戦体制と資本主義・消費文化との緊張関係の中で生成した社会主体であることを論証してきた。すなわち、一九二〇年代の消費文化の興隆とともに立ち現れてきた「大衆」の自発性や平準性が引き継がれる形で「国民」が再定義され、「大衆」が慣れ親しんでいたトランスメディア的な経験や映画をはじめとする個々のメディアを通して「しらずしらずの間」に「大衆」を自己規律的な「国民」へと陶冶することが推奨された。そうした議論では、資本主義・消費文化は表向きにはアメリカと結びつけられて批判されることが多かったが、実際には総力戦体制はそれに依拠するところが少なくなかった。こうした「国民」と資本主義・消費文化の関係は戦後どのように展開しただろうか。また、総力戦体制は「国民」への動員にあたって、都市の消費文化だけでなく、それが必ずしも及んでいない地方農村でも公共政策（国策）を通じて「文化」を利用しようとしたが、そうした「文化」ないしは「国民文化」の公共政策と資本主義・消費文化の関係は戦後になるとどのように変容しただろうか。この問題を考えるには大きく分けて二つの動向——左派の動向と国家政策的な動向——を視野に収める必要がある。それらの動向を見れば、「国民文化」と資本主義・消費文化が多様な関係を見せていることがわかるだろう。

左派の動向は、国民文化会議の文化活動に顕著である。先述のように、この団体は、総評の呼びかけで広く学者、芸術家、ジャーナリストなどの賛同を得ながら労働者たちのサークル文化活動を集約する形で発足し、占領政策の転換、朝鮮戦争、レッドパージなどの「逆コース」に対する政治的抵抗を目的として発足した。したがって、全般的に商業的な文化産業からは一線を画していたと言える。部会は、映画、美術、写真、宗教、教育、労働者文学、演劇、音楽と多岐の分野にわたっていたが、[187] いずれも利潤を追求するよりも、それぞれの活動を通じて労働者階級が「資本家階級による経済的搾取と政治的支配の廃絶をめざしてたたかうとともに、精神的すなわち「文化的なお仕着せ」からの脱却のためにたたかう」「文化闘争」の実践が目標とされた。[188] だからこそ、その機関誌『国民文化』ではしばしば、「大衆文化」が「資本的生産のメカニズムによって支えられて生まれる文化」として、「文化闘争」に対置されて批判された。テオドール・アドルノの認識にも似て、「大衆文化」は規格化・画一化による大量生産の商品文化として成り立ち、政治権力の統制と操作にもさらされているというのである。[189]「文化闘争」は、こうした「大衆文化」とは対照化され、「人間性」を発展させ、「日本の労働者の生活に根ざした創造的、自主的、連帯的な文化をめざすべきもの」として定義された。[190] 実際、例えば映画を例にすれば、『国民文化』は、ハリウッド映画や日本の映画産業を批判し、そうした商業映画に対するオルタナティヴとして自主制作映画や自主映画上映の実践を好意的に紹介することが多かった。[191] 一九五九年に総評が制作した松本俊夫監督の『安保条約』、同年に批評家の山田和夫らの主導で『戦艦ポチョムキン』の上映を皮切りに開始された自主上映運動、そして八〇年夏に始まった「一〇フィート映画運動」による「反核・平和の記録映画三部作」——『にんげんをかえせ』（橘祐典監督、八二年）、

『予言』（羽仁進監督、八二年）、『歴史　核狂乱の時代』（羽仁進監督、八三年）——の制作はその代表的なものである(192)（図3-4）。言うまでもなく、こうした左派の「国民文化」も資本主義・消費文化とは完全に切り離されているとは言えなかったが、少なくとも総力戦体制がそれを利用しようとしたのとは違って、映画の流通や上映を大手の会社とは別の回路で行おうとしたり、松本俊夫のようにアヴァン・ギャルド的な映画を制作したり、羽仁のようにメジャーな商業映画が取り上げない題材を取り上げたりした点で、対抗的な意味合いが強かった。しかし、一九九〇年代から国民文化会議の退潮・解散とともに、左派的な意味での「国民文化」と結びついた映画やその他の芸術活動は衰退したと言えるだろう。

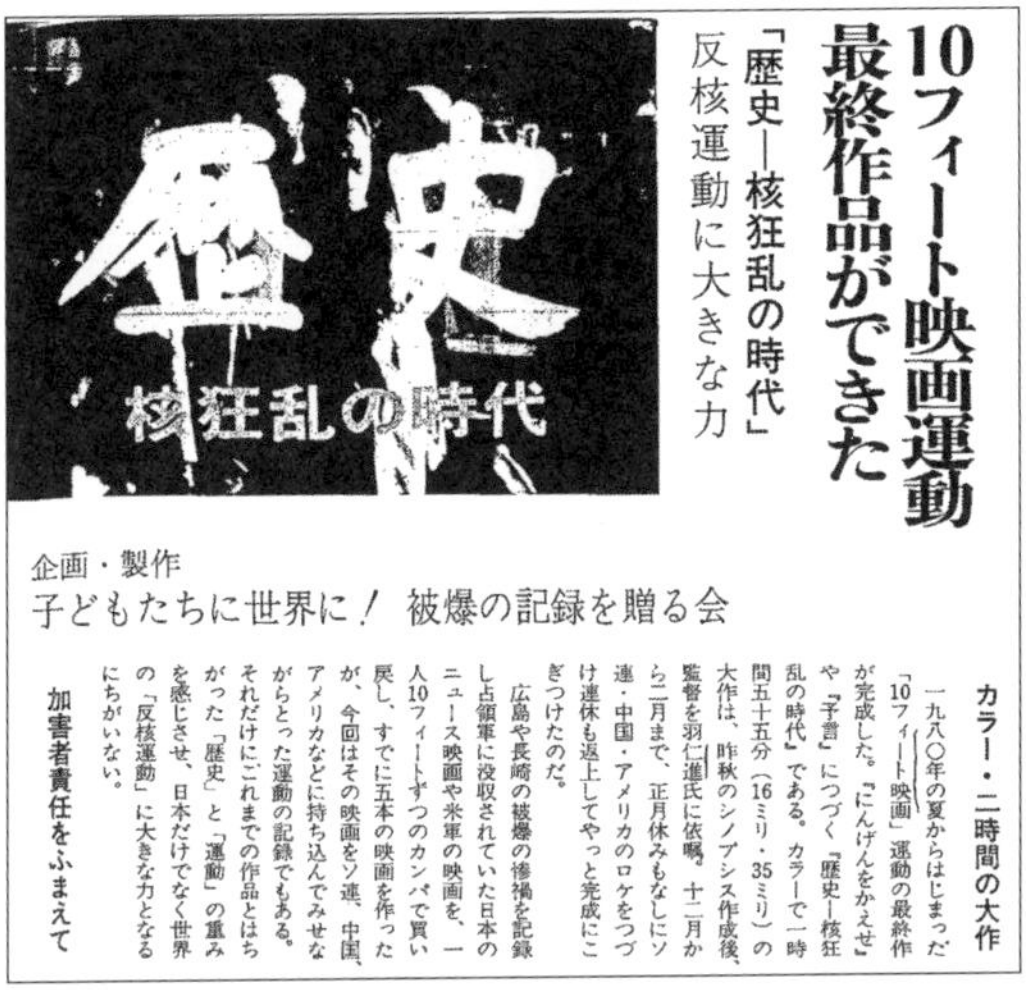

**10フィート映画運動**
**最終作品ができた**

「歴史—核狂乱の時代」
反核運動に大きな力

企画・製作
子どもたちに世界に！ 被爆の記録を贈る会

**カラー・二時間の大作**

一九八〇年の夏からはじまった「10フィート映画」運動の最終作が完成した。『にんげんをかえせ』や『予言』につづく『歴史—核狂乱の時代』である。カラーで一時間五十五分（16ミリ・35ミリ）の大作は、昨秋のシノプシス作成後、監督を羽仁進氏に依嘱。十二月から二月まで、正月休みもなしにソ連・中国・アメリカのロケをつづけ連休も返上してやっと完成にこぎつけたのだ。

広島や長崎の被爆の惨禍を記録し占領軍に没収されていた日本のニュース映画や米軍の映画を、一人10フィートずつのカンパで買い戻し、すでに五本の映画を作ったが、今回はその映画をソ連、中国、アメリカなどに持ち込んでみせながらとった運動の記録でもある。それだけにこれまでの作品とはちがった「歴史」と「運動」の重みを感じさせ、日本だけでなく世界の「反核運動」に大きな力となるにちがいない。

**加害者責任をふまえて**

**図 3-4**　10 フィート映画運動の記事。『国民文化』1983 年 6 月

これに対し、国家的な政策との関連では、「国民」ないし「国民文化」は資本主義・消費文化との関係がますます強化されてきている。一つには、文化庁が一九七七年に創設して以来、毎年都道府県の持ち回りで開催されている国民文化祭のように、演劇、音楽、美術、舞踊、文芸、工芸、食文化などの多様な分野にわたる地方の文化活動を、国の文化として集約して可視化するという試みがあり、中小さまざまな企業が出資を行っている。文化庁は、その趣旨を「全国各地で国民一般の行っている各種の文化活動を全国的規模で発表し、競演し、交流する場を提供することにより、国民の文化活動への参加の機運を高め、新しい芸術文化の創造を促すことを狙いとした祭典」だと説明している(193)。ここにはもちろん戦前戦中のような総力戦への動員といった目的はないが、各地方

の文化を単なる地方文化のままにしておくのではなく、国全体の文化として再定義し、それと同時に地方のアイデンティティも国のアイデンティティに包摂しようという意向が感じられる。また、二〇一七年の奈良での開催ではその目的と一つとして「障害のある人とない人の絆を強く」と掲げられているように、近年ではパラリンピックの影響もあり「全国障害者芸術・文化祭」（厚生労働省、主催地の県庁および地方自治体主催）とセットで行われるようになってきた。これは、総力戦体制の「国民」への動員の下で、その名目にもかかわらず障害者が戦争に役立たない存在として差別の対象になっていた状況と大きく異なっている。[194]と同時に、そうしたイベント企画には、従来、非障害者から分断され孤立しがちだった障害者を「国民」に包摂することで、非障害者と共有できる社会的場を提供しようという意図が窺える。これらの点で、国民文化祭は、商業目的ではなく、公共サービスという意味合いが強い。しかし、支援企業にとって国民文化祭への出資は単なる慈善事業ではなく、むしろいわゆるメセナ活動であり、利潤には直接つながらない国主催の文化・芸術活動に敢えて協力することによって自らの公共的なイメージを高める効果を期待できるものである。参加しているアーティストもまた、左派の「国民運動」とは異なり、企業からの融資を受けていることもあり、あからさまに資本主義を批判することはない。その賛否はともかくとして、国民文化祭は、障害者を含む福祉に対する実質的な経済政策の現実問題を不可視化さえする文化の次元で、[195]資本主義と手を携えながら福祉国家的な共同体の感覚を与える機能を果たしていると言えるだろう。

「国民文化」は、こうした国内向けの政策とともに、外交と通商に重きを置いた国家的な政策としても推進されてきた。[196]この政策は、グローバリゼーションの進行とともに資本主義・消費文化との関係を強め、国の政策と企業の利潤追求および消費者の消費活動が一体化しているような状況が顕著になってきている。日本の戦後において、文化政策が外交の道具として強く意識され始めるのは、一九八〇年代から九〇年代にかけてのことである。終戦直後は、政府は「文化国家としての道を歩むべきことを内外に表明した」ものの、「戦時中の文化統制に対する反省から、国の文化への関与は極力排除すること」を各省庁へ要請した。[197]日本映画史では、一九五一年のヴェネチア国際映画祭で『羅生門』（黒澤明監督、五〇年）が金獅子賞を獲得したことを皮切りに、ヨーロッパで開催された国際映画祭で日本映画が続々と賞を受賞するようになり、それが「敗戦後の日本人」のプライドを回復するのに役立ち、通産省で日本映画の輸出が検討されるまでに至ったが[198]、日本政府が本格的にこうした状況を政策に結びつけることはなかった。一九六八年には文化庁が文部省の外局として発足するが、これは、高度経済成長による乱開発、公害、過疎・過密などの歪みに対して文化の重要性が認識されたことによるところが大きく、外交手段として強調されることはなかった。これに対し、一九八〇年代に入ると、「国際化の時代」が謳われ、文化が外交の手段として標榜されるようになる。その背景には、貿易摩擦、一九八五年のプラザ合意による円高の進行、さらには八九年の冷戦構造の崩壊に伴い、「エコノミック・アニマル」といったステレオタイプの払拭やアメリカへの依存からの脱却が要求され始めたという事情があった。例えば、一九八〇年に当時の首相・大平正芳の諮問機関として発足した「文化の時代研究グループ」の報告書には、「今日の経済大国にのしあがりながら、この重大な文化における国際交流について、当然なすべきことを十分になさないできてしまったのではないか。文化交流への積極的な努力の不足ないしは手遅れが、欧米にまたアジア各地に経済摩擦を引き起こし、日本への不信と誤解をつのらせてきたのではなかったか」とある[199]。こうした中で、海外における日本に対する誤解を解き「顔の見える日本」を築くための手段として文化発信の重要性についての発言が繰り返されることになる。そして、一九九〇年代に入ると、政治学者のジョセフ・ナイが九〇年の著書で提唱したソフトパワー論の考え方が日本でも広まり[200]、文化、とりわけコンテンツ産業が生み出す商品が、軍事的手段とは異なる「平和的手段」と喧伝されながら、国の国際的なプレゼンスを高める国家戦略のための一つの重要な「資源」として規定されるようになった。おりしも一九九〇年代後半から二〇〇〇年代にかけて、日本産のアニメ、マンガ、ゲーム、（コスチューム・プレイを含む）ファッションが、メディア・テクノロジーとグローバルな情報通信網の発達に後押しされながら国際的な人気を獲得し、この種のコンテンツがソフトパワーとして外交に利用されてもおかしくない状況が生み出されていた。

これは、言うまでもなく、日本の通商戦略にとってても願ってもない状況であった。周知のように後期資本主義と言われる一九七〇年代以降の状況では、企業は多国籍化したり、工場を労働賃金の安い発展途上国地域に建てたり、あるいは実体経済から遊離した金融市場を増幅させるなどして、国境を越えてビジネスを展開することが当たり前となった。(201) 企業間の提携や業務協定は、両者の利害関係に基づくものであり、帰属する国家によって行使されてきた所有権や契約の保証を依然として確保しようとはするものの、国の利害への寄与を最優先させるものはほとんどないだろう。とはいえ、このグローバル化の現象は、単純な脱国家化を意味するものではなく、むしろ、グローバル化の中で国家は世界貿易や地球環境などにかかわる問題に何らかの形で——例えば、いくつかの国家は「規制緩和」という形で——介入している。(202) さらに、グローバリゼーションは、自国の経済を活性化させることや国際社会での影響力を強めることを狙う国家間の競争を助長する。こうした流れにあるからこそ、日本政府は、国家的な経済戦略の中に、国際的に競争力のある産業を組み込み支援する政策を展開するようになったと言える。コンテンツ産業はその最たるものである。経済産業省は、省庁再編による二〇〇一年の新設以来、コンテンツ産業グローバル戦略研究会、コンテンツ・ファイナンス研究会、コンテンツ流通促進検討会といった研究会を立ち上げるなどさまざまな振興策を打ち出してきた。二〇〇三年には、内閣に知的財産戦略本部が設置され、「コンテンツの創造、保護および活用に関する法律」を議員立法として国会で成立させる推進力となった。(203) 観光庁も、「海外において高い評価を得ている我が国のアニメ、マンガ、映画、放送番組などのソフトパワーを新規市場創出や若年雇用拡大に活用する」ことを課題として挙げている。(204) 一九九七年から開催されるようになった文化庁メディア芸術祭も、この流れの一環だと言えるだろう。(205)

要するに、「国民文化」は、国家政策的な動向においては、「国民芸術祭」のような国内向けの政策にしろ、「ソフトパワー」のような海外向けの政策にしろ、資本主義・消費文化との連携を強めてきている。これは、権力への抵抗を意図し、消費文化に対するオルタナティヴを推進していた左派的な「国民文化」とは対照的である。またそれは、資本主義・消費主義を否認しながら利用しようとした総力戦体制とは、国の政策と資本主義の関係がより対等で相互補完的となっている点では異なるが、総力戦体制に見られた両者の関係性がますます強められていると見ることも可能だろう。総力戦体制が、消費文化の興隆に目をつけそこで重要な役割を果たしていたメディアによって「大衆」を「国民」に陶冶することを推進するようになったように、「ソフトパワー」政策はマンガやアニメなどのポピュラー・カルチャーがグローバルに人気を得たのに乗じてそれらを利用しようとした。いずれもその当初は、戦略的であるというよりも、偶発性に依存することが大きかったという点で共通している。国民国家体制下における、そうした偶発的政策において、「国民」ないしは「国民文化」とグローバリゼーションは必ずしも対立的なものとはならず、むしろ相互に強化し合いながら、その関係自体を発展させる関係となってきていると言えるだろう。

## トランスメディアと映画

一九二〇年代、資本主義、機械性複製技術、通信技術の発達とともに、出版、映画、広告、音楽といったメディアが産業化され、それらに媒介された文化が消費文化として市場化された。それはまた、個々のメディアの産業化とともに、それら異なるメディア間の連結を伴うものでもあった。総力戦体制はこの環境を否認しつつも利用しようとした。それは完全に合理的な戦略によるものというよりも、多分に偶発的なものだったというのが前章の見解であった。こうしたトランスメディアと映画の状況は戦後にどのように展開したと考えられるだろうか。これについては「大衆」や「市民」の観点から第五章以降でも論じるので、ここでは「国民」の問題に限定して概観しておきたい。

戦後から現代に至る過程で、トランスメディア的環境はますます複雑多様に発達した。こうした中で、映画館で上映される映画は一九五〇年代・六〇年代をピークに中心的な位置から後退したと言えるが、多様なメディア・プラットフォームに散在するようになったという意味では必ずしも衰退したわけではない。また、メディアや映画を利用して「国民」を意図的に形成しようといった考え方は少なくなったが、「国民」ないしはナショナルな枠組みを前提とする作品やビジョンは二〇一〇年代に至ってもさまざまなメディアに溢れている。総力戦体制では、「国民」主体の形成に対して多少なりとも戦略的なところがあったが、戦後・現代の「国民」は国民国家体制という、普段は意識されることの少ない、しかし揺るぎない地政学的な条件や、戦争や帝国の過去をめぐる歴史と記憶、それにメディア企業の市場への関心が偶発的に結びつくところに立ち現れてきていると言うべきだろう。先述のオリンピックやワールドカップなどのスポーツを題材にしたメディア・イベントはその典型である。一回一回のイベントは、テレビ、ラジオ、新聞、雑誌、写真、広告、インターネット、SNS（Social Networking Service）、キャラクター、グッズ、そして映画など多様なメディアを動員し駆動させ相互に立体的に結びつける――つまり、単に各メディアがイベントを参照するだけでなく、メディア同士が互いを参照し合う――契機となっている。それらのメディアは、単なるイベントに関わる情報だけでなく、身体の躍動感、それに基づくドラマと感動（情動）を視聴者に伝え、視聴者は単に知識を得るだけでなく、身体的感情的に反応することだろう。トランスメディア的環境はこうした全身的なコミュニケーションを社会のいたるところに遍在させ駆動させる。こうしたスポーツ・イベントは世界の国民国家体制に基づいた国別対抗である点ですぐれて政治的であるにもかかわらず、「平和の祭典」といった表向きの名目と商業性との結びつきによってその「国民」の政治性は脱色されているのが普通だ。そうした条件下で消費者は、国別対抗のドラマの身体的・情動的な感動を経験する中で「しらずしらずの間に」「国民」になりやすいと言えるだろう。もちろん、こうした契機はスポーツ・イベントに限らず、規模の違いこそあれ、他にも枚挙にいとまがないほどある。国際紛争のニュースや報道バラエティ番組、在日外国人を招いた日本についての討論番組や追跡番組、衣食住などの「文化」を「日本の文化」として紹介する番組、海外に住む「日本人」への取材番組、ノーベル賞の受賞、権威あるヨーロッパの国際映画祭での日本映画の受賞などはその典型であり、これらではテレビ、インターネット、SNS、雑誌、新聞など多様なメディアが連動し合っている。日本会議や「ネット右翼」などの右派もまた「国民」の境界画定を、それが任意なものであるにもかかわらず、あたかも本質的であるかのように多様なメディアを利用して宣伝している[206]。

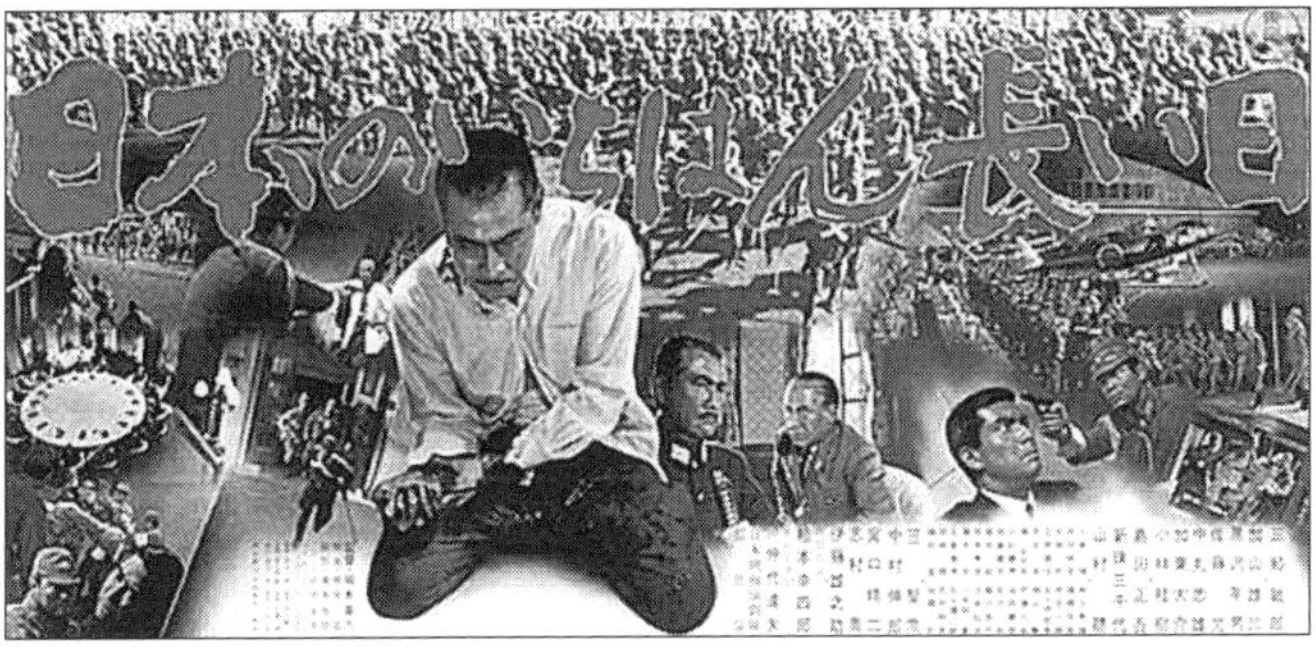

図3-5『日本のいちばん長い日』（1967年）のポスター

こうしたトランスメディア的環境の発達の中で、映画は一九六〇年代までに中心的な位置を占めることが少なくなったが、二〇一〇年代になってもなお「国民」を喚起する一つの動因として機能することがある。一九六〇年代までは、稀ではあるが「国民映画」と称された映画作品があった。『読売新聞』は東宝の『日本のいちばん長い日』（岡本喜八監督、一九六七年）を「国民映画」と称して、日本の戦争体験を「国民」単位で振り返るイベント的な映画であることを示唆した[207]（図3-5）。一方、雑誌『映画芸術』のある評者は、『日本のいちばん長い日』とともに『東京オリンピック』（市川崑監督、一九六五年）と『黒部の太陽』（熊井啓監督、一九六八年）を批判的に「国民映画」と呼び、「だれも悪口のいいようのない事業や、あるいはすでに結果のわかっている周知の事柄、同時にそのことに対する世間大方の判断も一定していて、自分一人で考え込まなくてもいい事柄を題材にして、大きな規模で〝追確認〟をするものだと説明している」[208]（図3-6）。どのように評価するにしろ、これらの言説から読み取れるのは、戦争やオリンピックや大事業などの大きなイベントを題材にし、公共的な感覚と大型資本の組み合わせからなるものが「国民映画」と呼ぶにふさわしいということだ。これは、総力戦体制下の「国民映画」とは違って懸賞といったインセンティヴによるもの

図 3-6 『東京オリンピック』（1965 年）

ではないとはいえ、公共的感覚と大作・記念碑的な作品の感覚を結びつけているという点では、『ハワイ・マレー沖海戦』のような戦中の「国策映画」作品と共通している。一九七〇年代以降、「国民映画」という言葉はほとんど聞かれなくなるが、毎年夏になると戦争映画が公開される慣例は、「終戦記念日」という国単位の公共的記憶と産業による商業映画製作を組み合わせている点で、戦時期の「国民映画」のコンセプトに似ていると言えるだろう。あるいは、二〇一六年に日本国内で記録的なヒットを遂げた『君の名は。』と『シンゴジラ』は、前者は海外でもヒットしたのに対して後者は海外では興行的に成功することはなかったという大きな違いがあったが、それぞれに「国民」を喚起させる映画だと見ることが可能である。前者は海外にも誇れる「日本映画」としてナショナルなアイデンティティを喚起する一方、後者は「ガラパゴス化」とでも言えるような日本の国内市場に「最適化」されながら製作され[209]、日本語と日本の国内事情に通じている人たちの内輪でのみ通じるコミュニケーションを多様なメディアを通じて広げたナショナル・シネマの典型例とみなすことができるからである。もちろん、これらの映画は、戦時中とは異なり「国民映画」と明確に定義づけられているわけでも、多様な文化全体の中で特別扱いを受けているわけでもない。両者とも詳細に分析すれば、多様な要素がせめぎあっている様相を浮き彫りにすることもできるだろう。にもかかわらず、これらの二つの映画は、国民国家体制という地政学的条件を絶対的な前提としながら、日本の「国民」とそれ以外の間の境界を想像させるバリエーションを示唆するものとなっており、逆に言えばその境界を脱構築するものとはなっていない。

「国民」は、一九三〇年代後半に総力戦に見合うものとして再定義され、第二次世界大戦終了後には日本国憲法をはじめとする「民主主義」の言説によってさらに再定義された。しかし、ここで考察してきたように、境界設定と格差の否認、自己規律性、資本主義・消費文化との関係性、そしてトランスメディア的環境と映画の機能という観点から見ても、「国民」は、戦前戦中に育まれた特徴が戦後になって途絶えたというよりも、むしろそれが継承され展開されてきた面が大きい。戦前戦中でも、「国民」への動員は戦略的・合理的に進められただけでなく、資本主義・消費文化に偶発的に依存するところが少なくなかったが、この傾向は戦後・現代に至ってますます強まっていると言えるだろう。言うまでもなく政府が戦争への動員政策をあからさまに主張することは少なくとも二〇一八年の現時点まではないが、しかし「国民」の想像の契機は、発達し続ける資本主義・消費文化と多様なメディアを通じて日常生活のあらゆる側面に広がっている。したがって、人文学の学術研究では相対化され批判されることの多くなったナショナルなアイデンティティはしかし、衰退するどころかますます強まっている。この傾向を後押ししているトランスメディア的環境はデジタル技術の発達とともにめざましく多様化・複雑化したが、映画はそうしたメディア環境における中心的な地位から後退しながらもなお、その多種のメディアから成る網の目の一つの結節点として重要な役割を果たしている。第五章以降では、「大衆」と「市民」を題材にしながら、社会主体としての映画観客とメディア環境の関係性が戦後から現代にかけてどのように歴史的に展開してきたのかをさらに広く深く検討する。

しかし、その前に次章では、帝国日本と映画観客の関係を考察しておきたい。「国民」概念が戦前戦中から戦後・現代に至るまで根強く使用されてきているのに対して、一九三〇年代後半から四〇年代前半に唱えられた「東亜民族」概念は帝国日本の崩壊とともに消滅した。この意味で、両者は大きく異なっている。他方で、これから見ていくように、「東亜民族」は「国民」と重なり合うようなファンタージとして構築されている面が強かった。映画観客を帝国日本の主体たる「東亜民族」として言及する言説を分析することを通して、そうした複雑で多面的な歴史的状況をさらに明らかにしていきたい。それが戦前戦中と戦後・現代の関係を考えていくことにもつながるだろう。

# 第III部　東亜民族

# 第四章　「東亜民族」の創造／想像

## ――帝国日本のファンタジーと映画による動員

一九三〇年代初めから四〇年代半ばにかけて映画に関する書籍や雑誌では、観客を日本の帝国編成と結びつけて語る言説が広く見られるようになった。帝国日本の拡張は一八九五年の日清戦争勝利による清国からの台湾の獲得に始まり、一九〇五年のロシアからの南樺太獲得と清国からの関東州の租借、一〇年の韓国併合、二〇年の国際連盟からの南洋群島に対する委任統治受任を経て漸次的に進められてきたと見ることができるが[1]、三〇年代に入ってからは三一年の満洲事変を皮切りに三七年の日中戦争、四一年の真珠湾攻撃とマレー半島・フィリピンへの侵攻という経緯の中で加速度的に推進されたと言える[2]。こうした軍事的・政治的動向の中で、映画は他のメディアとともに、日本本土（当時「内地」と呼ばれた領土的範囲[3]）や満洲に関しては「国民」、朝鮮や台湾に関しては「国民」や「皇国臣民」「皇民」、さらに一九四一年以降はこれらの領土に加えて中国や東南アジアの占領地域・占領想定地域を範囲とした「大東亜共栄圏」に関して「東亜民族」を形成するための手段とみなされ、映画観客はそうした共同体の主体形成のプロセスにおける重要な一回路として論じられるようになった。言い換えれば、映画観客は、帝国として想定された領土に住む人々を天皇中心の国家へと主体的に従属させる――単に強制的に従属させるだけではない――方法の一つとして構想されたのである。この種の言説の書き手は、官僚、ジャーナリスト、批評家、映画業界関係者、研究者など多岐にわたり、その大多数が支配者側の視点から書かれ反抗的な言動はほとんど見られない一方、日本語または日本語以外の言語で書かれた被支配者側の言説も含まれていた。

本章では、主として一九三七年以降のこの種の言説に焦点を合わせながら、映画観客がそこでどのように帝国の主体形成のための一回路として論じられたのかを明らかにしたい。帝国と映画の関係については近年多くの研究が発表されてきた。総動員体制とのかかわりに注目した研究は、映画産業の統制、その統制化のプロセスにおける官庁・官僚と業界関係者・製作者との交渉関係、戦意昂揚映画の作品の特徴とプロパガンダ的効力の度合い、支配体制に対する批評家たちの立ち位置といった側面を分析することを通して、映画統制の構造と矛盾を明らかにしてきた。[4] また帝国主義や植民地主義の問題にまで視野を広げた研究は、「親日」対「反日」といった単純な二項対立的見方を乗り越え、支配者側と被支配者側の複雑な交渉関係・共犯関係をつぶさに検証したり、[5] 帝国が映画文化にかかわる多様な動機によって支えられてきたという見方に立って映画がどのように帝国の「魅力的」なイメージを作り出そうとしていたのかを考察したりしてきた。[6] これらの研究はいずれも意義深いものであり、本章もその成果に負うところが大きい。しかしそれらでは総じて、考察の力点が官庁、産業、作り手、作品の側に置かれ、観客（少なくとも批評家以外）はもっぱら映画作品の分析から推測される存在か、もしくは映画館やその他の場所で映画を見た人々の数としかみなされない傾向が強かった。しかしながら、観客を数値だけに還元することには、政治的にしろ商業的にしろ観客という存在を動員数という観点から査定することを重視していた当時の官僚や産業の見方を無批判になぞるだけに終わってしまいかねないだろう。[7]

むろん、本書の狙いは、観客そのものよりも、主として観客について言及した言説の分析にある。それは単に観客そのものの調査分析が難しいという実際的な理由によるだけではない。むしろこうしたアプローチを採ることには、観客をめぐる言説がどのような共同体のファンタジーを生み出し、それをどう実現しようとしていたか、そしてそこにはどのような問題が絡んでいたのかを明らかにするのに有効だという積極的な理由がある。これから見ていくように、この種の言説には、観客イメージを創るという構築的な理想化・規範化の側面と同時に、その理想・規範に適合しない現実の側面をも読み取ることができ、さらにはその現実を否認、すなわち現実に生じているにもかかわらずあたかもそれが存在しないかのように、あるいはそれが解消されるかのように扱おうとする傾向も看取できる。[8] したがって、観客言説を分析の対象にすることは、映画作品の分析だけから観客像を想定するアプローチを検証することにつながるし、[9]「反日」対「親日」、「支配」と「抵抗」といった単純な対立図式を超えて帝国の理想化とそれに反するさまざまな要素を視野に入れられるという利点がある。確かに本章では被支配地域やその周辺における抵抗言説をほとんど扱わない点で帝国日本における観客言説を網羅的に検証するものではないが、こうしたアプローチを採ることで帝国とメディアの関係の探究に貢献できると考える。

より具体的に言えば、以下で明らかにしたいことは二点ある。その一つは、一九三七年以降の観客言説において「東亜民族」やそれに類する言葉で理想化された帝国の主体のイメージである。この種の言説では、帝国の領土に住む人々に映画を見せることは、「日本」が中心にあることを絶対的な前提にした東アジア共同体とも言うべき「大東亜共栄圏」の主体を形成する上で重要な契機だと考えられていた。しかし、そのイメージは決して均質なものでも整合性の取れたものでもなく、常に矛盾がつきまとっていたことが垣間見られる。その矛盾はとりわけ、文化主義と近代主義との間、同一性と差別との間、政治的権利と文化との間、そして知性と情動との間に読み取れるものである。重要なのは、この種の観客言説においてこれらの矛盾は自覚的に問題化されることはなく、むしろあたかもつじつまが合うかのように曖昧な形で共存していたという点である。しかも、多くの書き手は悪意をもっていたというよりも、それを善意として表明していた。こうした、矛盾の否認とともに理想化された主体イメージゆえに戦後には、戦前戦中の帝国の推進がその侵略性にもかかわらず「良い思い出」になった可能性があるという意味で、ここではそれを「帝国のファンタジー」もしくは「東亜民族」のファンタジー」と呼ぶことにしたい。

もう一つの論点は、帝国の住人たちを映画観客に呼び込むことを通して「東亜民族」へと仕立て上げるべく、そのプロセスを実現するためのシステムが構想されたということである。ここで重要になってくるのが資本主義との関係である。観客言説を読むと、東京、大阪、京城（現在のソウルに概ね相当）、台北、上海、新京（現在の長春）、奉天（現在の瀋陽）などの都市では映画館に足を運ぶ人たちがすでに大量にいることが認知され、そうした観客は資本主義の発達とともに出現してきた「大衆」と同一視されていたことがわかる。[10] この「大衆」を「国民」または「東亜民族」へと陶冶することが一つの目標とされた。その一方、観客言説はしばしば、「大衆」という枠には当てはまらない資本主義の周縁または外部にいると考えられた人たち——地方の住民や少数民族など——を「新しい観客層」として取り込み帝国の主体へと組み込むことも提唱した。ここにもファンタジーに特徴的な一種の否認が見られる。すなわち「大東亜共栄圏」の言説に広く見られるように、表向きには資本主義や近代主義を西洋起源のものとみなして批判しながら、実際にはそれを基盤にしたり利用しようとしたりしていたのである。このことはまた、「東亜民族」の動員システムがファンタジーであるにもかかわらず、ファンタジーであると自覚されなかった大きな要因の一つと考えられる点で重要である。こうしたことは言うまでもなく、前章と前々章で論じた「国民」とも相通じる特徴であった。

## 帝国と「東亜民族」

映画観客と「東亜民族」の関係を考察するためには、一九三〇年代以降の帝国の拡張の中で「東亜民族」言説がどのように登場したのか、またこの言葉にはどのような問題性があるのかを広い視野から確認しておく必要があるだろう。そこで、ここではまず、近年発表されてきた数々の歴史的・思想史的研究成果に依拠しながら、全般的な状況を概観しておきたい。これによって、「東亜民族」という概念自体が矛盾に満ちた虚構でありながら、それが虚構として認識されることなく帝国を正当化するものとして機能していた状況を踏まえることができる。

映画観客を「東亜民族」と結びつけて論じる言説は、帝国日本の論理が「八紘一宇」から「大東亜共栄圏」へと展開される中で出現した。『日本書紀』を典拠に世界を一つの屋根の下に治めることを正当化した「八紘一宇」という概念は、一九三七年七月の日中戦争の勃発に伴い同年八月から開始された「国民精神総動員運動」の中で国策理念として喧伝されるようになった。[11] それは、満洲では一九三〇年代前半から、「五族協和」や「王道主義」といった概念とともに当地の複数の民族間の抗争を抑え統合する原理として提唱されていたものでもある。[12] 続いて、一九三八年一一月には第一次近衛文麿内閣が「東亜新秩序」建設声明を発表し、翌三九年九月にヨーロッパで第二次世界大戦が勃発し、翌四〇年五月にオランダが、六月にフランスがドイツに降伏すると、第二次近衛内閣は同年七月に「基本国策要綱」を閣議決定する中で「八紘一宇」を「大東亜新秩序」に結びつけ、東アジアにおけるイギリス、フランス、オランダ各国の植民地を獲得すべく「大東亜共栄圏」構想を立ち上げた。[13] この経緯と軌を一にして、一九四一年七月刊行の『臣民の道』には、三七年三月刊行の『国体の本義』にはなかった「大東亜共栄圏」建設構想が国是として説かれている。[14] こうした状況の中で、朝鮮では総督府が一九三七年一〇月に「皇国臣民ノ宣誓」を発表した頃から「皇国臣民」という言葉が、台湾では台湾総督府国民精神総動員本部が設置され官民一体の「国民精神作興の一大運動」が開始された三七年頃から「皇民」という言葉が流布するようになったが、[15] 四〇年頃からこれらの言葉に連動もしくはそれらを包含するような形で「東亜民族」という言葉が日本本土の言説——映画観客言説を含む——を中心に広く見られるようになった。

新たに創造されたこの「東亜民族」という概念は、「皇国臣民」「皇民」、さらには「国民」といった概念と部分的に重なる意味で使用される場合が少なくなかった。言説上「国民」という言葉は、日本本土では血統的に「日本人」を、満洲では満洲に住む多民族の人々をまとめて指すことが多い一方、朝鮮や台湾ではこれら二つの植民地に住む人々を含めた帝国日本の住民を指し、「皇国臣民」や「皇民」とほぼ同じ意味合いを帯びていた。これらの日本の占領地域・植民地域において「東亜民族」という言葉は、そうした「国民」「皇国臣民」「皇民」といった概念を包摂する意味合いを含んでいたが、これから見ていくようにそれらの言葉を使用する人たちの間で齟齬や矛盾があった。さらに重要なことに、これらの言葉の使い方には、帝国がナショナリズムとの関係において成立していた歴史的状況が示唆されていると言える。台湾、朝鮮、沖縄、樺太といった日本本土の包摂地域または近隣地域は、差別構造を伴う「内地延長主義」の植民地政策の下で、一九三〇年代までに少なくとも支配者側にとって表向きには日本の一部と考えられるようになっていた[16]。また満洲について言えば、日本の帝国主義は、反帝国主義を標榜した第一次世界大戦後の民族自決主義の風潮の中で広がりを見せたナショナリズムを理念としながら「シンボルを通した国民統合」と「社会のシステム化」を試みたという点で、それを一つの独立した国民国家として正当化しつつ支配下に置いた[17]。こうした状況に鑑みれば、帝国、植民地、国民国家という複雑な関係の中で「皇国臣民」「皇民」「東亜民族」「国民」といった言葉が、文脈によっては異なる意味で使用されると同時に[18]、重なり合った意味合いをもつという、複層的な意味合いを帯びていた状況が推察できるだろう。

　一方で、国籍は平等でも戸籍上で日本本土以外の出身者と差別されていたり[19]、帝国議会への参政権が本土を含む帝国全域のすべての女性と本土以外の出身者——少なくも一九四五年四月に朝鮮と台湾の男性に認められるまでは——には認められていなかったりしたことに端的に示されているように[20]、「皇国臣民」「皇民」「東亜民族」「国民」といったカテゴリーには矛盾や差別が含まれていたことにも留意しておかなければならない。幾人かの研究者は、台湾と朝鮮に対する「同化政策」の「同化」は曖昧な意味合いで使用されつつ言語、慣習、天皇への忠誠など文化的同一化を促進させながら、政治経済的不平等を隠蔽する機能を果たしたと論じている[21]。台湾の状況を分析した荊子馨《レオ・チン》はさらに、一九三七年以降は「同化」が「皇民化」へと置き換えられることで曖昧さがなくなり、日本語を話し、日本名を名乗り、「天皇万歳」を叫び、そして「日本人として死ぬ」こと以外に政治経済的不平等から逃れる術がなくなったと喝破している[22]。

こうした、同一性への志向の中に差別を併せもつという両義性は、日本の学術的な「民族」言説にも特徴的な傾向だったことが近年の研究で指摘されている。歴史研究者プラセンジット・ドゥアラによれば、「民族」という概念は、「大和民族を対象とする自国の民俗学」、「朝鮮人や東北・東南アジアの集団を対象とする東洋民俗学」、さらには「「民族」権に基づく「民族」概念」という三つの学術的見解の拮抗と絡み合いを背景にして使用されるようになり、一九二〇年代から「人種」にとって代わり始める一方で、第一次世界大戦後の初期までに、同一の文化、同一の歴史、同一の血族という三つの構成要素をもつようになった。そして、「大和「民族」の創出・構築が、日本国内のナショナリズムの動員にとって重要であったのに対し、他の二つの民族の概念は、(中略)日本帝国におけるある程度の同一性と動員を促進するために利用された[23]」。これらの言説は、「人種的に他と相容れない大和「民族」」、「人種的であるが同化を目指す混合民族論を基盤とした日本「民族」概念」、「満洲国という共通の国家体制下において発達した異「民族」間の同盟という概念」といった異なるアプローチを見せていた点で矛盾を内包していたが、膨張する帝国の論理に合わせる形で自己調整し、人種差別的な見方を正当化した[24]。こうした言説の背後には、「白人」を頂点として外見、身体的計測、血液型、言語、文化的伝統の観点から世界の多様な人種を階層的に分類できることを前提とした社会的ダーウィニズムの、明治期以来の影響を見て取ることも可能だろう[25]。民族学説の中で展開された、こうした同一性と差別という両義性をもつ「民族」という概念は、対立的な見解を伴いながらも一九三〇年代後半までに、西洋との区別が強調されることによってアジアの同一性を示すものとして打ち出されるようになった。と同時にそれは、「日本人」と他のアジア地域の人々との間に絶対的な差が存在することを暗黙の前提にする、「東亜民族」言説に理論的根拠を与えるものとして機能することにもなった[26]。こうした学術言説は、社会的に権威をもっていただけに、「東亜民族」が虚構であるにもかかわらず[27]、虚構でないかのように見せる効果を与えたという点でとくに重要である。

「東亜民族」という概念は、こうした学術的言説と密接に結びついていたアジア主義の思想とも関係していた。

欧米列強の介入を受けた明治期以来、日本では「興亜論」にしろ「脱亜論」にしろ、西洋／東洋の二項対立を軸にアジアに対してどのように向き合うべきかについてさまざまな論が展開されたが、一九三七年の日中戦争の頃からは、石原莞爾が提唱し宮崎正義の『東亜連盟論』（三八年）などで理論化された「東亜連盟」論と、近衛首相のブレーン集団である昭和研究会の革新的知識人たち――三木清、尾崎秀実、蠟山政道、加田哲二など――が唱えた「東亜共同体」論という二つの論がもっとも人口に膾炙するようになった。[28] 殊に「東亜共同体」論に関しては、近衛内閣による「東亜新秩序」建設声明が発表された頃の一九三八年秋から三九年夏にかけて「論文が一〇〇編以上、単行本も一二巻が出版されるまでになった」と言われている。[29] これらの論はまた、戦況とともに帝国の支配体制が強化される中で、支配者側だけでなく被支配地域の中国や朝鮮にも影響を与え、不平等の打開に向けてこれらの論に活路を見出す言説も現れた。[30] 朝鮮の言論界では「内鮮一体」「東亜共同体」「東亜新秩序」といった概念に訴えて差別の解消を唱えたために、かえって帝国の体制を支えてしまうという事態も起こった。[31]「東亜連盟」論と「東亜共同体」論は、確かに前者が欧米帝国主義からの解放と地域統合を進めようとした全体主義的な思想であったのに対して、後者は日本帝国主義の自己批判と資本主義の修正を説きつつ社会主義的な東アジアの形成を目指した点で、大きく思想的立場を異にしていた。[32] しかし、後で詳しく検討する観客言説に限ってみても、両者が厳格に区別されて受容されていた形跡はなく、むしろどちらに傾倒するにしろ日本帝国主義を正当化する見方が大半を占めていた。加えて、「東亜共同体」論の革新的な勢力は、三木や尾崎らもコミットした新体制運動（一九四〇年）が弾圧される中で退潮していった。[33]

一九三〇年代以降の帝国の拡張は、もちろんこうした理想主義的思想だけによって推進されたわけではない。歴史研究者のルイーズ・ヤングは、満洲イメージと総動員体制の関係を分析した著書の中で、帝国の形成が、理想主義的思想を含め、マスメディア、政治組織、公的利害・私的利害代表集団、経済社会への国家介入、政治機関という「六つの制度」が複雑に連動し交渉し合う中で進行したことを論じている。ヤングによれば、帝国の拡張から後戻りできなくなったのは、これら複数の制度が重層的な決定機能を果たしていたために責任の所在が分散したせいであり、またそれらの社会的機能が人々の日常生活の経験的な意味の領域にまで及んでいたからである。[34] 当時、絶大な社会的影響力があると目されるようになっていた映画は、このなかで単にマスメディアの一つというだけでなく、他の五つの制度のいずれとも密接にかかわり合いながら帝国の体制とその日常空間に組み込まれていった。

では、具体的に、これらの制度も含め、映画は帝国の拡張にどのように寄与するものとなったのか。次節では、観客言説の分析を主要な目的とする本書にとって必要不可欠な範囲内で、法制度的な側面と産業的な側面を中心に帝国日本と映画政策の関係を素描しておきたい。帝国の映画政策を理解するには、本土と「外地」の関係と、地域間の違いという二つの側面に目配りしておく必要があるだろう。

## 帝国と映画政策

本土と「外地」の映画政策は、類似していたり連関していたりしていたところはあるものの、相互に自律している部分が大きかったと言える。本土の映画政策は、一九三三年二月の第六四回議会衆議院建議委員第二部会に「映画国策樹立ニ関スル建議案」が提出されて以来、省庁レベルの政策から「国策」として位置づけられるようになったが、[35] その範囲は明らかに日本本土に限定されるものだった。それは、一九三四年三月の映画統制員会の設置、三七年四月の活動写真「フイルム」検閲規則改正による「優秀映画」の検閲手数料免除、そして三九年一〇月施行の映画法、四〇年一二月から四一年六月までの四回にわたる映画法の改正を見ても明白だろう。いずれもそれが「外地」にまで及んでいるものとは読み取れない。映画法の第一条の文言として有名な「本法ハ国民文化ノ進展ニ資スル為」の「国民文化」や、同法の他の箇所に頻出する「国民」という言葉は、あくまで本土の文化と本土出身の人々を指すものだったと言える。また、前章で見たように、映画作品の内容を総力戦体制に見合うように指導しようとした「国民映画」というカテゴリーの創設も本土だけを前提に行われたことは疑いない。前章でも見たように、一九四〇年一二月設置の情報局により設けられた「国民映画」には、一般から脚本を募集して選考するものと、映画会社に委嘱して製作させ選考するものの二種類があり、そのいずれもが「国民全体の娯楽」であることを求められたが、そこに「外地」の人々が含まれていたかは疑問である。一方、検閲は、欧米の映画、朝鮮映画、中国映画、満映作品も対象としたが、その目的は日本本土での配給を管理するものであって、その製作に直接及ぶものではなかった。いずれにしろ、日本の映画政策関係者は明らかに本土と「外地」を区別していた。一九四一年八月から四二年四月にわたり情報局第五部第二課長を務めていた不破祐俊は「内には国民を啓発して（中略）外には（中略）大東亜共栄圏確立の世界史的大使命」と述べているし、[36]同時期に中華電影股份有限公司の専務董事を務めていた川喜多長政もまた「国内では民衆の指導、啓蒙、慰安（中略）国外は他民族の民心把握」というように目的の違いを示している。[37]

こうした区別にも対応して、日本本土以外の帝国の支配地域では、「内地」の政策に準じつつも、独自の機関により制度が制定され実施されていた。朝鮮では一九二六年七月に活動写真「フイルム」検閲規則が、四〇年八月には朝鮮映画令が総督府により制定されたが、これらはそれぞれ内容的には本土の活動写真「フイルム」検閲規則（一九二五年五月制定）と映画法に似通っているものの、本土の規則や法律とは別個のものとして成立し運用された。台湾に至っては、一九二六年八月に本土の活動写真「フイルム」検閲規則に相当するものが総督府により制定されたが、映画法に相当するものは制定されていない。満洲では、一九三七年四月の株式会社満洲映画協会（満映）の設立に際し、満洲映画協会法とセットで満洲国映画法が満洲国議会の決議により制定された。中国では、一九四〇年三月に日本の傀儡政権と言える汪兆銘（精衛）国民政府が成立すると、その支配地域では当政府による検閲と現地の憲兵隊による検閲の二重検閲が行われるようになった。[38]香港、仏印（現ベトナム）、マレー、タイ、ビルマ（現ミャンマー)、フィリピン、「東インド諸島」を範囲とした南方では、一九四〇年九月に日本が北部仏印に軍を進駐させてから映画工作が本格的に進められたが、それが四二年九月に陸軍報道部により発表された南方映画工作処理要項により制度化された。さらに同年一二月には陸海軍・情報局などの関係各省や国際文化振興会・観光局、映画配給会社(映配)、日本映画社(日映)による南方映画選定委員会が設置され、南方だけにターゲットを絞った映画作品選定などの政策が実施されるようになった。[39] こうした法制度とともに、映画会社も、帝国日本の管理下にありながら、日本本土とは区別されて地域ごとに設立され運営された。朝鮮映画製作株式会社(一九四二年九月設立)、台湾興行統制株式会社(四二年三月)、満映、北京の華北電影股份有限公司(三九年一一月)、上海の中華電影(三九年六月)・中華聯合股份製片公司(四二年四月)・中華電影聯合股份有限公司(四三年五月)、南洋映画協会(四〇年一二月)はその端的な例である。このように、日本本土と「外地」の間には法制的な面と企業運営の面の両面で明らかに区別があった。

確かに、人(企業関係者、製作者、批評家、官僚など)、映画作品、機材・材料(カメラや生フィルムなど)、情報(新聞・雑誌・広告などの印刷物を含む)、金融の面では帝国内部の境界をまたぐ移動が活発化していた。しかし、いずれの場合も明らかに日本本土とそれ以外の間には不均衡が見られる。それらの流通・移動については今後さらなる調査が必要だが、例えば、長期的または短期的に「外地」に滞在した日本人に関して言えば、川喜多長政(中国)、岩崎昶(満洲、中国)、清水宏(朝鮮、台湾)、今井正(朝鮮)、三木茂(中国、インドネシアなど)、清水晶(中国)、辻久一(中国)、マキノ光雄(満洲)、森岩男(満洲)、不破祐俊(中国)など枚挙にいとまがないほどの人々が越境的に活動を行った。李香蘭が、満映に所属して満洲を拠点にしながらも、ロケーション撮影や舞台出演のために中国、台湾、朝鮮、そして日本本土に赴いたことはよく知られている。[40] 逆に、一九三〇年代末から四〇年代初めに「外地」から本土へ渡った映画関係者は、許泳(日夏英太郎、朝鮮から)、汪洋(中国から)、張迷生(中国から)などがいるが、数が比較的少なくしかも短期的だった。[41] 三澤真美恵が活写したように、台湾出身の劉吶鷗や何非光は、台湾から中国大陸へと渡りながら「帝国」日本と「祖国」中国の間に挟まれてそれぞれに翻弄された映画人生を送った[42]。映画作品についても、日本からの植民地・占領地域への配給は（その実際の人気はさておき）積極的に試みられたが、植民地・占領地域から日本本土への映画配給はそれほど多くはなかったし、その少数の作品にしても稀な例外を除いて人気を得たとは言いがたく、興行に際して差別的な待遇を受けることもあった[43]。こうしたことからも本土とそれ以外の地域との間には中心と周辺と呼べるような不均衡な差が多層的に存在し、それが後ほど検討する「東亜民族」言説における本土とそれ以外の地域への不均衡な認識ともつながっていたと言えるだろう。

帝国の映画政策においてはまた、本土とそれ以外の地域の間だけでなく、地域間にも差異があり、それが認識されていた。すでに見たように、法制度と映画製作は地域ごとに行われていた。加えて、台湾・朝鮮とそれ以外の支配地域は区別される場合が多かった。加藤厚子が指摘するように、台湾・朝鮮への映画政策は「映画工作」と呼ばれることはほとんどなかった[44]。実際、津村秀夫の著書『映画戦』（一九四四年）を見ても、満洲、中国、南方については「大東亜共栄圏」の「映画工作」の対象地域として網羅的に項目を立てて記述していながら、台湾と朝鮮については項目そのものを設けていない[45]。これはおそらく、台湾と朝鮮といった植民地はすでに日本の一部として考えられているところがあり、その意味でローカル化されていたからだろう。しかしまた、台湾と朝鮮の間にもさまざまな点で大きな違いがあったことも見過ごせない[46]。映画政策の観点から言えば、朝鮮と違って台湾では大規模な映画製作会社が創設されることはなかったし、映画配給の面でも朝鮮ではアメリカ映画の抑制が課題とされたのに対して、中国系の住人の多い台湾では上海映画への対処が重視された[47]。満洲では他のどの支配地域よりも本土からの自律性の強い映画産業が成立した[48]。中国では、晏妮が詳細に描き出したように、北京を中心とした華北と、上海を中心とした華中では映画製作の規模や製作される映画のジャンル（北京では伝統文化を生かした京劇の映画化が盛ん）などの点で大きく異なっていた[49]。日本側からの認識としても、例えば、「中国人・比律賓人」と南方の「民族」との間に教養の差があるとか[50]、中国人に比べて「南洋民族は文化程度が低い」といった見方があった[51]。これに対して、被支配者側の観点からすれば、例えば、比較的寛容なアメリカの植民地政策下に日本軍が侵攻したフィリピンと、日本軍がオランダの植民地政策からの解放をもたらすと（少なくとも一部では）見られたところもあるインドネシアでは、日本映画の受け入れ方に差があったとしても不思議ではなかった。[52] こうした多様な地域間の差異は、植民地化と支配の歴史的文脈、それ以外の歴史的・文化的・教育的背景、経済的・政治的状況、地理的条件などさまざまな要素が複雑に絡まり合って生まれてきたものだと言える。

観客言説に見られる「東亜民族」と動員システムの構想は、こうした複雑な断層と差別構造をうちに抱えた帝国に住む人々を、無謀にも一つに包含しようという試みだった。この点で、その構想がファンタジーに終わったことは容易に察しがつくだろう。しかし同時にそれは、単に空想に過ぎないものとして片付けてしまうことができないほど真剣に、しかもある程度の善意をもって追求されたものでもあり、それだけに後世にも重大な影響を与えるものだったと考えられる。ではいったい、その「東亜民族」とはどのようなものとして思い描かれたのだろうか。そこにはどのような問題が読み取れるだろうか。

## 同一性のファンタジー

すでに触れたように観客言説は、映画製作者、映画業界関係者、官僚、批評家、ジャーナリスト、一般読者などさまざまな書き手によって書かれた。それは書籍、映画雑誌、一般雑誌、新聞（内地版・外地版）など多様な印刷媒体に発表され、評論記事、座談会記事、コラム、読者投稿など形式の面でもバリエーションがあった。その印刷媒体は、朝鮮で刊行された『映画演劇』『三千里』『緑旗』、台湾で刊行された『台湾時報』、満洲で刊行された『満洲映画』『宣撫月報』、上海で刊行された『大陸新報』を含み、多くは日本語で書かれたが、現地の言語で書かれた場合もあった。さらに、厳しい検閲下にあったために帝国に対してあからさまな抵抗を表明するものは見られず、そのほとんどが支配者側の視点から書かれている一方で、被支配地域出身者と思われる書き手による文章も掲載された。こうした観客に言及する言説の中で一九四一年からとりわけ目立ってきたのが、映画観客を「東亜民族」に結びつけて論じるものである。人々を映画観客へと呼び込み、それを通じて「大東亜共栄圏」の主体たる「東亜民族」を創造しようとし、かつ想像させようとするこの種の言説には、主として三つの特徴があった。

その一つは、共通性・同一性を強調するものである。それは、「東亜民族」をあたかも本質的で既成事実であるかのように語りながら、同時にそれをこれから建設していこうというように、矛盾した両面性をもつものだった。映画年鑑などを出版した国際映画通信社の創設者、市川彩の言論はその典型である。彼は、その著『アジア映画の創造及建設』の中で、「東亜共栄圏を確立する為には（中略）そこに確固たる民族共通の地盤と文化が形成されねばならぬ」と宣言する一方で、[53]「白人」への対抗を打ち出しながら、「支那事変」が「アジア民族」の「自覚」を促したことを指摘しつつ、映画を通して「アジア民族共通の感覚」を共有することで「アジア文化」を建設しようと訴えている。[54]市川はここで「アジア民族共通の感覚は映画に依って初めて表現可能」と述べているのだが、その「共通の感覚」が具体的に何を指しているのか、もしくは何を根拠に「共通の感覚」と言えるのかについては同書を通じてまったく明言することがない。この市川の著書に端的に現れているように、全般的に観客言説が言及する「東亜民族」の共通性とは、既成事実としてはいわばシニフィエなきシニフィアンとでも言うべきものであり、ほとんど実質的な根拠がなく暗黙の前提にされているものだった。

とはいえ、この種の言説が「東亜民族」の共通の基盤としていたことがらを、それらがどれほど曖昧で矛盾に富むものであっても、いくつか読み取ることは可能である。その一つは領土である。すなわち、帝国日本が侵略し占領したり植民地化しつつあった東アジアから東南アジアにかけての領土が共通の基盤とされていたことが推察できる。市川は『アジア映画の創造及建設』の冒頭で「東亜に於て日本以外は、英米仏の帝国主義的蹂躙に委ねられ、

（中略）東亜民族の為の新秩序を建設しようと云うのが、今次事変の目標である」と述べているが[55]、ここでは「東亜」が、「英米仏」という離れた地域にある国々と差別化されることによって規定され、日本本土とそれに隣接して広がる地域を指していることが窺える。第二に共通性として想定されているものには「文化」があった。市川は言う。「現に東南アジア及び南東群島に於ては欧米映画、特に米国映画が独占的暴威を振い（中略）彼等の欧米依存心は想像以上に強い。けれども我国の文化は其の背景に、共通の東洋的感覚を持つから、之を強調することに依って彼等に大に魅力を感ぜしめることが出来よう」[56]。第三に、このように既存の地理的・文化的参照に訴えるよりもむしろ、「大東亜共栄圏」という新たな枠組みを持ち出すことによってひとまとめにしてしまおうとするレトリックがあった。先述の最初の市川の引用はその最たるものだが、満洲では「大亜細亜主義のイデオロギーの下に民族を統合する機運」といった、よりあからさまな発言も見られた[57]。

しかし、これら共通性の三つの構成要素は、欧米との差異化によって規定されているところが大きいということに加えて、実質的にはさまざまな矛盾を孕んでいた。例えば、ピーター・B・ハーイが日本映画『南海の花束』（一九四二年）の批評を分析しながら論じているように、南方は、日本の延長と考えられていた中国大陸とは違って、エキゾチシズムの対象として見られる傾向にあり、それ以前の「白人」にとってと同様に征服者の「日本人」にとってはその土地柄の異質性こそが魅力的なものだった[58]。「欧米」や「白人」というカテゴリーにしても同盟国のドイツとイタリアを別格扱いしなければならないために名目とつじつまが合わないことが少なくなかった。また一般に帝国の言説では、日本と東アジア（朝鮮、中国、満洲、台湾）の関係については同質性が強調されたのに対して、南方に対しては日本が「解放者」や「同胞」として規定されたという指摘もある[59]。さらに言えば、観客言説は「民族」という言葉を、身体的特徴の共通性を含意するものとして使うことがあったが、実質的にはアジアに住む人々の間に肌の色を含め人種的な身体的差異が認められていたことは明らかである。したがって、「東亜民族」の言説は共通性・同一性を強調することを通して、そうした数々の差異を覆い隠していたとも言えるだろう。同様のレトリックは朝鮮映画をめぐる帝国の言説にも如実に現れていた。すなわち、朝鮮映画製作会社設立の際に、朝鮮映画は従来のような日本本土とは異なる「ローカルな」特色を打ち出すものではなく、日本映画の一つとして大東亜共栄圏の一翼を担うべきだと主張されたのである[60]。

## ひそやかな中心性

こうした共通性・同一性を前面に出す「東亜民族」の言説は、同時にそこに日本の中心性と特権性をひそかに定立するものでもあった。これが二つ目のこの種の言説の特筆すべき特徴である。もともと帝国日本は一八九五年の台湾獲得以来、少なくとも公式的な文章ではその侵略性について「植民地化」「属国化」「支配」といった直接的な言葉を避け、「領有」「併合」「延長」「新日本」といった婉曲語法を使用してきたと言われている[61]。満洲や華北・華中に至っては、独立国家や独立政府の体裁をとることで日本の占領が表立ったものにならないようにされた。観客言説でも同様に、「盟主」といった言葉が頻繁に使われたにせよ、日本の植民地主義や侵略性があからさまに表明されることはなかった。しかしその一方で、この種の言説ではほとんど常に「日本」もしくは「天皇」が中心とされていたことは明らかである。

ここでとりわけ興味深いのは、そうしたレトリックを伴いながら日本の中心性を前提とした「東亜民族」の言説には一定の論理的パターンがあったということである。それは四つ指摘できる。ここではそれらを文化主義、近代主義、パターナリズム、異文化理解のイデオロギーと呼びたい。これらは齟齬をきたすものであるにもかかわらず、その矛盾は問題化されることなく並存する傾向にあった。

文化主義と近代主義の間には明らかに矛盾があった。文化主義とは歴史によって変化することのない古来の日本の伝統文化の特殊性に最大の価値を置く立場であり、長谷川如是閑の著書『日本映画論』（一九四三年）に典型的に見られるものである。彼はここで「文明」と「文化」をほぼ同義に使いながら、「日本映画は、供給も日本だけに限られ、関係者の全部が純粋の日本人であり、殊にその日本人の文明は、数千年間一系の持続的性格をもったもの」と述べた上で、「日本映画は、その芸術的の又技術的の手法に於て、多分に「国際的」であるに拘らず（中略）「情緒」に於ては、頗る「日本的」」だと論じている。[62] これに対して近代主義は、遅れたものから進んだものへと進む進化論的な時間軸を絶対的な基準として想定し、その物差しで人種や文化を計ろうとする立場であり、この見方はしばしば地理的空間を中心から周縁へと広がるものとする見方と重なり合っていた。[63] 批評家の津村秀夫はこうした文化主義と近代主義という相異なる論理をご都合主義とも言えるほど場面によって使い分けている。彼は、よく知られた「近代の超克」シンポジウム（一九四二年）で、「アメリカ物質文明」「機械文明」を、日本に悪影響を与え、生活・文化を安直にしたものとして批判した。この「アメリカニズムが将来の東亜文化圏の建設にあたって（中略）見えざる障害となる」とまで断言している。[64] しかし、別のところでは「南の未開の原住民なんかには、もっと素朴な意味で、物質文明の方から知らしていかなければならない」と発言している。[65] 実際、次節でも詳しく見るように、日本の文化の特殊性を打ち出すことは「外地」では理解されない可能性が高く、日本の信望にとって賢明ではないという議論が起こった。日本の農村の風景、富士山、和服といった日本文化のイコンは「外地」では通用しないばかりか、劣った文化として誤解される危険があるというのである。[66] 確かに、こうした意見に対しては留保や反論もあった。例えば不破祐俊は、近代主義的な見解を打ち出す一方で、「日本の風習、信頼感を深めさせる映画」が必要だと言うように、日本独自の文化——具体的に何を示すかは明示されていないが——を伝えるという建前を完全に否定することはなかった。[67] 一方、伊丹万作は、「民族」という言葉で「日本人」を表しながら、「国民の生活を反映しないような映画はすでに映画では無いのだ。芸術とは民族の生活の上に咲く花なのだ」と述べ、「百姓生活」を恥じる近代主義的な発言を激しく批判した。[68] とはいえ、「東亜民族」に関する言説で圧倒的に優勢だったのは、「自動車」「飛行機」「行軍」「兵器」「近代都市」などの近代的、物質的、経済的、科学技術的、軍事的側面を見せつけるべきだという近代主義的見解であった[69]。さらにこうした見解はしばしば、「米英蘭より日本人が劣っていないように」見せるべきだといった欧米を意識した文言や、「外地」を「未開」だとか「文化レベルが低い」とみなす言明を含んでいたように[70]、進化論的な時間軸に基づいて人種を階層的に位置づけるとともに、地理的空間を「中心と周辺」からなる階層的関係として理解していた。

この近代主義的な見方はさらにパターナリズムと密接に結びついていた。パターナリズムとは自らを大人の立場、優位な立場に位置づけ、他者を子どもとして、すなわち自立していない者として擁護しようとする態度であり、したがって人種や文化を優劣の関係で見る近代主義的な見方と通底していた。しかしその一方で、パターナリズムは、自らを特権的な立場に置き、他者の意思や自己決定を軽視しているにもかかわらず、他者に対して温情をもって接しようとする点で一見して善意に満ちた善行のように見え、そのためにその欺瞞性が自覚されないことが多い。しかも、そうしたあたかも善意を遂行しているかのように思える自己満足的な言動のために、実際に存在する暴力性や差別が認識されないまま背後に覆い隠されてしまいがちである。「東亜民族」の言説はこのパターナリズムを忠実に体現している。まずこの種の言説は「日本」または「日本映画」を「東亜民族」の「盟主」や「指導的地位」に位置づける。日本本土の「国民」は「東亜共栄圏十億の民衆の指導者たる地位」にあると主張する、権田保之助のような発言がいたるところに見られた[71]。そして、そうした指導的な地位にあることが、「外地」の人々は「文化的程度」が低いとみなす見方と対にされることによって当たり前のように是認され、それによってその人々を教育し[72]、「東亜民族解放への意志」や「皇国臣民たる自覚」へと導くことが正当化された[73]。

この種の言説は一方で、帝国日本による支配の暴力や矛盾に触れることがなく、むしろそれをオブラートに包む効果をもっていたと言える。日本軍の侵略性・暴力性を批判することはなかったし、それまでにイギリスなどの欧米列強が作り上げてきた「東南アジア域内交易圏」に代わって交易・流通システムを新たに構築するだけの経済力が「宗主国日本」にはないという事実を問題視することもなかった。[74]他方で「東亜民族」のパターナリズム的言説は、差別構造を支え強化する機能も果たした可能性がある。すなわち、進化論的思考に裏打ちされた啓蒙的言説はそれに従順な者を自分たちに次ぐ上位に位置づけ、そうでない者を下位に位置づけるだろうからだ。またそれによって、被支配者側の間では、より上位の承認を得ようとする競争に誘われることにもなるだろう。植民地主義下で助長されたこうした差別構造は、植民地期朝鮮・台湾を考察する研究者たちによってしばしば指摘されてきたことである。例えば、李英載は植民地期の朝鮮映画を論じる中で、朝鮮人エリートたちが「皇民としての資格を絶えず訴え続けたのは、皇民になれるということで彼らはもはや不平等な被植民地人ではなく「国民」に」なれると信じたからだと指摘している。[75]実際、朝鮮で刊行されていた雑誌『三千里』一九四一年六月号には、映画製作者であり批評家でもあった安鍾和《アンジョンファ》による「新体制と映画人協会の任務」という記事が掲載され、その中で朝鮮映画人は「皇民化されること」を受け入れる努力を積極的に行っていることが強調されている。[76]台湾でも、三澤真美恵が指摘するように、朝鮮映画『志願兵』を見た台湾人が朝鮮人に対抗意識を抱き「皇民」になることを競い合うといったことが見られた。[77]こうした現象が起こったのは、「東亜民族」の言説が自明の前提としていた差別構造が大枠として帝国に存在していたからであり、同時にその構造はそうした被支配者側の積極的かつ従順な参加によってさらに強化されたと考えることもできるだろう。ただしこれが極端に進み、「皇民とは、現在の大和民族だけが独占すべき特権ではない」という『朝鮮公論』(一九四四年五月号)に掲載された言明のように、[78]ときとして支配者側にとっては脅威にもなっていったことも付言しておきたい。このような緊張関係については後でさらに詳しく述べる。

「東亜民族」における日本の中心性を定立する論理として、文化主義、近代主義、パターナリズムとともに、もう一つ指摘しておきたいのは、異文化理解のイデオロギーとでも呼べるものである。それは、他者の文化を理解しようとしたり他者の立場に立とうとしたりするものの、常に自と他の区別を前提としており、両者の文化が相互に混じり合ってきたことや今後混じり合う可能性があることを想定しない考え方である。例えば、「中国映画の現状」

と題された一九四三年五月の座談会では、日本は「指導者であるけれども、独裁者であってはいけない」（記者）、「相手の犠牲のもとに君臨する指導者でなく、相手を太らせる指導」（清水晶）、「中国人の面子も考えて（中略）支那民族は少なくとも日本民族との同等の高度の文化を生んできた民族でしょう。だから芸術や技術への理解も早く、こちら次第で深いものとなる」（野口久光）といった会話が交わされた。[79] 一方、市川彩は「真に日満支三国が提携していく為には、之等の各国民大衆が相互に理解を深め、精神的にもその結合関係を鞏固ならしめる必要がある」と言いつつ、「満洲国と云い、中華民国と云い、其の国民一般大衆の文化程度は甚だ低く、東亜の新秩序を建設する為には、彼等を啓発指導しなければならないが、満洲国は建国以来（中略）着々実績を納めている[80]」と述べている。その上で彼は、「中国民衆は災禍で娯楽を失い不安と恐怖の中にあるからこそ、日本の支援によって新生活の建設が必要」だと訴えている。[81] このように座談会と市川は、程度の差こそあれ、相手を理解することの必要性を説いている。しかし、その理解は両者とも、あくまで自と他の区別の上に成り立つ他者理解であり、しかも最終的には他者を自分に従属させることが自明の目的とされている。

『日本映画』一九四一年九月号に掲載された社会評論家による論考や三木清の言動には、以上のように見てきた「東亜民族」のファンタジーの重要な一面が端的に表れている。前者は最初に「人種」を「生理的遺伝関係」、「国民」を「政治的統治関係」、「民族」を「歴史的文化関係」と定義づけた上で、「人種」と「国民」は不変である一方で「民族」的同一性は「東亜共栄圏」の建設に向けて変化を迫られると主張し、「日本人」の覚悟を促している。そして、李香蘭出演の映画として有名な『支那の夜』を例に中国人に日本人の価値観を押し付けていることを批判しながら、日本映画の「民族的独善主義」を戒めている。[82] 大衆的な雑誌によって流通したこの言説は、帝国の拡張に合わせて「民族」の意味合いを都合よく変化させるという、先に示した学術的傾向に符合している点で興味深い。さらに特筆すべきは、一見平等主義的に見えて、この論考は政治的問題を等閑に付し文化的な次元にとどまっているということである。すなわち、その「人種」「国民」「民族」の定義に明らかなように、あたかも平等を打ち出しているかのように見えて実は、血縁と政治的権利に基づいた「日本人」の特権性が問題化されることなく自明の前提とされているのだ。表面的には耳触りが良いだけにわかりにくい、この種の異文化理解の必要性を説くレトリックは、三木の言動にも通底しているように思える。彼は中国を視察して帰国した後に、「かの地における日本人の行動に遺憾な点が少なくない」としてその横暴ぶりを自制するように呼びかけながら、「単に上から〔中国〕国民を説教することによってでなく、下からの力として国民を動かす事によって国民性は改造する事ができる」[83]と述べている。ここでも、異文化への配慮と理解を促す物言いは、自分を中心としそこへ他者を従属させることに帰着している。こうした論理は、一九二二年刊行の『社会と国家』では帝国日本を一つの「社会」とみなしうるかについて疑問視していながら（本書第一章参照）、三九年の『東亜民族論』では「東亜民族」の正当性を論じるようになっていた高田保馬にも当てはまるものだった[84]。

このひそやかな中心性の定立は、帝国の思想的・構造的不均衡性と呼応しているとも言える。一つには、そもそも「八紘一宇」から「大東亜共栄圏」へと展開された帝国の拡大路線自体がそうした思想によって正当化されていた。例えば、マルクス主義者から転向した小山弘建は『中央公論』（一九四二年五月）に発表した論考「現代総力戦の構想」で、クラウゼヴィッツやルーデンドルフに言及しながら、二度にわたる世界大戦を通して「総力戦」が世界秩序を形成する原理の一つになったことを主張し、日本が現在「主導的民族の周囲に数多の民族を結集する次の歴史段階」に入っていると論じている[85]。また、情報の流通・表象に関する発言を見ても、市川の言う「相互に理解」とは裏腹に、不均衡性が当たり前のように前提とされていた。例えば、津村秀夫は一九四三年出版の著書『続映画と鑑賞』の中で、ニュース映画や戦記映画の最大の意義は、日本本土の「国民」に、戦闘における日本兵の「地味な労苦」や現地の人々との生活上の和やかな触れ合いを伝えるところにあると指摘している[86]。言い換えれば、映画は現地の人々を理解するためのものとしては想定されていなかった。仮に「外地」の様子が捉えられていても、それは上述したようにエキゾチシズムの対象となるか[87]、もしくは日本軍の活躍を伝え兵士の家族や身内の関心に応えることが最も重要なことだった[88]。これは、日本の文化や文明を「外地」の人々に理解させようとしたのとは対照的であり、相互理解には程遠い自己中心的な関係である。加えて、容易に推察できるように、津村は日本軍の暴力や侵略の実態がニュース映画で伝えられていないことを問題にすることもなければ、そうした描写を不可能にしているものとしての映画法と検閲に触れることも決してなかった。確かに、津村自身がその実態を把握していなかったという可能性もあるだろう。だが、いずれにせよ問題の核心は、そうした表象の不均衡性が明らかに存在しているにもかかわらず、それが批判的に自覚されることはなかったところにあった。

## 身体的感覚への訴え、または「精神」と科学

共通性・同一性と中心性に加えて、「大東亜共栄圏」の主体として「東亜民族」を創造し想像させようとした言説には、「内面」「精神」といったレベルから身体的感覚のレベルに至るまで、いわば身体全体に訴えかけることで帝国の住民にこのイデオロギーを浸透させ戦時体制へ動員しようと目論んでいたという特徴がある。したがって、ここで言う「想像」とは、単にベネディクト・アンダーソンが論じたような新聞や小説、言語を介して頭で想像されることにとどまらず[89]、むしろそれ以上に身体的にショックを与えて突き動かす情動にまで踏み込んだものであった。飯島正は「大東亜建設戦」のための映画は知識ではなく「腹」で受け止められるものでなくてはならないと主張しているし[90]、高島金次は『朝鮮映画統制史』（一九四三年）の中で朝鮮総督府警務局図書課映画検閲室の清水正蔵が「朝鮮同胞を腹の底から日本人に作り上げていく事が日本に課せられた大使命[91]」だと述べたことを紹介している。これらの言論では、観客が映画に接触する段階の状態と、接触した後の段階の状態の二つの異なる段階が半ば一緒にされて言及されていることがわかる。映画が身体的感覚に訴え全身的に受容されれば、帝国の住人は「東亜民

族」になるという、素朴とも思える想定がそこにはあった。この考え方をもっとも強力に推し進めた一人が『映画戦』（一九四四年）の著者、津村である。彼は先述の『続映画と鑑賞』（一九四三年）の中で国際的にプロパガンダの価値が高まっていることを指摘しながら、「大衆というものを知的に高く評価するのは元来がすこぶる危険なことであり、実は大衆の最も動かされ易い弱点はその感性にこそ在る」[92]と述べている。そして、『映画戦』では冒頭で「大東亜数億の民族の中に如何に文盲人口の多いことであろうか。（中略）これらのラジオも聞けず、新聞も読めぬ膨大な人口に対して映画の威力は如何に絶大であろうか」[93]と問いかけ、視覚的・聴覚的に訴えることで帝国の住人に「大東亜の感覚」を与えることを主張した。[94]後述するように、これは批評家の今村太平から官僚の不破祐俊に至るまで当時広く共有された考え方だった。

興味深いのは、こうした一見素朴とも思える映画の効果論と、当時の二つの思想的・理論的系譜との対応関係である。その一つは一九三七年以来の国民精神総動員運動である。「精神」という言葉自体の語源的・思想的検討は本書の射程をはるかに超えているが、この言葉がこの頃から濫用とも言えるほどあるゆる文脈で使用され、しかも文脈によって微妙に異なる意味合いをもって使われていたことには留意しておきたい。「日本精神」のように「西洋物質主義」と対比されながら文化的に特殊なものとして規定されることもあれば（津村『映画政策論』一九四三年）、「近代精神」のように（西洋中心の）普遍主義的含意を有しながら使用される場合もあったし（「近代の超克」における津村の発言）、映画法に見られるように「国民精神ノ寛容」といったナショナリズムの強化を目的にする使用法もあった。[95]こうした中で「精神総動員」における「精神」は、一九三七年八月二四日に閣議決定された「国民精神総動員実施要綱」の中の「「挙国一致」「尽忠報国」ノ精神ヲ鞏ウシ事態ガ如何ニ展開シ如何ニ長期ニ亘ルモ「堅忍持久」総ユル困難ヲ打開シテ所期ノ目的ヲ貫徹スベキ国民ノ決意ヲ固メシメルコト」という文言に見られるように、決意や意志といった意味合いを帯びていた。[96]これは、朝鮮でも台湾でも、そして満洲でも同様の「国民精神総動員運動」が展開されたように、[97]個々の育った文化的背景の違いや素質に関係なく、誰もがやる気さえ出せば遂行できるという（反省的知性を伴わない）知的かつ感情的な傾注と、ひいては身体的傾注をも指していた。この知的・感情的・身体的傾注としての「精神」は、意志として規定されている点で、合理的な計算に基づいて遂行する行為とは必ずしも言えず、むしろ条件反射的に、あるいは感情に駆られて行動する情動に近いものである。[98] これは、「ボタン一つ押せばその機構が総動員して、たちどころに文化動員の態勢とな」[99] るという、第二章でも触れた不破の『映画法解説』に見られる有名な文言にも符合するものである。こうした情動的な「精神」の理解の仕方に限って言えば、一般に「精神主義」に対してなされる「不合理」という批判もあながち間違いではない。

しかし一方では、この「精神」の動員を促す方法と手段は合理的思考に、すなわち科学的または学術的な体裁を整えた思考に基づいていた。それは、この「国民精神総動員実施要綱」の三㈢に「指導ノ細目ハ思想戦、宣伝戦、経済戦、国力戦ノ見地ヨリ判断シテ随時之ヲ定メ全国民ヲシテ国策ノ遂行ヲ推進セシムルコト」[100] とあるところからも窺われるように、第一次世界大戦の頃から展開されていたプロパガンダ理論を根拠にしていた。第二章で見たように、日本に「思想戦」という概念が輸入されたのは第一次世界大戦中である。この頃欧米の大学では宣伝技術を分析する心理学や新聞学の研究が本格的に制度化された。[101] それから約二〇年後の一九三四年に陸軍省新聞班が頒布したパンフレット『国防の本義と其教化の提唱』によって「思想戦」という言葉が一般に知られるようになる。[102] またこの頃、満洲国通信社での実験を経て一九三六年に、新聞聯合と日本電報通信社の通信部門を合併する形で社団法人・同盟通信社が国策的な機関として設立された。[103] 佐藤卓己は、こうした流れを第一次世界大戦から第二次世界大戦にかけて進行した総力戦体制形成の一部として捉えることを提唱している。一方、バラク・クシュナーは『思想戦』と題した著書の中で、一九三〇年代までに、それ以前まで道徳的な「教化」として語られていたものが科学技術的な「宣伝」に転換したと論じている。[104] 確かに、第一章でも論じたように、一九二〇年代には「宣伝」や「思想戦」といった概念よりも、「教化」「民衆教育」「社会教育」といった概念との結びつきで映画が語られ、文部省に利用されていた。しかし、権田保之助、橘高広、中田俊造、乗杉嘉壽らによって論じられた「民衆教育」「社会教育」に科学的な視点がなかったとは言い切れない。とはいえ、第二章でも論じたように、一九三〇年代後半には、小山栄三や米山桂三などがそれ以前にはなかったほど社会科学的な方法を用いて「思想宣伝」の理論を展開したことは確かであり、この頃同種の書籍・雑誌記事が多数著された。[105] また満洲では一九三七年七月に創刊された『宣撫月報』の中で本土に先んじてハロルド・ラスウェルの著書『世界大戦に於ける宣伝の技術』(一九二七年)の一部が訳されるなど、プロパガンダの研究が盛んになった。[106] 興味深いことに、満洲で刊行された雑誌『満洲映画』一九三八年四月号には、「民族協和、王道楽土建設の新アジアイデオロギー」をプロパガンダによって普及させる必要性を唱える記事とともに、[107] その理論的根拠とも思えるものとしてソヴィエトの思想家の論考が訳され掲載されている。[108]「亜細亜乃至は東洋の全体主義的協力」を広める目的は共産主義と対立するが、その広める方法については共産主義のプロパガンダ理論も参考になるというのである。[109]

このソヴィエトの思想の影響が実際にどれほどあったかはともかくとして、市川彩や津村の論は「精神」論とともに、明らかにこうした「思想戦」論、「宣伝」論の影響下にあった。市川は「政治、軍事、外交問題は条約覚書に依って一応の解決は出来るが、民心の把握は飽くまで文化的に解決されねばならぬ」[110]と述べているように、映画による「宣伝」や「文化工作」が政治的・軍事的・外交的行動と相補的な関係をなすとともに、これも戦争と同じように戦略的に進められるべきことを示唆している。一方の津村は、一九三〇年代後半には統制に対してやや批判的な姿勢を見せていたにもかかわらず、[111] 四一年以降は内閣情報局の「国民映画」審査委員を務めるなど国家政策に深く関与するようになっており、(三六年以来広告専業となっていた)日本電報通信社から刊行されていた雑誌『宣伝』などに寄稿する傍ら、四三年には『映画政策論』を、四四年には『映画戦』を著した。しかも、わずか一年ほどの間隔を置いて出版された両著作の間には「宣伝」の中味と方法の両面に関して興味深い違い、ないしは発展がある。まず顕著なのは、『映画政策論』では「文化戦」という言葉が使われ「思想戦」という言葉は使用されていないのに対して、『映画戦』では一貫して「思想戦」という言葉が使われている点である。これに対応するかのように、後者では、佐藤卓己の見解とも一致して、[112]「思想戦」理論が第一次世界大戦での新聞と通信事業の活用をきっかけに第二次世界大戦までの戦間期に発展し、ラジオとともに映画がそのメディアとして重要な役割を期待されるようになったと記されている。[113]こうした歴史的文脈に即した説明は『映画政策論』には見られない。

加えて、両著書には映画に期待される役割について重要な違いがある。『映画政策論』は、その大半が日本本土内の政策に焦点を合わせているものの、最後の章で「大東亜映画政策」に関して記し、①「英米思想」の駆逐、②「東亜各民族間」の紐帯、③「民族意識」の高揚、④日本文化の浸潤を、映画に期待される「文化戦」の使命として打ち出し、④については「最も至難」であり「異国人には理解しがたい」とも漏らしている。[114]これに対して、「大東亜共栄圏」を主要テーマとして射程に置く『映画戦』は、①から③まではほぼ同じだが、④については「日本文化」よりも「日本の国力」を「宣伝」することを強調し、「日本の重工業——物質文明の威力を知らしめる」というようにスペクタクルによって身体的感覚に訴えることを重視している。この違いはまさに先述の、文化主義と近代主義との間の矛盾と、後者への最終的な傾倒と合致している。そしてさらにここで見逃してはならないのは、『映画戦』ではこの近代主義の表象が、映画固有のものとして情動に訴える機能に結びつけて論じられている点である。津村は言う。劇映画は「知性に訴えるよりも多く情意に訴えるものだからであり、（中略）言語及び風俗等の理解の困難という不利にも拘らず、観客の好奇心に訴えて、現に南方共栄圏各地においても異民族に歓迎されている」。[115]さらに「記録映画」についても、「特にニュース映画の政治的効果はそれが耳と眼に訴えるものであるだけに、知識水準の極端に低い原住民に対するほど一層威力を発揮する」と述べている。[116]こうした『映画政策論』と『映画戦』の違いには、東南アジアへの日本軍の侵攻に伴う南方への関心の移行という側面が窺えるが、それ以上に後者では、あたかも科学的な装いをもった「思想戦」の下で、視聴覚的感覚や情動に訴えることが映画に合理的に期待できる機能としてよりいっそう強調されている。この点で、津村の論述は「東亜民族」を創造し想像させようとする言説の一つの核心的な特徴を示していると言えるだろう。

観客言説は「東亜民族」の共通性・同一性を一つの大きな原理のように語りながら、常に「日本」という中心性を前提とし、自らの立場にとって都合の良いものとして構想した。この種の言説はまた、知的な理解を促す以上に情動に訴える映画の力によって、帝国に住む人々を「東亜民族」になるように仕向けることを狙った。同時に、そこにはさまざまな矛盾、困難、葛藤が伴っていたにもかかわらず、「東亜民族」構想の背後にある、独善性、暴力性、不均衡性といったことが批判的に検討されることはなかった。ファンタジーであるにもかかわらず、ファンタジーであることが認識されていなかったと言える。おそらく、その原因の一つは、「大東亜共栄圏」の主体としての「東亜民族」が単に理念的なレベルにとどまらず、インフラストラクチャーを含めたシステムとして構想されるとともにそれが実際にある程度までは実践されており、ヤングが示唆したように、その進行から撤退することができなかったからであろう。次節では、そのシステムの構想に目を向ける。

## 動員システムと映画

「東亜民族」が帝国日本の全域に及ぶ共同体の主体として構想されたのと連動して、映画による帝国の動員システムが構想された。ここで言うシステムとは、物資、情報、金融、人的資源の各次元における諸々の構成要素が個々バラバラに存在している状態とは対照的に、何らかの目的に見合うようにそれらを連関させる仕組み全般を指す。第二章で言及したように、思想史研究者の山之内靖は、欧米や日本では二つの世界大戦を通じて総力戦と呼べるシステムが構築され、それが第二次世界大戦後の社会の基盤になったと論じている(117)。とはいえ、一つの国民国家社会であればともかくとして、このシステムが多様な人種を包摂した帝国において成立し得たのかについては疑問が残されている(118)。しかし、ここで問題にしたいのは、実際に帝国で動員のシステム化が達成されたかどうかではなく、それがどう構想され、その構想過程でどのような問題に直面していたかということである。このように問いを立て直すことで、「東亜民族」の動員システムがファンタジー的な側面を多くもっているにもかかわらず、ファンタジーとして自覚されなかった様相を考察することが可能になるであろう。

そこで本節で注目したいのが、動員システムと資本主義との関係である。言うまでもなく資本主義の捉え方にはさまざまあり、それらを全面的に検討することはここでの目的ではない。ここで本章にとってとりわけ重要なのは、利潤という目的を個々に追求する複数の企業体が、生産、流通、宣伝、販売、消費に至るまでのさまざまなレベルで競合しつつも連関する仕組みとして資本主義を全体として成り立たせているとすれば、その仕組みが一九三〇年代後半までに都市――東京、大阪、京城、台北、上海、新京、奉天など――を中心に帝国の領土内で大なり小なり発展していたことである。第二・三章で見たようにこの時期までに、映画は、資本主義産業の一つとして発達し、「大衆」と呼ばれた大量の人々を動員する力があると認識されていた。この認識は、「国民」への動員だけでなく、「東亜民族」への動員にまで広がっていたと見ることができる。

こうした点を踏まえた上で、以下では、観客言説を分析しながら、「東亜民族」の形成と動員のための公共政策――すなわち、個々の企業の利潤よりも、国家の利益を優先させる政策――は、資本主義システムを否定するよりもむしろ、それを土台にしたり、利用しようとしたりすることによって映画による動員システムの確立を構想したことを明らかにしたい。当時の観客言説は、ここで取り上げる今村太平や津村秀夫などの批評家、不破祐俊などの官僚、高島金次や城戸四郎などの業界関係者といった多様な立場によるものを含みそれらの見解は異なる点も少なくなかったが、いずれも「東亜民族」の構想を支持し、資本主義的なものを否認こそすれ、否定することなくそれを動員システムと結びつけようとしている点では一致していた。次節以降で詳しく見るように、この構想には大きく分けて二つの面があった。一つは、既存の資本主義を利用するという面であり、もう一つは、資本主義の周縁ないしは外部を取り込もうとする面であり、とりわけ映画館がない地方に住む人々や少数民族を念頭に置いたものである。いずれにせよ、公共政策は、資本主義に置き換わろうとするのではなく、むしろそれを補完する形で映画を通じた動員のシステム化を推進した。これは、英米の「近代主義」や「物質主義」を否定する表向きの言説とは矛盾する形で進められていたものでもある。また、ここで言う動員とは、より厳密に言えば、映画館・映画上映会（つまり映画観客）への動員、映画を観ることを通じた「東亜民族」への動員、そして戦争への（兵士または労働力としての）動員という三段階に分けられ、理論的に言えばこれらの段階が整合するとは限らないはずなのだが、にもかかわらず当時の観客言説ではこれらの区別が曖昧にされ、明確な根拠なく等式で結ばれることを前提にしている場合がほとんどであった。

映画をこのように動員システムに組み込もうとする機運が盛り上がった一つの根本的な理由は、その社会的影響力が認識されていたからである。例えば、高島金次は朝鮮の映画統制に関する著書の中で、ある箇所では「あらゆる文化財を総動員して全アジア人を真のアジア人たらしめ大東亜繁栄のために」と主張し、他の箇所では「映画の持つ使命が広範囲であることは活字による出版物の比ではない」と述べている[119]。映画観客にかかわる言説全般を見渡すと、映画の固有性がとりわけ三つの点から議論されたことがわかる。すなわち、視覚性と（弁士の補助も含めた）わかりやすさ、複製技術と集団的受容、そして人気である。最初の二点については、映画批評家、今村太平がその論の最先鋒にいた。

今村は、視覚性とわかりやすさについて、映画を文字媒体に対抗させながら視覚芸術の極致として論じた。著書『映画芸術の性格』（一九三九年）の中で彼は「映画では、あらゆる人々の、文字においてはあれほど差別付けられる教養が平等化される傾向をもち、きわめて複雑な問題があらゆる人たちの教養を通じて共同でうけとられる[120]」と述べている。すなわち、文学のような文字芸術は教養のある人にしか理解できない「孤独性の芸術」であるのに対して、視覚に訴える映画は教養に左右されることなく誰にでも理解させる力があるというのである。こうした文字媒体との対比は、ハンガリーの映画批評家、ベラ・バラージュを想起させる。バラージュもまた言語と対比させながら映画の独自性を論じたし、その論を展開した一九二四年の最初の著書の一部が「視覚的人間」として邦訳されて雑誌『映画評論』二七年八月号に掲載されていた[121]。したがって、バラージュの論は日本でも映画批評家の間でよく知られていたし、今村がバラージュに感化されていたとしても不思議ではない。しかし、アンリ・ベルクソンの影響下にあったバラージュが文字の抽象的な性格――物質性や身体そのものから離れた抽象的な概念――との対比によって、物質や身体そのものを具体的かつ同時進行的に経験させることを映画独自の特長として浮かび上がらせたのに対して、今村は映画のわかりやすさを最重要視していた点で、両者は決定的に異なっていた。この点で、「最も無知なる人々にも、教師の眼をあたえる映画の学問的な力にこそ、文化映画の基礎がある[122]」という発言は今村らしいものである。また、ジェルジュ・ルカーチからも影響を受けていたバラージュが文字による抽象化を交換価値による抽象化（すなわち、ルカーチの言う「物象化」）になぞらえてそれを増幅させる資本主義の批判に向かったのに対して[123]、今村は「教養の平等化」と「政治の芸術化」に資するものとして映画の特性を打ち出し、全体主義と帝国主義を正当化する方向に向かった。実際彼は、一九四一年出版の『日本芸術と映画』で「映画は、その本質上、一時に数百千万の人々に呼びかけ、しかも複雑な文字の教養なしに満遍なく了解を与えるということが可能[124]」だと述べ、ヒトラーを神格化して見せるニュース映画『世紀の凱旋』をその模範例に挙げている。さらに一九四二年出版の『戦争と映画』では、「東亜十億民衆」は「雑多な種族に分かれ、その言語は煩雑でそして文化は極度に低い」とみなし、その「啓蒙教化指導」には映画がもっとも有効だと訴えた[125]。

今村の唱える映画のわかりやすさには、二つの側面があると言えるだろう。一つは、階級差や人種間の差異を無化し、あたかも誰もが平等になるかのように論じる「民主的ファシズム[126]」とでも呼べるもの――すなわち、抑圧や強制ではなく、むしろ誰もが平等に参加できることを通してファシズムを支える現象――である。この見方は、第二章で述べたように当時の権田保之助の考え方とも共通しているし、少なくとも理念的には、総力戦により階級差が平板化されシステム社会が形成されたと論じる山之内靖の見解や、『キング』のような大衆雑誌やラジオなどのメディアを介して階級差を超えた「ファシズム的公共圏」が成立したと論じる佐藤卓己の見解に当てはまる事例だと言えるだろう。[127] ただし、私は、仮に映画にこうした側面が多少なりともあったとしても、本章全体を通じて一貫して主張しているように、それは今村の論述を含め言説上で作り上げられている（必ずしも事実とは言えない）ファンタジーによるところが大きかったと考える。他方、今村の言う映画のわかりやすさのもう一つの側面は、視覚性に基礎を置きながら、先述した情動的なものを想定している点にある。『世紀の凱旋』について彼は、「国民がそこに見るものは政治の概念でなく、政治の具体的な真相」であり、それは「民衆を酔わすものであり、陶然たらしめるものであり、熱狂せしめるもの」であるとしながら、一言で「政治の芸術化」としてまとめている。[128] この言葉が、ヴァルター・ベンヤミンの言葉遣いと同様の意味合いを帯びながら、[129] ここでは正反対の肯定的評価として使用されていることは言うまでもない。今村はまた別のところで、「文化映画」の一つの重要な役割として「科学の大衆化」ということを挙げながら、大衆に科学を理解させるためには「論理的正当性以外の技術」が必要であり、それが「芸術」だと説明している。そして「啓発宣伝とは、科学の芸術化以外の何物でもない」というのである。[130] このように今村の論では、映画による平等や民主化を論じる中で、知性的なものが感性的なものや情動的なものに置き換えられている。同時に、「外地」の人々は常に教養が低いと想定し、映画の教育的・感化的恩恵を受けるべき存在として位置づけられている。こうした見方は今村に限らなかった。「映画は視覚を通して強烈な影響力を持っている（中略）これが南方諸地域のような低い文化しか持って居らない民族に対して特に多大な効果」[131] をもつという不破の発言はその端的な例であろう。

とはいえ、実際のところ、観客言説には視覚性だけでは「外地」の人たちには理解されないという認識も表明されていた。津村は『映画戦』でドキュメンタリー映画の有効性を論じる中で、視覚に頼るだけでなく、ナレーターの話す言語を現地の言葉に置き換えたり弁士を利用したりする方法を、映画の理解を容易にする方法として推奨している。[132] 実際、朝鮮や台湾ではトーキー導入以後も弁士が日本製映画の上映に使用されていたことがよく知られているし、ポストプロダクションの設備が充実していたジャカルタでは日本製映画がインドネシア語に吹き替えられて（もしくはインドネシア語が挿入されて）上映されていたことが報告されている。[133] 朝鮮や台湾について言えば、このことは現地語を根絶し日本語を普及させようとしたそれぞれの総督府の政策と矛盾するものであったし、[134] この矛盾を認めざるを得ないほど映画は視覚だけでは理解されないことを示唆していた。一方、三澤真美恵やキム・ドンフンなどが論じたように、被支配地域の人々にとって弁士は、製作の段階から検閲により厳しく管理されていた映画作品の意味を、その時その場の即興的な言葉によって変えることができる点で、抵抗を表明できる媒体ともなり得た。[135] したがって「東亜民族」の言説で、視覚的な面はもちろんのこと、弁士による補助にしても、映画が「わかりやすい」と考えられたことは、支配者側の希望的観測であるところが少なくない。にもかかわらず、ここで重要なのは、それが単に間違った認識だったということではなく、そうした認識に立って映画の影響力が認められていたということである。

このことは、映画が機械性複製技術であり、「集団的」性質を備えているという今村の第二の論点にも当てはまる。一九四二年出版の『戦争と映画』にはそれが明確に述べられている。まず同書の冒頭では、「一本のフイルムから百本のポジフイルムをとるとしたら、右〔四十二万人〕の観客数は百倍だけ増大する。つまり、一つの映画は四千二百万人の大衆動員力をもっている」[136] と書き出し、複製技術としての映画の効果を数値化して示している。むろん、ポジを多数作ったからといって観客がそれほど集まるとは限らないので、この数字は希望的観測の域を出ない。さらに今村は、この冒頭の文章のしばらくあとで「〔民衆を動かすために〕政治は最新の機械的技術を使用する」とした上で、「政治の機械化とは、新聞、ラジオ、映画の広範囲な組織的な利用である。中でもその効果の最大のものは、その大衆動員力の故に、映画にとどめをささねばならぬ」と述べ、映画に特権的な地位を与えている。[137]
こうした見解は、今村が一九三五年に同人誌『映画集団』を創刊した頃から一貫して主張していた、映画の特性を集団的な芸術として定義づける見方の延長線上にあると考えることができるだろう。今村にとって映画が集団的で

**図 4-1**　「上海映画館めぐり」『映画旬報』1942 年 11 月 21 日

あるのは、一つには感情や思想を複数の人々の間で共有させる力があるからであり[138]、またその鑑賞が、「個人的非同時的」な文学の読書と違って、「集団的同時的」だからである[139]。多数の人々に情報を共有させる「複製的機械」と「集団的」特性という見方は、帝国の動員システムを理論的に正当化するものになっていった。今村は言う。日本の政治家の「一語一挙手一投足は、東亜十億民衆の注目の的になる。その時、映画のカメラはこれら民衆の眼となるが、それは映画以上に具体的なものがなく、また映画以上に多数の観客に見られるものがないからである[140]」。

このように観客を集団や量的塊として理解する見方は、一九三〇年代後半までに官僚、批評家、ジャーナリストたちに広く共有され、映画の人気の認識と呼応するものとなっていた。映画の人気は、都市では実際に映画館に人々が集まる光景によって顕著なものになっていたし、また印刷メディア上ではそうした光景の写真を通して可視化されていた[141]（図 4-1）。加えて、映画雑誌上には観客の調査に関する記事や、[142]映画観客を主題にしながら映画作品の人気について語る論説や座談会が頻繁に掲載されるようになっていた。[143]前章で見たように、「国民映画」の選定制度が実施されたときの大きな関心事の一つも、この種の映画の人気を向上させることだった。[144]それらの諸々の言説では観客を「大衆」という言葉で表すことが多かったが、そこには映画観客を個々人としてではなく量的な塊として認識する見方が含意されていたと言えるだろう。それは、映画雑誌の他、映画年鑑や文部省調査などで観客数を映画館ごとや地域ごとに統計化して示すことがめずらしくなくなっていたこととも一致している。[145]

## 帝国と資本主義

このように視覚性とわかりやすさ、複製技術と集団的受容、それに「人気」といった観点から、映画の社会的影響力が広く認識されていた。したがって、政府がこれほど影響力のあるメディアを公共政策に利用して動員体制を強化しようと考えたとしても不思議ではない。それは、映画を観ることへの動員が即「国民」「東亜民族」への動員になるという想定がどれほど素朴であるにしても、である。他方で、すでに触れたようにこの種の言説には、資本主義を否定しているように見えながら、実はそれを肯定的に利用しようとしているという、否認の構造とでも呼べる論理があることに注意を払う必要がある。確かに、「大衆」向けの「商品」としての映画に対抗する形で、映画を「文化財」「国民文化」として強調する言論は広く見られた。「商品」としての映画はアメリカと結びつけて批判され、それと差別化されながら「文化財」「国民文化」が日本の目指すべきオルタナティヴとして掲げられた。先述の「近代の超克」における津村の発言はその典型であるし、不破もまた「欧米流の、バタ臭さが染み込んで込ん《ママ》で行った」ために「映画が単なる商品として、徒らに大衆の好みのままに迎合する感覚的刺激にすぎない」と言われるようになったと示唆しながら、映画をそうならないように「真の国民文化財」として「国民文化の健全な進展」に資するものにすべきだと主張している。[146] 同様に、市川は「支那事変勃発後は、挙国翼賛体制の一翼として、映画の私益性は公益性と置き換えられ、国策遂行に協力すべき重大使命を負うことになった」と明言している。[147] しかしその一方で、不破は同じ本の中で「最も大衆性を持つと考えられる映画を採り上げて、ここに映画に関する国民文化政策を樹立するに至った」と述べているし、[148] 市川は別の本の中で「大衆を目標とする新中国の映画政策は、飽くまでイデオロギーでなく新しいコマーシャリズムの上に立たせたい[149]」と述べ、私益の追求を否定する素振りの一方で映画の市場性を重視している。

こうした映画の公共政策と資本主義との微妙な関係は、統制と産業の関係における多様な側面に認めることができる。第一章で論じたように、歴史を遡れば、公共政策が資本主義の一つの産物である映画を利用しようとした試みは、文部省がそれを社会教育に取り入れようとした一九二〇年代前半に始まったと言えるだろう。そして一九三〇年代になると映画の国策化が進み、三九年には映画法が制定され、国家による映画産業の統制が製作から配給・興行にわたるまで全面的に行われるようになり、[150]「文化映画」やニュース映画を製作する公益性の高い社団法人日本映画社（四一年五月設立）のような組織が成立したが、にもかかわらずドイツとは違って映画製作会社が国営化されることはなかったし、映画館はたいていの場合、政府（ひいては税金）による資金ではなく入場料による経営に依拠していたことも、前章で見た通りである。

帝国との関係ではさらに、「大東亜共栄圏」のための映画の配給網もまた、政治目的と商業的な市場性との間の曖昧な関係の上に成り立っていた。確かに、一九四二年一月一〇日に大東亜映画連絡協議会が設立され[151]「大東亜映画圏」が構想された大きな理由の一つは、それまで「東宝と中華、松竹と満映というようにバラバラ」だったものを統合し、帝国の動員政策をより合理的に進めようとしたからであった（図4-2）。私益を追求するそれぞれの民間企業に任せてしまうと、こうした統合は進まないだろう。しかし、それは同時に、朝鮮、南方、そして中国・満洲ではアメリカ映画を、台湾と中国・満洲（および華僑の住む南方地域）では上海映画を市場から追い出し、日本関連の諸会社が利潤を確保しようとすることと表裏一体だった。また、そもそも連絡協議会設立以前から、企業側が効率性を求めて、映画配給や経営に対する統制の要求を行うことがあった。[152] さらに、加藤厚子によれば、一九四三年五月の中華電影聯合股份有限公司（華影）の設立にあたって川喜多長政は「日本の対支工作という観念を改め（中略）大東亜共栄圏を目標にした映画製作」を宣言し「教化よりも市場確保」を重視する姿勢を見せた。[153] こうした点からも、「大東亜映画圏」は、帝国の論理と資本主義の論理の微妙な結びつきを基盤にしていたと言える。

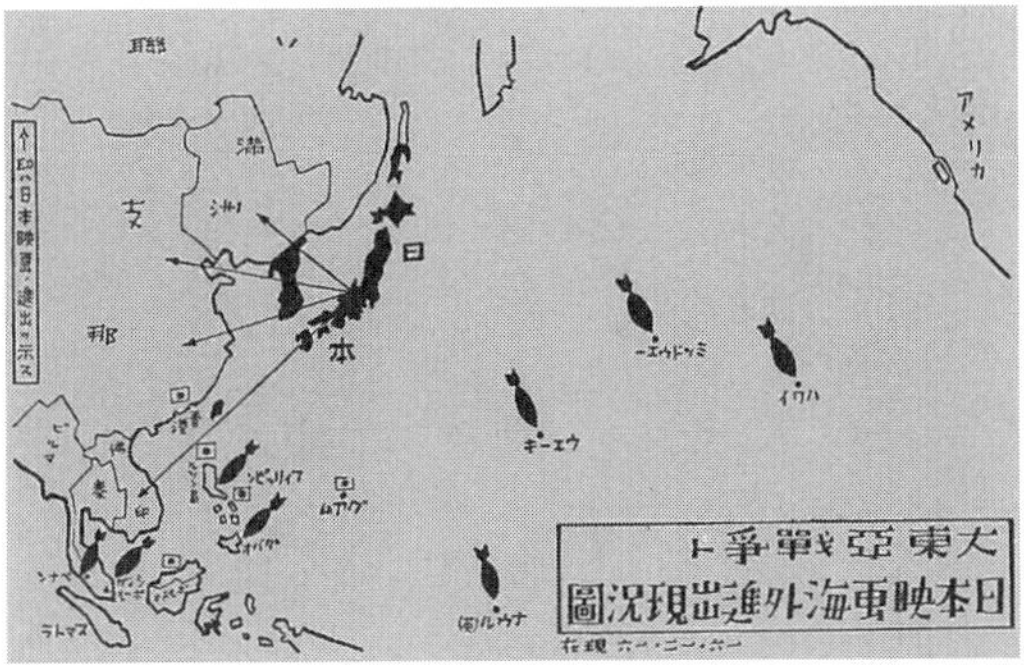

図 4-2　「大東亜戦争ト日本映画海外進出現況図」『映画評論』1942 年 1 月

だからこそ、帝国の映画配給をめぐってはさまざまな矛盾や問題が見られた。例えば、上海では、中華電影が配給する上海映画の人気が高かったために、満映の「娯民映画」（娯楽映画の呼称であり、教育的な映画を指す「啓民映画」と対で使われた）の普及が阻害されるという理由で満映との間に摩擦が生じた。[154] 南方では、アメリカ映画の配給を制限した後の市場を日本映画が充足することは、製作本数やプリント数の不足などの理由から不可能だった。[155] 「大東亜映画圏」という、あたかも均衡のとれた映画配給網の理想とは裏腹に、支配地域で製作された映画が日本本土に配給されることは、その逆に比べて圧倒的に少なかったし、朝鮮映画、上海映画、満洲映画のように日本本土で配給されても（少なくとも李香蘭作品を除いては）人気がほとんど出なかった。それどころか、すでに触れたように「日本での朝鮮映画上映は日本の映画館にとって日本人観客を失う恐れ」があると考えられた。[156] 他方、一九四二年九月の朝鮮映画製作株式会社設立後、皮肉にも日本映画が朝鮮の市場を独占するようになった。[157] しかし、こうした事例はいずれも、映画による帝国の動員システムが市場原理と微妙な関係を維持しながら、それを決して断ち切らなかったことを示唆している。

このような帝国の論理と資本主義の論理との不安定な関係は、映画ジャンルの編成と作品表象にも現れている。映画法とそれに準じた朝鮮映画令では「文化映画」のカテゴリーの下、ニュース映画とドキュメンタリー映画(「文化映画」)の強制上映が規定されていた。ここには、この種の映画をその市場性や人気に左右されることなく観客に観させることが意図されていたことが看取できる。観客にとって、劇映画の作品は映画館に足を運ぶ前に選べても、ニュース映画や「文化映画」はどの映画館でも同じ作品が上映される場合が多いので、作品を選ぶことはできない。加えて、「文化映画」は一九三七年四月の活動写真「フイルム」検閲規則改正以来検閲手数料が無料であった。この区別に呼応するかのように当時、劇映画と「文化映画」の違いを商品と文化財の違い、つまりは商業性と公共性の違いと同一視する見方は珍しくなかった。[158] しかし、映画興行自体は商業ベースで行われていたので、「文化映画」を観ること自体は決して義務ではなく(映画館に行かなければ、それを観る必要はない)、むしろ映画館で入場料を払って映画を観るという消費行為の一環だった。しかも、ときとしてニュース映画や「文化映画」の方が「劇映画」よりも人々の好奇心を誘い観客動員に寄与している場合もあり、[159] そういう認識もあった。[160] そう考えると、「文化映画」と「劇映画」は単純に対立的なものではなく、むしろ両者を組み合わせたプログラムは、公共性と市場性を相互補完的に組み合わせたものだったと言える。その前提として、少なくとも都市では、強制されなくても「大衆」が映画館で映画を観る習慣があると想定されていたとすれば[161]――さらには、強制されないことによって「大衆」が映画観賞を通して自主的に帝国の主体になることが期待されていたとすれば――、既存の資本主義的なシステムの上に「文化映画」の強制上映という公共政策が成立していたと考えてもおかしくはないだろう。

当時のさまざまな観客言説を読むと、帝国の論理と資本主義の論理との微妙な関係はさらに映画作品の表象や上映の問題にもなっていたことがわかる。それは、両者が完全に調和的に関係し合っていたというよりもむしろ、啓蒙しようという狙いと魅了しようという狙いが矛盾しながらもあたかも整合しているかのように見える関係として現れていた。言い換えれば、「大衆」を「国民」「東亜民族」に陶冶しようとする目的と「大衆」を映画に惹きつけようとする目的の二つの相異なる目的が、とくにつじつま合わせをする努力もなされず、ときには並存的に、ときには葛藤する形で、映画作品が達成すべき目標として主張されていた。しかも、前者の目的はしばしば日本の中心性を承認させようとする欲望に転化した。このことは、具体的に言えば、観客言説が映画製作者に要求していた次の五つの考え方――普遍主義、文化主義、近代化、娯楽化、土着化――とそれらの関係性に顕著である。

第一の普遍主義的な考え方によれば、芸術的に優れた映画は、どんな文化的背景をもった人でも映画館に惹きつけることができるはずであるし、啓蒙としても機能するはずである。これは今村の主張に典型的である。彼は「ことに国民映画の名で呼ばれるものは、それが「高邁なる国民的理想の顕現」(中略)たる点において、日本国民のみならず全東亜民族に見せられるべきものである」と述べ、映画法で掲げられている「高邁」という言葉を使用しながら、「必ずしも芸術たらざるアメリカ映画でさえ、全アジアの映画市場を支配していたことを考えれば、わが国民の高邁なる理想を、深い芸術味をもって表現したものが、はるかに強く、はるかに感動的に受け入れられないはずがない」と断言している。[162] そして、レニ・リーフェンシュタールが監督したナチス礼賛の映画『民族の祭典』(*Olympia*, 一九三八年)や『意志の勝利』(*Triumph des Willens*, 三五年)を模範例に挙げて、「芸術味」があればどんな作品でも説教になることなく人々を惹きつけることができ、なおかつ「海外民衆の啓発指導」にもなると説いている。[163] つまり、今村の主張は、「芸術」という概念を普遍的で超越的な原理として持ち出すことで、商品としての魅力によって人々を魅了し消費を促そうとする市場性の論理と、支配地域に住む人々を感化・啓蒙しようとする帝国の論理の両方を一気に満たそうとしているのである。しかし、これが偏った理想主義にすぎないことは明らかだろう。今村の言う「芸術」は『民族の祭典』や『意志の勝利』がその代表とされているように大きな偏向があり、世界中の人々どころか「東亜民族」という狭い範囲の人々ですらも、魅了と感化の両方を満たすことができるとは限らない。実際、一九四一年度の第一回「国民映画」選考で情報局賞を受賞した『父ありき』（小津安二郎監督、四二年）と『将軍と参謀と兵』（田口哲監督、四二年）にしろ、四二年度「国民映画」選考で情報局総裁賞を受賞した『ハワイ・マレー沖海戦』（山本嘉次郎監督、四二年）にしろ、[164]「国民映画」が帝国全土で商業的な成功と啓蒙的な機能の両方を達成することはなかった。『映画旬報』に掲載されたある記事のように、たとえ「国民映画」が芸術的に優秀だと考えられるとしても、「大東亜共栄圏に送る時は」興行的に当たらないと考えるのが常識的であったし、[165]ましてやそれが「東亜民族」という帝国の主体形成に寄与したとは思えない。その一方で、例えば南方では「アメリカ映画の害悪」に対する「鑑賞批判力」を養うことが推奨され、『マレー戦記』（一九四二年）、『ビルマ戦記』（四二年）、『東洋の凱旋』（四二年）、『空の神兵』（四二年）などの戦記ドキュメンタリー映画が好評だったことを受けて「大東亜民族としての普遍的性格が映画政策上の精神に徹底的に盛り込まれなければならない」と主張されることもあった。[166]

そうした普遍主義的な考え方はさらに、もう一つの別の考え方、すなわち日本の伝統的な文化、特殊な文化を強調する文化主義的な考え方と両義的な関係にあった。文化主義には、すでに見たように、外国文化の影響を阻止して特殊性を守ろうとする長谷川如是閑のような自足的な考え方があったが、日本映画の「大東亜共栄圏」への進出が課題とされた場合は、日本文化は普遍的に通用するものだという理想主義的な考え方と、特殊なものにすぎないという現実主義的な考え方との間の葛藤が露わになってきた。そして大勢としては、批評家、官僚、業界関係者のほとんどが理想主義を諦め現実的にならざるを得なかったと言える。津村は『映画政策論』のなかで、『五人の斥候兵』（田坂具隆監督、一九三八年）、『残菊物語』（溝口健二監督、三九年）、『土』（内田吐夢監督、三九年）、『爆音』（田坂具隆監督、三九年）、『馬』（山本嘉次郎監督、四一年）などを「高度の優秀映画」としながら、これらのように日本映画は「決して国民の一部にしか理解されないような作品であってはならない（中略）、映画の表現力は優れた表現力であればある程度大衆性を持つもの」[167]と豪語しているが、別のところでは「ただ推薦映画は共栄圏に出しても意味のあるもの、国内にも国外にも通用するというものが理想ですけれども、（中略）農村を描いたものは、どうしても生活水準の低い農民がですぎますから、海外には適さない」[168]と譲歩を示している。確かに、不破のように「日本の風習、信頼感を深めさせる映画」を提唱する発言は少なくなかった。[169]しかし、こうした発言はその実例としての作品名を挙げることはほとんどなく、逆に同じ座談会の中で不破が『土』を、日本の抱えている貧農のイメージを伝えてしまう悪い例として挙げているように[170]、ネガティヴな指摘をする際の具体例には事欠かなかった。不破は別のところで「国内向けに作られた日本映画を対外宣伝にするのは困難」と言いながら「日本映画の外国向きの製作企画」の必要性を説き、一方で『上海の月』（成瀬巳喜男監督、一九四一年）や『蘇州の夜』（野村浩将監督、一九四一年）を問題視した。[171]こうした議論には、既存の日本映画では日本本土と支配地域との間のヒエラルキーを支配地域の人々に理解させることが難しいと認識され、ともすればそのヒエラルキーが転倒する不安すらも感じられていたことが窺える。おそらく、このことは既存の日本映画に限らず、「日本文化」という特殊なものを支配地域の人々に理解させようとするどんな試みにも当てはまることだっただろう。

実際、先に指摘したように、帝国を支持する観客言説の多くは文化主義よりも近代主義的な考え方を重視する傾向があった。「近代の超克」シンポジウムで「アメリカ物質文明」を批判した津村が「南の未開の原住民には、物質文明から知らせるべき」と訴えたことは先述した通りである。『映画旬報』でも映画を通して経済力、「物質力」、科学技術、自動車、飛行機、都市をスペクタクルなものとして見せることによって、いかに日本が近代化しているかを顕示すべきだという議論が頻繁に見られた。加えて、「日本の尊厳」を示すために『西住戦車長伝』（吉村公三郎監督、一九四〇年）や『五人の斥候兵』のような「武力的な映画」によって、「行軍」「兵器」「武力」を示すべきだという声も強かった。[172]『五人の斥候兵』にこうしたスペクタクルな威力があるかどうかは疑問だが、少なくとも言説上では支配者と被支配者との間の上下関係を進歩の度合の差として伝えようとする近代化の論理が幅を効かせていたことがわかる。近代的イコンのスペクタクルを通じて、進化論的な時間軸上における日本の優位性と帝国という空間における日本の中心性を知らしめることが意図されていたのである。こうした議論でも「日本の風習」が言及されることがあったが、それは伝統的な文化や農村における生活習慣を指すよりもむしろ、近代化された生活様式を意味していたと言えるだろう。[173] 他方満洲では、「五族協和」や国の統合を、日本文化を基盤に進めようという主張は皆無である一方で、「文化の発展が先進国に開花せる高度資本主義文化にある」[174] という見識が強かった。「高邁」な芸術を基にした普遍主義的な考え方や日本の特殊性を打ち出す文化主義的な考え方が実際にはほとんど効力のない理想主義にすぎなかったのに対して、そうした近代主義的な考え方には一定の有効性が認められていたのは興味深い。この点でも、帝国の論理は近代を支えていた資本主義の論理と親和的な関係にあった。

とはいえ、帝国の論理と資本主義の論理が必ずしも整合していない言説もあった。それは娯楽化を志向する考え方に見られる。近代主義的な考え方が日本の中心性を受け入れさせることと一致していたのに対して、娯楽化の考え方は人々を映画に惹きつけることを最重要視し、日本を中心とした「東亜民族」の動員という大義名分との間に揺れがあった。「実利主義的な観念」の強い満洲では「恋愛ものは人気がない、おもしろくにぎやかな映画の方が人気」だといった議論や、[175]「中国人にもフィリッピン人にも、泰国人にも、マレー人、インドネシア人にも広く見せなければならない」としながら「殊に中国人の観客は劇の主題とか物語全般の持つ感動性」よりも「場面々々の人物の動作、科白、背景などに注意を奪われている者が多い」といった議論、[176] さらには『母子草』(田坂具隆監督、一九四二年)は物語的要素が多くて映画的表現に欠けるために「北京では受けない」といった議論では、[177] プロパガンダ的な目的はしばしば脇に追いやられて、あたかも映画観客を惹きつけること自体が、すなわちその市場性が最大の目的であるかのように論じられた。確かに本書を通じてたびたび指摘しているように、一九二〇年代以来の「民衆娯楽論」や「宣伝論」には娯楽を通じて強制感をもつことなく人々を主体的に支配的政治体制に参加させるという考え方があり、そうした見方が上記の議論にも見られないわけではないのだが、大方は映画館に足を運ばせるためにはどのような映画を作るべきか、ということだけに焦点が当たり、プロパガンダ的な効力の問題は度外視されていた。しかし同時に、こうした娯楽化の志向が帝国の論理に抵触することが問題視される場合もしばしばあった。例えば、批評家から商業的で「低俗」だと批判されることの多かった『愛染かつら』（野村浩将監督、一九三八年）や『孫悟空』（山本嘉次郎監督、四〇年）は、どれほど人気があると認められようとも、「大東亜共栄圏」に送る映画としての資格があるとはみなされなかった。[178]晏妮が指摘するように、一九四三年一月に上海に開館した日本映画専門館の大華では、日本による支配の感覚を和らげるために「国策色の薄い」メロドラマやコメディーが上映されたが、日本側にとってそれらは「上海人に軽蔑される危惧」を覚えさせるものであった。[179]したがって帝国の論理が資本主義の論理と葛藤し合うことが確かにあった。しかし、観客言説全体を見れば、後者がまるごと否定されたり両者が完全に背反すると考えられたりしたということはなく、むしろ両者は緊張関係にありながらも、なんらかのすり合わせが模索されていたと言えるだろう。一九四三年の城戸の発言にはそうした微妙さがよく表れている。彼は「政治性重視」と「大東亜連携」を訴える一方で、「大衆にもわかるように」することを強調し、娯楽性が必要であるにもかかわらず現状の映画ではその点が不足していると警告している。[180]

資本主義の論理を基にする娯楽としての映画という考え方が帝国の論理と微妙な関係にあったのに対して、日本映画を「大東亜共栄圏」の各地で土着化させることで観客を集めようという考え方があり、そこでは帝国の論理と資本主義の論理の整合性が疑うべくもないものとして前提とされていた。提案された土着化にはいくつかのやり方があった。その一つは日本の製作者が現地に赴き、その土地の文化や実情に合わせて映画を作るべきだという意見であり、[181]また現地スタッフやその土地の言語を使用すべきだという意見もあった。[182]この二番目の意見については、日本人俳優がイギリス人や中国人の登場人物を演じた『阿片戦争』（マキノ正博監督、一九四三年）に対して批判が起こったこととも関係していただろう。[183]さらに、土着化することによって現地の観客動員を企てようとするもう一つの試みとして、弁士の利用があった。[184]先述のように、弁士は帝国への抵抗を暗示し、その想像を観客の間で共有させる可能性を秘めていた。しかし、帝国の観客言説においては、土着化の諸々の方法は、あくまで日本映画を現地に受け入れさせるという目標を達成するための手段として考えられた。多くの観客言説では、帝国の論理と市場の論理の整合性を前提としていたが、映画を受け入れさせること自体が目的化し、映画がいかに実際的な動員体制に結びつくかについては議論されることなく自明とされていた。とはいえ、映画館や映画上映会自体が帝国の主体形成のための場として編成されたという側面があったことも見過ごせない。朝鮮の映画館では、上映の合間に役所の示達事項が放送され、正午には映画上映をいったん中止し黙禱するよう促された[185]。

このように映画を介した帝国の動員体制の確立は、製作から作品表象、さらには上映に至るまで、資本主義と矛盾した側面を呈しつつも、それを取り込む形で構想された。そこでは、あくまで人々が自主的にお金を払って映画を観ることが重視された。この消費行為自体は少なくとも都市ではすでに一九二〇年代までに確立されており[186]、国民精神総動員運動が本格化する三七年には確実に定着していた。観客言説では、強制ではなく魅了によって映画館に人々を惹きつけるという、優れて資本主義的な原理が、「東亜民族」への動員、さらには帝国の戦時体制への動員の前提にされていたと言えるだろう。

## 資本主義の外部

しかし、映画による帝国の公共政策の構想はこれにとどまらなかった。それは動員システムを、資本主義の及んでいた場所だけでなく、その周縁や外部にまで広げようとしていた。その対象は基本的には、営利企業にとっては必ずしも採算が合わない地方地域、すなわち映画会社が製作した映画作品を上映する映画館が存在しない地域に住む人々（とくに少数民族）であるが、都市であっても映画館に行く余裕や習慣がない人々もその範囲に入れることができる。この公共政策は、資本主義を基盤にした動員システムに対峙するというよりもむしろ、資本主義でカバーできない範囲を補完することを通して動員システムを拡充しようとするものだった。同時に、この公共政策には格差を解消しながら日本の中心性を維持しようという矛盾した傾向が垣間見られる。

格差の解消は、「大東亜共栄圏」の住民であればどんな階級や民族の出身であろうが、誰もが映画にアクセスできるようにするという考え方に基づいている。そのためにはまず、教育の格差を克服する必要があったが、これには二重の意味合いがあった。一つには、先述したように、識字能力に頼らずとも理解可能な視覚メディアとして映画の有効性が議論されたり、弁士の利用が唱えられたりした。その一方で、支配地域では日本本土に比べて映画館に行く人が少ないことが指摘され、映画を観る人が比較的少ないということ自体が教育の遅れや、資本主義や近代化の遅れとして語られた。例えば、岡田眞吉は、いままで映画を観る習慣のなかった中国の「大衆」は映画を理解するのが難しいので、「知識階級」に映画を観せることを通して映画工作を遂行するよう提唱している。[187]ここでは、「知識階級」の指導のもとに「共存共栄」という「東亜民族」のイデオロギーを広く浸透させようという意図が感じられるものの、映画に誰もが平等にアクセスできるようにするという努力は最初から放棄されている。しかし、こうした意見は少数であり、むしろ植民地・支配地域に住む人々をできるだけ多く映画館に行くように仕向けることが大きな課題とされた。『映画旬報』のある記事は、映画を観ない台湾の本島人が多数に上ることを嘆いている[188]し、『映画年鑑　昭和十八年版』は、「内地の六大都市」では年に「人口一人当十六回」映画を観に行くのに対して「京城は僅かに七回、全鮮では一ヶ年間三千万人程度で一人年一回に満たない」と、映画の普及の「遅れ」を批判的に報告している。[189]近代主義的な考え方に立つ帝国日本においては、植民地・支配地域は都市も含めてどこもが本土より教育程度の上でも近代化の度合いの上でも「遅れている」とみなされ、それが映画館の普及率や映画観客数の相対的な少なさと重ねられていたのである。こうした状況では、人々の消費行為すなわち資本主義システム下の選択行為に頼るよりも、学校や社会団体などが主催して映画館にその団体の生徒や構成員を引率したり独自に上映会を開いたりする集団鑑賞によって半ば強制的に動員を行うべきだという提案もなされた。[190]津村は、「東亜情勢の

図 4–3　巡回映写に関する映画配給社の広告。『映画旬報』1942 年 4 月 1 日

急転換により、将来はわが映画界が大東亜全域の映画文化を指導せねばならぬ位置に置かれたために、観客層の拡大ということも実をいうと単に国内問題ばかりではなくなって来た」と述べながら、映画ファン的な観客層とは異なる観客を集める方法として集団鑑賞の必要性を訴えている。[191]

映画へのアクセスにおける格差の解消に関しては、教育の差の克服とも重なる形で地域差の克服、とくに都市と地方の格差の克服が課題とされた。『映画年鑑　昭和十七年版』では、「朝鮮の皇国臣民化国民総力運動における映画の使命の重大さ」を説く記事の中で「大東亜戦争勃発さえ知らない僻地民衆」がいることが指摘され、映画の普及を通じて「都市と僻地」の格差を是正することが目標として掲げられている。[192] これは日本本土を含め、帝国の領土全般に当てはまる認識だった。そこでこの状況の打開策として期待されたのが、巡回映写である（図4-3)。これは、満洲では満映の上映部門、[193] 中国では華北電影や中華電影の配給部門、[194] 東南アジアでは南洋映画協会や（一九四二年九月の南洋映画協会廃止の少し前の四二年四月一日に設立された）映配や日映などの映画会社が帝国の映画政策と同調する形で巡回映写を進めたが、朝鮮や台湾では非営利組織である政府機関・中間団体がその役割を担った。すなわち、朝鮮であれば朝鮮総督府、朝鮮映画啓発協会、国民総力朝鮮聯盟、台湾であれば台湾映画啓発協会、皇民奉公会、共栄会がそれである。一九四二年一月に結成された朝鮮映画啓発協会は、四二年度に五〇〇万人以上の人々を動員したという報告もある。[195] また国民総力朝鮮聯盟と皇民奉公会は一九四〇年一〇月一二日に第二次近衛内閣において発足した大政翼賛会に連動する形で設立された団体であり、それらは地方組織を構成し、各町村に愛国班を設置することで、官公署、学校、会社、銀行、工場、鉱山、商店に所属する人々全員を取り込んだ。[196] 趙寛子によれば、国民総力朝鮮聯盟などによる映画上映は、「朝鮮人を行為の主体にする〈地の総動員体制〉の一環」として行われた。すなわち、学校、宗教、言語、放送、出版、演劇、音楽、美術、舞踏、体育などと同様に映画に接することを通じて「朝鮮人」が「皇国臣民」になるような環境が整えられた。それはまた、決戦生活徹底運動、婦人啓発運動、早起運動、聖地参拝、貯蓄奨励運動、厚生運動、国民皆唱運動などの運動とも結びついていた。このようにして、映画の配給と上映は、企業の利潤に左右されることなく都市と地方の格差を超えて帝国全土に行き渡るように構想され、一部では実践された。[197] それは、教育、出身階級、出身地の別にかかわりなく人々の日常空間に浸透することで、誰もが日常的に映画に接することを通して「東亜民族」になることを狙ったものだった。

しかし、観客言説を見ると、実際にはこの企図は困難と矛盾を抱えていたことが読み取れる。華北の関係者は一九四一年一〇月の雑誌記事の中で、「何しろ巡回映写の経費は約三万円を要するので、華北電影は現在三班しか運用できず、所期の目的を達成できていないと報告している。[198] 満洲では、交通が不便で道路事情が劣悪な上、宿泊設備が整っていないために日本では想像ができないほど巡回が難しいという嘆きもあった。[199] 南方では、資材輸送の難しさ、民族性の違い、多言語、地域の広大さと多様さが問題として指摘されたが、[200] これは帝国の他のあらゆる地域に当てはまることだろう。こうした映画の流通に関する難しさとは別に、映画による帝国の動員システム形成の考え方は根本的な矛盾を孕んでいた。それは、教育の差、地域の差、階級の差を超えて「東亜民族」を形成することに寄与することを大義名分としていながら、「日本人」とそれ以外の帝国の住民が平等になることは想定されていなかったことである。植民地主義の研究や帝国日本の研究においてホミ・バーバの擬態（ミミクリ）の概念を援用しながらたびたび指摘されるように、被支配者側が支配者側と同じような態度や行為を取ることは、もともとそれを仕向けたのは支配者側であるにもかかわらず、支配者側にとって力関係の対等性の感覚を喚起し脅威として感じられるようになることがある。[201] 例えば、ジュン・ウチダによれば、朝鮮に在住する「日本人」は「朝鮮人」が創氏改名、徴兵制度、選挙権の獲得によって「皇国臣民」へと同化することを恐れた。そのようになれば「日本人」の特権が失われることになりかねないからである。[202] 映画観客の言説では、そうした政治的権利の対等化の問題にまで踏み込んで「東亜民族」の形成と動員を唱えたものは皆無である。実際、大言壮語の裏で、満洲では言語、文化的習慣、政治経済的な不平等によって「五族協和」の理想は分断されていたし、[203] 朝鮮では製作・配給が統合される一方で興行は朝鮮人向けと日本人向けの間で分離していた。[204]

帝国日本の映画観客言説は、帝国に住む人々を総力戦体制に資する「東亜民族」として動員するためのシステムを語った。それは、「自由主義」「物質主義」を批判する言動を内包していながら、映画の固有性から、映画産業(製作、配給、興行、プロモーションの各部門にわたるビジネス的制度)、映画作品の表象と上映形態に至るまで、既存の資本主義によって構築されたシステムを基盤にし、それを利用することを推進するものだった。さらにはその資本主義的システムを補完する形で、教育の格差や都市と地方の格差を解消すべく集団鑑賞や巡回映写などの公共政策が唱えられた。しかし、対立した考え方を孕みつつも、そうした観客言説は常に「日本」を中心として想定し、帝国の他の地域や住民との間に纏綿するヒエラルキーを問題化することは決してなかった。

## ポスト帝国──忘却とファンタジー

戦中の帝国日本の言説は映画観客を、「東亜民族」を形成するための重要な一回路として論じていた。本章では、その見方を一種のファンタジーとして明らかにしてきたが、それがファンタジーであるゆえんは、そこに理想化と矛盾──さらに言えば、矛盾の否認──の両面を読み取ることができるからである。そうした言説は「東亜民族」を帝国内の地理的、人種的、文化的、歴史的差異を超越するものであるかのように語りながら、教育や階級の差、

「内地」と「外地」との差、植民地・被占領地域間の差にも言及した。にもかかわらず、その矛盾自体を問題にすることはなかったし、ジェンダーに関する不均衡性には触れることすらなかった。さらに、そうした映画観客による「東亜民族」形成のファンタジーは、製作・配給・上映・作品表象を動員システムの一部として構想する言説と結びついていた。本章で詳しく見てきたように、その構想はある程度実践されていたが、同時に多様な矛盾や両義性を内包していたことが観客言説に読み取れる。それは、例えば商品性・娯楽性と「文化財」「国民文化」との間の齟齬であり、帝国の住民を映画へ惹きつけることと帝国の住民を「東亜民族」へと陶冶することとの間のギャップであり、大きく言えば資本主義的な原理と総動員体制の公共政策との間の複雑な関係性である。「東亜民族」形成に寄与することが期待された映画表象についても、普遍主義、文化主義、近代化、娯楽化、土着化といった異なる見方の間で葛藤が見られたし、資本主義の周縁や外部に対する映画による動員の試みもその大義とは裏腹に、多様な面で困難を極めていたことが言説から看取できる。ここでもまた強調したいのは、こうしたさまざまな矛盾や軋轢に言及しているにもかかわらず、観客言説が、「東亜民族」自体や、「東亜民族」形成のために人々を映画(観客)へと動員するシステムの構想自体を疑問視することは、少なくとも表向きには決してなかったということである。この意味で、製作から上映に至るまでのインフラストラクチャーを含めた映画による「東亜民族」形成のシステム化の試みは、「東亜民族」というそもそものファンタジーに依拠していたと同時に、逆にそれがシステムとして構想されある程度実践されることで、そのそもそものファンタジーがファンタジーとして自覚的に問題視されないままにされていたと考えられる。映画への観客動員と「東亜民族」形成を結びつける言説は、帝国日本における制度的・実践的・言説的な数々の断層を否認しながらファンタジーを再生産する構造を示すものであったのだ。

こうした帝国のファンタジーは、第二次世界大戦における日本の敗北後、どのようになったのだろうか。帝国の崩壊と同時にすぐに霧散したのだろうか。周知の通り、帝国日本は日本の敗戦とともに消滅した。これに伴い、「東亜民族」への動員政策は停止となり、「東亜民族」という言葉自体も使用されなくなった。日本の領土は、日本列島に限定されてGHQによって間接統治され、一九五二年四月二八日の統治終了後はサンフランシスコ講和条約により沖縄や小笠原諸島などを除いてその領土が——曖昧さを伴い、そのために後に領土をめぐる紛争を生じさせることになるが——日本国として規定された。[205] この過程において、朝鮮と台湾は日本の植民地としての状態から「解放」されることになったが、それぞれ中国共産党と国民党との間の「内戦」と朝鮮戦争によって、国民党による台湾支配と南北朝鮮の分断、さらには両地域における軍事的ナショナリズムの台頭という事態に直面することとなった。そこでは、アメリカとソ連の対立に伴う冷戦構造の成立が色濃く影響していたことは言うまでもない。旧満洲や東南アジアを含むその他の日本の旧支配地域もまた、そうした国際的な政治状況の中で、（満洲のように）一つの国（中国）の一地域に復帰したり、[206]（インドネシアのように）一国家として独立したり、[207] さらには（グアムのように）アメリカの支配下に置かれたりした。[208] 沖縄は一九七二年五月一五日に「本土復帰」を果たすが、それをアメリカに軍事的に占領されたままで日本に包摂された過程と見ることもできる。

こうした経緯は、前章までに論じた「国民」の問題と密接に結びついている。戦前の台湾、樺太、朝鮮といった植民地では「日本国籍」が与えられたが、朝鮮では国籍離脱の権利が奪われ、またいずれの植民地の出身者でも戸籍の点で「内地人」と厳格に区別された。血統主義に基づいてどの戸籍に入っているかで「内地人」と「外地人」に線引きがなされていたからである。[209] 加えて、「内地」定住者以外の植民地出身者には参政権が一九四五年四月に朝鮮と台湾の男性に認められるまでは与えられていなかった。このように法的規定の上では「国民」の「内部」と「外部」の境界設定は曖昧な面と厳格な面の両面からなり、それにより植民地出身者を「内部」へ包摂しつつ階層化・周縁化していた。タカシ・フジタニがエティエンヌ・バリバールに倣って言うように、これを「包摂的人種主義」と呼ぶこともできる。[210] 一方言説上では、「国民」の境界設定はさらに曖昧であり、自己定義と他者定義の間で齟齬が生じていた。すでに触れたように、植民地朝鮮では朝鮮出身者の知識人は自らと同胞を帝国日本の「国民」として語ることがあった。しかし、この植民地出身者の自己定義による「国民」は、参政権、戸籍、兵役などの点で明らかに差別があり、上記の法制度的な規定による「国民」とは大きくずれていたし、本土出身者が彼ら彼女らを自分たちと同等の「国民」とみなすことを嫌う傾向があったこともすでに述べた通りである。[211] その一方で、植民地出身者が競い合うようにして自らが帝国日本の「国民」であることを社会に承認させようとした努力は、それ自体が大枠としての「国民」の制度と想像を強化することにつながった。戦前戦中における「国民」は、法制上・言説上のその境界設定の厳格さと曖昧さのせめぎあいに見られるように、一見して均質的で平等な集団カテゴリーでありながら、内実は階層的・差別的であり、かつ排他的であったが、にもかかわらず前者の達成が理想化されたために、後者の負の側面が認識されず、問題視されにくかったのである。

こうした構造とそれをめぐる葛藤が戦後も形を変えながら継続することになる。確かに、旧植民地出身の人々は一九四五年一二月に日本における選挙権を失い、五〇年制定の血統主義を継承した日本国籍法では日本国籍資格者の埒外に置かれた。[212] したがって、これまで多くの論者が指摘してきたように、旧植民地出身者は終戦と帝国日本の崩壊とともに「「外国人」として憲法の枠組みから除外」[213] され、それまでかろうじて持ち得ていた「日本国民」としての権利を剝奪された。バリバールの言葉を使えば、それまでの「包摂的人種主義」から一転して「排他的人種主義」へと移行したと言えるだろう。[214] 旧植民地出身者はかつて「国民」でありながらその中で差別されていたのに対し、いまや「国民」の外部へと否応なく放り出される形となったのだ。しかし、戦前戦中と戦後の間にこうした変化はあるものの、いずれも「国民」の境界設定に起因する葛藤だと見ることができる。在日コリアンを例にとれば、一九六五年の日韓基本条約をきっかけに韓国・朝鮮籍の日本在住権が認められることとなったが、五五年から始まった指紋押捺の義務は九一年に「特別永住」が承認されるまで継続した。その後は、韓国籍または北朝鮮国籍でありながら日本に滞在するか、もしくは日本国籍を取得して「日本人」に帰化するかの選択権が与えられることになったが、いずれにせよ血統主義に基づく日本の国籍法が二重国籍を認めていないように法的に「国民」の境界が厳格に設定されているために、在日コリアンはその選択をめぐって葛藤を感じざるを得ない状況が現在まで続いている。こうした法的レベルの規定と葛藤に対して言説や行為的なレベルでは、一九八〇年代以降「ポスト在日」[215]とも呼ばれるように在日コリアン（とりわけ第三世代以降）のアイデンティティが多様化・混在化し、「日本国民」との境界も曖昧になってきた。しかしその一方で、ヘイト・スピーチに典型的に見られるように、「国民」とそれ以外の間に厳格な境界を設けて、後者への差別をあからさまに表明するという現象が見られるようになったこともよく知られているところである。

こうした歴史的状況において戦後の日本では、帝国の過去が忘却されてきたというのが近年の学術研究で一般的な見方になっている。[216] 確かに第二次世界大戦後、日本語では、その歴史を「戦後」と呼ぶことが慣例になっている一方、「帝国後」と呼ぶことはない。また、二〇一〇年代になっても八月十五日の「終戦記念日」には第二次世界大戦を公共の記憶にとどめるためにさまざまな行事が行われるのに対して、帝国やその終焉を公共の記憶にとどめる行事は日本国内では一部の例外を除いてほとんど行われていない。[217] これは、旧植民地で帝国日本からの「光復」を祝う行事が毎年行われている現状と対照的である。また、すでに触れたように、旧植民地出身者は戦後になるとそれまでかろうじて与えられていた——といっても、女性には参政権がなかったが——市民権を奪われた。批評、文学、映画を含む日本語による文化的言説では、日本の「民衆」を戦争、戦争を指導した軍部と政府、あるいは原爆の被害者として語る表象が支配的になる一方で[218]、帝国日本の加害者性や暴力性を問題にすることは少なくとも一九八〇年代までは少数にとどまった。[219] さらには日本国憲法に基づいて平和主義や民主主義が謳歌されるとともに、高度経済成長を経て消費文化が広がる中で、帝国日本の過去は忘却の彼方に追いやられる傾向にあった。[220] 引揚や残留孤児の問題がたびたび新聞やテレビで報道されてきたものの、そうした人たちは単に哀れみの対象としてステレオタイプ的に見られることが多かった。[221]

こうした中で、中曽根康弘首相の靖国神社訪問（一九八五年八月一五日）、韓国や台湾での民主化運動、冷戦体制の崩壊（八九年一二月）といった出来事が続いた八〇年代に、慰安婦、南京事件、靖国神社への日本政府関係者の参拝、領土問題などをめぐり、主として旧植民地・被占領地域出身者の人々からの声により帝国日本の過去が呼び覚まされるようになった[222]。学術レベルでもこの頃から日本の帝国主義の研究が盛んになり、批評的な研究では慰安婦、南京事件、靖国神社の問題が頻繁に取り上げられるようになった[223]。しかしその一方で、修正主義的日本史観に見られるように日本の過去に対するそうした批判的な見方を「自虐史観」と呼んで否定しようとしたり[224]、さらにはヘイト・スピーチに典型的に見られるように、そうした過去にお構いなく韓国や中国、そしてそれらの国々の出身者に敵意をあらわにしたりする動向すら目立つようになってきた[225]。リベラルな学術研究が帝国日本の加害性を問題化する傾向にあるのに対して、修正主義的日本史観は他のアジア諸国からの批判に対して日本を被害者に位置づけてその加害性を否認しながら防御しようとする傾向がある。加えて、リベラルな批評言説の多くが「戦前戦中」の天皇中心の国家の暴力性と君主制に対比する形で「戦後」の平和主義と民主主義を肯定的に論じるのに対して、日本会議のような保守的団体は平和主義を明治維新以来の（さらには神話的古代由来の）天皇中心の国家の特徴として性格づけて、戦前戦中の帝国の暴力性には触れない傾向がある。後者にとっては「戦後」こそが日本の自立性を奪い、さまざまな社会問題を引き起こした元凶であり、批判されるべき偏った「レジーム」にほかならないのだ[226]。

こうした状況の中で、果たして帝国日本は忘却されてきたと言えるのだろうか。確かに、世代の移り変わりとともに戦争経験者が次第に少なくなり、帝国が公共の記憶からますます薄れてきているということはあるだろう[227]。しかし、上記のように、帝国の記憶はもともと戦争直後の当初から日本国内では公共的に表面化したものとしては希薄であったし、そうした記憶は一九九〇年代以降になって初めて盛んに話題にされ呼び覚まされるようになった。とすれば、帝国日本の暴力性・侵略性の現代日本における認識不足を記憶の風化のせいにするのは無理があるのではないだろうか。もちろん私は帝国の過去の忘却ということを全面的に否定するものではない。しかし、本章ではこれまでの論証を踏まえて、帝国日本の加害性が認識されないのはむしろ、戦前戦中の当初からその暴力性、侵略性が認識されていなかったからだという仮説を提示したい。すなわち、そうした暴力性、侵略性を含めてさまざまな格差、不均衡性、差別、葛藤、摩擦があったにもかかわらずそれらは否認され、あたかも誰もが平等で自発的に参加する——言い換えれば、強制ではない——ような帝国のファンタジーが戦前戦中に広く共有されていたからこそ、戦後になっても日本の帝国主義・植民地主義の問題が認識されなかったり否定されたりしたのではないかということである。(228)

もちろん、この見解は仮説にすぎず、今後の実証的研究による検証を待たなければならない。そこで以下では、今後そうした検証を行うための要点として、帝国のファンタジーが継承される素地になってきたと考えられる、日本の「戦後」をなす三つの条件を指摘しておきたい。一つには、日本の敗戦とともに、「日本」という言葉によって想像されるナショナルな枠組みが、先述の列島に限定された領土的範囲に規定されるようになり、旧帝国のその他の地域はその「外部」として想像されるようになったということがある。そうした領土に規定された想像上のナショナルな境界設定はさらに、東アジアにおける第二次世界大戦後の地政学的な変容に対する想像力のギャップとも結びついた。すなわち、日本の「戦後」はあくまで、冷戦体制のアメリカの傘下のもとで創られた平和で豊かな国の「戦後」であったが、それは必ずしも他のアジア諸国・諸地域の「戦後」ではなかった。朝鮮戦争やベトナム戦争は、日本がそれらに経済的な恩恵を受けていたにもかかわらず、（一九六〇年代の社会運動の主導者などを除いて）もっぱら「外部」の出来事として認識された。さらに、帝国日本に対する記憶が、その被支配地域・被占領地域であった朝鮮半島、台湾、中国（とくに、旧満洲）、南洋諸島（ソロモン諸島、ミクロネシア、マーシャル諸島）、そして沖縄では、それぞれの第二次世界大戦後の歴史を歩む中で、異なる様相を呈していたことが多数の文献を通じて報告されている。(229)その記憶は、単に国別・地域別に異なるというだけでなく、ジェンダー、階級、エスニシティ、世代、それに個々人によっても異なっており、錯綜していると同時に、(230)国や地域の境界を越えて同じ境遇に置かれた人たちの間で共通した思いをもっていることも指摘されている。(231)とはいえ、少なくとも日本に限って言えば、領土的境界に一致する形で、ナショナルな枠組みに沿って想像上の内部と外部の違いが規定されてきた度合いが強いと考えられる。

帝国のファンタジーの継承を許容してきたであろう、日本の「戦後」のもう一つの条件は、しばしば指摘されるように、日本の「戦後」がアメリカの指導と庇護のもとに創られたということである。戦後日本の領土は、基本的にポツダム宣言とサンフランシスコ講和条約によって規定された。それは、言い換えれば、日本は旧植民地・被占領地域の人々の要求によって領土を放棄したわけではなく、主としてアメリカとの関係によって手放したことを意味している。[232]帝国日本の支配地域は、冷戦体制下の東西の枠組みに再編される形で引き継がれ、あくまでその枠組みの中で韓国、台湾、フィリピンが国を成し、軍国主義的なナショナリズムの台頭が促された。帝国日本によって確立された各地域（とくに台湾と朝鮮）の中央集権的な官僚機構がアメリカの占領政策に都合よく利用されたという見方さえある。[233]映画に関して言えば、映画館配給・上映から巡回映写に至るまでの配給・上映手段が、たとえそのインフラストラクチャーがそのまま引き継がれたとまでは言わないにしても、その設備や慣習が占領期に利用された。[234]こうした中で日本は、一九八九年の冷戦体制の崩壊に至るまで、旧植民地・被占領地域からの直接的な抗議をあまり受けることなく一国主義的な平和と経済成長を享受することができた。日華平和条約（一九五二年四月二八日）、日韓平和条約（六五年六月二二日）、日中共同声明（七二年九月二九日）はこうした経緯の中で結ばれている。

そして最後に考慮に入れておきたい「戦後」日本の条件は、日本がアメリカの庇護のもとで他のアジア諸国・諸地域に先んじて高度成長を遂げたことにより、自らを欧米と同等の先進国に位置づけ他のアジア諸国・諸地域を劣位に置くような、自己中心的な見方をもちやすい状況ができたということである。これは、戦前戦中と異なり、軍事的・政治的支配を伴うことはなかったが、他のアジア諸国・諸地域へ経済的に介入し指導しようとする論理となって表れていた。[235]実際、映画や他のポピュラー文化をめぐって台湾や香港の企業は日本の企業とさまざまな交渉関係を展開していたが、日本側は概ね自らを特権的な地位に置く傾向があったことが報告されている。[236]こうした動向には、「東亜民族」の言説が想定していたひそやかな中心性が、経済的活動の中で再現されているとも言えるかもしれない。いずれの場合も、決して相手を支配しようという悪意があるわけではなく、むしろ友好的な関係を結ぼうとしながら、自己と他者の間に上下関係があることを暗黙の前提にして事業を進めようとするのである。

第二次世界大戦後、一九五〇年代の竹内好の思想や二〇〇〇年代の民主党政権による提案のように汎アジア主義の考え方が復興することはあっても[237]、アジア全土の住民を一つの目的のために動員しようといった政策はなくなった。ましてや、映画観客がその目的達成のための一段階として構想されることもなくなった。その一方で、グローバリゼーションが加速した一九九〇年代以降、他のアジア諸国が経済成長を遂げるようになり、日本はもはや東アジアにおいて経済的に特権的な地位を享受し続けることは難しくなった。と同時に、ヒト、モノ、カネ、情報が国境を越えて交流・混交すると同時に、過去の出来事、領土、労働問題などをめぐり国民国家間で摩擦が起こりやすい状況が生まれてきた。こうした状況の中で、学術的研究では帝国日本の問題が歴史的に検討し直される一方で、親日か反日かという二項対立的な歴史観に基づいた戦前戦中からの帝国のファンタジーと同等のものが顕著になってきている。これが、前章で論じたような、「国民」としての想像力が長きにわたって持続しているどころか、ますます強まってきている傾向とつながっていることは疑い得ないだろう。「東亜民族」の問題は、単なる過去だけのものではなく、現代にも関係するものとして捉え直す必要がある。本章はそのささやかな試みの一つである。こうした「国民」と「東亜民族」をめぐる歴史的・現在的な状況を踏まえた上で、次章以降では「大衆」や「市民」といった社会主体が、映画やその他のメディアの観客とどのような歴史的な意味をもったのかを検討していきたい。戦後の文脈で社会主体にとってとりわけ重要になってきたのは、一九四五年八月六日と同年同月九日にそれぞれ広島と長崎に投下された原子力爆弾と、その後の「原子力の平和利用」の名の下に推進された原子力発電所とともに意識され、原子力の隠喩で語られるようになった、科学技術的・政治的・経済的な「巨大システム」との関係だった。

# 第IV部　大衆

# 第五章　テレビと原子力の時代への「大衆」ポリティクス

## ――大衆社会論、大衆文化論、マス・コミュニケーション論

テレビと原子力、そして「大衆」。一九五八年一一月号『思想』の特集「マス・メディアとしてのテレビジョン」に掲載された吉村融「テレビ・コミュニケーションと人間の思考」では、テレビと原子力という二つのテクノロジーがこの時代に生み出された同等の驚異として言及されている。言わく。「テレビジョンは、原子力とならんで二十世紀の産んだマンモスといわれるのであるが、その影響力はわれわれの日常家庭生活はもちろんのこと、政治・社会・教育……等々あらゆる分野に及んできている」。このメディアは「「機械時代」、「技術革命の時代」、さらには「大衆社会」という二十世紀に特殊の政治社会的状況の中に位置付けられて考察される」(1)。実際、テレビと原子力は、第二次世界大戦終結から四半世紀の間に換喩的かつ隠喩的な関係を成して成長し、七〇年後の二十一世紀初頭の今日に至ってもなお日本社会に根強く浸透している。

テレビと原子力が換喩的な関係にあったことは、アメリカの共和党上院議員カール・ムントによる一九五〇年六月五日の演説「ビジョン・オヴ・アメリカ」、それをミッションとして引き受けた読売新聞社の柴田秀利と正力松太郎による日本テレビ放送網株式会社の設立（五二年一〇月）、さらには五三年一二月八日のドワイト・アイゼンハワー大統領による国連演説「平和のための原子力」とそれを受けて日本で原子力発電所の推進に邁進した正力の政

治活動といった、今ではよく知られた一連の動きに端的に現れている。[2] ムントは、テレビを「視覚爆弾」(see-bomb)と呼びながら、それが「原子爆弾の破壊的効果にならぶほどの大きな影響力で、建設的な福利への連鎖反応を引き起こすことができる」と述べ[3]、原爆とテレビがともに共産主義への対抗という同じ目的に資する武器であることを主張した。以後、テレビと原子力は、後者が原爆を指すにしろ原発を指すにしろ、日本でも吉村の論考のみならず多くの言論で並列的に言及された。[4]

同時にまた、そうした言説にも窺えるように、テレビと原子力は少なくとも三つの点で隠喩的な関係にもあった。すなわち、両者はともに高度な技術による大量生産と広範囲にわたる流通網から成る巨大産業として成り立ち発達してきた。また、テレビによる放送と原発による電力は同じように人々の日常生活に広く深く浸透し、それらは絶対的に安全なものでも中立的なものでもないにもかかわらず、普段はそのことが忘れ去られるほどに常識化し環境化してきた。加えて、アメリカ(ムントとアイゼンハワー)と日本(柴田と正力)の関係に見られるように、テレビと原子力はともに、そのテクノロジーの導入が冷戦構造下(さらにはポスト冷戦構造下)の不均衡な日米同盟と密接に結びついていたという点でも似ていると言えるだろう。

こうした時代状況にあって、とりわけ一九五〇年代から六〇年代にかけて盛んに論じられた社会主体が「大衆」であった。この「大衆」もまたテレビと原子力の消費者(換喩的関係)であり、テレビと原子力と同様に巨大さを含意するとともに、個々バラバラだという意味で「アトム化」ないしは「原子化」のメタファーで語られることの多い主体でもあった。[5] そうした「大衆」を前景化した言論は、大衆社会論、大衆文化論、マス・コミュニケーション論という三つのタイプに大きく分けることができる。以下で詳しく見ていくように、これらの論はテレビが普及する以前からそれぞれ異なる思潮を成し「大衆」やメディアについて異なる見解を示す傾向にあった一方で、区別のつかないほどに折り重なっていた。[6] 次章で扱うテレビ論や映画論は、それらの言説に大きく影響されながら、同時にそれぞれのメディアとその視聴者・観客の独自性を論じようともしていた。

とすれば、個人を超えた科学技術・政治・経済のシステムの力を強く意識させる時代を象徴する言葉として原子力時代とも呼ばれた一九五〇年代以降にテレビ——より正確には、テレビに連なるテレビ以前の印刷メディア、ラジオなどを含むマス・メディア——とともに大きな注目を浴びるようになった、この「大衆」とはいったいどのような社会主体として想像されていたのか。そしてそれは映画観客とどのような関係にあったのか。本章と次章では、一九五〇年代から六〇年代にかけてテレビの普及とともに再編されつつあったメディア消費文化の主体としての「大衆」を、その前史と、システムや日常生活の問題も視野に入れながら考察し、それとの関係で映画観客が再定義された状況を詳らかにする。より具体的には、本章では、テレビが普及する以前から「大衆」をシステムとの関係で論じていた議論に注目し、大衆社会論が「大衆」をシステム内在的な主体として論じたのに対して、大衆文化論がそれをシステムの外部または閾に位置づくものとして論じる傾向にあったことを明らかにする。さらにまた、「大衆」を非政治的な主体として論じると思われがちなマス・コミュニケーション論が実際には大衆社会論や大衆文化論と結びつくことで「大衆」を政治化して語る傾向にあったことも照射したい。これらの点を踏まえた上で次章では、三種の言説とともに、各メディアとその受容者の固有性をも追究したテレビ論と映画論を検討しながら、テレビの普及によってトランスメディア的消費文化がいかに再編され、それとともに映画観客がどのように再定義されたかを考察する。

当時の言説を、のちの研究も参考にしながら分析すると、「大衆」は少なくとも三つのレベルの主体として重層的に意味づけられるプロセスにあったことがわかる。その三つとは、「巨大システム」によって規定された主体、家庭を中心とした日常生活の主体、そしてメディア消費文化の主体である。当時の言説でいう「巨大システム」とは、原子力の隠喩からも窺えるように、主として資本主義、官僚主義（テクノクラシー）、国家体制、ファシズム、冷戦構造、そしてマス・メディアのいずれか、もしくはそれらのうちのいくつかの絡まり合いを指していた。そして資本主義は高度経済成長や「消費社会」によって、官僚主義は総力戦やファシズムによって、冷戦構造は「再軍備」やアメリカによって暗示されることの多い概念でもあった。いずれにせよ、ここでまず確認しておきたいのは、二〇一一年三月一一日の福島第一原子力発電所の事故以来、原子力はエネルギーとそのリスクの問題として取りざたされることが多くなった――これについては、第七・八章で論じる――が、一九五〇年代にはそれが個人の力をはるかに超えたシステムを意識させる言葉として使用されるようになっていたことである。その意味で、ここでは原子力そのものを論じることはしないが、この時代を単に「テレビの時代」として理解するだけではなく、テレビ以前のマス・メディアの広がりも含めて「原子力の時代」として考察する。また、システムの主体、日常生活の主体、メディア消費文化の主体という三様の主体は相重なりつつ、単に均質なマスとしての「大衆」を意味するだけでなく、矛盾や葛藤を含み込んでいたということもある。以下では、この、システム、日常生活、メディア消費文化の主体たる「大衆」をめぐる交渉関係をポリティクスと呼び、戦前からの「大衆」論の系譜を跡づけながらその内実を分析する。大衆社会論、大衆文化論、マス・コミュニケーション論の三種の論は、メディア、消費、階級、権力といった「大衆」にまつわる問題系を戦前から引き継ぎつつも、戦後日本の歴史的文脈の中で新たな形で「大衆」論を展開させた。それらは、それぞれ別々の水脈をもつものであったが、本章で明らかにするように「大衆」にシステム的な権力への抵抗の可能性、すなわち「民主」を見出そうとする、その一点で節合していた。換言すれば、いずれの論でもシステムに対して「大衆」をどう位置づけるかに最大の関心が払われていた。次章で見るテレビ論と映画論はこうした、テレビの普及以前から広がっていた「大衆」言説と切り離せないものだった。それらの論には、テレビの普及によりメディア消費文化が再編される中で、二つの相異なる意味合いをもつ「民主」がテレビと映画をめぐって共存しせめぎあっていた様相が読み取れる。それは、家庭の場でテレビを通じて自己中心的に世界に開かれる「消費生活的な民主」であり、そうしたテレビと差別化され階級論や近代的個人の観念に基づくものとして映画観客に期待された「近代政治的な民主」であった。この二つの語句の定義については、次章冒頭で詳しく述べたい。

一九九〇年代に盛んになったカルチュラル・スタディーズ以降のメディア研究では、マス・コミュニケーション論は単純な見方として一蹴されるようになった。例えば、二〇〇〇年に刊行された『メディア・スタディーズ』の序論で編者の吉見俊哉は、「一九五〇年代から六〇年代にかけてアメリカから日本に導入されたいわゆる社会心理学的なマスコミ研究の地平から出発する限り、その機能主義的な「マス・コミュニケーション」についての枠組みからは、本書が示そうとするようなメディアをめぐる権力と言説、ヘゲモニー、集合的な身体諸次元についての問いは浮上してきようがない」と批判している。[7] さらに、この本を「二〇一〇年代のメディア環境にあわせてヴァージョン・アップする」ことを目論んだ一四年刊行の『アフター・テレビジョン・スタディーズ』の序文で編者の伊藤守と毛利嘉孝は、「「文化」を軸に論じることで、狭義のマス・コミュニケーション研究やメディア理論だけではなく、社会学や文化人類学、地域研究や文学思想研究までも横断的に結びつけようとした」『メディア・スタディーズ』の領域横断的なプロジェクトをさらに発展させながら、インターネット普及以降のメディア環境に対応することの必要性を説いている。[8] 本章では、そうした最新のメディア研究の動向を考慮に入れつつも、マス・コミュニケーション論や、今では古色蒼然とした感のある「大衆」という概念を敢えて俎上に載せ、それを歴史化しながら再検討したい。すなわち、その時代の日本におけるマス・コミュニケーション論は、大衆文化論や大衆社会論などとも結びつきながら、当時ニュー・メディアとして登場したテレビとともに再編されつつあったメディア環境と、戦争や総力戦体制の記憶、高度経済成長、冷戦構造、家庭生活や日常生活の変容などの時代状況に対応しようとするものであった。だからこそ、そうした言説には、一見したところ均質なものにしか思えないかもしれない「大衆」をめぐってポリティクスとでも呼べる交渉関係を読み取ることができるのである。言うまでもなく、ここでの目論見はその全貌を明らかにすることではない。むしろ、大衆社会論、大衆文化論、マス・コミュニケーション論、テレビ論、映画論などの言説によって論じられていた重層的な社会主体としての「大衆」が、テレビの普及によるメディア消費文化の再編と映画観客の再定義にいかに絡んでいたかを描き出すことが目標である。

## 「大衆」ポリティクスのはじまり——戦前戦中日本の言説形成

レイモンド・ウィリアムズは、そのよく知られた『キーワード辞典』の中で、イギリスにおける「大衆」(masses)概念の系譜を詳細に解説しながら、十九世紀までに「民主主義」(democracy)概念がポジティヴな意味で使われるようになるにつれ、「大衆」(masses)はネガティヴな意味合いとポジティヴな意味合いの両方を担うようになったと記している。すなわち、十九世紀以前から引き継がれた貴族主義的・エリート主義的な観点からすれば、「大衆」(masses)は依然として「群衆」(mob)を想起させるような無知で感情的な集合体としてみなされたが、十九世紀にポジティヴな意味合いをもつようになった「民主」の観点からは、重要な社会的勢力と見られるようになったというのである。こうした両義的な意味づけは二十世紀になると、「大衆デモクラシー」(mass-democracy)、「マス・プロダクション」「大衆市場」(mass market)に対する否定的な見方から「大衆組織」(mass organizations)、「大衆運動」(mass movements)に対する肯定的な見方に至るまで、「大衆」が幅広い意味をもつ言葉として使用されることにつながった、とウィリアムズは述べている。[9]

日本では、「大衆」という言葉は語源的には仏教用語の「ダイシェ」に由来するという説があるが、一九二〇年代までに"masses"の翻訳語として広まった。[10] しかし、日本の場合、男性エリートを中心とした「市民社会」から「大衆社会」へ移行したというよりも、むしろ後藤道夫が指摘するように、ヨーロッパの「市民社会」にあたるものが成立する前に「後発資本主義の開発独裁型国家」が成り立ち、その中で「大衆社会」が形成されたと見る方が妥当だろう。[11] 一九五〇年代・六〇年代の大衆社会論の代表的論客だった松下圭一や日高六郎も、日本が市民社会から大衆社会へという西洋の流れとは異なる経緯を辿ったことを論じている。[12] とはいえ、ヨーロッパとは異なる歴史的な文脈にあったにせよ、一九二〇年代以降の戦前戦中の日本でも「大衆」という言葉は、ウィリアムズが記した二十世紀の“masses”にも似たニュアンスを帯びながら、消費文化、マルクス主義、総力戦とのかかわりで頻繁に使用されるようになった。とりわけここで注目したいのは、「大衆」概念が戦後の言説にもつながるメディア、消費、階級、権力の四つにかかわる矛盾や葛藤を含んでいたという点である。換言すれば、「大衆」ポリティクスは戦間期から戦中にかけて形成され、それが戦後にも大なり小なり継承されていたと見ることができるのだ。本書ではすでに第二章と第三章で、一九二〇年代の消費文化の興隆とともに登場した欲望主体としての「大衆」が、総力戦の文脈の中で自己規律的な「国民」へと取り込まれようとされた経緯を検討した。その過程では、「大衆」に認められた平準化と自発性の傾向を取り込みつつ規律化しようとする傾向が見られたが、同時に消費活動と動員政策とのギャップや、ジェンダーや地域をめぐる格差が不可視化されることにもなっていたと指摘した。以下では、そうした動向も念頭に置きつつ、「大衆」が、その言葉が広まる当初から、メディア、消費、階級、権力にかかわるポリティクスを成していたことを概観しておきたい。

「大衆」という言葉は、一九二〇年代のメディア消費文化の興隆とともに普及した。一九二六年七月号の『中央公論』は「大衆文藝」という見出しで特集を組み、寄稿者の一人であった千葉亀雄は「民衆芸術という言葉が言われたのは今から一〇年あまりの先のことだが、昨今では大衆文芸、大衆芸術と呼ばれるにいたっている」と述べている。[13] 実際、この頃に「大衆」をタイトルに冠する雑誌が多数創刊された。『青年大衆』(一九二五年)、『大衆文藝』(二六年)、『大衆教育』(二六年)、『大衆双紙——映画・大衆文藝・演劇』(二九年)、『大衆』(二九年)、『女人大衆』(二九年)などである。なかでも、一九二五年一月に白井喬二を中心にして創刊された『大衆文藝』は、直木三十五、長谷川伸、江戸川乱歩などが寄稿し、「大衆」という言葉が広く普及する一つの大きなきっかけを作ったと言われている[14](図5-1)。そこには、当初の「大衆」に込められた四つの意味合いを読み取ることができる。一つは、モダニズム的な意味合いである。白井はのちに自伝の中で、この言葉を「民衆」「人民」「国民」といった集団を意味する既存の言葉と差別化するために用いたと述べている。[15] すなわち、同じような不特定多数の人々を指す言葉がすでに存在していたにもかかわらず、それらと差異化し、新しさの感覚をもたらすために「大衆」という言葉を用いたのである。しかし第二に、このモダニズムは、当時の新感覚派に見られるような前衛芸術的なモダニズムとは異なり、知識層に限定されない広い層にわたる人々を読者としていた点で、量的多数性と階級的なニュアンスを帯びていた。だからこそ直木や長谷川などの「大衆小説」の書き手は「純文学」との差を明に暗に打ち出し[16]、その一方で「大衆雑誌」として知られる『キング』(一九二五年一月創刊)などを刊行していた講談社を批判した大宅壮一の発言に見られるように[17]、知識層からは軽蔑の対象にされることがあった。第三に、自らの文学を商品と考えた『大衆文藝』にとって読者、すなわち「大衆」は明らかに消費者として想定されていた。文学の商品化は、改造社が一九二六年に刊行した『現代日本文学全集』を皮切りに続々と刊行されたいわゆる円本ブームに象徴的に現れていた傾向であり、白井自身も二七年に平凡社から――「大衆」という言葉を全集名に含む――円本『現代大衆文学全集』を刊行した[18]。そして第四に、こうした雑誌や円本とともにこの言葉が広まったことからも窺えるように、「大衆」はメディアに言及されることで現出し、その受容者が「大衆」として想定されるようになった。以後、モダニズム的なニュアンスは時間の経過とともに薄れていくが、階級、消費、メディアとの結びつきはさまざまな形で言説化されていくことになる。

図 5-1　『大衆文藝』表紙

　こうした文脈にあって、一九二八年に刊行された、ジャーナリストの室伏高信による『文明の没落　第三巻　大衆時代の解剖』は、当初の「大衆」の意味を考える上で看過できない文献である。この書物は、階級、消費、メディアはもちろんのこと、権力ないしは社会的な力の問題にまで言い及んでいる。彼にとって「大衆」とはまず「知識階級」に対峙するものである。「十九世紀が紳士と知識階級との時代であったのに対して二十世紀は大衆の時代としてはじまったのである——大衆の時代！　大衆の社会！　大衆の勝利！　何という朗らかな喜びであることか！」[19]こうしたセンセーショナルな宣言をしながら室伏は、「知識階級」の「知識」「理性」に対して「大衆」を「無知」「意志」「激情」「行動的・実践的」といった言葉で特徴づけた。[20]また室伏は、フォーディズムの大量生産システムによる商品の消費者を「大衆」と同一視し、大量生産が「画一化、中庸化、平凡化、非人格化、非芸術化、非文化化」たる「世界の大衆化」を推し進め、そのことによって「欧羅巴文明」を圧倒していると論じた。[21]こうした事態は、室伏にとって、アメリカが資本、権力、イデオロギーの点で世界の覇権を握るようになったことを意味していた。[22]別の箇所では彼は、「大衆」の名が知識人によって利用されたり冒瀆されたりしていることに言及しつつも、[23]政治家や実業家や小説家などは「大衆」の力を認め、「大衆」に媚びを売るようにすらなっているとも記している。[24]室伏のこの本は、全体的に散文的でセンセーショナルな書き方がなされているし、十九世紀と二十世紀の対比に見られるように、日本の歴史的文脈を考察するよりもむしろ、欧米の社会状況に基づいて議論を展開しているように見える。しかし、その一年後にスペインで刊行されたホセ・オルテガ・イ・ガセットの『大衆の反逆』[25]（一九二九年）の「大衆」批判とはかなり異なり、「大衆」が力をもつようになった社会への揶揄とも受け取れる示唆を含みつつも、全般的にはそうした状況への良し悪しの判断を控えながら記述している感じが強い。[26]また何よりも、たとえその叙述が日本の実情から遊離していたにせよ、同書が当時の「大衆」言説の一端を成していたという事実には変わりがない。さらに、こうした特色をもつ同書との関連で、一九二五年七月号の『改造』に掲載された室伏の「ラヂオ文明の原理」は見過ごすことのできない論考である。そこで室伏は、ラジオを、「大衆の時代」を象徴するメディアとして論じている。新聞が地域性に根ざしていたのに対して、ラジオの電波は特定の地域を越えて「大社会」に広がり不特定多数の人々、すなわち「大衆」に受容されるというのである。[27]このように室伏の論は、「大衆」という言葉が人口に膾炙し始めた一九二〇年代に、それを階級、消費、メディア、権力に結びつけて論じたという点で、その後の「大衆」言説にとって先駆的なものだった。

他方、マルクス主義者たちの間でも、同時代に「大衆」が中心的な関心事となり、階級、消費、メディア（もしくは文学、映画、演劇、美術などの「芸術」）、権力をめぐって盛んに議論が展開された。マルクス主義の思潮では、一九二〇年代初めまでに「大衆」という言葉が「無産階級」と同義のものとして使用されるようになっていた。例えば、いわゆる山川イズムを明文化した山川均の「無産階級運動の方向転換」（『前衛』一九二二年八月）は、「「大衆の中へ！」」。しかしながら、われわれはそれと同時に、なお、資本主義の精神的支配の下にある大衆の中に分解してしもうてはならぬ」と記し、「大衆」が資本主義下の労働条件の中で搾取されていると同時に「資本主義の精神的支配の下にある」ことの葛藤を示している。[28] この論文では、消費を示唆する言葉は一切出てこないように、ここで言及されている「資本主義の精神的支配の下にある」「大衆」は、消費者としてよりも労働者としての側面を意味していると思われる。よく知られているように福本和夫はこれを批判して「大衆の中へ」入るよりも共産主義の理論を優先させることを唱えたが、[29] いずれにせよその後山川イズムも福本イズムも両者ともに、「二七年テーゼ」の「大衆に近づけ」という指令によって批判された。[30] そしてこれを契機に、一九二八年から蔵原惟人と中野重治を中心に芸術大衆化論争が展開され、貴志山治、徳永直、林房雄などもそれに直接的・間接的に呼応してそれぞれに「大衆」を論じるようになった。[31] こうした中で一つの大きな課題となったのは、芸術を通して資本主義の権力やブルジョワのヘゲモニーに対抗するために、消費文化の主体として現れてきた「大衆」にどう対処するかということだった。[32] 端的に言えば、蔵原は「大衆」が理解できるような芸術作品を創ることでプロレタリアートを教育し扇動することを訴えたのに対して、中野は「大衆」の生活に根ざした芸術を創造することを主張した。[33] 一方で、この頃（一九二八年一二月）に労働者農民党の設立を試みた大山郁夫は三〇年刊行の『大衆は動く』の中で、「大衆」を消費文化の主体と区別し、それを、「資本家・地主」つまりは「産業合理化政策」と「帝国主義戦争」に対抗するために「大衆的日常闘争」を遂行する労働者・農民として定義した。[34] このようにマルクス主義者たちの議論はいずれも資本主義への抵抗を重視している点で室伏のそれとは大きく異なるが、にもかかわらずそれらの「大衆」論には、同時代で共有された消費文化、階級、メディア（芸術）、権力への強い意識を容易に認めることができる。

一九三〇年代後半になると「大衆」は総力戦との兼ね合いで言及されることが多くなるが、そこでも消費文化、階級、メディア、権力との関係をどのように考えるかが一つの大きな要点になっていた。一方では、すでに第二・三章で詳しく考察したように、平準化と自発性の観点から消費文化の主体としての「大衆」を自己規律的な「国民」へと取り込もうとする見方が、批評家や官僚などから声高に主張された。権田保之助は、「大衆」を「娯楽提供システムの大規模化、生産の機械化と製作・流通の産業化」を背景に登場してきた、「階級、地域、職、年齢、性の別を超越した」人々として性格づけながら、[35] その「大衆」を指導して国民精神総動員を遂行する必要性を説いた。[36] こうした体制的な見方とは対照的に、戸坂潤は「大衆」と権力の関係をより批判的に検討した。戸坂にとって、「大衆」は「多数者」と「無産者」に分けて考えられるべきものである。前者は、消費文化とともに現れた量的に圧倒的でありながら無組織の集団であり、個々が相互に孤立（アトム化）しているために容易に少数のファシスト的指導者によって統制されてしまう危険性があるという。これに抗するためには、「大衆」は「無産者」として自らを自発的に組織する必要があると主張した。[37] こうした立場からすると、（戸坂は明言していないが）「大衆」はメディアによって無自覚のうちに自己規律的な「国民」へと陶冶されるといったことにならないよう気をつけるべきであり、そのためには自らがメディアを駆使して自分たちを組織化していくべきだという考えに行き着くのが自然であろう。実際、この後すぐに見るように、マルクス主義的な映画関係者はこの考えを実践に移した。

こうした「大衆」をめぐる同時代の言説空間にあって、映画論における「大衆」論もまた、消費、階級、権力、そしてもちろん映画というメディアをめぐって展開された。そうした中でも映画論でとりわけ顕著な傾向だったのは、量的多数性や集団性が映画の固有性にかかわる決定的に重要な問題として取り上げられることが多かった点である。より正確に言えば、映画「大衆」論の多くは、量的多数性や集団性を論じたが、消費、階級、権力に対するスタンスの取り方に関して見解が分かれていた。そのスタンスは、大きく三つに分けることができる。第一に、白井、室伏、権田のように権力に対して対抗的ではない立場があった。この立場は、しばしばエリート主義に対する批判的な見方を含んでいたが、マルクス主義のように階級的な立場から権力への対抗意識を見せることはあまりなかった。その最初期の例として、劇作家であり映画脚本家でもあった仲木貞一による一九二八年の論考「大衆芸術としての映画」がある。仲木はこの中で、映画は、興行場に規定される「少量製産」の芝居とは異なり、機械性複製技術の産業による「大量製産」を特徴とすることを強調している[38]。この比較の仕方は、権田とは対照的で興味深い。第一章で見たように、権田は、資本主義産業との関係を念頭に置きつつも、浅草などの興行場との結びつきから映画を「民衆娯楽」の一つとして論じていた。また仲木は、映画は「ハートを躍動させるリズム」で多数の観客を惹きつける、「最も大衆的で、大衆を動かす力の強き芸術」だと主張した[39]。ここには、「ハートを躍動させるリズム」という情動の観点から「大衆」を定義しようとする見方が窺える。この点でも、過剰な消費を批判し規律的な労働に価値を置いた権田とは異なっている一方、前章までに見てきたプロパガンダ論・総力戦論に見られる情動の重視に呼応している。とはいえ、仲木と権田は、マルクス主義者のように権力に対する抵抗には関心を示すことなく、映画がもたらす「大衆」の量的多数性に積極的な価値を見出している点では共通していた。

同時期に、飯島正、長谷川如是閑、城戸四郎もまた多数性の観点から「大衆」としての映画観客を論じていた。彼らは、それぞれ強調点は異なる一方で、エリートへの対抗を強調しつつ権力への抵抗についてはうやむやにしている点では似ていた。飯島は、一九二九年の著書で映画が「大衆」の支持の上に成立していることを強調し[40]、三六年の別の著書では、彼らは疲れを癒すために映画館へ足を運ぶと記した[41]。このように労働との組み合わせで余暇を論じる視点は、第一章で見た権田などの民衆論を想起させるが、飯島の主な力点は労働者としての「大衆」を持ち出すことで映画を知識人向けの「高尚」な芸術に対峙させる点にあった[42]。同様に、一九三〇年代中頃まではリベラルな批評家として知られた長谷川も、当時の映画が「ブルジョワ的象徴主義」や「官能主義」に偏り「階級的に規定されている近代大衆から遊離している」と批判した。ただし、長谷川は、「大衆芸術」たる映画は「一定の社会目的を持った階級的意識の表現」であるべきだとして、ジャーナリズム的なメディアになるべきことを推奨していたので、この点では芸術としての映画に関心のあった飯島とは相違があった。[43] しかし飯島にしろ長谷川にしろ、彼らの論では、総力戦や資本主義の権力への抵抗意識よりも、少数の衒学的な知識人への対抗意識が窺える。これに対して、松竹大船撮影所長として映画産業の中枢にいた城戸は、芸術やジャーナリズムという点よりも、できるだけ多くの人たちに消費されるという意味での人気という観点から、わかりやすさや親しみやすさという「大衆性」を重視した。城戸にとっては、この点でこそ、一部の人にしか受け入れられないエリート的な芸術は望ましくないものだった。[44] このように飯島、長谷川、城戸には違いはあるものの、いずれもエリートへの対抗を強調しつつ、しかし「大衆」観客を権力に抵抗するものとして積極的に位置づけることはしなかった。

これに対して、あからさまに対抗的なスタンスがあった。これが、第二に指摘しておきたいマルクス主義的な立場である。この立場の映画論は、戸坂の見解にも呼応して、消費者的な傾向を見せている現状の「大衆」を戒め、映画を通して自らが自らを組織する政治主体へと「大衆」を導くことを訴えた。「ブルジョワの玩具」であるパテ・ベイビーと呼ばれた小型撮影機を「プロレタリアートの武器」として利用することを唱道したプロキノ（日本プロレタリア映画同盟）の主宰・佐々元十は、「大衆」を消費者ではなく「政治的な積極性」の観点から再定義すべきだと主張した。[45] 佐々とともにプロキノを推進した岩崎昶は、一九三〇年の論考で、プロレタリア芸術では「大衆」は「小市民、自由労働者、兵士、学生」を含む「未組織の人々」を指すとして、そうした政治的な「意識が低い」人々を扇動することの必要性を唱えた。[46] こうしたマルクス主義の映画論には、資本主義や国家権力への抵抗という観点が大前提となっていることは言うまでもない。

そして第三に、映画論の中には、個人主義やエリート主義への対抗を示唆しながら、「大衆」の集団性を映画特有の積極的な価値として理論化しようとする立場があった。今村太平と中井正一はその代表的な論客である。ただし、もともと二人とも左翼思想に影響を受けてはいたが、両者には権力に対するスタンスの取り方に大きな違いがあった。今村は第三章で見たように、資本主義の産物としての娯楽映画の「大衆性」には批判的だったが、読書との違いを強調しながら、複数の人たちが一緒に同時に観ながら思想的・感情的表現を共有できる集団的な側面を映画特有の「大衆性」として主張した。(47) しかしながら、その理論化が総力戦の権力を支持しようとするものであったことはすでにこれまでの章で検討した通りである。他方、中井は権力に対しては明確な態度を示さなかった。彼は、ガブリエル・タルドの公衆論を批判的に踏まえながら、「大衆」の集団性を肯定的に論じている。一九〇一年にフランスで発表されたタルドの『世論と群衆』は、「群衆」(mob) と対比することで「公衆」(public) の性格を特徴づけていた。(48) すなわち、「群衆」が物理的な場に群がる人たちであるのに対して、「公衆」は社会の中に広く個々バラバラに散在しており、新聞というメディアを通してのみ──「めいめいの家で同じ新聞を読みながら」(49)──心理的に結合しているというのである(したがって、タルドの「公衆」は、ユルゲン・ハーバーマスがのちに論じた、コミュニケーション的行為を通して公共圏を形成する、知性的な「市民」とは異なる)。(50) 中井は、この「公衆」を「混沌《カオス》としての多数」と命名しながら、個体に基づく集団とみなし、古い時代(彼が「近代」と呼ぶ時代)の個人主義的文化を反映するものとして退ける。そして、これに代わる、新しい時代(彼が「現代」と呼ぶ時代)にふさわしいものとして「大衆」に積極的な価値を与えている。中井にとって、時代はもはや個人主義的文化の時代ではなく、映画に象徴される集団主義的文化の時代である。この集団主義的文化は、資本主義的利潤機構を媒介にして生まれ、「速度感、組織感、事実感」を基調とした「機械」のうちに機能している。そうした「機能とその複合すべての連関、要素相互間の統制」を体現するのが「大衆」にほかならない、というのである。(51) 中井は、ソ連や唯物論的弁証法に精通していたことでも知られるが、(52) プロキノの佐々や岩崎と違って資本主義を権力として批判するよりも、むしろ資本主義との関係を肯定的に理論化することを試みた。とはいえ、個人主義への批判や資本主義についての考察から窺えるように、集団性を理論化しようとする彼の論でも「大衆」が階級や消費と不可分な関係にあるものとして想定されていたことは確かだろう。

こうして「大衆」という概念は、一九二〇年代以降"masses"の翻訳語として流通しながらも、消費文化、マルクス主義、総力戦にかかわるさまざまな言説の中で言及されることで、独自の展開を見せた。そうした言説では、消費、階級、権力、メディアをめぐって「大衆」の意味づけに駆け引きが見られた。体制に傾倒する権田などの多くの論者は、階級差を超えて消費文化と総力戦を調和させるビジョンを見せたが、マルクス主義者や戸坂のような思想家・批評家は、消費文化的「大衆」に対して階級的または組織的な「大衆」を対抗させようとした。そうした論者はたいてい資本主義に対して懐疑的だったが、中井のように資本主義体制の中に集団性を基調にした新たな美学を探ろうとする論客もいた。いずれにせよ、「大衆」は、消費、階級、権力、メディアと結びつきながら、社会を動かすほどの大きな勢力になってきていると認識していた点ではどの見方も一致していたと言えるだろう。映画は、とりわけ量的多数性や集団性の観点から規定されて、そうしたメディアの中でも特別なものと目された。戦後になると「大衆」はますます盛んに論じられるようになったが、消費、階級、権力、メディアという戦前からの問題系が引き継がれるとともに、歴史的文脈との兼ね合いで新たな形で展開を見せるようになった。次節以降では、その状況を明らかにしたい。

## システムに内在化された「大衆」――大衆社会論

第二・三章で論じた「国民」と並んで「大衆」は、少なくとも一九八〇年代までは、社会主体を表す用語の中でももっとも頻繁に使用されたものの一つだったと言える。しかし、「国民」が一九八〇年代になってようやく本格的に相対化されて批判的に論じられるようになったのに対して、「大衆」は五〇年代からそうした傾向が顕著になった。その最大の理由は、大衆社会論と呼ばれる思潮が大きな影響力をもつようになったからである。大衆社会論は、次節以降で見る大衆文化論やマス・コミュニケーション論とも絡まり合いながら、この頃に繰り返し取りざたされるようになった。一九五一年に刊行された清水幾太郎の『岩波講座現代思想　第八巻　社会心理学』は、「マス・ソサエティ」というカタカナ語を使ってはいるものの、「大衆社会」に言及したもっとも早い例の一つだと言われている。[53] とはいえ、日本での大衆社会論の嚆矢となったのは、「大衆社会」を特集した『思想』一九五六年一一月号だった。その後、同号に掲載された松下圭一の「大衆国家の成立とその問題性」をめぐって、『中央公論』一九五七年六月号と八月号で主としてマルクス主義者との間で論争が繰り広げられた。[54] この年にはまた、東京大学出版会から『講座社会学　第七巻　大衆社会』が刊行されたり、[55] 雑誌『理想』が一二月号で特集を組んだりした。

一九五〇年代から六〇年代にかけてのこの時期に大衆社会論を講じたのは主に、松下と清水に加えて、日高六郎、西村勝彦、田島節夫、南博、辻村明、後藤宏行、西原達也と巽健一といった人たちである。[56] 欧米では世紀の転換期に画期的な群衆論・公衆論が著され、それが一九三〇年代以降の大衆社会論へと発展するという経緯を辿ったが、そうした思想的動向を考えれば、日本の大衆社会論で、ル・ボン、タルド、オルテガ、カール・マンハイム、エミール・レーデラー、エーリッヒ・フロム、ジグムンド・ノイマン、デイヴィッド・リースマン、ハンナ・アーレント、E・H・カー、チャールズ・ライト・ミルズ、ウィリアム・コーンハウザーといった人たちによる論が明に暗に参照されていることは驚くに当たらないだろう。[57] なかでもマンハイムの『変革期における人間と社会』（一九三五年）は「大衆社会」という概念を初めて本格的に使用し、この言葉の普及のきっかけを作ったとも言われている。[58]

しかしまた日本の大衆社会論をめぐる議論は、欧米の大衆社会論と同じ観点や問題関心を共有しながらも、総力戦の記憶、アメリカによる占領、冷戦、高度経済成長、高学歴化、メディアの発達などの歴史的状況に対応しようとしていた点で、独自の展開を見せていた。例えばメディア環境について言えば、アメリカでは一九五二年までに一二〇〇万台のテレビが売れていたが[59]、日本では五八年五月になってようやく日本放送協会（ＮＨＫ）が百万以上の世帯と受信契約を結んだように[60]、アメリカと日本ではその進捗状況がかなり異なっていた。次章で詳しく見るように、日本での本格的なテレビ放送は一九五三年二月にＮＨＫによって開始されたものの、五〇年代後半になってもなお、五一年四月に民間放送が開始されたラジオ（公共放送としてのラジオの開始は二五年三月）と、五八年に観客動員数のピークを迎えた映画の方が主流の視聴覚メディアだと考えられていた[61]。同時期には、週刊誌やマンガといった新しいタイプのメディアが広がりを見せたことも看過できない[62]。当時の大衆社会論ではしばしば日本の現状を顧みず欧米の社会をモデルに論が展開されることがあったが、数ある議論の中ではそうした傾向に対する警鐘を鳴らしたり[63]、メディア環境の変容も含め日本の状況に応じようとしたりする論も数多く見られた。

こうした流れの中で日本の大衆社会論で中心的な問題となったのは、「大衆」はマス・プロダクションに象徴される資本主義とマス・メディアを媒介とする消費社会を通じてますます社会の主体になっているように見えて、その実、システム——より具体的には、資本主義（とくに特定の産業資本と金融資本が市場を独占している状況を意味するものとして当時頻繁に言及された「独占資本主義」）、官僚主義、ファシズム——によって操作されやすい対象になっているということだった。以下で詳しく見るように、ここには戦前戦中の言説と共通した見方が認められる。すなわち、どちらの時代の言説でも、「大衆」は資本主義とメディア消費文化の発達とともに登場し、自発的に消費活動にかかわるとともに、既存の階級差を超えた平準的もしくは標準的な性格を持ち合わせていると認識されたということである。しかし、戦前戦中の主流の言説——つまり、戸坂やマルクス主義者以外の言説——では、自発性と平準化は総力戦に資する自己規律的な「国民」へと調和的に収斂されるべきとの見解が示されたのに対して、戦後の大衆社会論の多くでは「大衆」がシステムに内在的な主体であるがゆえにそのシステム的な権力に対して脆弱である点が懸念された。それゆえに、この種の言説では、「大衆」はいかに権力に抵抗できる主体になりうるかということが大きな課題とされた。これはかなりの程度、戦前に戸坂が示した見方と一致するものである。しかしその一方で戦後の大衆社会論は、高度経済成長による消費社会の広がりや冷戦下の「再軍備」の動きとそれに対する反対運動に応じようとするものでもあり、権力への抵抗はしばしば「民主」という言葉で表現された。言うまでもなく、ここでの目的は、大衆社会論を概説することでも、ましてや詳述することでもなく[64]、むしろそうした欧米理論の影響と日本の歴史的文脈の中で大衆社会論が「大衆」をいかに概念化したのか、またそこにはどのような葛藤が伴っていたのかを浮かび上がらせることである。この過程で鍵となっていたのが、システム、標準化とアトム化、(脱)階級とファシズム、消費社会、権力への抵抗といった観点であり、それらの観点から立ち上げられると同時に議論の対象ともなったのが、システムに内在化されて標準化されアトム化された間接的集合体としての「大衆」像であった。

　大衆社会論では「大衆」は何よりもまず、システム——原子力の隠喩によって想像されたもの——との関係によって規定された。大衆社会論にとって「大衆」は、資本主義や官僚主義といったシステムとともに生み出され、システムの外部に位置するのではなく、システムの内部に存在しているものである。そうしたシステム内在的な性格を本質とする「大衆」がいかにシステム的な権力に抵抗できるか、あるいはできないかが大衆社会論の関心事となっていた。「大衆」のシステム内在的な性格は、すでに触れた「市民社会」から「大衆社会」への移行、あるいは「市民デモクラシー」(「自由主義デモクラシー」とも呼ばれた)から「大衆デモクラシー」への移行によって説明されることが多かった[65]。十九世紀以前のヨーロッパの「市民社会」が比較的少数の中産階級以上の(男性)エリートたちをモデルにした合理的な個人という観念に基づくものだったのに対して、十九世紀以後に顕著になった「大衆社会」は大量生産、大量流通、大量消費を基調とする資本主義産業(後述する松下の見方では、十九世紀の「産業資本主義」に対する二十世紀の「独占資本主義」)とそれを統御する官僚機構、さらには(パーソナル・コミュニケーションとは異なる)マス・コミュニケーションに媒介される形で成立した[66]。この資本主義を通じて産み出された多数の「大衆」はまた、教育の普及と選挙権の拡大とともに社会の主要な主体として立ち現れるようになったが、しかし同時にそうしたシステムに身を任せるという性格も持ち合わせていた。つまり、「大衆」は資本主義、官僚機構、マス・メディアを全体的・直接的に運用することはできない一方で、それらのシステムを介して社会の主体になるという状況が成り立ってきた、というのである。南博もまたこの状況を「独占資本主義段階」とみなし、それを経済条件（大量生産、都市化、新中間層など）、政治条件（自由主義デモクラシーから大衆デモクラシーへの移行、官僚による操作）、技術的条件（マス・コミュニケーション）、生活条件（大量消費、娯楽大資本、月賦販売）の連動と定義づけている。[67] 言うまでもなく、用語の使用法や時代認識には論者たちの間に大なり小なりずれがあったが、「大衆」が資本主義と官僚機構といったシステムに内在的な主体であるという見方は広く共有されていたと言える。[68]

このシステム内在的な「大衆」には、いくつかの点で両義的な特異性があると大衆社会論では指摘されていた。それは、マンハイムの言葉を使えば、システムによって規定されている面では「機能的合理性」を備えているが、個々の側面では「実質的非合理性」という性格を持ち合わせているということである。[69] すなわち、個々人は工場や会社などの官僚機構の中でそれぞれに専門的な役割分担を引き受けて組織全体を支えるための歯車として合理的に機能しているが、しかしこの機能的合理性のために個人と個人の間ではパーソナルな関係性が希薄となり、相互にバラバラの状態になっているというのである。この状況は社会全体のレベルにも当てはめられて考えられ、人々は資本主義やマス・コミュニケーションを通じて統御されているが、個々人の間のつながりは弱いと認識された。さらにこうした説明は、「大衆社会」の段階を前段階と比較しながら論じる、シフト論的なロジックによって補強されたという点も見過ごせない。先述の「市民社会」から「大衆社会」への移行に沿う形で、フェルディナント・テンニエスの言う「ゲマインシャフト」から「ゲゼルシャフト」への移行、チャールズ・クーリーの言う「第一次集団」から「第二次集団」への移行、デュルケームの言う「有機的連帯」から「機械的連帯」（または「アノミー」）への移行などがしばしば言及された。[70] これらの見解には言うまでもなく微妙な差異があるが、ここで重要なのはいずれにおいても、「大衆社会」以前の社会では直接的なコミュニケーションを基にした親密な関係が成り立っていたのに対して、「大衆社会」ではシステムを媒介にした機能的な関係が基盤となり個々人の間の関係性は弱くなっていると理解されていた点である。だからこそ、大衆社会論では、「大衆」は一方でシステムに規定されている「合理的」な側面として、機械の「部品」と同じように均質化、標準化、画一化、規格化されているとみなされ、他方でパーソナルな関係性を欠いている「実質的に非合理」な側面として、アトム化して孤独であり、なおかつ他者との間で理知的な対話を行う機会がないために感情に支配されているとみなされた。[71] この両面性は、「公生活では組織人であり、私生活では非組織的なバラバラな群衆」と言い換えられることもあった。[72]「大衆」とは、したがって、少数のエリートとは違って個性のない匿名性を特徴とする「平均人」であり、[73]「群衆」とは異なって物理的に集合するわけではなく、むしろシステム（とくにマス・メディア）を媒介にして「間接空間」としての社会に広く散在しているが、[74] しかしまた「群衆」と同じように個々バラバラの、とはいえ「群衆」よりも巨大な、塊（マス）であると考えられた。[75]

大衆社会論にとって、こうした標準化されアトム化した間接的集合主体とでも呼ぶべき特徴をもった「大衆」は、階級とファシズムに関して葛藤を伴うものであった。当時大衆社会論の系譜を手際よくまとめたものとして頻繁に参照されたコーンハウザーの『大衆社会の政治』（一九五九年）は、いまでもこの点を理解する上で有益である。コーンハウザーはそれまでに支配的だった大衆社会論を二つの系譜に分類した。一つは「貴族主義的批判」であり、もう一つは「民主主義的批判」である。前者は、エリート的な視点から「大衆」とその社会的影響力を批判しながら、自らの立場を保守しようとする論であり、ル・ボン、オルテガ、マンハイムなどに顕著だという。それに対して後者は、「大衆」が少数のエリートもしくは独裁者に支配されるのを懸念して、「大衆」を生み出している社会体制を批判する論であり、アーレント、レーデラー、ミルズに典型的である。[76] オルテガのような貴族主義的批判論者にとって「大衆」が脅威だったのは、単にそれが「俗悪」「野蛮」で伝統を無視する人たちであるからだけでなく、既存の階級の枠組みを超えて無定形に、そして大量に広がることで社会的勢力をもつようになっていると思われたからである。オルテガにとって「大衆とは心理的事実」であり、階級序列とは一致することなく広がる人々である。[77] そうした「大衆」が既存の階級秩序を超える性格を持ち合わせているという見方は、総力戦の文脈でその平準化を指摘した戦前の権田の見解に一致している。[78] しかし、権田の肯定的な評価とは異なって、大衆社会論の貴族主義的批判論者たちは、自らを「大衆」と差別化しながら、それが境界侵犯的に広がる状況に不安を抱いていた。他方、アーレントのような民主的批判論者は、「大衆」が階級社会を解体しているとみなした点では貴族主義的批判論者とほぼ同じだったが、「大衆」が組織化されていないために個々バラバラであり、そのために政治的無関心に陥り、容易に少数の独裁者に操作され支配されてしまうことを危惧していた。[79] そうした状況では、のちにスーザン・バック＝モースが明快に要約しているように、熟議的なコミュニケーションよりもメディアの効率性やスピードが優先され、言葉よりもスペクタクルなものが、思考よりも模倣が幅を利かせ、つまりはプロパガンダが効力をもつようになる、と考えられた。[80] こうした認識は多かれ少なかれ、清水、日高、西村なども共有していた。清水は一九五一年の著書で「大衆」を「新しい群集」――組織されていない人々の集合という意味ではル・ボンなどの言う「群衆」と同じだが、メディアを介している点では新しい――と呼びながら孤独で「コピーに頼らざるを得ない」ものと指摘していたし、[81] 日高は「ファシズム型は、分散し、孤立化し、無力化した大衆を、組織し、動員し、操縦するために大衆の性格を変えようと努力する」と記し、[82] 西村も無力感、孤独感、絶望感がファシズムにつながる危険性を解説していた。[83] 加えて、アメリカの文脈で、エリートが「大衆」を支配し操作する危険性を論じたミルズの『パワー・エリート』(一九五六年)も日本の大衆社会論でたびたび言及された。[84]

こうした大衆社会論は、欧米の論に強く影響され、しばしば欧米の歴史と社会がモデルにされたために日本の現状から遊離している傾向も見られたが、一九五〇年代後半からの高度経済成長とともに「新中間層」の台頭が話題になり、大衆社会論的な「大衆」が日本の文脈でも現実味を帯びて感じられるようになってきた。しかしそこでは理論と実際の間に常にずれがつきまとっていたことも忘れるべきではないだろう。一方では、一九五六年の『経済白書』が「もはや「戦後」ではない」と記したのと軌を一にして「新中間層」の出現が意識されるようになった。映画批評家の佐藤忠男は一九五四年の著書で、「戦後、日本の中産階級はいったん崩壊した。サラリーマンの地位は、以前のように中産階級的なものではなくなって大衆化し、一方、農民や工場労働者の相対的な地位は上昇した。両者の収入、教養、身分は、戦前のような格段の差はなくなりかなり接近したものになった。（中略）〔労働者階級と中産階級〕の中間ともいうべき、ホワイト・カラー、新中間層が民衆の主要部分になる。こうした状況をさして大衆社会論者はマス社会、あるいは中間文化時代だといっている」と指摘している。[85] 一九五七年には、藤田省三が「管理‐流通」で働く労働者を「新中間層」と呼びながら、それが圧倒的多数になって資本家と労働者の対立図式を無効にしていると指摘しているし、[86] この年には後述のように加藤秀俊が「中間文化」論を発表した。[87] したがって、池田勇人内閣が一九六〇年九月に「所得倍増計画」を発表する以前から全般的な所得水準が上昇する傾向が見られたと言える。[88] あるいはまた、実際の所得には格差があったにしても、このころ三種の神器（白黒テレビ、洗濯機、冷蔵庫）と呼ばれた耐久消費財が広く宣伝され、各家庭では他を節約してでもそれらを購入することが「中流」のステイタスを得ることだと思われたように、広告と消費を通じて標準的な「新中間層」のイメージが形成された。[89] 犬田充は一九六七年の著書で「大衆消費社会」が昭和三〇年代（一九五五年以降）に始まったことを指摘しながら、「所得における平準化」とともに、戦前の「身分相応の消費」から「消費の平準化」が起こり「大衆的マーケット」が広がったと論じている。[90] この「中間層意識」が一九六〇年代の「一億総中流意識」につながっていくと言えるだろう。[91] この認識が現状に正確に一致していたかどうかはともかくとして、ここで重要なのは、日本でも一九五〇年代後半までに消費を通じて既存の階級の枠組みを超えた、平準的・標準的イメージをもつ「新中間層」が台頭しているると考えられ、それが「大衆」と同一視されたということである。これに対して、マルクス主義者は資本家対労働者という既存の階級闘争に依然としてこだわり、大衆社会論の主張する平準的・標準的な「大衆」概念を批判しようとした。[92] その一方で、後で詳しく見るように、清水や藤田はその立場の違いにもかかわらず、ともに一九五〇年代の「大衆」に消費主義的な傾向を認め、その政治的無関心を問題視していた。[93]

他方、「新中間層」の拡大という理論的見解には、実際に存在していた格差や偏向とずれているところがあった。一九六〇年の『経済白書』における貧富の差の拡大についての指摘は、大衆社会論的認識とのもっとも明白な乖離を示唆していた。[94] 先に引用した佐藤忠男も、既存の階級格差に代わって「大企業の従業員達と中小企業の従業員達」の間に格差が生まれ、「企業の枠を超えた階級的連帯感」が希薄になっている現状を嘆いている。[95] 時代は下るが一九八四年に刊行された日本経済研究センターによる『日本型大衆社会の展望』は、経済的な格差が依然として消滅していないと述べながら、「日本社会は「中流」社会ではなく「中流意識」社会なのである」と強調している。[96] 加えて、加藤秀俊は一九五八年の論考「中間文化」の中で「職業・学齢のいかんにかかわらず相当に平均化」していることを一つの根拠に「大衆のイデオロギー的中間層化」を論じていたが、[97] 近年の研究では五〇年代から高校進学率が急速に伸びる一方で、その時代には目に見える形で存在していた貧富の差が六〇年代からは不可視化したという指摘もある。[98]

さらに重要なことに、「大衆社会」はジェンダーの不均衡的な関係によって支えられていたにもかかわらず、「大衆」の均質的なイメージのために、その不均衡性が問題視されることなく常識化しているという現状があった。例えば、大衆消費社会を象徴する「電化されたライフ・スタイル」の宣伝は、合理的に家計と消費を切り盛りする主婦を中心的なモチーフとして表象していたように、一九五〇年代のアメリカの中流家庭の典型的なイメージ、すなわち夫は外で仕事、妻は内で家事という、男女分業体制のイメージを基にしていた。[99] 雑誌、テレビ、展示会その他のさまざまな広告媒体によって流布されたこのイメージは、ステレオタイプ的な男女の役割分担を自然化して見せる一方で（図5-2）、電気会社の工場で低賃金で働く女性の存在を決して表に出すことがなかったという指摘があるように、女性の中の（そして男性その他の性的アイデンティティの）多様性を見えにくくする機能も果たした。[100] 確かに、次章以降で詳しく見るように、こうしたジェンダー的に不均衡な役割分担が高度経済成長を支えていたことは、多くの研究者の間で了解されていることではある。[101] しかしまた、これも次章でテレビとの関係で考察するように、「大衆」の家庭内にあってもジェンダー・ポリティクスとでも呼べる葛藤や交渉関係を認めることができる。要するに問題は、日本の大衆社会論は単なる欧米理論の受け売りではなく一九五〇年代後半から顕著になりつつあった自国の消費社会に意識的であったが、しかしそれでもなおアトム化し標準化されたシステム内在的・間接的集合主体という「大衆」イメージに固執し、現実とのギャップに無頓着になりがちだったという点にあった。こうした文脈の中で日本では、大衆社会論の「大衆」はもっぱら均質的な消費主体と同一視されるようになったのである。

**図 5-2**　ナショナル（松下電器）による家電と核家族のイメージ

この傾向は、警察官の権限を強めることを目的とした警察官職務執行法（いわゆる「警職法」）改定に対する一九五八年一〇・一一月の反対運動から五九・六〇年の安保闘争に至るまでの社会運動をめぐる言動に明らかである。その言動にはさまざまな立場があったが、「大衆」を消費者と同一視して政治に無関心な人々と想定する点ではほぼ一致していた。加藤秀俊は一九六〇年の論考の中で、当時の首相の岸信介が安保闘争の最中にスポークスマンを通じて「国会周辺は騒がしいが、銀座や後楽園球場はいつも通りである。私には「声なき声」が聞こえる」との見解を発表したことに対して、私生活にうつつを抜かしているように思える多くの人たちが実際には自分たちの生活を守るために立ち上がっていると強調し、それを「無定形な「大衆」が「市民」に脱皮しつつある」と表現した。[102] 重要なことに、ここには、「大衆」と「市民」の間に、「政治的無関心の消費主体」対「権力に抵抗する政治的主体」という対立図式が想定され、後者が「民主」として規定されていることが読み取れる。実際、第七章で詳しく見るように「市民」は、この頃から「大衆」と差別化されながら「民主」の主体として定義されるようになった。逆に「大衆」は、次章で論じるように映画論では依然として「民主」の主体と目されていたが、全般的な流れとしてはこの頃に「市民」と区別されて、政治に無関心な消費主体として見られるようになった。

この見方は、同じ一九六〇年に発表された久野収の「市民主義の成立」(『思想の科学』七月)、藤田の「「大衆社会論」は破産」発言(『新日本文学』八月)、清水の「大衆社会論の勝利」(『思想』一〇月)、上田耕一郎「大衆社会論と危機の問題」(『思想』一〇月)などにも共通しており、立場の違いにもかかわらず丸山眞男の「大衆」認識とも一致していた。よく知られているように、総力戦への反省から戦後日本における近代的主体性の確立の必要性を主張していた丸山は、大衆社会論と同じように「大衆」を、アトム化されて私的利害を優先する消費者的な存在として嫌悪していた[103]。丸山にとって「大衆」は「民主」の主体とはなり得ない。それに対して、清水は「下町ラジカリズム」とも称することのできる立場から、「大衆」が「大衆運動によって近代的個人になっていく」ことを唱えていたとも言われている[104]。しかし、少なくとも「大衆社会論の勝利」に限って言えば、清水は、オルテガの言葉である「大衆の勝利」を思わせながら[105]、「安保改定阻止闘争」に失敗したのは週刊雑誌やテレビジョンや電気洗濯機に夢中になっている、「階級的自覚のない大群」である「大衆」の政治的無関心のせいだと論じた[106]。ここでは、丸山と同じように、戦前戦中の総力戦体制への回帰を思わせるような「再軍備」の動きに危機感を抱いていたことはもちろんのこと、表題からも窺えるように、「大衆」を均質的な消費主体と同一視していることが明らかだろう。

他方、藤田は座談会の中で、警職法反対運動を含む安保闘争を「市民運動」と称して評価し、「戦後の中間文化とか大衆社会状況」では人々が政治に無関心になっていると想定され、岸政府もそのように思い込んでいたようだが、実際には「階級を超えて、職業を超えて、世代を超えて、性別を超えて共通の問題について国民が立向かったということは、みんなが市民として自覚したというわけだ」と発言し、この状況を「「大衆社会論」は破産した」と表現した[107]。この見解は、安保闘争への肯定的な評価の点ではその結果を否定的に評価した清水と対照的だが、「大衆」

を「市民」と区別しながら政治的に無関心なものとみなし、それを大衆社会論的な見方として論じている点では清水や丸山と一致している。こうした見方は、「市民大衆」と「大衆社会論の大衆」を対比的に論じた久野や、学生、婦人団体、知識人といった、マルクス主義的な意味での労働者階級に厳密には含まれない「市民」が反体制運動を支えたと論じた上田も同じだった。[108] 要するに大衆社会論の「大衆」は、欧米の理論をもとにしながらも単にその焼き直しではなく、むしろ、そのシステム内在的な標準化されアトム化した間接的集合体としての性格が、大衆社会論に距離を取る諸々の言説によっても規定されていたということなのである。しかも、それは、欧米の歴史社会をモデルにしただけでなく、消費社会の興隆、総力戦の記憶、冷戦下における「再軍備」への懸念、安保闘争といった同時代の出来事を念頭に置いて言説化されていたものだった。

こうした文脈にあって、日本でもっとも主導的な大衆社会論だったと言える松下圭一の論は看過できないものである。松下は、これまで見てきた論者とほぼ同じように、大衆社会を、システムに内在化されて標準化・アトム化された間接的集合体としての「大衆」からなる社会と理解していたと考えて間違いないだろう。しかしその一方で彼は、少なくとも一九六〇年前後の時期には、権力への抵抗の可能性を「大衆」と区別されるべき「市民」ではなく、「大衆」自体の中に見出そうとしていた点で丸山、清水、藤田、久野などとは違っていた。松下の理論を詳細に検討した山田竜作によれば、松下の独自性は、欧米の大衆社会論の多くが「大衆社会」を無定形な「無階級社会」として描写したのに対して、彼がマルクス的な階級理論をそこに組み込もうとしたところにあった。[109] 確かに松下は、「大衆」をもっぱら労働者とだけ同一視し階級闘争のみを追求する日本のマルクス主義を批判したが、しかし「大衆」を消費や私生活に興じると同時にプロレタリア化された立場にあるとも考えたように、エルネスト・ラクラウとシャンタル・ムフが論じたアイデンティティの複数性にも似た見方に基づきながら、「大衆」の内部からの権力への抵抗の可能性を模索した、というわけである。[110]

この前提には、松下が「大衆化の歴史的プロセス」を欧米のコンテクストと日本のコンテクストの両面から説明したということがあった。彼の論によれば、欧米では十九世紀の「近代」の産業資本主義、市民社会、市民国家が、二十世紀の「現代」になると独占資本主義、大衆社会、大衆国家へとシフトした。[111]後者は、「大衆」がシステムに内在化された事態を指し、それは「大衆」が受動化しつつ体制の主体になっている状態、さらには組織化されると同時にアトム化されている状態を意味した。[112]ただし、日本では市民社会が成立したことはなく、伝統的共同体の崩壊とともに大衆社会化が起こり、「マス状況」（大衆社会）と「ムラ状況」（伝統的共同体）が並存する状況が生まれた。[113]松下は、日本における消費社会とマス・コミュニケーションの広がりにも注目し、これらを媒介にして「年齢、階級、職業、男女、地域を越えて」均質的・均一的なマスが拡大成長し「新中間層」による「ブルジョワ文化」の商品化」、「ミニチュア化された「ブルジョア文化」の下降」、「感性的消費」、「政治的無関心」が進んでいることを指摘するとともに、消費革命が上層を中心に進行し下層が依然として極貧状態であるにもかかわらず「生活の安定」を求める「中間層ムード」の幻想が現れていると喝破している。[114]また、この状況とともに成立した「大衆デモクラシー」では、「独占資本主義」と官僚主義のシステムの中で労働者は政治的主体であると同時に政治的客体でもある「大衆」に位置づけられることになった、とも言う。松下はこの客体化を資本主義的疎外（労働の商品化）と大衆社会的疎外（官僚機構による操作）の二重の疎外とみなしている。[115]こうした理論的ビジョンの下で松下は、日本の歴史的文脈をも考慮に入れながら、権力との関係で「三つの大衆の様態」を提示した。「再軍備」に見られる「自由の直接的抑圧」、「大衆社会」「消費」「太陽族」に見られる「自由の空洞化」、そして「大衆の内部から」沸き起こる「抵抗運動」である。[116]抵抗運動については「平和運動」とも言い直し、「敗戦、冷たい戦争、朝鮮戦争、原水爆」を背景にして「政府のイニシアティヴによることなく日本の大衆の内部から呼び起こされた」と記している。[117]この意味で松下の大衆社会論は、他の大衆社会論の大枠に沿いながらも、「大衆」の内部に権力への抵抗の可能性を探ろうとする点で独自の見方を示すものであった。

このように、一九五〇年代・六〇年代に花開いた大衆社会論は、「大衆」を相対化し概念化することに大きな役割を果たした。それが、戦前戦中の「大衆」論と同じように、消費、階級、権力、メディアの問題をめぐって展開されたことは、これまでの議論から明らかだろう。しかしそこでは、戦前戦中の総力戦の言説とは異なり、権力への「大衆」の動員よりも、権力への「大衆」の抵抗の可能性が歴史的文脈との兼ね合いで一つの大きな関心事になっていた。戸坂もまた戦前戦中期に同じような関心を示していたとはいえ、戦後の大衆社会論では戸坂とは異なり、「大衆」がシステムに内在化されていることが強く意識され、その条件のもとで権力との関係が検討されたのである。しかしながら、システム内在的な標準化されアトム化した間接的集合体としての「大衆」という見方は、一九五〇年代・六〇年代に非常に影響力があったものの、一つの見方にすぎなかったというのも事実である。したがって、この時代のメディアをめぐる「大衆」ポリティクスを考察するためには、さらに広い視野から検討する必要がある。そこで次節以降では、大衆文化論とマス・コミュニケーション論の流れを検討することにする。

しかしその前に、大衆社会論が衰退した一九七〇年代以降の状況も概観しておきたい。衰退したとはいえ、大衆社会論を批判的もしくは無批判的に継承した論が、その後も根強く今日に至るまで見られるからである。一九七〇年代は、七二年に第一次オイルショックが起こり、七四年には『経済白書』が「成長の時代の終わり」を宣言したように、(118) 以前ほどの急激な右肩上がりの経済成長を遂げることはなくなったが、それでも「大衆消費社会が常識化」した時代でもあった。(119) そうした文脈の中で、これ以後の大衆社会論はいくつかの思潮に分岐していったと見ることができる。まず管理社会論と呼ばれた議論があった。これは端的に言えば、「官僚制の肥大化と情報・技術の中央集権化」を懸念する見方である。(120) 松下は一九六九年の論考「大衆社会と管理社会」の中でそれが二、三年前から話題にされるようになったと言及しているが、(121) 管理社会論をもっとも体系的に論じたものとしては、日高六郎の『戦後思想を考える』(八〇年)と栗林彬の『管理社会と民衆理性——日常意識の政治社会学』(八二年)が知られている。(122) これらの著書は、消費社会が恒常化するとともに、大学紛争(六八・六九年)や浅間山荘事件(七二年二月)などを経て左翼への不信が広がり、社会運動が下火になった状況に対応している。ここでは詳述を避けるが、そうした管理社会論の一つの要点は、大衆社会論が問題にしたシステムが拡充し、「大衆操作」が巧妙化していることだったと言えるだろう。それにより「大衆」は画一的に捉えられるとともに、消費者としての欲求も「働きがい」も「生きがい」も管理されているとは気づかれないほど巧みに管理され、政治的無関心へと導かれているというわけである。[123]松下は、この管理社会は「かつて私が論じた大衆社会的疎外」そのものだと指摘している。[124]

このような大衆社会論的な権力批判を継承する管理社会論に対して、一九七〇年代後半から八〇年代にかけて、権力批判よりも「大衆消費社会」現象の広がりを強調したり、さらにはその現象の変容を見据えながらそれを批判するよりもむしろ賞賛したりする論が現れた。前者の代表例として村上泰亮の『新中間大衆の時代——戦後日本の解剖学』(一九八四年、ただし元となる論考は七〇年代終わりから新聞などで発表されていた)は、大きな注目を浴びた。村上は「新中間層」や「新中間大衆」といった言葉を使いながら、この層は「情緒的・私生活志向的・余暇志向的即時的価値」に裏打ちされているといった大衆社会論と同じ見解を下地にしながらも、「ホワイトカラーだけではなくブルーカラー、農民、自営業も含まれている」点で、「かつての大衆社会論が主張したような、上位者・指導者としてのエリートに対立する下位者・追従者としての「大衆」ではない」と主張した。[125]とはいえ、この村上の自己主張とは裏腹に、これまでに大衆社会論の系譜を見てきた私たちの観点からすれば、村上の階層認識は大衆社会論のそれとそれほど変わりはなく、むしろ大きな違いは村上がそれを脱政治化している点にあると指摘できる。

他方、中野収や山崎正和はそれぞれ大衆社会論が「大衆」を受動的で画一的なものと見ている点を批判しながら、実際には人々の個性や価値観は商品や情報の消費を通じて多様化し豊かになっていると論じた。[126]これらの論——後者はとくにダニエル・ベルの『脱工業社会の到来』(一九七四年)に着想を得ている[127]——は、権力への抵抗や政治主体の問題を不要で障碍でさえあるものと位置づけながら、消費社会・情報社会へのシフトを多様化・個性化を促すものとして謳歌した。それによりこの種の論は、藤岡加賀夫『さよなら、大衆——感性時代をどう読むか』(一九八四年)、博報堂生活総合研究所編『「分衆」の誕生——ニューピープルをつかむ市場戦略とは』(八五年)、アクロス編集室編『いま、超大衆の時代——新商品環境論』(八五年)、平島康久『「小衆」をつかむ——市場が変わる! ニーズが変わる!』(八五年)といった同時代のマーケティング論を理論的に支持する役割を果たした。[128] 例えば、藤岡はマーケティング論的な観点から「ハビング」から「ビーイング」への転換を唱えて個々人のニーズと「感性」に合った「自分らしい豊かさ」を追求することを推奨している。[129] この種の言説は、この時代から顕著になった、福祉国家的な政策から規制緩和を進める新自由主義的な政策への転換と合致していた点で、[130] 新たな形のシステム的な権力を支持するものとなっていたと言えるだろう。この新たな形のシステム権力ないしはネットワーク権力としての新自由主義については、第七章でより詳しく検討する。

こうした「大衆消費社会」やその発展形を賞賛する論とは対照的に、同時代には管理社会論とは別な形での、「大衆社会」や「大衆消費社会」に対する批判論も起こってくる。これには二つの系統があった。一つは、西部邁の『大衆への反逆』(一九八三年)や『大衆の病理——袋小路にたちすくむ戦後日本』(八七年)、佐伯啓思『擬装された文明——大衆社会のパラドックス』(八八年)のような保守派による論である。[131] この立場は、敢えてオルテガのような貴族主義的な観点を取り、「均質化され標準化され平均化されている」「大量現象」としての「大衆」が中心となっている、「物質的快楽と社会的平等といったような単純な価値を過剰に追い求めた」「大衆社会」を批判した。[132] 西部は「大衆消費社会」を「余暇文明」とも言い換え、それが「暴力、麻薬、変態性欲、オカルティズムなどをもたらしている」と糾弾し、伝統の蓄積と知識人の知性に基づいた「保守主義」の必要性を唱えた。[133] こうした保守主義的批判とは別に、同時代に成熟社会論とでも呼べる「大衆消費社会」批判論も見られるようになった。犬田充『大衆消費社会の終焉』(一九七七年)、日本経済研究センター編『日本型大衆社会の展望』(八四年)、藤田省三「「安楽」への全体主義」(八五年)、暉峻淑子『豊かさとは何か』(八九年)などである。[134] これに、この頃から起こった有機農業運動なども加えてもいいだろう。[135] 犬田は、すでに一九六七年の著書『消費の思想——大衆社会を動かすもの』の中で、個々人の家庭中心の「マイホーム主義」は「公害といった広義の生活問題に対して有効な論理を生み出しえない」としてそれを促進した「大衆消費社会」を批判していたが、[136] 十年後の著書では「大量生産・大量消費に対応・適応している生活様式——モダン・ライフ・スタイル」に決別し、「ポスト・モダン・ライフ・スタイル」を新たに構想することを提唱した。[137] 日本経済研究センターは「物的あるいは量的な満足の追求だけでなく、精神的充足ないしは質的な充実を求める動き」が出てきたことを指摘しているが、藤田はより批判的な観点から経済大国と化した日本の「大衆消費社会」を論じ、それを、「私たちに少しでも不愉快な感情を起こさせたり苦痛の感覚を与えたりするものは全て一掃して了いたいとする絶えざる心の動き」が支配する「全体主義」だと断じた。[138] 一九八〇年代末に経済成長を信望する物質主義からの脱却を唱えてベストセラーとなった暉峻の著書は、こうした文脈に位置づけて考えられるべきだろう。

一九七〇年代・八〇年代はまた、ロラン・バルトやジャン・ボードリヤールなどのフランス思想の影響もあり、大衆社会論的な見方を引き継ぎつつも、むしろ記号論によって消費社会が論じられるようになった時代でもあった。佐藤毅『イメージ時代の逆説——転換する大衆文化のゆくえ』（一九七一年）、堀川直義編『現代マス・コミュニケーション論』（七四年）、ボードリヤール『物の体系——記号の消費』（六八年、邦訳八〇年）、ボードリヤール『消費社会の神話と構造』（七九年、邦訳七九年）はそのよく知られた例である。[139] いずれにせよここまで検討してきたように、一九五〇年代後半から六〇年代にかけて一斉を風靡した大衆社会論は、その後もいくつかの異なる形で継承された。それが、管理社会論であり、「新中間大衆」論であり、多元消費社会論・情報社会論であり、保守主義による「大衆」批判論であり、成熟社会論であり、消費記号論であった。しかし、それらを俯瞰して全体として見るならば、戦前戦中以来の消費、階級、権力、メディアをめぐって（脱政治化しようとする論も含めて）ポリティクスとも呼べるような交渉関係が継続的に繰り広げられてきたと見ることができるだろう。次節では、同時代に大衆社会論と絡み合いながら展開した大衆文化論の系譜を考察しておきたい。

## システムの閾にある「大衆」――大衆文化論

大衆社会論は「大衆」をシステム内在的な主体と捉えると同時に、その権力への抵抗が可能かどうかを模索した。確かに多くの論者は大衆社会論の「大衆」を均質的に標準化されアトム化された消費者の間接的集合体と考えたが、松下などの大衆社会論者はそうした側面を念頭に置きつつも、「大衆」が権力から自律して「民主」的主体になる可能性も追求していた。これに対して、「大衆」をもともとシステムから自律している存在として捉え、その「大衆」に寄り添いながら日常生活を含む文化・芸術活動を通じて権力への抵抗の可能性を論じる論があった。ここでは、このタイプの論を広く大衆文化論と呼ぶことにする。その代表的論者として、鶴見俊輔、鶴見和子、福田定良、多田道太郎、佐藤忠男、加藤秀俊、尾崎秀樹、加太こうじ、南博、桑原武夫、乾孝らを挙げることができる。彼ら彼女らは、言うまでもなく一括りにできないほど多彩な論を展開していたし、南や加藤のように大衆社会論に接近していた論者もいたが、大衆社会論とは異なり「大衆」をシステムの内部ではなく外部もしくは閾に存在するものと想定して、その立場からシステム的な権力への抵抗の可能性を探っていた点では総じて一致していた。この見方は、「大衆」をプロレタリアと同一視し、資本主義・帝国主義・国家主義への階級的な抵抗を旨とするマルクス主義に似ていたが、「大衆」を労働者に限らず「平均的」な人々とみなしていた点に限って言えば、大衆社会論に近かった。またそれは、私的利害を優先するものとして「大衆」を嫌悪しつつ近代的主体性を標榜した丸山眞男よりも、丸山を批判し「大衆」をマス・コミュニケーションのようなシステムに巻き込まれてはいない、権力や言説に先立つ原初的なものと想定した吉本隆明の立場に近かったとも言えるだろう[140]。その意味で、大衆文化論にとっての「民主」は、知識人による「大衆」の啓蒙によって成り立つものではなく、「大衆」の立場に立つことを通して成り立つものだった。しかしまた、鶴見俊輔にとって「大衆」は「市民」とほぼ同義であったと指摘されるように、鶴見に代表される大衆文化論は、吉本のように「大衆」をロマン化するよりも、比較的、現実的・実際的な社会主体として捉えようとしていたとも言える[141]。その一方で、それは、「大衆」を権力の外部に位置づけているがゆえに、「大衆」を権力の被害者としてのみ考える、いわゆる被害者史観ともなりやすいタイプの言説でもあった。

このような大衆文化論の核心的な思想は、戦争終結直後の一九四〇年代後半から五〇年代にかけて沸き起こった。中でも中心的な役割を果たしたのが一九四六年五月に創刊された雑誌『思想の科学』である。同人の中には丸山眞男も入っていたが、思想の科学研究会を主導したのは鶴見俊輔であった。鶴見は、雑誌発刊の目標を次のように述べている。「いままでの日本のインテリの考えや言葉が日本の大衆から浮きあがっていたことを、私たちは、はずかしく思う。だから少しずつでも、自分たちの考え方のインテリくささをおとして、大衆の一人として考える仕方をとりたい。しかし、私たちの方向はこれまでのように、大衆をマスとして捉えるだけでなく、大衆のひとりひとりへの関心をもつことにある。この関心を通して大衆からまなび、私たち自身の感覚・思索行動を高めて行きたいとねがう[142]」。先述のように戦前のマルクス主義にも「大衆の中へ」入ることを推奨する考え方があったが、そこではなおも「大衆」の啓蒙ないしは煽動が前提とされていた。戦後になるとマルクス主義は、一九五〇年代中頃の日本共産党の武装闘争から合法的活動への方針転換やソ連におけるスターリン批判などのために混乱を来たし不信を招いていたが[143]、そのいかんにかかわらず、その頃から始まった共産党主導のサークル活動を行うにしろ、それを批判して「労働大衆に対する教育活動」を行うにしろ[144]、依然として「大衆」に対する啓蒙的な姿勢が引き継がれていた。それに対して、鶴見の言説ではあくまで「大衆」の立場に立つことの重要性が強調されている。この点で、鶴見は「敗戦直後からマルクス主義と距離」をとっていたという小熊英二の見解は正しいと言えるだろう[145]。加えて、「マス」と「ひとりひとり」が並置されているように、大衆社会論的な見方に還元されないような配慮がなされていることがわかる。一九六九年の論考「大衆の時代」でも「教養人としての自分の中に大衆の一人としての自分」を意識することを重視しているように、この立場は長きにわたって鶴見に一貫していたと考えてよい[146]。しかしそれはまた、単なる個人的な信条にとどまらず、一九五〇年代前半までに知識人の間で広く共有されていたことでもあった。実際、小熊は、このころ顕著になった「民衆志向の活動が啓蒙活動に取って代わる傾向」として、『思想の科学』とともに、石母田正の民俗学的歴史研究や、無着成恭らによる「やまびこ学校」の生活記録運動といった研究・実践を挙げている。(147) この系譜に、鶴見自身も言及している谷川雁の文化サークル運動や、第一章でも言及した、一九六〇・七〇年代の色川大吉、鹿野政直、安丸良夫の研究に代表される民衆史を加えてもよいだろう。(148)

とすれば、こうした流れにあった大衆文化論において「大衆」とは、どのような人たちだと考えられたのだろうか。その定義をめぐっては、二つのいくぶん異なる見方が同居し葛藤していたと見ることができる。この葛藤は平等と階級的視点、とくに権力への抵抗の問題にかかわっていた。「大衆」観の一つは、オルテガの「平均人」を想起させるような大衆社会論に近い見方であり、「大衆」を「平均的」な人々とみなすものである。南博は、一九五〇年に思想の科学研究会が編集した論集『夢とおもかげ』の中で、「大衆」を「中層」とそれ以下の層であり「平均的な常人」「コモンマンの集団」と定義づけた。(149) ここには緩やかな階級的視点と、男性中心に均質化して捉える視点が読み取れる。さらに影響力のあったこの種の見方は、一九五七年に発表された、加藤秀俊のよく知られた「中間文化」という論に明確に表れていた。加藤はそこで、一九五〇年代に新たに普及した週刊誌や新書、さらには電化製品、広告、ラジオ、家庭用品の消費を通じて「高級文化」と「大衆文化」の区別が曖昧になり、「文化の中間的統一」とも言うべき「中間文化」が成立したと論じている。加藤によれば、これは従来の階級とは異なる形で「サラリーマン」だけでなく「職業・学齢のいかんにかかわらず相当に平均化」した層の人々に広がっているイデオロギーであり、彼はこれを「大衆のイデオロギー的中間層化」と呼んだ。(150) ここでもまた、大衆社会論的な標準化され均質化された「大衆」概念が想定されていることは明らかだろう。しかも、「サラリーマン」男性が暗に中心的なモデルにされつつ、その偏向が意識されずに不可視化されていることも看過できない。実際、加藤は一九五九年に英語で出版した編著『日本のポピュラー・カルチャー――マス・コミュニケーションと文化変容の研究』

所収の論考で、日本の「コミュニケーション研究」——後述のように、これは大衆文化論と同義と考えられる——を、南と同じ言葉を使って「コモンマンの哲学を研究することに関心のある」ものだと紹介している。[151]

これに対して鶴見は、南や加藤と同様に日常性を重視する一方で、「大衆」をよりオルタナティヴな主体とみなしていた。少し時代が下るが、一九六七年に発表された彼の「限界芸術論」はその見方を端的に示している。鶴見はそれを「純粋芸術」と「大衆芸術」の両者と差別化しながら、非専門的な作り手や受け手が日常的な実践の中で日々創造する文化だと説明している。[152] こうした考え方は、例えば、先述の一九六九年の論考にも窺えるし、八四年に刊行された彼の代表的な著書『戦後日本の大衆文化史』にも窺える。前者では鶴見は、「大衆は替え歌や落書きや流言やおとぎ話の、いわば大衆文化の最も原始的な様式を通して、国家権力者の作り出した社会像を越えようと努力する」と述べているし、[153] 後者では、皇太子御成婚、野球、歌謡曲、紅白歌合戦を題材にしたテレビ放送を「画一性をつくり出す傾向」にある娯楽と位置づけ、それに「異議申し立てをして批判する」「大衆芸術の様式」としてマンガや漫才を例示している。[154] 鶴見にとって「大衆」とは単なる「平均人」ではなく、システムが生み出す主流文化の外部ないしは閾に位置づけられて権力に抵抗する社会主体なのだ。

南および加藤と、鶴見との間に見られるこのような「大衆」観の違いは、消費と文化の関係をどのように考えるかという、大衆文化論全般の葛藤にも通底していた。一方には、「大衆文化」とシステム内在的な消費文化を同一視し、その是非をめぐる議論があった。一九五七年に英語版の原著が出版され、六三年に南の監修で邦訳（ただし原著の三九章のうちの九章のみの抄訳）が刊行されたバーナード・ローゼンバーグとデイヴィッド・マニング・ホワイトの共編著『大衆文化——アメリカにおける大衆芸術』は、その議論の一つの大きなきっかけとなった。[155] この論集は、オルテガ、リースマン、マーシャル・マクルーハンの論考も含めさまざまな立場の論考を集めたものだったが、二人の編者それぞれによる巻頭の二つの論考によって争点を設定するという工夫がなされていた。ローゼンバーグはそこで「マス・カルチャー」を「高級文化」の危機として捉え、ホワイトは逆にマス・メディアによって

「高級文化」の受容層が拡大するという意味で「マス・カルチャー」を積極的に評価していた[156]。ここには階級差の維持と平等の間での駆け引きが垣間見られる。しかしまた、いずれにせよ両者は「マス・カルチャー」を資本主義システムによって提供される商品文化・消費文化と同一視していた。この点は、同書所収のドワイト・マクドナルドの論考がより明示的に論じている点でもある[157]。

「大衆文化」がシステム内在的な消費文化と同じものであることを前提にしたこの種の議論に対して、日本では三つの目立った反応があった。一つには、南のように、「大衆文化」を「マス・カルチャー」——すなわち、システム内在的な消費文化——と同一視する見方を受け入れながらも、それを均質に捉えることについては異議を唱えるものがあった。南は、一九五九年の著書『孤独からの解放』ではマス・コミュニケーションによって人々は「年齢、階級、職業、男女、地域を越えて大きな集団としてマスまたは大衆に編成」され「等質化、均一化」されると主張していたが[158]、ローゼンバーグとホワイトの共編書を自らが抄訳日本語版へと編集した書籍の「解説」では、「マス・カルチャー」の「マス化現象」を考える際には「階級・世代・地域などの違い」によるバリエーションにも目を向けるべきだと主張した[159]。次章で見るように、南はさらに、映画観客を論じるにあたっては、批判的鑑賞の可能性や映画鑑賞会などにも言及している点で、システム論とは異なる視点も見せていた。一方、藤竹暁は、マス・メディアによる文化は「組織された情報」としてではなく、「断片的で非組織的なインフォメーション」として提供されており、それを受容する「大衆」は「人間の理性よりも、情報《ママ》〔おそらく「情動」の間違い〕の方がはるかに動員されやすい」と強調した[160]。さらにもう一つの反応は、多田道太郎のように、システム内在的な消費文化を平等の観点から積極的に評価するものである。鶴見が編集した論集『大衆の時代』（一九六九年）にヴァルター・ベンヤミンの「複製技術時代における芸術作品」やテオドール・アドルノの「テレビと大衆文化の諸形態」とともに収録された論考「複製芸術について」で多田は、「旧芸術のワクにとらわれない」「自由、大量生産、標準化によって引き起こされた」「複製芸術」によって、オリジナルがないがゆえに誰もが参加できる平等が実現されたと主張した。[161]この見方は、ミリアム・ハンセンが論じた、「大衆」(die Masse)に対するベンヤミンのアンビヴァレントな意味づけの一つの側面には共鳴しつつ、別の面とは相反するものだと言えるだろう。[162]すなわち、多田の提唱する複製芸術の平等性は、「大衆」と複製技術の結びつきを民主的なものとして評価するベンヤミンの見方に呼応する一方、「大衆」を消費者と同一視して批判的に扱うベンヤミンの見方からするとかなり楽観的に見えるのだ。このように、南、藤竹、多田の「大衆文化」ないしは「マス・カルチャー」の概念に対する評価には大きな違いがあった。にもかかわらず、三人はいずれもそれをシステム内在的な消費文化と想定している点では変わりがなかった。

他方こうした見方とは異なって、大衆文化論の中には「大衆文化」をシステム内在的な消費文化の閾や外部にも広がるものと考える論があった。先述の鶴見の「限界芸術」は、「高級芸術」と「大衆芸術」との間に設定されている点で、それを「大衆文化」に含めて考えられるかどうかについては議論があるだろうが、彼の生涯にわたる広い意味での「大衆文化」論を考慮に入れれば、「限界芸術」はシステム内在的な消費文化の閾にあるものだと言うことができるだろう。鶴見は、『限界芸術論』の一五年前に発表した一九五二年の「大衆芸術論」でも、映画やテレビといった視聴覚メディアの普及により民主化が進むことを期待しつつも、消費文化中心に偏った情報伝達が行われているために「権力をもたない少数者団体」の声が社会に伝わらない危険性を案じていた。[163]鶴見の他にも「大衆文化」を、消費文化と重なり合いながらもそこに収まらないものとして概念化する言説が少なからずあった。例えば、尾崎秀樹は一九六六年の著書の中で、当時の「大衆文化」研究の三つの代表的な試み――桑原武夫らの大衆文化研究グループ、南博らの社会心理研究所、そして尾崎自身の大衆文学研究――を紹介した上で、「大衆文学」を「マスコミ論と芸能文化伝承論のクロスするところに」あるものと位置づけ、「大量消費のための商品文学と規定したのでは、漏れおちてしまう」ものだと説明している。尾崎にとって「大衆」とは、「時代変革のエネルギー」と「昔ながらの保守的な」面を同時に内部に孕むものであり、それが菊池寛や大佛次郎の小説の人気となって文壇文学の閉鎖性を打ち破るものとなった、というのである。[164]

このように戦後の「大衆」論として一つの重要な思潮を成した大衆文化論は、論者によっては大衆社会論と共振しながらも、大衆社会論には還元できないような特徴があった。それは、「大衆」や「大衆文化」をシステムに内在的なものとみなすか、それともその外部または閾にあるとみなすかという葛藤を伴っていた。とはいえ、それでもなお、大衆文化論と呼べるもののほとんどは、その定義に差こそあれ、「大衆」の立場に立ち、システム的な権力への抵抗を念頭に置いていた点では共通の基盤に立っていた。それは、鶴見が一九六九年の編著書の中で、自分たちの大衆文化論は「戦争体験の再検討という主題をもっていた」点で「アメリカの大衆文化研究が米国占領下の日本の学界に単純に横すべり」したわけではないと述べたように[165]、大衆文化論は総じて同時代の文脈に応えようとしていたところから来ていたと言えるだろう。しかし、それはまた、「大衆」を権力の外部に位置づけているだけに、「大衆」を先の戦争を遂行した国家や軍部の被害者としてのみ見る――言い換えれば、「大衆」が帝国日本の暴力に加担した面には向き合わない――、被害者史観につながる危険性を伴っていたことも付け加えておきたい。とはいえ、「大衆」をシステムの内部に位置づけるにせよ、その外部または閾に位置づけるにせよ、大衆文化論は「大衆」を権力に対峙するものとみなし、そこに「民主」の可能性を見出そうとしていた点では一貫していた。

実際、加藤秀俊もまた、先述の一九五九年に自ら英語で刊行した編著『日本のポピュラー・カルチャー』の論考で、「社会の近代化または民主化の過程にあって、〔日本の〕研究者はほとんど必然的に大なり小なり政治的であり、それはとりわけ政府が保守的であるときにそうである」と、「日本のマス・コミュニケーション研究」を紹介している[166]。そこで加藤が思想の科学研究会や南の研究を例として挙げているように、彼の言う「日本のマス・コミュニケーション研究」は本節で見てきた大衆文化論とほぼ同じものだと考えてよい。だからこそ、以下で見る、大衆文化論と（さらには大衆社会論とも）折り重なるようにして展開されたマス・コミュニケーション論やその他のメディア論の多くは、総力戦の記憶、アメリカによる占領、冷戦、高度経済成長、メディアの発達などの歴史的状況に意識的であり、その中でシステム的な権力に対する「大衆」の抵抗の可能性を模索した。次節では、マス・コミュニケーション論に焦点を当てながら、この状況をさらに検討していくことにする。

## 「大衆」の（脱）政治化——マス・コミュニケーション論

これまで見てきたように、大衆社会論は、「大衆」をシステム内在的な標準化されアトム化された間接的集合体として論じた。この議論の中には、松下のようにシステムに内在化された「大衆」に権力への抵抗の可能性、すなわち「民主」の可能性を探ろうとする論があった。一方、大衆文化論は、「大衆」をシステムの外部または閾に存在するものとして論じた。鶴見などの論者はこの「大衆」の立場に立ちながら「民主」の可能性を模索した。大衆社会論は欧米の理論に強く影響されているところがあったが、にもかかわらず大衆社会論も大衆文化論も両者ともに同時代の歴史的な文脈に即して「民主」に強い関心を示していた。それらはまた、戦前戦中の「大衆」論から引き継がれた、消費、階級、権力、メディアといった問題系をめぐって新たな形でポリティクスを成すものでもあった。とすれば、マス・コミュニケーション論はそこにどのように関係していたのか。

本章のはじめに言及したように近年、狭義の「マス・コミュニケーション研究」は、メディアとその受容における「知を生産する行為の政治性」を無化する自由主義的な概念として退けられることがお定まりである[167]。それはまた、後述するようにそもそものアメリカにおける起源がプロパガンダ研究にあり、それが「マス・コミュニケーション研究」という名目で目立たない形で継続されたことを理由に、御用学者的な研究として批判にさらされることも多い[168]。一九四〇年代末から顕著になった日本のマス・コミュニケーション論——ここでは、狭い意味での学術研究領域の枠を超えて言説化されていたという意味で「研究」ではなく「論」という言葉を使用している——は、そうしたアメリカの理論の影響を受けているところが少なからずあった。しかし、同時代の言説をつぶさに見れば、事はそれほど単純ではなかったことがわかる。以下で論じるように、日本のマス・コミュニケーション論は実のところ、大衆社会論や大衆文化論とも絡まり合いながら、同時代の歴史的文脈に対応して、システム的な権力に抵抗する「民主」としての「大衆」をも追究していた。

アメリカを発祥の地とする「マス・コミュニケーション研究」は、第一次世界大戦以降の「プロパガンダ分析」――より正確に言えば、多くがプロパガンダ効果の開発研究――の単なるラベルの貼り替えだということが近年のメディア史研究では指摘されている。[169] 西村勝彦が一九五八年の著書『大衆社会論』ですでに記していたように、「マス・コミュニケーションの研究そのものが、第一次世界大戦以降の宣伝技術の分析にはじまるものであり、敵国の宣伝政策に対抗し、自国の宣伝をいかに有効ならしめるか、デマがいかに流布されるか（中略）という効果分析や反応分析によってはじめられた[170]」という認識が今では広く共有されるようになっている。第二章でも言及したように、アメリカでは第一次世界大戦時の一九一七年に広報委員会（ＣＰＩ）が設置されてプロパガンダ政策が本格的に遂行され始め、[171] 二〇年代にその大戦を振り返る形でプロパガンダ研究が興隆し、ウォルター・リップマンの『輿論』（二二年）、エドワード・バーネイスの『輿論を結晶化する』（二三年）、ハロルド・ラスウェルの『世界大戦におけるプロパガンダ技術』（二七年）などのプロパガンダに関する多数の書籍・論文が刊行された。[172] 第二次世界大戦が勃発すると、その直後の一九三九年九月からロックフェラー財団がラスウェルやポール・ラザースフェルドなどの研究者を集めて「コミュニケーションズ・セミナー」を開催し、戦争動員のためのプロパガンダ研究を開始した。「マス・コミュニケーション研究」という研究領域の名称はこのセミナーが発端だと言われている。[173] ロックフェラー財団はそれ以前の一九三六年にプリンストン大学を拠点にラジオ研究局（Office of Radio Research, ORR）を設立し、ラザースフェルドを局長に迎えていた。この研究局は一九三九年にラザースフェルドの異動とともにコロンビア大学に移管され、四四年には応用社会研究所（Bureau of Applied Social Research, BASR）に改称される。[174] 近年の批判的研究では、この研究所を中心とする「マス・コミュニケーション研究」が、ロックフェラー財団のみでなく、アメリカ陸軍、中央情報局（Central Intelligence Agency, CIA）、国務省とも結びついていたことや、プロパガンダ研究のための研究者間のネットワークがそこで形成されていたことが明らかにされている。[175] しかも重要なことに、このつながりが戦後にも継承され、一九五〇年代には共産主義対策としてアメリカ連邦政府からラザースフェルドの研究所などに、それ以前の四分の三もの予算がプラスされて支給されたことが報告されている。[176]

こうした財界、アカデミズム、政府の三者間における制度的癒着の歴史的文脈の中で、「マス・コミュニケーション研究」は、よく知られているように、内容的には戦前戦中の「弾丸理論」（magic bullet theory）や「皮下注射モデル」（hypodermic needle model）の名称で知られるメディア効果理論から戦後の限定効果理論へと転換する流れを辿った。戦中から戦争直後にかけては、確かにハドレー・キャントリルの『火星からの侵入――パニックの社会心理学』（一九四〇年）やロバート・マートンの『大衆説得』（四六年）のように「受け手との心理状況との相互連関」を探る研究もあったが、[177] ラスウェルの研究に典型的なように、受け手が思想的にも感情的にもメディアに受動的に影響されるという考え方が支配的だった。これに対して、ラザースフェルドはエリフ・カッツとの共著『パーソナル・インフルエンス――オピニオン・リーダーと人びとの意思決定』（一九五五年）で、四〇年代末から自らの研究グループで行ってきた選挙運動とラジオとの関係に関する実証的な調査を基にして「コミュニケーション二段階モデル」を唱え、この分野における限定効果理論へのパラダイム・シフトに大きな役割を果たした。「コミュニケーション二段階モデル」とは、メディアによる人々への直接的な影響は限定的で二義的なものであり、むしろ地域社会のパーソナルなコミュニケーションの場におけるオピニオン・リーダーの影響力の方が大きいというものだった。[178] しかし近年の研究では、この論は、一九五〇年代当時ラザースフェルドらがアメリカの政府関係諸機関と契約を結び、海外で反共産主義のプロパガンダ・キャンペーンを効果的に行うための心理戦研究を進めていたことと矛盾している、と問題視されている。つまるところ、政府や財界から資金援助を受けていたラザースフェルドらの「マス・コミュニケーション研究」は、当時一般に否定的に受け止められるようになっていたメディアのプロパガンダ効果があたかもないかのように見せるための偽装だったとも考えられるのだ。[179] ラザースフェルドの教え子であり、作戦研究局（Operations Research Office, ORO）――アメリカ陸軍がジョンズ・ホプキンズ大学に一九四八年に設立――にも在籍していたウィナー・クラッパーの『マス・コミュニケーションの諸効果』（六〇年）もまた、受け手は自らの既存の慣習を基に選択的に情報を受け取るのであって、メディアに全面的に洗脳されるわけではないという「選択的露出理論」を唱え、限定効果理論の普及に寄与した。[180]

とはいえ、「マス・コミュニケーション研究」はこうした体制迎合的な側面が濃厚だったにせよ、メディアが「大衆」を標準化しアトム化するというシステム批判を行っていた大衆社会論とも複雑に交差していたことを忘れるべきではないだろう。確かに、カッツとラザースフェルドの『パーソナル・インフルエンス』は大衆社会論を批判して、「はじめのうちは新聞が、あとになるとラジオが、無防備な読者や聴取者の心の上に悪魔の思想をゴム印のように押してまわって行く、恐るべき力をもった武器として指弾」する、短絡的な見方として揶揄している。[181] しかし、ラザースフェルドはマートンとの一九四八年の共著論文の中で、マス・メディアによる大量の情報の日常的供給のために「大衆」が感覚的に麻痺し政治的無関心に陥ることや、ドイツのナチズムやアメリカの産業を例に挙げながら、一つのシステムに独占されたメディアが「大衆」を支配しそのシステムを維持し続ける危険性を論じていた。[182] また、マンハイム、フロム、リースマン、ミルズ、ポール・グッドマン、ルイス・マンフォードなど多くの研究者が「マス・コミュニケーション研究」に分類されるか、されないかの境界線上で大衆社会論を論じていたことにも目を向ける必要がある。例えば、ミルズはコロンビア大学のＢＡＳＲに所属していたにもかかわらず、『ホワイト・カラー――アメリカの中流階級』（一九五三年）や『パワー・エリート』（五六年）を発表して大衆社会論的な論を展開した。[183] とくに後者では、マス・コミュニケーションの普及によって社会は、議論を基にした「公衆の共同体」からメディア市場を基にした「大衆社会」へと変容したと主張している。ミルズによれば、マス・メディアが媒介する大衆社会では、コミュニケーションの送り手と受け手が企業と消費者に分化し、両者はもはや対面的な議論のような対等の関係にはない、というのである。[184] 一方、フロムは『自由からの逃走』(一九四一年)で、都市の爆弾のニュースに石鹸や酒の広告が続きその次には政治演説が始まるといったラジオや、水雷艇の場面に続いてファッション・ショーの場面が現れるといったニュース映画に見られる断片化された情報の連続によって人々は感情や批判的判断が阻害され、やがては世界に対して無関心になると説いた。[185] リースマンもまた『孤独な群衆』(一九五〇年)でメディアを論じ、伝統志向型(恥の恐怖による動機づけ)から内部志向型(道徳的な罪の内面化による動機づけ)へ、そして他人志向型(他人やマス・メディアに対する意識による動機づけ)へと至る三段階の社会進化の歴史を、宗教儀礼から活字へ、そしてテレビへというメディアの推移の歴史と重ね合わせながら示した。リースマンにとって他人志向型の人間とはまさに、マス・コミュニケーションによってアトム化された「孤独な群衆」、すなわち大衆社会の「大衆」にほかならない。[186]

日本のマス・コミュニケーション論は、アメリカの「マス・コミュニケーション研究」の影響を受けながらも、欧米の状況以上に大衆社会論と、さらには大衆文化論と密接に絡み合っていた。このことは、先述したように加藤秀俊が英語で出版した編著で鶴見俊輔、南博、そして加藤自身を含む研究者を「マス・コミュニケーション研究」もしくは「コミュニケーション研究」の研究者として一括りにして紹介していたことからも明らかだろう。鶴見は、本章のこれまでの考察からもわかるように、マス・コミュニケーション研究というよりもむしろ独自の大衆文化論の路線を突き進んでいたと言える点で、南や加藤とはかなり異なっていた。にもかかわらず、加藤の英語論文では、彼らを含む大衆文化論の論者たちが一括されて「マス・コミュニケーション研究」の研究者として紹介されているのである。このことは、当時マス・コミュニケーション論、大衆社会論、大衆文化論の三領域が場合によってはほとんど区別されずに認識されていたということを端的に物語っている。加えて、以下で見ていくように、日本のマス・コミュニケーション論は、大衆社会論とともに同時代の歴史的文脈とも絡み合うことで、アメリカのマス・コミュニケーション研究よりもマス・メディアをネガティヴに見る傾向が強かったと言える。

実際、日本では「マス・コミュニケーション」の用語が広がった当初から二〇年間にわたって否定的な意味合いで使用されることが多かった。佐藤毅の一九六一年の論考によれば、この用語の最初の用例は、「大衆コミュニケーション」という訳語ではあったものの南博の四九年の著書『社会心理学』にあり[187]、『思想の科学』でもこの頃からアメリカのマス・コミュニケーション研究が盛んに言及されるようになった。やがてこの用語は、一九五一年に続々と刊行された、『思想』六月号特集「現代新聞論」、『社会学評論』六月号特集「マス・コミュニケーション」、井口一郎『マス・コミュニケーション』、清水幾太郎『社会心理学』によって一気に普及し[188]、五〇年代・六〇年代を通して日本の言論の中で頻繁に言及されるようになった。こうした中で、確かに、井口はどちらかと言えばマス・コミュニケーションを楽観的に論じている。彼にとって、いまや世界中で「大衆」を動かす大きな力となっているマス・コミュニケーションは、ナチスのように少数の者によって独占されると専制的になってしまうが、既存の階級を超えて広く「大衆」に開かれている点では民主的な可能性を秘めているものである。この井口の著書の刊行後、後述するように、マス・コミュニケーションの発達によって従来の階級格差や地域格差が薄れ平等になるという楽観的な見方がたびたび表明されるようになった。加えて、マス・コミュニケーションという概念は当時、それを実現した新しいメディア技術、マス・コミュニケーション研究という新しい研究領域、そしてマス・コミュニケーションによって生み出された「新しい群集」という少なくとも三つの点で新しさのニュアンスをも帯びていた[189]。

しかし、マス・コミュニケーションに関する言説で目立っていたのは、楽観的な語りよりも、大衆社会論的な観点と結びついた悲観的ないしは批判的な語りである。日本の論者は当初からアメリカの理論をそのまま応用することに警戒感を示していた。清水はアメリカと日本の違いを自覚する必要性を説いていたし[190]、鶴見はアメリカの「マス・コミュニケーション研究」は「冷静な傍観者の位置を保ちながらも、大衆に対する関心のもちかたが、国家の見地、独占資本の見地からするものになりやすい」と注意を促していた[191]。マス・コミュニケーションの受け手を「新しい群集」とも「大衆」とも表現した清水は、マス・コミュニケーション批判の先駆的な論者の一人である。

彼は、「新しい群集」に言及したまさにその同じ一九五一年の論考の中で、メディアによってオリジナルとコピーの差がなくなるために人々がコピーに頼ってしまう点、そのコピーの製作・流通が国家または大企業に支配されてしまう危険性がある点、さらには受け手の「大衆」はメディアを介してのみつながり相互に孤立した存在になる点を指摘しながら、マス・コミュニケーションを批判的に論じていた[192]。さらに、清水が一九五五年に編集した『マス・コミュニケーションの原理』の中で、佐藤智雄はこの「新しい群集」という考え方をリースマンを援用しながら発展させている。佐藤は、そこで「巨大な社会のしくみ」――すなわち、本章で言うシステム――が「すべての個人を大衆として解放し、それに力」を与えてきたことに言及しつつも、マス・メディアを媒介にして生まれてきた「大衆」は、規格化されて部品や「平均人」とならざるを得ず、しかもマス・メディアを行動の規範にして「他人志向」になるために政治に無関心な「孤独な個人」の集合になってしまうと警鐘を鳴らした[193]。こうした見方が、上で見た大衆社会論の見方――システムに内在化されて標準化されアトム化された間接的集合体――に一致していることは言うまでもないだろう。

同様に日高もまた、清水とはいくぶん異なる見解ながら、大衆社会論的な観点からマス・コミュニケーションを論じた。日高によれば、マス・コミュニケーションによって「大衆相互間のコミュニケーションはほとんどたちきられている」にもかかわらず「国民」とか「公衆」とかの名称がその個々バラバラの「私的消費者群」に与えられているために、民主主義が成り立っているように見えて実は資本主義的・官僚主義的システムによって統御されているといった、「エセ民主主義」とでも呼べる現象が起こっている、というのである[194]。南は後述のように映画観客論などでは批判者としての「大衆」の可能性を追求する面もあったが、しかし彼もまた「大衆は、マス・コミュニケーションの受け手として、もっぱら受け身の存在になり、良識ある公衆は、一部の人たちに限られてくる」ことを根本的な前提にしていた[195]。さらに藤竹は一九六〇年代から、フロムの論にも似て、マス・コミュニケーションによる断片的で非組織的な情報供給のために、人間の理性よりも情動の方が動員されやすい状況になっていることを強調した[196]。彼は一九八七年の書籍でもこの状況が続いていることを指摘し、それを「マス・センチメント（大衆感情）が支配する時代[197]」と名づけている。この他にも内川芳美、西村勝彦、高橋徹、後藤宏行、そして松下圭一など、大衆社会論的な観点から批判的にマス・コミュニケーションに言及した論者は枚挙にいとまがない[198]。例えば、西村は一九五八年の著書の中で「高貴な芸術から大衆文化への移行によって、文化が少数の特権階級から解放されて大衆自身の手にあたえられることに積極的意義をみとめるものであるが、それと同時に、大量生産とマス・コミュニケーションによってささえられた文化の機械化ならびに商品化の過程に、大衆を情緒化せしめ、かつ体制内において非政治化せしめることによって、権力への受動化をうながす可能性をもっているという他の面をみのがすことはできない。ここに独占資本主義下の文化のもつ矛盾が見出される」と要約している[199]。

しかし日本のマス・コミュニケーション論は単純に欧米発の大衆社会論を繰り返しただけのものではなかった。むしろ、自らを取り巻く日本を中心とした同時代の歴史的状況に応じようとするものでもあった。ここではそれをメディア状況と文化社会状況の二つに分けて整理して示しておきたい。言うまでもなくこれらは実際には相互に区別できないほどに絡み合っている。メディア状況について言えば、当初アメリカのマス・コミュニケーション研究が論の根拠にしていた主なメディアは、ラジオ、印刷、映画であり、テレビではなかった。ロックフェラー財団とラザースフェルドが一九三六年に設立したラジオ研究局の名称に端的に表れていたように、なかでもラジオが同時代に発達したメディアとしてマス・コミュニケーション研究の主要な参照対象になっていた。カッツとラザースフェルドが一九五五年に刊行した『パーソナル・インフルエンス』でさえも、四〇年代中頃の調査結果を基にしていることもあって依然として新聞とラジオが中心であり、テレビへの言及は皆無に近い[200]。とはいえ、一九五〇年までに、テレビを重要な参照対象とするリースマンの『孤独な群衆』のような文献が著された。

日本のマス・コミュニケーション論では、テレビが中心的な主題となるのは一九五〇年代後半である。その一つの理由には、日本のマス・コミュニケーション論の初期は、テレビ以前に確立されたアメリカの「マス・コミュニケーション研究」が参照されることが多かったということがある。また先述のように、アメリカでは一九五二年までにテレビが家庭に広く普及していたが、日本ではそうした状況が顕著になるのは五八年以降だということもあった。一九五一年の井口の著書では「もっとも大衆的な媒体」は新聞、ラジオ、映画であり(201)、同年の清水の『社会心理学』でも「コピー」の氾濫の論拠になっていたのはラジオと映画だった(202)。一九五五年の日高の論考でも新聞とラジオが一方向的に情報を伝えるメディアの例に挙げられていた(203)。佐藤智雄は一九五五年の論考でリースマンに言及しているが、ここでもことさらにテレビを論じるということはなかった(204)。南が編集した同じ『マス・コミュニケーション講座』シリーズの第四巻（一九五四年）もまた、副題が「映画・ラジオ・テレビ」となっているにもかかわらず、テレビを詳細に検討することはなく、総じて放送史の概説の域を超えるものではなかった(205)。さらに言えば、大衆社会論、大衆文化論、マス・コミュニケーション論を股に掛けて論を展開していた加藤秀俊は、一九五八年に『テレビ時代』を出版したが(206)（図5-3）、その前年に発表した「中間文化論」では、テレビではなく、週刊誌、新書、マンガ――当時新しいメディアとして急速に成長していた三つ――と映画と音楽を主な題材にしていた(207)。テレビが本格的にマス・コミュニケーションの一つとして論じられるようになったのは、『キネマ旬報』（一九五八年六月二〇日）や『思想』（五八年一一月）がテレビをテーマにした特集を組んだ五八年からである。一九六一年には、河出書房から『講座現代マス・コミュニケーション』のシリーズが刊行され、第一巻の「マス・コミュニケーション総論」では編者の清水が巻頭論文として「テレビ時代のマス・コミュニケーション」を執筆し(208)、第二巻は「テレビ時代」と題して南が編集を担当した(209)。

**図5-3** 加藤秀俊『テレビ時代』の表紙

こうした同時代のメディア状況に対する日本のマス・コミュニケーション論には少なくとも三つの特徴があったと言える。一つには、清水の「マス・コミュニケーション総論」に典型的に見られるように、テレビを取り上げてはいるものの、それがもっぱら大衆社会論的な観点から論じられているために、論旨としてはテレビ以前の論とさほど変わりがないものが少なからずあった[210]。しかし第二に、次章で詳しく検討するように、一九五八年以降に盛んになったテレビ論では、大衆社会論と結びついたマス・コミュニケーション論の枠組みを超えて、テレビ固有の特徴を論じるものが多数現れた。例えば、大衆社会論では先述のようにマス・コミュニケーションの「受け手」としての「大衆」同士の間にはコミュニケーションがなく相互に孤立しアトム化していると見られたが、多くのテレビ論では受け手同士のコミュニケーションが注目された。後者には、カッツとラザースフェルドの「コミュニケーション二段階モデル」の考え方の影響も多少はあったかもしれないが、それにとどまらない多様な見解を示していた。そして第三に、「マス・コミュニケーション」は「娯楽」と同じものではないにもかかわらず、加藤の英語編著に見られるように両者が同一視され、そのためにそのずれが見えにくくされることがあった。例えば、ある一九五八年度の「大衆娯楽」の「国民消費額」の調査ではパチンコが「大衆娯楽全体」の消費額の五〇パーセントを占めて圧倒的な人気ぶりを示しており、これに次いで競輪が一五・八パーセント、映画が一五・二パーセントという結果だったという報告があるが[211]、パチンコが「マス・コミュニケーション」として論じられることは皆無だった。ここには、そこで想定されていた「マス・コミュニケーション」が、権田が一九二〇年代に論じた「民衆娯楽」とも大きくずれてきていたことが窺われる。すなわち、「マス・コミュニケーション」とは、興行場に規定されることのない、複製技術としてのマス・メディアを意味していたということである。しかしさらに興味深いのは、第二章で論じたように機械性複製技術に基づくメディアは総力戦とともに特定の場に制約されることなく時空間を自由に構成するものとして想像され、「マス・コミュニケーション」もそうした想像のされ方を受け継いだが、次章で詳しく見るようにテレビ論はそれよりもむしろ家庭という場に注目することが多かったということである。要するに、

「マス・コミュニケーション」という概念は、さまざまなメディアを総合的に捉える点に利点があり、その意味では日本のメディア理論史における一九二〇年代の「民衆娯楽」から総力戦の「宣伝」メディアに至るまでの観点を引き継ぐものだった。しかし同時にこのことは、この概念が大衆社会論と結びついて演繹的に用いられると、個々のメディアの特性や、異なるメディア間のせめぎあいが軽視されやすいということを意味した。

日本のマス・コミュニケーション論は、同時代の文化社会状況との間でも葛藤を生じさせていた。一方では、マス・コミュニケーションが民主化や平等と結びつけられてポジティヴに評価されることがあった。この評価は、欧米でのエリート対「大衆」という対立図式に沿うものであると同時に、戦前の「家族的あるいは部落的共同体に埋没していた個人を解放する過程とからみあっている」[212]といった近代化論的な観点にも沿うものであった。近代化論的な観点とは、近代化をどれほど達成しているかという基準で社会や文化を測る、一九五〇年代のエドウィン・ライシャワーに始まるアメリカの日本研究に顕著な観点であり、近代的個の確立を重視する同時代の丸山眞男や大塚久雄の思想とも共鳴していた[213]。マス・コミュニケーションが「ただ一人のひと、あるいは、とくに指定したひとだけに伝えられるのではなく、ひろく多くの人たち――大衆」に情報を開放したという井口の論がこの見方の典型であることは言うまでもない[214]。後藤宏行もまた、「コミュニケーションのマス化」が「マス・コミの価値観・世界観の中に個人を埋没させて平均的な個性が大きな比率をしめるようになってきた」事態に警戒感を示しつつも[215]、加藤秀俊に言及しながら「都市と農村、インテリと大衆とのあいだの生活感情のミゾがちぢまり、共通のコマーシャル・メディアを基底にした社会感情への集約がなされる」ことや、現実には送り手がマス・メディアの元締めになっているが「理念としては、受け手と送り手のあいだの対等的、相互的関係のもとでのみ、商業主義芸術は成立しうる」ことを指摘して、肯定的なビジョンを示した[216]。ここで言われている「対等的、相互的関係」は、マス・コミュニケーションでは送り手と受け手が分化していると主張した、上記のミルズの見解と対極をなしている点で興味深い。こうした議論には、マス・コミュニケーションは大衆社会論的には否定的に捉えられるが、大衆文化論的には――とくにその階級論的な観点からは――肯定的に捉えられる傾向があったことを示唆している。佐藤忠男はこのロジックを体現していた一人である。彼は、マス・コミュニケーション論が作品の美学的な側面を単純化する傾向があることを批判する一方で[217]、「大衆」に寄り添うその大衆文化論的な立場から、マス・コミュニケーションによって芸術が堕落するという知識層に対して反対の意を表明していた[218]。

他方、大衆社会論や大衆文化論の観点からのマス・コミュニケーション批判の例には事欠かないが、それらの中には日本の社会・政治状況と関連づけて論じるものが少なくなかった。佐藤毅の「マス・コミュニケーションの理論」(一九六一年)は、アメリカと日本におけるそれまでのマス・コミュニケーション研究を辿る中で、五〇年代には「朝鮮戦争の勃発などがあり、レッド・パージの嵐が吹きまくり、対米従属体制に強力に組み込まれつつあったマス・コミュニケーションへの危機意識がおこってきた」日本の状況を振り返っている[219]。ここで佐藤は、「新聞の報道は、マス・コミュニケーションの機能を果たすことによって、平和の使徒であるどころか、戦争の心理的仲介者という憎むべき役割を果たしかねないのである」という、総力戦の記憶と結びついた久野収の見解(『思想』一九五一年六月)を引用している[220]。さらに彼は、「私がマス・コミュニケーションに対して本当に腹をたてるようになったのは、昭和二四年以降の、講和問題の論議の過程を通してである。それまでは、マス・コミュニケーションの忠実な味方であったと言ってよい」という、当時の日米関係に対する清水の批判的な発言にも共感を示した[221]。さらに佐藤は加藤秀俊が、カッツとラザースフェルドの「コミュニケーション二段階モデル」に触れている文章も引用している。加藤はそこで、メディアの政治作用を不可視化しようとしたと目されるこの二段階モデルを敢えて政治化して解釈すること、すなわち権力への抵抗のための手段として解釈することをも試みている。つまり、マス・メディアよりもパーソナルなコミュニケーションに影響力があるのであれば、サークル活動のようなパーソナルなコミュニケーションを介して「マス・メディアの送り出す情報を自分たちの役に立つようなかたちに」変えていこうというのである[222]。ここには、加藤が単にアメリカ産のマス・コミュニケーション研究を受け身的に吸収しようとし

**図 5-4**　ミッチー・ブーム。「スクープ大事件史」『アサヒ芸能』1959 年 1 月 25 日号

ていたのではなく、彼独自の観点からそれを批判的に発展させていたことが窺える。いずれにせよ、清水、佐藤、そして加藤にとって日米同盟を推し進めていた同時代の政治的権力は、マス・コミュニケーションを論じる際にも欠かせない参照事項となっていた。

この佐藤の論文とともに、清水の編著による『講座現代マス・コミュニケーション』第一巻に収録されている松下圭一「現代政治過程におけるマス・コミュニケーション」も同様の様相を見せていた。松下はこの論文で、石原裕次郎ブーム、「ミッチー・ブーム」（図 5-4）、安保闘争といった同時代の出来事を参照しながら、マス・コミュニケーションを論じている。彼にとって、当時のコミュニケーションには三つの形態があった。すなわち、「国民コミュニケーション」（共闘会議、単位組織のビラや新聞、政府への抗議文）、「マス・メディア」、そして「体制コミュニケーション」であり、それぞれ、安保闘争に見られた権力への抵抗のためのコミュニケーション、裕次郎ブームや「ミッチー・ブーム」のような「非政治的ムード」をもたらすコミュニケーション、そして「官庁機構、外郭団体、地域組織、職域組織」を中心として編成されるコミュニケーションを意味する。松下はこれらの三者関係を示した上で、結論として、「マス・メディア」が「体制コミュニケーション」に組み込まれそれを強化している現状に対して、「国民コミュニケーション」を成熟させて対決すべきだと訴えた[223]。

興味深いことに、同時代的な現象を参照するこの松下の論では、システムに対する「大衆」の位置づけがかなり曖昧であり、かつての彼の「システム内在的な大衆」論を離れて、「大衆」をシステムの外部または閾に位置づけて議論する鶴見俊輔のような大衆文化論に近づいているように見える。ただしそこでは、マス・メディアというシステムによって「非政治化」されるのは「大衆」であるとしても、「国民コミュニケーション」の主体である「国民」が、「大衆」と同じなのか、それとも別な人々なのかが明確ではない。この点を考える上では、松下のこの論文と一九六九年に発表された先述の鶴見の著書『大衆の時代』とを比較することが有益であろう。鶴見はそこで、大衆文化論が戦争体験――すなわち、総力戦の記憶――と分かちがたく結びついている点を示した上で、「大衆」が「替え歌や落書きや流言やおとぎ話」を通して権力に異議を申し立てることを論じ、そのことに関連づけて「現在の資本主義諸国のマス・コミュニケーションのつくりだす大衆文化の世界性にたいして、自分個人また自分たちの私性に依拠してたえずこれを変形してゆくことが、私たちの日常の努力となる」との見解を示していた。[224]ここでは確かに、松下が「国民コミュニケーション」という概念を用いているのに対して、鶴見は「個人」や「私性」に基づこうとしている点で両者は決定的に異なる。にもかかわらず、自らを取り巻く同時代の状況を念頭に置きながらマス・コミュニケーションをシステム的な権力として位置づけ、それへの抵抗とその抵抗を担いうる主体の可能性を模索している点では一致していると言えるだろう。

アメリカ発の「マス・コミュニケーション研究」に触発された日本のマス・コミュニケーション論は、一九七〇年代初めまでに下火になったと見るのが妥当だろう。一九七三年に江藤文夫などが編集した『講座・コミュニケーション』全六巻は、その書名に「マス」の言葉が使われていないことからも察せられるように、内容的にも敢えて「マス・コミュニケーション論」に限定されないような工夫が施されている。[225]第六巻に収められた馬場修一による「大衆社会」「大衆文化」に関する秀逸な論考は、日本におけるその起源を「第一次世界大戦後、それも特に関東大震災以後」に見出し、それを「米騒動、大正デモクラシー運動、労働運動」から「都市化、機械化」、「高等教育の拡充」に至るまでの多様な現象と関連づけながら、その文脈に「新聞・出版・映画等のマス・メディアの確立、その大規模化、ラジオの開始」を位置づけている。その上で、馬場は、戸坂潤、中井正一、三木清を考察の俎上に載せている。ここには、一九五〇年代・六〇年代に大衆社会論的な観点から論じられたマス・コミュニケーション論の片鱗はほとんどなく、「大衆」とメディアという主題は、日本の歴史的文脈に即して再構成されると同時に、過去の日本の思想家の思想を通じて考察されている。[226] 同年には、堀川直義の編著『現代マス・コミュニケーション論』も刊行されたが、この本はその書名にもかかわらず、内容は全体的に記号論的な説明となっている。[227] 一方、一九八〇年に発表された栗原彬の「管理社会下の大衆文化」――のちに先述の『管理社会と民衆理性』（八二年）に収録――は、マス・コミュニケーションを大衆社会論と大衆文化論の知見から批判的に考察しようとした松下や鶴見の試みを継承・発展させるものとして言及に値するだろう。栗原はそこで大衆文化を〈大衆文化Ⅰ〉《大衆文化Ⅱ》「大衆文化Ⅲ」の三層からなる複合体として捉えている。これまで見てきた本章の議論の観点から言えば、このうち〈大衆文化Ⅰ〉はシステムの外部にある日常的な実践だと言える。それに対して、「大衆文化Ⅲ」はシステムを通じて制度化され商品化されている領域である。《大衆文化Ⅱ》は両者の中間にあって〈大衆文化Ⅰ〉を客体化したものであるが、システムに従属的になる場合もあれば、抵抗的になる場合もある。[228] ここで重要なのは、栗原が、システムに対する「大衆」や大衆文化の位置づけを三重構造に重層化して動態的に捉え直し、それによって従来の大衆文化論、大衆社会論、マス・コミュニケーション論が追求してきたシステム的権力への抵抗の可能性を再考している点である。

大衆社会論、大衆文化論、マス・コミュニケーション論はそれぞれ個別の水脈を成しながら、しかし複雑に交差し、融合し、葛藤も孕んでいた。その「大衆」論は、消費、階級、権力、メディアをめぐる戦前戦中の「大衆」論の問題系を引き継ぎつつも、同時代的な文脈の中で新たな形で展開されたとも言える。そうした中で「大衆」は、大衆社会論的な観点からはシステム内在的な標準化されアトム化された間接的集合体と見られたが、それと同時に同時代の歴史的状況を生きる主体ともみなされ、そのシステムへの位置づけと権力への抵抗の可能性、すなわち「大衆」の「民主」が争点ともなった。その意味で、大衆社会論、大衆文化論、マス・コミュニケーション論はそれら自体がその意味づけをめぐってせめぎ合う「大衆」ポリティクスの主要な部分を成していたと言えるだろう。したがって、中立性を装うことの多いマス・コミュニケーション論は、あらゆる意味で非政治的なものではない。それは、マス・コミュニケーション論がアメリカではプロパガンダ政策と結びついていた点で、また日本ではそれが大衆社会論や大衆文化論と結びつきながら「大衆」による権力への抵抗の方法として模索されていた点でも明らかだろう。一九五〇年代後半から顕著になったテレビ論と映画論は、こうした、原子力の隠喩で示されたような、個人を超えたシステムが強く意識される中で展開された大衆社会論、大衆文化論、マス・コミュニケーション論の文脈と切り離して考えることはできない。とはいえ、それらの論は独自の展開を見せていたことも確かである。次章では、そうしたテレビ論と映画論を分析することを通して、テレビの普及によるメディア消費文化の再編と映画観客の再定義を考察する。その上で、原子力(もしくは、それに暗示されるシステム)、テレビ、「大衆」、そして映画観客の関係について、現代の状況をも見据えながら、一つの見解を示したい。

# 第六章　民主としての「大衆」

## ――テレビによるトランスメディア的消費文化の再編と映画観客

「大衆」は、「民主」に対立する概念として説明されることが多い。戦後日本の思想史を詳細に分析した小熊英二の『〈民主〉と〈愛国〉』(二〇〇二年)は、この二項対立に貫かれている。小熊によれば、一方には、近代的個人を確立することによって民主的な国家を建設しようという思想があった。この「戦後民主主義」思想は、単なるアメリカからの輸入概念ではなく、戦前戦中に人々を戦争へと導いた「滅私奉公」の「道義」に対する批判意識の上に成り立っていたものであり、しかし同時に個人の立場から主体的に国家政治への参加を促していたという意味では総力戦のナショナリズムを引き継ぐものであった。[1] したがって、「戦後民主主義」思想の代表的論者である丸山眞男や大塚久雄が「近代」という言葉で唱えていたことは、西洋の近代そのものではなく、「戦争と敗戦の屈辱から立ち直るため」の「個と連帯をかねそなえた」「主体性」のことであった。それは、言い換えれば「ナショナリズムとデモクラシーの総合」であり、つまるところ「民主」と「愛国」の混合だった、というのである。[2] 他方、「大衆」は、そうした「民主」の思想に対立する概念だったことを、小熊は『〈民主〉と〈愛国〉』のいたるところで示している。小熊によれば、丸山や大塚にとっての「民主」は、「大衆性」や「大衆」に対する嫌悪に裏打ちされたものだった。彼らにとって「大衆」は、理性的に国家建設に参画する近代的個とは逆に、戦時中に占領地住民への残虐行為に走った、抑圧された兵士たちの鬱憤に象徴されるものであり、[3] 都市と農村の対立や闇経済に見られる「むき出しのエゴイズム」に例示されているものだった。[4] こうした「戦後民主主義」思想の考え方に対して、一九五〇年代後半から六〇年代にかけて吉本隆明は、「大衆」を「日本の後進性」と同一視して蔑んでいるとして攻撃した。[5] 小熊はこのような吉本の論の進め方を「「大衆の生活実感」から「知識人の理念」をうつ論法」と表現している。[6] 吉本にとって「大衆」とは、近代的責任主体たる「個人」や「市民」ではなく、大衆消費社会の主体たる「私」であり、それは天皇制国家を下支えしている「公」——すなわち、「近代的個人」によるナショナルな共同体——を解体する力をもっている点で肯定的に評価されるべきものだった、というのが小熊の見解である。[7]

とすれば、「大衆」は「民主」の主体として見られることはなかったのか。小熊は、鶴見俊輔の場合は、「大衆」と「市民」をほぼ同義で使用していたことをほのめかしている。ヘーゲルやマルクスを基礎的教養にしていた一九五〇年代までの知識人の間では「市民」という言葉はブルジョワや資本家を指すような響きがあったために忌避される傾向にあったが、[8] 鶴見にとっては「大衆」も「市民」も同じように国境に関係なく権力に抗する主体だったというのである。[9] 本章では、前章に引き続いて、こうした小熊の見方を踏まえつつも、「大衆」と「民主」を単純に二項対立的に語られたものとして見るのではなく、むしろ「大衆」もまた少なくとも二つの意味で民主的主体として想定されていたことを論じたい。一つは、家庭という場でテレビを通じて自己中心的に世界に開かれるというテレビ論の見方に基づくものであり、「消費生活的な民主」とでも呼べるものである。この消費生活的な民主は、消費文化の主体と重ね合わされていたという点で吉本の「私」に近いが、しかし「公」を解体するどころか、大衆社会論的な意味でのシステムを下支えする特徴を備えていた点で、吉本の論とは決定的に異なっていた。もう一つの「民主」は、映画をテレビと差別化して階級論や近代的個人の観念に基づいて特権化する映画論に広く見られた見方であり、ここではそれを「近代政治的な民主」と呼びたい。この「民主」は、丸山と大塚の言説に典型的だったと小熊が見る「個と連帯をかねそなえた主体性」に近いが、しかし映画論はそれを「公衆」や「市民」ではなく、丸山と大塚が嫌悪していた「大衆」と同一視していた点で、彼らとは違っていた。また「消費生活的な民主」が情動・感覚に基づく傾向があると考えられていたのに対して、「近代政治的な民主」は理知的なものに規定される傾向があると考えられていたという違いもあった。とはいえ、いずれの「民主」も、国家やシステムに従属するにしろ、しないにしろ、個々の人々（＝民）の主体性（＝主）に力点を置いている点では共通している。言うまでもなく、消費生活的な民主と近代政治的な民主は単純な両極ではなく、相対的な傾向であり折り重なっているところもあった。重要なのは、大衆社会論、大衆文化論、マス・コミュニケーション論が言説空間を構成し、テレビの普及によってメディア消費文化が再編されるという戦後の歴史的文脈にあって、このように異なる意味合いをもつ複数の「民主」がテレビや映画といったメディアをめぐって共存しせめぎ合っていたということである。

以下では、最初に、テレビ視聴者がシステムの主体、日常生活の主体、消費文化の主体として重層的かつ相互補完的に意味づけられようとしていた過程を考察する。消費生活的な民主は日常生活の主体と消費文化の主体の合わさったものであり、それがシステムを下支えしていたと見ることができる。しかしまた、それは完全に固定的なものというわけではなく、地域やジェンダーの問題に見られるように既存の社会体制を揺さぶる可能性を内包するものでもあった。また、テレビの普及によって消費文化全体――より具体的に言えば、トランスメディア的消費文化――が再編される中で、映画が中心からはずれ、再定義されようとしていた状況を概観する。その上で、映画観客が、そのトランスメディア的消費文化の主体の一部となりながらも、他方でテレビ視聴者とは差別化されてオルタナティヴな、しかし、「戦後民主主義」思想の主体――しかも多分に男性中主義的な主体――と相重なるものとして考えられていたことを明らかにする。一九五〇年代から六〇年代の文脈にあって「大衆」は、テレビ視聴者と映画観客に重ね合わされながら、まさに重層的に「民主」を担う主体として想像されていた(10)。それは同時に、異なる立場と勢力によるポリティクスを伴うものでもあった。

## 消費生活的な民主——テレビ論

日本における本格的なテレビ放送は一般的に一九五三年に開始されたと言われている。この年の二月一日にNHKがテレビ放送を開始し、八月二八日には日本テレビが民放で初めてテレビ放送を開始した。ただし、当初は街頭テレビが中心であり、一九五五年までにテレビを購入設置した一部の家庭、食堂、商店などに集まって視る「近隣テレビ」の習慣が広がったものの、[11] NHKが百万件以上の世帯と受信契約を結ぶのは五八年五月になってからのことである。[12] その後、皇太子御成婚（一九五九年四月一〇日）や東京オリンピック（六四年一〇月）といった国民的なイベントのテレビ中継がきっかけとなって、受信契約数が五八年の一九八万件から六四年の一七一三万件へと急上昇し、「お茶の間時代」とも呼ばれるような、テレビが各家庭に普及する時代が訪れた。[13] NHKは電波が届きにくい山間地などにも中継局を建設し、一九六四年度末にはその数が一七〇局に達し、総合テレビのカバレージは九〇パーセントにまで伸びた。[14] こうしたテレビの成長が、前章で言及した高度経済成長と一体化していたことは繰り返すまでもない。一方、この頃から一九六〇年代を通してテレビに関する夥しい数の書籍・論考が発表されるようになった。一九六四年までに刊行されたものを挙げれば、前章で触れた『思想』や『キネマ旬報』のテレビ特集、加藤秀俊『テレビ時代』（以上いずれも五八年）、南博編『テレビ時代』（六〇年）、清水幾太郎「テレビ時代のマス・コミュニケーション」（六一年）に加えて、佐々木基一『テレビ芸術』（五八年）、室伏高信『テレビと正力』（五八年）、ラジオ東京・朝日新聞社編『テレビ・ラジオ事典』（五九年）、清水編『テレビジョンの功罪』（六一年）、波多野完治『テレビ教育の心理学』（六三年）、ジャン・カズヌーヴ『ラジオ・テレビの社会学』（六三年）などがある。[15]

こうした中で、テレビについての語り方には大きく分けて二つのパターンが顕著だった。一つは、テレビを先端的なメディアとして位置づけつつも、テレビの固有性に注目するよりむしろ、「マス・コミュニケーション」、「放送」、または「映像」といったより大きな枠組みの代表例として論じようとするものである。この種の議論は大衆社会論的な観点と結びついていることが多く、資本主義、階級、消費文化にかかわる大衆社会化現象に関心を寄せていた。もう一つの語り方のパターンは、テレビの固有性に注目し、テレビを視聴する場とテレビを通して視聴される世界の関係性に言及するものである。この種の議論からは、視聴者が家庭を中心に世界に開かれるという構造がパフォーマティヴに日常化され常識化される過程に注目が集まっていることが窺える。言うまでもなく、これら二つのパターンの語り方は、決して別々のものとして考えられるべきではない。両者を合わせて考えれば、視聴者は家庭を基盤に自己中心的に世界に開かれていながら、同時にシステムに従属しているということであり、自己中心的でありながらその自己中心性に無自覚であり、システムに従属していながらそのシステムへの従属に無自覚であるということでもある。しかし、自己中心的な世界への開示は、そうしたそれ自体の構造と既存の社会体制を再生産すると同時に、それを揺るがす可能性も内包していた。地域性の問題やジェンダーの問題はそのせめぎ合いを具体的に考えるための一つの有益な手がかりになるだろう。いずれにせよ、テレビ論はテレビという新しいメディアを通して「大衆」がいかにシステムや世界に関係しうるのかという命題をめぐるポリティクスを示唆しており、それは「消費生活的な民主」と呼べるものを示していたと見ることができる。

## 大衆社会論的システムの主体

テレビは、一方では、資本主義、階級、消費文化に関心を寄せる大衆社会論的な観点から、システム内在的に標準化されアトム化された間接的集合体としての「大衆」を創出するものとして論じられた。言い換えれば、この種の論では、テレビ視聴者は、他のメディアの受容者と同様に、システムによって生み出される主体だった。こうした大衆社会論的なテレビ論は、テレビを単にマス・コミュニケーションの一例として捉えるだけでなく、映画と並んで映像メディアの代表例として扱う場合もあれば、他のメディアに比べてシステムとしてのマス・コミュニケーションの特質を極限にまで推し進めている例として論じる場合もあり、また放送メディアとしてラジオの延長線上にあるものとして取り上げる場合もあった。例えば、清水幾太郎は一九五八年の論考「テレビジョン文明論」の中で、読書活動に対して映像はイマジネーションを不要にすると断じながら「テレビの新しい独裁が始まろうとしている」と警戒感を示し[16]、六一年の論考「テレビ時代のマス・コミュニケーション」では、「新しいメディアほど巨額の資本を必要とする独占企業としてのみ成り立つ[17]」と述べた。同様に、一九五八年に発表された波多野完治と寺内礼治郎の二人による論も、テレビをデイヴィッド・リースマンの言う「新しい読み書き能力」としての映像とみなしてマス・コミュニケーションの先端的なものと位置づけながら、「現在では、娯楽は日常の会話や遊びという直接的に近接した通路によるよりも、非人格的な商業組織を通して、享受される場合が多い。この非人格的なコミュニケーションの中で、共通の経験を普遍化させ、多大の影響を与えるという点で、テレビに優るものは存在しない」と主張した[18]。また、必ずしも「映像」という枠組みではないが、戒能通孝もまた、新聞や雑誌と比べてテレビは「企業以外のいかなる人も電波を取得できないので意思を発表し得ない」と指摘し、テレビが資本主義的なシステムに規定されていることを問題にした[19]。

このように「映像」という枠組みやマス・コミュニケーションの突出した例としてテレビを論じる議論に並行して、テレビをラジオとセットにしながらそれらの制作・流通システムを問題視するものも見られた。日高六郎の論はその典型である。彼は、映画や新聞は産業ではあっても職人的な技を必要とするのに対して、ラジオとテレビはもっぱら視聴率を目的にした商売人と広告業者によって制作されると断じた[20]。このような論じ方は、レイモンド・ウィリアムズのテレビ論を想起させる。ウィリアムズは、「マス・コミュニケーション」という枠組みを抽象的で大雑把すぎるとして退け、その代わりに「放送」(broadcasting)という枠組みを使用することによってテレビをラジオの延長線上として捉えることを提唱した。ウィリアムズにとって「放送」という概念がとりわけ有効なのは、ラジオもテレビも、資本主義のシステムの中で成立し、その一義的な投資が何よりもまず通信の拡張——すなわち、情報を伝える範囲を拡張すること――にあり、制作や内容は二の次だったからである。[21] ウィリアムズのこの指摘は、制作よりも流通に力点を置いている点で日高の論とは大きく異なるが、ラジオとテレビが根本的に内容以前に資本主義的な原理を旨としたシステムとして成り立っていることを示唆している点では日高の大衆社会論的な見方に共鳴するものだったと見ることができる。

この時期に言及されたり翻訳されたりしたテオドール・アドルノの「民主的指導者と大衆操作」（一九五〇年）や「テレビジョンと大衆文化の諸類型」（五六年）などの論考もまた、大衆社会論的な議論を補完するものだった。[22] 例えば、高橋徹は論考「テレビと大衆操作」の中で前者を引用しながら、「思想を統制する大衆文化」の影響を受けて、本来非政治的な消費領域において身につけさせられた受動的な「大衆意識」が、政治過程の中にまでもちこされ、その結果、かつて「自己決定の主体であった大衆が、不透明な政治策術の客体にまで引き下げられた」と記している。[23] このアドルノ的な大衆社会論は、雑誌と新聞を分析しながらシステムとしての天皇制の変容を論じた松下圭一の論に符合している。松下は論考「天皇大衆制論」（一九五八年）で、マス・メディアによって天皇制が「皇祖皇宗」に基づく絶対天皇制から「大衆的同意」に基づく大衆天皇制へと構造変化を遂げたことを論じた。[24] 権力または天皇制への「大衆」の忠誠は消費文化を通じて巧妙に作り出されるというわけである。こうした見方は、天皇制との類比でテレビを「官僚的なシステムの顔のない欲望」の装置と仮定しながら、ヒトラー、アメリカ、正力松太郎、田中角栄といった題材を論じた猪瀬直樹の『欲望のメディア』（一九九〇年）にまで引き継がれていると言えるだろう。[25] このように、「映像」という枠組みで論じるにしろ、「マス・コミュニケーション」の突出した例として論じるにしろ、あるいは「放送」という枠組みで論じるにせよ、テレビを資本主義システムによって規定されたものとして批判する大衆社会論的な論法が、一つの大きな潮流を成していた。

こうした資本主義批判が、日本の戦後の文脈では、冷戦体制を進めていたアメリカへの批判と結びつけられる傾向があったことにも触れておくべきだろう。読売新聞社の柴田秀利と正力松太郎がアメリカから原発とテレビを導入することに成功したことは前章の冒頭で言及した通りである。ヴェルナー・リンクスが一九六二年の著書『第五の壁テレビ』で同時代を「テレビ、原子力の制御、宇宙空間の征服」に成功した時代と呼んだように[26]、テレビは、アメリカを中心にして達成された人類史上例を見ない三大巨大事業の一つと目されることがあった。放送教育の父と呼ばれた西村三十二も「二〇世紀後半は、原子力の平和利用とテレビによる新しい教育」という未来展望を示していたと言われている[27]。日本では、このようにアメリカの技術に依存しようとする傾向があった一方で、テレビをアメリカの資本主義や消費文化の象徴、さらにはアメリカの「帝国主義」の権化とみなして批判する言論も少なからずあった。例えば、林進と藤竹暁は共著「テレビ時代の成立」(一九六〇年)で、「民放の発足は、ラジオのばあいにしても、テレビのばあいにしても、アメリカ・システムをそのまま導入して採用したと考えてよいだろう。NHKと民放の共存体制は、制度的には、アメリカと非常に異なった日本独自の放送システムを作り上げてはいるけれども、放送の現実を色どる大衆迎合的なアメリカ色をぬぐい去ることはできない。最大多数の視聴者に対して同時に訴えかけるための「広告媒体としての放送」という志向が支配的」だと揶揄している[28]。佐藤卓己によれば、アメリカ製テレビドラマが「親米プロパガンダ」として格安に輸入されたのに対して[29]、日教組(日本教職員組合)はそれを、日本を「核の傘」に入れた「アメリカ植民地主義」の文化的象徴と捉えた[30]。同様に、戦中に『総力戦と宣伝戦』(一九四二年)などの思想戦・宣伝戦論を著した水野正次は、戦後には第三章で言及した左翼的な国民文化会議に参加したが、しかしその一方で著書『テレビ——その功罪』(五四年)の中で戦中と変わらぬ反米論を展開し、それをテレビ批判と結びつけた[31]。佐藤は、一九五七年の砂川事件から六〇年の安保闘争へと至る文脈の中で、テレビによる「一億総白痴化」がアメリカによる日本支配を意味するものとして翻訳されたと指摘している[32]。ここでは、そうした動向が、アメリカが主導する冷戦体制下の西側陣営に日本が組み込まれるという大きな文脈の中で起こっていたということを銘記しておきたい。

このようにテレビ視聴者は、大衆社会論的な観点から、資本主義システムや天皇制、さらには冷戦体制下の日米関係によって規定される主体だと考えられる面があった。こうした大衆社会論的な議論では、テレビやその他のメディアの受容者は、個人ではなく、間接的集合体たる「大衆」として考えられていたと言える。

## 自己中心的な世界

しかし、テレビ視聴者は、単純にそうしたシステムによって受け身的に規定される集団としてだけ考えられていたわけではない。むしろテレビ論は、テレビの固有性に注目し、テレビ視聴者を能動的な個人もしくは家族のメンバーとして語るものが圧倒的に多かった。この種の固有性論は映画を含む他のメディアの再定義を必然的に伴っていたが、このことについては次節以降で詳述する。ここで重要なのは、この種の言説を総合的に検証するとき、そこでは視聴者がテレビを通して物理的なレベルとパフォーマティヴなレベルの二つのレベルで、家庭という場にいながら自己中心的に世界に開かれるということが想定されていた点である。これは言い換えれば、視聴者は、世界を自己中心的に経験するという不均衡な構造にいながら、その不均衡性があまりにも日常化して常識化しているためにその不均衡性に気づきにくいという事態を示していた。すなわち、テレビは客観的に見れば不特定多数の「大衆」に同じ情報を均一に伝えると考えられるが、主観的に見ればその情報は個々の家庭の日常的な場で異なる仕方で経験され、しかしそれが主観的だとは自覚されにくいということなのだ。この消費生活的な民主は、その構造に無自覚なゆえに、大衆社会論的なシステムを下から支えるものとして機能していたと考えられるが、当時のテレビ論はこのことを問題化することはなかった。しかしまた、あとで地域やジェンダーなどの例に見るように、この消費生活的な民主は既存の社会体制を揺さぶる可能性も見せていた。

テレビは一方で、それが言説化され始めた一九五〇年代終わりの当初から、ジョシュア・メイロウィッツの言う「場所感の喪失」にも似て[33]、視聴の場を超えて「空間的同時性」——異なる場で同時的に同じ情報を共有すること——を経験させるものとして特徴づけられた[34]。荒瀬豊は、一九五八年一一月号の『思想』に寄せた論考の中で、

「印刷メディアによるコミュニケーションの場が「同時代性」にとどまるのにたいして、ラジオ・テレビジョンは「同時性」というあたらしいカテゴリーをマス・コミュニケーションの歴史に付け加えた」と記している。[35]これは、世界のどこかで起こっている出来事を異なる場所で同じ時間に経験しているということであり、視聴者は自分の身体の置かれている場を超えて世界に開かれていることを意味する。一方、メイロウィッツにとって、テレビの受容は、メディアに触れている際の身体的な動きとその場にいる感覚との結びつきをあくまで維持する印刷媒体の受容とは対照的に、異なる場所で同時進行的に起こっている出来事の情報の経験をもたらし、それによって視聴者自身の拠って立つ物理的な場所の感覚を失わせるものである。[36]荒瀬は視聴者が自らの依拠する場の感覚を失うとまでは言っていない点でメイロウィッツとは異なるが、しかしその場を超えた空間に同時進行的に接する経験を示唆している点では一致していた。

当時の日本のテレビ論で引用されることの多かったリンクスは、この世界へのインターフェイスを「第五の壁」と呼んだ。リンクス自身はこの「第五の壁」を、ウォルター・リップマンの『世論』（一九二二年）にまで遡りながら、映画や新聞の延長線上に位置づけ、隣人よりも個人的に会ったこともない政治家や芸術家と懇意になる現象として説明した。[37]志賀信夫はこの現象を、リンクスの見方を参照しながらも、しかし他のマス・メディアと共通する現象としてではなくむしろ、「遠隔地からの臨場感」と「社会に参加している感覚」を伝える、テレビならではの本質的な特性として論じた。[38]同様に、加藤秀俊も、テレビは視聴者にブラウン管の向こうの世界とつながっている感覚を与えると主張した。テレビでは映画と違って出演者がカメラを直視するというのが彼の論拠だった。[39]ただし、言うまでもなく視聴者が、異なる場所の出来事を同時的に経験しているかのように感じるという感覚は、例えばジャック・デリダが「脱場所化」や「差延」という概念で説明したように、あくまで錯覚にすぎないとも言える。デリダにとって、テレビが空間的同時性を経験させるように思わせるのは、「偶発的な瞬間に生じたことをいきたもののように複製し」、それを「別のコンテクストに再記入」していることによるものにほかならず、そこには気づかれにくくも必然的な差延――その時その場の一回性に規定された特異性と似て非なるずれ――が伴っているからである。[40] 一九五〇年代後半から六〇年代にかけての日本のテレビ論では、こうしたデリダ的な認識は希薄だったが、そのいかんにかかわらず、テレビとは視聴の場を超えて世界に開かれる経験を視聴者に与えるものだという認識が広く共有されていた。

しかし同時に、当時のテレビ論は、メイロウィッツとは対照的に、視聴の場にこだわり、それを家庭と同一視して論じることも多かった。稲葉三千男は『思想』一九五八年一一月号のテレビ特集に寄稿した論考の中で、「テレビジョンが家庭という空間で視聴される限り（中略）社会という視野の中では、家庭という（閉じた空間）単位の原子化をもたらす」と断じている。[41] この認識は明らかに、アトム化された「大衆」という大衆社会論的な見方を前提としたものであり、視聴者が世界に開かれる経験という上記の見方と対立しているように見える。時代は下るが、中野収は一九八三年の論考で、このことを「テレビを介して私的世界、私的生活が社会に対して完全に開かれているが故に、テレビを含む空間を個室化し、密室化させてしまうという逆説」とうまく表現している。[42] 後述するように、一九八〇年代ともなるとテレビはお茶の間で家族揃って視るものだという観念は薄れ、各個室に置かれて個々で視るという観念も広がってきていたが、いずれにせよ五八年の稲葉の指摘も八三年の中野の指摘も、テレビは閉じた空間で視聴されるものだということを強調するものだった。

このように、当時のテレビ論では、片や「場を超えて世界に開かれる経験」という見方があり、片や「家庭という場の自己中心的な閉じた空間」という見方があった。ここで重要なのは、当時のテレビ論ではこれら二つの見方が対立的なものとして考えられていたわけではない、ということである。むしろ、以下で詳しく見ていくように、諸々の言説を総合的に見れば、全体的には「世界に開かれるという経験」と「家庭という場での自己中心的な視聴行為」の両面に関心が寄せられていた。この両面性は、ウィリアムズがテレビの成立史を分析した際に言及していた構造でもある。ウィリアムズは、外出して新しい場所を見たいという衝動からくる「移動性」と、産業資本主義の発達とともに仕事場から分離して成立した「自己充足的な家庭」という、すぐれて近代的な二つの現象を逆説的に接続しながら登場したところにラジオとテレビという放送メディアのテクノロジーの歴史的な性格があったと指摘している(43)。一九五〇年代後半から六〇年代にかけての日本のテレビ論では、言うまでもなくウィリアムズのこの見解と正確に一致した見方を示すものはなかったが、にもかかわらず、家庭の場を拠点にしていながら世界に開かれているという構造を示唆する観点がいくつも示されていた。

ここではまず、家庭を物理的かつパフォーマティヴなテレビ視聴の場とする見方を検討してみよう。この見方は当時さまざまな観点から語られることによって常識化されたと考えられる。その一つは、日常生活の行為を遂行する場である家庭にテレビが置かれることで、テレビ視聴は家庭における日常的行為の一環となったという見方である。清水などはこれを説明するために、第一章で見たような、一九二〇年代に民衆娯楽論者たちが論じた「労働、余暇、睡眠」というかなり古い枠組みを持ち出している。一九五八年の清水の論考によれば、二十四時間の生活サイクルは労働、余暇、睡眠の三つの側面から成るが、今後はテレビが余暇の大部分を占めることになるだろうという。テレビのおかげで、資本主義の発展とともに家族の機能を学校などの専門機関に奪われてきた家庭がその娯楽機能を回復し、家族の復活につながる、とまで清水は断言している(44)。重要なことに、清水のこの見方は一九二〇年代の民衆娯楽に対する権田保之助の見解と次の点で決定的に異なっていた。すなわち、権田が余暇の場を映画館や演芸場などが立ち並ぶ浅草などの盛り場と同一視していたのに対して、清水はそれを家庭と同一視しているのである。余暇はもはや家庭外ではなく家庭内にある。このことは、余暇行為がテレビの普及とともに家庭という日常生活の場とその日常的行為を遂行する過程に組み込まれたと考えられたことにほかならない。

家庭という場におけるテレビ視聴の日常化という見方は、映画との比較によっても説明された。加藤によれば、テレビは、映画を観に行くような「特殊的行為としての見物行為」ではなく、「居ながらにして野球を、ドラマを、そしてニュースを見物できる全くあたらしい見物形式」であり、「日常的行為の一領域」である(45)。同様に南も、テレビは視聴者の「日常生活そのものの内部におこる、生活の自己変化の一面」であると示唆しながら、それを映画と比較し、映画は外部から日常生活に影響を与えるものだと述べた[46]。波多野と寺内もまた、テレビの視聴空間の日常性を説明するためにそれを映画と比較し、映画館は日常空間では果たせない欲求を満たす場であると記している[47]。映画に対するこのような見方は、かつて権田が映画を日常的な娯楽として論じたことに真っ向から反しており、その点で、映画との比較によってテレビを定義すると同時に、テレビとの比較によって映画を再定義するものだったと言うことができるだろう。映画については次節以降でさらに探究する。

家庭におけるテレビの日常性はまた、生活のリズムとも結びつけて強調された。南は、一九六〇年の論考で、テレビがラジオのように「通勤者に時刻を知らせ、農家に天気予報を送るなど」して、その日常的な実用性が増すことを予測している[48]。加藤秀俊はさらに、単なる実用的情報の供給だけでなく、テレビの秒単位の時間枠に基づいた番組編成自体が、視聴者の生活のリズムを生む面を指摘している。視聴者は自分の見たい番組に合わせて自分の生活パターンを組み立てるというわけである[49]。藤竹がのちに指摘したように、例えば朝起きてテレビのスイッチを入れてテレビ画面に目を向けるという行為は周期性をもち、それが毎日、もしくは毎週、定期的に繰り返されることでも日常化されると考えられた[50]。南は一九六〇年の先の論考で、テレビは「もう新鮮なひびきを持たない。それほど、テレビは、日常生活の一部分になりつつある」と述べ[51]、志賀は六八年に「テレビジョンのない生活などは、もはや誰も考えられなくなった」と記したが[52]、テレビ視聴が家庭という場で日常的行為の一部になっているという認識は、生活サイクル、映画との比較、生活のリズムという観点から語られることで六〇年代には常識となっていたと考えられる。

この認識はさらに、消費、身体のあり方、表象、場のコミュニケーションにかかわる見解とも結びついていた。すでに触れたように一九五〇年代後半以降の高度経済成長とともに、公共性や政治に関心を示さない私生活中心の消費主義が興隆していると目されたが、テレビはそうした傾向と結びつけて説明されることがしばしばあった。この点でも、清水と権田の違いは重要である。一九二〇年代に権田は労働の活力のために余暇に娯楽を享受することの重要性を強調したのに対し、清水は五八年の「テレビ文明論」で半ば皮肉まじりに、いまや「余暇の消費生活の方が目的であって、労働生活の方は手段」であると指摘し、「テレビのために人間は労働」すると断じた。[53] 同年この清水の見方に応答するかのように加藤は、テレビを「もっとも中間文化的な娯楽形式のひとつ」であると述べ、その理由として「家族のメンバーが顔をあわせている時間は、テレビジョンのおかげで格段にふえ、それは、私生活への価値志向性をうみ出す」という見方を示した。[54] 波多野と寺内は、近代の機械化のおかげで労働時間が減少し、その結果「余暇が生活の中心として、仕事にとって代わった」との見解を示しながら、「自分の時間」がラジオやテレビに支配されることや、余暇時間の増大が「マス・メディアに接触する機会を多くし、それにたいする欲求を高める」ことを指摘している。[55] こうした消費主義の傾向は、一九六七年に犬田充が「大衆消費社会」という概念によって要約したものでもある。犬田は、そうした「消費イデオロギー」を、「贅沢は敵だ」という標語に表された戦中の勤勉・禁欲倫理と対照しながら、「ゼイタクはステキだ」とでも呼べる「もの志向」の享楽倫理として特徴づけ、それをさらに「マイホーム主義」や「私生活没入」の傾向と関連づけた。[56] これらの見解では、いずれの場合も家庭が消費の中心として想定されていることがわかる。購買行為自体は家の外で行われるかもしれないにせよ、家庭のためにこそ行われるのだ。この点で、家庭の場でのイメージ消費を実現するテレビほど、当時の「消費イデオロギー」に合致するものはなかったと言えるだろう。

家庭はまた、家庭外の公共空間とは異なり、視聴者がテレビを視聴する際に自由に身体を動かすことのできる、いわば視聴者にとって特権的な私的空間として想像された。一つには、テレビは家でゆったりと身体を弛緩させて気楽に視聴できると考えられた。波多野は、これを、映画館で映画を「集団でじっとして、声を立てずに」鑑賞する行為と対照化して説明している。[57] 加藤もまた、出演者の方がテレビを介して家を訪問してくれるので、視聴者は家庭に居ながらにして好きな格好と自由な姿勢でテレビに接すればよいと述べた。[58] こうした見方は、テレビ視聴が自己中心的な行為であることをも示唆している点で重要だ。というのも、公共空間では許されない自由な身体のあり方が私的空間では許されるからであり、視聴者はそうした特権的な場でその視聴行為を行いうることを意味しているからである。実際、志賀はリンクスを参照しながら、テレビ視聴を、画面の世界に対して「優位に立っている喜び」と表している。[59] こうしたテレビ視聴の自己中心性は、のちのテレビ論にも共鳴するものである。デリダは、テレビを「我が家への恒久的な闖入」とみなし、画面上のイメージが「脱自己固有化」されたもの——その時その場の文脈に規定された唯一無二の特異な行為や出来事がその文脈から引き剝がされたもの——にすぎないにもかかわらず、視聴者がそのことを自覚することなく自らの家に閉じこもりながらそれを事実として受容することに警鐘を鳴らした。[60] またロジャー・シルバーストーンは、アンソニー・ギデンズの言う「存在論的安全」という概念を援用しながら、テレビは信頼と安全の感覚を日々の予知可能なルーティンに織り込む役割を果たし、そのことによって日常的現実を基層から植民地化していると論じた上で、視聴者はその前提で世界のイメージを受容していると論じている。[61] これらの論はいずれも、視聴者が単に自己中心的な場に置かれているということだけでなく、そのことに無自覚でありながらその場を超えて世界に開かれている感覚を経験しているという構造を示唆している。しかも、この構造は、家庭という日常生活の場でテレビ視聴という行為がパフォーマティヴに繰り返されることによって日々再生産されているということなのだ。[62]

この視聴の場と行為を中心とする日常性は、表象上の日常性とセットにして言及されることもあった。加藤はこれを映画と比較しながら、「日常性のリアリズム」と呼んでいる。すなわち、「映画では、観客が画面に同化させられる。そこでは画面は見物人の日常性からかけはなれたものであってもよかった。しかし、テレビでは、見物人が画面を自分たちに同化させる。そこでは、日常性からかけ離れた材料は敬遠される」というのである。[63] テレビの表象は、テレビ視聴の場における日常的現実の延長として考えられる傾向があったのだ。加藤の論はその典型であり、だからこそ、ブラウン管の向こうの世界とのつながりを示唆するテレビ特有の手法としてのカメラ目線、[64] 身の回りのどこにでもいるような平凡な出演者、[65]スポーツ番組やドキュメンタリー番組のような撮影のプロセスの一部を偶発性に任せたような表象を、[66]日常性を基調とするテレビの一つの大きな特徴として指摘したと言えるだろう。他にも、ダニエル・ブーアスティンは一九六四年に翻訳された著書の中で、誰でも街頭インタビューに登場する可能性があることをテレビの日常的表象の例に挙げたし、[67]志賀は六八年の著書でテレビを、「脱線、横道、偶然」を基調とする「ハプニング・メディア」と呼び、「論理的な媒体」に対して「感覚的媒体」「浮気な媒体」とも称した。[68]言うまでもなく、日常の表象は日常そのものではない。デリダはこのことを問題にし、「アーティファクチュアリティ」という言葉を使いながら、テレビが事実（ファクチュアリティ）であるかのように見せるものは、常に装置に媒介された人工的なもの（アーティファクト）であることを論じた。[69]これは、エドガール・モランが一九六二年の段階ですでにマス・メディア一般の傾向として指摘していたことでもある。モランは、テレビが「実在的なものを模倣する想像的なものの運動と、想像的なものの色彩を帯びている実在的なものの運動」の両面からなることを喝破していた。[70]とはいえ、ここで重要なのは、当時のテレビ論では、視聴の日常性が表象の日常性と結びつけられ、この点でも家庭が中心として想定されていたということである。

さらに、家庭という場に規定されたテレビ視聴は、その場におけるコミュニケーションを伴うものとしても特徴づけられた。加藤にとって、テレビが映画や演劇などの「群衆芸術」と決定的に異なるのは、映画や演劇では映画館や劇場という場に大勢の人々が一時的に集まって鑑賞するのに対して、テレビでは家族という「永続的、統制された」小集団が視聴者となっているからである。[71]またそうした既知の人々が集まって一緒に見るからこそ、テレビを見ながらその番組に対して視聴者同士の批評的なコミュニケーションが起こりやすいとも示唆している。テレビは、この点でも、集団でいながらも暗闇で互いに話をすることなく個々におとなしくスクリーンに向き合うだけの、つまりはスクリーンとのコミュニケーションに従事するだけの映画とは異なっているというわけである。[72]こうしたテレビ視聴の性格は逆に、家族関係を向上させることにつながっているとも認識された。すなわち、テレビが家の中の一つの部屋に据えられ、テレビ番組が家族の日常生活のパターンと一体化しているおかげで、家族のメンバーが定期的にその場に集まり、その明るい――映画館と違って暗くない――部屋でテレビを視ながら会話を交わすことができるというのである。[73] このことは、井田美恵子が二〇〇四年に発表した、テレビと家族の関係に関する研究論文で、一九五三年から七四年を「濃密な家族視聴の誕生」の時期と位置づけながら、「チャンネル争いも含め、家族のメンバーの間に交流があり、テレビを一緒に見ることで家族のまとまりを感じていた」と要約していることと一致している。[74] 波多野と寺内はさらに当時、テレビは家族を超えて友人や知人との社交範囲を拡大するとも指摘した。[75]

とはいえ、ここで言いたいのは、こうした視聴者間コミュニケーションがメディア・リテラシーとなっていたということでも、システム的権力への抵抗になっていたということでもない。事実、当時のテレビ論は、視聴者間コミュニケーションの機能を考慮に入れずに、視聴者へのテレビの影響を論じることも少なくなかった。波多野と寺内は同じ論考で、「テレビがラジオや新聞、雑誌よりも潜在的に政治的な力を所有しているのは、一対一の説得に近い関係が、聴視者と政治家の間にあって、大衆の生活の広い範囲にわたって、大衆に叫びかけることができることに原因」があると述べている。[76] 南は、テレビによって子どもは「正義」という観念を大人から聞かされる前に、テレビの英雄的人物の行為に影響されると説いた。[77] のちには、一九七三年一一月にトイレットペーパーが街のあらゆる店舗から消えたことが、テレビによる「群衆発生」の例として語り草ともなった。[78] こうした言説や出来事から窺えるのは、視聴者間コミュニケーションによってテレビに対する視聴者の批判力が増したわけでは必ずしもなかったということである。むしろ、テレビ視聴には視聴者間コミュニケーションが伴うという見方もまた、家庭という場で自己中心的に世界に開かれるという観念を強めるものだったと言えるだろう。

結局のところ、一九五〇年代終わりから六〇年代にかけて言説化された、家庭という場で自己中心的に世界に開かれるテレビ視聴という見方には、少なくとも三つの要点があったと言える。第一に、家庭という物理的な場でテレビ視聴が日常的生活行為の一つとしてパフォーマティヴに繰り返されることによって、自己中心的に世界に開かれるという不均衡な構造が形成された。第二にしかし、この視聴の場と世界との関係の不均衡性は、当時の言説上ではほとんど問題化されなかった。のちに藤竹が示唆したように、視聴者はテレビが伝える外部の世界の人々や出来事に対して、身体上自由な姿勢をとりながら傍観もできるし監視もできるが、当事者として責任を取る必要もなければ、その義務もない。視聴者はそのように無責任な立場にいるにもかかわらず、否むしろ無責任な立場にいるからこそ、ときとしてテレビのイメージだけを判断材料に、その世界の人々や出来事に対して好き勝手に批評したり、ときには暴力的な言葉を浴びせたりすらするのだ。[79]またデリダの論を敷衍すれば、テレビが伝えているのは唯一無二の他者そのものではなくそのイメージにすぎないにもかかわらず、自己中心的な場での視聴行為のためにそれが自覚されずに他者を理解したような気になり、思考停止状態になるとも言えるかもしれない。そして第三に、テレビ視聴者は家庭中心の日常生活の主体であるとともに消費文化の主体でもあるものとして語られた。テレビ論ではそれが、家庭という居心地のよい場で個々人が自由にイメージを解釈したり批評したりして消費するという意味で、さらには既存の階級の違いにかかわりなく誰もがイメージを消費できるという意味で、まさに消費生活的な民主と呼ぶにふさわしいものとして想像されていた。しかしまた、大衆社会論的なテレビ論をも加味して考えると、この消費生活的な民主は決してシステム――資本主義にしろ、その他の既存の社会体制にしろ――に無関係ではなく、むしろシステムに積極的に参加しているという意味でシステムを主体的に、とはいえ無自覚的に、下支えするものとみなされていたと考えることができるだろう。大衆社会論的な論者がテレビ視聴者を、テレビを通じて知識を得ているはずであるにもかかわらず「政治的無関心」だと批判していたのは、このことの端的な証左だと言える。この点で、テレビ視聴者の消費生活的な民主は、吉本隆明の言う「公」を解体するどころか、それを承認している。しかし、だからと言ってテレビ視聴者としての「大衆」は、丸山や大塚が想定したように情動だけに支配されていたわけではなく、視聴者間で相互にコミュニケーションをとりながらテレビの表象を批評することや、あるいは後述する家計や家事を管理する責任と結びつけられていたように、知性的な面も含めて想像されていた。

## 感覚・情動・感情としてのテレビ視聴

とはいえ、テレビやテレビ視聴が、感覚、情動、感情と結びつけて考えられやすかったのも事実である。実際には、これまで見てきたように理知的な面がテレビ視聴者に認められていたし、佐藤卓己が『テレビ的教養』（二〇〇八年）で論じたように、低俗なテレビのイメージを払拭しようと娯楽よりも教養としてのテレビ番組を企画する努力も広く見られた。[80] それでもなお、テレビが感覚、情動、感情と親和的なものとして想像されがちだったことは当時の言説からも随所に窺える。

テレビ論は実際、テレビの質的な効力として断片化と情動の問題に関心を寄せていた。その指摘はより広い意味での消費文化の特徴に応じるものでもあった。第二章で見たように、消費文化の一つの大きな特徴は、ヴァルター・ベンヤミンに倣って言えば、商品や広告が個々バラバラに都市空間に散在し、消費者または遊歩者はそれら一つ一つを凝視し思考を巡らすよりも、むしろ断片断片として感覚的に経験するところにあった。[81] 一九五〇年代から六〇年代にかけて、テレビはそうした消費文化における散漫（もしくは気散じ）の経験を髣髴させるような断片の組み合わせとして特徴づけられることがあった。南博は一九五八年一一月号の『思想』に寄せた論考の中で、「テレビジョンの送る内容は、番組として次々に送られるため、受け手は、一つの番組に接触しているあいだ反応をおこすが、すぐに次の番組に接触するため、前の番組について後反応をおこす余裕のないことが多い」と述べている。[82] この見方は、前章で言及したようにエーリッヒ・フロムがラジオや映画に見た、個々に自足した内容をつなぎ合わせていくという特徴とさして変わりがなく、その意味でテレビ固有のものではないと言えるが、南はこれをもって映画とは違うテレビの特質だと主張している。加藤秀俊もまた一九六五年の著書で、本来独自の時間的な流れをもっている相撲が、テレビによる実況中継のために放送時間に縛られその流れが変更されてしまうことを例にしながら、テレビが断片的な時間を原理としていることを示唆している。[83] 同様に、しかし時間的な側面よりも空間的な側面に注目して、稲葉三千男は南の論考と同じ号の『思想』の論考で、一つの画面の中に「踊りと天気予報とスポンサー名とが、バラバラで視野の中にころがっている」と描写した。[84] こうした認識は、テレビ視聴は日常の生活環境にとけこんでいるがゆえに散漫なものになりやすいため、一時的に集中的に視るにしろ、ただ単にときおり目を向けるにしろ、テレビのイメージはそれ自体で自足的に成り立っているというよりも、より大きな日常生活全体における一つの断片として機能しているという佐藤卓己の見解によってさらに補完できるかもしれない。[85] さらに、一九六三年に邦訳出版されたカズヌーヴの『ラジオ・テレビの社会学』は、「映画が何日も、何年も、つづけて上映されることがあるのに対して、ラジオ・テレビの放送」は「刹那的である」とも指摘している。[86] この指摘は、ビデオがまだ普及していない時代にあって、テレビとは何よりもイメージが瞬時瞬時に過ぎ去って行き二度と繰り返されることのないものであり、その意味で経験的には複製技術というよりもライブ・パフォーマンスと同じメディアだったことを示唆している。しかしそれはまた、観客がその時その場を出演者と共有する演劇とは違い、断片断片のイメージが次々と、繰り返されることなく視聴者の前を過ぎ行くものと考えられていた。

当時の言説はまた、テレビが多様なレベルで感覚的で情動的なメディアであることを示唆していた。感覚と情動は、テレビの内容、ラジオとの類比、そしてテレビの断片的性格の三つのレベルのいずれかに関係していた。南は、先述のように断片をつなぎ合わせていくところにテレビの一つの大きな特徴を見て取ったが、しかしその「接触反応」を情動的な反応に限ったわけではなく、むしろ「認知反応」「欲求反応」「感情反応（情動反応も含む）」の面が複合的に作用すると論じていた。[87] とはいえ、同じ論文の別の箇所では、テレビがスポーツを放送することが多い点に注目し、その題材が視聴者の情動を引き起こすことを強調していた。[88] 高橋徹もまた、しかしより大衆社会論的な観点から、テレビが「情緒的要素ばかりを過度に露出させ」「政治をスポーツやドラマと同様に情緒の消費的対象とみなし」ている点に警鐘を鳴らした。[89] 第四章までで見てきたように、かつて情動は、映画のプロパガンダ効果としても再三論じられていた。しかし、大衆社会論とマス・コミュニケーション論が普及した文脈では、ラジオこそが情動的なメディアとして言及されることが多くなり、テレビがその延長線上に置かれるようになった。「ラジオ・メディウムは印刷物が公衆の時代へと誘うのに反して、人びとを再び群衆の時代へ連れ戻そうとする。（中略）研究者はラジオのなかに、人びとの情動を統合する大きな作用を見出した」という藤竹の記述はラジオについての説明のもっともわかりやすい例の一つだろう[90]。藤竹は少なくともこの論文ではテレビに明示的に言及していないが[91]、高橋は先の一九六九年の論考で、テレビの情動性を、「書かれた言葉より語られる言葉」を特質とするラジオの情動性に言及した上で論じていた[92]。こうしたテレビの情動論は、アヴァンギャルド的な文脈で、映画批評家の松田政男が一九七三年に、集団としての「大衆」の非言語的な情動を噴出させる媒体の力を論じたのと同時期に書かれていたということも言及に値するだろう[93]。

とはいえ、当時の言論では、このように情動の側面が言及されるものの、それがどうテレビの断片的な性格と関係しているのかが明確に論じられていたわけではなかった。しかし、ウィリアムズとマクルーハンのテレビ論を比較検討しながら参考にすれば、当時の議論をかなりの程度補うことができる。ウィリアムズとマクルーハンはともにテレビの感覚性・情動性に注目しているが、両者の理論は正面から対立しているところもある。ウィリアズムはテレビを、断片断片が時間の流れの中でつなぎ合わされていくフローのメディアと捉えた。作り手にとってこのフローで重要になってくるのは、一つのイメージについて視聴者にじっくり考えさせることではなく、視聴者の注意（アテンション）をいかに惹くかということである[94]。第二章で論じたように、アテンションはすでに一九二〇年代の消費文化で重要な要素になっていたことを思い出そう。テレビは、消費文化の広告や総力戦の広告と同様に、視聴者の注意を惹きたいがためにときとしてセンセーショナルなイメージを見せようとするかもしれない[95]。これに対して、マクルーハンは、テレビを電気時代のメディアとして位置づけ、これを機械時代の映画やラジオと対比した。彼によれば、機械時代のメディアは、鉄道のように、身体を空間的に拡張しつつ線状的に進行する「外発的」特徴があるのに対して、電気時代のメディアは、キュビスムのメタファーで捉えられるように、中枢神経自体が「内発的」に拡張するものであり、全身的な瞬間的感覚によって感じ取られるものである[96]。これは言い換えれば、テレビは、ウィリアムズの瞬間と瞬間の接続からなるフローのイメージではなく、一つの瞬間のイメージとして考えられるべきだということであろう。しかしここで問題にしたいのは、どちらが正しいかということではない。むしろ、一九五〇年代後半からのテレビ論における情動性の問題はウィリアムズ的な側面とマクルーハン的な側面の両面を考慮することで補完的に理解できるのではないかということである。すなわち、テレビは断片断片をつなぎ合わせていくフローの性質と、瞬間瞬間のイメージそのものの性質の両方において、理知的・思考的な経験以上に、感覚的・情動的な経験を与えると考えられるのだ。これを踏まえれば、一九五〇年代終わりから六〇年代にかけての日本のテレビ論は、そこまで明確に理論化することはなかったにせよ、そうしたフロー的な側面と瞬間的側面の両面における情動性・感覚性を示唆していたと言えるだろう。

このようにテレビは、家庭で自己中心的に世界に開かれているメディアとしてと同時に、感覚的・情動的なメディアとして独自性をもつものと特徴づけられる傾向にあった。いずれの場合も、テレビ視聴者は権力的なシステムに縛られず個人として自由に行動していると想像されていたという意味で、テレビ論は、大衆社会論とは異なって、テレビと視聴者の「民主」的な側面を照射していた。とはいえ、この消費生活的な民主は、権力的なシステムに抵抗するものではなく、むしろ無自覚に、自己中心的に、それゆえ主体的に、世界の不均衡性をも含めた既存の体制を受け入れ、システムを支持するものでもあった。

### 体制を揺さぶる——階級、劇場型報道、地域、ジェンダー

とはいえ、そうした消費生活的な民主は、権力的なシステムへの抵抗としての側面がまったくなかったというわけではなく、むしろときとしてシステム、または少なくとも既存の社会文化体制を揺さぶり、ひいては変化に開く

ものであったことがテレビ論やテレビ報道からは読み取れる。

その一つは、階級に関するものである。当時のテレビ論、とくに大衆社会論的なテレビ論は、テレビが、「一億総中流」とも呼ばれたような、既存の階級を超えて平準化・標準化された「大衆」を生み出す一因になっていると受け止め、それをめぐって葛藤を示していた。これは、前章に示した大衆文化論における「高級文化」対「大衆文化」、あるいは「教養文化」対「消費文化」の葛藤に符合する。一方では、文化が「大衆文化」・「消費文化」として多くの人々にわかりやすく生産されることは、エリート層にとっては軽薄なものとして捉えられた。テレビは、イマジネーションを不要にすると論じた清水のテレビ論はその一例であるし、一九五七年に「一億総白痴化」という言葉で一世を風靡した大宅壮一のテレビ論はさらにその象徴的な例だと言えるだろう。(97) 彼らの論では、自分たち教養人の文化に対して、テレビが低俗な文化として位置づけられていることが読み取れる。これは、先述のようにテレビが感覚、情動、感情と結びつけられやすかったことと合わせて考えればさらに納得がいくだろう。しかし他方では、わかりやすい「大衆文化」の広がりは、少数のエリート層だけでなく多数の人々がアクセスできるということであり、その意味で民主的だと考えられた。加藤秀俊にとって、「テレビはもっとも中間文化的な娯楽形式のひとつ」であり、したがって「高級文化」と「大衆文化」といった従来の階層的枠組みの境界を超えて広がる「民主的」な媒体だった。(98) 他にも、加藤よりも幾分啓蒙的ではあるが、佐々木基一のように「いまはまだ大衆はテレビへの免疫性を持っていない」とみなしながら将来的には「大衆」は学習を積むことにより良質な番組と俗悪な番組を取捨選択するようになると展望する者もいれば、(99) 近藤春雄のように、清水をエリート主義だと批判しながらテレビが「大衆」の教養源になっていることを強調する者もいた。(100)「大衆消費社会」を論じた犬田充にとっては、テレビは平準化をもたらす消費文化の典型であり、かつての身分相応の消費とは異なり、テレビは誰もが同じように消費できるイメージを与えるものであった。(101) こうした文化と階級をめぐる葛藤は、前章までに見てきたように、一九二〇年代以来の消費文化の興隆や総力戦に関する言説の中で繰り返されてきたものである。いずれの立場に立つにせよ、テレビは、それまでの各時代の新しいメディアがそうであったように、既存の文化の枠組みやヒエラルキーを揺さぶるものとして感じられていたと言えるだろう。と同時に、テレビは、従来のマス・コミュニケーションにも増して、「大衆」という言葉のニュアンスにある受け手の量的な広がりを推し進めるものとして想像された。そこでは、実際には格差や差異があるにもかかわらず、それらが不可視化されてしまうという、総力戦以来の問題がつきまとっていたことも事実である。

また、権力への抵抗主体としてのテレビ視聴者を示唆する言説もあった。それは、受容の場における抵抗と、送り手と受け手の関係の転倒という二つに分けて考えられる。受容の場における抵抗としては、「スウィッチオフ運動」、テレビ評の投書、視聴者コミュニティの組織、批判的コミュニケーションの創出などが挙げられる。確かに、これらはいずれも机上の空論に近いところがあり、実際に効果を上げたとは思えない。佐々木基一は、花田清輝が提案したという不良番組に対するスウィッチオフ運動やテレビ評の投書について、テレビでは番組の量が多いために少数の番組の視聴をボイコットしてもさほど放送局にとってダメージにはならないし、テレビ評の出版物への掲載は番組の進行に比べてスピードが遅すぎて実際の効力はないと指摘した[102]。また、先述のように当時、テレビ視聴中に視聴者同士がコミュニケーションを取り合えることがテレビの一つの特徴として考えられたし[103]、大宅壮一は「一億総白痴化」を指摘する一方で、誰もが番組を好き勝手に批評できることを「一億総評論家時代」とも表現していた[104]。しかし、そうした視聴者側のコミュニケーションもまた、システム的な権力に対する抵抗としてどれほど実際的な効力をもっていたかは疑問である。というのも、そうした視聴者の批評は、番組の細部を視聴者受けするように変更することにはつながるかもしれないが、既存のシステムそのものを変えることにはならないからである。それどころか、批判的であろうが好意的であろうがテレビを視聴するという行為そのものが、テレビの消費となってテレビのシステムを支えることになるだろう。とはいえ、このように視聴者の能動性に注目する見方は、一九七〇年代終わりからの「市民のテレビの会」（Forum for Citizens' Television）におけるメディア・リテラシーの実践[105]、八

**図 6-1**　金嬉老事件のイメージ

〇年代に鶴見が説いた批評的なマンガや寄席、[106]そして九〇年代のカルチュラル・スタディーズにまでつながる、テレビ視聴者に「民主」的な抵抗の側面を見出そうとする系譜を成していると捉えることも可能である。いずれも、テレビ（またはメディア）を批判的に見るその日常的な行為が、さらにはそれを照射する批評言説の実践そのものが、革命のように社会全体を一気に変革することにはならないにしろ、少しずつでも偏向した既存の考え方や構造を変えることにつながると考えた。

　さらにまた、当時のテレビ論やテレビ報道を見ると、送り手と受け手の関係を転倒させて権力をゆるがすような力がテレビにはあると考えられていたことが窺える。その一例として、一九六八年二月二〇日に起こった、いわゆる金嬉老事件が挙げられる（図6-1）。「劇場型犯罪」の最初の例とも言われているこの事件では、在日コリアン二世の金が、静岡県の寸又峡温泉の旅館に人質をとって籠城し、テレビ中継される中で、自らの犯した殺人を差別問題と結びつけながら、在日韓国人・朝鮮人への蔑視発言に対する謝罪を警察に要求した。[107]この事件の真相や犯罪性の是非はともかくとして、志賀信夫は同年に出版した『テレビ媒体論』の中で、「受け手が特定の個人となって、テレビ媒体が利用される」例として金嬉老事件に言及した。しかも志賀はこの事件を、一九六八年一月に計画されたアメリカ海軍の原子力空母エンタープライズによる佐世保への寄港に反対する市民のデモ行進と並置して示した。[108]すなわち、志賀によれば、これら二つの出来事はともに、権力をもたない「市民」の側がテレビを利用して人々の注目を集め、さらには佐世保の場合はそれにより人々の参加を誘い、そのことによって権力に抵抗している様子を見せているというわけなのだ。映画研究者の古畑百合子が詳細に論じるように、こうしたテレビを媒介にした「劇場型」の出来事が、よど号ハイジャック事件（一九七〇年三月三一日）も含め六〇年代以降にたびたび起こるようになり、大島渚、松本俊夫、若松孝二といった映画の作り手たちは、こうしたテレビの性質を意識しながら、それに対抗するような映画を作るようになった。[109] 以上の諸々の事例や先述の言説に見られるようにテレビには、映画よりも、受け手が容易に出演者になれるところに一つの大きな特徴があり、そこに受け手側の視聴者による権力への抵抗の可能性が胚胎していると考えられるようにもなっていたと言えるのだ。

地域をめぐるテレビの問題、とくに都市と地方農村をめぐるテレビの問題については、近代的価値にかかわるポリティクスを認めることができる。テレビは一方で、都市と地方の格差を縮める力があるものと思われた。林と藤竹は一九六〇年の論考で「テレビの威力は、場所的な制約を排除し、同時性の基盤の上にたって、中央文化と地方文化の交流が行われるところに、求められる必要がある」と主張している。[110] 実際、先述のように日本全国における総合テレビのカバレージは一九六四年度までに九〇パーセントにまで達した。これは同じテレビのイメージを、人々が都市と地方との間の距離を越えて共有できる状況ができたことを意味する。こうした文脈の中で、文部省は一九五七年という早い時期に「農村におけるテレビ集団視聴実験調査」を行い、その一環として農村地域の住民によるテレビ集会という集団討論を企画したが、そこに集った参加者たちはしばらくの間「自分たちの現実」を度外視して「描かれた事実」の批判に終始していたという。[111] ここには、テレビが伝える都市中心のイメージが、それを批判するかどうかにかかわらず、さらにはまた視聴者の置かれた場所が都市であろうと地方であろうと関係なく、共有されている様子が窺える。また一九七一・七二年に行われた全国連合小学校長会による調査では、テレビ視聴、自宅学習、読書、家の手伝いなどの子どもたちの生活習慣が、都会と地方との間でほとんど違いがないことも明らかにされた。[112] これらのエピソードから読み取れるのは、都市と地方農村では視聴者が拠って立つ物質的環境が明らかに違う一方で、テレビというメディアのインフラストラクチャーの普及、テレビが伝える情報・イメージの経験とそこで触発される思考様式、そしてテレビ視聴を含む生活習慣がさほど変わらなくなってきていたということである。大衆社会論的に言えば、システムとしてのテレビは、全国に散在する不特定多数の視聴者を「大衆」として標準化し均質化したと言えるかもしれない。

しかし言うまでもなく、この均質化は決して中立的なものでも全面的なものでもない。地方局によるものを除けば制作と流通のシステムは都市が中心であり、それが近代的価値の基準となっていた。敢えて単純化して言えば、この近代的価値基準をもとにすれば、都市の視聴者はテレビに映る農村を自らよりも劣ったものとして受け取り、農村の視聴者はテレビに映る都会を憧れの対象と見るだろう。あるいは、近代的価値に抵抗する人たちにとっては都会のイメージは害悪かもしれないし、農村は（第三章で見た総力戦の時代の農本主義者がそうであったように）ユートピアに見えるかもしれない。もちろん、この関係性はテレビが何をどう伝えるかによっても違ってくる。例えば、中立を装いつつも地方農村を日本の社会問題として取り上げたＮＨＫのドキュメンタリー『日本の素顔』（一九五七年一一月一〇日〜六四年四月五日）と、地方を牧歌的なものとして見せるテレビ番組とでは、異なることが言えるだろう。[113] しかしいずれにせよ、問題なのは、単純に同じイメージを共有することによって思考様式、価値観、生活習慣が均質化するということではない。むしろ、本章でこれまで論じてきた観点を踏まえて、都市への人口流入と地方の疲弊といった二〇一〇年代の現在にまでつながる問題を考えれば、視聴者が行為する自己中心的な場と視聴者がテレビを通して開かれている世界のイメージとの間の、何層にもわたる複雑に入り組んだ不均衡な物質的・社会的・経済的・文化的な――とくに近代という価値を媒介にした――関係を考慮に入れる必要がある。そしてその上で、テレビはこの構造を変容させる力になりうるのかどうかが問題なのだ。都市と地方の差を超えて思考、価値観、習慣などを同質化させるような変容の側面がある一方で、都市と地方の不均衡さを持続させている面もあるだろう。藤竹によれば、上記の文部省主催の地方農村におけるテレビ集会で地元の人々は、討論を行う中で次第に自分たちの「生活的現実」と都市中心の「描かれた事実」の違いを自覚的に問題にするようになったという。[114] 他方、先述の全国連合小学校長会による調査「情報公害の意識調査」は、調査以前から、テレビが伝える都市風俗を「害悪」とみなしていたことが窺える。[115] 一九五〇年代後半から六〇年代にかけての大衆社会論やテレビ論は、こうしたテレビ視聴と地域差をめぐるポリティクスに本格的に切り込むことはなかったが、その問題に取り組むための最初の手がかりを示していたと言える。

ジェンダーをめぐる問題はさらに、テレビ視聴と既存の社会体制の関係を考える上で有意義である。ここでは三つの論点を提示しておきたい。まず何よりも、テレビ論は、テレビ視聴の場を家庭と同一視することにより、男性のみならず男性以外の人たち、とりわけ「主婦」を視聴者として視野に収めていた。この点でも清水らのテレビ論は、男性労働者をもっぱら「民衆娯楽」の享受者と想定していた一九二〇年代の権田の「民衆娯楽」論と決定的に異なっていた。第二にしかし、このことはジェンダーの不均衡性を批判的に検討していたということを意味しない。第二・三章で見たように、総力戦の言説でも、女性は「国民」として考えられながら、周縁化されていた。同様に、すでに触れた通り、テレビの受け手と考えられた、システム内在的に標準化され均質化された「大衆」にはジェンダー格差が明らかに含まれていたにもかかわらず、大衆社会論でそれが議論されることはなかった。近年の研究によれば、一九六〇年から七五年の高度経済成長期には、性別役割分業が支配的であり、女性の労働力はこの間に五五パーセントから四六パーセントに低下し、専業主婦が増加したという報告もある。[116] こうした「男性の総サラリーマン化と女性の総主婦化、核家族の増加」の趨勢の中で、[117] 妻は家計の管理[118]とともに「主婦としての愛に基づくケア(育児、介護、看護など)の責任者」になることが期待された。[119] こうした傾向に一致して、初期の頃には「農家商家の「おかみさん」、山手の「奥様」、働く主婦や未亡人、独身女性といった多様な女性のイメージ」を見せていたテレビ・コマーシャルも次第にエプロン姿の若い専業主婦という「単一の記号表現」を伝えるようになったという報告もある。それは、団地で家電製品に囲まれてアメリカ的な生活様式で暮らす、物質的に豊かで幸せそうなイメージとして生産された。[120] こうした中で、家庭にいることの多い主婦はテレビの主要な視聴者と目されるようになった。一九五八年の家庭内の「ダイヤルの主導権」に関する調査では、ある時間帯に主導権を握るのは「主人」が二〇・

五人、「中小子供」が一五・五人、「主婦」が四・一人の割合だったが[121]、一九六七年にＮＨＫが発表した調査は、「家庭婦人の平日の余暇時間は四時間一〇分で、平日のテレビ視聴時間は三時間五〇分」であり、「家事時間が多い家庭婦人ほど、テレビをみる時間も比較的多い」と報告している[122]。もちろん一九六七年でも夫が家にいるときにテレビを視ることを遠慮した妻は多かった可能性もあるが[123]、いずれにせよ、主婦は家庭という場でテレビを視るという視聴者イメージの典型になっていた。したがって、もし大衆社会論が言うようにテレビがシステムによって規定されているとすれば、それは決して標準化され均質化された「大衆」を生み出していたわけではなく、むしろジェンダー的な不均衡性を生産・再生産し、同時にそのシステムはそのジェンダー的な不均衡性によって支えられていたと言えるだろう。

しかし第三に、テレビは既存のジェンダーの編成を揺るがす一因になっていたとも考えられる。一方では確かに女性は主婦に代表され、家にいるもの、という偏見がまかり通っていた。多田昇は一九七二年の論考で、テレビを「女こども」のものと考えて「一段低いもの、大衆のもの」とみなす「蔑視的な発想」を批判しつつ、「これからは、主婦も、今までは男性向きといわれたニュースや教養社会番組を見てほしいし、主婦向け番組も、女の問題に閉じこもった番組ではなく、社会全体に開かれたテーマを取り上げるようにしなくてはならない」と主張した[124]。ここでは、「男性向け」という言葉に表れているように、テレビ番組の編成がジェンダー化されていると認識されていることがわかる。番組編成とジェンダーの関係については今後の詳細な研究を待たなければならないが、ある番組が女性向けという場合、そのテーマは日常生活にかかわるものだという偏見が強かったようである。佐藤卓己が戦前のラジオ番組にまでさかのぼることができると言いながら紹介している、一九六四年に始まったＮＨＫの「女性向け」の「くらしに生かす放送利用運動」はその端的な例だろう[125]。他方で、テレビを通して女性が家庭という場で自己中心的に世界に開かれるようになったという事態は、既存のジェンダー体制と偏見を揺るがすものとなったとも考えられる。『中央公論』一九五二年一〇月号の論考を紹介しながら桜井哲夫が指摘するように、テレビは「外に出ている男たち」にとって「妻や子供を監督できず、彼らが何かわからない娯楽装置に支配されるのではないか」という不安を喚起するものだった。[126]これは日本でテレビ放送が始まる前のものではあったが、テレビが「平等に開かれた「社会への窓」[127]となり、妻がテレビを通して世界に精通し、夫の権威に従うよりもテレビに主体的にかかわり、テレビが伝えることを夫の言うことよりも信頼する可能性があることを示唆している。また、テレビは一家団欒の機会を与えたかもしれない一方で、チャンネル争いに典型的に見られるように家族構成員の間の嗜好の違いをあらわにした。[128]さらにそうした状況は、女性のエンパワメントにもつながったと考えられる。大江健三郎は一九六二年に「テレビが普及していなかったなら、主婦たちが日本の政治家の顔と声とに、いまほど深いなじみをもつことはなかったろう」と発言した。[129]この発言には、主婦が、上記のような番組編成のジェンダー化のいかんにかかわらず、政治に関する番組にも目を向けていたことが窺える。実際、大江のこの発言を引用しながら佐藤卓己が指摘するように、一九六〇年代に女性の投票率は飛躍的に上昇した。[130]

要するに、これらの事例からは次のことがわかる。すなわち、家庭という場で自己中心的に世界に開かれるということは、ただ単に、資本主義システムに従属することでも、消費主義・私生活主義による政治的無関心に陥ることでもないということである。むしろ社会的に異なる立場の間に葛藤やせめぎ合いを生み出し、既存の社会体制を問題化したり揺るがしたりする可能性も内包している。格差や矛盾を不可視化しながら再生産する、自己中心的な世界への開示というテレビ視聴の構造は、完全に揺るぎないものというわけではなく、それが媒介する視聴覚情報の流通、それが触発する情動、そこにかかわる社会関係によって既存の社会体制を変容させる潜在的な力も備えているのだ。この点で、階級、劇場型テレビ報道、地域、ジェンダーの問題はそれぞれに、大衆社会論的な見方に還元することができないテレビ視聴にかかわるポリティクスを示していたと言える。

テレビの視聴者は、大衆社会論、大衆文化論、マス・コミュニケーション論が交差しながら盛んになった一九五〇年代終わりから六〇年代にかけて、典型的な「大衆」とみなされる傾向にあった。しかし、これまでの考察からわかるように、テレビに関する言説は、テレビの視聴者を単にシステム内在的に標準化されアトム化された間接的集合体と想定するだけではなかった。むしろ家庭の場でテレビ視聴という行為を日常生活の一部として行いながら自己中心的に世界に開かれる主体として論じることも多かった。それは無自覚的に、しかし主体的にシステムを支えるものであった一方で、階級、劇場型報道、地域、ジェンダーなどの例に見られるように異なる立場にいる人たちの間の葛藤を伴い、それが既存の社会体制を揺るがす場合もあった。この意味で、テレビ視聴者の呼称としても使用された「大衆」は、テレビの普及とともに多様なレベルでポリティクスにかかわっていたのであり、消費生活的な民主と呼べるようなあり方を見せていたと言えるのである。とすれば、こうしたテレビの普及によって、メディア環境全体はどのように変容し、映画観客はその中でどのように再定義されたのか。次にこの問題を考えてみたい。

## トランスメディア的消費文化の再編

テレビ視聴者は、戦後の文脈の中で、システムの主体、日常生活の主体、消費文化の主体として重層的に意味づけられるプロセスにあった。ここまでは、それを大衆社会論的な「大衆」概念と、家庭の場における世界への自己中心的な開示という消費生活的な民主の関係を考えることによって明らかにしてきた。以下では、映画観客の近代政治的な民主を考える前に、テレビとテレビ視聴がトランスメディア的消費文化を再編した状況について考察しておきたい。というのも、この再編によってトランスメディア的消費文化の布置における映画の位置も大きく変化し、それが映画観客についての認識にも影響を与えたと考えられるからである。第二章で見たように、トランスメディア的消費文化は一九二〇年代に興隆した。一九五〇年代にはテレビがこのトランスメディア的消費文化に一つの中心的なメディアとして加わることにより、この消費文化全体が拡張し変容したと見ることができる。同時にまた、こうしたテレビの普及とトランスメディア的消費文化の変容によって、映画の社会的位置も大きく変化したと考えられる。映画は一方で、テレビや他のメディアと連動しながらトランスメディアの一部となった。他方で、岡田晋が一九五九年の論考で、映画は「テレビの出現によって、今まで気がつかなかった力を自分の中に発見し、新しい世界を開拓しようとする努力をはじめた」と述べたように[131]、映画はテレビと対比されながら新たに性格づけられようとした。

一九二〇年代のトランスメディア的消費文化が顕著になったのは、資本主義、機械性複製技術、通信技術が発達し、出版（新聞、雑誌、書籍）、映画、広告、音楽（レコード）、ラジオといったメディアが産業として発展し始めたときだった。そこでは、異なるメディア間の連動のパターンとして、同一の物語的要素や視聴覚的イメージが異種のメディア・プラットフォームにわたって変奏されるパターン、その時その場のパフォーマンスを複製技術や通信技術のテクノロジーを介してその場にいない人々にも共有させるパターン、そして報道、教育、娯楽、儀礼といった通常異なる機能と思われるものを混在させるパターンなどが認められた。また、トランスメディア的消費文化は、遍在性、アテンション・エコノミー、流動性、一過性を基調とする、形象の美学とでも呼べるものが潤滑油となることで促進され、それによって消費者は刺激、表層消費、散漫、複層的時空間、アイデンティティの流動性を経験するようになった。一九五〇年代のトランスメディア的消費文化はこれらの特徴をさらに発展させたものと見てよいだろう。と同時にそれはまた、テレビの普及により家庭を一つの中心的な場とする性格を強め、断片断片のつながり、日常化、メディア・ミックス、祝祭化、現実化といった特徴を先鋭化したと見ることができる。言うまでもなく、これらを詳細に分析するにはさらなる綿密な調査が必要である。ここでは、「大衆」と映画観客との関係を考察する本章の目的に沿う限りで、これら五つの特徴を概観しておきたい。

消費文化とテレビが同じように断片断片の組み合わせから成る特徴をもっていることについてはすでに言及した

が、テレビはこの共通した特徴をもとに消費文化のダイナミズムをさらに推し進めたと見ることができる。都市空間に散在する広告は消費文化の最たる例だが、新聞や雑誌といった印刷媒体にも多数の広告が散りばめられており、消費者はそうした相互に自律した数々の広告をときには凝視し、ときには一瞥しながら、いわば散漫に接することになる。しかし同時に、そうした相互に無関係に見える広告は、それぞれが宣伝対象にしている商品になんらかの形で言及している。その商品は、単にモノだけでなく、小説、マンガ、レコード作品、演劇作品、寄席の番組、美術館の展覧会、映画作品、テレビ番組といったメディア作品であることもあるだろう。ここで重要なのは、広告はその参照対象を全体的に再現することはあり得ず、常にそのイメージや言葉の断片を参照するものでしかないということである。つまり、広告のメディアとその参照対象のメディアとの関係は断片と断片の関係とならざるを得ない。そうした社会空間・メディア空間の中では、消費者こそがある断片と別の断片を想像的につなぎ合わせると期待される。

一方テレビは、すでに南、加藤、ウィリアムズの論に見たように、それ自体、断片断片が時間の流れに即してつなぎ合わされているメディアだと言える。民放であれば、コマーシャルが入るのでさらに断片的な性格が強いものとして経験されるだろう。この条件の下でテレビに組み込まれたコマーシャルは、テレビの外部に散在する広告と連動することでトランスメディア的消費文化を拡張し強化することになった。消費者は、化粧品であれ、薬であれ、食品であれ、娯楽であれ、街路、駅、図書館、劇場、喫茶店、商店、美容室、公衆浴場などの公共施設・商業施設のいたるところに貼られた数々の広告、新聞や雑誌に掲載されたさまざまな広告、そしてテレビで繰り返されるコマーシャルに一回と言わず複数回にわたって偶発的に触れることが期待されるようになった。そうして、ある商品の全体的なイメージは、もはや唯一の固定されたものではなく、潜在的な消費者の一人一人がそれらの数々のメディアの断片を、それらが散在するまさにその社会空間・メディア空間をそれぞれが生きる中で、任意に連想しながらつなぎ合わせて構築・再構築し続けるものとなり、それゆえに終わりなき流動的プロセスとしての性格をますます強めた。ジョナサン・グレイがパラテクスト――表紙、目次、本の帯、広告などテクストに付随するさまざまな要素――とテクストというジェラール・ジュネットの概念を援用しながら、パラテクストを通じて狭義のテレビ番組や映画作品のテクストを超えて想像力が広がると論じたことは[132]、この数々の断片の偶発的なつながりから生成され続けるトランスメディア的プロセスの一部を指しているにすぎない。

テレビの普及はまた、家庭を中心としながらトランスメディア的消費文化の日常化を、空間的にも時間的にも強化したと見ることができる。空間的には、確かに、一九二〇年代の消費文化でも、家庭は、少なくとも経済的に余裕のある層では、新聞、雑誌、本を読む場であったという点で、さらにはラジオがその場に置かれるようになった点で、ある程度の中心性をもっていたと言うことができるかもしれない。しかし、雑誌や書籍は自分の家庭外で回し読みされることが多かったし[133]、何よりも権田たち民衆娯楽論者が論じたように、映画などの娯楽は家庭外にあり、そこに通うことが「日常」と考えられた。それに対してテレビは、すでに論じたように、家庭に据え置かれるようになってからは、その場で送られる日常生活の一部として機能していると目された。客観的に見れば家庭という場は社会空間の一部にすぎないと言えるかもしれないが、しかし消費者は家庭を拠点にしながら、印刷媒体やテレビを通して、家庭外に存在する商品やメディア作品についての情報を得る。いわば消費者は、異なるメディア・プラットフォームを媒介しながらそれらの断片的イメージを相互に結びつける想像的・創造的行為を、家庭の場を拠点に行うのである。他方、時間的に言えば、新聞を毎朝読む行為や決まったテレビ番組を毎日または毎週視る行為が日常生活の一部になった。ラジオは言うまでもなく、一九五〇年代に興隆した週刊誌も、一日単位や週単位による周期的な生活リズムを形作る主要な要素になっていた。もちろん、映画館のプログラムもまた一九一〇年代までに週単位や隔週単位で入れ替えられるようになっていたが、多くの映画観客にとって映画を観る行為が家庭生活（や電車通勤）の一部としての繰り返しほどに日常生活的なルーティンになっていたかは疑問である。このように、新聞、ラジオ、テレビ、週刊誌など複数のメディアが日常生活の主要な部分を成し、日常生活の周期的なリズムを生み出すようになっていたとすれば、それは言い換えれば、日常生活をベースにして複数のメディアが時間的・リズム的に共振するトランスメディア空間を構成するようになっていたとも言えるだろう。テレビは家庭での日常生活をベースにした消費文化の主要な要素となりながら、そうしたメディア間の共振性に拍車をかけたと考えられるのだ。

テレビはまた、いわゆるメディア・ミックスの一つの核となり、それに活力を与えた。メディア・ミックスを詳細に論じたマーク・スタインバーグは、それを四つの観点から定義している。すなわち、第一に「特定のキャラクターや、物語や世界観を中心とするメディア上のモノや要素のシステム」、第二に「メディアの周辺に構築された社会的関係のネットワーク」、第三に「消費者と生産者とのフィードバックシステム」、そして第四に「物語や視覚的表現の実験の場」である[134]。スタインバーグはこのように定義した上で、「メディアミックス」という言葉自体は一九六三年にビジネス用語として初めて使用されるようになり、その後七六年に角川書店内部に映画製作会社の角川春樹事務所が設立されたときに戦略的に実践されるようになったと指摘しつつも[135]、六三年一月一日にテレビ・シリーズが開始された『鉄腕アトム』をメディア・ミックスの起源とみなし、そこからメディア・ミックスの考察を始めている。これに対して本書の第二章では、トランスメディアとメディア・ミックスという用語を、スタインバーグの第一と第二の定義に概ね対応する意味で使用しながら、しかしそれを、キャラクターに限定されない形象を媒介にした異種のメディア間の連動として捉え直し、その最初の顕著な例として一九二〇年代の消費文化を分析した。尾崎秀樹は一九六六年の著書の中で、「活字の人気者は映画、演劇、テレビに移植され、そのブームが逆に活字文化の発展に作用する。その関係をぬきにしては、現在の大衆文学（およびその論議）は成り立たない」と記しているが[136]、この種のメディア間の連動はすでに二〇年代に確立していたと言える。しかし、もし「トランスメディア」という用語を全般的な概念として用い、「メディア・ミックス」という用語を、キャラクター・ビジネスに焦点を合わせたスタインバーグの議論に倣って[137]、メディア間の横断による相乗効果——単なる足し算による総和以上の効果——を戦略的に狙うことというように狭義の概念に限定して用いるならば、それはテレビの普及とともに本格的に始まったと考えてもおかしくない。この点で、スタインバーグによる「鉄腕アトム」のメディア・ミックスの考察が、少年雑誌に掲載されたマンガとテレビ・アニメーションとの関係だけでなく、それらとアトムのキャラクターを利用した明治製菓のマーブルチョコレートやその広告との関係にも及んでいることは重要である[138]。というのもその考察は、アトムやアトムの関連商品のイメージが、子どもたちの消費——購買自体は親を介してなされるにしても——を誘うようにして、テレビを中心とする子どもたちの日常空間のいたるところで目につくように流通するようになったことを示唆しているからである。一九七〇年代の角川のメディア・ミックスでは、文学の原作、映画、サウンドトラックの順でヒエラルキーが想定され、テレビや雑誌などの広告は付随的位置にあったと言われているが[139]、にもかかわらず潜在的な消費者が日常的に接するテレビは、その作品の一つのパラテクストもしくはテクストとしてメディア・ミックスの一翼を担う不可欠な要素であったことは否定できないだろう。

テレビはさらに、キャラクターや広告を媒介にしたメディア・ミックスだけでなく、トランスメディアによるライブ・パフォーマンスの祝祭化と現実化の両方を促進した。一九二〇年代に映画やレコードが、歌、漫才、浪曲、「御大典」などのライブ・パフォーマンスに置き換わるどころか、そのイベント性——ある出来事を単なる日常の一部としてではなく、特別な出来事として感じさせること——を強め、複数のメディア間の連動からなるメディア・イベントを形成したことは第二章で検証した。ラジオはこれに加えて、聴取者が出来事を、そこから離れた場所にいながら同時進行的もしくは速報的に経験する感覚をもたらした。テレビは、その一つの力として[140]、これらの特徴を劇的に強めたと見ることができる。それは、皇太子御成婚（一九五九年四月一〇日）[141]、東京オリンピック（六四年一〇月）[142]、アポロ一一号の月面着陸（六九年七月一六日）[143]といった大きなイベントの中継をきっかけにして受信契約数や視聴率を伸ばしたように、異なる場所で起こっている出来事のイベント性や祝祭性とさえ呼べるような感覚と、同時進行的・速報的な感覚をともに飛躍的に強化したと言えるのだ。一九八七年と時代は下るが、井上宏はこのことを、「今日の大きな社会的イベントは、必ずテレビで取り上げられる。それらは、テレビに取り上げられることによって「現実化」するといってもよい。テレビのブラウン管上で確認されないことは「現実感」に欠けるというわけだ」とうまく表現している。[144] ここには、テレビこそが「現実」を作っていること、逆に言えば、テレビが取り上げなければ「現実」にはならないことが示唆されている。このことは現実性にとどまらず、祝祭性にも当てはまるだろう。しかも、現実性と祝祭性はしばしば一体化している。オリンピックがラジオやテレビで放送されなかったら、身近な現実として感じられるだろうか。さらには日々熱狂するようなイベントとして感じられるだろうか。テレビにおけるこのような現実性と祝祭性の混合は、プロレス、野球、大相撲などのスポーツ中継が人気番組として重視されるようになったことからも理解できる。[145] 一九五八年のある対談で、テレビでは本物の相撲はわからないと言う中村光夫に対して、安部公房は「だけど、ぼくなんか、テレビではじめて相撲のおもしろさがわかった。案外そういう人が多いんじゃないですか」と応答している。[146] ブーアスティンもまた一九六二年の著書で、「ニュースは発掘するものではなく、作り出されるものになった」「テレビの中での出来事のほうが、現実の出来事のほうを圧倒してしまう」と論じた。[147] これらの発言は、祝祭性とまでは言えないかもしれないにせよ、現実はテレビを通しておもしろく感じられるものにされることによってこそ「現実」になる、ということを端的に言い当てていると言えるだろう。テレビは、新聞、週刊誌、ラジオなどのとりわけ日常的なメディアと連動しながら、トランスメディアによるメディア・イベント形成の核として機能するようになったのである。

テレビはこうして、家庭を中心的な場としながら、断片断片のつながり、日常化、メディア・ミックス、祝祭化、現実化といった特徴をもとにトランスメディア的消費文化を深化させ変容させたと考えられる。では、このように再編されつつあったトランスメディア的消費文化の中で映画はどのような位置に置かれるようになったのか。そして映画観客はどのように定義されるようになったのか。言うまでもなく、メディアの位置や観客の定義は固定的なものではなく、大なり小なり常に流動的である。しかし、それは完全に恣意的なものというわけでもない。言説的・非言説的な同時代的条件に左右される特徴的な傾向が必然的にある。一九五〇年代後半から六〇年代にかけての文脈では、テレビの普及とより広い意味での社会的な状況において、大衆社会論、大衆文化論、マス・コミュニケーション論、近代化論、マルクス主義、テレビ論といった諸言説が絡み合う中で映画と映画観客が新たに性格づけられようとした。しかしそれはまた、容易に察せられるように、完全に合意されたわけではなく、葛藤を伴うものだった。

娯楽映画の人気が、終戦直後から一九五〇年代にかけて盛り上がり、その後は比較的下火になったことはよく知られている。映画館入場者数は、一九四五年度は四億三二〇〇万人だったのが五八年度は一一億一九一六万人にまで達し、しかし六八年度には三億にまで減少した[148]。今村金衛は一九六〇年に著した『映画産業』の中で、「終戦後の解放感は娯楽に飢えていた大衆を映画にはしらせた」と記している[149]。ことは単に「解放感」だけでは説明できないが、多様な歴史的要素が絡み合う中で戦中に公開が禁止されていたアメリカ映画を目当てに大勢の人々が映画館に群がったことが最近の研究でも明らかにされているし[150]、日本映画も入場者数を増やすとともに[151]、一九五一年のヴェネチア映画祭での『羅生門』の金獅子賞受賞以来、五〇年代に国際映画祭で数回にわたって賞を獲得し評価を高めたこともよく知られているところである。吉見俊哉は、戦後の映画興行に関する論考で、「一九五〇年代の日本人と映画の結びつきがいかに強力であったかは、五〇年代末の時点で人口一人当たりの年間映画館入場回数が十三回以上という驚異的な数を記録していたことからもうかがえる」と記している[152]。また、こうした映画の中心性を示唆するものとしてもう一つ、南博らの社会心理研究所が一九五五年当時までに年間五億人の人々が観ていると記した「ナトコ映画」[153]を加えてもいいだろう。「ナトコ映画」とは基本的に、占領期の一九四八年から五二年にGHQの民間情報教育局（Civil Information and Educational Section, CIE）が推進したＣＩＥ映画を指すもので、それらの映画を映写した映写機に由来する通称だが、社会心理研究所の報告にあるように占領後に米国情報局（United States Information Service, USIS）が推進したＵＳＩＳ映画も含めて認識されていることがあった[154]。さらに、一九四九年のラジオ連続ドラマ「おらあ三太だ」の映画化[155]や五二年から五四年の間にラジオで放送されてヒットしたラジオ・ドラマ『君の名は』の映画化と小説化に見られるように[156]、五〇年代前半までは映画はラジオとともにトランスメディアの中心的な位置を占めていた。加藤秀俊が一九五七年の「中間文化論」で、「私たちがこの夏こころみた映画観客の調査からみると、映画をみないことは「話題を貧弱にし」たり、「時代おくれになったり」するという意見が非常に多かった」と述べたことも[157]、五〇年代後半に入ってもなお映画がある程度中心的な位置を保っていたことを示唆している。

しかしながら、すでに触れたように終戦直後の娯楽の中では当時登場したパチンコが圧倒的な人気を獲得し、その後次第にボーリング、ドライブ、旅行の普及などに見られるようにレジャーの多様化が進んで[158]、戦前戦中の娯楽で中心的な位置を占めていた映画の地位は相対的に低くなった。テレビの普及はしたがって、映画の「凋落」の唯一の原因ではなかったが、にもかかわらずそうした趨勢に追い打ちをかけたことは疑い得ないだろう[159]。映画批評家の瓜生忠夫は一九六二年の『マス・コミ産業』の中で、映画館入場者数の減少を、主として各家庭の経済的逼迫、都市のドーナツ化現象、それにテレビ映画の普及という観点から説明している。各家庭はテレビなどの家電を購入したために経済的に映画館に通う余裕がなくなると同時に、郊外のベットタウン化により都市の中心部にある映画館に通うには不便になり、さらにはテレビで映画作品を放映するようなったので、人々はわざわざ映画館に足を運ぶ必要を感じなくなったというわけである[160]。この説明が正しいかどうかについてはさらなる検証が必要だが、その正確さはともかく、その原因を探らなければならないほど映画の人気に陰りが見えていたのは明らかである。

こうした中で、映画は、トランスメディアの一部として機能し続けたとはいえ、もはや中心的な位置を占めるものではなくなった。そして、これに乗じてトランスメディア的消費文化の一つの核に躍り出たテレビと比較され差別化されることによって再定義されるようになった。確かに、映画業界は単純に自らをテレビから差別化しようとしただけではなかった。むしろ、テレビと提携したり、製作のノウハウを提供したりすることで、生き残りを模索していた。一九五〇年代後半に「テレビ劇映画」または「テレビ映画」と呼ばれた、テレビ用に製作された映画の放送が登場し、六〇年代前半にはアメリカのテレビ映画が、後半には日本のテレビ映画が民放で大量に放送されるようになった。[161] 日本の大手映画会社はテレビ放送に観客を奪われるのを恐れて一九五六年に一時的にテレビ放送への劇映画の提供を打ち切ったが、[162] 東映が五七年に旺文社と日本短波放送とともに出資して日本教育テレビ（NET）を創設し、[163] 五八年七月には東映テレビ・プロダクションを設立したように、映画会社はテレビを配給回路の一つとして利用することで自社の利潤を獲得することにも乗り出した。[164] 松竹、東宝、大映がラジオの文化放送やニッポン放送とともに、フジテレビの設立に出資したことも同様の試みとして理解できる。[165] こうした動きに加えて、テレビ・プロデューサーの牛原純一が中心となって新藤兼人、大島渚、羽仁進、西尾善作、土本典昭らの映画監督を一九六一年一月から六八年三月にわたる日本テレビの「ノンフィクション劇場」に起用したことも、映画とテレビの連携の一例として特筆に値するだろう。[166] 要するに、映画は、テレビからある程度自律しながら新聞・雑誌、ラジオ、広告との間に一種のトランスメディアを形成すると同時に、テレビとの間にインターメディア的な結合——一つのメディア・プラットフォーム上で複数の異種のメディアが共存すること——を展開した。

しかし、映画業界が、テレビの普及に直面して自らをテレビと差別化しようとしたことも偽らざる事実である。瓜生は一九五八年の論考で、この傾向を、技法的にはロケーション撮影とスペクタクル性の強調、題材的には「犯罪、麻薬、エロ」、技術的にはカラーとワイドスクリーンの利用というようにまとめている。[167] また、一九五〇年代まで映画産業の主要な一部を成していた新聞社の製作（またはそこからの発注製作）によるニュース映画は、新聞社が映画から撤退しテレビ放送局経営に乗り出したことにより衰退し、それとともに映画の重点はますますスター・システムとプログラム・ピクチャー——年間で計画された二本立て映画館プログラムを埋めることを第一の目的に量産された、総じて低予算の映画作品——へとシフトした。[168] 森繁久弥の「社長シリーズ」（一九五六〜七〇年、東宝）、植木等の「無責任シリーズ」（六二〜七一年、東宝）、鶴田浩二の「眠狂四郎シリーズ」（五六〜五八年、東宝）、小林旭の『渡り鳥シリーズ』（五九〜六二年、日活）、鶴田浩二や高倉健の東映任侠路線（六三〜七〇年代）などのプログラム・ピクチャーの代表例に見られるように、この種の映画は自社契約のスターを中心に据えて安上がりに物語とスタイルをパターン化すると同時に作品ごとに差異化するという方法で、安定的な収益を上げることを狙っていた。これは観客の映画館来場を習慣化させようとした試みとも受け止められるが、もっぱら特定の趣味をもつ層の人々だけをターゲットにするニッチ市場化の戦略であり、家庭で日常化していたテレビの視聴者ほどの広範囲の層にわたる「大衆」を収容したとは考えられない。映画産業が斜陽に向かった一九六〇年代からはピンク映画の需要が増え、それにつれ、映画の場とテレビの場はジェンダー化される傾向を帯びた。すなわち、テレビ視聴——テレビで映画を視ることも含めて——の場が女性や子どもを中心にした家庭であるとすれば、映画館はセックスと暴力に満ちたピンク映画を上映することで男性の場としての性格を強めたと言える。[169] さらに言えば、先述のように日本全国におけるテレビのカバレージは一九六〇年代半ばまでに九〇パーセントを超えていたのに対して、映画がそれほどの規模の配給網を確立するのは、たとえ映画館以外の巡回映画上映を考慮に入れたとしても明らかに困難だった。全国的な範囲にわたる地域へ速報的に情報を伝えるという点でも見劣りしたことは言うまでもない。一九五〇年頃の調査では、日本の全人口の二〇パーセントが映画人口であり、その七〇パーセントが都市に集中していることが指摘されていたが、[170] その後も映画人口の割合と、都市と地方の差が改善された形跡はない。加えて、大島渚、松本俊夫、若松孝二、足立正夫たちがテレビへの対抗を意識しながらアヴァンギャルド的な映画やピンク映画を作ったことも最近の研究で詳細に明らかにされているところである。[171]

こうした映画とテレビの連携と競合の中で、映画はテレビとの比較によって再定義されようとした。そこで議論された映画ならではの主な特徴は、映像重視、職人的技術、保存性、家庭外の非日常性などであり、これらからは、映画が単にテレビに対して周縁化されようとしたというよりも、むしろオルタナティヴな地位に、さらには「芸術」として社会的に権威ある地位にすら押し上げられようとされていたことが窺える。映像重視について佐々木基一は、『私は貝になりたい』のテレビ版（一九五八年一〇月）が好評を博したのに対して、翌年製作された映画版が不評に終わったことを例に挙げながら、「テレビでは、台詞の方によりおおくの比重がかかり、映画では、映像の方により比重がかかるという違い」があり、観客はそうしたメディアの違いを前提に作品を見るからこそ、評価にそのような違いが出たと結論づけている(172)（図6-2）。これは、一九八二年に岡田晋が、「つくる側（送り手）にとっても見る側（受け手）によっても、視覚的メッセージとして、映画・写真・テレビを区別する理由は、今日あまり意味がなくなってしまった(173)」と述べて「映像学」を提唱したこととは正反対の考え方だったが、しかし言葉の力を借りずに映像だけの力による表現を追求しているところに映画の芸術的価値を見出そうとしている点では共通していた。また、すでに触れた通り、日高のように大衆社会論的な観点から、映画（と新聞）を職人芸的なものとして規定し、それとの比較によってラジオとテレビをビジネス優先のメディアとして論じる論法もあった。加えて、映画は、刹那的なテレビとは違い、保存可能であり、かつ保存に値する「芸術」とみなされる見方も示されていた(174)。「芸術的手段としてはテレビは映画の敵ではない」という一九五九年の岩崎昶の発言は、こうした風潮を象徴するものだと言えるだろう(175)。もちろん、一九五〇年代後半から六〇年代にかけてテレビでも、吉田直哉などの作品作りに見られるように実験的で「芸術的」とも呼べるような試みが行われた(176)。しかしながら、佐藤卓己が指摘するように、一九六〇年代以降、映画鑑賞がインテリの趣味として披瀝されるようになったのに対して、テレビ視聴がそのように言及されることはあまりないというのも事実であろう(177)。内容のいかんにかかわらず、テレビなるものはインテリに

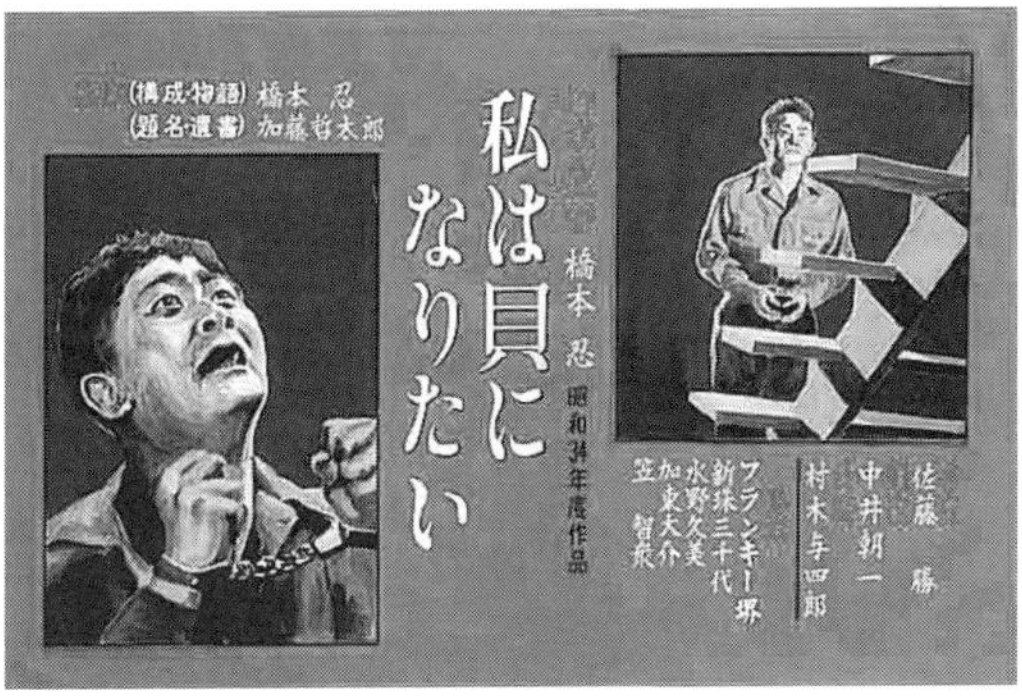


図 6-2　『私は貝になりたい』（1959 年）ポスター

とって趣味と呼ぶには値しないと認識されている。さらに、これまで論じてきたように、テレビが家庭中心の日常的なメディアと目されるにしたがって、映画は家庭の外で体験される特別な娯楽または「芸術」と考えられるようになった。一九二〇年代に映画館に通うことを「日常」と考えた権田とは対照的に、波多野と寺内は映画館を「日常空間では果たせない欲求」を満たす場として論じている。[178]

要するに、映画というメディアの定義は決して普遍的なものでも固定的なものでもなく、テレビの普及という事態に直面する中で大きく変化したのであり、この変化は同時に、メディア消費文化全体の中での映画の位置を、主流に対するオルタナティヴな位置へと移動させる力となっていた。

## 近代政治的な民主——映画観客の再定義

この変化は必然的に映画観客に対する認識の変容とも連動していた。と同時に、当時の映画観客に関する言説をつぶさに見ると、それがより広い社会的・歴史的文脈との関係で意味づけられようとしていたこともわかる。大局的に見れば、一九五〇年代前半までは、社会心理学的観点やマス・コミュニケーション論的観点、さらには近代化論的観点から映画観客を観察対象として見る傾向が目立っていた。それは、エリート的な視点から「大衆」としての映画観客を一段下にあるものとして見る傾向にあった。これに対して、一九五〇年代中頃からは大衆社会論的な見方、マルクス主義的な見方、大衆文化論的な見方が交差する中で、とりわけ大衆文化論的な見方から映画観客に寄り添う論調が目立ってきた。しかしまた、こうした推移よりもさらに重要なことは、終戦から一九六〇年代初めにかけて映画観客は概ね一貫して「大衆」と同一視され続け、階級、（男性中心主義的な）多様性、内省する近代的個人、システム的権力への抵抗という四つの観点が混じり合う「民主」という概念を基準に評価されていたということである。前章では、消費文化、マルクス主義、総力戦が共存している状況の中で、戦前戦中の映画論が「大衆」としての映画観客を消費、階級、権力への抵抗、集団性と（矛盾を伴いながらも）結びつけて語っている様子を見たが、終戦から一九六〇年代初めにかけての映画に関する言説は、これらのうち消費以外を引き継ぎつつ、さらに内省する近代的個人という考え方に強く影響を受けていたと見ることができる。実際、こうした戦後の文脈で映画論において再定義された映画観客は、消費よりも内省を、散漫よりも集中を、情動よりも理知を重視し、さらにはまた一見矛盾するようだが、小熊英二の言う「個と連帯をかねそなえた主体性」に呼応して、内省する近代的個人を主張しつつ個人よりも連帯を促そうとする点で、テレビ視聴者に見られる家庭の日常生活を中心とした「消費生活的な民主」としての「大衆」と区別されようとした。すでに何度か言及したように、ここではそうした意味で再定義された映画観客を「近代政治的な民主」としての「大衆」と呼ぶ。言うまでもなく、映画観客とテレビ視聴者は明確に区別されるものではなく、これまでに論じてきたトランスメディア的消費文化に両者とも埋め込まれていた。しかし、その一方で、両者は言説上で異なる「民主」を担っているもの、あるいはそのように担うべきものとして語られていた。それはまた、近代政治的な民主として理想化・規範化された「大衆」と、現実的な「大衆」との間にはずれと葛藤があることを示唆するものでもあった。

一九五〇年代前半までに顕著だったのは、当時いくつか試みられた映画観客調査や、南や瓜生の論に端的に見られるように、言説の語り手が映画観客を観察対象とみなす傾向だった。中立性・客観性を装う観察者的な視点は、法政大学映画研究会（『キネマ旬報』一九四九年九月、『映画新報』五〇年七月）、東京大学教育学部社会教育講座（『社会教育』五一年六月）、南博と日本女子大学社会科映画研究グループ（思想の科学研究会編『夢とおもかげ』五〇年など）による調査に明らかである。[179] 詳細は省略するが、それらの目的はいずれも極めて曖昧で、強いて言えば、「映画観客の実態[180]」、「映画観客の動態[181]」、「大衆の意識解明へ[182]」、「平均人としての大衆が現在、娯楽の中に何を求め、何を見出し、何を得ているか（中略）その実情を知ろうとする[183]」といった文言から窺えるように、観客の社会心理を

「実態」として把握し、普段は気づかれていない「真実」として明らかにしようというものである。それらの調査は、映画館数、全体・年齢・性別・職業別の映画館入場者数を把握し、来場頻度、動機、好みなどに関するアンケートの結果を統計化するといった方法により、「実態」が明らかにできると信じていたようである。そうした目的と方法が採られたのはおそらく、それらの調査が、その頃はまだ実施されていなかった市場調査とは異なり[184]、もっぱら社会心理学的またはマス・コミュニケーション論的な問題関心と方法に基づいていたからだろう。実際、南は一九四八年の「映画の分析——社会心理学的方法」と題した論考で、ポール・ラザースフェルドなどの観客調査を紹介しながら、観客の反応は社会心理を示すと断じていた[185]。

南はしかし、このラザースフェルドの影響からも窺えるように、単なる統計学的な量的分析だけでなく、映画作品の内容と観客の感想の質的分析も合わせて行っていた[186]。そこで明らかなのは、それが単に中立的・客観的な視点からの記述であったというよりも、むしろ近代的個人という観念を基準にして「大衆」を無教養で、「民主」的主体としては未熟だとみなしていたということである。彼は一九五〇年の論考「映画の観客心理」の中で、「映画の大衆性」を「容易く見られるだけでなく、他の刺激から遮断されて直接画面のなかに吸い込まれる魔術的効果」にあるとし、それゆえに映画は「判断力の弱い人たち」すなわち「大衆」に対して暗示的な効果があるという説明を行った[187]。また『思想』一九五一年八月号に掲載された南と加藤秀俊と高野悦子の共著論文は、『日本敗れたれど』（イワンムッ監督、四九年）の感想を例に、（調査対象は大人ではなく小中学校の生徒ではあったが）「コミュニケイターの意図と正反対であったと同時に戦後日本における学校教育、家庭教育の民主化がまだ完全に行われていないことを意味すると見て差し支えないであろう」と結論づけている。それらの感想には全般的に戦争に対する反省と反戦・平和に対する意識があまり見られないというのである[188]。その一方でこの論文の結論部分では、『日本戦歿学生の手記　きけ、わだつみの声』（関川秀雄監督、一九五〇年）がこの年の上半期で最高の観客動員数に達していることに言及しながら、微妙な言い方ではあるが、この点に限っては近代的個人という観念をもとにした著者たち自身の価値基準――さらには、先述の、丸山眞男に代表されるような近代化論的な「戦後民主主義」派の知識人が共有していた価値基準――を満足させる兆しとして評価している。『きけ、わだつみの声』の人気は、映画観客が過去の悲惨な経験から目を背けることなく、戦争を遂行した国家権力への批判的意識をもってしっかりと向き合っていることの表れだというわけである。[189] こうした価値基準からの評価は、『雲ながるる果てに』(家城巳代治監督、一九五三年)(図6-3)、『日本敗れず』(阿部豊監督、五四年)、『太陽のない街』(山本薩夫監督、五三年)についてのアンケート調査の結果を分析した五五年の論文にも見られる。例えば、『雲ながるる果てに』について南らの研究チームは、観客の八〇パーセントが男性で、一八～二五歳の若者がその多数を占めるとのデータを紹介した上で、「この映画をみることによって観客は、戦争の本質的な問題を考えさせられるというよりも、末梢的な悪玉将校との対立としてうけとり、彼等に対して憎悪をつのらせるという、感情的な反発に終わっている」と考察している。[190]

**図6-3** 『雲ながるる果てに』(1946年) ポスター

こうした近代化論的な批評基準は、他の映画批評家にも共通して見られた。『思想』一九五一年八月号に発表された今村太平の「日本映画と大衆思想」も、日本映画は「日本の大衆思想の封建制を克服するということでなくてはならぬ」という言葉で論考の最後を締めくくっている。[191] 瓜生は、一九四七年の著書『映画的精神の系譜』の中で、理想的な映画を「封建的諸関係からの解放」、「近代的市民としての近代人」、「リアリズム」を具現するものと規定して、リアリズムを通じて「近代性」を表現することこそが「大衆性」を意味すると論じた。[192] このロジックは、にわかには理解しがたいが、第三章で見た戦中の今村太平の「大衆性」概念を思い出せば、多少はつじつまが合うだろう。すなわち、今村にとって「大衆性」とは資本主義・消費文化によるものではなく、「科学」を「大衆」にもわかりやすく伝える技術としての「芸術」に依拠するものだった。同様に、おそらく瓜生にとって「近代性」が「大衆性」であるのは、彼にとっての理想形である「リアリズム」という技術・技法が「近代的精神」――すなわち、近代的個人という観念――を「大衆」にもわかりやすく伝えるものであるからだろう。だからこそ彼は、「欧米に於る近代性の基本要件を正しく追求して〝近代的市民としての近代人〟を自ら打立てること」を推奨し、「近代的市民の意欲である〝リアリズム〟を正しく把握」することを唱えた。[193] これが、近代化論的な評価基準をもとに日本の「大衆」を未熟な対象とみなす論法であることは言うまでもない。そこには、批評家たちが実際の「大衆」は自分たちの近代化論的価値基準を満たしていないことを発見・認識し、そこに苛立ちを覚えていたことが窺える。

しかし、一九五〇年代後半からは映画観客を観察対象や未熟なものとする見方は薄れ、代わりに映画観客をシステム内在的で相互に孤立した集団とみなす大衆社会論的な議論や、映画観客をシステムの外部に位置づけシステム的権力への抵抗を打ち出すマルクス主義的な議論、さらには映画観客をシステムの外部ないしは閾にある主体としてみなす大衆文化論的な議論が目立つようになったが、なかでももっとも勢いのあったのはマルクス主義的な階級論とも結びついていた大衆文化論だった。大衆社会論的な議論の代表例としては、印南高一の『映画社会学』(一九五五年)がある。印南はそこで、ベラ・バラージュを参照しながら、「資本主義社会の映画は(中略)大衆のイデオロギーに迎合しながら支配階級の思想を失わない。資本家階級の利益を傷つけないで下層の大衆が満足する」と述べているが、[194] ここでは「大衆」が資本主義に対する抵抗主体ではなく、むしろ資本主義によって生産・再生産される主体として想定されていることが読み取れるだろう。さらに、これほどまでにシステム内在性を打ち出すものではなかったが、アトム化された相互に孤独な集合体を映画観客の特徴として言及する議論がいくつもあった。そこでは映画観客は、映画館という場を一時的に共有する集合体となるという点で「群衆」の延長とも考えられた。確かに映画観客は、一方ではテレビ視聴者と対比されて礼儀正しい成熟した存在として語られたという点で、単に情動に駆られた「群衆」とみなされたわけではなかった。一九五八年一一月号の『映画評論』の「特集・現代映画観客論」に収められた論考には、声を出しながら「すげえなア」とか「まずい」とか批評しながら観る観客の態度を「無作法批評」と名づけ、それを「TVの前で身につけるにちがいない」と推測する見解があった[195]。実際、同じ特集で滝沢一が、最近の映画観客は、「孤独を求めにゆく」人たちが増加し、「私語もしないし、声をあげて笑うことさえめったにない」、「表情のない観客の表情」だと指摘したことに典型的なように、この頃までに静かに黙ってスクリーンを見つめる映画観客のイメージが定着しつつあった[196]。波多野も一九六三年の著書で、「気楽な視聴」であるテレビ視聴に対して、映画館での映画鑑賞を「集団でじっとして、声を立てずに、神妙に見る」ものとして記述している[197]。しかし、こうした態度は、単に礼儀正しいというだけでなく、テレビ視聴者同士がテレビを視ながらコミュニケーションを行うのとは異なって映画観客の間では相互のコミュニケーションが欠如し、それゆえに個々に孤立しているものとしても解された。上記の滝沢は、戦前のプロキノの映画観客が怒号と拍手に満ちていたことと比較して、今の映画観客は「どよめきや鼓動をきくことがすくなく」なり、「コミュニケーションの輪がひろがらない」という不満を付け加えている[198]。加藤秀俊は先述のように、テレビ視聴の「社交価値」に対比する形で映画を「群衆芸術」の一つとみなしたが、そこでも、映画観客が一つの場を一時的に共有している孤立した人々の集合として想定されていることがわかる。同様に、印南も、映画観客は「超満員の一員として見ることに」「満足感」を得ている点で「群衆心理と観客心理が劇場や映画館を精神的にもまた物質的にも成り立たせている」と記し、映画観客が「群衆」の延長線上にある孤立した集合体であることを示唆していた[199]。

こうした大衆社会論的な議論と並行して、映画観客をシステムの外部に位置づけるマルクス主義的な議論も展開されたが、しかし同時にマルクス主義に対する批判も起こってきた。マルクス主義は、大衆社会論とも共通して、資本主義などのシステムに対する批判を行っていた。『われらの映画』（一九四九年）の著者、菊盛英夫にとって資本主義こそが「エロ、グロ、ナンセンス、接吻映画といったおよそくだらない」映画を生み出し「大衆」を魔術にかける元凶であった[200]。岩崎昶もまた、菊盛とは幾分異なる観点ではあるが、大衆社会論を意識しつつ、テレビと映画の違いに関係のない「資本の統制」に警戒感を示している。[201] しかしマルクス主義的な言論は、映画観客をもっぱら労働者階級としての「大衆」とみなし、それをシステムの外部に位置する主体と想定していた点で、大衆社会論とは決定的に異なっていた。菊盛が映画を「真に勤労階級のものにすべき」だと訴えたのはその証左だと言える。[202] 岩崎は上記の論考では、「労働者階級」という言葉こそ使用していないものの、「資本の統制と人間の自由とのたたかい」の必要性を唱えているところから、「人間」を「資本」の外部に想定していることが読み取れる。[203] しかし、周知のように、一九五〇年代終わりまでに大島渚や松本俊夫などが、日本共産党系の人たちが主導していたマルクス主義やその「大衆」観を教条主義的なものとして批判するようになった。松本は一九六三年の著書『映像の発見』に収められた論考「大衆という名の物神」の中で、「トランプの切り札のように便利に使われる言葉のひとつに、大衆という言葉がある。(中略) 大衆という言葉はあらゆるものごとを測定する絶対の処方箋とされており、すでに大衆の実体から遠く遊離して、実は抽象化された観念にすぎなくなっている場合が多い[204]」と評したが、それは、既存のマルクス主義者たちは自分たちにとって都合の良いように任意に「大衆」のイメージを思い描いているにすぎないにもかかわらず、それをあたかも「大衆」自身であるかのように語っているということを明るみに出し、その偽善性を追及しようとするものであった。

　しかし、いずれにせよ、こうした大衆社会論やマルクス主義以上に映画論で目立っていたのは、大衆文化論的な言論である。その論じ方には、近代政治的な民主と呼ぶにふさわしい観点が少なくとも四つ含まれていた。一つは、階級的な観点から「大衆」としての映画観客を民主化の主体として評価する見方である。この観点からすると、「大衆」はたとえ資本主義によって生み出されたものであるにせよ、システムによって完全に規定されているわけではなく、むしろある程度自立しているものである。佐藤忠男はこの観点をもっとも強力に打ち出した批評家だったと言える。彼は一九五六年の論考「映画は何を総合するか[205]」で、映画をはじめとするマス・コミュニケーションによって「芸術の民主化」がもたらされたと主張した。しかし彼にとってこの「芸術の民主化」は、とくに映画に限って言えば、「趣味と理解力の低い大衆にも好まれるように低俗化」されたということではない。[206] むしろ、「大衆」――佐藤はこれを「中間層」たるサラリーマン層にも広げながら「労働者階級」と同一視している――はもともと「近代資本主義の生み出した」ものであったにしても、「量的にも質的にもぐんぐん成長」してきており、いまでは「大衆」の趣味や思想を反映した映画こそが芸術的な映画だと言う。[207] したがって、逆に言えば、映画作家はインテリであっても、自分とは異なる階層の、この多数派の「大衆」に向けて作品を作らなければならず、その点で他の芸術の作家が自分と同じ階層に向けて作品を作るのとは別の技術が要求される。[208] 要するに、佐藤にとって「大衆」たる映画観客はシステムの閾に位置するものであり、その「大衆」が、従来知識人によって占有されてきた映画の芸術性を決定する主導権を握るようになったという意味で、「芸術の民主化」が達成されたというわけである。佐々木基一（一九一四年生まれ）は五八年の著書の中で、この三〇年生まれの若き批評家、佐藤の論を「面白い報告をしている」と評価し、[209] 佐藤の論をもとにしながら、「映画はいわば大量生産によって、大衆的なものになった。芸術が一部の選ばれた人々の特権的占有物であった時代は、映画とともに終わった。それは芸術の民主化をもたらした」と記した。[210] 南ですら、佐藤に影響されたかどうかはわからないが、数年前までは映画観客を未熟な「大衆」とみなしていたにもかかわらず、一九五九年の著書『孤独からの解放』では「映画芸術は大衆支持がないと全く成立しない」[211]「大衆の映画鑑賞力のレベルは向上した」「映画大衆とでもよばれるべき活発な集団として、映画を集団的に支持しはじめている。これは、映画の歴史の中で、かつて見られなかった、もっとも新しい、かつ、もっとも重大な動きなのである」[212] と書いて、映画観客がシステム内在的な「大衆」には還元できない自立した「大衆」に成長していることをほのめかした。[213]

民主化を主張する階級的な観点とともに、二つ目の大衆文化論的な観点として指摘したいのは、男性中心主義的な多様性とでも呼べる観点である。これは、均質性を想定しがちだった大衆社会論やマス・コミュニケーション論と違って、一面では、「大衆」の中の社会的立場上の差異を考慮に入れようとするものだった。前章で触れたように、南は著書『孤独からの解放』と編著『マス・カルチャー』(一九六三年)の「解説」で正反対の主張を行っていた。前者では、映画は「互いに顔をあわせることなく遠くに住んでいる多数の人たちを一つに結びつける」マス・コミュニケーションの一つであり、「見知らぬ人たちを一つの場所に、一時的に一つの集団に」しながら、「年齢、階級、職業、男女、地域を越えて大きな集団としてマスまたは大衆に編成」し、等質化と均一化を達成すると論じた。「等質化は、具体的にいうと大衆の階級的な差別感や対立の意識を平均化する、あるいは中和化する」ものであり、「ラジオ、テレビ、映画のいずれのジャンルにでも、なるべく多くの大衆に階級的な反感をよびおこさせないようにするためには、どの階級の人間にもある程度、好感をもたれ、理解され、同情される人間類型をもってくる必要がある」と言っている。[214] しかし、『マス・カルチャー』では、「マス文化主義に警戒しなければならない」と警鐘を鳴らしながら、「階級・世代・地域などの違い」によるバリエーションにも目を向けるべきだと強調した。[215] 瓜生は一九六二年の著書で、この南以上にマス・コミュニケーションによる均質化に懐疑的な姿勢を見せている。彼は、独自の調査をもとにしながら「職員」、「労務者」、「主婦」、「農村大衆」の間には映画を見る頻度やジャンルの好みに大きな差があることを統計的に示した。[216] この見解は、先述の一九四〇年代後半における彼の近代化論的な見方からの転換を示唆するとともに、映画観客が均質な「大衆」像に還元できないことを証明しようとするものだった。しかし、「大衆」をこうした社会的アイデンティティのカテゴリーに分類してその違いを探る方法は、そのカテゴリー自体を無批判に前提にする傾向があるために、アイデンティティを固定化しステレオタイプ化してしまう危険性を伴っていたことは言うまでもない。この種のステレオタイプは、一九五七年の『キネマ旬報』の映画観客調査に基づく記事にも典型的に見られるものである。この記事は、女性観客に焦点を当てながら、「男性中心の社会では娯楽が男性向けに偏っているため、女性は読書や映画へ」向かう傾向があると指摘した上で、身辺的なこと、シンデレラ・ストーリー、同情によって優越感を味わわせることの三要素が女性を魅了するものだと断じている。[217] ここで重要なのは、南にしろこの記事にしろ、多様性を示したり女性観客を取り上げたりしていながら、その叙述は男性中心的な視点から女性の特性を規定しているという点である。実際にも、一九六〇年代後半から映画観客は男性化を強める傾向があった。というのも、先述のように一九六〇年代から映画産業が斜陽化するにつれ、大手映画会社が二本立興行のプログラムを埋めようとピンク映画を広く配給するようになったため、六〇年代後半までに多くのそうした映画館には女性が入りづらい状況が生まれたからである。[218] そのため、この頃には、映画観客としての「大衆」は、想像上の意味でも文字通りの意味でも男性中心の集団になったと言える。

第三に、一九五〇年代には映画観客に、内省する主体性を見出し評価する言説も目立ってきていた。一九五〇年代後半に書かれた上記の『キネマ旬報』の記事は、女性観客を単にステレオタイプに当てはめるだけでなく、「私なら……」といったような反省と批判を持ってみるようになった」とも付け加え、「女性」の主体的な見方を期待している面もあった。[219] しかも、ここで評価されている映画観客の主体性は、内省する近代的個人のそれである。この頃、映画自体は一個人がもがき苦しみながら人生を生きる姿を情緒的に描くもの、当時の言葉で言う「ヒューマニズム」を描く作品が批評家の間で高く評価される傾向にあったが、それに対する映画鑑賞は、少なくとも批評家の間では、情動的・感覚的に散漫に観るべきではなく、理知的・内省的に集中して観るべきものだという考え方が広がっていた。南が、散漫なテレビ視聴の傾向と対比する形で、一定の時間、集中して観ることを映画鑑賞の特徴として強調していたことは、その端的な例である。[220] すなわち、映画の場合は感情移入をするにしても、理知的な反省を伴っているべきだというわけである。こうした見方に沿う形で、批評家たちは「大衆」の内省的な映画鑑賞を評価した。瓜生は一九五六年の著書で、批評家と「観客大衆」との間の「ずれ」を問題にし、「大衆」にとっては「いかに生きるか人生を考えるもの」が映画であり、批評家はこれを軽視していると批判した。[221] 彼によれば、『また逢う日まで』（今井正監督、一九五〇年）、『二十四の瞳』（木下恵介監督、五二年）、『生きる』（黒澤明監督、五二年）といったヒット作は「ヒューマニズム」を表現しているという点で共通しており、これらは「天皇制封建社会に対するものである」点で、「大衆の欲求を満たす」というのである。[222] つまり、これらの作品はいずれも人間の人生を情緒的に描く「ヒューマニズム」ものであるにもかかわらず、瓜生が映画観客に期待しているのは、登場人物への感情移入や共感よりも、権力に対する批判的な考え方なのだ。こうした内省する近代的個人の観念は、個々人が静かに黙ってスクリーンを集中して見つめる映画鑑賞と映画観客にだけ結びつけられ、家庭で相互にコミュニケーションをとりながらイメージを散漫に消費するテレビ視聴とテレビ視聴者に結びつけられることはなかった。しかし、この内省する主体としての映画観客像は、一九六〇年代になると薄れてくる。おそらくその一因は、たとえ初期のピンク映画が政治性を帯びていたとはいえ、[223] プログラム・ピクチャーの観客のイメージとは結びつかなかったからであろう。[224]

とはいえ第四に、少なとも一九五〇年代には、内省する近代的個人の観念と共存する形で、映画観客をシステム的な権力に抵抗する主体として捉える観点があった。むろん、これら二つの観点の結びつきが明確に論じられることはなかった。すでに見たように、南は、映画観客を均質な「大衆」として想定しながらも、一九五一年の加藤秀俊と高野悦子との共著論考では映画観客の民主的意識の不完全さを問題にし、五五年の論文では観客への映画作品アンケートを行って、天皇制に対する民主的意識や、戦争に対する反戦意識を基準に観客の成熟度を図っていた。[225] 後者での『雲ながるる果てに』への観客の感想について南は、「戦争の本質的な問題を考えさせられるというよりも（中略）感情的な反発に終わっている」と嘆いたが、これは裏を返せば、佐藤が理想化したような「大衆」像と現実の「大衆」との間の矛盾を露呈しているだけでなく、十年前に終わったばかりの戦争を反省的に捉えることを観客に期待していた証左だとも言えるだろう。しかしながら確かに、南はそうした民主的意識や反戦意識への期待をシステム的な権力への抵抗にまでつなげて論じることはなかった。佐藤や佐々木や瓜生にしても、彼らが優れた映画作品に反映されていると想定した「大衆」の「ヒューマニズム思想」――戦中戦後の困難をもがき苦しみながら生きる人生そのもの――がシステム的な権力への抵抗に具体的にどう結びつくのかについて、必ずしもはっきりとしたことを論じてはいなかった。むしろ、それは政府と軍部のせいで「大衆」が苦しみ、犠牲になったという被害者意識を示す以上のものではなかったし、そうした「ヒューマニズム」の描きかたは、ピーター・B・ハーイや平野共余子が論じたように、登場人物のもがき苦しむ過程を強調してみせるその方法において、戦前戦中の戦意昂揚映画に見られた「ヒューマニズム」と変わらなかった。[226]加えて、第四章で見た帝国日本の問題がこの種の言説では完全に欠落していた点では、彼らの議論で前提とされている内省する近代的個人の観念は、被害者史観的で自己満足的なものだという批判を受けても仕方がないものだったと言えるだろう。

しかし、こうした議論と並行して、映画観客をより明確な形でシステム的な権力への抵抗主体として位置づける試みがあった。一九五〇年代中頃から批評家の間で話題になった映画の鑑賞サークルや自主上映が、それである。南は、一九五五年の論考の中で、「大衆」が積極的に映画にかかわっていくようにするために、都市中産階級以外に向けた自主的な巡回上映や、「大衆」の手による自主制作組織・鑑賞組織の促進を提唱していた。[227]実際、一九五五年までに映画観客のサークル活動が盛んになり、全国で三〇万人の会員を集めていたという報告もある。[228]佐々木は一九五八年の論考で、それをテレビと対比しながら、こうした自主的な鑑賞サークルは映画だからこそ可能であり、企業側に管理されざるを得ないテレビの視聴者にはできないことだと主張した。[229]そして同年、山田和夫や時実象平などのマルクス主義系の批評家たちが、それまで映画会社が共産主義色の強いことを理由に興行に躊躇してきた『戦艦ポチョムキン』の輸入上映運動を展開し（図6-4）、それが発展して一九五九年五月には自主上映促進会全国協議会が結成された。[230]佐藤忠男は、一九六一年の論考で、東宝争議（四六年から四八年）が起こった頃に映画サークルが盛んになったものの、やがては人々が会員割引を目的に参加するようなものへと惰性化したと指摘しながらも、六一年の自主制作映画『松川事件』（新藤兼人脚本、山本薩夫監督）などをきっかけとした自主上映運動に期待を寄せた。[231]自主上映会に関するこうした一連の言説からは、映画観客の位置づけに関して二つの重要な点が読み取れる。一つは、大衆社会論やテレビ論が、視聴者間でのコミュニケーションのあるテレビと比較して、映画観客は相互に孤立していると論じたのとは裏腹に、映画のサークルや上映会には観客同士のコミュニケーションが、

**図 6-4** 『戦艦ポチョムキン』自主上映会チラシ

上映前の準備段階から鑑賞を経て上映後の討論に至るまでの過程で存在し、それが連帯感を形成していると考えられたということである。「大衆」の自主上映会のもう一つの重要な点は、映画観客がシステム的な権力に抵抗する政治主体として想定されている点である。ここには、映画と映画観客が、テレビとテレビ視聴者に対してと同時に、政治的権力に対しても、オルタナティヴなものとして再定義されようとしていた様相の一端が窺える。二〇〇〇年代には、こうした「大衆」による自主上映運動と共通した側面をもちつつも、それとは異なる形で、「市民」による自主上映会が展開されることになるが、それについては第八章で詳しく論じることにしよう。

確かに、大衆文化論的な映画観客論におけるこうした四つの観点――階級、男性中心主義的な多様性、内省的個人、抵抗的連帯――の関係は極めて曖昧であり、論理的に結びつけて言説化されていたわけではなかった。ましてや、論者の間で完全に合意されていたものでもなかった。むしろ映画観客の定義は、これまで見てきたように、大衆社会論、マス・コミュニケーション論、近代化論、マルクス主義などとも絡み合う中で葛藤と矛盾を伴うものであった。しかしながら、曖昧な形ではあるにせよ、映画観客は、テレビ中心のトランスメディア的消費文化で脱中心化される中で、テレビ視聴者と対比されながら、階級的観点、男性中心主義的な多様性の観点、内省する近代的個人という観点、システム的な権力に対する抵抗と連帯の観点といった複数の点から重層的に「民主」の担い手として再定義されたとは言える。その意味でそれは、家庭中心の消費文化・日常生活を中心とした消費生活的な民主に対して近代政治的な民主とみなすことのできるものであり、映画論では「大衆」とみなされていたとはいえ、「大衆」を嫌悪した丸山眞男や大塚久雄に代表される「戦後民主主義」思想の「民主」と相重なるものだった。要するに、終戦から一九六〇年代初めの日本では、「消費生活的な民主」や「近代政治的な民主」と呼べるような複数の相異なる形の「民主」が、テレビの普及によるメディア消費文化の再編の中で、テレビと映画をめぐって共存しせめぎ合い、「大衆」ポリティクスをなしていたと言えるのである。

## 「大衆」は消滅したのか

二〇一一年三月一一日、大地震と津波が日本の東北・北関東地方を襲い、東京電力福島第一原子力発電所がメルトダウンを起こした。この大災害は、「平和利用」と言われていた原子力発電が生命にとっても社会にとってもどれほど危険なものかということを知らしめるとともに、原発というものがにわかには想像できないほど強固で広範囲に及ぶネットワーク化したシステムであることを露わにした。このネットワーク化したシステムは、単にフロントエンド（ウラン鉱山での鉱石の採掘、核燃料への加工など）からバックエンド（発電後の廃棄物処理、燃料の再処理、原子炉の廃炉など）へと至る核燃料サイクルや全国にはりめぐらされた原発による電力の送電網を指すだけでなく、原発事故をきっかけにして国内の「原子力ムラ」と世界の「原子力ロビー」が問題視され始めたように[232]、産業・行政・学界の特定の関係者たちに共有された原発利権を担保する経済的・政治的な権力システムをも意味する。二〇一〇年代後半の今日、世界では原発を廃炉しようとしたり自然再生エネルギーへと転換しようとしたりする国が増えつつある一方で、日本を含め多くの国々はいまだに原発に頼ろうとしている[233]。

テレビもまた、一九五〇年代から今日に至るまでの間に大きく様変わりしたが、依然としてネットワーク化した巨大システムとして機能している。カラー・テレビ放送（一九六〇年から）、衛星放送とケーブル・テレビ放送（八〇年代から）、デジタル放送（二〇〇〇年から）や横長型テレビ受信機の普及（二〇〇〇年代から）などテレビ自体の変遷は言うまでもなく、ビデオ（一九八〇年代）、ＤＶＤ（二〇〇〇年代）、そしてパーソナル・コンピュータ、インターネット、携帯電話、スマートフォン（一九九〇年代から二〇一〇年代）などの周辺機器の発達と普及により、テレビはテクノロジーとしても事業としても利用者の接し方としても劇的に変容してきた。一九八〇年代までにテレビを各個室に置く家庭が出始め、[234] 一方でスポンサーは、家族ぐるみの視聴者をターゲットにして「ゴールデンアワー」に投資するよりも、年齢や趣味などによって視聴者をセグメント化して投資するようになった。[235] またこの頃にはビデオの普及によって、受信者がテレビ放送を保存できるようになった。そして、二〇〇〇年代にはインターネットが普及しテレビと競合するようになったが、パソコンやスマートフォンのようなメディア・プラットフォームでテレビが視聴可能になるという状況も生まれてきた。テレビは今やスマートフォンや自動車に装備されたモニターなどで電波さえ届けばいつでもどこでも見ることができる。さらに、メディアに接する人々のパフォーマティヴなレベルでは、ラジオの「ながら」聴取、テレビの「ながら」視聴の延長とも言えるマルチ・タスク――例えば、音楽を聴きながら映像を視聴し、ソーシャル・メディアで応答するなど複数の作業をほぼ同時進行的に行うこと――が日常化することにより、経験の断片化と複層化がよりいっそう進行してきている。したがって、家庭を拠点とするメディア消費文化の中心であったテレビは明らかに主流ではなくなったが、しかしテレビが環境化し日常化している状況は消滅するどころか、ますます強化されているとさえ言えるだろう。

では、「大衆」はどうか。テレビ視聴者や映画観客はいまでも「大衆」と呼びうるのか。本書の見解からすれば、標準化・均質化した集団としての「大衆」という見方はますます有効性を失っている一方で、システム内在的にアトム化されているという意味では、さらに言えば、爆発的な量的力と膨大な量的集積としてのマスという意味では、「大衆」はいまでも重要な概念だと考えられる。言い換えれば、「大衆」は、均質・標準という意味では消滅したと言えるだろうが、ネットワーク化したシステムに内在的でありながら断片化し分散化した間接的集合体という意味と、莫大な量を含意するマスという意味では、ますます強力に存在し続けている。それは普段は不可視であっても、スポーツ、コンサート、パレードなどのライブ・イベント、電子空間上の「炎上」、そしてビッグデータとして出現するときは、具体的な身体としてにせよ、記号的なものとしてにせよ、量的に可視化する。いずれにしても、「大衆」は、言説的・非言説的な条件に規定されて歴史的に変化してきており、消滅していないどころかますます勢いを増している面すらあるのだ。テレビ視聴者と映画観客もまた、標準化された均質なマスとしての「大衆」ではないにしろ、そのように進化した「大衆」の一側面を成していると見るべきだろう。以下では、この歴史的経緯と現状についての見通しを示して、本章の締めくくりとしたい。

「大衆」は、政治、経済、テクノロジー、思想が交差する結節点にあって、一九七〇年代から二〇一〇年代に至るまでに、ネットワーク・システムに内在的で断片化し分散化した主体としての性格を強めたと見ることができる。これまでに見てきたように、一九七〇年代以前であっても、「大衆」は必ずしも均質的・標準的としてしか見られていなかったというわけではなかった。しかし、高度経済成長とともに「中間文化」「新中間層」「一億総中流」などといった言葉が流行り、家庭を拠点にした消費を通じて既存の階級格差を超えて誰もが同じような趣味をもち同じような生活スタイルを送るようになったという認識が広がった。すでに確認したように、一九八〇年代までに、そうした認識は、実際には存在していた貧富の差やジェンダーにかかわる差別を覆い隠してしまう「幻想」であることが当時から指摘されていた。[236] しかしその一方で、この頃に、ダニエル・ベルの『脱工業社会の到来』の影響を受けながら、先述の中野収や山崎正和のように、人々の個性や価値観が消費を通じて多様化し豊かになっていると論じる人たちも現れた。それとともに、消費者の個性や多様性を謳歌する議論や、個々のニーズや「感性」に合った市場戦略を唱える「分衆」論や「小衆」論が盛んになったこともすでに指摘した通りである。そのような見方は、消費者を均質なものとしてではなくセグメント化して捉えようという、この時代におけるテレビのスポンサー戦略にも表れていた。テッサ・モーリス＝スズキは一九八八年の著書で、そうした変化を「大規模で標準化された生産システムと大衆消費から、小規模で多様化された生産と市場の断片化へのシフト」として適確に説明していた。[237] 近年の研究では、この変化は、レギュラシオン学派の学説に基づいて、フォーディズムからポストフォーディズムへのシフトとして説明されることも多い。すなわち、一つの大規模な工場で標準化された部品を流れ作業によって組み立てて画一的な製品を大量に生産し販売するシステムであったフォーディズムから、工場を世界各地（とくに労働力が安い地域）に分散して多様なタイプの製品を消費者の好みの違いを考慮に入れて柔軟に生産し販売するシステムであるポストフォーディズムに転換したというわけである。(238) このシフト論に基づいて、マーク・スタインバーグは一九七〇年代終わりから九〇年代初めにかけての角川書店のメディア・ミックス戦略を説明し、(239) ガブリエラ・ルカーチは八〇年代から九〇年代にかけて流行したトレンディ・ドラマを論じた。(240)

一九七〇年代から九〇年代にかけての時期は、確かに、そうしたシフト論を裏づけるような出来事や現象がさまざまなレベルで起こっていた。経済企画庁は一九八四年に、十年ほど前の七三年に起こった第一次オイルショック以後の社会状況について、「それまでの高度成長から安定成長へと移行するとともに、経済社会のすべてにわたって成熟化、国際化、高齢化、情報化等が一段と進行している。こうした環境の中で、国民生活においても物的あるいは量的な満足の追求だけでなく、精神的充足ないしは質的充実を求める動きが強まっている」との見解を示した。(241) 並行して、一九七〇年代初めまでに新左翼運動が過激化し、それが暴力的であるというイメージが流布するにしたがって、(242) 人々の政治への関心は薄らぎ、ますます消費主義への傾向を強めた。また、一九八〇年代の中曽根内閣による鉄道、電話、通信、タバコの民営化から、九八年の橋本内閣における規制緩和委員会、九九年の小渕内閣における「二一世紀日本の構想」懇談会などを経て、二〇〇三年の小泉内閣における労働者派遣法の規制緩和に至る過程で、個々人の「自助努力」「自己責任」を基調にした新自由主義のガバナンスが進行した。(243) この動きは、一九八九年の冷戦終結後の自由貿易圏の拡大によってグローバリゼーションに拍車がかかるとともに、九一年にバブル経済が崩壊し長期の不況に入った中で、企業が終身雇用・正規雇用のシステム——企業が長期にわたって被雇用者の福祉面を世話するシステム——から脱却することで財政的な負担を軽減しようとする構造改革の機運を後押しした。[244]さらに、思想的には、一九八〇年代から九〇年代にかけてポストモダン論が盛んになり、大衆社会論が批判してきた全体主義的な体制と考え方を大衆社会論とは別の観点――表層、平板化、多様性、断片化の重視――から批判を行ったが、[245]しかし同時にそれは、全体対断片、統制対自由という二項対立をもとに後者に価値を置いている点で、新自由主義を意図せずして支持するものともなっていた。[246]

二〇〇〇年代以降、デジタル技術の発達とともに、断片化、多様性、柔軟性の傾向はさらに急激に強まった。しかし、それは単なる一方向的な流れとして捉えるべきではないだろう。むしろ、それと組み合わさる形で、一元的管理の傾向と、量的力の傾向も強力なものとなった。いまでは個々人は、インターネット上のサイトでＩＤとパスワードを登録するとき、銀行口座を開くとき、スーパーで物を買うとき、映画館、展覧会、スポーツ観戦のチケットを購入するときなどあらゆる機会に、年齢、性別、住所、職業、購入商品の種類、購入頻度などの情報を提供し、その趣味を解析され、データとして管理されている。それはいわば、個人はデータとして細分化、断片化されていると同時に、データとして一元管理されているということである。[247]そのデータは、産業と国家のネットワーク・システムで容易に管理することが可能であり、しかしまたそれがコンピュータで集積され解析される過程は不可視であり、その量は個々人が想像できる範囲をはるかに超えた巨大な規模のものになっている。こうした事態の底辺には、分散化したネットワークを通して人々がコントロールされている状況があるとも言えるだろう。[248]つまるところ、人々は、主観的には個々で自由に行動し日々の日常を断片化された経験として生きているが、客観的に見ればデータの集積として処理・管理され、操作の対象ともみなされており、しかしその過程は不可視であるがゆえにそのことを普段意識することがないという構造の中に埋め込まれているのである。

加えて、イベント会場に集まる膨大な数の人々と、ソーシャアル・メディアにおける「炎上」は、爆発的で情動的な量的力を思わせるものである。「ポスト・トゥルース」とも言われる時代にあって、あたかも事の善し悪しの判断は、「敵」に対する反感を表明しながら大量の人々の共感を得られるかどうかが決め手になっているかのようである。この点でソーシャル・メディアは、大統領のように権力の中枢にいる人物はともかくとして、それまで声を表に出しにくかった社会的に不利な立場にいた人々にとっては、自らの立場や意見を表明する上で、時間的にも経済的にもコストのかかる裁判に訴えるよりも有効な手段になったという点で、非常に重要な意義がある。しかしその一方で、当事者間の出来事を「公正」に検証し判断することなく、半ば断片的で一方的な情報だけをもとに共感を得ることで正義を訴えようとする意味では危険なものでもある。そこでは量こそが——さらに言えば、集団的な情動こそが——力をもつのであり、論理と実証性は二の次となりやすい。誰もが理解できるだけでなく、誰もが発信できる環境が生まれてきたという意味でテレビが普及したときよりもさらに「民主化」された一方で、家庭と世界の不均衡な関係を構造化してきたテレビにも増して、ソーシャル・メディアでは、責任をとる必要のない非当事者たち——テレビ視聴者たちならぬ、ユーザーたち——が一斉に、つまり同時的かつ量的に他者を攻撃するという事態が頻繁に起こるようになってきた。そうした批判者や攻撃者は、自らを疑うべくもない絶対的な正義の立場に置き、実際に起こったことを自ら検証しようとすることなく外部的な視点から他者を非難して、自らの立場を優位なものとして確証しようとするのである。

したがって、このような、人々の一元的管理の傾向と量的力の傾向を考慮に入れれば、一九七〇年代以後の歴史的経緯は、「大衆」から「分衆」、均質性から多様性、統制から断片化といった単純なシフト論では説明できないことは明らかだろう。確かに、人々を標準化された均質な「大衆」と見ることは、ますます的外れになってきている。しかし、少なくとも次の三点に関しては「大衆」概念はいまでも有意義だと考えられる。第一に、大衆社会論が論じたことに似て、人々はシステム——とくに、ネットワーク化したシステム——に内在化しており、外部に出ることはほぼ不可能である。第二に、人々が、パフォーマティヴな経験にせよデータとしてにせよ、断片化し分散化している点では、一九六〇年代までに議論された「大衆」の延長戦上にあると考えてよい。そして第三に、人々は量的に処理・管理されるとともに、量的に力を得ることがある点で、マスとしての側面をもっていると言える。こうした点から、「大衆」は消滅したわけでは決してなく、むしろメディア・テクノロジーの進化とともに、形を変えながら社会の中で重要な意味と力をもち続けていると言えるのだ。

　テレビ視聴者と映画観客もまた、こうした意味での「大衆」と切り離して考えることはできない。確かに、テレビ視聴者を、家庭という場で自己中心的に世界に開かれる主体として捉える見方は、完全に無効ではないにせよ、総合的に考えれば有効ではない。すでに触れたように、テレビはもはやメディア消費文化の布置の中で中心的な位置を占めるものではなくなり、メディア環境の一部にすぎないものになっていると言える。しかし、テレビもまた、メディアとしても産業としても、ネットワーク化したシステムとして成り立っており、視聴者はそこに内在化している。テレビ視聴者が、異なるメディア・プラットフォームでテレビに接することに限ってみても、人々が分散化して存在していながら、断片化した経験を生きていることはもはや言うに及ばないだろう。テレビはさらに、量的爆発またはネット上の「炎上」の引き金にもなりうる。

　映画観客もまた、確かに一方では、一九六〇年代までの大衆文化論が議論したような形で階級、内省する近代的個人、男性中心主義的な多様性、システム的な権力への抵抗や連帯の観点から語られることはなくなったと言える。映画観客が階級的に規定されることや内省を期待されることはほとんどなくなった。多様性は、年齢、性別、居住地域、職業などの点からマーケティングを目的にデータとして解析されることはあっても、消費者の傾向を、既存のアイデンティティ・カテゴリーを前提にして、その枠組みの中で認識しようとする、かつての社会心理学やマス・コミュニケーション論のような観察的な見方は有益ではなくなってきた。そして、資本主義、官僚主義、ファシズム、冷戦構造といったシステム的な権力への抵抗を映画観客に求める議論も、文化のポリティクスを明るみに出そうとするカルチュラル・スタディーズやポストコロニアル研究に関連する研究・批評以外は、あまり見られなくなった。加えて、映画はテレビとは違って同じメディアでも「芸術」とみなされる傾向が強いように——例えば、アカデミズムでは、映画は美学研究の対象になっていてもテレビはそうはなっていないように——、映画観客はテレビ視聴者に対して社会的に一段高い位置にあるものとして見られることもある。それでもなお、映画観客が、テレビ視聴者と同様に、トランスメディア的消費文化に組み込まれていることは否定できない。映画もまた、映画館だけでなく、映画祭や自主上映の場、テレビ、パソコン、その他の各種端末、飛行機のモニターなど多様なプラットフォームで観ることが可能であり、映画観客はインターネット上でＩＤを登録してお目当ての映画作品を鑑賞する。したがって、映画観客も、断片化され分散化している一方で、データとして処理・管理されている、システム内在的な「大衆」の一側面だと言える。

とはいえ、人々は、あるいは映画観客は、このような性格をもつ「大衆」でしかありえないのだろうか。第三章では、「大衆」と絡み合いながらも、国の枠組みに規定されてきた「国民」を考察した。次章では、同じく「大衆」と絡み合いながらも、それとは異なる形で編成・再編成されてきた「市民」を検討する。「市民」もまた、システムから逃れられない「大衆」の側面を併せもちつつも、「大衆」ポリティクスとは異なる形でシステムもしくはネットワークをめぐる交渉関係を示してきた。これまで「国民」と「大衆」という観点から見てきた、戦後から現代へと至る歴史と映画観客の関係性を、「市民」という観点から捉え直すことにしよう。

# 第V部　市　民

# 第七章　脆弱な主体としての「市民」

## ――戦後とリスクの時代の個人化とネットワーク化

一つの身近なエピソードから始めたい。二〇一三年九月八日、当時私が住んでいた名古屋市緑区にある区の公共施設「徳重ユメリアホール」の一室で、「『わすれないふくしま』ＤＶＤ上映会」と題した催しが開かれた（図7-1）。映画上映と「おしゃべり会」の二部構成からなる催しである。私がこの企画を知ったのは、名古屋生活クラブの配達の際に配られたチラシによってである。このチラシ以外にも、ブログ、フェイスブック、ツイッター、メーリングリストなどのソーシャル・メディアや口コミのネットワークを通して名古屋生活クラブや主催者から発信された案内や情報が拡散されていた。主催者は、名古屋生活クラブの後援を得た、一児の母親であり保育士だという人である。彼女が自らこの企画を立てて実施しようと決意したのは、同じく子持ちの母親である友人が鎌仲ひとみ監督の映画『内部被ばくを生き抜く』（二〇一二年）の上映会を開き、多数の人を集めて活気ある会になったことに触発されたからだという。その「ママ友」は、今回の催しで『わすれないふくしま』（四ノ宮浩監督、二〇一三年）の上映に先立って主催者の代わりに挨拶を行い、原発事故や、再軍備化へと舵を切っているように見える当時の安倍晋三政権の動きなどを指摘しながら、それに抗するために「私の力は微力ですが、一市民として何かできることはないかと考えました」[2]と述べた。

会場には三〇人程度の人々が集まった。主催者たちの母親同士のつながりや、簡易的な託児所の設置のおかげもあり、小学生以下の子どもを連れた三〇歳前後の女性たちが目立ったが、学生風の男女、中年の男女、高齢者の姿もあった。映画は、飯舘村出身の幾世帯かの家族の様子を中心に原発事故後の放射能汚染に苦しむ惨状を見せるドキュメンタリーであった。この映画の最大の特徴は、他の多くの同種の映画と違って、飯舘村の家に嫁いだフィリピン出身の女性に密着しているところにある。また、ドキュメンタリー撮影のための取材の申し込みが住民によって拒否される場面では、現地の人たちの気持ちを顧みない制作者側の強引さがいくらか感じられ、倫理的な姿勢を問題視されかねない作品でもあった。さらには、多数の牛の死骸を繰り返し見せる場面もあり、主催者の第一部の終わりの挨拶によれば、上映後、子どもには刺激が強すぎるのではないかという意見が参加者の母親からあがったという。

図 7-1 『わすれないふくしま』DVD 上映会チラシ

第一部の映画上映に続いて、ユメリアホールにある畳敷きの小さな一室で「おしゃべり会」と題した第二部の懇談会が開かれた。そこに集まったのは、主催者とその友人、そして懇談会への参加を希望した上映会出席者八名である。また、NPO法人・チェルノブイリ救援中部の理事を務めながら福島の放射能汚染の状況を調査している分子物理学専門の元大学教授と、福島県南相馬市から避難してきたという六〇歳代後半と見られる夫婦もゲスト・スピーカーとして招かれていた。懇談会は主催者と各参加者の自己紹介に始まり、そこで主催者の女性は「自分の頭で考えて行動すること」の重要性を訴えながら、以前は政治・社会問題にまったく関心のなかった自分が震災をきっかけに大きく変わり、友人の企画したイベントや勉強会に参加する中で「自分のできることをやれる範囲」で行う気持ちになったと述べた。その後、元大学教授が東北・北関東地方における放射能汚染の調査報告を行い、続いて南相馬市からの避難者が体験談を語った後で、各自が自由に意見を述べた。興味深いことに、そこでは映画について語られることはほとんどなかった。映画はあくまできっかけであり、参加者たちが作品の評価に関心がないのは明らかだった。放射能汚染についての不安と認識を共有し、それにどう対処するかということにこそ最大の関心があるのだ。そこで共有されていた感情は、震災後の政治・社会状況への不安と不満であり、普段の日常生活ではなかなか話せない社会的にセンシティヴな問題について自由に話し合う場をもてたことに対する安心感と喜びであった。

この催しには、本章と次章の主題にとって重要な面が三つ、端的に表れている。何よりもまず重要なのは、この自主上映会は「市民」が主催し「市民」が参加していることである。これを、「民衆」が主催し「民衆」が参加していると表現しても同じ意味合いにならないし、「国民」「大衆」「民族」といった言葉で置き換えてもしっくりこないことは明らかだろう。このことは、「市民」という言葉が、「民衆」「国民」「大衆」「民族」という他の社会主体を表す言葉とは異なる意味合いをもっていることを示している。「市民」こそが、この種の映画の自主上映会の主体を指す言葉にふさわしいのである。とすれば、「市民」とは何を意味しているのだろうか。この催しの挨拶や談話から読み取れるのは、「市民」が単なる辞書的な意味には収まらない(3)、ある程度多様で複雑なニュアンスをもっているということである。そこには、自ら進んで催しを企画したりそこに参加したりする自発性、公共施設の利用者を指す行政単位的な意味合い、政治や社会の現状に抵抗し異議を唱えようとする政治性、子どもを気遣う女性が中心であると同時に特定のアイデンティティに限定されていない開放性、不安や不満などの感情と科学的理解への関心（理知）との両面性、同じ場に集合する複数の身体性といったさまざまな異なる意味合いが競合的に――必ずしも調和的にではなく――含まれている。加えて、百年以上にわたる日本の映画史上において映画や娯楽が、「民衆映画」「民衆娯楽」「大衆映画」「大衆娯楽」「国民映画」「国民娯楽」「民族映画」のように「民衆」「大衆」「国民」「民族」に結びつけられることはあっても、「市民」と結びつけられることは稀であり、「市民映画」「市民娯楽」といった言葉がほとんどなかったという事実も想起しておきたい。唯一の例外と言えるのは一九三〇年代に一大ジャンルをなした「小市民映画」である。この言葉には当時の近代化の機運の中で都市に増え始めた男性サラリーマン層やプチ・ブルジョワを思わせる、階級的・地域的・ジェンダー的に偏ったニュアンスがあった(4)。この例にも見られるように、「市民」という言葉には、娯楽や消費文化から区別されるべき公共性のニュアンスや、中流階級の都市住民を指す意味合いが感じられることもある。とはいえ、本章では、「市民」の複数の意味を総括し固定的に定義することを狙いとはしていない。むしろ、その意味合いの歴史的変化の系譜を検討しつつ、現代ではそれが再編成されながら(5)、上記のような複数の意味合いを競合的に併せもっていることを示す。その上で、「市民」による自主上映会を事例にして、「市民」がそうした意味合いをもつ社会主体だからこそ、権力的なネットワークに対する脆弱性と抵抗への可能性の両面を備えていることを論じたい。

本章・次章にとってこの催しのもう一つの重要な面は、原発やその他の政治・社会状況のリスクに気づいたことが、この企画のきっかけになっているということである。リスクとは、ウルリッヒ・ベックによれば、近代化の過程で人間が産み出したものが、再帰的に人間や人間を取り巻く社会・自然環境に危害をもたらす危険性であるが(6)、ここではそれを環境汚染や健康被害のリスクだけでなく、貧困のリスクも含むものとして考える。ニクラス・ルーマンはそれを、天災によるものと認識される「危険」と区別して、人災として認識されるものと再定義した(7)。いずれにせよ、ここで重要なのは、現代ではリスクは個人の力を超えた産業や政治の力によって導入される一方、そのリスクの被害を被るのは個人であり、それへの対処は個人の自己責任とさえされてしまうという、矛盾である。福島第一原子力発電所は、原子力政策を推進してきた自民党政権、東京電力、アメリカのゼネラル・エレクトリック社とそれを後援していたアメリカ政府、そしてその受け入れに積極的だった福島県庁と双葉町会議・大熊町会議の合意をもとに一九七〇年代に建設された[8]。それは、確かに当時の地域住民の支持を一定程度受けたとはいえ、すべての住民が賛同していたわけではなかったし、一般的に原発建設には企業・行政からのさまざまな工作が行われることが報告されている[9]。地元住民の後の世代が、その建設の賛否にかかわることはできなかったことは言うまでもない。にもかかわらず、ひとたび事故が起これば、その放射能汚染のリスクを背負わなければならないのは、個人なのである。それは、何よりもその地域の個々の住民であり、さらにはまたその地域の行政的な境界（市町村の境界、県境、国境）を越えて広範囲に流通する、空気、水、土（コンクリートや廃棄物に混入される場合を含む）、食品に接する人々である。だからこそ、こうした産業・政府の力——後述のように、本章ではこれを権力ネットワークと呼ぶ——と個人との間の不均衡性に気づいた「市民」たちは、反原発のデモに参加したり、独自に空中や食品の放射線を測定したりすることに乗り出したと言える。緑区の「市民」による自主上映会も、こうした文脈にあるものとして理解すべきだろう。リスクが個々人の自己決定を超えてもたらされるという現代社会の現状を自覚し、リスク管理を自分たちの主導権をもとに行おうという志向がこの催しに読み取れるのである。本章では、このリスクをめぐる社会状況と社会運動を、単に原発事故後（ポスト三・一一やポストフクシマ）の現象として捉えるのではなく、むしろ、一九六〇年代以降の公害や八六年のチェルノブイリ原発事故を経て九〇年代の不況、阪神淡路大震災などとともにリスクが意識化されるようになった文脈に位置づけ、それがポストフォーディズムや新自由主義の政策、さらにはソーシャル・メディアをも内包したコントロール社会と称される権力ネットワークの浸透と重なるような形で進行した状況を考察する。加えて、二〇〇〇年代以降に「市民」のネットワークの一つのあり方として顕著になった領土化志向の「市民」ネットワークが、そうした権力ネットワークに同調して機能していることにも触れたい。本章では、こうした検討を通じて、「市民」が個人化され脆弱な主体としての性格を強めている側面を明らかにする。

そして、本章・次章に関する名古屋市緑区の催しの第三の重要な面は、映画、他のメディア、身体的な集合の場という三者の関係性にある。緑区の自主上映会は、その規模の小ささにもかかわらず、ウェブサイト、ブログ、フェイスブック、ツイッター、ライン、電子メール、チラシと連動することで多様なプラットフォームから成るメディア・ネットワークを形成した。そして、それを通して、メディア・ネットワークだけでなく、関心のネットワークや、人々をつなぐネットワークのように、複数の異なる次元のネットワークから成る複層的なネットワークが形成された。このことは一方で、ただ単にこのネットワークが自主上映会をきっかけにできたものだけで自足しているわけではなく、この上映会が過去の他の上映会に触発されて開かれたように、「市民」のより大きなネットワークと結びつきながら展開していたことを示している。この上映会をきっかけとして広がったネットワークはさらにまた別の上映会のネットワークの形成につながるかもしれないし、あるいはつながらないかもしれないが、いずれにせよ新たなネットワークを発動させたり別のネットワークと接続したりする可能性に開かれている。同時に、自主上映会は、次章で多孔的親密‐公共圏として論じる性質を備えている。この概念には三つの重要な意味合いがある。第一に、自主上映会は、今述べた多層的なネットワークを通じてメディア、関心、人々が自由に出入りする浸透性があるという意味で多孔的である。第二に、ケアの倫理学やジュディス・バトラーが集合《アセンブリ》として論じたものにも通じて[10]、上映会は、ある程度同じ関心を抱く人々がそれぞれ具体的な身体をもった存在として同じ場に居合わせながら、同じ時間の推移と感情の推移を経験し、互いに向き合い、互いを思いやる関係を形成する。もちろん関心が大きく異なる人が参加する場合もあるが、少なくとも私が経験した上映会では激しい議論となる場合は稀で、むしろ普段の生活ではタブーとされているような関心を共有する中で、安心感や高揚感が醸成されることが多い。その意味で自主上映会は一種の親密圏をなし、「市民」のネットワークはこの親密圏をもとに広がっていると見ることができる。そこでは「市民」が、正義、合理的必然性（申し合わせて集まる）、自律、自己責任の主体としての性格以上に、相互依存、偶発性（たまたま居合わせる）、ケア、応答責任の主体としての性格を持ち合わせていると言える。しかし第三に、上映会は親密圏とまったく同じというわけではない。知己ではない人々も多数参加するという点はもちろんのこと、単なる感情の共有にとどまらず、社会に働きかけたり権力的なネットワークに抵抗したりすることを目標として、科学的知識、法的・制度的知識、専門的知見をもとに対話を行うという点で、公共圏としての性格や公共圏へ介入しようという志向性も備えている。とはいえ次章で論じたいのは、「市民」による映画の自主上映会が、多孔的親密－公共圏の規範を理想的に体現しているということではない。むしろ、その困難に向き合う実践に目を向けて、そこに「市民」の脆弱さと可能性の両面が表れていることを明らかにする。

要するに本章・次章の大きな目的は、「市民」を、歴史的に形成されながらリスクとネットワークが複雑に交差する、すぐれて現代的な状況の中で再編成された社会主体として捉え、その観点から自主上映会にかかわる映画観客のあり方とその社会的意義を考察することにある。この場合、「市民」はもはや一般的な意味での映画観客――入場券を購入して映画館で映画を観る人たち、あるいはテレビ、ビデオ、インターネット、スマートフォンなどの映画館以外の媒体で映画を観る人たち――とは大きくずれているように思えるかもしれない。しかし、これまでに論じてきたように本書全体の大きな目論見の一つは、既成観念による「映画観客」の枠に「市民」のような社会主体を当てはめることではなく、むしろそれとはまったく逆に映画観客を歴史的に形成された社会主体として捉え直すことで映画観客に対する固定観念を打ち破り、その意味を広げることにある。以下では、映画・メディア研究だけでなく、リスク社会論、市民社会論・シティズンシップ論、社会運動論、ケアの倫理、ネットワーク権力論、公共圏・親密圏論などにかかわる数々の研究を幅広く参照することになるが、こうした観点から映画観客を「市民」として捉えて分析するものは従来の研究では皆無だったと言ってよい。しかし、映画の自主上映会の事例に見られるように、「市民」は無視することができないほどに社会的にユニークで重要な映画観客の一つのあり様を見せている。映画の自主上映会にかかわる「市民」たちは、歴史的文脈と現代的社会状況とに埋め込まれた脆弱な存在でありながら、しかしまたそうした脆弱性をもとに多孔的親密－公共圏のネットワークとでも呼べるものを形成することで、現状を内部から変える可能性をも示しているのだ。

## 「市民」の歴史的編成

日本語の「市民」は、十九世紀に都市の住民を指す言葉として使用されていたと言われているが、[11]福澤諭吉の『文明論之概略』(一八七五年)では、単に都市に住んでいるというだけでなく、古代共和政ローマ以来の、都市を運営する住民を指す言葉、すなわち一定の階層性と自治能力を含意する言葉として使用されている。[12]その後日本では、一九五〇年代後半までこの言葉は、主として都市住民、中流階級もしくはサラリーマン層、[13]そしておそらく男性を包含するような意味合いで使用された。それは、市に住む人々を指す行政的なカテゴリーとして流通し始める一方で、マルクス主義者にとっては一定程度の特権をもった階級の人々を指す言葉として否定的な響きを伴っていた。[14]とはいえ、この頃までは、「市民」という言葉は「国民」や「大衆」ほど広く一般的な用語として使用されているわけではなかった。この言葉が広く浸透し始めるのは、①一九五〇年代末に、警職法(警察官職務執行法)反対運動(五八年)から安保闘争(五九〜六〇年)へと至る社会運動が盛り上がった時である。その後「市民」という言葉は行政的にも政治的・思想的にも重要な意味をもつものとして広く使用されるようになり、二〇一〇年代の今日に至るまでの間に少なくとも四つの局面を経ながらその意味合いをダイナミックに変容させた。その四つの局面とは、②一九六〇年代半ばから八〇年代にかけての住民運動、環境運動、消費者運動、③同時期の「市民参加」型行政、④九〇年代の阪神淡路大震災(九五年)におけるボランティア活動と特定非営利活動促進法(NPO法)の施行(九八年)、またそれらを契機とした市民社会論やシティズンシップ論、そして⑤九〇年代以降の不況、労働者派遣法（八六年以降施行）を含む規制緩和政策、あるいはより大きく言えば新自由主義の政策・風潮、格差、東日本大震災（二〇一一年）といった一連の問題と、それに応じて盛んに議論されるようになった公共圏・親密圏論やケアの倫理、である。言うまでもなく、ここではこれらの局面を仔細に検討することを目的とはしない。むしろ、「市民」が次の三つの様相を併せもつものとして、出来事、実践、言説を通して歴史的に編成・再編成されてきたことを示すことを目的とする。その三つの様相とは、アイデンティティの共存性と競合性、政治性、それに個人化とネットワーク化の関係性である。いずれの様相においても「市民」は単純ではなく両義的であり、それゆえに権力に対する脆弱さと民主的可能性の両面を内包していると見ることができる。以下では、①から④の歴史的局面を概観した後で、「市民」の三つの様相を確認していきたい。その上で、次節以降で⑤を論じる。

## 社会運動と「市民」の生成

「市民」が最初に政治的・思想的に重要な意味合いをもつようになったのは、一九六〇年前後のことである。この頃、『中央公論』などの総合雑誌には、「市民」「市民意識」「市民精神」「市民主義」といった言葉が溢れていた。[15]『思想の科学』は一九六〇年七月号で「市民としての抵抗」と題した緊急特集を組んでいる。こうした「市民」ブームは、すでに言及した警職法制定や安保条約改定に反対する社会運動が直接的なきっかけで起きたと言われているが、[16]より広く見れば占領期における反共政策への転回以来顕著になった原爆、米軍基地、再軍備への機運に対する反対運動によって触発されていたとも言える。[17]こうした流れの中で、平和問題懇談会の結成（一九四八年一二月、当初の名称は「平和問題討議会」）、第五福竜丸の被曝（五四年三月）を発端とする東京都杉並区の主婦をはじめとした反核運動、[18]警職法反対運動、安保闘争、声なき声の会の結成（六〇年六月）、ベ平連（ベトナムに平和を!市民文化団体連）の発足（六五年四月）といった、今では「市民運動」の先駆として語られることの多い一連の社会運動が起こった。[19]この一連の動きに応じると同時にそれを理論的に主導する形で、久野収、加藤秀俊、鶴見俊輔、日高六郎、小田実といった論者が活発に「市民」論を展開した。それはちょうど前章で検討した大衆社会論が盛り上がりを見せていた時期とほぼ重なっており、「市民」論は大衆社会論に対抗する身ぶりを示している場合が少なくなかった。前章で見たように、加藤、鶴見、日高は皆、大衆社会論や大衆文化論（さらにはマス・コミュニケーション論）を論じていたが、しかしまた微妙に見解を異にしているところもあった。加藤は「大衆」よりも「市民」を評価し、鶴見は「大衆」と「市民」をほぼ同等視し、日高は後述するように「大衆」に批判的であると同時にそれとは異なる意味で「市民」に対してもいくぶん懐疑的なところを見せていた、というようにである。[20] さらに清水幾太郎はそうした「市民」論ブームに対して、「大衆の無関心」を批判していた知識人が、闘争に立ち上がった人々を「市民」と名づけて英雄視しているとして批判した。[21]

したがって、このようにすべての論者が見解を完全に一致させていたわけではないのだが、にもかかわらず当時の社会運動や思想言説には、この時期に「市民」に託された――そしてまた、その後にも引き継がれる――重要な意味合いが四つ読み取れる。第一に、「市民」は自発的であると見られた。日高は、一九六〇年の著書『一九六〇年五月一九日』で「市民」の一つの特徴を「組織の指令によってではなく、自発的に、そして経済的には「自腹を切って」参加している」と規定している。[22] 藤田省三もまた一九六〇年の座談会で、「自発」という言葉こそ使用していないものの、「いわゆる「大衆社会論」は破産したでしょう、（中略）階級を超えて、職業を超えて、世代を超えて、性別を超えて共通の問題について国民が立ち向かったということは、みんなが市民として自覚したというわけだ」と発言している。[23] 確かに藤田の言う「国民」は、階級、職業、世代、性別の差を超越しているという意味で、第二章で論じた一九三〇年代の権田保之助の「国民」論を髣髴とさせる。また、「自発性」は、第一章で見た通り、一九二〇年代の言説が日比谷焼き討ち事件のような暴動や労働運動などに参加する「民衆」に見出した特徴の一つでもあった。しかし、一九六〇年の文脈で重要なのは、日高や藤田の発言に見られるように、「市民」が、既成組織の判断に左右されたり、資本主義産業による商品を受動的に消費したりするのではなく、個人の判断と意志に基づいて能動的に行動する人々だと考えられたということである。また、一九二〇年代・三〇年代の官僚や権田のような知識人が「民衆」や「国民」の自発性を「社会」や国民国家の主体へと収斂させようとしたのに対して、日高や藤田は「市民」の自発性を国家権力に抵抗するものとして賞賛した。

この点とも関連して第二に、「市民」は個人をベースにしていると考えられた。『思想の科学』一九六〇年七月号の特集「市民としての抵抗」に掲載された鶴見俊輔の「根もとからの民主主義」は、このことを端的に表現している。彼はそこで、「国家によって保証された私生活の享受に没頭するという考え方ではなく、国家をも見かえす私というとらえ方」を主張し、そのような「私」を「市民」と呼んだ(24)。こうした見方と同様に、多くの言説で「市民」の運動は、それまでの階級闘争や「民族再建」と区別されて、既成の集団(労働者階級)や団体(共産党や国民会議)に縛られないものとして説明された(25)。「平和問題懇談会を中心に平和運動の活動家になった久野は、平和運動は左翼運動から独立してつくられなくてはならないと強力に主張しつづけた(26)」と言われている。そうした動向の背後には、党の方針への忠誠を最重要視する共産党に対して、六〇年安保の頃までに労働者、農民、学生、知識人の信頼感が失墜していたことがあった(27)。高畠通敏は二〇〇一年の論考で(自身が「思想の科学研究会」の若き会員だった頃の)六〇年安保当時を振り返り、保守派の「国民」にしろ革新派の「国民」にしろ、団体を組織しそこに支持者を集めそこから団体間のネットワークを形成する方法で運動を展開していたのに対して、個人の自発性をベースに進められた「市民運動」は、そうした慣習を打ち破るものだったと述べている(28)。鶴見良行が一九六〇年代に、日本国憲法第三条に対して「国民を断念する」と断言し、それを「市民」に置き換えるべきだと唱えていたことも同じ文脈で考えられるだろう(29)。これらの言動には、「市民の政治への関わりは個々人の意志と関心に由来する(30)」と見られるようになった「市民」の性格が如実に窺えるのだ。

第三に、「市民」は誰でもなれると考えられた。「声なき声の会」の発端はその象徴的な出来事である。一九六〇年五月一九日の安保条約の強行採決に対して国会周辺でデモが連日行われると、岸信介内閣のスポークスマンは

「映画館も満員だし、後楽園もナイターも大入り」だと述べ、そうした人々を、デモに参加している人たちと区別して「声なき声」のサイレント・マジョリティと呼んだ。これに対して、当時、思想の科学研究会の会員だった小林トミは、「これを逆手にとって、六月四日安保改定阻止国民会議の統一デモの最後尾について友人と二人で「誰デモ入れる〝声なき声〟の会　皆さんお入りください」との横断幕とプラカードを掲げ、東京・虎ノ門から国会議事堂に向けて歩いた」。すると、青年、学生、主婦、商店主などさまざまな人々が後ろについて歩き、その中から自然にリーダーが生まれ、隊列は三百人以上に膨れ上がったという。[31] 多くの女性はそれ以前に社会運動に参加した経験はなかったが、そうした人たちに対して「市民のみなさんへ、勇気を出して！　一緒に歩きましょう」という歌も歌われた。[32] ベ平連の呼びかけもそれに似ていた。「私たちは、ふつうの市民です。ふつうの市民ということは、会社員がいて、小学校の先生がいて、大工さんがいて、おかみさんがいて、新聞記者がいて、花屋さんがいて、小説を書く人がいて、英語を勉強している少年がいて、つまりこのパンフレットを読むあなた自身がいて、その私たちが言いたいことは、ただ一つ、〝ベトナムに平和を！〟[33]」この文言は、「市民」にはすでにさまざまな人たちがいると強調することで、誰もが「市民」になれることをアピールしている。一方、日高は一九六〇年の著書の「市民は起き上がる」の章で、「比較的に気軽に動くことのできる層が、学者、文化人、学生、組織労働者、生活の安定した主婦層等であり、小市民層（いわゆる中間層）的な大きな部分をふくんでいることから、運動を支配する空気がどうしても小市民的となりやすいという欠陥があった[34]」と、「市民」を幾分冷めた視線で記している。ここには、以前の「市民」という言葉に含意されていた階級性へのこだわりが読み取れる。したがって、この時期に「市民」が完璧にあらゆるアイデンティティに開かれた意味合いをもつものとして再定義されたとは言えない。とはいえ「声なき声の会」やベ平連の呼びかけを考えれば、「市民」が、日高の言うような葛藤を含みつつも、誰しもが自称し他称できる社会主体という意味へと拡張しつつあったことも確かであろう。

そして最後に、「市民」は生活と直結した存在であり、言い換えれば生活感覚と保守性と進歩性という一見して矛盾した特徴を併せもつ存在だとみなされるようになった。『思想の科学』の特集「市民としての抵抗」に収められた久野の有名な論考「市民主義の成立」はその一面を単刀直入に示している。すなわち、「〝市民〟とは、〝職業〟を通じて生活をたてている〝人間〟という定義になるだろう」[35]。岸内閣の「声なき声」の発言に言及した後で述べられたこの言葉には、「市民」はプロの政治家とは違って仕事をする傍らで政治に参加しているという意味合いと、「市民」は生活を守るために政治に参加しているという意味合いの二つが読み取れる。これら二つの意味合いは、丸山眞男や加藤秀俊の似たような見解と比較すればさらに明確になる。丸山は一九五〇年代まで、マルクス主義者に似て「市民」を資本家と同一視しこの言葉をあまり使用しなかった一方で[36]、福澤諭吉論に見られるように「市民」に「自主的人格の精神」を看取していた[37]。また一九六一年には、久野と同様に「市民」が職をもっていることを重視し、ファシズムと紙一重であるとして「完全市民像」を拒否し、政治に対してはあくまでパートタイム参加にとどまるべきことを唱えていた[38]。ここで注目すべきは丸山と久野の違いである。丸山は、「市民」を肯定的に語る場合は、それを、彼が理想とする近代的自我を備えた理知的で自律的な人間像と重ね合わせている。それは、前章に見たように大衆社会論が論じた、欧米における大衆社会の前段階としての市民社会における「市民」像に重なっている。それに対して、久野は「市民の生活地域は、あくまで生活地域であって、政治地域ではない[39]」と言うように、政治の場と生活の場を切り離し、理知や自律とは異なる「市民」の生活感覚を重視している。久野にとって「市民」は単に自律した理知的人間ではなく、生活感覚を持ち合わせた存在であり、だからこそ彼は「市民の生活地域における政治活動の組織は、政治活動だけを目的としてはいけないと思う、目のまえの生活上の利益をまもり、ふやすグルーピング、生活をゆたかにするグルーピングが、第二次的な目的として国政的活動を、それこそきみのいうとおり、パートタイマー的におこなうのがいちばんよいのだ」と(二人の人物の対話形式で)記したと考えられるのだ[40]。その意味で、上記の「市民」の「自発性」は、理知的熟慮とは異なり、より感覚的で即時的な行為を指しているると言えるだろう。加藤秀俊は久野の見解をさらに推し進めるかのように、『思想の科学』の同じ特集に収められた論考の中で、「市民」は生活を守るために政治行動に出ると強調した。[41] ここには、「市民」が保守対進歩の二項対立の後者の立場に立つものではなく、むしろ保守と進歩を混合的に併せもつ存在として考えられていることが窺える。[42] 鶴見俊輔はのちに、このような、生活感覚と保守性と進歩性を併せもった「市民」の性格をうまく表現している。

小田実によれば、「タダの人」の立場とは、「人間の都合」を、いいかえれば私的な利害を優先する「弱い個人」を意味した。かつて市民社会の人間モデルとして大塚久雄が描いた、日常生活をきりすて現世拒否的な禁欲のうえに自分を律する「強い個人」ではない。(中略)家計からささやかなカンパをひねり出し、ベトナムの人々のためにの労働奉仕のひとときをもち、反戦の自己確認をする――そこに弱い個人の重みをかけようとした。――弱い個人から出発して新しい市民像、新しい生活者像を探ろうとした運動であった。[43]

これは、丸山や大塚久雄のような近代主義的な思想家が戦後の日本人のあるべき姿として推奨していた近代的自我を備えた理知的主体とは対照的である。こうした「市民」論は、一方で、久野や丸山の言説に典型的に見られるように、女性を「市民」から排除または周縁化していることがあった。彼らは「市民」が職業人であることを強調しているが、当時の多くの女性は主婦だったし、彼らが主婦を職業と考えていたとは思えないからである。他方で、「市民」を「弱い個人」として捉える視点は、二〇〇〇年代になって盛んに論じられるようになる、後述の、親密圏やケアの倫理の観点から「市民」を再定義する見方に通じている。こうして「市民」は、一九六〇年前後に顕著になった社会運動と言説を通じて広く公共に流通し、社会的・政治的に重要な意味をもつようになった。

### 社会運動の変容と「市民」の展開

「市民」はさらに、一九六〇年代半ばから八〇年代にかけて、この時代に盛んになった住民運動、環境運動、消費者運動とそれらに関連する言説を通じてその意味を進化させた。それらの運動には、コンビナート、空港、原子力発電所などの建設を目的とした土地開発に反対する運動、水俣病などの公害をめぐる訴訟運動、生活クラブのようなワーカーズ・コレクティブが含まれる。そうした運動やそれに関連する言説を通して「市民」は、自発性、個人ベース、多様なアイデンティティへの開放性、生活との密着性といった特徴を受け継ぎつつ、非物質主義的生活(物質的豊さとは異なる価値に基づく生活のあり方)、自己決定、ネットワーク化を重視する新たな展開を見せるようになった。そうした志向はとりわけ主婦に象徴的に示されており、その活動は一九六〇年代後半から七〇年代前半にかけて興隆した学生運動や新左翼運動とは大きく異なっていた。というのも、新左翼運動は消費文化を嫌悪しその「日常性」から脱却しようとしたが[44]、それに対して「市民」の運動は消費文化の是非にかかわらず自らの生活を根本に据えていたし、その意味で新左翼運動の目標は極めて抽象的で曖昧だったのに対して、「市民」運動の目標は具体的だった。

非物質主義的な生活と結びついた「市民」像は、「市民」が高度経済成長を推進する当時の政治・経済に対峙することを通して、形作られていった。高度経済成長は、一方で、高畠が一九七六年の論考で示唆するように、「一億総中流」とまでは言えないにしても、より多くの人々に日々の衣食住だけにとらわれなくてもよいような時間的・経済的余裕をもたらした。それにより、量よりも質に目を向けることができる人たちがより多く現れた[45]。生活クラブが発足したのはこうした歴史的文脈においてだった。生活クラブの発端は、原水爆禁止運動にかかわっていた岩根邦雄が主婦たちに「牛乳を安く飲むために生活クラブに入りましょう」と呼びかけたことだったと言われている。それは一九六五年四月二七日のべ平連発足から数日経った五月初めのことだった。しかし、生活クラブはやがて安さよりも品質を重視するようになった[46]。その理由として、そこに参加した主婦たちの多くが経済的に余裕のある都市中間階層だったことが大きい[47]。生活クラブはその後、利潤を求めて売れることだけを目的にした「商品」に対して、消費する側の意図があらかじめ込められた、使うために作られる「消費財」を重視した[48]。他方でこの頃、自民党の「開発主義保守政治」は、産業と結託して「保守主義のイデオロギーとは正反対の、開発と成長」の政策を推し進めた[49]。栗原彬はのちに、こうした政策に反対する「市民」の運動を「自発的生活防衛闘争」と呼び、その例として一九六四年に始まる三島・沼津・清水コンビナート反対運動、六六年に始まる三里塚闘争、六九年の「水俣病を告発する会」の発足を一つの契機とした水俣病闘争、そして六〇年代後半の四大公害裁判と七〇年代前半のその被害者の勝利を挙げている[50]。栗原の言葉を借りれば、これらの住民運動は「地域エゴイズム」を敢えて主張することで企業や行政の「特権的エゴイズム」に対抗した[51]。そうした地域密着型の運動には共通して、丸山や大塚の思想とは異なる近代主義批判が窺えるだけでなく[52]、一九六〇年前後の反核、反基地、反米、反戦といった平和と民主主義の運動には希薄だった、成長主義・開発主義への抵抗が見られる。

「市民」の運動はまた、自らの生活を自らの意志で決定し自らが管理するために、政治・経済システムに抵抗するものだと考えられるようにもなった[53]。この背景には、本章冒頭でも触れたように、基地の建設にしろ原発の建設にしろ、あらゆる種類のテクノロジーによる大規模事業が個人の意志を超えたところで決定される一方で、そのリスクを個人が負わされるという、現代社会の矛盾ともリスク社会の矛盾とも呼べるような状況がある。一九七〇年代の日本の文脈に沿って言えば、それは第五章で見た「管理社会」として認識されていた。官僚制と中央集権化に基づいた政治・経済システムが発達することで人々は消費者として、もしくは「大衆」として巧みに操作され、自らの意志で決めていると思っている行為が実際にはシステムによって管理されているというのが、その一つの重要な見方だった。高畠は一九七六年の論考で、「市民運動」を「反成長」「反管理」と定義づけながら、物質的生活と管理社会に耐えきれなくなった「私」が「市民運動」に還流していると指摘している[54]。こうした自己決定のための「市民」運動という見方は、一九七〇年代以降に紹介されたユルゲン・ハーバーマス、アラン・トゥレーヌ、アルベルト・メルッチなどの「新しい社会運動」論に通底するものでもあった。実際、『思想』一九八五年一一月号では「新しい社会運動」の特集が組まれ、欧米の理論に目を向けた論考が数多く掲載された。そこでも言及されたように、ハーバーマスは「システムによる生活世界の植民地化」を論じ[55]、トゥレーヌは産業社会における「古い社会運動」が資本に対する労働の闘争であったのに対し、脱産業社会（または、「プログラム化された社会」と彼が呼ぶ社会）における「新しい社会運動」は生活領域を主題としたさまざまな機構に対する「利用者、消費者、あるいは住民との闘争」だと主張した[56]。メルッチは、社会運動の主体を生活世界に限定して単純化しているとしてハーバーマスを批判し、「現代の社会運動の可視的行為」は「実際には水面下にあるネットワーク内での新しい文化コードの生産に依拠」するものであり、だからこそそれは、情報の流れをコントロールするコードの中に入り込み匿名化し非人格化している権力に介入するものであらねばならないと唱えている[57]。いずれの理論も、支配の関係が工場の労使関係を超えて生活領域にまで肥大化した「ポスト工業社会」の行政的・産業的システムに対して、個人が自らの生活をベースにして自己決定権を確保しようとするところに、従来の社会運動とは異なる「新しい社会運動」の一つの大きな特徴を看取していると言えるだろう。ポスト工業社会については、あとでより詳しく述べる。

さらに、一九六〇年代から八〇年代、とくに八〇年代中頃以降の「市民」運動は、このように個人の自己決定を重視した一方で、ネットワークという運動形態を通して展開されるようになった点も見過ごせない。天野正子は「つきあい」の戦後史を論じた二〇〇五年の著書で、ネットワークとしての社会運動を理論的・歴史的にわかりやすく解説している。彼女によれば、「ネットワーク」や「ネットワーキング」といった言葉自体は日本でも、エコロジーやフェミニズム、マイノリティ、消費者問題など、一つ一つの問題ごとの解決をめざすシングル・イシュー型の「新しい社会運動」を担う人々の一部で一九七〇年代後半から使用されていたが、それが急速に広がるのは、ジェシカ・リプナックとジェフリー・スタンプスの八二年の著書『ネットワーキング』が八四年に邦訳出版されてからだという。天野は、このように紹介した上で、リプナックとスタンプスのモデルを、行政や企業の官僚組織による「上からのネットワーキング」に対抗するものとして位置づけながら、それを樹木（ツリー）型とは異なって「他のどの根とも対等に結びついていく根茎（リゾーム）型」だと特徴づけている。また、共産党などによる「運動の組織方法が一握りのリーダー層によって統率されるヒエラルキー型組織」であるとすれば、ネットワーク型は「一人ひとりの自発性と共通の価値観でヨコにつながっていく」とも説明している。[58] さらには、目的志向型であると同時に、「親しみという自然な感情の次元に根ざしたつきあい」がなければ「内発的な活力は失われる」とも記している。[59]

天野の議論でとりわけ興味深いのは、日本における「市民」運動のネットワーク化が女性、とくに主婦との結びつきで論じられている点である。リプナックとスタンプスの著書でもボストン女性健康書籍協会やウーマン・ヘルス運動のような女性中心のネットワークを取り上げている章があるが、天野の『「つきあい」の戦後史』はほぼ全編で女性に焦点を当てている。天野はこれより九年前の一九九六年の著書で、日本の戦後の文脈で主婦は、五〇年代後半の高度成長期の初めから八〇年代半ばの男女雇用機会均等法の制定（八五年）の頃まで（さらにはその後ですら）政治経済的に極めて両義的な性格をもっていたと指摘している。すなわち、一方で主婦は、近代家族（核家族）の中で、「夫の社会的に承認された労働を影の部分で支えるシャドー・ワーク（イヴァン・イリイチ）」を行う存在――言い換えれば、正当な賃金評価を受けない労働に従事する存在――として単に夫だけでなく高度経済成長全体を支えたという。[60] やがて消費革命が進むと都市サラリーマン家族の主婦は、パートタイマーとして働く兼業主婦と、都市化の進展によって地域社会から切り離されて私生活化した（「マイホーム主義化」した）専業主婦に分化した。そしてさらに専業主婦は、そうした状況の中で社会的疎外感を強めて、市民運動の担い手になるか、あるいは子どもの教育に情熱を傾ける「教育ママ」になるかに分化した。[61] そこで市民運動の担い手になった主婦たちは、男性中心の雇用体制の中で、男性中心の社会システムとは異なる原則をもとにしたワーカーズ・コレクティブやネットワークにかかわるようになった。確かにそうした社会運動においてもなお、主婦は「家事・介護を含めた家庭役割を背負いながら、一方ではワーカーズ・コレクティブ活動のなかに、「資本」に寄与することの少ない、自己実現の世界を育て、他方では、夫が後顧の憂いなく「資本」の利潤創出に貢献しうるよう、内側からしっかり支えるという矛盾をはらんだ役割をはたして」いたし、[62]あるいはそうしたコレクティブも男性が指導的役割を担って女性がそれに従うという構造になっている場合が少なくなかった。[63]しかし、そうした主婦たちのコレクティブは、生産性を至上目的とする男性中心の産業体制に対抗する意義を備えていたし、「サークル」を避け「グループ」や「ネットワーク」を自称していた女性たちの活動や運動は、一九五〇年代以来、男性中心につくられた従来型のサークル運動とは異なる原理を広めるものでもあった。[64]天野は、上野千鶴子の一九八八年の議論を参照しながら、「既存の地縁とも、学校と企業に代表される社縁ともかかわりのない、多彩な能力という自己資源や時間資源、人間関係資源をもった女性たちがつくるネットワーク」を「女縁」と呼び、それが実行されたのは「社縁に深く組み込まれた男性と対照的に、女性たちが「生活」をもっていたことと無関係ではない」と主張している。[65]主婦は、夫が従属しているヒエラルキーや利害関係の外部で活動を行い、つながりを広げることができた、というわけである。[66]

## 「市民参加」型行政

一九七〇年代から八〇年代にかけては、こうした住民運動、環境運動、消費者運動が広がりを見せた一方で、闘争、抵抗、異議申し立てよりも、「市民」が行政に直接かかわることで身近な生活に関する問題を解決しようとする、いわゆる「市民参加」型行政の動きが顕著になったことも無視できない。この動きの中で重要なのはまず第一に、主婦をはじめとする「市民」の社会運動ではネットワークが重視されたのに対して、「市民参加」型行政では「自治」が強調された点である。この行政の理論的推進者が、大衆社会論で一世を風靡して名を馳せ、やがて美濃部亮吉・東京都知事（一九六七～七九年）の主導する都政調査会の中心的メンバーとして「市民」論を展開するようになった松下圭一だった。第五章で見たように、松下は一九五〇年代後半に大衆社会論を論じたとき、ヨーロッパの社会を前提としながら、市民社会を大衆社会の前段階とみなし、市民社会の「市民」を自律的で理知的な主体と考えていた。この考え方は、『思想』一九六六年六月号の特集「「市民社会」をめぐって」に掲載された論考

「〈市民〉的人間型の現代的可能性」でも明示されている。すなわち彼はそこで、「市民を私的・公的自治活動をなしうる自発的人間型と位置づけることができる」[67]ことを論証している。ここでは明らかに「市民」が、資本主義や官僚機構といったシステムに対して受動的だと考えられた「大衆」と対照的な主体として想定されている。松下はこの見解を、『シビル・ミニマムの思想』（一九七一年）、「シビル・ミニマムと都市政策」（七三年）、「市民文化は可能か」（八五年）などの一連の書籍・論考でさらに発展させた。松下の「シビル・ミニマム」――自由な時間の享受を含めた最低限の生活基準が保証される「市民」の権利であり、「市民的自発性を起点とした自治体の現代的再構成の政策公準」――論によれば、その権利は政府による資金の分配によって得られるべきものではなく、「市民」の政治参加による自治能力の発揮によってこそ獲得されるべきものである[68]。

さらにもう一つ、「市民参加」型行政で重要な点は、それを推進した松下の「シビル・ミニマム」論の「市民」には、一九五〇年前後の社会運動やそれ以降の住民運動における「市民」とは一八〇度異なる意味合いが含まれていたということである。それは、政治的な抵抗主体としての「市民」ではなく、政治的対立性を脱色された、政府に協力的な主体としての「市民」だった。松下の一九五八年の論考では「大衆操作」に対する「市民的自由」の「抵抗の思想」が強調されていたにもかかわらず、である[69]。「シビル・ミニマム」は、権力への対立によってではなく、むしろ成熟した、自立した個人としての「市民」が政府に協力的に対話を重ねることによって達成される、というのである[70]。したがって、「市民」はエゴを捨て、新しいコミュニティを構築するために自発的かつ献身的に働くべきものと規定された。こうした自己規律的な「市民」の考え方が浮上した背景には、一九六〇年代後半から、警察の戦略やマスメディアの影響もあり、一般的な「市民」が過激な活動家――「プロ市民」とも呼ばれた活動家――と区別されて表象され、運動の参加者としてよりもむしろ運動によって迷惑を受ける被害者住民とみなされるようになったことがあった[71]。一九七一年から七二年にかけての連合赤軍事件とその報道は、そうした見方にお墨付きを与えたと言えるだろう。松下の「市民参加」論や、それが後押しした美濃部都政をはじめとする「革新自治体」[72]では、「市民」は行政への抵抗者ではなく、合意形成による行政への参画者として位置づけられ、行政に協力的な「提案型」の「市民活動」を行うことが期待されたのだ。

「市民」を自治的・協力的主体として規範化するこうした動向は、理論的に見れば、小松丈晃が明快に指摘する、ベックとルーマンの考え方の違いを想起させる。小松によれば、ベックが「参加型」モデルの合意形成によるリスクの解決を示唆していたのに対して、ルーマンはそれを「合意の工学」と呼んで批判し、むしろ抗議する側と抗議される側の緊張関係——ルーマンが「抗議の形式」と呼ぶもの——を常に保つことで、「脱政治化・非政治化されうる傾向を不断に孕むリスクを、再政治化し、被影響者をたえず可視化すること」の必要性を主張した[73]。また歴史的に見れば、「市民」を自治的・協力的主体として規範化する松下のような思想は、第二〜五章で論じた戦前・戦中の自己規律的主体を髣髴とさせるだけでなく、幾人かの研究者が指摘するように、自己規律、ボランティア精神、自己責任を最重視する新自由主義的な考え方の布石になっていたとも言える[74]。サイモン・アヴェネルが論証するように、その考え方は、当時経済企画庁に設置されていた国民生活審議会[75]による報告書「コミュニティ——生活の場における人間性の回復」（一九六九年）や、「市民意識と社会参加活動委員会報告——自覚と責任のある社会へ」（九四年）、さらには他の多くの官庁の報告書の理論的根拠となり、「自立」、「自己責任」、「相互信用」といった概念が、「依存」や「無責任」に対置されながら「市民」の倫理として強調されるようになった[76]。

こうした機運の中で、生活クラブ、たんぽぽの家（一九七一年〜）、大地を守る会（七五年頃〜）、ニューユートピア／バナナボートクルーズ（八六年〜）といった「市民活動」はそれぞれ微妙な立ち位置にあったと言ってよい。確かに一方ではこれらは、「個人の自由なつながりとしてのネットワーキング」を進めつつ、「反権力よりもむしろ環境、人権、福祉、安全、平和などの生活・生命に関わる主題に関心を寄せ[77]」ていた点で、政治的対立や抵抗を控えた自治が促進される傾向があった。例えば、アヴェネルは、「大地を守る会」を主導した藤田かずよしが、自身の学生運動の経験に対する反省から、対立よりも自助や自己責任に共鳴していたことを照射している[78]。生活クラブもまた、一九七〇年代から八〇年代にかけては「合成洗剤の製造販売を禁止する請願」運動（一九七五年）や、「町田市学校給食基本問題調査会の設置および運営に関する条例」の請求運動（八一年）のような要求型の活動を行っていたが、しだいに、いわゆる「代理人運動」——議会に生活者の視点をもつ代理人を送り込んだり、生活クラブのネットワークを通じて「市民」の声を行政に反映させる運動——と呼ばれる参加型・提案型の活動にシフトした。一九八三年に川崎市市議会議員に生活クラブの「代理人」として寺田悦子が当選したことはその最初の成功例であり、九四年に東京・生活者ネットワークの呼びかけで都議会議員の有志が仲立ちとなって発足した「市民と行政の協議会」もその一つの例である。[79] しかしながら、こうした活動は、「市民参加」型行政に沿う側面をもつ一方で、ワーカーズ・コレクティブという一種のネットワークを基盤としている点では、単なる個人の「自治」や「自己責任」には還元できない意義をもっている。[80]

### ボランティア、NPO、新自由主義

とはいえ、一九九〇年代には、阪神淡路大震災（九五年）や特定非営利活動促進法（いわゆるNPO法）制定（九八年）を経る中で、「市民活動」が制度化されながら新自由主義の政策・風潮に資する傾向がますます強く見られるようになった。あとでより詳しく見るように、一九八〇年代の民営化政策から九〇年代後半・二〇〇〇年代初めの「規制緩和」「構造改革」に至るまでの過程で、政府は新自由主義的な路線を推し進め、社会福祉をよりいっそう民間の力に頼るようになった。これに伴い、社会生活は国の保障に依存すべきではなく個人の「自己責任」によって管理されるべきだという考え方が流布するようになる。それは、イギリスでマーガレット・サッチャー政権（一九七九～九〇年）の新自由主義政策からジョン・メージャー政権（九〇～九七年）の「アクティヴ・シティズンシップ」政策にかけて強力に推し進められた、「福祉は社会から与えられるものではなく、個人間の相互扶助であるべき」という考え方に呼応するものだった。[81] こうした新自由主義的な政府にとって、一九九五年の阪神淡路大震

災後の「市民」のボランティア・ブームは、「市民」の自発的な無償の仕事に頼ることで財政的・行政的負担を軽減しながら復興を進めることができた点で願ってもないものとなった[82]。さらに、このブームと連動するかのように、「市民活動」団体の多くは、一九九八年のＮＰＯ法制定を機に組織基盤の制度的保障を求めてＮＰＯ化へと向かった。一般的には、震災後にボランティアによる社会貢献の必要性が強く認識されたことでこの制度化が加速したと言われているが、小川晃広によればその動きは震災以前からあり、一九八〇年代に導入が試みられたアメリカ型の企業フィランソロピーに同調するものでもあったという[83]。いずれにせよ、ＮＰＯ法により人々は、それまで公益法人の設立に対して過度の申請手続きを強いていた民法の呪縛を解かれて、容易に「市民活動」団体を設立することができるようになった。しかし、その一方で、一見美しく見えるボランティア精神に支えられたその活動は、「自由な意志」によるというよりもむしろ義務に駆り立てられたもののようにさえなり[84]、さらにはもっぱら政府の施策を補完する役割を担うものとなったとも言える[85]。やがて最悪の場合、「行政の下請けと化したＮＰＯは、委託収入に依存し、委託業務に傾斜するあまり、寄付や会費をあつめなくなり、またボランティアにも消極的になっていった[86]」。

こうした動向と並行して、一九九〇年代に市民社会論やシティズンシップ論の言論が沸き起こり、その勢いは二〇一〇年代後半の今日に至ってもなお、とどまることがないように見える。それは、一面では、日本国内の事件や出来事とは別の、世界的な現象だった。というのも、一九八九年のベルリンの壁の崩壊と九〇年のソ連の消滅とともに冷戦体制が終結すると、人、もの、情報、カネが国境を越えて流通するグローバリゼーションが一段と加速し、さらにはまた戦争、貧困、迫害などによって移民・難民が増加した[87]。これに伴い、欧米諸国では国民国家の枠組みを前提に構築されていた福祉国家が成り立たなくなり、代わりに新自由主義の政策・風潮が広がることになる[88]。こうした状況に応じる形で、市民社会やシティズンシップが公共性の問題とも絡めながら再考されるようになった。より具体的には、市民社会やシティズンシップに関する問題を、セイラ・ベンハビブ、ナンシー・フレイザー、エルネスト・ラクラウとシャンタル・ムフ、ヤセミン・N・ソイサル、ジーン・コーエンとアンドリュー・アラト、ジョン・エーレンバーグ、クリスチャン・ヨプケなど枚挙にいとまがないほど多数の政治学者・社会学者・哲学者が、トマス・H・マーシャル、ハンナ・アーレント、ハーバーマス、ジョン・ロールズなどに対する批判的検討を通して活発に議論してきている。こうした欧米での議論が日本の言論にも影響を与えたことは疑い得ない。とはいえ、震災やNPO法の制定が日本における「空前の参加型市民社会論ブーム」[89]の大きな契機になったことも間違いないだろう。震災後に「ボランティア元年」と呼ばれるほどのボランティア活動が広がったことを賞賛しそれをモデルにして新しい社会のあり方を構想する言説が沸き起こったし、[90]かつて安保闘争にかかわった坂本和義は一九九七年一月の論考で「都市に限らず農村も含めて、地域、職業、被災地などで自立的で自発的（ボランタリー）に行動する個人や、また行動はしていないが、そうした活動に共感をいだいていて広い視野を形成している市民を含んでいる」「地球市民社会」の実現の必要性を唱えた。[91]こうした参加型市民社会に対する賞賛論に対して、ボランティアやNPOを新自由主義的な政策を強めるものとして批判する言論も多数現れた。『現代思想』一九九九年五月号の特集「市民とは誰か」はそのもっとも顕著な例である。中野敏男はこの特集に収められた論考「ボランティア動員型市民社会論の陥穽」の中で、「ボランタリーな活動というのは、国家システムを越えるというよりは、むしろ国家システムにとって、コストも安上がりで実効性も高いまことに巧妙な一つの動員のかたちでありうる」[92]と痛烈に批判している。同様に、栗原は二〇〇〇年の論考「市民政治のアジェンダ」の中で、NPOについて、「制度化することで、NPO型の市民政治は自らに限界設定を施した」と評した。すべてのNPOが権力に対する批判性を欠いているわけではないとはいえ、栗原は「臓器移植法、周辺事態法、住民基本台帳法、通信傍受法、国旗・国歌法、憲法調査会設置法のすべてについてNPOは沈黙を守った」と断じ、NPOの無力さを嘆いた。[93]

このように一九五〇年代末の安保闘争の頃から九〇年代のボランティア・ブームとNPO法の制定の頃までを辿ると、「市民」の複数の意味合いがせめぎ合いながら変化してきたことがわかる。その意味合いの変化とせめぎ合いは常に、歴史的文脈にある出来事とのかかわり、遂行行為、言説による記述と規範化という三つの次元の複雑な絡まり合いを通じて起こってきたものである。ここでは、これまでの議論を踏まえて、こうした一九九〇年代までの歴史で展開されてきた「市民」の意味合いにまつわる問題系を三つに整理して確認しておきたい。その三つとは、アイデンティティ、政治性、個人化／ネットワーク化である。本章の後半と次章で検討するリスク、親密圏、そしてメディアと映画の自主上映会は、「市民」にまつわるこれら三つの問題系を無視して考えることはできない。

### アイデンティティ、政治性、個人／ネットワーク

これまでの歴史的考察からもわかるように、「市民」は複数のアイデンティティの共存と競合から成ってきた。一面では、「市民」は多様なアイデンティティに開かれている。単純に行政に限ってみても、「市」である行政区域に住めば誰もが「市民」になれるし、そうでなくても東京都区民や地方の市以外の自治体の住民も「市民」を自称できるし「市民」とみなされうる。歴史的に言えば、声なき声の会やべ平連は、階層、ジェンダー、出身地、居住地域に関係なく誰もが自分たちと同じ「市民」であると想定し、誰に対しても参加を呼びかけることで、「市民」アイデンティティを開放的なものとして性格づける先駆的な役割を果たした。また、一九六〇年代になってもなお丸山や久野のように「市民」をもっぱら男性として想定していた人たちはいたものの、声なき声の会や生活クラブをはじめとしてその後の数々の女性が主軸となっている社会運動を見れば明白なように、「市民」を「男性」中心の主体とする見方はますますナンセンスになってきている。さらには、現代ではナショナルな枠組みに限定された「市民」や「シティズンシップ」――T・H・マーシャルが想定した、市民的権利（自由権・財産権）、参政権（政治参加の権利）、社会的権利（福祉請求権）を与えられた「国民」と同義なもの[94]――を超えて、坂本が指摘したような「地球的市民」や「グローバル・シティズンシップ」の議論も盛んになってきている。「市民」のメンバーシップがそうした国民国家による権利に限定されなければ、「市民」というものが国籍に規定されることはなくなる、とい

うわけである。[95] しかし、「市民」にはこうした開放的な側面がある一方で、それを唯一の「市民」のアイデンティティのあり方として考えると、その開放性自体が規範になってしまう危険性があることに細心の注意を払うべきだろう。例えば、一九五〇年代までの「市民」概念の中核にあった都市中産階級・新中間層のイメージはその後相対的に薄まってきたが、にもかかわらず、そうした階級的な偏向を指摘する言説が——一九七三年の先述の日高の論考や、保守派の論客として知られる佐伯啓思の九七年の著書『「市民」とは誰か』のように[96]——存在してきた。佐伯によれば、「ヨーロッパ人」は「意識しなくても、ある種の市民意識のようなものを、歴史を通して確実に保持し、態度として身につけてきた」のに対し、「戦後の日本では（中略）確かな市民意識というものがない分だけ、「市民」という言葉は何か特権的な地位を付与されて使われてきた」という。[97] この主張は、階級的意味合いを西洋対日本という単純な二項対立の枠組みに当てはめた論理にほかならない。また、二〇〇六年一二月に設立されたという「在日特権を許さない市民の会」（在特会）のように、「市民」という言葉を「国民」に重ね合わせ、排他的な意味合いで使用している人たちもいる。[98] さらに、岡野八代が二〇〇九年の著書で論じるように、シティズンシップ論の観点から「市民 citizen を十全な市民権を享受し、政治参加の権利あるいは義務を持つ者」と定義するとすれば、定住外国人、外国人労働者、移民、難民の事例が示す通り、歴史的に見てこれまで「市民」が誰にでも開かれてきたと言うことは事実に反している。[99] したがって、ここで重要なのは、開放性を「市民」の規範として打ち出すことではない。むしろ、どんなアイデンティティもそれ自体が常に社会的に構築されたり脱構築されたりするプロセスにあるということを念頭に置きつつ、[100]「市民」が歴史的に比較的開かれた性格をもつものとして成り立ってきていながらも、さまざまなアイデンティティをめぐる競合や矛盾を内包しているという事実を踏まえることこそが重要である。

アイデンティティの問題とともに、「市民」を考える上でもう一つの重要な問題は政治性である。これまでの一九五〇年代後半以降の文脈から考えると、「市民」は政治的抵抗の主体として構築されてきたところが大きい。しかし、ここにもまた権力対「市民」といった単純な二項対立に収まらない特徴がいくつかある。まず、一九六〇年前後の社会運動が「新しい社会運動」とも見られてきたように、その頃から「市民」の抵抗は、共産党などの既成団体に主導されイデオロギーをベースにして異議を申し立てる階級闘争とは異なり、具体的なイシューについて個々の自発的判断に基づいて行われるようになった。そこにはシステム権力に対して自己決定を確保しようとする側面もあったが、警職法への反対、日米安保条約の更新への反対、再軍備への反対、ベトナム戦争への反対、合成洗剤への反対など、具体的な政策が反対運動のターゲットとされた。また、「市民」の政治性がアイデンティティ・ポリティクスとは異なる点も重要である。近年、「労働者」にしろ、「女性」にしろ、「非白人」にしろ、「ＬＧＢＴ」にしろ、社会的に劣位に置かれている立場の人たち（やそれを支援する人たち）がそのアイデンティティに対する差別の撤廃やアイデンティティの承認を求める言動や運動を行うと、それぞれのアイデンティティがかえって均質化され本質化されてしまう傾向があることが指摘されてきている。[101]「市民」の運動は、在特会のようにナショナリズムと結びつく場合もあるものの、その多くは自らのアイデンティティを守るためのものではない。むしろ、個々の生活を守るためのものである。しかも、声なき声の会やベ平連が示したように、多くの「市民」のグループやネットワークには誰もがいつでも加わることができるし、逆に抜けることもできる。しかしまた、「市民」は誰もが常に政治的抵抗の主体というわけではない。むしろ、公共的単位としての「市民」や「市民参加」型政策に見られるように、権力への対抗性が弱く、それゆえに政治性を感じさせない「市民」のあり方もある。さらに、これもすでに指摘したように、「市民」は進歩的であるとは限らない。在日米軍基地、廃棄物処分場、あるいは原発をめぐるＮＩＭＢＹ（Not In My Back Yard）――自分の家や自分の地域さえ良ければ良いという考え方――のように、「市民」または住民の抵抗運動は、問題そのものを根本から解決するよりも自分たちの地域だけを守ろうとする傾向があり、その意味では保守的である。[102] あるいはまた、ＦＣＴ・市民のテレビの会（一九七七年発足）に見られるように映画の暴力描写・性描写や、テレビのジェンダー表象などの偏向について「市民」がリテラシー活動を行う一方で、『靖国 YASUKUNI』(二〇〇八年)や『ザ・コーヴ』(一〇年)の上映に際して「市民」が「反日」を理由に映画館に抗議し上映をやめさせようとする事態も起こってきた。[103] これらの事例には社会の偏向を改善しようという進歩的な面が見られる一方で、表現の自由を抑圧しかねない保守的な面も看取できる。とはいえ、「市民」はまた、第六章で論じた「消費生活的」な「大衆」や「近代政治的」な「大衆」とは異なり、生活クラブなどの環境運動・消費者運動に典型的なように、資本主義・消費文化の内部にいながらその大きなシステムや原理に回収されない生活スタイルを、具体的な実践を通して生み出そうともする。このように考えると、「市民」は、保守的とも進歩的とも必ずしも言えないし、急進的な政治的主体とも必ずしも言えないが、政治性を含意する場合も少なくないと言って間違いないだろう。

そして最後に「市民」を考える上でもう一つ看過できないことは、個人とネットワークに関する問題である。これまでの歴史的考察からも明らかなように、「市民」は個人をベースにしていると考えられてきた傾向が強い。一九五〇年代後半以降、「市民」は既成団体に所属してその指示に従って動くのではなく、個々の自発的な意志によって社会運動に参加すると見られてきた。上述のように一九六〇年代後半以降の住民運動や環境運動では、政治・経済システムによる巨大事業推進の意志決定に個々人の「市民」の意志があまり反映されない一方で、そのリスクは個々の「市民」が負わなければならないという矛盾が意識されるようになった。さらに「市民参加」型政策では、それぞれの地域の自治能力や自治体に対する個々の責任が強調されるようになった。そこで想定されていた「市民」は、「大衆社会」の「大衆」とは区別された、自主自律的精神と理知的判断にすぐれた能動的主体としてのそれであった。しかし、岡野などのケアの倫理に根ざした研究者が指摘するように、そうした自律的・理知的主体を「市民」のモデルにすると、その種の能力をもち得る人たちともち得ない人たち――例えば、障害者――との間に格差が生まれ、「市民」の間の関係が根本的に不平等になる。[104] さらに一九九〇年代にボランティア・ブームが起こり、NPO法が制定されると、新自由主義的な政策・風潮の中で個々の生活は、政府ではなく個々の「市民」同士で支え合うのが当たり前と考えられるようになった。こうして「市民」は良くも悪くも個的主体として性格づけられていった。しかしこうした傾向の一方で、「市民」は、アトム化し相互に孤立していると見られた大衆社会論の「大衆」とは異なり、ネットワークの実践的主体となる側面もあり、その理論化も試みられるようになった。この「市民」のネットワークは、一九五〇年代から六〇年代にかけての杉並区の主婦をはじめとした反核運動、声なき声の会、その当時の久野や鶴見の言論から八〇年代のワーカーズ・コレクティブに至るまでの経緯を振り返ってみても、いずれもが生活や生活感覚をベースにしている点で、自律した理知的で対話能力のある「市民」が構成する「市民社会」――ハーバーマスが『公共性の構造転換――市民社会の一カテゴリーについての探究』（一九六二年）で構想した「市民社会」――のイメージとは大きく異なっている。[105] この「下からのネットワーク」が経済・政治システムから成る権力ネットワークに対峙するものだということは言うまでもない。こうした性格をもつ「市民」のネットワークについては、次章で親密圏の観点からさらに詳細に検討する。

こうしてアイデンティティ、政治性、個／ネットワークの観点から歴史を検証してみると、「市民」には脆弱性と可能性の両面が見て取れる。「市民」は根本的に個としてもネットワークとしても不安定である。個々の「市民」は必ずしも確固たる身体的な特徴や字義通りの故郷のような物質的な基盤の上に成り立っているわけではなく、むしろ偶発性に左右されやすい身体、心理、感情の上に成り立っている部分が少なくない。もし「市民」を自律した理知的個人と見るならば、それは広義の「市民」の一部の人たちの一側面を指すにすぎないだろう。政治的・社会的権利が個々の「市民」のあらゆる面を安定化させるわけではないし、先述のように歴史的に見てもその権利があらゆる人々に平等に与えられることは難しい。また、一九六〇年前後に「市民」は自発的個人として讃えられたが、九〇年代になるとボランティアを行う同じような自発的個人としての「市民」が新自由主義の政策に資する主体として利用されていると見られるようにもなった。個々の「市民」は大規模な事業に関する政治・経済システムの意志決定に直接かかわることができない一方で、そのリスクは個々人の自己責任として負わされるという事態も常態化しつつある。ネットワークにも脆さが常にある。「市民」のネットワークが制度に規定されず、誰もがいつでも加入したり脱退できるということは、逆にそれが組織としては安定していないことを意味する。「市民」のネットワークは、企業や官僚組織のような階層的な構造とは異なり、平等な関係を原則とし、意志決定はトップダウンではなく、民主的な合意形成によって行われるので、この点でも非効率で不安定である。もし効率性や安定性を求めて階層的な組織構造になるなら、ヨコのつながりからなる「市民」のネットワークの存在意義そのものが失われてしまうだろう。また、一九五〇年代後半から意識されてきたように、「市民」は専業的またはプロフェッショナルにネットワークにかかわっているわけではなく、家の外で働いているにしろ、家の中で働いているにしろ、自身の主たる仕事の傍らで副業的な形でそれにかかわっている。加えて、「市民」のネットワークではそれぞれの能力がまちまちで、そのネットワークを拡張しながら多様な技能を結集できる可能性がある一方で、現実的にはリーダーシップの能力、コミュニケーション能力、法律や科学についての知識、ＩＴ技術、デザイン能力などに長けた人材がすべて揃うとは限らない。

さらに言えば、ネットワークの担い手たる「市民」が自己規律的な人だとは限らない。一つのエピソードを挙げてみよう。二〇一四年二月八日に名古屋の東別院会館で開かれた「第二回　原発ゼロ社会への道——新しい公論形成のための中間報告」と題された意見交換会でのことである。[106] そのときは、百名程度の収容スペースの会場に六〇名程度の「市民」たちが集まっていた。そこで、三〇代と思われる女性が会議中にいきなりいきり立ち、「こんな生ぬるい遣り方では何も変わらない！」などと激情をあらわにするという出来事があった。司会者は、その女性が一通りまくしたてて退出すると、「あの方のお気持ちもわかります」と述べながら中間報告が妥協の産物であることに触れ、その場を丸く収めたので、そのあとは何事もなかったかのように進行した。このエピソードについてここで述べたいのは、その女性もまた「市民」にほかならないということである。「市民」は誰もが理知的でその場の「空気」を読んでＴＰＯをわきまえているわけではない。性格の点でも「市民」はさまざまで、感情的な葛藤がつきまとう。したがって、一人が、その場の雰囲気を壊したり、ネットワーク自体を損ねたりすることが起こっても不思議ではない。ネットワークは調和的であるとは限らず、むしろ潜在的にさまざまな葛藤を内包している。つまるところ、良くも悪くも「市民」のネットワークは、制度的な人間関係ではなく、共通の関心と共感だけをもとにして自由に広がるのであり、それが損なわれると脆くも崩れ去ってしまうものなのだ。だからこそ、社会運動の過程では、企業や行政はしばしば、そうした「市民」のネットワークの弱みに付け込んで、わざとそこに感情的な対立が生まれるように分断工作を行ってきたのである。[107]

とはいえ、こうした脆弱さこそ「市民」の「市民」たるゆえんであり、そこにこそ、この上なく重要な「市民」の意義と可能性が見出せる。以下で考察するように、個人としての「市民」の脆弱さは一九九〇年代以降のリスク社会の浸透とともにさらに強まったと見ることができる。次節では、その様相を、権力ネットワークや領土化志向の「市民」ネットワークとでも呼べるものとの関係とともに検証する。それを踏まえた上で次章で、リスクと権力ネットワークに抵抗する「市民」のネットワークの可能性を親密圏の観点から探る。権力ネットワークと「市民」ネットワークの双方で、ソーシャル・メディアが不可欠な役割を果たすようになっていることも確認したい。

## リスクの時代――フレキシブルでプレカリアスかつ自己規律的な自己責任の主体

「市民」は、リスクの時代にますます弱い立場に置かれることになった。すでに言及したように、一九八六年四月二六日のチェルノブイリ原発事故が起こる前に執筆され同年に出版されたウルリッヒ・ベックの著書『リスク社会』によれば、リスクとは、近代化の過程で人間が産み出したものが、再帰的に人間や人間を取り巻く社会・自然環境に危害をもたらす危険性である。ベックはそこで、近代のポスト工業社会では、富の生産の「論理」よりもリスクの生産の「論理」の方が重要になると説いている。[108]この書籍はその後大きな反響を呼び、一九九一年までにドイツ語圏だけでも六万部が売れたと言われている。[109]日本でこの書籍が翻訳出版されるのは一九九八年であるが、ベックの影響と並行して、リスク管理やリスク・コミュニケーションの理論が、日本リスク研究学会が設立された八〇年代末から普及し始め、木下冨雄や中西準子といった研究者が精力的にリスク・コミュニケーションの重要性を説いた。それに伴い、一九九〇年代には「リスク」や「危機管理」といった言葉が広く使用されるようになる。[110]それは、近代のポスト工業社会におけるさまざまな偶発性をリスクとして管理しようとする動きとして捉えられるかもしれない。実際、この頃までに、産業公害、高速交通公害、生活公害に加えて、放射能汚染、ダイオキシン、環境ホルモン、ＢＳＥ（牛海綿状脳症）、地球温暖化といった、にわかには知覚しにくい環境汚染が社会問題として取り上げられるようになった。そして二〇〇一年九月一一日にはニューヨークの世界貿易センターとワシントンＤＣの国防総省が突然攻撃されるに至り、テロのリスクも強く意識されるようになる。[111]山田昌弘による『家族というリスク』という題名の書籍も同年に刊行された。[112]さらに、バブル崩壊後の不況と規制緩和政策により、一九九〇年代から貧困に陥るリスクが高まり、[113]その状況は二〇一〇年代の今日まで続いている。このようなリスク社会においてこそ、それが新自由主義やポストフォーディズムと一体化しながら進行することで、フレキシブルでプレカリアス（不安定）な自己責任の主体が創出されることになった。女性はこうした趨勢の中、総じて不利な立場に追いやられながら、しかしその不平等な状況が不可視化される傾向にあった。この時代に、こうした主体が「市民」の重要な部分を成すようになったと見ることができる。

リスク社会と新自由主義は同じものではないが、セットになって進行したと見ることができる。長いスパンで考えれば、近代つまりは資本主義の発達が人間を不安定にしているとも言えるが、[114]ベックの説明をもとにすれば、リスクの時代は再帰的社会とポスト工業社会への移行とともに到来した。再帰的社会では、外部としての自然が人間に被害を与えるということではもはやなく、むしろ人間が自然に与えた影響が災いして、その内部としての自然が、言い換えれば人間社会に取り込まれ害された自然が――再帰的（reflexive）に――人間に被害を与えることになる。それゆえに人間はまた、その被害の可能性に対処するために人間自身が行った行為に対して反省的（reflexive）であることが求められる。したがって、リスクは二重の意味で再帰的（reflexive）であり、それ以前のように人間がただ単に富を生産すればよいという時代は終わりを告げた。(115) このことはまた、前期資本主義に特徴的だった生産本位の産業構造・社会体制からの変換を意味する。ベックは『リスク社会』のある箇所で、スモッグのような環境汚染を中心的に念頭に置きながら、リスクの分配は富の分配とは異なり階級差にかかわりなく影響を与えると主張し、それを階級社会からリスク社会へのシフトと表現している。(116) しかし別の箇所では、「富の問題が上方への集中であるのに対して、リスクの場合は下方への集中」であり、「その限りでリスクは階級社会を強化」し、「下層では生活困窮だけでなく安全性も脅かされている」とも指摘している。(117) とはいえ、いずれにせよベックの『リスク社会』は環境汚染を中心的なリスクとして想定しており、しかもおそらくグローバリゼーションや新自由主義の広がりがまだそれほど顕著ではなかった冷戦終結前の時代状況を前提にして書かれているために、ポスト工業社会がもたらす多種多様なリスクの問題を十分に追究しているとは言えない。

その後、ポスト工業社会のリスクの問題は、グローバリゼーション、新自由主義、不況、格差の広がりと連関したポストフォーディズムのリスクの問題として議論されるようになった。グローバリゼーションとともに、先進国の製造業企業は一つの大規模工場で流れ作業によって部品を組み立てていくフォーディズム型の生産をやめて、複数の工場を労働力と土地の安い世界各地に分散的に建設してそこで生産を行い、製品を国際的に流通させることで利潤を上げるシステムへと移行した。(118) それにしたがって、先進国では、長期的に同じ仕事に従事する人を雇うよりも、それぞれの個人の都合や嗜好に応じてフレキシブルに雇用する仕方が増加してきた。よく知られているように、ミシェル・フーコーは新自由主義批判の論考の中で、この転換について、フォーディズムの論理に強いられていた歯車的な労働から、個々の労働者が自身の資源を自由に生かして満足感を得るような労働へと転換したと論じている。この転換によって、労働者は企業（の保障）から切り離されることになり、そのために自身が自らの仕事に対して一切の責任を負う自己責任の個人主体として創出され、企業はそうした「人的資本」——人材ではなく——を利用するようになったというのである[119]。より正確に言い換えれば、ポストフォーディズムと新自由主義が一体化しながら社会の支配的な原理になった状況では、自由で自律した個人が自分の責任で働く労働が、「快楽」や「自己実現」を達成するために競い合う魅力的な働き方として打ち出され、労働者はそれを道徳的に正しい働き方として実践するようになった。しかしそれは、裏を返せば、「労働者の代替可能性や不必要性に依拠したポストフォーディズム型のフレキシブルな労働[120]」ということであり、企業にとっては使い勝手の良い労働者の調達が容易になったことを意味した。同時並行的に、競争原理に基づいた個々のフレキシブルな労働という観念が広まるにつれて組合への結束は薄れるとともに[121]、規制緩和政策により社会のさまざまな公共サービスが民営化され市場化された[122]。これにより、市場化された公共サービスを享受できる者とできない者、すなわち経済的に余裕がある者と余裕のない者との間に格差が生まれ、享受できない者はプレカリアスな生活を強いられることとなった。しかも規制緩和により企業は簡単に解雇できるようになったため、経済的に余裕があった者も容易に経済的に余裕がない立場に「転落する」可能性が増え、その意味でもプレカリアスな社会環境が広がっていった。しかしまた、こうした環境は企業や産業構造によってもたらされた不公平なものとして受け止められるよりも、個人の選択と能力に基づいた競争の結果による自己責任の問題として受け止められ、そうした風潮を通じてますます新自由主義とリスク社会（さらには格差社会）が承認され強化されていったと言える[123]。

一九八〇年代のこうしたポストフォーディズムへの転換は、例えばイギリスでは福祉国家政策から新自由主義政策への移行に重なっていたと見られているが、日本ではもともと八〇年代に至るまで福祉国家自体が十全な形で成立しておらず、その代わりに企業と家族が福祉の大部分の役割を担っていたので、新自由主義のあおりを受けたのは企業と家族に支えられた福祉だと言われている。デイヴィッド・ハーヴェイはその著『新自由主義』（二〇〇五年）の中で、「社会などというものは存在しない。存在するのは男、女という個人」そして「家族」だけというサッチャーの有名な宣言を引用した後で、「あらゆる形態の社会的連帯は、個人主義、私的所有、個人責任、家族の価値に道を譲って解体されなければならなかった」と述べている。[124] ここでは、家族が個人と同じレベルの私的領域に置かれ、以前はそこが公共的な福祉政策によって支えられていたことが示唆されている。日本では逆に家族こそが、企業とともに福祉を支えていた。大沢真理によれば、「日本の社会的セーフティネットは、高度成長期以来、家族と企業という二つのサブシステムが生活保障のかなりの部分を担うことを織り込んで設計され、機能してきた」。①会社の業績が右肩上がりに伸びることを前提とし、②妻の「内助の功」に支えられた男性社員が、終身雇用され年功的に処遇され、③男性の老後は、妻や（息子の）妻が世話をし、④妻の座は終身指定席で、夫の死後も遺産や遺族年金で生活を保障される、というわけである。[125] ここには、会社、夫、妻の三者の利害関係と信頼関係が、高度経済成長期の日本の経済と福祉をバランスよく支えていた様子がうかがえる。[126] これに対して一九九〇年代にグローバリゼーションと不況が進行しポストフォーディズム型の産業構造への転換とともに、新自由主義的政策・風潮が広がると、[127]「日本の家族の安定を支えていた、終身雇用や年功序列賃金制度が維持できなくなり、年金制度の維持も疑問視[128]」されるようになった。山田昌弘は前掲の二〇〇一年の著書『家族というリスク』で、こうした要因により「家族が解体するリスク」に触れながら、高度経済成長期以来の家族の「標準的モデルから外れてしまえば、「自助努力」でやるしかないのが、日本である」と記している。[129] また、たとえ標準的モデルを継承していたとしても、「「男性稼ぎ主」として「妻子の扶養」や住宅ローンを一身に背負っていることが、中高年男性の雇用不安を切実に」した。[130] 一方、一九九〇年代初めに従来の慣例に縛られない自由なライフスタイルを選択・謳歌していると見られていたフリーターは、二〇〇〇年代初めまでにプレカリアートとして経済的に不遇を強いられている存在とみなされるようになったが、いずれにせよ彼ら彼女らは、新自由主義にとって都合の良い、人生のリスクを自己責任で引き受ける主体を体現していた。[131]

新自由主義と一体化して進行したリスク社会はまた、フレキシブルでプレカリアスな自己責任の個人主体を、雇用形態の変容や家族の解体によってだけでなく、「リスク管理の私事化」によっても創出したと言える。すでに触れたように、第二次世界大戦以降、原発や軍事基地などの大規模事業が個人の意志を超えたところで決定される一方で、そのリスクが個人に負わされるという事態が常態化した。しかし、こうした、個人を超えてシステムが物事を決定するという事態は、新自由主義が強まるまでは、ルーマンの言う「システム信頼」によって支えられていたと見ることもできる。システム信頼とは、個人が法、科学、経済などのシステムを信頼して、そうしたシステムによってもたらされるかもしれないさまざまなリスクをいちいち気にせずに生活することを意味する。[132] イギリスのような福祉国家にしろ、日本のような企業・家族による福祉にしろ、そうした体制においてはそのシステムによってリスクが管理され、個人が守られているという信頼が成り立っていた。しかし、ルーマンによれば、新自由主義が広がると、そうしたシステム信頼は解体され、リスク管理の私事化がもたらされることになる。すなわち、新自由主義の政策・風潮の下では、失業や疾病などのリスクはもはやシステムが管理すべきものではなく、個人のモラルや生き方の問題とみなされるようになるというわけである。[133] 渋谷望は、イギリスの例に基づきながらも、こうした状況を、「総じていえば、ネオリベラリズム社会政策が創出しようとしているのは「ライフスタイル」の主体である。それは個人にライフスタイルの〈選択〉の権利を与えると同時に、その〈責任〉を引き受けることを要請する」と的確に言い表している。[134] また渋谷は、「福祉国家の機能低下によって社会政策の目標は、規律訓練の主体の創出から、フレキシブルな――そしてリフレキシヴな――リスク管理が可能な主体の創出へとシフトする」と述べた上で、「福祉国家の保護から抜け出した個人は、リスク計算を国家によることなく、自己責任で引き受けざるをえない」とも説明している。[135] しかし、もしこれまでに見たように個人がリスク管理を道徳的に自己の責任として引き受けるようになったとすれば、それは「規律訓練の主体」から「フレキシブルなリスク管理が可能な主体」へとシフトしたというよりもむしろ、リスクを自己責任として受け止めるフレキシブルな、しかし同時に自己規律的な主体が創出されたと言えるのではないだろうか。個人は、たとえ自分一人の努力ではどうしようもない状況に追い込まれても、リスク管理が不得意な「怠け者」やスキルを身につけようとしない「モラルを欠いた者」とみなされないために努力を強いられる。[136] その意味で、新自由主義と一体化したリスク社会では、個人が国家、企業、家族に縛られることなく自由にライフコースを選べる感覚をもつようになった一方で、そうした制度に保護されることのない不安定な立場でそのリスクの一切を自分の責任として引き受ける、フレキシブルでプレカリアスかつ自己規律的な自己責任の主体が生み出されることになったと見ることができるのである。

こうした文脈において、日本では新自由主義と一体化したリスク社会にジェンダー的偏向が見られることが指摘されてきた。総じて言えば一九九〇年代以降の現代の日本社会では、高度経済成長期の男女分業体制が崩れ女性が外に働きに出る割合が増えたように見える一方で、依然として男性が労働の基準にされ女性が家庭、ケア、リプロダクションと結びつけられるという慣習が根強く残っている。確かに一面では、一九八五年の男女雇用機会均等法、九七年の改正男女雇用機会均等法、九九年の男女参画社会基本法を通じて、男女の雇用条件は平等になってきたように見える。[137] 国土交通省作成の「共働き世帯・片働き世帯の推移」によれば、一九八〇年には片働きが一一対六の割合で共働きを圧倒的に上回っていたのが、九〇年までに徐々にその差が縮まり、翌年からは片働きと共働きの割合がほぼ同じになり、そうした均衡の状態が二〇〇〇年まで継続したのち、〇一年から共働きが増加し片働きが減少し続けた（図7-2）。そして二〇一〇年には共働きが一〇対八の割合で片働きよりも多くなっている。[138] しかし、これは非正規雇用者を除外している。雇用者全体のうち非正規の率は一九九〇年には二〇パーセントだったのが、九八年頃から非正規が急激に上昇し二〇〇五年には三三パーセントとなった[139]（図7-3）。こうした推移において、非正規がもっとも増えていると言われるサービス業に限って言えば、一九九七年から二〇〇七年にかけて男性の正規・非正規の割合は六対一から三対一へと比較的緩やかに推移しているのに対し、女性のそれは労働人口自体は増えつつも二・一対一・二から二・二対一・九へと差が著しく縮まっている。すなわち、女性では非正規雇用者の割合が

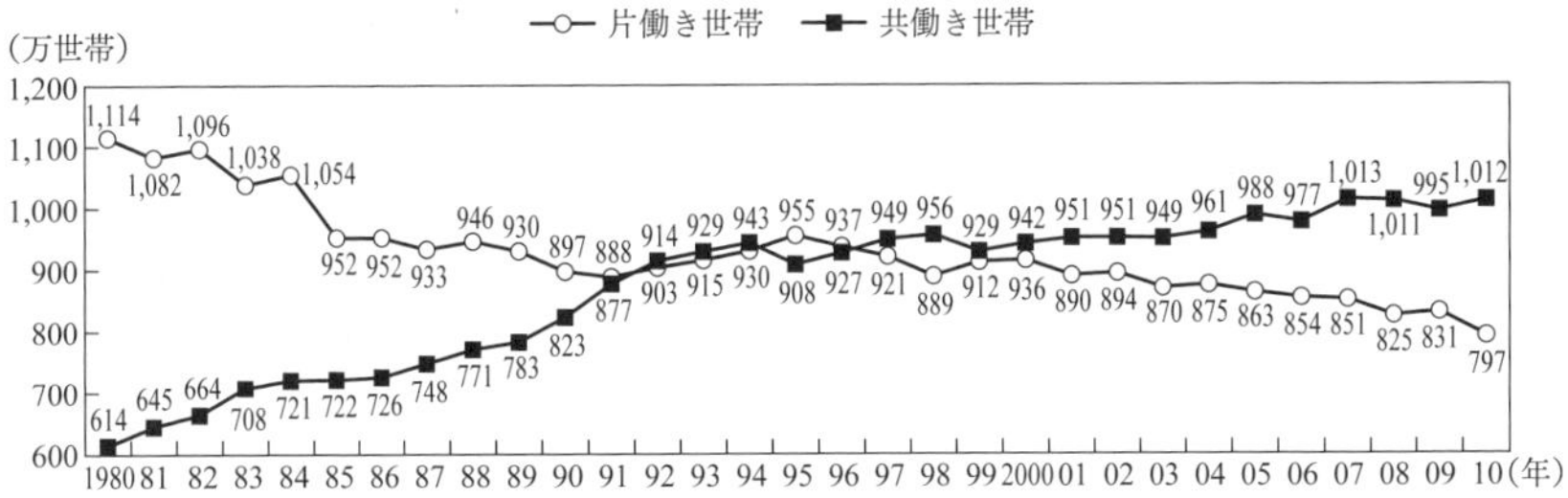


**図 7-2　共働き世帯・片働き世帯の推移**

注 1)「片働き世帯」とは，夫が非農林業雇用者で，妻が非就業者（非労働力人口および完全失業者）の世帯。
　2)「共働き世帯」とは，夫婦ともに非農林業雇用者の世帯。
出所)『平成 19 年度　国土交通省白書』。

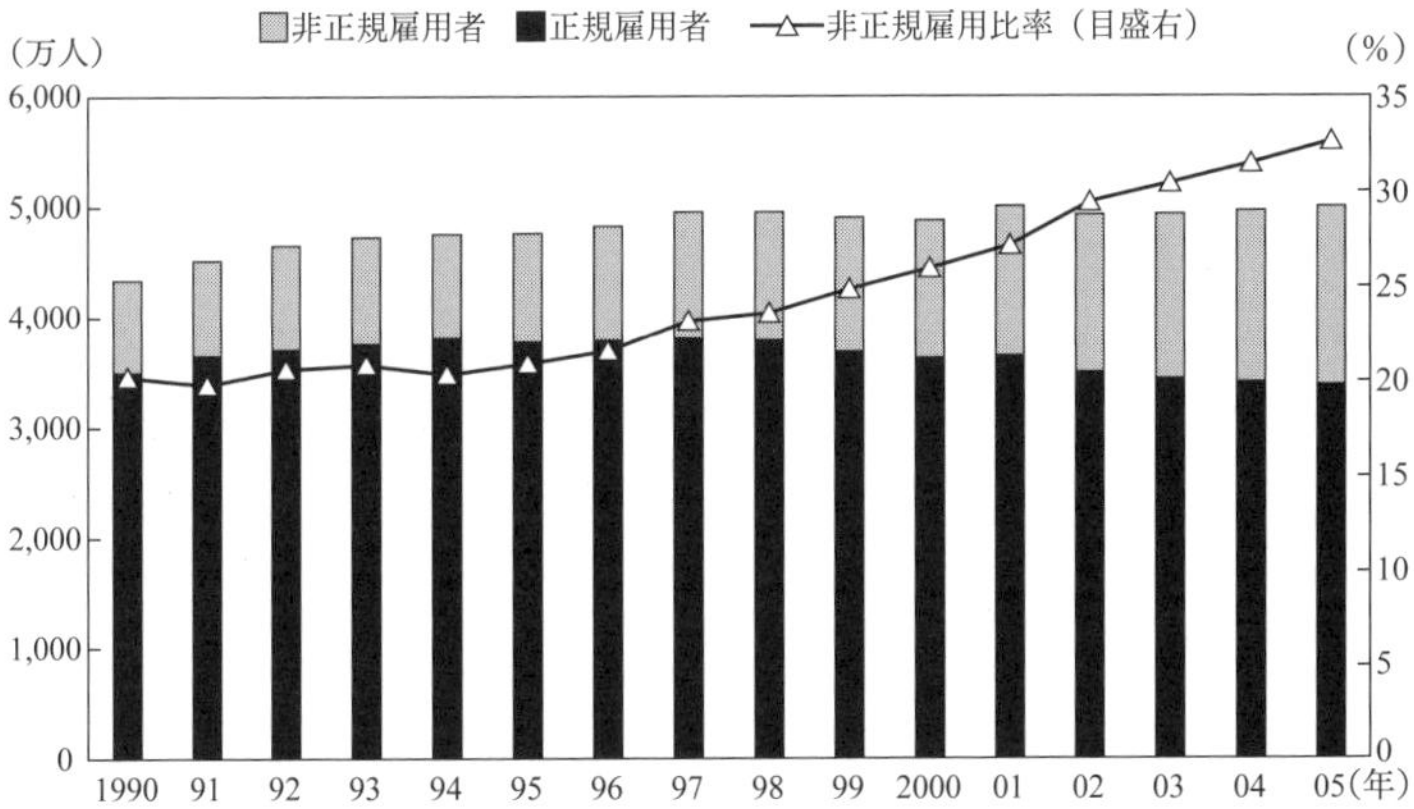


**図 7-3　正規・非正規雇用社数および非正規雇用比率の推移**

出所）内閣府『平成 18 年度　年次経済財政報告――成長条件が復元し，新たな成長を目指す日本経済』。

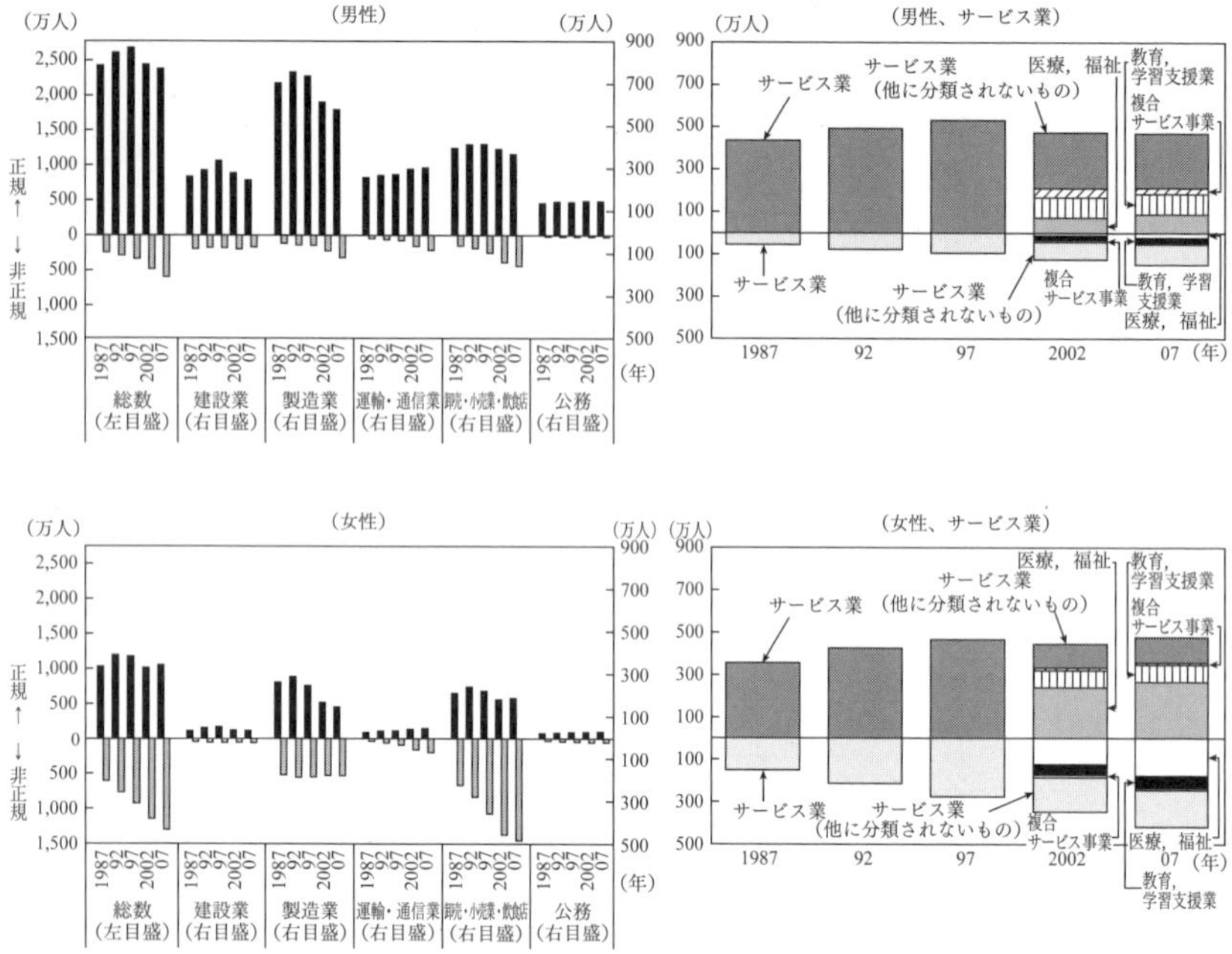


**図 7-4**　男女別正規・非正規

注 1）非正規の職員・従業員数は，役員を除く雇用者（1997 年および 2002 年については，雇用者総数から役員数を除して算出）から正規の職員・従業員の数を除して算出。

2）非正規の職員・従業員のうち，労働者派遣事業所の派遣社員については，1997 年までは派遣元の事業所の産業，2002 年からは派遣先の事業所の産業に分類されている点に留意が必要である。

3）「その他（分類不能を含む）」は，産業計の「総数」から「建設業」,「製造業」,「運輸・通信業」,「卸売・小売業・飲食店」,「サービス業」および「公務（他に分類されないもの）」を除して算出。なお，2002 年および 2007 年の「運輸・通信業」は「情報通信業」と「運輸業」の合計，「卸売・小売業・飲食店」は「卸売・小売業」と「飲食店，宿泊業」の合計である。

出所）厚生労働省『平成 25 年版 労働経済の分析構造変化の中での雇用・人材と働き方』。

半分近く、しかも「医療・福祉」すなわち介護関係に非正規で従事する人の割合が男性に比べて圧倒的に多いことがわかる[140]（図7-4）。

実際、上野千鶴子が指摘するように、男女雇用機会均等法が制定された一九八五年に、労働者派遣事業法も制定され、それ以来派遣法が改定を重ねる中で、女性は一部のエリート女性を除き、多くが（失業保険や健康保険を企業が世話する必要がない）派遣労働者として働き、企業の労働力不足を補う役割を果たすようになった[141]。そもそも雇用のリスクが問題になったのは、二〇代から五〇代の男性労働者がリストラの対象にされ始めたからであり、多くの場合、女性の雇用のリスクは想定されていなかったという指摘もある[142]。また、こうした男性中心の雇用体制が継続している状況の中で、未婚女性が、「収入が高くなる見込みが薄い男性との結婚をためらう傾向」があるように[143]、パート労働者にしろ主婦にしろ、女性は夫の収入に依存するという高度経済成長期以来のイメージが維持されてきた。そのため、そのように夫の収入に依存している女性は、夫が企業にリストラされても、あるいは離婚をしても、貧困化するリスクを負うという意味で二重のリスクにさらされているにもかかわらず、そうした女性のリスクの問題——家族に帰属していたリスクが個人化されるというリスク——は不可視化されがちとなっている[144]。さらには、そうした高度経済成長期以来の家族イメージの規範が継続し、育児を含めたケアの領域がもっぱら女性と結びつけられる慣習のために、少子化の社会的リスクが公共政策の責任ではなく、個々の女性の生物学的リプロダクションの問題として考えられる傾向にある。育児休暇や保育所の整備が進められてきた——とはいえ、一九九一年に育児・介護休業法が成立したものの、現実には男性の育休取得率は極めて低いし、保育所も二〇一〇年代の今日に至るまで劇的な改善は見られない[145]——一方で、婚姻制度や家族制度の改革がほとんど行われていないのはその表れだと言えるだろう。次章で扱う福島第一原発事故後の状況は、こうした文脈においてこそ検討する必要がある。

リスク社会は、新自由主義やポストフォーディズムと結びつきながら、フレキシブルでプレカリアスかつ自己規律的な自己責任の主体を生み出した。「市民」はその意味で脆弱な主体としての特徴を強めた。しかし、それは均質にそのようになったという意味ではない。「市民」には、時代の文脈に条件づけられた多様性、矛盾、格差がある。ここで論じてきたような、女性の置かれた立場と男性が置かれた立場の違いは、その端的な例だと言えるだろう。女性の中にも異質性や亀裂があることは言うまでもない。こうした「市民」の間の断層や偏差を考慮に入れつつ、次節ではリスク社会がさらにネットワーク社会とも連動していることを確認しておきたい。

## 権力ネットワークと領土化志向の「市民」ネットワーク

リスク社会は、ネットワーク社会と呼べるものとも一体化していると見ることができる。ここで言うネットワーク社会という考え方は、基本的にマニュエル・カステルの概念に依っている。カステルにとって、ネットワーク社会は「社会的組織と社会的実践のあらゆる鍵となる側面の数々のネットワークから成る[146]」包括的な概念である。それはまた、デジタル・コミュニケーションに親和的な構造を備え、二十一世紀の社会を特徴づけるものでもある[147]。ここでは、こうしたカステルの見方を考慮に入れつつ、しかしまた(日本の「市民」の文脈とのかかわりから自主上映会を分析するという)本章・次章での最終目標に即して、ネットワーク社会を大きく分けて三種のネットワークの絡まり合いから成るものとして捉えたい。その三種とは、権力ネットワーク、領土化志向の「市民」ネットワーク、そして脱領土化志向の「市民」ネットワークである。リスクはこの三者から成るネットワーク社会に密接に関係しているが、本節では前二者のネットワークとの関係を考察し、脱領土化志向の「市民」ネットワークについては次章で検討する。以下では、リスクが、権力ネットワークと結びつくことで、「市民」をますます個人化し脆弱化させている状況と、権力ネットワークに同調しそれを支持する一つの動きとして領土化志向の「市民」ネットワークが顕著になっている状況を見ていくことにしよう。

すでにたびたび言及した、システムが個人の意志決定を超えて作動してしまうという、すぐれて現代的な問題は、一九九〇年代以降の言論では、権力ネットワークと個人の関係として捉え直されるようになってきた。ここで言う「権力ネットワーク」は、アントニオ・ネグリとマイケル・ハートが論じた〈帝国〉や、ジル・ドゥルーズが提示した「コントロール社会」に相当するものである。いずれにも共通しているのは、資本とメディアのグローバルなネットワークが普段の日常生活において気づかないうちに個人を制御している点である。言い換えれば、前章でも触れたように、個人は自由に自分の意志で行為しているように思っているかもしれないが、実際には身体的にも心理的にも、つまりは生や情動の次元から思考の次元に至るまで巨大なネットワークとしてのシステムに従って行動し、そのことを通してそのシステムの維持と成長に寄与している。〈帝国〉についてもコントロール社会についてもすでにさまざまな文献で取り上げられているので、ここでは本章にとって重要な考え方だけを確認しておきたい。

ネグリとハートにとって〈帝国〉は、近代植民地主義の帝国とは異なって中心となる国民国家がなく、超国家的制度、多国籍企業、支配的国家を結節点とする、脱中心化・脱領土化されたネットワーク状の権力を意味する。このネットワークに外部はなく、人々は誰もが常にすでにその内部に包摂されており、権力は個々の生の奥深くまで浸透する「生権力」として機能している。[148] したがって、コミュニケーション・ネットワークを考えてみても、ハーバーマスの場合は権力とコミュニケーションの関係が権力システム対「コミュニケーション的行為」のように対照的に想定されていたのに対して、ネグリとハートの議論では〈帝国〉はむしろコミュニケーション・ネットワークを生み出すと同時にそれに支えられ、個々人の生がそこに埋め込まれていると考えられている。[149] ドゥルーズの想定した多元的、多数的、多様なネットワーク上の権力や「コントロール社会」の考え方は、ネグリとハート自身も言及しているように、[150] こうした〈帝国〉の性質と本質的には似ている。今ではよく知られたドゥルーズの「コントロール社会」についての論考では、その性質がフーコーの規律社会と比較されることによって明確にされている。フーコーによれば、十八世紀に誕生した規律社会では、監獄にしろ、病院にしろ、学校にしろ、人々はある空間に囲い込まれた環境の中でそれぞれの権力規範を内面化し、そこで求められる規律的な身体を自主的に身につける。それに対して二十世紀終わりに登場したコントロール社会では、規律社会のような個別の空間という区分はなく、権力は分散化したネットワークそのものになっている。その中で個人はさまざまなデータに置き換えられ、そうした「分人化」を通して制御されている。[151] このドゥルーズのコントロール社会の考え方を基調にしてコンピュータに媒介された社会のプロトコルを論じたアレクサンダー・ギャロウェイは、ネグリとハートが〈帝国〉を「脱中心化」した権力ネットワークと表現したのとは異なり、プロトコルが分散型ネットワークであることを強調している。つまり、そこにはいかなる中心もなく、個々の身体は分割されサンプル化されコード化される過程で自己決定しているような感覚をもちながら制御されているというのだ。[152] ギャロウェイはこの分散型ネットワークがカステルの言う「ネットワーク社会」、とりわけその、社会や政治にかかわる空間が「相互作用するネットワーク」や「柔軟な資本蓄積」によって支配されているという側面に通じていることを指摘している。[153]

いずれにせよ、〈帝国〉にしろ、コントロール社会にしろ、あるいは権力ネットワークにしろ、ここで重要なのは、グローバルなネットワークと個人の関係である。人は個人として主体化されるだけでなくデータとして分人化されているために、自分の意志で選択し行為しているという感覚をもつ一方で、自分が権力ネットワークにどのように制御され利用されているのかという認識をもちにくい。すでにいろいろと指摘されているように、このことはさまざまな側面で言える。例えば、この権力ネットワークは、フェイスブック、アップル、マイクロソフト、グーグル、アマゾンといった巨大なプラットフォームをもつ米国発の多国籍企業に内側から支えられており、私たちはパソコンやインターネットを利用する限り、もはやこれらすべてを回避することは難しい。[154] またインターネットやスマートフォン上では、ダウンロード、サイトの利用、映像視聴、支払いなどあらゆる場面でＩＤとパスワードが要求され、個人情報として管理されている。[155] 一度商品を購入すると、あるいは購入しなくてもそのサイトを開いただけでも、その情報がどこかに登録され、その後はインターネット上のウェブサイトを開くごとに関連する商品の広告が次々と出てくる仕組みになっている。それは、個人の世界が、個人を超えたところで、つまりはネットワーク化した資本主義によって作られていることを意味している。ここで問題なのは、個人が自由に選択しているように見えて、実際にはネット上のプロトコルによって個人情報が把握され、選択肢が限定され、しかもその仕組み——どこでどのように個人情報が管理され利用されているのかという仕組み——が専門的な知識をもっていない限り個人では把握できないということである。これは、一九六九年に「管理社会」について次のように述べた松下圭一には想像もつかなかったことだろう。

管理社会論は第三次産業革命が今後もたらすであろう歴史的効果を予見していないのではないかと思います。というのは、情報革命が拡大していけば、情報がむしろ大衆に開放されていくわけで、情報を独占しているエリートの支配が成りたたなくなります。その結果かえって情報の独占というエリート支配の前提がくずれ市民が多元的に自主管理するという社会に入っていく可能性が拡大します。管理社会というのは、むしろ第二次産業革命のビューロクラシーがそびえたっている段階、情報が大衆次元までに十分降りてこない今日の段階の産物だと思います。[156]

松下のこの見解ではまず、官僚エリート対「大衆」または「市民」という単純な二項対立が前提にされている。しかし、コントロール社会では、そうした単純な二項対立的な上下関係が権力関係となっているわけではない。むしろ、ギャロウェイが、カステルや、ドゥルーズとガタリ、ネグリとハートに言及しながら示唆するように、〈帝国〉とコントロール社会の権力ネットワークは、脱中心化した「垂直型」のコーポラティズムでもなければツリー型の官僚主義でもなく、分散化したリゾーム型ないしは「水平型」の網状組織である。[157] また、松下は情報への自由なアクセスが「市民」の自主管理を可能にすると言うが、「市民」がメディア・テクノロジーによって自由に情報にアクセスできるようになったからといって、自主管理が可能になるとは言えない。むしろ、日常生活の中で日常生活に関する情報に自由にアクセスする行為そのものが、意図せずしてシステムによる自らの生に対する「管理」になっていると言ったほうが正しい。さらに、ブライアン・マッスミが示唆するように、「市民」は個人として合理的な知性を働かせつつ、同時に情動をベースに分人として——前個人的かつ超個人的レベルで——内在的にネットワークの一部を成すことで、コントロール社会と一体化した新自由主義を強化しているとも言えるかもしれない[158]。これらの点で、「市民」はそうした個人化・分人化の過程を通して、さらにはそれを繰り返す過程を通して、権力ネットワークに対して無防備で無力な主体となっていると考えられるのである。

このことは、「市民」が、個人としての自分が認識していないレベルで、権力ネットワークを支えると同時にその監視の対象にもされてしまうということをも示している。デジタル・テクノロジーの発達によって、個人情報は原理上コンピュータを通じて誰とでも簡単に共有できるようになった。新自由主義の政策の下では、行政のコストを抑制するために情報の管理は民間企業に委託され、法的・制度的な規制がなければ、行政、金融業者、販売業者の間でそれを共有することは簡単である。実際、二〇一三年から一五年にかけて多くの反対を押し切って成立した、いわゆる「特定秘密保護法」と「安保法制」は治安を理由に、そうした個人情報の共有を促進させる潜在性を示している。個人情報は、単に氏名や住所といったことにとどまらず、貯蓄・財産、商品の販売歴、活動履歴、思想などにも及ぶ。ＩＤが特定できれば、フェイスブック、インスタグラム、ツイッター、ライン、グーグルプラスなどは、そうした個人情報を集めるための格好のプラットフォームとなるだろうし、ＩＤ登録したサイトはすべて個人に関する情報源となる。集積された個人情報はデータ化され常に解析可能である。そうしたネットワーク・システムによって私たち「市民」は、「便利になった」行政サービスの名の下で生活のあらゆる側面が管理され、いつでも容易に監視の対象にされうる。同時にまた、テロのリスクへの意識が強まる中で、治安の名の下に、外国人、貧困者、政府に批判的な者、権力ネットワークに批判的な者は、自分が把握していないところで、犯罪者やテロリストの予備軍とみなされて特別に警戒されるかもしれない。また新自由主義政策の下では、福祉制度の多くの部分が民営化されることで資産のある人たちに優利なものへと変容し、貧困者は「福祉の対象」よりも「治安の対象」とみなされる傾向が生まれてきた[159]。しかも、雇用の規制緩和により誰もがプレカリアスな立場に追い込まれ貧困者になる可能性が高まっている。しかしまた、誰もが自ら認識していないレベルで情報として管理されている一方で、自らが、国家による国家・社会の治安政策の恩恵を受けていると信じている者は、治安（あるいは自身）を脅かす者として他の特定の人たちを他者化して警戒するかもしれない。二〇〇一年の九・一一事件以前からネグリとハートは、〈帝国〉が、秩序を脅かそうとするものに対して保安警察の役割を果たしていることを指摘している[160]。とすれば、遅くとも一九九〇年代以降、そうした個人レベルでの絶え間ない自他の区別の行為は、国家的レベルとグローバルなレベルの両方で、特定の人々をリスク管理の名目で監視する権力ネットワークを支えるものとなっているとも言えるだろう。言い換えればこのことは、「市民」が、自らの行為を通じて権力ネットワークの維持と強化に寄与している可能性と、権力ネットワークによって常に管理され監視の対象にさえされる脆弱な主体として個人化されている可能性の両面を示唆している。

こうした状況の中で、自他の区別を行う人たちのネットワークが顕著になってきた。それは、典型的には、新しい教科書を創る会に賛同する「普通の市民」、在特会やいわゆるネット右翼やヘイト・グループと呼ばれる人たちのつながりを指す。ここでは、そうした人たちも「市民」と考え[161]、そのネットワークを「領土化志向の「市民」ネットワーク」と呼ぶことにする。この「領土化」はドゥルーズとガタリの言う「脱領土化」にヒントを得て概念化した言葉であり[162]、「脱領土化」が身体的もしくは行政区画を超えて広がる情動の共有・共振であるとすれば、「領土化」は身体的・行政区画的境界を設けて自他を区別し、自らのアイデンティティやテリトリーを守ろうとする行為を指す。この種のネットワークは一方で、厳格なメンバーシップ制に基づくグループとは違って、閉鎖的ではない。むしろ、かなりの程度誰にでも開かれている[163]。他方、国家の領土をもとに自他を区別しながら自らのアイデンティティと境界を確定し、そのアイデンティティに当てはまらない人たちを、その領土やアイデンティティを脅かす敵とみなして攻撃する。また、そうやって他者を構成することを通して自らのアイデンティティを確証しようとする。

ここで重要なのは、リスク社会、新自由主義、ソーシャル・メディア、権力ネットワークの連動的な広がりが、そうした領土化志向の「市民」ネットワークの成長の条件になっているという点である。ネット右翼やヘイト・グループにかかわっている人たちの多くは、必ずしも低学歴で貧困に苦しむ人たちではなく、むしろ高学歴で学生や比較的安定した職についている人たちも含んでいることが指摘されている[164]。つまり、貧困に苦しんでいる低学歴の人たちが憂さばらしで他者を攻撃することによってつながっているというよりは、むしろ規制緩和以降のリスク社会の中で自らの転落の可能性に不安を感じている人たちが敵を作ることを通して、自らのアイデンティティとテリトリーを確証しようとつながっているのだ。ソーシャル・メディアがこうした領土化の「市民」ネットワークの形成に一役買っているという指摘も最近よく行われている。このことは、「社会的なクラスター化」「パーソナライズド・フィルター」「フィルター・バブル」「確証バイアス」といった概念によって説明されることが多い。インターネット上では、社会的なクラスター化によって、「同じような意見を持つ人たちだけでグループが無数に形成されて極端な主張を持つグループ（ヘイトグループ）が形成されやすい[165]」。自分にとって不要だと思った情報はクリックするだけで読み飛ばすことができるし、そうすることによって大量の情報をふるいにかけ、自分好みの情報だけを享受することもできる。こうしたパーソナライズド・フィルターは[166]、クラスター化を促す一つの大きな要因になっている。また、パーソナライズド・フィルターは、そういった情報選択を通して、自分が得る情報や利益が社会のすべてであるかのような錯覚を感じさせるフィルター・バブルと補完的な関係にある。イーライ・パリサーは、こうした傾向は「狭い自己の利益以外のことも考えるべき」民主主義に逆行していると指摘している。さらに、パーソナライズド・フィルターによって人は見たいと思うことだけを見るようになり、個人の好みをもとにしたバイアスが確証されていくことになる。言い換えれば、ソーシャル・メディアにより——この名称とは裏腹に——自己を充足させることが容易となり、自分とは趣味や立場を異にする他者への想像力を働かせる必要がなくなる。こうした条件が、領土化志向を共にする「市民」のネットワークの成長を支えていると考えられるのだ。

さらに、領土化志向の「市民」ネットワークは、リスクを媒介に新自由主義や権力ネットワークと結びつき、特定の個人を他者化して自己責任を強いることもある。グレン・D・フックと武田宏子は、このことを、一九九〇年代以降のフリーターの増加と二〇〇四年四月の「イラク日本人人質事件」などを事例に的確に論じている。両方の事例に共通して明らかなのは、国家へのリスクを個人へのリスクよりも優先し、個人へのリスクを自己責任とみなす一方で、個人を、国家に損害を与える存在として批判する言説が顕著になったということである。フックと武田によれば、二〇〇一年から〇五年の小泉純一郎政権下の政府は、フリーターの多くが三〇代・四〇代になるにつれ何百万もの「市民」の雇用が不安定になるリスクを国家的リスクとして認識するようになった。この背景には、一九九〇年代のバブル経済崩壊後の長引く不況と新自由主義政策のために正規社員としての雇用機会が減少し、個々の人々にとって失業のリスクが広がったということがあった。しかし、政府関係者が心配したのは、個々のフリーターの老後を含む将来の経済的・社会的状況ではなかった。それはむしろ各自の自己責任として考えられた。より重要な問題とされたのは、社会保障費が赤字になると国家の財政負担になるというリスクである。こうした文脈の中で、そのような事態を生み出したのは国家ではなく、むしろ「無責任な行動」をしているフリーターだと考えられたのである。[167]他方、二〇〇二年にイラク戦争が終結してからも混乱状況にあったイランで、三名の日本人が武装グループに誘拐されるという事件が起こった。これに対してインターネット上では、誘拐されたのは外務省の警告を無視してイランに入国した三人の自己責任であり、政府に救助のための費用——「国民」の税金に由来することが強調された——や手間を供出させたという意味で、三人は国家や「国民」に迷惑をかけたという非難が起きた。[168]この種の言説では、イランに日本人が入国すれば政府に負担がかかるという、国家にとってのリスクが重視され、個人的なリスクを引き受けてまでもボランティアとして人道的な支援を行ったり、ジャーナリストとして現状を世界に発信したりする「市民」を支援しようという発想はなかった。言い換えれば、領土化志向の「市民」ネットワークは、新自由主義的な権力ネットワークと同調しながら、自らを国家・「国民」の規範の側に置き、それに反した行動をとる「市民」を他者化しながら、彼ら彼女らに自己責任を強いるのである。

「市民」は必ずしも自律的で理知的な主体ではない。「市民」のアイデンティティは複数的・競合的であり、調和的とは言えない。「市民」はときとして政治的抵抗の主体となるが、権力に対して協力的・調和的になる場合もある。政治的抵抗の主体になったとしても保守性と進歩性の両面を持ち合わせていることが少なくない。そして「市民」は自己決定を求める自発的な個人として行為しまたそのように定義されてきたところがあるが、しかしまさにそれゆえにリスクと新自由主義の時代にはフレキシブルでプレカリアスかつ自己規律的な自己責任の主体とされることに対して無防備で無力なところがあった。女性はさらに、高度経済成長期以来継続してきた不均衡なジェンダー編成の中で、不可視的な形で不利な状況に置かれる傾向がある。ソーシャル・メディアが発達すると、個人が自由に自発的に振る舞っているかのように思える度合いが強まり、そのために実際には権力ネットワークに制御され監視の対象にされているにもかかわらず、その事実がますます認識されにくくなっている。領土化志向の「市民」ネットワークは、自らのアイデンティティとテリトリーを不安定にした権力ネットワークに抵抗するよりも、「市民」の一部を他者化し攻撃することでそれを守ろうとし、それによって逆に権力ネットワークを補強している。このように歴史的経緯と現代的状況を合わせて考えてみると、「市民」がいかに脆弱な主体であるかがわかるだろう。自発的でたくましい個的主体と思われた「市民」は、裏を返せば操作されたり不利な立場に追いやられたりしやすい個的主体でもある。とはいえ、歴史を振り返れば、「市民」にはその脆弱さゆえにネットワークを生み出し、権力に向き合う力があることも認められる。そのネットワークもまた常に葛藤や亀裂の可能性を伴い決して安定的ではないものの、しかしまさにその点に独自の特徴と可能性を見出すこともできる。次章では、映画の自主上映会とソーシャル・メディアが織りなす、トランスメディア的社会運動とでも呼べるネットワークと、身体的集合の場との関係を分析することで、脆弱な主体としての「市民」とそのネットワーク化の可能性を探りたい。

# 第八章　「市民」の多孔的親密－公共圏

## ――自主上映会とソーシャル・メディアのトランスメディア的社会運動

二〇一一年三月一一日の福島第一原子力発電所の事故のあと、「市民」による映画の自主上映会が活発になった。この社会運動は官邸前や日本のさまざまな都市（さらには海外の都市）で起きた反原発デモほど華々しいものではないが、「市民」のネットワークを広げ、問題関心と知識を共有し、アクションを促すという点ではデモにも勝るとも劣らないほど重要なものだと言える。この種のネットワークは、原発をなおも推進したり放射能問題を無効にしようとしたりする資本と政治の権力ネットワークに抵抗しようとして成長してきた。また「市民」による自主上映会には、後述のように多孔的親密－公共圏とも呼べる興味深い特徴を見出すことができる。さらに、ここで取り上げる「市民」のネットワークは、前章で取り上げた領土化志向のネットワークとは違い、自分たちのアイデンティティやテリトリーを守ることよりも、それを超えてつながることに関心のある脱領土化志向のネットワークだと言える。とはいえ、原発問題や放射能問題は、エネルギー、廃棄物、自然環境、地域経済、地域格差、教育、科学・医学、メディア、コミュニティ、家族関係、生命・健康などあまりにも多くの問題と複雑に絡み合っており、誰もが納得できる唯一の正しい解決策があるわけではない。「市民」の主張が絶対に正しいというわけではないし、「市民」の中にも多様な意見があり対立している場合もある。(1) したがって、本章では「市民」のネットワークと権力ネットワークとの対立関係に焦点を合わせるが、ここで取り上げる「市民」の主張が絶対的に正しいということを前提にはしていない。むしろここでの目的は、「市民」の主張の正しさを証明することではなく、権力ネットワークに対して「市民」のネットワークがどう形成され、どのように抵抗し、どう介入しようとしているのか、そこにはどのような困難や問題があるのかを、原発問題・放射能問題に関する映画の自主上映会を事例に考察することである。自主上映会はそれ一つで見れば社会的に重要なものとは思えないかもしれない。しかし、それをネットワーク社会における多様なネットワークの一部を成すものと考えれば、その意義とポテンシャルは無視できないものであることがわかるだろう。

「市民」による自主上映会は通常、映画の上映と、映画制作者またはその他の専門家による講演会や対談、それに質疑応答や討論の組み合わせから成っている。三・一一の震災以来、そうした自主上映会が、北海道から沖縄まで日本全国のいたるところにある市民会館や区民会館、コミュニティ・センター、学校、カフェなどさまざまな場所を会場にして行われてきた。小規模なものから大規模なものまで、そうした数々の自主上映会は「市民」たちが各地で自由に開催しているので、全体的に見ればランダムに行われ、異なる地域で同時多発的に催されていることも珍しくない。本章では、こうした自主上映会を一つの空間に固定された独立したイベントとしてではなく、さまざまな場所に一時的に出現しては消える、ノマド的かつ多孔的な場のプロセスとして捉える。この場を媒介にして、メディア、関心、人々が複雑につながり合うネットワークが形成されたり、拡張されたり、深められたり、他の場へと接続されたり、あるいは切断されたりする。こうした場はまた、ジュディス・バトラーの言う集合《アセンブリ》や、ケアの倫理と理論的共通点の多い「親密圏」としての性格を持ち合わせている。バトラーはその著『アセンブリ』（二〇一五年）の中で、デモを例に取りながら、物質性をもつさまざまな具体的な身体が広場や街路という物理的な場に寄り添い、言語的・非言語的行為を遂行することを通して動的な社会運動を行っていることを論じている。(2) 自主上映会も同様に、メディアに媒介されてはいない「いま・ここ」を共有した、多様な身体の集合の場という性格を備えている。しかし、バトラーが想定していた広場や街頭とは違って、自主上映会は、誰にでも開かれているとはいえ、通常屋内で行われ、同じような関心をもった人々が集まることで、ある程度外部から守られた空間であるかのような感覚が生み出される。それは、自立した個人同士が知的に対話する公共圏というよりも、権力によって困難を強いられている現状や関心事をもとに感情・情動を共有し合う空間が醸成されているという意味で親密圏と呼ぶにふさわしいものである。[3] この親密圏は、ケアの倫理学が議論してきた身体の脆弱さ（ヴァルネラビリティ）をもとにした集合の場とも言い換えられる。[4] しかしまた、そこに集まった人たちは誰もが顔見知りというわけではないし、法制度、科学、政治・経済、社会的現実について学習しながら理知的に意見を交わし、さらにはそこに集まった人たち以外の人たちに呼びかけを行おうとしたり政府や企業へ異議申し立てを行おうとしたりするように公共への介入をも試みている。したがって、「市民」の自主上映会は、単なる親密圏というよりも、多孔的親密‐公共圏と呼ぶ方が適切である。本章では、前章で論じたように「市民」を自律的・理知的主体としてよりもむしろ脆弱な主体として捉え直し、そのネットワークを、公共圏から広がるものとしてではなく、むしろ親密圏から公共圏へと向かうものとして考える。このことはまた、ここで取り上げる自主上映会が、単なるポスト三・一一の問題ではなく、前章で検討した一九五〇年代以降の「市民」の歴史的文脈を考慮に入れて扱われるべき問題であることを示唆している。

一九八〇年代以来、多くの研究者が社会運動をネットワークの観点から議論してきた。[5] 日本でもこの頃からネットワーク論が話題となり、実践されもしてきたことは前章で述べた通りである。ここでは、そうした数あるネットワーク論の中でも、前章に引き続きマニュエル・カステルのネットワーク社会論を巨視的な理論的枠組みとして念頭に置きたい。カステルは、現代社会を「ネットワーク社会」と表現し、それがデジタル・コミュニケーションのネットワーク、金融と労働の流動、「流動の空間」（具体的な場を超えて、情報、金融、労働の流動性から成る空間）、「時間なき時間」（連続的時間が無効になった時間）に条件づけられていることを論じている。こうした中で資本と政治に支えられた支配的権力は、前章でも見たように、巨大ネットワークを構成しながら、そのネットワーク化のプロセスそれ自体において行使されている。こうした権力に対抗する力は外部には存在し得ず、常にすでに内在化されている。もし対抗できるとすれば、それはコミュニケーションのネットワークを再プログラミングするかスイッチを切り替えるかして介入するよりほかにない、というのがカステルの見立てである。[6] 本章では、こうしたカステルの理論的な枠組みを踏まえつつ、次の二点については異なる視座からネットワーク社会にアプローチする。第一に、本章では、ネットワークを単にコミュニケーション・ネットワークとして捉えるだけでなく、メディア、知識、関心、アクション、そして「市民」の多様なレベルが交差するネットワークとして捉える。その際、「流動の空間」と「時間なき時間」を中心的な課題とするカステルとは異なり、連続的な物理的時間の流れ——死や腐食のように不可逆的な時間の流れ——をも共有する、さまざまな具体的な身体が集合した物理的な場所としての自主上映会の性質も重視する。

第二に、カステルや他の社会運動研究者たちはもっぱらソーシャル・メディアもしくはカルテルの言う「マス・セルフコミュニケーション」だけに注目してきたが、以下では映画の自主上映会を起点とし、その機能がソーシャル・メディアの機能とどう異なり、しかしまたどう協働しているかという両面に目を向ける。このトランスメディアの視点は、ヘンリー・ジェンキンスの言う「トランスメディア・ストーリーテリング」と共通しているところがある。すなわち、ここで言う「ネットワーク」もジェンキンスの言う「ストーリー」も、両者ともに、一つの媒体を超えて多様なメディア・プラットフォームを横断しながら絶え間なく成長するとともに、参加者やユーザーはそのネットワークやストーリーの構築・再構築に能動的にかかわる。[7] しかし、ジェンキンスが産業、メディア、オーディエンスの三者関係を重視しているのに対して、本章では社会運動、メディア、「市民」の三者関係に焦点を合わせる。実際、本書の他の章で見たように、従来の研究ではトランスメディアもメディア・ミックスも、メディア産業、文化産業、消費者との関係から論じられるばかりで、社会運動や「市民」との観点から検討されたことはなかった[8]。このことはさらに、「市民」と権力ネットワークとの間の緊張関係を考える上でも重要である。「市民」が自主上映会で上映する映画は、大手の映画製作・配給網から独立した、もしくはそこからはずれた自主制作映画であることが多い。だからこそ、そうした映画の制作者と「市民」は、権力ネットワークに対してある程度批判的な距離をとることができる。加えて、多孔的親密 - 公共圏としての自主上映会は、トランスメディア・ストーリテリングを成す複数のメディア・プラットフォームの中の単なる一つの入口ないしはインターフェイスのようなものではなく、一つ一つがユニークであり、単一の媒体には還元できないものであるということも強調しておきたい。自主上映会は固定的・定型的・定期的ではなく可塑的・多形的・ノマド的であり、自主上映会同士の関係は平板ではなく凸凹である。

とはいえ、「市民」が必ずしも強靭な主体ではないように、自主上映会もそのネットワークも頑強ではない。また、ここでの最終目標は、「市民」や自主上映会の模範や規範を示すことではない。むしろ、その困難に向き合う実践の脆弱性とそれゆえこその可能性の両面を明らかにすることである。そこに参加する「市民」はシネマコンプレックスやミニシアターや映画祭に集う映画観客の一般的なイメージとは大きく異なっているものの、これも一つの重要な映画観客のあり方だと主張したい。

## 親密圏のネットワーク——「市民」の再編成

前章で検討したように、「市民」は歴史的に見れば必ずしも自律的・理知的な主体というわけではなく、むしろ脆弱な面が多分に見られる主体である。新自由主義やポストフォーディズムと結びつきながらリスク社会としての性格を強めた一九九〇年代以降の時代状況にあっては、先述のシステムによって設定されたさまざまなタイプのリスクが、それにもかかわらず個人の自己責任にされてしまうという、リスクの個人化とでも呼べる現象が広まった。さらに「市民」は権力ネットワークを通じて個人化・分人化され、領土化志向の「市民」ネットワークはこの傾向を補強すらしている。このように見てくると、「市民」はますます個人として弱体化されているように見える。とはいえ、生活上不利な状況に置かれた「市民」がその脆弱さをもとにネットワークを形成し実践してきた経緯が数々あることも見過ごすことはできない。前章で見たように、それらでは、脆弱さが「市民」と「市民」の社会運動にとって強みでもあったことが窺える。実際、二〇〇〇年代以降、政治学、哲学、社会学などの思想的・理論的研究では、かつて「市民」の絶対的な基盤であると思われていた公共圏やシティズンシップといった概念が親密圏やケアの倫理の観点から再考され、脆弱さ（ヴァルネラビリティ）がその再考の鍵となる概念として注目されてきた。ただし、この種の言説では、公共圏やシティズンシップという概念に「市民」が結びつけられ、親密圏やケアは「市民」よりも「人間」や「人」によるものとして語られる傾向がある。しかし本章では、前章で行った歴史的検証を踏まえて、「市民」をあえて親密圏やケアの主体として捉える。以下では、親密圏がいかに「市民」のネットワークの起点になりうるかについて基本的な理論を確認し、その上で歴史的実践例における葛藤、矛盾、困難についても目を向けながら、後続の自主上映会の考察へとつなげることにしたい。

親密圏が、脆弱な主体としての「市民」にとって重要なのは、それが「具体的な他者の生／生命への配慮・関心によって形成・維持」されるものだからである。[9] ハンナ・アーレントの議論では、このように定義づけられる親密圏が、「人々の〈間〉にある共通の問題への関心によって成立」する公共圏と区別されて、非政治的な領域として位置づけられているが、[10] しかし齋藤純一や栗原彬が示唆するようにそれは「市民政治」の観点から再編成できる。アーレントによれば公共圏は、「表象の空間」とは異なる「現われの空間」として成り立っている。すなわち、「表象の空間」は人々が他者を一般的なアイデンティティや属性――性別、人種、親、若者など――として認識するところに成立するが、「現われの空間」では互いを他の何者にも還元できない唯一無二の存在として認め合い関係し合うところに創出される。アーレントにとって、この「現われの空間」としての公共圏は、「表象の空間」がはびこる近代の社会――すなわち、アーレントが「社会」とか「大衆社会」と呼ぶもの――に対して対抗的な意味合いをもっていた。[11]というのも、「表象の空間」では、「政治的・経済的・社会的・文化的・身体的に優位にある人が劣位にある人々をネガティヴに同定する「有徴化」marking」[12]が行われやすく、後者の人々が負のアイデンティティを刻印されがちだからである。これに対して、アーレントにとって親密圏は、公共圏のような政治的対抗性は希薄である。それはむしろ、「外部の世界全体から主観的な個人の内部へ逃亡するため」[13]に成立したというように、保護空間としての意味合いが強い。こうした親密圏の非政治的な位置づけは、自律的・理知的な主体の対話から成る「市民的公共性」こそを権力システムへの対抗の場として論じ、親密圏をもっぱら教養と愛に支えられた「小家族」とみなしつつ、そこには政治性を見出さなかったユルゲン・ハーバーマスとも共通している。[14]ハーバーマスが「システムによる生活世界の植民地化」と言うときの「生活世界」は、コミュニケーション行為による権力への対抗性を含意し、親密圏ではなく公共圏を指している。[15]こうした傾向に対して齋藤は、親密圏は「社会の外部に位置するわけではなく、そこで用いられる言語は社会が正常なものと認める価値の支配を免れえない」としながらも、親密圏における「社会的なものからの離反とそれへの抵抗の側面」を重視している。[16]栗原もまた、「市民政治のアジェンダ」として、「表象された生活政治に裂け目を入れて生命政治を噴出させ」、「生命圏に根をもつ親密圏を形成して、そこから公共性」に介入することを提唱している。[17]

実際、親密圏には、公共圏とは大きく異なる、「市民」のネットワークの理論的支柱となるような重要な特徴があると見ることができる。ここでは、親密圏論と親和性の高いケアの倫理学も援用しながら、その特徴を六つ指摘しておきたい。第一に、親密圏は、物質的な身体を備えた具体的な人と人との関係によって成立するものである。それは、アーレントが公共圏について論じたことと同様に、他者をステレオタイプ化して見る「表象の空間」とは異なり、代替不可能な唯一無二の存在として互いが向き合う関係から成る。これは、アントニオ・ネグリとマイケル・ハートが、「アイデンティティ」には還元できない「特異性（シンギュラリティ）」という概念を導入していることに対応していると言えるだろう。親密圏に寄り添う個々の具体的な身体はそれぞれが特異で可変性に富み[18]、ジェンダー、エスニシティ、ナショナリティなどのアイデンティティには還元できないものである。加えて、具体的な身体をベースにしているということは、言語、教養、知性による対話的な関係性を排除するものではないにせよ、言葉や対話には必ずしも規定されないということをも意味している。いずれにせよ、「親密圏は、一体性の空間ではなく、複数の人々の「間」であり、そこには言葉や行為における現れとそれに対する一定の応答がある[19]」。

第二に、親密圏は、家族に限定されないが、家族のような偶発的な関係を基盤にしている。すなわち、それは、岡野八代が言うように、生まれたときに出会う家族と同様、「わたしが選択したわけではない他者にまず迎えられ、応答され、身体性から発するニーズを充たされ、コミュニケーション能力を獲得していく過程[20]」を通して形成されるものである。これが、あらかじめ予定された会議での議論や、アポイントメントをとって面会して話し合う対話とは対照的であるのは明らかだろう。偶発的な関係は、企業や行政の組織のような目的合理性に沿った関係とは異なり、選択の余地はない。

第三に、親密圏は自律的な主体よりも、脆弱な主体を前提にしている。ケアの倫理学が示唆するように、「わたしたち人間の条件において、全ての者が無力な存在として生まれてくる限り、全ての者が誰かのケアに一方的に依存してきたことは、否定しようのない普遍的な事実である[21]」。したがって、親密圏は、自律した個人ではなく、他者に支えてもらわざるを得ない脆弱な個人を中心に据えている。

第四に、親密圏は、脆弱な個人同士の偶発的関係から成り立っているので、互いに支え合う応答責任を根本的な原理としている。これが、新自由主義が要請・養成する自己責任に対抗する原理であることは言うまでもない。よく知られているように、キャロル・ギリガンは、個々人の個別性を原理にする正義の倫理に対して、人と人のつながりを原理にするケアの倫理を唱えた。この原理は、自律した個人同士の、正義を規範にした普遍的関係とは異なり、「他者を傷つけないこと、危害を避けること、そのために、その他者の状態とその者がおかれた文脈を注視すること」を重視する点で、文脈依存的相対主義だとも言われている。(22) 例えば、知的障害者は、自律した理知的個人を規範にした公共圏の考え方では、現実には必然的に劣位に置かれてしまうだろう。しかし、ケアの倫理の立場に立てば、知的障害者も、たとえ他者とは言語能力の上では非対称であったとしても、誰もが他者に依存せざるを得ない存在であるという意味では対等な関係として認められる。親密圏は、「すべての人は自律的で自立した存在であるのではなく、あらゆる者は依存する存在として生まれるという意味においても、時に他者の一方的なケアに依存し、時に一方的にケアを提供する者であるという意味においても、人間存在は総合的に依存的な存在である(23)」というケアの倫理を前提にしている。さらに言えば、このことは人間にとどまらず、バトラーが主張するような「生きていることは既に、私自身を超えているだけでなく、私の人間性を超えて生きているものと結び付いていることであり、いかなる自己もいかなる人間も、人間的動物の領域を超える生の生物学的ネットワークとのこのつながりなしで生きることはできない(24)」というレベルでの依存関係も考慮に入れるべきだろう。

第五に、このような親密圏をもとにした「市民」の関係性は、近代的なシティズンシップを反転させるものである。シャンタル・ムフは、「近代的シティズンシップの公的領域は、分断と敵対関係とを認知せず、私的なあらゆる個別性と差異とを放逐する形で、普遍主義的かつ合理主義的な仕方で構築されてきた」と述べている。(25) すなわち、このことは、「市民」の関係性がそうした普遍主義的で合理主義的なシティズンシップとしてのみ考えられ、「市民」の親密圏は社会的・政治的には取るに足らない単なる私的な関係としてシティズンシップから排除されてきたことを意味する。これに対して、本章では、シティズンシップ自体の考え方を、自律した合理的主体から成る公共圏ではなく、脆弱な主体の依存関係から成る親密圏を根本原理に据えるものとして反転させて考える。

そして最後に、親密圏は、シティズンシップの根本原理だと考えられる一方で、社会的なものから保護された「安全性の感覚」を備えた空間としても機能しうる。齋藤純一のうまい表現を借りれば、「親密圏は、社会的なものに対して一定の距離を設定することにより、社会が正常とは認めない事柄に活動の拠り所を与える。（中略）しかし、社会の命法を遮る空間を維持しようとしたり、新たに形成しようとする動きは、不穏なもの、秩序を撹乱するものとしてマークされることになる」[26]。すなわち、社会が異性愛を規範に据えているのであれば、あるいは社会が震災後の地域復興を放射能被害のリスクよりも優先させているのであれば、その規範から逸れたアイデンティティや考え方をもっている人たちは、社会からの攻撃にさらされる可能性がある[27]。親密圏は、そうした危険性から保護されているという安心感を与え、社会的に不利な状況に置かれた者同士が気兼ねなく身を寄せ合い、共感し合う空間として機能しうる場合があるのだ。齋藤はさらに、こうした性格をもつ親密圏が「社会のあり方を問い直す「対抗的な公共圏」として機能することもあるが、社会的なものからの距離の縮小や喪失は、そうした対抗を無害なものにとどめていくおそれがある」とも付言している[28]。これについては後述したい。

これらの六つの特徴——唯一無二の人と人の関係、偶発的関係、脆弱な主体同士の関係、応答責任、シティズンシップの反転、安全性の感覚——のある親密圏には陥穽があることも確かである。一つには、前章で触れ後述もするように、脆弱な主体同士の関係は必ずしも連帯につながるとは限らず、現実には感情的なもつれから抑圧的な関係になる場合もある。また、親密圏やケアが女性と結びつけられやすいという問題がある。近代のシティズンシップ論を支えてきた公私二元論では、私的なものと家庭的なものが同一視されて、そこに女性が結びつけられてきた。それにより、女性は公的領域から排除されるとともに、公的領域の主体たる男性に従属する立場に追いやられてきた[29]。こうした公私二元論に対応する男女の位置づけは、歴史的に作られてきたものにすぎないにもかかわらず、本質化されることがある。ムフは、キャロル・ペイトマンの議論を引き合いに出しながら、この点について警鐘を鳴らしている。ムフによれば、ペイトマンは普遍的シティズンシップの主体として想定されている近代的「個人」とは男性のことであると喝破しながら、女性をそうした男性像に対するオルタナティヴとして本質化しているところがある。これに対して、ムフは「シティズンシップの近代的概念の限界に対する処方箋は、シティズンシップの定義に政治的に妥当な性差を設けることにではなく、性差が実際に無関係になるような新しい市民概念を構築することにある」と提唱している。[30] 要するに、歴史的に見れば、親密圏やケアは女性が担ってきたところが大きいとはいえ、このことは親密圏やケアが女性の本質を反映した女性の領分だということを意味しない。むしろ、これまで劣位に置かれながらも女性が担ってきた領域に、今後は性差に関係のない正当な社会的価値を与え、それを基盤にシティズンシップそのものの考え方やあり方を改変していくことこそが重要である。さらに、こうしたジェンダーの問題に加えて、親密圏やケアが新自由主義に寄与してしまう陥穽についても注意すべきだろう。バトラーが指摘するように、ヨーロッパなどではキリスト教左派のグループが、社会福祉から見捨てられた人々に「ケア」という名で博愛的・コミュニタリアン的な世話を提供してきたが、こうした実践は、保健医療などの公共サービスを不要なものとするという意味で、新自由主義的政策を補完し支援することになりかねない。[31] あるいはまた、親密圏の保護下にいる人々やケアの対象になっている人たちが、自らを弱者やマイノリティとして承認されることを社会に求めるのであれば、それは既存の強者と弱者の関係、主流とマイノリティの関係、主体と対象の関係を受け入れ強化することになる。承認とは、承認する者と承認される者の非対称な力関係を認め強化することにほかならないからだ。[32] したがって、親密圏やケアが社会的な意義を獲得していくためには、それを公共圏から切り離すのではなく、むしろそこへとつながる回路を作り続ける必要があるだろう。その意味で、「市民」は親密圏に自足することなく、公共圏へと広がるネットワークを築くことが必須となる。

この点で、バトラーの「アセンブリ」の考え方は参考になる。確かに、バトラーの言うアセンブリは、街や広場を占拠するデモをモデルとし、公共空間における集合と抗議の可視化を前提にしているので、この点では保護空間という側面のある親密圏とは異なっている。また、バトラーがアセンブリの連帯・団結（ソリダリティ）を強調している点でも、前章と本章で論じてきた、より柔軟で可変的で脆くさえあるネットワークとそれは同等のものとは言えない。にもかかわらず、このアセンブリは、これまで論じてきた親密圏に通底するところや連動するところがいくつかある。まず何よりも、バトラーがアセンブリを具体的で多様な身体の集合として性格づけ、そこに言語だけでなく、非言語的な身体による行為遂行の重要性を見出している点は、親密圏にもあてはまる。そうした「諸身体が街頭に、広場に、あるいは公共の場所に集うときに私たちが見ているのは、現れの権利、つまり一連のより生存可能な生への身体的な要求の行使[33]」であり、それは「労働者の代替可能性や不必要性に依拠したポストフォーディズム型のフレキシブルな労働」や「誰の健康や生が保護され、誰の健康や生が保護されるべきでないか」を決定している「市場の合理性」に対する対抗的な、特異な身体行為の遂行だと言える[34]。そこには、身体的遂行、それを行うために占拠された具体的で物質的な場所、そして権力への異議申し立てという、親密圏にも共通した特徴がある。さらに、バトラーは、上で見た親密圏の特徴にも似て、そうした身体が前提とする依存関係、選択の余地のない偶然的関係、応答責任にも言及している。バトラーも、「社会的に引き起こされる不安定性（プレカリティ）」に対する個人の脆弱さ（ヴァルネラビリティ[35]）」をもとにした依存関係を、新自由主義が要請する自己責任に対抗するものとして肯定的に捉えている。さらには、「私たちは誰と地球上で共生するかを選択することはないので、私たちが愛していないかもしれない人々、決して愛することなく、知ることなく、選択しなかった人々の生を保持する義務を守らなければならない[36]」とも記している。こうしたバトラーのアセンブリが本章の議論にとって重要なのは、それが単に親密圏の概念に似ているというだけでなく、親密圏的な性格をもとにした公共性への広がりの可能性を示唆しているからである。それは、言い換えれば親密圏からのネットワークという考え方を支持するものにほかならない。

とはいえ、すでに繰り返し述べてきたように、本書の最終目標は親密圏やそこからのネットワークを規範化することではない。むしろ、理念と実際との間の葛藤や軋轢を検討した上でその可能性を示すことを目的としている。戦後の日本の歴史を振り返れば、前章でもいくつか示したように、広い意味で「親密圏からのネットワーク」と呼べるものが少なからず実践されてきた。栗原が挙げる、一九七〇年代以降のウーマンリブ、たんぽぽの家、大地を守る会、大野市・井戸端会議などはその好例だろう。栗原は、「生活世界」に軸足を置いたそうした市民活動を「新しい親密圏」とも「市民ネットワーク」とも呼んでいる。[37] 天野正子はその著『「つきあい」の戦後史』（二〇〇五年）の中で、戦後の日本で展開された数々のサークルやネットワーク——とくに女性が中心となっているもの——について、さらにきめ細やかで繊細な考察を行っている。天野自身の定義では、サークルやネットワークは「親密でミクロな関係でもなく国家・地球社会とのマクロな関係でもなく、その中間に、いわば自他が身体をもった存在としてまみえる生の現場に、共同して小さな公共的空間を創出していく営み」とされている。[38] とはいえ、天野の考察例は、広い意味での「親密圏からのネットワーク」と呼ぶにふさわしいものばかりである。天野は最初に、この種のつきあいがメンバー間の相互作用の上に成り立っていることを指摘した上で、その内実として、①「声を出す、しゃべる、笑う、まなざす、振舞う、演じる、身振りする」などの「身体論」、②「自分のなかに入ってきた他者との交渉の場、多くの仲間が生き生きと交流する共同主観化の場として」の「自我論」、③生活と日常性の論理形成、④双方的・多面的で「学校教育やアカデミズムの世界と違って、人々の思想形成に大きな役割を果たしうる」「不安定性・可変性」を加味したコミュニケーション論の四点を示している。[39] これらはすべてが、これまで検討してきた「親密圏」にそのまま当てはまるわけではないが、同じ場の共有、身体行為、応答性、不安定性・可変性といった点は共通していると言えるだろう。

天野はこうした理論的展望の下で時代ごとに多数の事例を検証しているのだが、中でも興味深いのが、一九七〇年代から九〇年代にかけての「アジアの女たちの会」と「リブセン」である。前者は、「日本人男性による買春観光に反対してアジアの女性たちと一緒に行動した日本の女性たちが、アジアへの軍事的・経済的侵略に加担しない女性解放の運動をめざして」[40]、松井やよりらを中心に一九七七年に発足し、九五年までに映画上映会や集会、抗議活動を含む多彩な活動を行った。ここで注目したいのは、天野がそうした活動を評価しつつも、「会員の在日朝鮮人の若い女性が、一家の祖国への忠誠の証として、帰国」することを伝えた際に、ある一人の会員が反対を口にしたところ、他の会員たちから猛反発を受けたというエピソードを書き留めている点である。天野はこの件について、「彼女の朝鮮人民共和国への帰国にわずかでも介入するのは反革命的な行為であり、許せないというのが彼らの態度だった。研究会内部に思想の固定と指導者が生まれ、他人の思想に対する不寛容が生じ始めていた」と批判的に記している。(41) これに関して本章の議論にとって重要なのは、アジアの女たちの会が「不寛容」だったということでもなければ、「独善」的だったということでもない。むしろ、善悪の問題は別にして、アジアの女たちの会は数多くの非常に有意義な活動を行いながら、同時に葛藤や矛盾を内包していたという、その両面性こそが重要である。親密圏にしろ、サークルやネットワークにしろ、常に調和的であるとは限らず、感情に支えられている部分が大きいだけに、人間関係に亀裂をもたらし、ときにはそのネットワーク自体が分断してしまうほどの問題を噴出させる可能性を絶えず抱えている。天野が取り上げた、アジアの中の女たちのエピソードはそうした「親密圏からのネットワーク」の一側面を端的に示すものだと言える。

「リブセン」もまた、親密圏からのネットワークを考える上では見過ごせない歴史的事例である。ウーマンリブ運動の拠点の役割を果たしたリブセン、すなわちリブ新宿センターが活動を行ったのは一九七二年から七七年の間のことであった。(42) 天野はリブ全般の重要性を四点に手際よくまとめている。すなわちそれは、①高度経済成長期の主婦・母・妻というジェンダーに基づく運動（主婦連の運動や母親運動）を否定し、そうしたジェンダーを軸に編成される婚姻や家族という制度の問題性を告発すること、②従来の「婦人運動」がタブー視してきた「性と生殖」（セクシュアリティと母性）の問題を重視し、性が両性関係の核にあること、その性関係が男性主導の社会と文化の産物にほかならないことを批判すること、③男性がつくった社会の構成者としてその規範をすすんで受け入れてきた女性自らの歴史性（自発的服従）を否定し、「女から女たちへ」の意識変革を中心的な課題にすること、④生産中心の物質主義的価値から生活中心の脱物質主義的価値への転換を主張し、それを「男の論理」に対する「女の論理」と表現したこと、である。(43) これらには、性や生殖といった女性の身体性を前面に出すことにより、「男女の格差是正を「男並み」になることにもとめた従来の婦人運動との断絶[44]」が表現されている。身体性が親密圏の基盤でもあることを思い出したい。しかしまた、まさにそのことにより、すなわち性差を超えた個々の具体的で特異な身体性よりも、女性ならではの身体性が強調されることにより、女性が本質化されているとも受け止められる。さらに興味深いのは、天野がそうしたリブの斬新な理念を記した後で、その実践における数々の困難を無視することなく書き留めている点である。リブセンは、親密圏の一つの究極の形とも言えるコミューンを志向し、「メンバー同士の身体を媒介にしたつきあいの全面的な開花をめざした[45]」。しかし、そこにはさまざまな葛藤や矛盾がつきまとっていた。それは、例えば、理念の実行よりもチラシ作りや子どもの世話や生活費を稼ぐための活動など事務的な仕事に追われたことであり、親密な関係とは裏腹に運営上の仕事の仕分け、役割分担、仕事の格差などが必然化したことであり、個人主義や生物学的な母子関係の愛着を否定することや、「本音で話し合おう」「はだかのつきあいをしたい」といった文句が規範化して人間関係が逆に窮屈になったこと、親や家族、社会の批判の矢面に立たされて孤独感を味わっていた仲間同士がまとまる一方で、そのまとまりのために活動の創造性が失われ運動としては弱体化した、ということである[46]。これらには、親密圏からのネットワークがいかに難しいかが端的に示されていると言えるだろう。

親密圏からのネットワークは、言葉で言うほど簡単なものではなく、葛藤や矛盾が必然的につきまとうものである。上野千鶴子は、介護もしくは、より包括的な概念としての「ケア」を「自助でもなく公助でもない共助のしくみ[47]」として成り立たせることを提唱した著書『ケアの社会学――当事者主権の福祉社会へ』（二〇一一年）の中で、「廃棄・処分の過程を公的な領域から排除して不可視化したこと、すなわち死や病や障害を見えなくしたことが、ケアというその「外部コスト」の過少評価につながったのだろう」と述べている[48]。実際、親密圏やケアの倫理の理論でも、具体的で物質的な身体をもとにした依存関係をベースにしていると言いながら、排泄、感情のもつれ、コミュニケーション不全、過剰で一方的な負担、そして死といった切実な現実的問題は等閑視されがちである。とはいえ、親密圏のネットワークはこうした葛藤、矛盾、困難を含み込んだ理論であり実践だと言うこともできる。そこにこそ、自律的個人の対話的な関係を規範に成り立ってきた公共圏とは異なる意義が見出せるのであり、そうした困難に向き合いながら独自のネットワークを発展させるところに、公共圏からのネットワークとは異なる可能性があるとも言えるだろう。これまでの歴史の中で実践されてきた、アジアの女たちの会やリブセンなどの女性たちの社会運動は、失敗例というよりも、それ以後の、親密圏からの「市民」ネットワークの成長につながる、貴重な試行錯誤の経験であり実績だとみなすことができるのだ。以下ではこうしたことを念頭に置きながら「市民」による自主上映会を分析するが、その前に、自主上映会のもう一つの重要な歴史的文脈である社会運動とソーシャル・メディアについても若干の考察を行っておきたい。三・一一後の自主上映会は、社会運動全般の更新とそれと一体化して利用されるようになったソーシャル・メディアの広がりという文脈と分かちがたく結びついているからだ。

## 社会運動の更新とソーシャル・メディア

オーソドックスな社会運動論は、デモを中心的なモデルとして展開されてきたと言えるだろう。それによれば、一九三〇年代から五〇年代にかけて発表された古典的な社会運動論とも言える、ハーバート・ブルーマーの集合行動論、ニール・スメルサーの価値付加の論理、ウィリアム・コーンハウザーの大衆社会論などの社会構造決定論は、個人を取り巻く組織やネットワークという視点がなく、個人の心理が直接社会構造の変化に影響を及ぼすという考え方を取っていた。これに対して、アメリカの公民権運動やベトナム反戦運動が盛んになった一九五〇年代から六〇年代にかけて、ジョン・マッカシーやメイヤー・ザルドなどによって資源動員論が唱えられ、運動は不満のような感情だけで成立するものではなく、参加者、資金、物資、正当性、共感などのさまざまな資源を調達し戦略的に振る舞う合理的な行為だということが論じられるようになった。そして一九六〇年代以降は、前章ですでに見た、アラン・トゥレーヌやアルベルト・メルッチなどの「新しい社会運動」論が登場し、物質的な条件をめぐるマルクス主義的な階級闘争とは異なり、平和、環境、女性、地域主義、人権など必ずしも物質的利益にもとづかない権利や多様な価値を主張する運動に注目が集まるようになった。さらに一九七〇年代後半から九〇年代にかけて政治的機会構造論の研究が盛んになり、その代表的研究者のシドニー・タローの研究に見られるように、社会運動の組織化に焦点を当てた資源動員論とは違い、政治制度や権力構造など政治システム全体との関係の分析が重視されるようになった。[49] こうしてみると、住民投票運動やNGO／NPOにも焦点を当てる政治的機会構造論は例外だとしても、その他の多くの研究が人間関係の構築も含め、デモを中心に社会運動を考察してきたことは明らかだろう。二〇〇〇年以降は、資源動員論以降の合理主義的理論の下では軽視されるようになっていた情動が再び注目されるようになったり、[50] 大音量の音楽、ダンス、リズム、ファッション、デザイン、パーティー感覚、アート感覚を前面に打ち出すサウンドデモのような新しい形態のデモが注目されるようになったりしているが、いずれにせよデモが社会運動の中心的な主題となっていることには変わりがない。[51]

確かにデモが社会運動の中でもっとも目立つ活動であり、重要な側面であることは言うまでもない。しかし、自主上映会を社会運動の一つとして捉え、その意義を考察するには、より広い視野で社会運動を把握しておく必要がある。そこでここでは、完璧に包括的とは言えないが、原発・放射能問題に関する自主上映会を念頭に置きながら、できるだけ広い視野から社会運動の六つの側面を記しておきたい。それは、①情報収集（政府機関への内部資料請求、公聴会や政府・企業による説明会への出席、マス・メディアやソーシャル・メディアによる情報収集、アーカイブや図書館での調査など）、②ネットワーク化（人間関係、グループ、研究会、メディア網などの構築と拡張）、③知識の共有と蓄積（シンポジウム、講義、研究会、マス・メディア、ソーシャル・メディアなどを介して）、④要望・要求の発露（投票、デモ、請願、電話やファックスや面会による政府や企業やマス・メディアとの交渉、訴訟、リコール、官庁や地方自治体そ

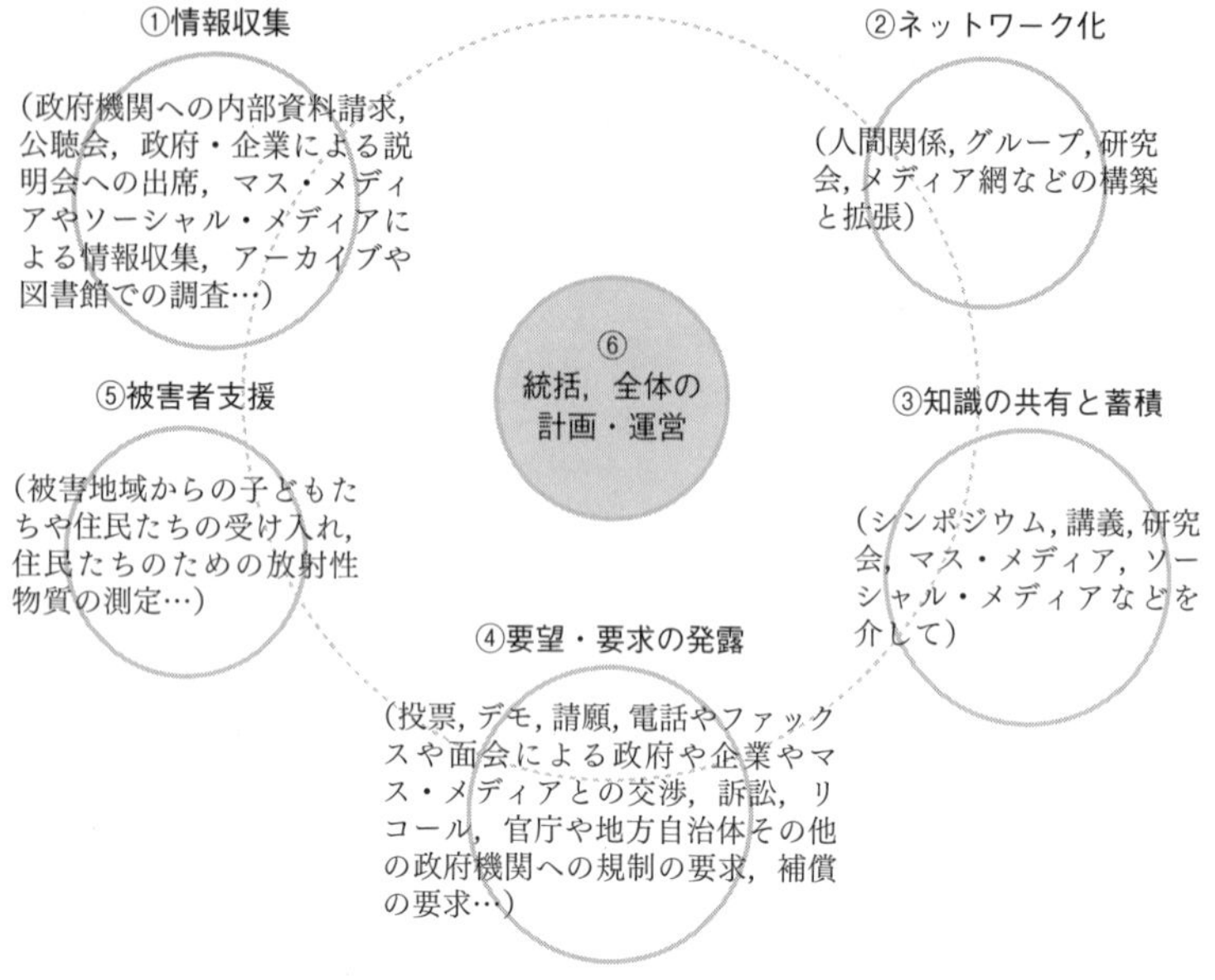


**図 8-1**　社会運動の 6 つの側面

の他の政府機関への規制の要求、補償の要求など）、⑤被害者支援（被害地域からの子どもたちや住民たちの受け入れ、住民たちのための空気や土や食における放射性物質の測定など）、⑥これらすべての活動を円滑に進めるための計画と運営、である[52]（図8-1）。これらのうち、映画の自主上映会は主として、②ネットワーク化と③知識の共有と蓄積に役立つだろうし、④要望・要求の発露にも目立たない形で寄与する場合もある。さらには、間接的ではあるにしろ、長い目で見れば、これらすべての側面をつなげるネットワークの促進に寄与しているとも言えるだろう。

一方、デモは、②と④に直接関係して重要な役割を果たしているのは確かだが、社会運動全体を成すさまざまな活動のうちの一つにすぎないこともわかる。この点に関して、伊藤昌亮がデモを中心とした社会運動の多次元的な複数の機能を示していることは重要である。伊藤は『デモのメディア論』（二〇一二年）の中で、メルッチの「意味のネットワーク」を援用しながら、デモには可視性と潜在性の両面があると指摘している。すなわち、デモは一方で、公の場で集合的行為として行うことによって衆目を集めようとする点で可視性に訴えている。しかし、これは一時的なイベントであり、アドホックなものであり、社会運動全体の氷山の一角でしかない。この可視性の裏では、「日常生活のあちこちに分散、水面下に潜伏している不可視のネットワークを通じて、そこを循環している人々の間で新たな経験の可能性が模索され実験されている」のであり、これが定常的プロセスとなって社会運動の持続性が支えられているという[53]。伊藤はまた、デモを計画面、動員面、内容面の三つの側面に分けて分析し、計画面と内容面の重要性を強調している。というのも、これらの側面でこそ、コミュニケーションが活性化され、意見交換や思考実験が行われ、絶えず新たな「意味」が創り出されるからである。デモやイベントや集会やオフ会は、どれだけ人が「動員」されたかということよりも、社会に向けた発信の場であること、またそれまでに自分たちがコミュニケーションを通じて築き上げてきた「意味」を確かめ合う場であること、この二点にこそ意義があるというのである[54]。伊藤はさらに、デモを「抗議する運動」と「関係する運動」という二つに分け、これら二つを同時に駆動させることの重要性を主張している。というのも、「抗議する運動」の一本調子では運動を長続きさせることは難しく、むしろ同時進行的に「関係する運動」、すなわちネットワーキングを行っていくことが持続的な運動を可能にするからである[55]。メルッチは実際、社会運動が散発的に起こるよりも、永続的に展開される方にその社会的効力があると指摘していた[56]。このように考えれば、デモも決して公共的に可視的な派手な面だけで成り立っているのではなく、むしろ潜在的な活動や「関係する運動」の側面を含む複数の次元から構成されることで初めて持続可能なものになるということがわかる。にもかかわらず、先述の社会運動の全体像に照らせば、伊藤が示したデモの多次元性は限られたものにすぎないということも認識できるだろう。後述するように、自主上映会はこうしたデモに接続しつつ、しかしまたデモとは異なる独自の機能と特徴をもっていると見ることができる。

社会運動はこのようにデモだけで成立しているわけではなく、自主上映会も含む多種多様な活動から成る多面的なものである。とはいえ、一九九〇年代半ばから普及し始めたソーシャル・メディアを考える際には、そのメディアが個々の活動でそれぞれ独自に活用された面よりもまず、社会運動を全体としてアップグレードしたことに目を向けるべきだろう。というのも、ソーシャル・メディアは、社会運動のあらゆる側面に内在化しながら、デモや自主上映会のような従来別個の活動と考えられていたものをつなぎ支える、いわば共通のインフラストラクチャーの役割を果たすようになったと考えられるからである。確かに、後で見るようにデモと自主上映会とではソーシャル・メディアの使われ方に違いもあるが、ここでは共通基盤としての側面をより重視し、ソーシャル・メディアが社会運動を更新させた基本的な要点を五つ確認しておきたい。それは、環境化、民主化、情報共有・情報拡散、ネットワーク化、そしてインタラクティヴ性である。

ソーシャル・メディアは何よりもまず日常化し環境化してきた。ここで言うソーシャル・メディアとは、ツイッター、フェイスブック、インスタグラム、ライン、グーグルプラス、ミクシーといった狭義のソーシャル・ネットワーキング・サービス（SNS）だけでなく、BBS（掲示板）、メール、メーリングリスト、チャット、スカイプ、ブログ、ウェブサイト、動画・画像投稿サイト、カメラ、ユーストリーム、その他のインターネット上・スマートフォン（または携帯電話）上のあらゆるアプリケーションを含む。[57] 第五・六章で見たように、テレビもまた一九八〇年代から環境化していることがたびたび指摘されたが、[58] ソーシャル・メディアの日常への浸透の範囲と度合は、ユビキタス化、モバイル化、クラウド化とも言われるように、[59] 部屋に固定されたテレビとは比べものにならない。それは日常空間のさまざまな場所（家庭、学校、図書館、美術館、公共施設、職場、ショップ、カフェなど）に設置されているだけでなく、禁止された時間・場所でない限り常にどこにでも持ち運んで使用することが可能であり、またいつでもデータを保存したり過去のデータにアクセスしたりすることができる。文字言語も画像・映像も音声もすべてがデジタル・データとして流通しているので、書籍・定期刊行物などの印刷媒体、映画、テレビ、ラジオ、パソコン、携帯といった個別のメディア・プラットフォームは物理的な違いがあるだけで、同じ情報にアクセスできるという意味ではもはやそれらの区別は無意味になってきているとさえ言える。[60] ソーシャル・メディアはまたこれほどまでに日常化・環境化しているので、どこまでがメディアによる情報で、どこまでがそうでないのか、どこまでがメディアに影響された考え方で、どこまでがそうでない考え方なのか、さらにはどこまでがメディアに触発された情動でどこまでがそうでないのか、といった境界も曖昧となり、都市であろうが地方であろうがメディア空間とメディア以外の空間がシームレスにつながっている環境が当たり前になってきた(61)。さらに、この空間には外部も終わりもなく、時と場所によっては規制や言葉の壁があるにしても、事実上国境を越えて世界のどこまでも広がっている。この環境は、個別のメディア・プラットフォームの違いを忘れさせるほど日常化しているという意味でまさにメディア環境と呼ぶにふさわしい。そこには、前章で見たように権力ネットワークが内在化していると同時に、社会運動にも資する相互作用や相互変容の可能性が絶えず顕在したり潜在したりしている(62)。

ソーシャル・メディアにはまた前章で見たようにクラスター化により分断をもたらす可能性がある一方で、民主化を促すポテンシャルもある。メディア産業が生産し流通させる情報を受け取るマス・メディアの受け手とは違って、ソーシャル・メディアのユーザーは単に情報を受け取るだけでなく、自ら文章を書いたり映像を撮影したりしながら、それをどこからでも即時に発信できる。またデジタル・メディアでは、リコンフィギュレーション（メディア・テクノロジーを自分のニーズに合わせて利用するプロセス）とリメディエーション（さまざまなメディア・プラットフォームからの素材を組み合わせるプロセス）が比較的容易にできるので(63)、誰もがより本格的な作品を創作することが可能である。こうした状況により、メディアの作り手と消費者の区別は曖昧になり、メディアによる発信や創作はもはや必ずしも産業側の特権ではなくなっている(64)。また、ソーシャル・メディアの普及により、「手続きによる真実の生産」と「即時的な真実の生産」とでも呼べるものの間の重要度も自明ではなくなってきている。前者はジャーナリズムやアカデミズムの制度に従って一定の検証の手続きを経た上で公にされる情報であり、後者はそうしたチェック機能を経ることなく公表される情報である。ソーシャル・メディアは誰もが気軽に発信できるものとしての後者の流通を飛躍的に拡大させた。それにより両義的な現象が現れてきた。一方では、「手続きによる真実の生産」と「即時的な真実の生産」はインターネット上で差がつけられることなく並列的に現れ、あたかも情報の信用度に差がないかのように受け取られがちである。(65) これは、情報の生産と流通が、従来の新聞・出版・ラジオ・テレビ・映画のメディア産業に独占されなくなったという意味では民主的である。また、ウィキペディアのような「コモンズ」とも「ナレッジコミュニティ」とも呼ばれるインターネット上の協同的な知の集積サイトは、「手続きによる真実の生産」を一定程度担保しながら、誰もが書き込めるという意味での民主性も実現している点で、「手続きによる真実の生産」と「即時的な真実の生産」の区別や、プロと素人の区別を無効にするものとなっている。

しかし他方では、「手続きによる真実の生産」と「即時的な真実の生産」の違いが、大手メディア対ソーシャル・メディア、さらには権力対一般といった対極図式に重ね合わせられて認識される傾向も出現し、情報そのものの確かさよりも、権力側を支持する者は前者を「真実」と受け止め、権力に懐疑的な者は後者を「真実」と受け止めるというように、その違いが政治的な判断と結びつけられやすいという傾向も見られるようになった。実際のところは、前章で見たようにソーシャル・メディアは巨大資本と政治力に支えられた権力ネットワークと分かちがたく結びついているので、ソーシャル・メディアが本当に民主的かどうかは議論が分かれるところであろう。とはいえ、一九九四年以降のメキシコのサパティスタ民族解放軍による民主化運動、(66) 九九年のシアトルでの世界貿易機関閣僚会議に対する反対運動、(67) 二〇一〇年から一二年にかけてのアラブの春、一一年のスペインにおけるインディグナドス運動、一四年の台湾のひまわり学生運動や香港の雨傘運動、そして一一年以降の日本における反原発運動や安保法制反対運動など多数の社会運動に見られるように、資本がなくても簡単に利用でき、しかも権力に対抗するための武器ともなっている点でソーシャル・メディアには明らかに民主的な力がある。

このことが示しているように、ソーシャル・メディアは情報共有・情報拡散のための道具でもある。社会運動は、デジタル・メディアが登場する以前から、アナログのソーシャル・メディアを駆使してきた。戦前からガリ版刷りのチラシやポスターが作られていたし、(68) 一九三〇年頃のプロキノ（日本プロレタリア映画同盟）による労働運動では、ブルジョワの玩具であった小型カメラのパテ・ベイビーを使って、労働者の惨状と搾取を訴え彼らを労働争議へと扇動するための映画が作られた[69]。一九五〇年代の終わりには「マスコミ」に対抗して「ミニコミ」が作られるようになり、管理社会論が興隆した七〇年代にはそのミニコミが、「偏向した」管理側に対して生活に密着した少数派の意見を表明するものとして機能した[70]。一九八六年にはパーソナル・コンピュータに関する最初の日本語による書籍『パソコン市民ネットワーク』が出版され、著者の岡部一明はその中でパソコンがアメリカで市民活動にどう活用されているかを紹介しながら、「市民」の側に立ってパソコンによる情報共有の可能性を論じた[71]。翌年には、NECによる第三ネットワークと富士通によるNIFTYサービスという二つの掲示板が登場したことも見逃せない[72]。こうした一連の動きと並行して、社会運動の中で手紙や電話が情報共有の手段として重要な役割を果たしていたことは容易に察しがつく[73]。したがって、社会運動では、もともとソーシャル・メディア的なものが情報共有・情報拡散のための必須の道具として利用されていた。しかしまた、ソーシャル・メディアはそうしたニーズに単に答えるだけでなく、それまでには想像できなかったような可能性を——情報共有・情報拡散のスピード、同時性の感覚、頻度、範囲の点で——飛躍的に実現した。とりわけインターネットとソーシャル・メディアのインフラストラクチャーが世界的な規模で広範囲にわたって成立したことで、情報の自由でオープンな流れが促進され、オルタナティヴな情報が拡散しやすくなったということは社会運動にとって画期的な条件となった[74]。

情報がこのように広く共有でき拡散できるということはさらに、人と人をつなぐ機会を増やしネットワークを以前よりも容易に構築できることとも連動している。よく言われるように、マス・メディアが概して少数の製作会社から多数の消費者へと情報が供給される一方向的なコミュニケーション構造だったのに対して、ソーシャル・メディアは誰もが複数のチャンネルをもった情報の中継点となり、複数の人と絶えず情報を交換し合うような、点と点から成る複雑なウェブ構造として成り立っている。こうした構造において、人は誰もが容易にある場所、ある資料、ある資源と、別の場所、別の資料、別の資源とをリンクさせることができるとともに、自らヴァーチャルに数々の場所、数々の資源、数々の人々の間を移動することによってそれらをつなぐことができるようになった。[75] しかも、こうした活動が数限りないほどの人々によって同時多発的に行われるようになった。このようなソーシャル・メディアのネットワーク化の能力は、第五章で見たような、かつて大衆社会論が嘆いたマス・メディアによるアトム化・孤立化とは正反対の方向性を示している。

さらに、ソーシャル・メディアがインタラクティヴな行為を創造的に促進したという点も見過ごせない。基本的なレベルでは、ソーシャル・メディアは、ただ単に読んだり観たり聴いたりするだけでなく、検索したり、シェアしたり、共感したり、推薦したり、リンクしたり、書き込んだり、おしゃべりしたり、議論したり、演じて見せたりといった他者との交流を容易に行える媒体である。[76] 伊藤昌亮は、二〇〇〇年代後半以降のデモの計画面と発信面でインタラクティヴなソーシャル・メディアの利用が高まったことを論じている。伊藤によれば、計画面では、デモの主催者がアイデアや思いつきを投稿すると、それを見たデモの参加者がコメントしたり、リツイートしたり、シェアしたりして情報が拡散されることを通して、アイデアが企画から計画、予定の過程で頻繁にアップデートされ発展する。すなわち、デモは企画の時点から主催者側から一方的に伝えられるものではなく、潜在的な参加者との共同作業として進められるのだ。発信面では、デモ参加者（さらには野次馬的に見に来ていた人たち）がデモの様子を自らのスマートフォンで撮影した写真や動画をツイッターや投稿サイトなどにアップする。ここでも、発信や情報拡散という社会運動の重要な局面が、主催者だけでなく、そこに参加した人たちやたまたま居合わせた人たちによっても、とくに主催者側から要請されたわけではないのに、行われていることがわかる。[77] 確かに、プラカードを自ら作って掲げたり、シュプレヒコールを叫んだり、歌を歌ったり、あるいはただ単にデモに加わって歩くことだけでもインタラクティヴと言えるので、ソーシャル・メディアがデモを一からインタラクティヴにしたというわけではない。しかし、ソーシャル・メディアが企画への参加や情報拡散への貢献といった側面で、デモにおける新たなインタラクティヴな方法をそれまでには想像もできなかった形で創出することは間違いないだろう。

社会運動は、デモを中心に理論化されてきた傾向があるが、デモだけに還元できない多面的で多種多様な活動の総体として考えられる。社会運動に内在的なものとして活用されるようになったソーシャル・メディアもまた、これまでの研究ではもっぱらデモとの関係を中心に論じられてきたが、それはその性質上、社会運動全体にも当てはまるものだと言える。ここでは、それを環境化、民主化、情報共有・情報拡散、ネットワーク化、インタラクティヴ性という観点から確認してきた。言うまでもなく、ソーシャル・メディアにはさまざまな問題もある。前章で述べた権力ネットワークとの関係やクラスター化・確証バイアスの問題はもちろんのこと、「私的で気ままなおしゃべりが政府の公式見解などと混ざり合う「デジタル情報の豊穣と混沌」」の中で社会運動にとって重要な情報が必ずしも説得力をもって伝わらないことや[78]、上記のようにある一定の手続きに基づいた情報が必ずしも信用されず全般的に情動によって動かされやすいという傾向も指摘されている[79]。にもかかわらず、すでに多くの事例が証明しているように、ソーシャル・メディアが社会運動にとって画期的な役割を果たすようになったことは疑い得ない。カステルが言うように、私たちはネットワーク社会の外部には出られないのと同様、ソーシャル・メディアのネットワークの外部に出ることはもはやほとんど不可能であり、社会運動に期待されるのはむしろそのソーシャル・ネットワークという資源をどう自分たちの目的に即して（再）プログラミングして活用するかということであろう。とはいえ、興味深いのは、これほどまでにソーシャル・メディアが普及したにもかかわらず、デジタル空間とは異なる物理的な場所に根ざした映画の自主上映会が社会運動の一形態として消滅するどころか増加すらしているという事実である。次節では、三・一一後の原発・放射能問題に関する「市民」の自主上映会を事例にして、映画の自主上映会が社会運動のネットワークをいかに形成し展開しているのか、またそれはソーシャル・メディアとどう接続し、ソーシャル・メディアとはどのような異なる特徴を持ち合わせているのかといった点を追究したい。

## 「市民」による自主上映会

先述のように、三・一一原発事故後に、原発問題や放射能問題をテーマにした「市民」による映画の自主上映会が盛んになった。この種の自主上映会は、多孔的親密‐公共圏とでも呼べる性格をもっていると見ることができる。これが多孔的なのは、すでに言及したように、メディアのネットワーク、関心のネットワーク、人と人の間のネットワークといった既存の複層的なネットワークを引き寄せると同時に、そうした複層的なネットワークを新たに展開させる結節点となっているからである。自主上映会はまた、脆弱な主体としての「市民」の親密圏とも公共圏ともなりながら、立場が異なりつつも関心の共有、相互理解、共感を通した新たなネットワークを発展させる課題に向けた困難、葛藤、そして可能性を示している。ここではまずメディアのネットワークの点から見ていきたい。

### トランスメディア的ネットワーク化

「市民」の自主上映会は、多様なメディアを接続させながら、トランスメディアのネットワークを形成する結節点としての機能を果たしている。それは、常設映画館とは異なり、公会堂、学校、カフェなどの公共空間で一回限り（または二、三回の上映会から成る一日限り）のイベントとして開かれるのが普通である。後述するように、映画の自主上映会自体は自主映画促進会全国協議会が発足した一九五〇年代終わりまでに本格的に始まったと見ることができるが、二〇〇〇年代から一〇年代にかけて新たな形で急速に成長した。この成長には二つの大きな要因があると考えられる。一つはメディア・テクノロジーの発達であり、もう一つはリスクの時代を背景にした原発災害の発生である。こうした歴史的文脈において、「市民」の自主上映会はチラシ・ポスター、ミニコミなどの従来型のメディアからＤＶＤやソーシャル・メディアに至るまでの他のメディアとの相互的な連携を活性化させた。

この連携は、ヘンリー・ジェンキンスの言うメディアの収束（コンヴァージェンス）と分岐（ディヴァージェンス）として記述することもできるかもしれない。ジェンキンスにとって、収束と分岐は表裏一体の関係にある。収束は、複数のメディア・プラットフォームにわたって、異なる企業が協働し、コンテンツが流通し、消費者が横断することに伴って起こる現象である。この、一つの媒体が他の媒体に接続するという現象すなわち収束は、別の視点から見れば、一つの媒体から他の媒体へと延長されるということ、すなわち分岐と同じだというのがジェンキンスの見解である。(80) この見方は一面では正しいと言えるが、しかしここでは上映会を起点とした異なる次元におけるメディアのネットワーク形成をより正確に分析するために、求心的と遠心的という概念を使用したい。というのも、ジェンキンスが収束と分岐を調和的に合致した表裏一体の現象と想定しているのに対して、ここで言う求心性と遠心性は同一の現象ではなく、異なる方向性への動きであり、またそれぞれの動きの中で異なる組み合わせが発生するからである。さらに重要なことに、以下での考察では求心性と遠心性のどちらの方向にしてもつながりの側面に焦点を当てるが、しかしこれはジェンキンスが収束／分岐を論じるときに暗黙の前提にしているような調和的なものではない。むしろいつどこで途切れてもおかしくないような不安定でぎこちないものである。

求心的な方向では、一つの自主上映会が起点となることでそこに向けて多様なメディアが駆動し、それによってメディアのネットワークが生成されていく。より具体的には、それは、主催者たちがメディアを利用しながらその上映会の企画を立て、計画化し、宣伝するとともに、そのメディア・ネットワークにかかわることになった人たちがその上映会への関心を表明していくプロセスを通して生み出されていく。このトランスメディア的連鎖には可能性として複数の始点が想定できる。例えば、その始点は、企画者がインターネット上で自分が企画したい上映会に適した映画作品の情報を探そうとしているときかもしれないし、あるいはそれ以前に、別の映画上映会を紹介しているＳＮＳ上の情報に触発されたときかもしれない。上映会を計画する最中には、企画者たちは、電子メール、インターネット、その他のＳＮＳ（メーリングリスト、フェイスブック、ツイッター、ブログなど）で意見を交わしたり、映画制作者や代理業者、候補となっている会場の管理者、招待しようとするゲストなどの関係者にコンタクトを取ったりするだろう。同時にまた、企画者たちはSNS、チラシ、ミニコミ、地方新聞などを通じて宣伝を行う。そうした宣伝を通して情報を得た人たちはさらに各自でソーシャル・メディア、電話、口コミなどでその情報を他の人たちに伝えるだろう。こうして、予定されている上映会に向けて多様なメディアが動くことになるのだ。

一方、遠心的な方向では、その上映会を起点にして、多様なメディア・プラットフォームがそのイベントやテーマについての情報を拡散し、さらには関連する社会問題に外部の人たちの注意を引きつけようとするプロセスを通じてメディアのネットワークが生成する。こうしたプロセスが、その場に参加する人たちにとって、さらにはたとえそこに参加しなくてもその情報に接した人たちにとって、そこで扱われた問題――この場合、原発問題・放射能問題――について考え、ひいてはアクションを起こすきっかけになりうる。イベントが開催される以前からの広告や宣伝は、メディアの連鎖を形成しながら人々の関心を呼び起こすという意味で、こうした遠心的な方向の最初の機会となっている。イベントが開催されている最中は、ツイッターなどを使って、放射能問題についてより広い関心を呼び起こすために、目の前で繰り広げられている討論についてツイートしたり写真や動画を発信したりする人もいるかもしれない[81]。さらに遠心的な方向のダイナミズムを考える上で重要なのが、上映映画やその監督の他の作品、あるいは他の制作者による作品のDVD（やブルーレイ）や書籍である。そうした数々の関連商品が自主上映会場の特別コーナーに陳列されて販売されることは珍しくない。そこにはビジネス的な意図も垣間見られるが、それらのメディアを利用することで来場者はそこに来ていない人との間でその問題に関する知識や関心を共有できる。例えば、二〇一二年六月三〇日に愛知県田原市の田原文化会館で私が出席した鎌仲ひとみの『内部被ばくを生き抜く』（二〇一二年）の自主上映会では（図8-2）、『ヒバクシャ――世界の終わりに』（〇三年）や『六ヶ所村ラプソディ』（〇六年）といった彼女の他の作品や著書が販売されていた。同時に、この企画を超えて来場者の関心が広がることを期待して、放射能問題やその他の社会問題に関するイベント（上映会、講演会、展示会など）のチラ

**図 8-2**　愛知県田原市・田原文化会館（2012 年 6 月 30 日）での『内部被ばくを生き抜く』（2012 年）の自主上映会会場

シ、パンフレット、関連する問題についての新聞記事のコピーなどが受付の机に並べられていた。あるいは、二〇一三年四月六日に名古屋のウィルあいちで開催された島田恵の『福島、六ヶ所、未来への提言』（二〇一三年）の自主上映会では、写真家でもある島田の撮影した六ヶ所村の写真が展示されていたように、写真や他のメディアとつなげられることもある。遠心的なメディアのネットワークの生成はイベントが終わったあとも続く。イベント後、ブログ、フェイスブック、ツイッターなどに自分の感想や印象を投稿する人もいるだろうし、その上映会や企画者が地方紙などで取り上げられることもある。さらに目覚ましい例として、鎌仲の自主上映会をきっかけにその企画者たちがミニコミやフリーペーパーを刊行したり、ウェブサイトを立ち上げたりするということもあった。ミニコミやフリーペーパーの例として、みやづ・ミツバチプロジェクトの「みつばちノート」や6peaceの「6ペーパー」、ウェブサイトの例として「六ヶ所村ラプソディー again」などがある[82]（図8-3）。このようにして、自主上映会は、単に一回限りのイベントではなく、他の数々のメディア、他の数々のイベント、さらにはミニコミやウェブサイトの立ち上げにまでつながり、より持続的なメディア・ネットワークを生成する場合がある。こうした意味で、「市民」の自主上映会は、求心的にも遠心的にもメディア・ネットワーク生成の結節点として機能しうるのである。

　歴史的に見ても、この種の自主上映会は、映画と他のメディアの連携の発展とともに成長してきた。それは、一方で権力やシステムに抵抗する社会運動の一形態として展開しながら、他方でメディ

**図 8-3** 自主上映会をきっかけに立ち上げられたネットワークによるウェブサイト「六ヶ所村ラプソディー again」のトップページ

ア・テクノロジーの発達とともに進化してきたと見ることができる。

最初期の映画の自主上映会は、一九二〇年代終わりから三〇年代初めにかけてのプロキノにまで遡ることができる。プロキノの運動の中で佐々元十や岩崎昶のような左翼的な知識人は労働者たちと一緒に、自分たちの撮影したドキュメンタリー映画を上映する上映会を公民館や工場で開いた。(83) その後、占領期後半の一九四九年に、レッドパージで大手映画製作会社から追放された映画人たちが独立プロを立ち上げるに際し、その興行の場を確保するための支援策として映画サークルの全国組織が結成され、自主制作・自主上映運動が展開し始めた。(84) 独立プロはやがて二本立て興行が一般化した一九五〇年代半ばまでに大手映画会社の下請け化し、さらに五〇年代末までに映画サークル運動自体も、それまでに慣行になっていた団体割引を興行協会から停止させられたことにより会員数が減少し弱体化した。(85) しかしその一方で、映画サークルは、第六章でも触れた一九五九年の『戦艦ポチョムキン』の自主上映会での観客動員の成功を機に自主上映促進全国協議会を発足させた。(86) このような映画サークルを中心とした自主上映運動はその後も紆余曲折を経ながら少なくとも一九七〇年代まで続くが、(87) それは基本的には山田和夫のような共産党系の映画批評家が中心となって、大手映画会社が配給しようとしない左翼系の映画を上映する運動だったと言える。他方、一九六〇年代終わりから七〇年代にかけて二つの新しい自主上映会の傾向が見られるようになった。一つはドキュメンタリー映画制作者の小川紳介を中心とした小川プロのような政治的な映画の自主上映会であり、もう一つはのちにミニシアターへと展開するシネフィルによる自主上映会である。後者については、本章の主題ではないのでここでは省略したい[88]。他方、小川プロの自主上映会の実践――自主上映組織の会（自映組）と名づけられた組織による実践――には、それまでの自主映画上映運動とは異なって、のちの自主上映会につながる、重要な点がいくつかあった。それは第一に小川プロは共産党とのつながりがなく、ベ平連や各大学の学生自治会に協力を呼びかけて自主上映会を行ったこと[89]、第二に左翼系の映画を見せるといったイデオロギーや大手映画会社に対抗するといったシステムへの抵抗とは違い、三里塚闘争のように具体的なイシューをめぐる映画の上映企画だったこと、第三に映画館興行にこだわらず映画の上映できる公共空間を確保しようとしたこと[90]、そして第四に映画以外の複数のメディア（ミニコミ、パンフレット、小冊子など）との組み合わせと映画上映後の議論を重視していたことがある[91]。これらの傾向はいずれも、まったく同じではないとはいえ、二〇一一年以降の原発・放射能問題に関する自主上映会にも見られるものである。確かに二〇一一年以降の原発・放射能問題に関する自主上映会の場合、ベ平連や各大学の学生自治会といった団体に呼びかけるということはあまりないが、後述のようにウェブサイトで広く自主上映会の企画を「市民」に呼びかけている。また、コスト削減のためにパンフレットを配布するまではしないにしろ、会場で上映会のテーマに関連する新聞記事のコピーを配布したりすることはよくあることである。

とはいえ、自主上映会を起点としたメディアの求心的・遠心的ネットワークの生成は、新しいメディア（VHS、DVD、それらのプレイヤー、ポータブルなプロジェクターもしくはプロジェクターを装備した公共施設、パソコン、デジタル・データなど）が普及する一九九〇年代以前には、かなり限界があったと言えるだろう。一九九〇年代初めには、「民衆のメディア連絡会」という「市民」グループが、ニューヨークのペーパー・タイガー・テレビジョン（八一年発足）――「市民」のテレビ放送コレクティブ――に触発されて、「自主ビデオ＋上映」と題した実験的な自主上映会プロジェクトを行ったという報告があるが[92]、しかし、自主制作配給会社であるグループ現代（一九六七年設立）の創設者の小泉修吉によれば、自主上映会が普及したのは二〇〇一年以降だという。この年、グループ現代は、小泉が監督した作品『センス・オブ・ワンダー――レイチェル・カーソンの贈りもの』（二〇〇一年）の自主上映会の企画を積極的に「市民」に呼びかけた。その後、こうした方法が、当時グループ現代に所属していた鎌仲の『ヒバクシャ』や『六ヶ所村ラプソディー』にも受け継がれ、全国的な規模で「市民」による自主上映会が開かれるようになった。[93] さらにデジタル技術が発達し普及すると、自主上映会のような企画を受け入れることのできるプロジェクターやスクリーンを配備した公共の場所が増え、「市民」はより安価に気軽に上映会を催すことができるようになった。上映会を起点としてトランスメディア的なネットワークの連鎖を促した、インターネットやソーシャル・メディアの普及は、こうしたメディア・テクノロジーのインフラストラクチャーの整備と並行して進行していたのである。

二〇一〇年代の今日では、自主映画制作者やそのプロダクション・グループの大半がウェブサイトを立ち上げ、自分たちが制作した映画の自主上映会の開催を「市民」に呼びかけている。そうした中でも、鎌仲とその提携会社であるグループ現代／NPO環境テレビトラストおよび自身の株式会社ぶんぶんフィルムズは、経済的にも政治的にももっとも精力的かつ戦略的に「市民」の自主上映会を促進していると言えるだろう。例えば、鎌仲は個々の作品のウェブサイトを立ち上げ、それぞれのサイトに、誰もが簡単に自主上映会を開けるように手順をわかりやすく説明した手引きを掲載している。[94] そうした手引きの中には、長野の「市民」グループ・六ヶ所会議in上田が自分たちの経験をもとにユーモラスなイラストを交えて作成したものもある。[95] そこには、上映会企画のためのチームの発足のさせ方、企画の進め方（スケジュール、役割分担、会場の手配など）、財政管理（映画作品の上映権の取得方法、DVDの購入費用、会場のレンタル費用、プロジェクターなどの機材の費用、宣伝・広告費、参加費の設定など）、宣伝・広報、代理人との連絡の取り方、DVDや書籍の割引設定と販売、上映会の運営（設営、受付、会計、司会の仕方、商品販売、機器の操作など）、そして上映会後の手続きなどがきめ細かく、しかしわかりやすく記載されている。映画制作者は、DVDの費用（二〇一三年一二月の時点で三七〇〇円）とその上映権（五〇〇円の入場券の売上から換算）

だけを請求することで、上映企画に興味のある人たちが安心して経済的なリスクを引き受けられるようにし、なおかつ制作者が控えめながらある程度の収益を上げることで映画制作を持続できるようにしている。[96] こうした方法は、「市民」が自ら社会運動を推進するように促す政治的な狙いとも連動している。要するに、このような鎌仲の方法は、自主上映会を起点に新しいメディアと古いメディアを連動させながらトランスメディア的なネットワークを生成・成長させるすぐれた例となっている。鎌仲の会社は、さらにこうしたトランスメディア的なネットワークを活用するやり方を発展させ、自身の映画のメイキングものや動画メールマガジン「カマレポ」を有料で配信したり、メーリングリストを運用したり、「ぶんぶんサポーターズクラブ」を発足させたりすることで、経済的な基盤を担保すると同時に「市民」のネットワークを広げ、社会的・政治的にも影響力を発揮できるように試みている。

二〇一一年までに日本を含む世界の各地では、ある程度の地域差やデジタル・ディバイドはあるにしても、ソーシャル・メディアの利用は当たり前のように普及してきた。[97] こうした事実にもかかわらず、否むしろこうした事実があるからこそ、「市民」による自主上映会が行われ続け、ときには増加することさえある。実際、二〇一二年には、日本国内の六〇以上もの企画チームが毎月鎌仲の映画作品の上映会を開催し、例えば同年一〇月には九七以上の上映会が開かれている。[98] 確かに、この数字は、原発事故からまだ一、二年しか経っていない頃の数字であり、事故から七年が経過した二〇一八年現在までにはその勢いは下降してきている。にもかかわらず、「市民」による自主上映会は消滅するどころか、今もなお一定数日本のあちらこちらで開かれ続けているのだ。[99] このことからは、どれほどソーシャル・メディアが発達しようとも、それが映画の上映会に置き換わることはなく、むしろ両者が相互に活性化し合い、ネットワークを生成させていることが窺える。しかしまた、このことは、自主上映会がソーシャル・メディアと同質のものではないということも示唆している。もし同質であれば、前者は後者に置き換えられてしまっていることだろう。以下では、そうした自主上映会の特質と考えられる親密‐公共圏について検討していきたい。

## 親密－公共圏

原発問題・放射能問題に関心を寄せる「市民」は、まさに原発という巨大なテクノロジーと権力ネットワークの産物とも言えるもののリスクにさらされた脆弱な人たちであり、そのことに気づいた人たちだと言える。前章でも見たように、こうしたリスクと「市民」の関係は、三・一一の原発事故を機に発生したものではなく、原発のような大規模事業が個人の意志を超えたところで決定される一方でそのリスクが個人に負わされるという事態が常態化し、にわかには知覚しにくい環境汚染が広がり、さらにはポストフォーディズム的な雇用体制と新自由主義が強まるにつれて個人がフレキシブルでプレカリアスな自己責任の主体にされるようになったという、複層的な経緯の中で生じてきた。一九九〇年代からはリスクという言葉が頻繁に使用されるようになったことも前章で指摘した通りである。したがって、ここで取り上げている「市民」による自主上映会は、単なるポスト三・一一の現象ではなく、こうした長い歴史的文脈の中でこそ捉えられるべきだろう。しかしまた、言うまでもなく、未曾有の原発災害という特殊な事情が直接的なきっかけになっていることも否定できない。原発問題・放射能問題に関する自主上映会は、こうした長期的かつ短期的な文脈にありながら、大きく分ければ三つのリスクにかかわってきた。それは、実際の放射能汚染と健康被害、自己決定をめぐる権力への不信と抵抗、そして人々の間の分断である。この三つの問題にかかわる中で、「市民」の自主上映会は、権力に対するオルタナティヴとしての性格を備えつつ、親密－公共圏の場をなしてきたと見ることができる。

「市民」が関心を寄せるもっとも直接的なリスクは、実際の放射能汚染と健康被害である。鎌仲の『内部被ばくを生き抜く』でも、「市民」の一人一人が、子どもたちのことも考慮しつつ、放射能による健康被害のリスクにどう対応するかが一つの大きなテーマになっており、自主上映会はそれを学ぶ機会ともなっている。しかし、これは単に福島第一原子力発電所付近の住民だけの問題ではない。すでに言及したように、汚染された空気、水、土、そして食はその土地だけではなく県境を越えて容易に広がりうるものであり、廃棄物、コンクリート、食品、その他の製品の物流が著しく発達した現代ではなおさらそのことが言える。問題なのは、福島県の人たちに限らず、県外の人たちも、それまでリスクとして意識しなかった原発と放射能に不安を感じるようになったという事実である。たとえそれまでに原子力政策を中心的に進めてきたのが自民党であったにせよ、原発事故当時の民主党政権は、歴史的経緯と事故後の対応策の遅れなどから信頼を失っていた。科学者の間でも事故後の健康被害へのリスクについて見解が分かれ、なおかつ政府と関係していた多くの専門家が「原子力ムラ」に結びつく御用学者とも呼ばれて不信感をもたれた。マス・メディアもまた政府寄りの見解に偏っているとして批判的な目が向けられた。国際的な機関ですら、国際放射線防護委員会（International Commission on Radiological Protection, ICRP）と欧州放射線リスク委員会（European Committee on Radiation Risk, ECRR）の間では見解が異なっているという指摘があり(100)、またもともと原子力の平和利用を促進するために一九五七年に設立された、国際連合傘下の自治機関である国際原子力機関（International Atomic Energy Agency, IAEA）に対する不信も絶えない(101)。原子力をめぐる経済・政治ネットワークが単に国内の「原子力ムラ」にとどまるものではなく、グローバルな原子力ロビーを形成しているという指摘も行われてきた(102)。ただし、ここで言いたいのは、こうした政府、行政、科学者、国際機関のすべてがまったく信用できなかったということではない。重要なのは、それまでに経験したことのない放射能のリスクに直面しながら、何を信用してよいかわからないような状況が起こっていたということである。その意味で、マジア・ホーマー・ナデサンが原発災害後の状況を「リスクの個人化」と呼んだことは正しい(103)。個人の力を超えたシステム的・ネットワーク的権力によってもたらされた原発のリスクは、実は個人の判断に基づいて個人が引き受けざるを得ないものであるという紛れもない事実が露呈したからである。政府と東電は原発近辺の住民に対して特定の補償——とはいえ、これとて十分かどうか、公平であるかどうかは意見が分かれるところである——を行ったが、日本全国（さらには国外）でリスクを感じた人たち全員に補償を行ったわけではなく、多くの人たちはそれに対して個人で対処せざるを得なかった。さらには、「淘汰されていない情報や主張もインターネット上で専門家の意見と同列に並び、情報の選択肢は増えた反面、それぞれの情報について個人が判断を迫られる状況」も関係していただろう。[104] いずれにせよ、リスク研究者の中西準子は『原発事故と放射線のリスク学』(二〇一四年)の中で「安全はリスクで定義し、リスクが少ないことを安全と考えたほうがいい」と提唱しているが、[105] 同じ著書に収められている上野千鶴子との対談で二人が同意しているように「「安全」は確率だが「安心」は一〇〇%の絶対」であり、[106] 多くの「市民」が求めていたのは良くも悪くも「安全」ではなく、その主観的な「安心」であったと考える方が自然だろう。「安全」は逆に政府や専門家に対する信頼が揺らいでいる中では感じることが難しく、リスクを高く見積もる専門家を信頼したり、[107] 個々で対策——例えば、生産地を選んで食品を買うこと、自分たちで放射線量を測定すること——をしたりした方が、「安心」感を少しでも得ることができたとも考えられる。

このことからも窺えるように、そうしたリスク状況に置かれた「市民」の思考と感情は、中西が期待するような個々人が科学的・合理的な判断に基づいてリスク管理を行うことには結びつきにくかったと思える。というのも、「市民」の関心は、単に放射能汚染や健康被害への不安だけでなく、自己決定をめぐる権力への不信と抵抗とも結びついていたからである。小熊英二は、三・一一後の反原発運動がそれ以前の社会運動と異なる点として「自分たちを無視して政治決定をした」ことへの不満に火がついたものであると強調しているが、[108] 前章と本章で見てきたように自己決定の不在感の問題は以前の社会運動でも重要なテーマの一つだったと言える。しかしいずれにせよ、三・一一後の原発・放射能問題に関する社会運動でそうした感覚が一つの大きな動力になっていたことは確かである。歴史的に振り返れば、原発の推進を受け入れたことに「市民」の責任がないわけではないのだが、災害以前にそうした問題に危惧を抱いていた人たちにとってはもちろんのこと、そうでなかったその他大多数の人々にとっても自分の意志が反映されないところで原発政策が進められたにもかかわらず、結果として被害に遭うことになったのは個々の「市民」だと感じられるからである。実際、原発・放射能問題に対する「市民」の関心は、権力対「市民」、マス・メディア対ソーシャル・メディア、「御用学者」対「市民」派学者といった二項対立に基づく場合が多く、原発災害は単なる環境汚染の問題ではなく、社会的不公正に通じる問題と捉えられた。原発を推進してきた社会的・政治的権力構造によって、「市民」が犠牲にされ、搾取され、騙されたと感じられたからである。この場合、権力構造とは、官僚、政治家、東京電力、関連会社、その労働組合、（御用学者と呼ばれた）科学者から成る、いわゆる「原子力ムラ」と「市民」から軽蔑的に呼ばれたネットワークを指す。マス・メディアもまた、このムラに迎合的で協力的だと受け止められた。例えば、マス・メディアは「絆」キャンペーンを展開し、災害の後ですら「安全神話」を広めていると思われた。ここで言う「絆」キャンペーンとは、批判的な視点から言えば、日本のどこに住んでいようとも人々は、福島産の食品を購入したり福島を中心とした東北地方の震災瓦礫を受け入れたりすることによって、福島の負担を同じように共有すべきだという考え方を普及させようとするものである。それはまた、東電や政府の責任を免責する戦略とも受け止められ、政府・軍部と「市民」に同等の責任を強いた、戦争直後の「一億総懺悔」を髣髴させるものでもあった。さらに、政府と東電は福島第一原子力発電所を建設する際に、東京に供給する電力を確保するために金銭の力で地域住民に原発を受け入れさせ、それによって都市と地方の間にリスクの分配をめぐる格差をもたらしてきたとも考えられた[109]。こうした見方が正しいか間違っているかは別にして、このように二項対立的な認識をもとに原発災害が社会的不公正の象徴として解釈されたり表象されたりしたことが、「市民」が原発・放射能問題の社会運動に参加する主要な動因になっていたと言えるのだ。そして、そこに参加した「市民」たちは、政府、企業、マス・メディアが推進してきた「絆」に対して、自分たちの側のネットワークをしばしば「つながり」と表現した。

権力対「市民」の二項対立はまた、マス・メディア対ソーシャル・メディアの二項対立とも重ねられた。言うまでもなく、実際には両者はそれほど単純に対立しているわけではなく、立場が入り混じっている場合もあれば、曖昧な立場のものもある。とはいえ、二項対立的に解釈されやすい傾向を帯びていることは確かである。マス・メディアは政府や企業の側に立って、「絆」や国民的協力の必要性、食品や災害地域の安全性、除染の有効性、帰村と復興を強調することで原発災害の解消を図ろうとしてきたところが大きい。対照的に、ソーシャル・メディアは、権力側によって枠づけられたそうしたビジョンに対して懐疑的な見方を示す場を生み出していた。フリーランスのジャーナリストたち、科学者たち、弁護士たち、批評家たちは、ツイッターやインターネットを利用して、「原子力ムラ」を批判し、放射線量やその健康被害の可能性に関して権威的な機関や「御用学者」の見解とは異なる説明や意見を投稿した。そうした人たちの見方が、主要テレビ局や（『東京新聞』などの例外を除く）主要新聞で紹介されることは、皆無ではなかったにしろ、ソーシャル・メディアに比べれば圧倒的に少なかった。OurPlanet-TV、IWJ（Independent Web Journal）、ビデオニュース、原子力資料室やその他のオルタナティヴな団体は、記者会見、集会、公聴会、デモを長時間にわたって放送したり、そうしたイベントに対するコメントをツイートやリツイートしたり、それらのイメージやコメントをアーカイブ化したりして、マス・メディアへの対抗を主導する役割を果たした[110]。「原子力市民員会」「市民放射能測定所」「子どもたちを放射能から守る福島ネットワーク」「未来につなげる・東海ネット」「脱原発をめざす女たちの会」「福島原発告訴団」など多数の「市民」グループや個々人が、ウェブサイト、ブログ、フェイスブック、メーリングリスト、ツイッターなどで情報や意見を発信・交換し、リンクを張り合ったりした。これらはもちろん、すべての見解が完全に一致してまとまっているというわけではない。原発に反対していても、放射能汚染を気にしていない人も多数いたし、古くから反原発に取り組んでいた団体のリーダーには、「子どもを守ろうとするママ・パパ・グループの活動」が、根本的な課題に向き合わない浅薄なものと見える場合もあった[111]。また他方では、原発・放射能問題に取り組む立場に反対し、福島地域の安全性を強調したり、放射能汚染の可能性を危ぶむ言説を批判したりするブログやソーシャル・メディア上の書き込みも多数現れた[112]。とはいえ、原発・放射能を案じる「市民」にとっては、マス・メディア対ソーシャル・メディアという二項対立が、権力対「市民」の二項対立に沿う形で想定されていたところが少なくなかったことは確かだろう。こうした二項対立的認識に、ソーシャル・メディアの全般的傾向として指摘されてきた確証バイアスが多かれ少なかれ働いていることも容易に察しがつく。しかしまた、こうした二項対立的認識には、政治政策に対して企業の意向ばかりが反映され「市民」の意思が反映されないという苛立ちが深くかかわっていることも見過ごすべきではないだろう。

原発・放射能問題にかかわる「市民」の自主上映会の背後には、放射能汚染・健康被害への関心や、自己決定をめぐる権力への不信と抵抗といったことに加えてさらにもう一つ見過ごせない重大な問題がある。それは人々の間の分断である。これは、おそらく非常に繊細な問題ということもあって少なくとも私が参加した自主上映会ではほとんど表立って話し合われることはなかった。また私が入手した、鎌仲映画の自主上映会に関する数多くのアンケートでもこの問題に触れているものは皆無だった。[113] しかし、分断は、親密 - 公共圏や「市民」のネットワークを考える上でもっとも重要な問題だと言える。なかでも深刻なのは地域と家族をめぐる分断である。地域に関しては、福島と福島以外の間や、福島出身者で福島にとどまろうとする人たち（または復興を目指す人たち）と他へ移住しようとする人たち（または避難を優先する人たち）の間などに、家族に関しては被災地で働かざるを得ない夫とリスクから逃れたい妻の間や、放射能汚染を気にする若い母親と気にしない年配者との間などに見られ、さまざまなところに複雑な形で現れてきている。社会学研究者三名による共著書『人間なき復興――原発避難と国民の「不理解」をめぐって』（二〇一三年）は、「家族の分断、地域社会の分断はもとより、福島県内にとどまる者と県外避難者の間に、仮設住宅と借上げ住宅の間に、あるいは自治体職員と住民たちの間に、そしてまた、強制避難者と自主避難者との間に、さらにはまた、避難者たちと受け入れ先の人々との間にも深い亀裂が見え隠れする。避難者たちは、脱原発を訴える都会の人々との間の大きな裂け目にも遭遇」するという現状を切実に訴えている。[114] 社会学研究者の五十嵐泰正もまた、そうした分断を解決しようと提案する著書の中で、「「もはやそこで暮らしていくことが前提となって日々の生活を送っている県民に寄り添う」姿勢をとったＴＵＦ（テレビユー福島）と「原発事故を再発させてはならない。あるいは原発事故の影響は計り知れない」という姿勢のＴＢＳによる、議題設定の違い」を指摘したり、「福島県内の被災地の復興を願い、汚染の実態が事故当初の懸念よりは軽微なものだったことに安堵する人たちの目には、脱原発派全体が復興の足を引っ張り、自らの政治的主張のために放射能災害の被害を過大に主張しているように見えた」と紹介したりしている。[115] こうした分断ゆえに、「住んでいる地域や母親たちのコミュニティでは、放射線を話題にし、議論することがタブーと感じられた」ということもたびたび伝えられている。[116] 加えて、放射能のリスクを避けようと産地を選んで野菜を買うというごく日常的な行為や、東北以外の地域で震災瓦礫の受け入れに反対する態度が——実際には、食や瓦礫に対してこのような態度をとっていても、被災地からの避難者を温かく迎えたり、復興を支援したりしている人たちも多く、事は単純ではないのだが——被災地出身の一部の人たちやその共感者たちにとっては差別的に感じられたり、[117] 実際に差別やいじめが県外移住者やその子どもたちに対して起こったり、あるいはそうなるのを恐れて避難者であることを隠したりするということも報道されている。[118]

分断は、戦後の歴史的慣習を背景とするジェンダーの問題にかかわっている面もある。もっとも顕著なのは、女性の中に、控えめな態度をとる人たちもいれば、積極的に公共の場に出て行く人たちもいるように一見両極端の違いが現れているかに見えて、実はその底辺で両者ともにケアの領域と結びつけられている傾向が強いという点である。一方では、例えば、中西がある対談で述べているように、「古い共同体が残っている地域ほど、女性にとっては「ふるさと」はそれほど強い意味をもたない（「嫁に行く」が残っているから）。（中略）いわばふるさとを捨てるように教育されてきましたから。あれだけ「ふるさと」が連発されるのは、男の人の感覚なのではないかと思うことがあります。女の人のほうが「放射線が心配だから出て行きたい」とストレートに言える印象があります」ということがあるだろう。[119] ここには、男性のほうが「ふるさと」という公領域に縛られ、女性はそれにこだわらず、むしろ子どもを含めた家族の健康（ケアの領域または私領域）の方に関心があることが示唆されている。あるいは、避難所では「料理は完全に女性の仕事」になっていることや、[120] 女性は「私はこうしたい、私はこう思う、というよりも、夫は、子どもは、舅・姑は……と考えてしまい、自身のことを尋ねられても主語がない回答になってしまう」ということも指摘されている。[121]

その一方で、「男性とは対照的に、女性にとっては影響のある地域に住む子供の母親であるという事実自体が、抗議を組織化し子供を守るため政府にできないこともやりうると信じる十分な根拠」ともなり、それに駆られて人々に講演への参加を呼びかけるといった「若い日本人の母親にとっては大胆な行動」に出たことや[122]、「原子力の安全性に対する父親の楽観主義」とは対照的に、東京の経済産業省舎の前で「原発いらない福島の女たち」と名のるグループが、全国の賛同者とともに十日間の座り込みを行ったことのように[123]、前章・本章で見た日本の戦後史における生活感覚をベースにした女性の社会運動にも似て、女性が社会運動に積極的に参加している様子もさまざまなところで頻繁に言及されてきた。こうした女性たちの動きに対して、「彼女たちの抗議の声は、家庭運営に限定された従属的地位にある主婦、母親であるからこそ耳を傾けられるのであり、その結果、子供と夫の健康といったように伝統的に女性の領域とされる問題にしか、効果的に影響を与えることができない」という見方もある[124]。すなわち、女性は、控えめであっても活発であってもどちらにしても、私領域もしくはケアの領域に結びつけられ、それが男女の慣例的な分岐線に沿うものとして語られる傾向があるのだ。

これに対して私は、前章・本章でのこれまでの議論を踏まえて、女性が私領域・ケアの領域または親密圏と結びつけられる傾向があるという事実は認めるにしても、それを女性の本質であるとはみなさない。以下では、この認識に立った上で、原発・放射能問題に関する社会運動としての「市民」の自主上映会が、親密圏――脆弱な主体によるつながり――をベースにした感情、共感、思考に依拠していることに注目する。ここにこそ分断を超えてネットワークを生成・成長させる可能性が見出せるからだ。

自主上映会では通常ゲスト・スピーカーが問題関心を共有するための触媒的な役割を果たす。ゲストは上映映画作品の制作者であることが多いが、ジャーナリストや科学者などの場合もある。前章の冒頭で紹介したように、名古屋市緑区での自主上映会では当時NPOチェルノブイリ救援・中部の理事を務めていた分子物理学専門の元大学教授が招かれて福島とチェルノブイリでの放射能汚染について話をし、また福島からの避難者の中年夫婦も招待されてその経験を話した。容易に察せられるように、この種の自主上映会の企画者、上映映画、ゲストは政治的に中立的ではなく――かといって、党派的でもなく――、政府、企業、マス・メディアの癒着を前提にそれに対して批判的であることが多い。これは、上映会の企画以前にソーシャル・メディアや他の上映会などの機会を通して、言い換えればそうしたメディアのネットワークを通して、すでに述べた二項対立的な認識が共有され、その認識に立っているためだと言えるだろう。また、この種の「市民」による自主上映会は権力に対するオルタナティヴとして成り立ってきたという歴史的経緯もある。プロキノから自主上映運動を経て小川プロの実践へと至る流れは先述の通りだが、一九九〇年代半ばからテレビでは従軍慰安婦問題や天皇の戦争責任といった特定の政治的問題に対して放送できないようにする圧力がかかるようになり、やむなくその制作関係者が自主上映活動を行うようになったという状況もあった。[125] 原発・放射能問題はテレビで取り上げられることも少なくなかったが、内部被曝の可能性、甲状腺癌の可能性、復興よりも避難者に寄り添う見方、あからさまな政府・企業に対する批判などを扱う番組はあまりなかったと言ってよいだろう。

逆に、自主上映会で上映される映画作品は、テレビや主流の映画館では放映・上映されることが少ない自主制作映画であることが多い。自主制作映画――「自主制作映画」にもいろいろあるが、ここでは大手映画配給会社と配給契約を結ばずに制作された映画――は、テレビ局や大手映画配給会社とは資金面で関係がない分、自由に主題を選ぶことができる。三・一一後の原発・放射能問題の自主上映会で上映される映画作品は、鎌仲の『内部被ばくを生き抜く』や『小さきカノン』(二〇一四年)、四ノ宮浩の『わすれないふくしま』(一三年)、船橋淳の『フタバから遠く離れて』(一一年)や『フタバから遠く離れて　第二部』(一四年)、早川由美子『木田さんと原発、そして日本』(一三年)、土井敏邦の『飯舘村――放射能と帰村』(一三年)、イアン・トーマス・アッシュの『A2BC』(一三年)、島田恵の『福島、六ヶ所村、未来への提言』や『チャルカ――未来を紡ぐ糸車』(一六年)、海南友子の『抱く{ハグ}』(一四年)、河合裕之の『日本と原発』(一四年)や『日本と原発　四年後』(一五年)など、枚挙にいとまがないほどである。実際、この種のテーマを扱った自主ドキュメンタリー映画は三・一一後から二〇一八年夏現在までに百作品以上制作されている[126]。自主上映会の企画を立てようとする「市民」にとっては、今日では先述のようにほとんどの自主映画制作者が作品のウェブサイトを立ち上げ自主映画会の企画を呼びかけているので、お目当ての主題の映画作品をインターネット上で探すことは難しくない。しかしまた、これらの作品は言うまでもなく、原発・放射能問題を同じように描いているわけではない。例えば、除染について、『内部被ばくを生き抜く』は比較的好意的な見方を示す一方で[127]、土井の『飯舘村』はかなり批判的である。こうした違いは、単に制作者のビジョンや立場の違いによるだけでなく、原発事故後を取り巻く状況が年月とともに変化してきているということとも関係しているだろう。とはいえ、自主上映会が取り上げる映画は、同じ自主映画でも『遺言――原発さえなければ』(豊田直己・野田雅也監督、二〇一三年)のような家族や共同体の絆に焦点を合わせる作品よりも、社会的・政治的問題を扱っているものが多い。さらに重要なことに、それらの映画は、環境省が企画・出資して電通の後援の下で国連大学サステイナビリティ高等研究所が制作した『福島に生きる――除染と復興の物語』(二〇一三年)とは問題の描き方の点で大きく異なっている[128]。『福島に生きる』では、農作物の安全性、除染の効果、帰村と復興の希望的観測が、災害に対する政府や東電の責任を追及することなく、困難を克服する美しい物語として描かれている。最後のシーンでは、災害後の困難な状況が社会的・政治的な問題ではなく「気持ち」の問題であることが強調され、それが風光明媚な山々と牧歌的な田園風景、活気に満ちた祭りの様子、スクリーン上に現れることなくあたかも天から真実を語るかのような「神の声」のヴォイス・オーヴァーのナレーション、物語世界外の穏やかな音楽と組み合わされて映し出され、まるで気持ちの持ち方だけですべてが解決するかのような印象が与えられている(図8-4)。対照的に、「市民」の自主上映会で上映される映画はたいてい、放射能汚染に対する住民の不安、仕事や生活にかかわる心理的葛藤、電力会社への不信、政府の政策に対する不満を照射している。

自主上映会のさらに重要な点は、通常の映画館上映とは異なり、参加者は映画を観終わったらすぐにそこを立ち

**図 8-4** 『福島に生きる』（2013 年）のエンディング近くの風光明媚な風景

去るのではなく、映画を観終わったあとに続けて講演会や議論に参加することにある。ここでこそ親密－公共圏と呼ぶにふさわしい場が生成する。というのも、そこには、従来の政治学的・社会学的研究で対照的な領域として論じられがちだった親密圏と公共圏が共存し、その両者不可分な共存性が重要な機能を果たしていることが見て取れるからである。ここでの公共圏的な特徴とは、すでに言及したように、参加者の対話的な関係と、外部に対して開かれ、また外部社会に働きかけて現状を変えようとする点を指す。周知のように、ハーバーマスの『公共性の構造転換』（一九六二年）では、公共圏が、「市民」の対話もしくは合理的なコミュニケーション行為からなる「生活世界」として論じられ、それが官僚と資本主義の「システム」に対する抵抗の場として位置づけられた。[129] しかし、十八世紀ヨーロッパのブルジョワ白人男性を無批判に「市民」のモデルにしていたこのハーバーマスの公共圏は、その後、男根中心主義的で均質的であるとか合理主義的であるとかの理由で批判にさらされてきた。[130] 以来、ハーバーマス自身、同書新版（一九九〇年）の序文や『事実性と妥当』（九二年）で修正を行い、行政と経済から自律しているという点を維持しながら、多様な立場の結社や「市民」による言説の空間として「公共圏」を再定義した。[131] これはまた、「人々の〈間〉にある共通の問題への関心によって成立」するものとして論じたアーレントの公共圏の考え方にも概ね一致する。確かに、これまで示唆してきたように、自主上映会の「市民」たちは脆弱な主体と呼べる人たちであり、対話だけに規定される存在ではない。しかし、このことは彼ら彼女らが対話的な能力を持ち得ないということを意味するものでもない。ここでは、こうした見解を踏まえつつ、自主上映会の公共圏的な性格を検討してみよう。

自主上映会は多くの場合、映画上映、講演、討論の組み合わせから成っているように、その対話的なコミュニケーションは映画の観点、企画者の観点、ゲストの観点、その他の参加者たちの観点という複数の観点から構成されている。この点で、映画と観客の関係が第一義的で、映画上映が終わると観客がその場を立ち去る通常の映画館興行とは決定的に異なっている。自主上映会での映画の役割はもっと曖昧である。映画は参加者にとって知識と情動の重要な源泉である一方で、企画者や他の参加者たちにとっては本題について議論するための口実かきっかけでもありうる。例えば、前章の冒頭で示した名古屋市緑区の例では、映画は他の映画では扱われることのない被災地でのフィリピン出身の女性の状況などさまざまな重要な問題を示しているにもかかわらず、議論の中で誰も映画に触れることはなかった。この点で、原発・放射能問題のような特定の社会問題をテーマにした「市民」の自主上映会は、映画が主役である映画批評や映画祭とも性格を異にしている。この種の自主上映会でより重要なのは、参加者たちが映画を観ることだけでなく、映画上映、ゲストの講演、討論に参加しながら（たとえ実際に発言をしなかったとしても）対話的なコミュニケーションを行うことを通じて、当該の問題を感じ、学び、理解し、思考するプロセスである。原発・放射能問題を扱う自主上映会にとってはとくに、そうした異なる複数の活動の総合的なプロセスから成っていることが重要である。というのも、この問題を考えるには、物理学、医学、生物学から法律、政治学、社会学、地理学、文化、実際の状況に至るまで領域横断的な広い視野と知識が必要だからである。ただし、この対話は必ずしも対等なものではない。というのも、ゲスト・スピーカーの方が知識や言葉の運用能力の点で優位にある場合が多いし、他の参加者たちの間でも技能、経歴、知識はまちまちだからである。しかしまた自主上映会の討論は、政府・企業の立場を絶対的に正しいことを前提にして「市民」を納得させようとする、最初から結論ありきの政府や東京電力の説明会のような「リスク・コミュニケーション」とも異なる。[132] さらに興味深いのは、討論の際、議論があまり盛り上がらなかったり話が横道に逸れすぎたりすることがある一方で、関連する課題や思考に有意義な広がりを見せることがあるという点である。例えば、先述の名古屋のウィルあいちでの『福島、六ヶ所、未来への提言』の自主上映会では、岐阜県土岐市の核融合科学研究所での核融合発電の実施計画に不安を感じる意見が表明され、異なる場所に住んでいながら同じように放射能のリスクに怯える感覚と、個々人の「市民」の自己決定を超えたところで危険を伴う大規模事業が行われることへの苛立ちが共有された(133)。本章の議論にとって重要なのは、実際にこの実験がどれほど危険かということではなく、「市民」が放射能のリスクに関して不安と苛立ちを共有し、その解決策を話し合っているということ自体である。要するに、自主上映会は単に映画やゲスト・スピーカーから知識を得るだけでなく、映画とゲストも含め複数の参加者との相互作用のプロセスを通じて、日々の暮らしの中で置かれたそれぞれの立場に基づく感情、思い、情報、考え方を共有しながら新しい思考を醸成する場ともなりうるのだ。

しかしまた、この種の自主上映会での対話は、推進派と反対派が意見を闘わすといったディベートになることはほとんどないということにも注意を向ける必要がある。というのも、そこに集まる人たちの多くは、原発や放射能というリスクに不安を感じる、もしくは少なくとも他者の感じている不安に共感できる脆弱な主体だとみなせるからである。言い換えれば、そこに集まってきた人たちはそれぞれ具体的な身体をもち同じように健康被害に遭ってもおかしくない脆弱な存在であることを自覚しているからこそ、リスクに怯えたり苛立ったりしている他者の気持ちを理解することができるのだ。このことは、そこに集まった「市民」たち全員が必ずしも自分の思ったことを明晰に語れる言語能力をもっているわけではないこと——むしろ、そうした能力をもっている「市民」は多くないこと——を考えれば、対話以上に参加者たちの共通基盤になっていると言えるだろう。この点で、前章と本章で論じてきたように、「市民」をそのように具体的な身体をもち、他に依存することなしには生きていけない脆弱さをベースとする主体として考えるならば、自主上映会は「市民」の親密圏が生成される場と呼ぶにふさわしい。先述のように、齋藤純一は親密圏を「具体的な他者の生／生命への配慮・関心によって形成・維持」されるものと定義したが、ここでの親密圏の形成はそのイベント以前に成立していたものではなく、むしろ上映映画、ゲストの講演、討論での対話という一連の機会を通じて、単に言葉や思考だけでなく、さまざまな表情や仕草を含む互いの身体行為や、感情の起伏の途切れることのない流れを共有するプロセスを通じて生成される。その経験は、参加者それぞれの感じ方が違う一方で、四方が壁で仕切られた同じ物理的な場所で同じ物理的時間の流れの中に存在することに条件づけられている。この点で、自主上映会の場は、映像メディアの表象に対する経験とは異なることはもちろんのこと、同じ時間の流れの中にいるとはいえスカイプなどを介した対面的コミュニケーションとも異なる。しかしまた、このような時空間生成の前提には、この種の「市民」の自主上映会では——それが誰にでも開かれている以上、異なる勢力からの偵察や「工作員」と呼ばれるような人たちが紛れ込んでいることもあるが——、たいていの場合、同じ関心をもつ人たちや、同じ関心をもつことに開かれた人たちだけが集まりやすいということがある。実際、私が参加した自主上映会では、対立的な議論や言い合いになったりしたことは皆無であり、私が入手した鎌仲映画の自主上映会のアンケートでも自主上映会の主題そのものに対して否定的な意見を書いている人はいなかった。この種の自主上映会は、一般的な映画祭とは違い、映画作品への興味から人々が集まってくるというよりも、テーマ——それも原発・放射能問題という政治性が感じられるテーマ——への関心から人々が集まってくるのが普通であり、さもなければそのような関心をもっている友人や知り合いに誘われてきたという人が多い。このことは、一方で、人のネットワークを広げようとするこの種の自主上映会の一つの大きな目的には反していると言えるだろう。むしろ一般的な映画祭の方が、政治的な問題を毛嫌いしている人たちやそれに無関心な人たちを抵抗感なく映画に惹きつけ、その映画を観ることを通してかえって政治的な問題の重要性に気づかせ、ひいてはそれが社会問題に関するネットワークを広げることにつながるかもしれない。しかしながら他方で、自主上映会の、同じ関心をもった人たちばかりが集まりやすいという特徴は、それが外部から攻撃されにくい空間として成り立っているということでもあり、アーレントが示唆したような保護空間としての親密圏の性格に一致している。

斎藤が引き合いに出すセイラ・ベンハビブの親密圏についての考え方は、この点をさらに突き詰めて考える上で示唆に富む。ベンハビブによれば、親密圏は比較的閉じた空間として成り立ち、両義的な性格を持ち合わせている。すなわち、参加者たちの間には差異や対立がない一方で、そのことが外部に出たときの活力になるというのである。[134]この見方を多少修正しながら発展させて考えると、自主上映会は一方で、上記の傾向に鑑みて同じ関心や信念をもった人たちでまとまっており、それゆえにある程度閉じた空間となっている点で、ベンハビブが論じる親密圏の一側面に符合している。他方で、このある程度の閉鎖性の感覚のおかげで参加者は、普段の公共の場では「政治的」だとか「面倒くさいやつ」だとかとみなされることを恐れてなかなか話せないような事柄を気兼ねなく話すことができる。実際、原発・放射能の問題――とくに放射能の問題――はさまざまなレベルで社会的にタブーとなってきた。一つには、前章で触れたように抵抗運動の暴力的なイメージが流布した一九七〇年代初めまでに、原発を含む政治的問題について公共の場で口にすることは周りから危険人物扱いされかねない雰囲気が生まれたという歴史的状況がある。こうした歴史的文脈とともに、三・一一の原発事故後に政府やマス・メディアを通じて「安全」、「絆」、「復興」の大キャンペーンが行われ、それを善とするピア・プレッシャーが広がった状況の中では、放射能による土壌や食品への汚染が依然としてあるかもしれないことへの不安や、自分や自分の子どもを守るためにその危険があるものを避けているといったことを表立って話すことは、その場の雰囲気を壊したり、自分が変人扱いされたりしかねないために、ためらわれるようになった。[135]実際にそうしたことを表明するとソーシャル・メディア上で誹謗・中傷を含め攻撃にさらされるという事態も起こってきた。[136]言い換えれば、電子空間も含め、普段の公共空間では、放射能についての会話ができない状況になってきた。こうした状況は、食品や廃棄物などが県境を越えて広く流通する現代にあっては、単に原発付近の被災地だけでなく、直接的な被災地以外の地域にも当てはまる。これに対して、自主上映会は、たとえ実際にはある程度は多孔的に外部に開かれているとはいえ、保護空間としての感覚が生み出され、参加者が外部では口にしづらいことを率直に表明し、不安を共有することが可能になっている。公共空間では――健康被害に遭うかもしれないという身体的なリスクの点でも、誹謗中傷にされされるという心理的なリスクの点でも――まさに脆弱な「市民」が、具体的な身体をもって親密空間としての自主上映会の場に集まり、互いの気持ちや思いを共有することで活力を得ているのである。この点について、こうした親密空間の創造が、自主上映会以外の場でも、より戦略的に試みられていることは参考になる。とみおか子ども未来ネットワークでは、町民の参加だけに限定した「クローズド会議」が行われ、参加者どうしが普段の生活で抱えている不安や怒り、心配事などを思いの丈、吐き出せる環境が作られているという。そこでは、「高齢者どうし、子育て世代の女性どうしなど、できるだけ世代や属性の近い人たちどうしでグループ分けを行い、あえて「偏った議論」ができるように配慮」されている。[137] 親密圏は、自足的で自己満足的な性質をもっているにもかかわらず、いやそうした性質をもっているからこそ、外部で生きるための活力を醸成することができるのである。

しかし、自主上映会は、こうした親密圏としてのみ生成しているわけではない。上記のように対話的な公共圏としての特徴も備えている。そしてまた、メディアのネットワーク、関心のネットワーク、人のネットワークを取り込み、広げる多孔的な機能をも備えている。さらにはその具体的なイシューに関して外部社会に介入するための足がかりともなりうる。バトラーが示唆するように、デモもまた物理的な場における具体的な身体の集合として捉えられる。しかし、デモは参加者同士の対話を目的とはしていないし、保護空間としての機能もない。確かに、自主上映会がここに記述したように行われるとは限らず、対話が進まなかったり、個人的な感情が過剰に吹き出てその場の雰囲気を壊したりということもありうる。また、領土化志向の「市民」が同じような多孔的親密‐公共圏をもとにネットワークを形成することは理論的には可能であるし、「市民」の多孔的親密‐公共圏がその脆弱性につけ入れられる形で権力に妨害されたり、あるいは逆に利用されたりする可能性も否定できない。にもかかわらず、自主上映会は、多孔的親密‐公共圏と呼べるような機能をもつことで、「市民」に活力を与え、社会運動のネットワークを広げる可能性を示していることは疑い得ない。そこで最後に、「市民」のネットワークを広げるという課題に対して、自主上映会にはどのような困難と可能性があるかについて考察していこう。

## 「市民」のネットワーク化

自主上映会は、メディアのネットワークと関心のネットワークの両方の結節点として機能すると同時に、「市民」が自らのネットワークを生成させ拡張する一つのハブとしても機能している。例えば、上映会の企画・運営の過程で、そこにかかわった「市民」たちはコミュニケーションを取り合い、作業を共同で進めることを通して連帯感を強めることができるし、上映会を開くことで新しい参加者を取り込むこともできる。また、そこに参加した人たちとその人たちが使用するソーシャル・メディアを介して外部の人たちへとネットワークを広げることもできる。さらには、これまで見てきたように、「市民」がもし多様な立場、矛盾、葛藤を含み込みながら脆弱さという一点で共感し理解し合えるようなアイデンティティとして機能するならば、それが「市民」のネットワークを生成し維持する基盤となるだろう。要するに、自主上映会は「考えるきっかけ」を与える「豊かな学び」の場であるとともに、「たくさんの出会い」をもたらす場でもありうるのだ。[138] この「市民」のネットワーク化とそれによる権力ネットワークとの緊張関係は、自己決定という「市民」の権利要求が自己責任に転嫁することを防ぐという意味でも重要である。

「市民」の自主上映会には、たとえそれがどれほどゆるやかなものであろうとも、ネットワークを生成するポテンシャルがある。先述の六ヶ所会議in上田や新潟県魚沼市のグリーングリーン、あるいは地域を超えた「六ヶ所村ラプソディー again」といった例に見られるようなネットワークは、自主上映会をきっかけにできた、もっとも成功した稀有な例だと言える。とはいえ、先述のように原発・放射能問題といったテーマが必然的に政治的なイメージを帯びているために、それを毛嫌いする人たちや、そうしたことに関心がない人たちを呼び込むことが非常に難しいというのも確かである。それは一方で親密圏的な空間を醸成する上で利点があるが、他方ではネットワークを広く広げる上では妨げになっているというジレンマがある。実際、オリンピックやサッカーのワールドカップをはじめとするスポーツ、アイドルのコンサートやイベント、テーマパーク、都会の繁華街、地方であればショッピングモールなど、大勢の人たち――第六章で「大衆」の現代的な形として論じた、可視化された間接的集合体――が目に見えて集まる場所は、政治の場よりも圧倒的に消費の場である。なるほど反原発デモは多くの人たちを集めたし、政治的関心と消費的関心は必ずしも対立するものではなく、消費文化に浸っていても政治的関心をもっている人は少なくない。実際、「日本人の政治への関心」は統計的に言えば他国に比べてもそれほど低くないと言われている。(139) とはいえ、関心はあっても積極的に行動することには及び腰だという指摘もある。(140) こうした状況の中で、政治的なテーマを匂わせる自主上映会が「市民」のネットワークを広げることに苦戦を強いられることは必然的だと言えるだろう。原発事故から七年が経過した二〇一八年の今日でも、鎌仲の映画や河合弘之の『原発と日本』などの自主上映会は開かれ続けているが、権力ネットワークに支えられた二年後の東京オリンピックに対する関心の方が圧倒的に高く、それに加えて「異常気象」とともに原発よりも温暖化問題の方が深刻に受け止められるようになってきた。こうした文脈にあって本章にとって重要なのは、原発・放射能を問題にした社会運動が広がらないということではなく、(141) このテーマの妥当性はさておき、自主上映会そのものがその困難にもかかわらずいかに「市民」のネットワークを生成し拡張しうるかという問題である。この点で、鎌仲映画の自主上映会のアンケートは、イベントを通して問題関心をもつようになったという感想も少なくなく、示唆的である。例えば、二〇一一年六月二六日に信州大学での自主上映会に出席したある学部一年生はアンケートに、「原発の事故や放射線の事故についての認識の甘さを痛感した。私が、なにもといっていいほど知らなかったと思いしらされた。テレビで流れるニュース、インターネットで見るニュースが全く真実でなく、本当はなにも知らされていないということがつきつけられた気がした。自分の真実の知らなさに、知る努力の足りないことに、知る興味の持たなさにショックをうけた。(中略) しかし、これで私がアクションをおこし、何かを変えようと動くかと言われればそうでないと思います。(中略) 行動にうつせない私かもしれませんが、考えや思いが変わったのは事実です」と記している。ここには、アクションには至らないまでも、ある種の感情を伴いながら問題関心が共有されたことが窺える。したがって、一つの自主上映会が、強固なネットワークへと一気に発展することは稀だが、にもかかわらず、そこにはゆるやかなつながりが――連絡を取り合うといった関係にまでは至らないにしても――生み出されていると言えるだろう。加えて、同じ映画の自主上映会を開くことで、離れた地域の「市民」たちの間につながりができるということもあり、またそれをきっかけにして同じメーリングリストに登録したり、「サポーターズクラブ」に入ったりして生まれるネットワークもある。

「市民」による自主上映会のネットワーク化にはさらに、参加者自身はそれほど意識していないかもしれないが、分断や「当事者」という考え方を乗り越える可能性がある点でも――領土化志向の「市民」が同じことを実践すれば分断を強める可能性もある一方で――重要である。地域や家族をめぐるさまざまな分断が放射能問題をより深刻なものにしていることは先述の通りである。また、この分断を深めるような形で、福島第一原発付近の被災者に対してしばしば「当事者」という言葉が使用され、それ以外の地域の住民たちとの間に線引きが行われてきた。この言葉はもともと裁判沙汰になるような事件にかかわっている人を指す、ネガティヴなニュアンスを帯びた用語である。これに対して、上野千鶴子と中西正司は『当事者主権』(二〇〇三年)の中で、この言葉を「問題をかかえた人々」という意味ではなく、「ニーズの主人公」という意味として再定義した。[142] 上野はさらに二〇一一年に刊行した『ケアの社会学』の中でこの考え方を発展させ、介護のようなケアを必要とする「社会的弱者」が「自分の運命を自分で決定する自由」を行使する権利として「当事者主権」ということを主張している。これは、介護する側が自分の勝手な親切心から良かれと思って世話をするパターナリズムとは異なり、あくまで介護される側の「当事者」が介護されるかされないか、されるとすればどのようにされるかを決定する主導権をもつべきだという考え方だという。[143] しかしながら、この考え方は、ケアされる側とケアする側の違いが明確である介護のような場合では有効かもしれないが、放射能問題を考える上では有益ではないし、それどころか弊害にすらなりかねない。というのも、「当事者」が権利を行使する側に立つにしても、あるいは「当事者」でない者がパターナリズム的な優越感を得るにしても、いずれにしても両者の間には必然的に優劣関係・上下関係が立ち上がってしまうからである。また、そもそも被災者とそうでない人との関係は曖昧である。空気、水、土、生産物、収穫物、そして人が県境を越えて移動するのが当たり前になっている状況の中で、誰が当事者で誰が当事者でないかということは簡単には言えない。健康被害のリスクを感じている人たちは福島といった一定の地域だけでなく他の地域にもいる。にもかかわらず、前者だけを「当事者」と呼ぶことは、自他を区別する意識をもたらし、福島と他の地域との間の分断を強化することにしかならない。つまるところ、少なくともこの問題に関しては「当事者」という概念は有効ではない[144]。しかし、それを脆弱な主体をベースにした概念としての「市民」に置き換えればどうだろうか。それぞれの立場の違いや感じ方の違いがあっても、あるいは放射線線量計の値に違いはあっても、放射能による健康被害のリスクに不安を感じること自体は、東京に住んでいようが名古屋に住んでいようが九州に住んでいようが、あるいは韓国や中国に住んでいようが、どの地域に住んでいても変わらない。中西と上野が同意するように主観的な「安心」は数値化される「安全」とは異なるのだが、「市民」の関心は客観的な「安全」以上に主観的な「安心」にある。だからこそ何よりも重要なのは、「安心」できない不安があればそれ共有し、それをもとにして異なる立場、異なる感じ方を理解し合うこと、そしてそれをもとにして互いの解決策をともに探ることである。それを可能にする一つの場が、ほかならぬ親密 - 公共圏たる「市民」の自主上映会なのである。外部の公共空間ではそうした不安を語ることがタブーになっている状況では、そうした意義をもつ自主上映会の開催はなおさら重要である。

こうした場を介した「市民」のネットワーク化はさらに、権力ネットワークによるリスクの個人化や責任の個人化に抵抗する力ともなるだろう。すでに多くの研究が指摘しているように、原発を推進してきた政府と企業は経済の発展と都市中心の国益を最優先し、原発周辺地域――「市民」ではなく、行政が決定する地域区分――の住民たちに対してはリスクを請け負ってもらう代わりに補助金を出したり雇用の創出を支援したりするという取引を行い[145]、その他の地域の住民たちにはそうした手当すらしなかった。そして、一旦そのリスクが現実になると、補償金や

（除染も含め）復興補助金という金銭的な形だけで、しかも一部の人たちだけに対して、責任を取り、健康への不安や生活の混乱、分断、自然環境の汚染には責任を取ることはしなかった。その結果、リスクは大部分が自己責任で引き受けざるを得ないことになった。繰り返し述べてきたように、これは、単純に政府や企業が悪いということではなく、むしろリスクが個人の力を超えた産業や政治の力によって導入される一方で、そのリスクによる被害に遭うのは個人だというリスク社会の矛盾によるものだと言うべきだろう。[146] しかしいずれにせよ、こうした事態に抵抗するためには、ニクラス・ルーマンが（前章でも言及した）「抗議の形式」という言葉で示唆したように、「市民」は常に自らの脆弱さを自覚して権力ネットワークを警戒し、それに対して緊張関係を保つ必要がある。そのためにも、脆弱な主体としての「市民」は、ネットワークを生成させ再編成し続けることを通して、大規模事業に対する自己決定の権利を主張し、同時にまた権力ネットワークによるリスクの個人化の要請に抗することが不可欠である。そうした意味で、全国で（さらには海外でも）多発的・ノマド的に開催されてきた多孔的親密‐公共圏としての「市民」の自主上映会は、一つ一つはどれほど微力であろうとも、重要な役割を果たしていると考えられるのだ。

前章の冒頭で紹介した二〇一三年九月の名古屋市緑区での「市民」の自主上映会に戻ろう。五〇名収容の一室で三〇名ほどが映画『わすれないふくしま』を観たあと、一三名ほどが畳敷きの小さな一室に集まった。そこで私たちは、企画者があらかじめ注文を取っていた夕食の弁当（あるいは、自分で持ち込んだ弁当）を一緒に食し、それから主催者の女性が挨拶をして、「ママ友」に触発されて企画を立てたという動機や、初めての経験で勇気が必要だったが「自分のできることをやれる範囲でやること」が大切だと思ったという気持ちを説明した。続いて、一人一人が自己紹介を行った。二〇代以下の若い人はいなかったが、年齢も職業もまちまちで、子どもへの心配、食に対する心配、広域瓦礫処理への不安とそれに対する活動、原発災害によるショック、福島への関心、知り合いに誘われて、など日々の思いや参加動機がさまざまに語られた。それから、福島にたびたび通って調査をしているという分子物理学専門の元大学教授が、震災直後に年間五ミリシーベルトだった危険区域の放射線の空間線量がその後の二年間に雨に流されて大幅に減少したこと、それに伴い汚染されにくい野菜と汚染されやすい野菜を見分ける必要が出てきたこと、さらにはチェルノブイリで菜の花プロジェクトを進めてきた経験をもとに福島でも土壌のセシウムを吸収する菜の花を植える土壌浄化のプロジェクトを進めていることなどを、地図や数値を交えて解説した。それから、六〇代後半と見られる南相馬市出身の夫婦が、南相馬には放射能の影響を気にしている人といない人がいたこと、事故が収束していないのに放射能のリスクに対する判断や帰村しても大丈夫かどうかの判断が個人に求められてきたこと、東電の地下水問題への不十分な対応策、結婚や大衆浴場をめぐって福島出身の若者たちや子どもたちに差別（や差別への不安）が起こっていることなどを語った。最初の映画は別室で観たとはいえ、また映画についても話さなかったとはいえ、その狭い一室に集まった私たちには同じ映画を観たという共有感があった。私たちはそれぞれの状況、気持ち、不安、思い、考えを共有しただけでなく、その畳敷きの閉ざされた落ち着いた空間で、食事を共にし、ときに驚き、ときに笑い合い、ときに沈黙し、ときにうなずき合い、ときに発言するという、多様な言語的・非言語的身体行為を伴いながら途切れることのない時間を、二時間ほどにすぎなかったが、共に過ごした。しかしまた、このプロセスは完全に調和的・均質的であったとは言えない。私のように映画について議論されないことなどに不満をもっていた人がいただろうし、自分の思いを明確に表現できない人もいたし、元大学教授の先生の解説に対する質問はほとんどなかったし、相互理解がどこまで深まったかは疑問だし、具体的で明確な解決策が見つかったわけでも、今回の企画をきっかけに次の企画が立てられたわけでも、私が知る限りはなかった。この自主上映会がどのようなネットワークの生成につながったのかと聞かれても、具体的な答えを示すことはできない。

にもかかわらず、この自主上映会は他の自主上映会と同様に、前章と本章で論じてきた「市民」と「市民」のポテンシャルを十分に示している。この自主上映会には、自律した理知的個人でなくても言語能力に自信がなくても参加できるし、「市民」を自称しようがしまいが参加できる。階級、ジェンダー、エスニシティ、世代、年齢、出身地などのアイデンティティにかかわらず参加できることも言うまでもない。参加したければ参加すればいいし、参加したくなければ参加しなくてもいい。参加資格として唯一必要なものがあるとすれば、それはおそらく自らの身体の脆弱さへの理解と他者の脆弱さへの共感であろう。しかしまた、「市民」と「市民」による自主上映会は、このように多様性に開かれ、企業や官僚組織、アカデミズムのように制度化されているわけではないので、さまざまな困難を伴う。メディア、関心、人という複層的なネットワークの結節点となりうる一方で、ささいな感情のもつれや誤解といったコミュニケーション不全で簡単にネットワーク自体が途切れてしまう危険性を常に内包している。プロフェッショナルな集団ではないために、言葉の壁を越えてグローバルにネットワークを広げるということにも多くの困難が付きまとう。さらに言えば、この種の多孔的親密 - 公共圏を起点とした「市民」のネットワークが権力によって妨害または逆に利用されたり、あるいは領土化志向の「市民」が同じようなネットワーク化を実行することで権力を支持したりする可能性も否定できない。しかしだからと言って、ネットワーク社会とも呼べる現代社会において、権力ネットワークが必然化するリスクの個人化に抵抗するために、「市民」のネットワークとそれを生成・再生成させ続ける「市民」の社会運動が不要だとも無駄だとも言えないだろう。それは事実、社会的・政治的に必要不可欠と言えるほど意味がある。こうした点で、「市民」による自主上映会は、一つ一つは微力であり、全体としても一見してささやかなものにしか見えないかもしれないが、実際には多孔的親密 - 公共圏とも言うべきその特徴は、「市民」の社会運動全体に活力を与え、その潤滑油ともなりながら社会運動の一つの重要な形として看過できない機能を果たしていると考えられるのだ。

# 終章

映画観客とは何者か。本書ではそれを、近現代史によって織り成される構築主体であると同時に、近現代史を織り成す行為主体として論じてきた。この両面からなる映画観客の歴史には、本書全体を通して明らかにしてきたように、少なくとも五つの重要な問題系が絡んでいる。それは、社会主体、メディア環境、メディアと場の関係、メディアの作用、そして歴史叙述である。以下ではこの五つの問題系を、これまでの各章での議論を踏まえつつ、しかしこれまでのように「民衆」「国民」「東亜民族」「大衆」「市民」ごとにではなく、それらに縦断的・横断的にかかわるものとして総合的に捉え直しておきたい。

映画観客は何よりもまず、歴史的文脈の中で偶発的に生成する社会主体として見ることができる。それは、時代によって「民衆」「国民」「東亜民族」「大衆」「市民」と関連づけられ、単に映画館で映画を観る人々を指すだけでなく、広い意味での社会的・政治的意味を付与されてきた。それらの社会主体をめぐる意味づけには、一貫して共通するいくつかの重要な主題を見出すことができる。その一つは、自発性である。「民衆」「国民」「東亜民族」「大衆」「市民」のいずれもが自発的な主体だと考えられた。しかし、それらはそれぞれの時代の権力との関係で意味合いが大きく異なっていた。「騒擾」、労働運動、興行場に群がる様子などの自発的な行動が顕著になることで一九〇〇年代から一〇年代にかけて社会問題として発見された「民衆」は、従来の「臣民」とは異なる「デモクラシー」の主体とみなされると同時に、既存の体制を揺るがす不穏な主体ともみなされた。この状況の中で一九二〇年代に興隆した民衆娯楽論と社会教育論の多くは、そうした自発性を抑圧するよりも、それを取り込む形で調和的な「社会」に資する自己規律的な主体へと「民衆」を陶冶することを唱えた。一方、「民衆」が当初既存の秩序に収まらない政治的な自発性を見せていたとすれば、一九二〇年代には「大衆」が消費主義的な自発性を示しているものとして認識され既存の体制にとって脅威とも感じられるようになった。一九三〇年代終わりまでに再定義された「国民」は、そうした「民衆」と「大衆」の自発性を必ずしも否定するものではなく、むしろその特徴を生かしながら国家の主体に見合うものへと矯正しようとするものだった。換言すれば、「民衆」と「大衆」はそれぞれ表向きには「自由主義的」「消費主義的」なものとして否認されつつ、その自発性という点では総動員体制に奉仕する自己規律的な主体としての「国民」へと収斂されようとしたと見ることができるのである。同時期に人口に膾炙するようになった「東亜民族」も、「国民」と同様に、本土以外の帝国の住民たちが強制的にではなく自発的な映画観賞を通して「しらずしらずのうちに」そのアイデンティティを身につけるものとして想像・創造された。「大衆」は、欧米の大衆社会論やマス・コミュニケーション研究では受け身的な存在だとみなされる傾向が強かったが、総力戦の記憶、占領期、冷戦体制、高度経済成長などに規定されていた戦後の日本の歴史的状況では、権力への抵抗、「近代政治的な民主」や「消費生活的な民主」と呼べるような複数の自発性が言説上で関心を集めていた。こうした「大衆」の自発性は、労働者のような集団としての自発性として想像されたり、孤立した個々人の自発性とみなされたり、戦争に対する反省意識として規範化されたりする傾向もあった。これに対して「市民」は、一九六〇年前後の社会運動以来しばしば「大衆」と区別されながら個人個人が自発性を示していると目されるとともに、ネットワーク化の志向も見せてきた。この点で、「市民」の自発性は、新自由主義が要請するリスクの自己責任化に対して脆弱な面をもちつつも、ネットワーク化を通してそれに抗う源泉ともなってきた。このように「民衆」「国民」

「東亜民族」「大衆」「市民」にはすべてに自発性が認められるが、それぞれ歴史的文脈に応じて異なる意味合いをもっていたと言える。

こうした自発性の概観からもわかるように、社会主体はまた常に政治的なものである。序章で言及したように、これはエルネスト・ラクラウが強調していることでもある。彼は、社会主体を客観的・中立的・必然的に存在しているものではなく、偶発的に生成しているものとして捉え、その偶発性にもかかわらずそれをあたかも自然な存在のように成立させている権力関係と政治性を明らかにする必要性を主張した。このことを踏まえて考えると、社会主体の政治性は、大まかに言えば、権力への脅威、追従、抵抗によって測られる。そして社会主体が権力に自発的に追従している場合は、その政治性が感じられにくく、あたかも中立的に存在しているかのように見える傾向がある。「民衆」は、既存の政治体制に対する脅威として発見されてから、やがて公利公益を重視する相互扶助的な「社会」にふさわしい、政治的不穏さを骨抜きにされた自己規律的な生活主体へと養成されようとした。「国民」と「東亜民族」は、総力戦の文脈の中で、この、政治的に無害化されながら自発的に権力に追従する「民衆」をアップデートしたものと見ることができる。

これに対して「大衆」の政治性は、より多義的である。一九二〇年代に「大衆」は権田保之助のような論者たちの間で、消費主義的な性格をもち秩序を揺るがす脅威に感じられたが、その一方で「大衆」は自発性と、既存の階級差を超えた平準的な性格を持ち合わせているとも認識され、この面が「国民」の規範に同化されることで、その政治的不穏さは無化されようとした。しかし同時期には、消費主義的な「大衆」を相互に孤立的で政治的には受け身的なものと見る大衆社会論的な見方と、「大衆」を階級的な観点から組織化することによって権力に対抗させようとするマルクス主義的な見方が共存していたことも看過できない。興味深いことに、戸坂潤はこの時期にその両方を論じており、両者は歴史的文脈の中で複雑に交錯しつつ戦後に受け継がれたと見ることができる。実際、一九五〇年代後半には、「大衆」をシステムに内在化されて標準化されアトム化された間接的集合体として論じる大衆社会論が盛んになった一方で、「大衆」を階級的に規定して権力への抵抗を唱えるマルクス主義的な言説も根強くあった。さらに重要なことに、総力戦がまだ記憶に新しい中での冷戦体制下にあって、「大衆」を必ずしも階級的に規定することなく「再軍備」の機運や、資本主義や官僚主義の「巨大システム」への抵抗の主体として期待する大衆文化論が興隆し、それが丸山眞男に典型的に見られるような「近代政治的な民主」とも絡まり合いながら大衆社会論やマス・コミュニケーション論にも影響を与えていたために、「大衆」を単純な受け身の存在とする見方は一九五〇年代までの日本の戦後の文脈では比較的弱かったと言える。しかし、同時期から次第に高度経済成長の兆しが見え始めるとともに、政治に無関心な消費主体としての「大衆」が問題視されるようにもなった。こうした歴史的文脈にあってテレビ論は「消費生活的な民主」を、映画論は「近代政治的な民主」を語る傾向があったことは第六章で見た通りである。

「市民」の政治性は、「大衆」と比較されながら性格づけられてきたところがある。当初ブルジョワの都市住民というイメージの強かった「市民」は、一九六〇年前後の社会運動への参加を契機に、マルクス主義的な組織化された「大衆」の政治性とは異なり、個人の自発性に基づいた権力への抵抗の発露としての政治性を示していると見られるようになった。同時に、「市民」は、賃金や労働条件の向上を求めるマルクス主義的な「大衆」とも、物欲に駆られた消費主義的な「大衆」とも異なり、非物質主義的な権利を求める運動――住民運動、環境運動、消費者運動、公民権運動など――に従事する主体とも目された。さらに「市民」は、既存の政治団体に主導された「大衆」とも、アトム化した「大衆」とも違って、イシューごとの問題関心や共感をもとに個人同士がつながり合うネットワークの形成を通して権力に抗うものと見ることができる。しかしまた、リスクの時代とも言える現代の「市民」には、「市民参加」型行政やボランティア・ブームに見られるように政治的抵抗性が無化され新自由主義的な自己責任の主体に転化されるケースや、在特会や「ネット右翼」のようなナショナリズムと結びつく領土化志向の政治性を見せるケースもあった。こうした経緯を見れば、「民衆」「国民」「東亜民族」「大衆」「市民」が、それぞれの歴史的文脈と権力関係の中で相互に関係し合い、せめぎ合いながら、それぞれの独自の政治性を展開させてきたことは明らかだろう。

自発性と政治性に加えて、社会主体に関してもう一つ見過ごすことのできない主題がある。それは、規範化と矛盾・葛藤の問題である。「民衆」「国民」「東亜民族」「大衆」は、大なり小なり男性中心の均質な集団として規範化されようとした。このうち「民衆」「国民」「大衆」は言説の書き手であるエリートによって非エリート階級中心に対象化された主体の均質な集団として、「東亜民族」は帝国のエリートの書き手によって「日本人」（「本土」出身者）中心に対象化された主体の均質な集団として、規範化されようとした。社会問題として発見された行為主体としての「民衆」は米騒動や女性運動の担い手も含んでいたにもかかわらず、民衆娯楽論は「民衆」をもっぱら男性労働者中心の生活主体として規範化し、社会教育論は良妻賢母を規準に「文化生活」を推奨し、雑誌を読みふけったり街を遊歩したりする女性の消費行動を逸脱行為とみなした。これらの論の理論的主導者だった権田は消費主義的なモガを「民衆」の規範化から逸脱した「変態」とすらみなしている。重要なことに、そうした諸々の権力的な言説には、それらが規範化しようとした「民衆」には当てはまらない行為主体の行動が確実に存在していたことが示唆されている。にもかかわらず、その種の言説は、「民衆」をあたかも中立的で客観的なものとして語ることで、そうした行為主体の存在や、男性労働者中心に想像された人々の間の不均衡性を覆い隠していた。第二章から第四章にかけて強調して論じたように、一九三〇年代後半から四〇年代にかけて「国民」と「東亜民族」を論じた言説は、この言説による不可視化の構造をさらに先鋭化させてそれらをファンタジーとして成立させていたと見ることができる。「国民」は階級、ジェンダー、地域などの差を超えた平等な集団として、「東亜民族」は「大東亜共栄圏」内の人種、文化、地域、ジェンダーなどの差を超えた平等な集団として理想化されながら、実際にはそこに存在するヒエラルキー、差別、断層、そして何よりも権力関係を見えにくくするものにほかならなかった。「東亜民族」は、パターナリズム的な善意によって唱えられたこともあり、その心地よいファンタジーが戦後も集合的な記憶の中に受け継がれている可能性があることも第四章で指摘した通りである。

「大衆」は、さらに複雑な規範化と矛盾・葛藤の関係性を内包している。「大衆」は、一方では、戦前から戦後にわたって男性インテリの言説上で、消費者と同一視されるときには女性と結びつけて軽蔑の対象にされる傾向があった。それは、戦前であれば男性中心に自己規律的な主体として再定義された「国民」との対照性によって、戦後になると「近代政治的な民主」、さらには高度成長期には外で働く男性サラリーマンとしての夫との対照性によって暗黙のうちに劣位に置かれていたと言える。このことは、同時に、男性労働者階級中心に想像されたマルクス主義的な「大衆」についても同じだった。しかしまた、まさしく同じ言説から窺えるように、消費主義的な「大衆」とみなされた女性たちの消費行為——購買を伴わない視聴覚に限定された消費行為も含めて——は、戦前の映画やその他のメディアへの接し方にしろ、戦後のテレビ視聴にしろ、男性中心のジェンダー規範からの逸脱とみなされることを通して、その規範自体を揺さぶるものであったとも見ることができる。階級の観点から言えば、マルクス主義に影響を受けた「大衆」像は明らかに労働者階級を中心に想定されていたのに対して、戦前戦中に権田や室伏高信は「大衆」を資本主義産業が産み出したものと捉え、権田はそれを「階級、地域、職、年齢、性の別を超越した」人々とみなしたが、しかしいずれにせよそうした言説の書き手たちは「大衆」を、自分自身も含め知識人や官僚・政治家とは明に暗に区別し低く見ていた。戦後になると、マルクス主義の影響力が続く一方で、丸山眞男や大塚久雄のように「大衆」を「近代政治的な民主」にふさわしくないものとして嫌悪する言説、大衆社会論のようにそれを階級差を超えてシステム内在的に標準化されアトム化されたものとみなす言説、鶴見俊輔や佐藤忠男などの大衆文化論のように知識人と区別しながら「大衆」に知識人が見倣うべき「民主」を期待する言説、そして吉本隆明のように同じく知識人と区別しながら、しかし知識人が見倣うというよりも知識人への真っ向からの対抗性を「大衆」に見出す言説が共存・競合していた。エスニシティの観点では、ほとんどの「大衆」論が「日本人」中心を暗黙の前提にしていたが、大衆文化論には鶴見の論のように「大衆」の中のマイノリティの抵抗性を重視するものがあった。とはいえ、「大衆」に対するこうした多様な見方が出てきた一方で、いずれの論でも「大衆」のアイデンティティは多かれ少なかれ均質に想定される傾向が強かった。

これに対して「市民」は、当初は男性ブルジョワの都市住民中心に想像されていたにせよ、それが行為主体の自己定義や行為遂行を通して、矛盾や葛藤を包含しつつ多様性を比較的公平に許容するものへと変容してきたと見ることができる。一九五〇年代以降の社会運動では、第五福竜丸の被曝をきっかけとした反核運動や「声なき声の会」のように女性が主導するものが顕著になり、それがしばしば共産党やその他の政治団体主導の階級闘争やサークル活動と区別されてネットワーク型の運動に発展するようになった。生活クラブのような消費者運動や、「アジアの女たちの会」や「リブセン」のようなウーマンリブ運動はその典型であり、二〇一一年以降の自主上映会も女性中心に展開してきていると言える。重要なのは、この流れは、ウーマンリブのようなアイデンティティ・ポリティクスを含みつつも、それまで男性中心に形成されがちだった多くの社会主体の概念やイメージを打ち破り、「市民」を複数の異なるアイデンティティに開かれたもの、もしくは特定のアイデンティティに偏りすぎない脱領土的なものにする原動力になってきたということである。本書では、このことを、歴史的に男性中心に形成されてきた自律的個人をモデルにするのではなく、むしろ脆弱な身体をもとにした偶発的な関係性からなるものとして考察してきた。もちろん「市民」には、在特会のように領土化志向の運動をなすことがあったり、アイデンティティをめぐる軋轢から容易にそのネットワークが途切れるということもある。しかし、まさにそうしたさまざまな葛藤、摩擦、流動性の可能性を抱え込みながら、調和的・安定的ではなく、ともすると分裂的で不安定ともなってしまう脆弱な関係性をもとに問題関心と共感によるネットワークを築いていくところにこそ、「市民」のほかならぬ意義と可能性を認めることができるのである。この性質によって、容易に制度化されたり、固定的なアイデンティティに縛られたりすることを防ぐことができる。したがって逆に言えば、脆弱さをもとにしながらもそのネットワークを強靭なものにできるかどうかは、それぞれの「市民」がこれまでの「市民」の試みの歴史的積み重ねに学びながらいかに自ら実践していくかにかかっていると言えるだろう。本書ではこのように、「民衆」「国民」「東亜民族」「大衆」「市民」といった社会主体が、歴史的文脈の中で自発性、政治性、規範化と矛盾・葛藤などの点で関係し合ったり、あるいは異なる展開を見せたりする様相を浮かび上がらせてきた。

社会主体の問題系に加えて、本書が取り組んできた第二の問題系は、メディア環境である。より具体的には、印刷媒体、レコード、ラジオからテレビを経てデジタル・メディア、ソーシャル・メディアに至るまでの近現代の多様なメディア・テクノロジーの発達に伴って、映画がその変容するメディア環境全体の中でどのような位置を占めどのように位置づけられてきたのか、またどのようなトランスメディアを形成してきたのか、さらにはそれが二十世紀初頭の資本主義と消費文化の興隆、第一次世界大戦から第二次世界大戦へと続いた総力戦、一九五〇年代後半からの高度経済成長、そして九〇年代以降のネットワーク社会といった大きな政治的・経済的・社会的趨勢とどう関係したのかを検討してきた。一九一〇年代から二〇年代にかけての権田に代表される民衆娯楽論・社会教育論では、映画は最先端のメディアとしてと同時に、民衆娯楽の一つとして論じられた。このことは、映画が、製作主導のメディア産業が生み出す機械性複製技術としてよりも、「寄席」「劇場」などとともに興行場に規定されるものとみなされていたことを意味する。この「活動写真」としての映画はさらに、資本主義がもたらした男性工場労働者をベースにして想像された。長時間にわたる単調な労働に対して、大量生産による作品から短時間で効率よく刺激を受けて安価に楽しみ活力を得ることができる点で映画は、「労働、余暇、睡眠」から成る男性工場労働者の生活サイクルにとって必要不可欠なものとみなされたわけである。

しかし、こうした状況とともに一九二〇年代には、消費文化の興隆と一体化してメディアの産業化が進行し始め、出版、レコード、広告、映画、ラジオなどが相互に連関しながらトランスメディアを形成し、文化の市場化を推し進めるようになった。文藝春秋社や講談社が複数の異なるメディアにわたって事業を展開し、同一または関連したスターのイメージや他の形象、視聴覚イメージが、写真、雑誌、広告、商品、映画、レコード、ラジオなどの異なるメディア・プラットフォームに現れ、機械性複製技術・通信技術メディアがライブ・パフォーマンスに置き換わるよりもむしろそれを強化し連携するという状況が顕著になってきた。映画はしたがって、独自の映画産業を確立しつつも、決して自足的に自律したわけではなく、むしろ他のメディアとの相互依存関係を強めることで成長したと見ることができる。換言すれば、映画は、自律性においてではなく、そうした相互依存性においてこそ、単なる興行場の民衆娯楽という性格を脱し、種々の他のメディアと自由に一つのイメージや一つの物語を共有し合うメディアへと変容したと言えるのである。それは、興行場に限定されることなく、自由な移動性、交換可能性、遍在性、アテンション・エコノミー、平明さ、一過性、流動性といった形象の美学とも呼べる性質に依拠するものであった。このように新しく形成されつつあったメディア環境にあって、権田などの民衆娯楽論者は依然として映画を男性工場労働者の生活サイクルを中心的モデルにして興行場に結びつけていた。しかしその一方で権田も含め同時代の言説からは、しばしば女性と同一視されて軽蔑的に語られた消費主義的「大衆」が、表層消費とそれを促す刺激、一つのことに集中せずにあちらこちらに注意を向かわせる散漫さ、アイデンティティの流動性——いずれも権田や大宅壮一が否定的に語ったもの——、さらに特定の場に縛られない複層的時空間を経験していたことも読み取れる。

しかしながら、まさにこのような民衆娯楽論・社会教育論の言説による規範化と、行為主体としての「大衆」との間のずれに見られるように、一九一〇年代から二〇年代にかけての民衆娯楽からトランスメディア的消費文化へのメディア環境の変容は、単純なシフトではなかった。そればかりか、この変容が第一次世界大戦から第二次世界大戦にかけての総力戦の文脈にあったことを忘れるべきではない。軍隊に限定せず、すべての人々を戦争に動員しようとする総力戦は、そのプロパガンダを合理的・戦略的に遂行するための思想戦論・宣伝論を発達させたが、しかしそれは同時に、同時期の戦間期に興隆していたトランスメディア的消費文化にいわば偶発的に依存するものでもあった。一方では、小山栄三、神田孝一、米山圭三といった研究者から津村秀夫のような映画批評家や佐藤邦夫のような「民間のプロパガンディスト」に至るまでの人たちが総動員のための戦略的方法論を論じ、そうしたプロパガンダのための体制が、同盟通信社や内閣情報局などの設置を通して制度化され実践された。しかし、これらは言説にしろ制度にしろ、必ずしも人々を強制的に戦争に動員しようとしたわけではなく、むしろ検閲や治安維持法のような「自発性の否定と行為の強制」を遂行しつつも、それに劣らず「自発的規制の助長」と「自発的表現の助長」を重視した。しかも、それらにかかわる言説の多くは、表向きには資本主義を批判していたにせよ、「自発的規制の助長」と「自発的表現の助長」のための言説や実践からは、資本主義の発達を背景として勃興してきたトランスメディア的消費文化が利用されていたことが窺える。それは、百貨店という消費の場を利用して数々の広告を交えながら戦時資料を展示する思想戦展覧会、新聞・雑誌・ラジオ・映画・人形浄瑠璃・演劇・浪曲・講談・舞踊などの多彩なメディアによって報道・再現されることで相乗的に増幅された「肉弾三勇士」のような美談、報道・教育・娯楽・儀礼の境界を融解させて政治家の演説などのライブ・パフォーマンスを伝えるメディア現象などを見れば明らかであろう。それらでは、イメージの遍在性、アテンション・エコノミー、平明さ、一過性、流動性といった特徴をもつ形象の美学が、否定されるどころか、重要な構成要素となっている。こうしたメディア環境によって顕著になった、注意の散漫、複層的な時空間の感覚、個々のアイデンティティの流動化・多様化・複数化といった経験も、「国民」という均質なカテゴリーからの逸脱を促しそれゆえに総力戦体制を揺るがすものとして警戒された一方で、人々をアトム化し権力への批判意識を阻害して操作しやすい対象・主体にするという点ではその体制に資するものでもあったと見ることができる。要するに、総力戦は、消費文化の興隆と一体化して普及した多様なメディアの相互連関と流通網なしには成り立たなかったのであり、映画は総力戦の文脈においてもこのトランスメディア的環境の中で機能したと言えるのである。

さらに映画がそのように総力戦にとって有効だと考えられたのは、その時期に映画の人気が高く、消費文化としてもプロパガンダとしてもトランスメディアの中で中心的な位置を占めていたからである。この映画の中心性は、それが民主化のプロパガンダとして利用された占領期から一九五〇年代後半の映画館入場者数の絶頂期まで続いた。しかし、同時期からの高度経済成長とともにテレビや他のレジャーが普及し始めると、メディア環境全体と映画の位置が変容し、映画と映画観客が再定義されるようになった。テレビの普及は、一九二〇年代に見られた先述の形象の美学に特徴づけられるトランスメディア的消費文化とその経験のあり方をさらに発展させた。それは、街に散在する広告イメージとも共鳴して、断片断片を流動的につなぎ合わせながら消費者の注意を次々と、しかし散漫に惹きつけていく点、新聞・ラジオ・週刊誌などと共振しながら家庭を中心とした日常生活の周期的なリズムを生み出すようになった点、キャラクターの動的・静的イメージや物語の共有によるメディア・ミックスの傑出した結節点として機能するようになった点、さらには他のさまざまなメディアと連動しながらスポーツなどのライブ・パフォーマンスをメディアイベント化したり事件を現実化したりする中心的動力になった点などに見られる。こうしたメディア環境の変容の中で、映画は、「テレビ映画」に典型的に見られるようにテレビと連携してトランスメディアの一翼を担うことを模索する一方で、テレビとの差別化によりその存在感を示す試みがさまざまに行われた。それは例えば、ワイドスクリーンやカラーや映像の鮮明さなど一九六〇年代までのテレビにはないテクノロジーの力を強調するものであり、また暴力や性的表現を多分に盛り込んだプログラムピクチャーによりニッチ市場を狙うものであった。大島渚、松本俊夫、若松孝二、足立正夫などによるアヴァンギャルド的な映画やピンク映画がテレビへの対抗を意識していたことも第六章で言及した通りである。さらには、終戦から一九六〇年代初めにかけては映画観客が、消費主義的なものとみなされたテレビ視聴者と対比されて、内省する近代的な個人として規範化される傾向にあったことも看過できない。興味深いことに、こうした諸々の傾向を総合的に考えると、映画は、メディア環境の中心から外れるにつれ、非日常化し、サブカルチャー化し、芸術化したと言える。かつて権田が男性労働者の日常の一部と考えた映画館は、家庭が日常の中心になったことにより非日常の場となり、またワイドスクリーンやカラーといったテクノロジーから暴力や性の表現に至るまでのスペクタクル性が強調されるようになると映画は日々の生活空間とは異なる非日常性の感覚を強めた。テレビの場が家族の構成員が日常的に出入りする場であったのに対し、映画館はすべてとは言わないまでも多くが——大多数の女性にとってのピンク映画上映館のように——気軽に入ることがためらわれる、ときとして入場するのに勇気が必要な場となった。しかしまた、映画館で観られる映画は、とりわけ映画批評家の間では、暴力的・性的表現も含めて内省を促す特別な芸術として静かに鑑賞されるべき対象になった。

こうしたメディア環境と、そこにおけるテレビと映画の位置は、言うまでもなく、決して固定した状態にあったわけではなく、カラー・テレビ放送、衛星放送、ケーブル・テレビ放送、デジタル放送、横長型テレビ受像機といったテレビ技術の変遷、ビデオ（VHSとベータ）、レーザーディスク、DVDといった録音技術の変遷、ミニシアター・ブーム、シネマコンプレックスといった映画館の変遷などとともに、一九九〇年代までに変容した。しかし、デジタル技術を基盤としたパーソナル・コンピュータとインターネットが普及し始めた一九九〇年代から、スマートフォンとソーシャル・メディアが普及した二〇一〇年代の間に飛躍的に発達したネットワーク社会とも呼べる時代に、メディア環境のあらゆる側面が劇的に変化したことは誰の目にも明らかだろう。ただし、このメディア環境は、一九二〇年代以来のトランスメディア的消費文化との断絶ではなく、むしろその目覚ましい発展形だと見るべきである。イメージの遍在性、アテンション・エコノミー、平明さ、一過性、流動性にしろ、注意の散漫、複層的な時空間の感覚、個々のアイデンティティの流動化・多様化・複数化といった経験にしろ、途切れるどころかますます当たり前のようになっている。同様に、新しいメディア環境の広がりにより、映画とテレビが衰退したとは言えない。むしろ、映画館のスクリーンやテレビ受像機だけでなく、家庭や公共施設に設置されたスクリーン、持ち運び可能なポータブル・スクリーン、パソコン、飛行機の機内モニター、タブレット端末、スマートフォンなど多様なメディア・プラットフォームで映画作品やテレビ作品が観られるようになり、映画とテレビは広範囲にわたって散在しメディア環境の重要な構成要素になってきている。この状況が、フィルムを映写したり、映像を放送したりするだけでなく、それを多様なチャンネルにデータとして配信したり記録したりすることを可能にしたデジタル技術に支えられていることは言うまでもない。さらに、都市空間のいたるところに静止画広告・看板が設置され動画映像もさまざまな場所で間断なく流されているとともに、(規制された時間と場所以外は)いつでもどこでもアクセスできる端末を人々が持ち運ぶようになることで、映画やテレビは固定された場所で楽しむものだというそれまでの常識さえ覆されつつある。これにより、メディア環境における日常性の概念も、戦前の生活サイクルに位置づけられた興行場の日常性から、戦後の茶の間に据え置かれたテレビを中心とする家庭内の日常性を経て、現代の電子内空間・電子外空間を自由に移動する日常性へと変化してきたと見ることもできるだろう。こうした新しいメディア環境と一体化する形でコントロール社会と呼べるような状況が進行してきていること、しかしまたその一方で、環境化、民主化、情報共有・情報拡散、ネットワーク化、インタラクティヴ性を特徴とするソーシャル・メディアによって社会運動が更新されてきていることは第七・八章で見た通りである。

こうして一九二〇年代まで興行場の民衆娯楽の一つとみなされることの多かった映画は、その後二〇一〇年代の今日に至るまでの間に進化してきたトランスメディア的消費文化の一翼を担い続けてきたと同時に、メディア・テクノロジーの発達によって促進されたメディア環境の変容の中でその位置を大きく変化させてきた。しかしここで何よりも注意したいのは、映画が特定の興行場に限定されることなく時間的・空間的に自由にそのイメージを他の種々のメディアと共有したり連関させたりするようになったからといって、「いま・ここ」の場が無意味になったわけでも軽視されるようになったわけでもないということである。それどころか、ライブとしての場はトランスメディアにとってもっとも重要なポイントであり続けている。これがここで取り上げたい第三の問題系である。天皇の葬儀や「御大典儀式」、舞台、コンサート、事件、災害、スポーツ、パレードなどは、多様なメディアがそれをめぐって連動する起点になるとともに、ライブ中継であるにしろないにしろ、そうした多様なメディアを通して、その時その場で繰り広げられている、または繰り広げられていたというライブ性の感覚が強められる。現代の映画に限ってみても、定期的・固定的な映画祭から不定期的・ノマド的な自主上映会に至るまで、特定の場に根ざしたイベントは衰えるどころかますます盛んになっており、求心的にも遠心的にもソーシャル・メディアをはじめとする多様なメディアの連関を発動させる起点になっている。さらに特筆すべきことに、「いま・ここ」の場は百年の歴史を通じてトランスメディアを発動させる起点として重要な機能を果たし続けてきただけでなく、人々を身体的に集合させるという役割も果たしてきた。確かに、大衆社会論やジョシュア・メイロウィッツが論じたように、機械性複製技術と通信技術に根ざしたメディアは、間接的集合とも呼べるような、身体的に同一空間に居合わせることなく個々に孤立しながら情報だけを共有して人々がつながり合うあり方をもたらすとともに、視聴者自身が拠って立つ物理的な場所の感覚を失わせながら異なる場所で同時進行的に起こっている出来事を経験させるという事態も進行させてきた。しかしまた、本書を通じて考察してきたように、百年の歴史の中でメディアが身体的な集合をもたらす重要な契機になってきたという事実を見逃すべきではないだろう。一九三〇年代から五〇年代にかけてはラジオや映画の巡回映写に、五〇年代後半にはテレビに、家族の団欒や地域（とくに農村地域）の集会を促すものとして積極的な意義が見出されていた。現代では、家族や地域共同体よりも、スポーツ、コンサート、芸術祭の他に、アニメコンベンション、コミックフェア、コスプレ大会、オフ会などのように、趣味をベースにメディアに媒介された集会が目立ってきている。さらに本書で注目したのは、デモや自主上映会といった「市民」の社会運動の集まりである。とくに後者には、映画と他のさまざまなメディアに媒介されつつ、しかしある程度保護された空間の中で「市民」たちがそれぞれの具体的な身体を寄せ合い、間断なく続く時間、同じ物理的な場、社会への問題関心などを共有しながら脆弱さを基にした共感と対話を築く、多孔的親密 - 公共圏とも呼べるような性格を見出すことができる。こうした例に見られるように、メディア・テクノロジーがどれほど発達しようとも、「いま・ここ」の場の重要性は変わらないどころか、ますますその重要性を強めているると言えるのである。

このメディアと場の関係性の問題とともに、メディアに関してここでもう一つ確認しておきたい第四の問題系は、映像メディアの作用の問題、とくに身体への情動的作用の問題である。規範化された「民衆」「国民」「東亜民族」への人々の動員を唱える言説を検討してみると、それらが単純にイ、デオ、ロ、ギ、ー、の主体化を狙ったものではないことがわかる。ジャック・ラカンの精神分析に依拠したルイ・アルチュセールのイデオロギーの考え方によれば、人々はイデオロギー国家装置に日常的に接触する実践を通して無意識のうちにそのイデオロギーの主体に位置づけられる。言い換えれば、アルチュセールの理論では、メディアが人に作用する側面が、無意識（とくに鏡像段階または想像界）と知性（言語的社会的段階または象徴界）に限定され、身体への情動的作用の問題はあまり考慮されていない。また、一九七〇年代のローラ・マルヴィ以降の「まなざし」論もまた、視覚を特権化し、身体・情動の問題を等閑に付して、イデオロギーの作用を論じることが多い。これに対して、「民衆」「国民」「東亜民族」に関する言説が論じていたのは、映画による人への情動的作用——すなわち、反省的な思考を介さない身体的・感情的・感覚的反応をもたらす作用——である。この終章でもすでに触れたように一九二〇年代の民衆娯楽論・社会教育論は、生活サイクル上の男性労働者による映画の身体的刺激の享受の重要性を論じていたし、山根幹人は二三年という早い段階で、物語を知的に理解させるよりも、情熱を掻き立て「同感、共鳴、会得」を喚ぶことに長けている点に映画のプロパガンダとしての効力を見出していた。一九三〇年代後半から四〇年代前半にかけては、小山栄三が反省的な知性を促すことなく情動によって人を動かすことを「宣伝」の一つの要として主張し、相川春樹や仲木貞一はそれを映画の本質的な力として強調した。津村秀夫、飯島正、今村太平、不破祐俊は、互いに異なる立場にあったが、にもかかわらずほぼ共通して、「国民」に対しては知性的に映画を観ることを促す一方で、「東亜民族」に対しては多分に植民地主義的な視点から知性ではなく情動に訴えることの有効性を唱えた。したがって、一九一〇年代から三〇年代にかけて映画が身体的・情動的な見世物から視覚（または視聴覚）中心のメディアへ転換したというシフト論にはあまり説得力がないことは明らかだろう。戦後になり大衆社会論とマス・コミュニケーション論が影響力をもち始めると、映画よりもラジオやテレビが、スポーツといった題材の点でや断片断片の編集といった形式の点で、情動的なメディアとして言及されることが多くなり、逆に映画は少なくとも映画批評家たちの間ではテレビと対比されながら、消費よりも内省、散漫よりも集中、情動よりも理知に基づいて鑑賞されるべきものとして規範化された。しかし、これはあくまで規範化のレベルであって、映画が実際に情動的作用を失ったわけではない。情動は、現代ではジル・ドゥルーズの影響によって、ソーシャル・メディアをはじめあらゆる種類のメディアを考える上でますます重要な観点になってきているが、それは、理論的な厳密さにかかわらず、一九二〇年代から今日に至るまで継続的に映像メディアを語る言説上で一つの大きな関心事であり続けてきたと言える。

そして最後に、本書全体で取り組んできた問題系として照射したいのは、歴史叙述の問題である。序章で示したように本書では、歴史的文脈とメディア環境の変化に目を向けつつも、単純なシフト論的説明を避けてきた。その代わりに、偶発的に生成したさまざまな要素がどのように絡み合いながら歴史を重層的に構成しているかを分析することを重視してきた。そこで課題になったのが、従来のメディア史や歴史研究全般で議論が繰り返されてきた三つの時代の理解の仕方である。それは、第一次世界大戦から第二次世界大戦にかけての戦間期の時代、第二次世界大戦の以前から以後にわたる時代、そして高度経済成長期からそれ以後の時代もしくは冷戦からそれ以後の時代である。最初の戦間期に関しては、総力戦の流れを重視しながらも、単純な連続的歴史ではなく、むしろ「デモクラシー」とも認識されてきた「民衆」的なものと、消費文化の興隆とともに顕著になった「大衆」的なものが否認されつつも取り込まれて「国民」が再定義される歴史として捉えてきた。同様に、「東亜民族」の生成の観点から捉えた帝国も、資本主義を否認しながら取り込み、それを従来資本主義が及んでいなかった領域にも拡張していこうとする動員システムとして考察した。加えて、「国民」にしろ「東亜民族」にしろ、それぞれの規範化にはさまざまな矛盾や葛藤が隠蔽されながら伴っていたことにも注意を向けた。

戦前から戦後への時代については、「国民」「東亜民族」「大衆」「市民」を論じながら、この間の転換と持続性を多様な角度から見てきた。「国民」は、その言葉が一九三〇年代（もしくはそれ以前）から二〇一〇年代の今日に至るまで使用され続け、境界設定と内部の格差の否認、自己規律性ないしは自発性、資本主義・消費文化との協調関係といった特徴がいまなお継承され、強化さえされている。「東亜民族」を通して検討した帝国日本は、日本では敗戦と同時に忘却され、それ以来少なくとも慰安婦、南京事件、靖国問題、領土問題が話題となる一九八〇年代まではその状態が続いてきたという議論が繰り返されてきたが、本書では、戦前戦中の当初からその暴力性や侵略性を覆い隠すような善意に満ちた帝国のファンタジーが成立しており、それが、列島の領土に規定された想像上のナショナルな境界設定、冷戦構造とともにアメリカの庇護のもとに創られた「戦後」、経済成長によるアジアにおける日本の中心的感覚という条件の下で、戦後も長きにわたって継承されてきたという仮説を提示した。この帝国のファンタジーは、他のアジア諸国からの批判に対して日本を被害者に位置づけてその加害性を否認しながら防御しようとする修正主義的な日本史観や、さまざまな社会問題を引き起こしている「戦後」に対して「戦前戦中」を理想化する日本会議のような保守主義的団体の歴史観に符合している。「大衆」と「市民」は戦前から戦後、そして現代に至るまでの間に相重なる部分がありつつも、かなり対照的な変遷を遂げてきたと言えるだろう。「大衆」は、戦前から認められた消費主義的なものとマルクス主義的なものが戦後にも持続し、一方では戦争の記憶と冷戦下のアメリカによる圧力と絡みながら組織的な政治的抵抗主体として、他方では高度経済成長の文脈と絡みながら政治的に無関心な消費主体として想像された。いずれの場合も「大衆」は、戦前との対比性が強く意識されていた一九五〇年代までの文脈の中で、国家の束縛を受けないという意味での「民主」として理解されるものだった。これに対して「市民」は、戦前戦中から一九五〇年代中頃までは「大衆」や「国民」ほど広く流通した言葉ではなかっただけでなく、ブルジョワの都市住民を示唆する意味合いが強かった。それが、一九六〇年前後の社会運動を契機に、しばしば「大衆」と比較されながら個人ベースの、あらゆるアイデンティティに開かれた概念として広く言及されるようになった。このように「国民」「東亜民族」「大衆」「市民」を見ると、戦前から戦後への流れが、単純な転換でもなければ、連続でもなく、両者が複雑に交差していることがわかるだろう。

そして本書では、一九八九年頃を境にした、昭和から平成へ、冷戦からポスト冷戦へ、経済成長からポスト経済成長へと移り変わる時代をどう捉えるかという問題にも取り組んできた。一面では、この時期がさまざまなレベルで大きな転換期になっていたことは疑い得ない。ポスト経済成長は概ね、ポストフォーディズム、リスク社会、新自由主義、ネットワーク社会と重ね合わせて見ることができる。企業は、地元の一つの場所で長期にわたって労働者を雇うよりも、世界各地のできるだけ労働力の安い場所に分散して短期的でフレキシブルに人を雇い、また、規格化された画一的な製品を大量生産するよりも、顧客のニーズに合わせた多様な製品やサービスを生産し、グローバルに流通させ販売する形態へと変化してきた。こうした雇用形態によって、自分の裁量で仕事やライフスタイルを選べる可能性が広がった一方で、多くの労働者は自身の仕事や生活に対してすべての責任を負わざるを得ないような不安定（プレカリアス）な状況に追い込まれることになった。この産業構造と雇用形態の変容は、企業の規制緩和と個人の自己責任を推進する新自由主義の政策・風潮によって後押しされ、それまで日本の（高度）経済成長を支えてきた終身雇用、年功序列、会社員の夫と主婦の妻による男女分業体制に大きな変化をもたらしたが、しかしジェンダーの例に見たように不平等性や格差は解消されるどころか維持または増幅されたところが少なくなかった。こうした変化は、一九八〇年代・九〇年代当時、「ポスト工業社会」「情報化社会」「分衆」「ポストモダン」といった言葉でしばしば肯定的に語られたことでもある。産業が情報、知識、サービス中心の構造へとシフトし、それに伴い市場では均質ではなく顧客の個人的ニーズに合わせた多様な商品が出回るようになったという点で、多様性と個性を重視する消費者中心の社会が成立してきているように思われた。またこの現象は、ファシズム的な構造を忌避しながら、深さよりも表層、統一化よりも断片化、連続性よりも非連続性、固定化よりも流動化を礼賛するポストモダニズムの価値観にも合致していた。しかし、こうした肯定的な見方は、新自由主義が問題視されるにつれて必ずしも妥当ではないことが認識されるようになってきた。他方で、「市民」の社会運動では、ポスト工業社会以前にはあまり意識されなかったリスク――環境汚染・破壊、雇用の不安定化、格差――が交渉の大きな焦点になってきた。さらに、こうした経済的・政治的・社会的転換と連動してメディアの次元ではデジタル技術の発達に伴いインターネットとソーシャル・メディアが普及し、それにつれてコントロール社会とも呼べるような権力ネットワークが日常に浸透し世界を覆い尽くす一方で、ソーシャル・メディアは社会運動をアップデートする力にもなってきた。このように、一九八九年頃に多様なレベルにかかわる形で価値観の転換をも要求するような大きな変化が起こっていたことは否定できない。

とはいえ、これも単純な転換とは言えない。すでにこの終章でも言及したように、境界設定と内部の格差を否認するといった特徴をもつ「国民」や、システムに内在的で量的かつ分散的な性格をもつ「大衆」が、形を変えながらも、消費文化とメディア環境を中心に社会のあらゆる側面にいまなお存在し続けている。それどころか、「国民」も「大衆」も、ポストフォーディズム、リスク社会、新自由主義、コントロール社会の時代になってもなお、衰退するどころか、それらの趨勢に支えられて強化されているようにすら見える。「国民」は、その言葉の効力を通してポストフォーディズム、リスク社会、新自由主義がもたらした格差を不可視化するとともに、一部の人たちはそうした社会状況の不安定さに由来する不安を解消するために「国民」以外を敵とみなすことで自らのアイデンティティとテリトリーを確証しようとしていると見ることができる。「大衆」は、システムに内在化されてアトム化された間接的集合体としての性格が、日常的に個々人がデータ化されて量的にコントロールされている状況に適合する形に発展しているとともに、スポーツ、アイドルのコンサート、テーマパーク、そしてインターネットなどの場で巨大な塊（マス）ないしは量として顕在化している。これらの点に鑑みれば、ポストフォーディズム、リスク社会、新自由主義、コントロール社会は、前の時代に完全に置き換わったものではなく、むしろ前の時代の遺産を引き継ぎ更新する機能を果たしているとも理解できるのである。このように本書では、「デモクラシー」から「軍国主義」へ、戦前から戦中へ、フォーディズムからポストフォーディズムへといった時代の転換期と見られてきた時期について、多重的な水脈が交差し合いながら大きく変容してきた面と、それらが時代をまたいで継承されたりアップデートされたりしてきた面の両方を見てきた。

　このように映画観客は、近現代史を通じて社会主体、メディア環境、メディアと場の関係、メディアの作用、歴史叙述といった問題系と切り離せないものだった。本書では、これらの問題系を、映画観客と「民衆」「国民」「東亜民族」「大衆」「市民」との結びつきに着目しながら分析してきた。しかし言うまでもなく、映画観客の近現代史にかかわる問題のすべてを網羅的に考察してきたわけではない。むしろ、社会主体としての映画観客の検討を通して、従来見過ごされてきた新しい研究課題を提案していくことが本書の狙いの一つでもあった。そうした今後の課題のもっとも重要なものの一つとして考えられるのが、映画観客とトランスナショナルな社会主体との結びつきの問題である。確かに本書では、「民衆」「国民」「東亜民族」「大衆」「市民」という日本語で表現された社会主体の偶発的生成を分析しながらも、映画観客の歴史性・政治性を国際的な文脈にあるものとして考察してきた。例えば、一九二〇年代には社会教育論が「民衆」の「社会」主体への陶冶をヨーロッパ中心の帝国主義に対抗するものとして構想していたこと、四〇年代前半に構想された「東亜民族」が戦前戦中から戦後にさえもつながる帝国日本のファンタジーにかかわっていたこと、五〇年代から八〇年代にかけては「大衆」が原子力、テレビ、思想を通じてアメリカおよびそれが主導する冷戦構造と分かちがたく結びついていたこと、そして六〇年前後に「市民」が冷戦構造に対峙する個人のネットワークとして立ち上がりながらも、二〇〇〇年代以降には新自由主義やグローバル化の趨勢が強まるにつれそれが領土化志向と脱領土化志向という相矛盾するような性格を抱え込みながら展開してきたことを見てきた。したがって、本書では全体を通して日本の近現代史をグローバルな文脈に置いて考察する試みも行ってきた。しかしそれでもなお、国境を越えて定住したり、あるいは行き来したりする移民、難民、旅行者、労働者、留学生、「研修生」などにかかわる問題が、日本語で概念化された社会主体の観点だけで捉えきれるのかという課題が残るのは確かである。また、国境や言語を越えたネットワーク化が、「帝国」や権力ネットワークに対するオルタナティヴなものとしていかに可能かという課題もさらに追究する必要があるだろう。この課題に対する一つの可能性としては、アントニオ・ネグリとマイケル・ハートが提唱してきた「マルチチュード」がある。ネグリとハートは、「マルチチュード」を、〈帝国〉のネットワークに対抗するものとして位置づけるとともに、統一性や同一性とは異なる、無数の特異性からなる民主的なつながり、すなわち彼らが〈共〉と呼ぶものを絶え間なく形成するものとして性格づけている。(1)しかしこの魅力的な論の中で一番大きな問題に感じられるのは、この言葉が必ずしも各言語で行為遂行的に使用されてきたものではないという点である。すなわち、ネグリとハートは、「マルチチュード」は「統一的概念」とは違い規範に回収されないものだとしながら、しかしまさにその「統一的概念ではない」もしくは「規範ではない」と言うことによってそれを規範化していると言えるのだ。各種の社会主体の概念の歴史的変化を考察してきた本書の見地から言えば、私はむしろ、「マルチチュード」のような、理論家が大局的・抽象的に規範化した概念よりも、異なる言語間の「市民」に相当する言葉同士の翻訳的な結びつき――またはたとえ「市民」でなくとも、実際に人々の間で行為遂行的に使用されている言葉同士の翻訳的な結びつき――と、それに媒介される社会主体同士の結びつき、さらにはそれと映画観客との結びつきの展開の方に注目したい。映画観客をトランスナショナルな社会主体として考える場合でも、それが実際の歴史的実践の中でどのように偶発的に生成してきているのかという点こそが、その社会的・政治的意味を考える上でもっとも重要だと考えられるからである。映画観客なる者は、映画館の外には存在し得ても、歴史の外には存在し得ない。これが、本書全体を通して一貫して明らかにしようとしてきたことだった。

# 注

## 序　章

（1）『精選版　日本語国語大辞典』小学館、二〇〇六年。

（2）拙著『観客へのアプローチ』森話社、二〇一一年、Hideaki Fujiki, "The Spectator as the Subject and the Agent," in *The Japanese Cinema Book*, eds. Hideaki Fujiki and Alastair Phillips (London : British Film Institute/Bloomsbury, 2019).

（3）*Oxford Dictionary of English*, second edition revised, 2005.

（4）「スクリーン理論」という別称は、一九七〇年代にイギリスの映画学術雑誌 *Screen* が装置論の論文を盛んに掲載したことに由来する。

（5）ルイ・アルチュセール「イデオロギーと国家のイデオロギー諸装置」『再生産について——イデオロギーと国家のイデオロギー諸装置』上、西川長夫他訳、平凡社、二〇〇五年（原著一九七〇年）。

（6）Jean-Louis Baudry, "Ideological Effects of the Basic Cinematographic Apparatus," trans. Alan Williams, in *Narrative, Apparatus, Ideology : A Film Theory Reader*, ed. Philip Rosen (Bloomington, IN : Indiana University Press, 1981), 286–298（原著一九七〇年）.

（7）ローラ・マルヴィ「視覚的快楽と物語映画」斉藤綾子訳、岩本憲児・武田潔・斉藤綾子編『「新」映画理論集成　第一巻　歴史／人種／ジェンダー』フィルムアート社、一九九八年、一二六〜一三九頁。

（8）この点を追究しているものとして例えば、Elizabeth Cowie, "The Popular Film as Progressive Text : A Discussion of Coma," part 1, *m/f*, no. 3 (1979) : 59–82, part 2, *m/f*, no. 4 (1980) : 57–69 ; Teresa de Lauretis, *Alice Doesn't : Feminism, Semiotics, Cinema* (Bloomington, IN : Indiana University Press, 1984) ; Judith Mayne, *Cinema and Spectatorship* (London : Routledge, 1993), 165–170 ; Michele Aaron, *Spectatorship : The Power of Looking On* (Chicago : University of Chicago Press, 2007), 35–43.

（9）この点を追究しているものとして例えば、Mayne, *Cinema and Spectatorship*, 165–170.

（10）この点を追究しているものとして例えば、Linda Williams, "Something Else Besides a Mother : Stella Dallas and the Maternal Melodrama," in *Issues in Feminist Film Criticism* (Bloomington, IN : Indiana University Press, 1990), 137–162 ; Mayne, *Cinema and Spectatorship*, Chapter 4 ; Aaron, *Spectatorship*, 35–43.

（11）例えば、ノエル・バーチは初期映画（彼の言う「原始的な表象モード」Primitive Mode of Representation, PMR）と比較することによって古典的映画のイデオロギー装置としての性格——「制度的な表象モード」(Institutional Mode of Representation, IMR）——を歴史化して示そうとした。Noël Burch, *Life to Those Shadows*, trans. Ben Brewster (Berkeley : University of California Press, 1990). また、ジュリアーナ・ブルーノ、トム・ガニング、ベン・シンガー、アン・フリードバーグ、メアリ・アン・ドーン、フランセスコ・カセッティなど多数のいわゆるモダニティ論も、モダニティという歴史的な観点から初期映画のスペクテイターを論じているものとして言及に値する。Guiliana Bruno, *Streetwalking on a Ruined Map : Cultural Theory and the City Films of Elvira Notari* (Princeton, NJ : Princeton University Press,

1993) ; Ben Singer, *Melodrama and Modernity : Early Sensational Cinema and Its Contexts* (New York : Columbia University Press, 2001) ; Mary Ann Doane, *The Emergence of Cinematic Time : Modernity, Contingency, the Archive* (Cambridge, MA : Harvard University Press, 2002) ; Francesco Casetti, *Eye of the Century : Film, Experience, Modernity* (New York : Columbia University Press, 2008) ; トム・ガニング「驚きの美学」(一九八九年) 濱口幸一訳、岩本憲児・武田潔・斉藤綾子編『「新」映画理論集成』第一巻、一〇二〜一一五頁、アン・フリードバーグ『ウィンドウ・ショッピング——映画とポストモダン』井原慶一郎他訳、松柏社、二〇〇八年(原著一九九三年)。また、初期映画のスペクテイター論を概観しているものとして、Jan Campbell, *Film and Cinema Spectatorship : Melodrama and Mimesis* (Cambridge, UK : Polity Press, 2008), Part II も参照のこと。一方、デイヴィッド・ボードウェルは、こうしたモダニティ論を一般化しすぎているとして批判する一方で、自身の主張する「歴史的詩学」の中で映画作品の製作時点と同時代の観客を認知論的かつ歴史的なスペクテイターとして想定している。例えば、デヴィッド・ボードウェル『小津安二郎——映画の詩学』杉山昭夫訳、青土社、一九九二年(原著一九八八年)。スペクテイターに関するボードウェルの論については、Hideaki Fujiki, "The Spectator as the Subject and the Agent" も参照のこと。

(12) この点を追究しているものとして例えば、フリードバーグ『ウィンドウ・ショッピング』。

(13) この点を追究しているものとして例えば、Aaron, *Spectatorship*, Chapter 2.

(14) この点を追究しているものとして例えば、レイ・チョウ「近代中国を見る——エスニック・スペクテイターシップ理論に向けて」『女性と中国のモダニティ』田村加代子訳、みすず書房、二〇〇三年、三〜三三頁、Ella Shohat and Robert Stam, "From the Imperial Family to the Transnational Imaginary : Media Spectatorship," in *Global/Local : Cultural Production and the Transnational Imaginary*, eds. Rob Willson and Wimal Dissanayake (Durham, NC : Duke University Press, 1996), 145–171 ; idem, "Film Theory and Spectatorship in the Age of the 'Posts,'" in *Reinventing Film Studies*, eds. Christin Gledhill and Linda Williams (London : Arnold, 2000), 381–401.

(15) この点を追究しているものとして例えば、ミリハム・ブラトゥ・ハンセン「感覚の大量生産ヴァナキュラー・モダニズムとしての古典的映画」滝浪祐紀訳、『SITE ZERO/ZERO SITE』三号、二〇六〜三〇六頁(原著二〇〇〇年)、Miriam Bratu Hansen, "Fallen Women, Rising Stars, New Horizons : Shanghai Silent Film as Vernacular Modernism," *Film Quarterly* vol. 54, no. 1 (2000) : 10–22.

(16) この点を追究しているものとして例えば、Laura U. Marks, *The Skin of the Film : Intercultural Cinema, Embodiment, and the Sense* (Durham, NC : Duke University Press, 2000) ; Thomas Elsaesser and Malte Hagener, *Film Theory : An Introduction through the Senses* (London : Routledge, 2010).

(17) この点を追究しているものとして例えば、Miriam Bratu Hansen, *Babel and Babylon : Spectatorship in American Silent Film* (Cambridge, MA : Harvard University Press, 1991).

(18) この点は、精神分析、現象学、ドゥルーズ派、認知論という、かなり異なる——とはいえ、交差している場合もある——立場の研究に分かれて追究されている。精神分析の例としては、ラカンよりもメラニー・クイーンの対象関係理論に依拠して情動の問題を論じたLisa Cartwright, *Moral Spectatorship : Technologies of Voice and Affect in Postwar Representation of the Child* (Durham, NC : Duke University Press, 2008). 現象学派の例としては、Vivian Sobchack "Phenomenology and the Film Experience," in *Ways of Seeing : Ways of Seeing Film*, ed. Linda

Williams (New Brunswick, NJ : Rutgers University Press, 1994) ; idem, *Carnal Thoughts : Embodiment and Moving Image Culture* (Berkeley : University of California Press, 2004). ドゥルーズ派の例としては、部分的に情動の観点からスペクテイターに言及しているものは大量にあるが、ここでは Steven Shaviro, *The Cinematic Body* (Minneapolis : University of Minnesota, 1993) ; Jennifer Coates, *Making Icons : Repetition and the Female Image in Japanese Cinema, 1945–1964* (Hong Kong : Hong Kong University Press, 2016) を挙げておきたい。認知派の例としては、Carl Plantinga and Greg M. Smith, eds. *Passionate Views : Film, Cognition, and Emotion* (Baltimore, MD : Johns Hopkins University Press, 1999) ; Carl Plantinga, *Moving Viewers : American Film and the Spectator's Experience* (Berkeley : University of California Press, 2008) ; Arthur P. Shimamura, *Psychocinematics : Exploring Cognition at the Movies* (Oxford : Oxford University Press, 2013). 認知派の先駆的な研究として、ボードウェルの二つの著書は無視できない。David Bordwell, *Narration in the Fiction Film* (Madison, WI : University of Wisconsin Press, 1985) ; idem, *Making Meaning : Inference and Rhetoric in the Interpretation of Cinema* (Cambridge, MA : Harvard University Press, 1991).

(19) Hansen, *Babel and Babylon*, Part I.

(20) Ella Shohat and Robert Stam, *Unthinking Eurocentrism : Multiculturalism and the Media* (London : Routledge, 1994), 350.

(21) Hansen, *Babel and Babylon*, 7.

(22) ジャネット・スタイガーはこの点を批判し、自らのアプローチとの差異化を図っている。Janet Staiger, *Perverse Spectator : The Practices of Film Reception* (New York : New York University Press, 2000), Chapter 1.

(23) Shohat and Stam, *Unthinking Eurocentrism*, 348 ; Franz Fanon, *Black Skin, White Masks* (New York : Grove Press, 1967), 112–116.

(24) Shohat and Stam, *Unthinking Eurocentrism*, 349 ; bell hooks, *Black Looks : Race and Representation* (Boston : South End Press, 1992), 126.

(25) Stuart Hall, "Encoding/Decoding," in *Culture, Media, Language*, eds. Stuart Hall et al. (London : Routledge, 1980), 128–137. 同論文は最初の原稿が一九七九年の論集に発表された。David Morley, *The 'Nationwide' Audience : Structure and Decoding* (London, BFT, 1980). さらにモーレイの論を明確にしたものとして次も参照のこと。デビッド・モーレー「テレビジョン、オーディエンス、カルチュラル・スタディーズ」(一九九二年) 成実弘至訳、吉見俊哉編『メディア・スタディーズ』せりか書房、二〇〇〇年、一五八〜二〇二頁。

(26) クロード・シャノンとウォーレン・ウィーバーのコミュニケーション・モデルについては、例えば、北野圭介『制御と社会——欲望と権力のテクノロジー』人文書院、二〇一四年、四四〜四七頁を参照のこと。

(27) ペイン財団研究については、例えば次を参照のこと。Mark Lynn Anderson, "Taking Liberties : The Payne Fund Studies and the Creation of the Media Expert," in *Inventing Film Studies*, eds. Lee Grieveson and Haidee Wasson (Durham, NC : Duke University Press, 2008), 38–65.

(28) 例えば、吉見俊哉『メディア文化論——メディアを学ぶ人のための一五話』有斐閣、二〇〇四年、六一頁を参照のこと。

(29) Hall, "Encoding/Decoding," 128–137, quoted in 137.

(30) Shohat and Stam, *Unthinking Eurocentrism*, 350. また、モーレー「テレビジョン、オーディエンス、カルチュラル・スタディーズ」もこの点をはっきりさせている。

(31) 大量にあるが、例えば、Douglas Gomery, *Shared Pleasure : A History of Movie Presentation in the United States* (Madison, WI : University of Wisconsin Press, 1992) ; Ben Singer "Manhattan Nickelodeons : New

"Data on Audiences and Exhibitions," *Cinema Journal* vol. 34, no. 3 (Spring 1995) : 5-35 ; Shelley Stamp, *Movie-Struck Girls : Women and Motion Picture after the Nickelodeon* (Princeton, NJ : Princeton University Press, 2000) ; Staiger, *Perverse Spectator* ; Mark Jancovich and Lucy Faire, *The Place of the Audience : Cultural Geographies of Film Consumption* (London : BFI, 2003) ; 古川隆久『戦時下の日本映画——人々は国策映画を観たか』吉川弘文館、二〇〇三年、加藤幹郎『映画館と観客の文化史』中公新書、二〇〇六年、吉見俊哉「映画館という戦後」、同他編『日本映画は生きている　第三巻　観る人、作る人、掛ける人』岩波書店、二〇一〇年、上田学『日本映画草創期の興行と観客——東京と京都を中心に』早稲田大学出版部、二〇一二年、笹川慶子『近代アジアの映画産業』青弓社、二〇一八年、第二章。

(32) これも大量にあるが、例えば、Jackie Stacy, *Star Gazing : Hollywood Cinema and Female Spectatorship* (London : Routledge, 1993) ; Barbara Klinger, "Film History Terminable and Interminable : Recovering the Past in Reception Studies," *Screen* vol. 38, no. 2 (1997) : 107-128 ; 細川周平『シネマ屋、ブラジルを行く——日系移民の郷愁とアイデンティティ』新潮社、一九九九年、北村洋『敗戦とハリウッド——占領下日本の文化再建』名古屋大学出版会、二〇一四年、板倉史明『映画と移民——在米日系移民の映画受容とアイデンティティ』新曜社、二〇一六年。

(33) 例えば、ショハットとスタムの研究に加えて、晏妮『戦時日中映画交渉史』岩波書店、二〇一〇年、Dong Hoon Kim, *Eclipsed Cinema : The Film Culture of Colonial Korea* (Edinburg : Edinburg University Press, 2018).

(34) 例えば、Matte Hills, *Fan Cultures* (London : Routledge, 2002) ; Sandra Annett, *Anime Fan Communities : Transcultural Flows and Frictions* (New York : Palgrave Macmillan, 2014) ; 拙著『増殖するペルソナ——映画スターダムの成立と日本近代』名古屋大学出版会、二〇〇七年。

(35) Barbara Klinger, *Melodrama and Meaning : History, Culture, and the Films of Douglas Sirk* (Bloomington, IN : Indiana University Press, 1994) ; Campbell, *Film and Cinema Spectatorship*.

(36) Andrea Rassell et al., "Seeing, Sensing Sound : Eye-tracking Soundscapes in Saving Private Ryan and Monsters, Inc." in *Making Sense of Cinema : Empirical Studies into Film Spectators and Spectatorship*, eds. Carrielynn D. Reinhard and Christopher J. Olson (London : Bloomsbury, 2016), 135-164.

(37) なお、前注の Reinhard and Olson, eds. *Making Sense of Cinema* は、多様な実証的観客研究の論集となっている。

(38) Janet Staiger, *Interpreting Films : Studies in the Historical Reception of American Cinema* (Princeton, NJ : Princeton University Press, 1992) ; idem, *Perverse Spectator*.

(39) Staiger, *Interpreting Films*, Chapter 7.

(40) 前注(34)の Annett や Hills に加えて、例えば、Henry Jenkins, Sam Ford and Joshua Green, *Separable Media : Creating Value and Meaning in a Networked Culture* (New York : New York University Press, 2013).

(41) フリードバーグ『ウィンドウ・ショッピング』、大久保遼「映像文化へのアプローチ——遍在するスクリーンのアルケオロジー」、石田英敬・吉見俊哉・マイク・フェザーストーン編『デジタル・スタディーズ　第三巻　メディア都市』東京大学出版会、二〇一五年、八三〜一〇一頁、伊藤守「オーディエンス概念からの離陸——群衆、マルチチュード、移動経験の理論に向けて」『情報の社会学——ポストメディア時代における〝ミクロ知覚〟の探求』青土社、二〇一七年、二〇五〜二二七頁。伊藤の論文は、ベンヤミンよりも、ガブリエル・タルドとドゥルーズに多くを依拠し、携帯を持ちながら移動する人たちのメディア・テクノロジー経験を捉えるために、オーディエンス概念を超えたアプローチを提唱しているが、タルドの思想における「公衆」と情報の流通の関係を照射している点は、本書のアプローチを考えるにあたって大いに参考になった。

(42) 歴史的偶発性のアプローチを本格的に追究するきっかけを与えてくれた小川翔太に感謝する。

(43) ミシェル・フーコー『言説の領界』慎改康之訳、河出文庫、二〇一四年、一五頁（講義一九七〇年）。

(44) リチャード・ローティ『偶然性・アイロニー・連帯――リベラル・ユートピアの可能性』齋藤純一・山岡龍一・大川正彦訳、岩波書店、二〇〇〇年、一三〇～一三三頁（原著一九八九年）。

(45) エルネスト・ラクラウ『現代革命の新たな考察』山本圭訳、法政大学出版局、二〇一四年、五七頁（原著一九九〇年）。

(46) 同前。

(47) この点に関して、ラクラウは、社会的なものに対する政治的なものの優位性を唱えている。同前、六四頁。

(48) 同前、六三頁。

(49) 同前、五五頁。傍点は原文。

(50) ニクラス・ルーマン『社会システム理論』上、佐藤勉監訳、恒星社厚生閣、一九九三年、第三章（原著一九八四年）。ルーマンの難解な理論を理解するにあたっては、春日淳一「ダブル・コンティンジェンシーについて」『経済論集』第五五巻三号、関西大学、二〇〇五年一二月、四四五～四五五頁を参照した。また、北野『制御と社会』第二章も参照のこと。

(51) ニクラス・ルーマン『近代の観察』馬場靖雄訳、法政大学出版局、二〇〇三年、八八頁（原著一九九二年）。

(52) 同前。メアリ・アン・ドーンは、ルーマンのこの考え方に触れつつ、偶発性を可視化しようとする初期映画の関心を産業合理化と対になりながら現れてきたモダニティの一現象として論じている。Doane, *The Emergence of Time*, Introduction and Chapter 7.

(53) Judith Butler, "Contingent Foundations: Feminism and the Question of 'Postmodernism,'" in *Feminists Theorize the Political*, eds. Judith Butler and Joan W. Scott (New York and London: Routledge, 1992), 12. 邦訳は引用者による。以後本書では、とくに断らない限り同様。

(54) シャンタル・ムフ『政治的なるものの再興』千葉眞他訳、日本経済評論社、一九九八年、二五頁（原著一九九三年）。ただし、文脈に合わせて邦訳を多少変えたところがある。

(55) Butler, "Contingent Foundations," 15.

(56) J・ヴィクター・コシュマン『戦後日本の民主主義革命と主体性』葛西弘隆訳、平凡社、二〇一一年、二一～二三頁（原著一九九六年）。

(57) 長谷正人「検閲の誕生――大正期の警察と活動写真」『映画というテクノロジー経験』青弓社、二〇一〇年、第八章。初出は一九九四年。北田暁大「声の消長――徳川夢声からトーキーへ」『〈意味〉への抗い――メディエーションの文化政治学』せりか書房、二〇〇四年、第九章。初出は二〇〇二年。Aaron Gerow, *Visions of Japanese Modernity: Articulations of Cinema, Nation, and Spectatorship, 1895–1925* (Berkeley: University of California Press, 2010).

(58) 佐藤卓己「ラジオ文明とファシスト的公共性」、貴志俊彦・川島真・孫安石編『戦争・ラジオ・記憶』勉誠出版、二〇〇六年、とくに三頁。

(59) 成田龍一『近現代日本史と歴史学――書き替えられてきた過去』中公新書、二〇一二年、第七章。

(60) 古川『戦時下の日本映画』。加藤厚子『総動員体制と映画』新曜社、二〇〇三年。

(61) 加藤『総動員体制と映画』九頁。

(62) ピーター・B・ハーイ『帝国の銀幕――十五年戦争と日本映画』

名古屋大学出版会、一九九五年。

(63) 古川『戦時下の日本映画』一、一〇頁、加藤『総動員体制と映画』九頁。

(64) 池川玲子は、一九三七年の満洲開拓移民映画『大日向村』を論じる中で、古川が興行成績の不振を理由にこの映画が国策映画としては失敗だったという見解を示していることに対して、この映画が他のメディアと結びつきながら複合的なメディアを成し総体として移民獲得に効果を上げたと指摘している。池川玲子『「帝国」の映画監督坂根田鶴子——『開拓の花嫁』・一九四三年・満映』吉川弘文館、二〇一一年、二〇八頁。

(65) 周知のように情動は近年、人文学研究でもっとも盛んに議論されている問題の一つである。その考え方にはさまざまあるが、本書では歴史を分析する目的に合わせて、情動を、感情と身体的反射の両方を含むものとして広義に考える。これについては、拙稿「『ザ・コーヴ』と情動の文化——序に代えて」『JunCture——超域的日本文化研究』二号、二〇一一年、一四〜二三頁を参照されたい。

**第一章**

(1) ジークフリート・クラカウアー「娯楽崇拝」『大衆の装飾』船戸満之・野村美紀子訳、法政大学出版局、一九九六年、二九四〜三〇〇頁。原著は一九六三年にドイツ語で刊行されたが、執筆時期は一九二一年から三三年の間になされた（同書所収の船戸満之「訳者解説」三三四頁を参照）。また、同書「大衆の装飾」四四〜五七頁および Miriam Bratu Hansen, "Curious Americanism," in *Cinema and Experience: Siegfried Kracauer, Wlater Benjamin, and Theodor W. Adorno* (Berkeley: University of California Press, 2012), 40-72 も参照。

(2) 権田保之助『民衆娯楽の基調』同人社書店、一九二二年、第二章。権田保之助「民衆の文化か、民衆の為の文化か——文化主義の一考察」『大観』（一九二〇年六月）『権田保之助著作集　第四巻　主要論文』文和書房、一九七五年、一八〜五六頁。

(3) ジークフリート・クラカウアー『カリガリからヒトラーへ——ドイツ映画一九一八〜一九三三における集団心理の構造分析』丸尾定訳、みすず書房、一九七〇年。初出は一九四二年にニューヨークの近代美術館フィルム・ライブラリーから小冊子として発行。

(4) キャロル・グラック『歴史で考える』梅﨑透訳、岩波書店、二〇〇七年、第一章、Carol Gluck, "The People in History: Recent Trends in Japanese Historiography," *The Journal of Asian Studies* vol. 38, no. 1 (November 1978): 25-50. 加えて次を参照。Takashi Fujitani, "Minshūshi as Critique of Orientalist Knowledge," *Positions* vol. 6, no. 2 (Fall 1998): 303-322.

(5) 社会教育に関する文献は、松田武雄『近代日本社会教育の成立』九州大学出版会、二〇〇四年など枚挙にいとまがない。同書には、広範囲にわたる関連文献の批判的検討がある。民衆娯楽論に関しても、石川弘義「エリートにあらわれた民衆のイメージ」、南博・社会心理研究所『大正文化 一九〇五〜一九二七』勁草書房、一九六五年、一〇一〜一一七頁、氏原正治郎「第一次大戦後の労働調査と『余暇生活の研究』」『生活古典叢書　第八巻　余暇生活の研究』光生館、一九七〇年、一〜八七頁、石川弘義編『娯楽の戦前史』東京書籍、一九八一年、安田常雄『暮らしの社会思想——その光と影』勁草書房、一九八七年、吉見俊哉『都市のドラマトゥルギー——東京・盛り場の社会史』弘文堂、一九八七年、小澤考人「大正期における娯楽（非労働時間）の成立平面——民衆娯楽論の社会政策的側面の分析をとおして」『現代社会理論研究』一四号、二〇〇四年など多数の文献がある。田中純一郎『日本教育映画発達史』（蝸牛社、一九七九年）などの映画史では、社会教育と民衆娯楽の関係は記述されていてもほとんど論じられていない。一方、両者を総合的に論じる試みが近年出てきている。例えば、坂内夏子「社会教育における映画の歴史——民衆娯楽と教育映画」『学術研究　教育・社会教育学編』五〇号、二〇〇一年、一五〜二九頁、渡邉大輔「「民衆」はいかに教育されるか——高松豊次郎と大正期社会教育映画の主題」『映像学』八四号、二〇一〇年、五九〜七六頁、赤上裕幸『ポスト活字の考古学——「活映」のメディア史 一九一一〜一九五八』柏書房、二〇一三年。

(6) Louise Young, *Beyond the Metropolis: Second Cities and Modern Life in Interwar Japan* (Berkeley: University of California Press, 2013), 4-5, 16-18.

(7) 例えば、次を参照。小林嘉宏「大正期社会教育官僚における〈社会〉の発見と〈社会教育〉」、本山幸彦教授退官記念論文集編集委員会編『日本教育史論叢』思文閣出版、一九八八年、四六頁、林宥一『「無産階級」の時代——近代日本音社会運動』青木書店、二〇〇〇年、藤野裕子『都市と暴動の民衆史——東京一九〇五〜一九二三年』有志舎、二〇一五年、二〜三頁、Peter Duus and Irwin Scheiner, "Socialism, Liberalism, and Marxisim, 1901–1931," in *The Cambridge History of Japan*, Vol. 6: *The Twenties Century*, ed. Peter Duus (Cambridge, UK: Cambridge University Press, 1988), 662–663.

(8) 李武嘉也「大正社会の改造と潮流」、同編『大正社会と改造の潮流』吉川弘文館、二〇〇四年、五三頁。

(9) 権田『民衆娯楽の基調』二〜三頁。

(10) 権田保之助『民衆娯楽問題』（同人社、一九二一年）『権田保之助著作集　第一巻　民衆娯楽問題　民衆娯楽の基調』文和書房、一九七四年、二三頁。

(11) 権田『民衆娯楽の基調』四五〜四六頁。

(12) 同前、四五頁。

(13) 大杉栄「新しき世界の為めの新しき芸術」『早稲田文学』一九一七年一〇月、二三二〜二五一頁。

(14) 海野幸徳『学校と活動写真』内外出版、一九二四年、四三頁。

(15) 大林宗嗣『民衆娯楽の実際研究』大原社会問題研究所、一九二二年、三七八〜三七九頁。

(16) 本間久雄「民衆芸術の意義及価値」『早稲田文学』一九一六年八月、三頁。

(17) 松村松盛『民衆之教化』帝国地方行政学会、一九二二年、一〜二頁。

(18) 橘高廣『民衆娯楽の研究』警眼社、一九二〇年、一頁。

(19) 中田俊造『娯楽の研究』社会教育協会、一九二四年、七頁。

(20) 有山輝雄『近代日本のメディアと地域社会』吉川弘文館、二〇〇九年、一五八頁。加えて、石川編『娯楽の戦前史』四七頁、藤野『都市と暴動の民衆史』二〜三頁。

(21) 権田速雄「父・権田保之助（一）——小伝風に」『権田保之助研究』一号、一九八二年、四二〜四七頁。

(22) Duus and Scheiner, "Socialism, Liberalism, and Marxisim, 1901–1931," 663.

(23) 大阪市社会部調査課編『余暇生活の研究』弘文堂、一九二三年、一頁。

(24) 川合隆男『近代日本における社会調査の軌跡』恒星社厚生閣、二〇〇四年、三七〜三八頁。

(25) 同前、九七〜一九七頁。

(26) 中田『娯楽の研究』第四章。この他にも、文部省学務局によって、『教育と活動写真』（一九一八年）、『全国に於ける活動写真状況調査』（二一年）、『映画教育』（二八年）、『現行映画興行と教育との関係に関する調査概要』（二八年）、『教育映画業者調査概要』（二九年）などの調査が発表されている。

(27) 大阪市社会部調査課編『余暇生活の研究』。

(28) 権田保之助『民衆娯楽論』（巌松堂書店、一九三一年）『権田保之助著作集　第二巻　娯楽業者の群　民衆娯楽論』文和書房、一九七四年、二七二～二七三頁。

(29) 雑誌『帝国教育』一九一七年五月（四～一六頁）、八月（四～三一頁）に掲載され、のちに権田『民衆娯楽問題』（一九二一年）に収録された。

(30) 大林『民衆娯楽の実際研究』第二部。

(31) 成田龍一『大正デモクラシー』岩波新書、二〇〇七年、一二三～一二八頁。次の文献は、労働者の権利主張の芽生えについて論じている。藤野『都市と暴動の民衆史』一〇頁、安田浩『大正デモクラシー史論——大衆民主主義体制への転形と限界』校倉書房、一九九四年、一四～二二頁。

(32) Andrew Gordon, *Labor and Imperial Democracy in Prewar Japan* (Berkeley : University of California Press, 1992), 18.

(33) Ibid., Chapter 8.

(34) 李武「大正社会の改造と潮流」五四頁、赤澤史朗『近代日本の思想動員と宗教統制』校倉書房、一九八五年、一〇八～一一四頁。

(35) 松尾尊兊『大正デモクラシー』岩波書店、一九七六年、第七章。

(36) 吉野作造「民衆的示威運動を論ず」『中央公論』一九一四年四月、二四～二五頁。

(37) 吉野作造「民衆運動対策」（『中央公論』一九一八年一〇月）『吉野作造選集』第一〇巻、岩波書店、一九九五年、八～一一頁。

(38) 吉野「民衆的示威運動を論ず」。

(39) 成田『大正デモクラシー』六頁。

(40) 藤野『都市と暴動の民衆史』二六三頁。

(41) ギュスターヴ・ル・ボン『群衆心理』櫻井成夫訳、講談社学術文庫、一九九三年（原著一八九五年）。本邦訳書の解説によれば、最初の邦訳は、一九一〇年に大日本文明協会から出版され、訳者は不明だが、大山郁夫という説もある。

(42) 樋口秀雄『群衆論』中央書院、一九一三年、二八頁。

(43) Young, *Byeond the Metropolis*, 31 ; Michael Lawrence Lewis, *Rioters and Citizens : Masss Protest in Imperial Japan* (Berkeley : University of California Press, 1990) ; 島村輝「群集・民衆・大衆——明治末から大正期にかけての「民衆暴動」」、小森陽一他編『岩波講座近代日本の文化史　第五巻　一九二〇～三〇年代 編成されるナショナリズム』岩波書店、二〇〇二年、一八六～一八九頁。

(44) 成田龍一「「国民」の跛行的形成」、小森陽一・成田龍一編『日露戦争スタディーズ』紀伊國屋書店、二〇〇四年、一二一～一二九頁。ただし、ここで言いたいのは、国家的な政治に「民衆」が自主的に参加していることであって、「国民形成」とまでは言えないということである。これについての議論は、中筋直哉『群衆の居場所——都市騒乱の歴史社会学』新曜社、二〇〇五年、六～八頁などを参照のこと。

(45) 権田『民衆娯楽の基調』一八〇～一八四頁。

(46) 藤野『都市と暴動の民衆史』二～三、三〇一頁。

(47) 李武「大正社会の改造と潮流」一三頁。

(48) 松村『民衆之教化』一頁。

(49) 新世代官僚の登場については、福嶋寛之「「社会教育」官僚の登場」『九州史学』一二九号、二〇〇一年、一九～四六頁を参照。

(50) 乗杉嘉壽『社会教育の研究』同文館、一九二三年、一二頁。

(51) 松田『近代日本社会教育の成立』二六〇～二六七頁。

(52) 伊藤和男「第一次大戦後の社会教育と「教育的社会政策」」、上杉孝實・大庭宣尊編『社会教育の近代』松籟社、一九九六年、五一～五二頁。こうした意識は、多くの官僚、知識人に共通していたと言える。次を参照。李武「大正社会の改造と潮流」一四頁。

(53) 飯田泰三「吉野作造――〝ナショナル・デモクラット〟と社会の発見」、小松茂夫・田中浩編『日本の国家思想史』下、青木書店、一九八〇年、五一頁。
(54) 同前、六〇頁。吉野作造の論文は、「言論の自由と国家の干渉」『我等』一九二〇年三月、「国家的精神とは何ぞや」『中央公論』一九二〇年三月。
(55) 同前、五四〜五六頁。長谷川如是閑「闘争本能と国家の進化」『中央公論』一九二〇年一〇月。
(56) 酒井哲哉「国際関係論と「忘れられた社会主義」――大正期日本における社会概念の析出状況とその遺産」『思想』二〇〇六年一月、一二三頁。
(57) 大山郁夫「社会改造の根本精神」『我等』一九一九年八月。藤原保信「大山郁夫――民本主義からマルクス主義へ」、小松・田中編『日本の国家思想』下、七八頁に引用。
(58) Duus and Scheiner, "Socialism, Liberalism, and Marxism, 1901-31," 686; 黒川みどり『共同性の復権――大山郁夫研究』信山社、二〇〇〇年、第四章。
(59) 坂田稔「生活様式――モダンライフから「自力生存」へ」、南博・社会心理研究所編『昭和文化　一九二五〜一九四五』勁草書房、一九八七年、六〇頁。
(60) 赤澤『近代日本の思想動員と宗教統制』二九頁。
(61) 安田『暮らしの社会思想』二一頁。
(62) 野間の修養主義については、佐藤卓己『『キング』の時代――国民大衆雑誌の公共性』岩波書店、二〇〇二年、一九三頁を参照。
(63) 高田保馬『社会と国家』岩波書店、一九二二年。
(64) 酒井隆史「日本における社会的なものをめぐる抗争」、市野川容孝・宇城輝人編『社会的なもののために』ナカニシヤ出版、二〇一三年、二二二頁。
(65) 同前、李武「大正社会と改造」五四頁。
(66) 李武「大正社会と改造」五四頁。
(67) Sheldon Garon, *Molding Japanese Minds: The State in Everyday Life* (Princeton, NJ: Princeton University Press, 1997), 3-22.
(68) 小林「大正期社会教育官僚における〈社会〉の発見と〈社会教育〉」四四頁。
(69) 赤澤『近代日本の思想動員と宗教統制』一七〜一八頁。
(70) 同前、二一頁。
(71) 小林嘉宏「大正期における社会教育政策の新展開――生活改善運動を中心に」『講座日本教育史　近代Ⅱ／近代Ⅲ』三、第一法規出版、一九八四年、三一九〜三二〇頁、大庭宣尊「近代日本時間秩序と社会教育」、上杉・大庭編『社会教育の近代』八一〜九五頁。
(72) Jordan Sand, *House and Home in Modern Japan: Architecture, Domestic Space and Bourgeois Culture, 1880-1930* (Cambridge, MA: Harvard University Asian Center, 2003), 194-198; 赤澤『近代日本の思想動員と宗教統制』一九〜二〇頁。なお、震災前に森本と有島は離脱した。
(73) Ibid., 323-324.
(74) Ibid., 226-227; 小林「大正期における社会教育政策の新展開」三二〇頁、赤澤『近代日本の思想動員と宗教統制』一九〜二〇頁、大庭「近代日本時間秩序と社会教育」九六頁。
(75) 赤澤『近代日本の思想動員と宗教統制』一九〜二〇頁、Sand, *House and Home in Modern Japan*, 55-56.
(76) 乗杉『社会教育の研究』四頁。
(77) 同前、二八三頁。ただし、乗杉は、別の箇所で「刹那主義、個人主義、家族主義、学派などを捨て、我が国の国家社会を基礎とする団体生活があらゆる個人の幸福をなす基礎であることを了解して社会生活の共同並びに公共の精神を旺盛にすることに努めるべき」と述べ、「家族主義」ですら否定している（三一九頁）。一方、松村は、資本主義を「能力本位の自由主義」と記述しているが、ここでの乗杉の主張に照らすと、資本主義に対するこうした見方が二人を含む文部官僚の間で共有されていたと言える。
(78) 丸山眞男「近代日本の思想と文学」『日本の思想』岩波新書、一九六一年、七四〜七五頁。
(79) 高田『社会と国家』。市野川・宇野編『社会的なもののために』二四五頁の討論での道場親信の発言を参照。
(80) 米谷匡史『アジア/日本』岩波書店、二〇〇六年、九五〜九九頁を参照。
(81) 同前、九九〜一〇七頁を参照。
(82) 小澤「大正期における娯楽(非労働時間)の成立平面」三八一頁。
(83) 権田「民衆の文化か、民衆の為の文化か」。
(84) 大杉「新しき世界の為めの新しき芸術」二四九頁。
(85) 権田『民衆娯楽の基調』四一〜五六、一〇〇〜一二七頁。
(86) 同前、一四三〜一五七頁。
(87) 同前、一八〜二二頁。
(88) 同前、一三頁。
(89) 権田『民衆娯楽問題』一六頁。
(90) 権田『民衆娯楽の基調』二頁。
(91) 同前、一六〇頁。
(92) 同前、一頁。
(93) 海野『学校と活動写真』四三頁。
(94) 大林『民衆娯楽の実際研究』五〜七頁。
(95) 大阪市社会部調査課編『余暇生活の研究』七頁。
(96) 権田『民衆娯楽問題』三九頁。
(97) 権田『民衆娯楽の基調』五二頁。
(98) 大林『民衆娯楽の実際研究』一〜二頁。
(99) 大阪市社会部調査課編『余暇生活の研究』九頁。
(100) 次を参照。大林『民衆娯楽の実際研究』、権田保之助『美術工芸論』内田老鶴圃、一九二一年、カール・ビュッヒァー『経済的文明史論——国民経済の成立』権田保之助訳、内田老鶴圃、一九一七年。
(101) 大林『民衆娯楽の実際研究』一八〜二二頁。
(102) 上記に加えて、権田「現代人の求める民衆娯楽の要素」『活動雑誌』一九二三年一一月、六四〜六五頁。
(103) 権田『民衆娯楽の基調』五八頁。
(104) 橘『民衆娯楽の研究』一〜二頁。
(105) 同前、二〜四頁。
(106) 同前、七九頁。
(107) 吉見「都市のドラマトゥルギー」四七〜五九頁、岩本憲児「幻燈から映画へ——明治大正期における社会教化と民衆娯楽論」『早稲田大学大学院文学研究科紀要』第四五巻三号、一九九九年、八三〜八四頁、赤上『ポスト活字の考古学』六九、七四頁。
(108) 大林『民衆娯楽の実際研究』三七〇〜三八〇頁。
(109) 同前、二七頁。
(110) 同前、一三頁。
(111) 権田『民衆娯楽の基調』四六頁。
(112) 同前、一四一〜一四二頁。
(113) 同前、一六七〜一八五頁、引用は一八四頁。女形から女優への転換と「自然さ」のイデオロギーについては、拙著『増殖するペルソナ——映画スターダムの成立と日本近代』名古屋大学出版会、二〇〇七年、第六章を参照されたい。
(114) 橘『民衆娯楽の研究』二頁。
(115) 同前、三〜四頁。
(116) 同前、七九頁。
(117) 権田『民衆娯楽の基調』一六五〜一六八頁。
(118) 大林『民衆娯楽の実際研究』三四〜三八頁。

（119）大阪市社会部調査課編『余暇生活の研究』一九～二〇頁。

（120）権田『民衆娯楽問題』二五頁。

（121）Aaron Gerow, *Visions of Japanese Modernity: Articulations of Cinema, Nation, and Spectatorship, 1895–1925* (Berkeley: University of California Press, 2010), Chapter 1.

（122）Ibid., 64.

（123）権田保之助『活動写真の原理及応用』内田老鶴圃、一九一四年、四一一～四三三頁。

（124）権田『民衆娯楽問題』二六～三〇頁。小川佐和子『映画の胎動――一九一〇年代の比較映画史』人文書院、二〇一六年、二〇一頁も参照。一九一一年には、寄席が、劇場や活動写真館を圧倒していたという報告もある。石川編『娯楽の戦前史』五五頁。

（125）権田『民衆娯楽の基調』一三～二一頁。

（126）松村『民衆之教化』一八一、三一九頁。

（127）権田『民衆娯楽問題』四二頁。

（128）大林『民衆娯楽の実際研究』三七一～三七三頁。

（129）権田『民衆娯楽問題』六七～七一頁。

（130）橘『民衆娯楽の研究』八八～八九頁。例えば、「安寧害するもの」、「国家一般の利益に背反」するものとして、①社会主義、無政府主義皇室不謹慎、②国体呪詛、③革命謳歌、④無政府主義共産主義、⑤階級闘争高唱、⑥ストライキ怠業誘発、⑦暴動扇動、⑧暗殺鼓吹、⑨国際国交感情に害、⑩外交軍事上の機密漏洩、⑪宗教制度無視、を列挙している。

（131）とはいえ、もちろん、八時間の間、同じ場所で余暇を過ごすことを想定していたかは疑問である。

（132）田中『日本教育映画発達史』四二頁。

（133）鶴見俊輔「民衆娯楽から国民娯楽へ――『権田保之助著作集』（全四巻）」『思想』一九七六年六月、一〇一六頁。

（134）同前、一〇一七頁。

（135）牧野守『日本映画検閲史』パンドラ、二〇〇三年、五七二～五八三頁。

（136）権田保之助「民衆娯楽殊に活動写真に就いて」『社会と教化』一九二二年二月、三七～四三頁。

（137）専門委員は、権田（当時、大原社会問題研究所員）、橘（当時、警視庁検閲係長）、星野辰男（文部省嘱託）、菅原教造（東京女子高等師範学校教授）の四人であった。田中『日本教育映画発達史』、四二～四三頁。

（138）同前、四三頁。

（139）赤上『ポスト活字の考古学』六三頁。

（140）田中『日本教育映画発達史』四三頁。一九二七年七月に開催された文部省主催の映画教育審議会には、権田と橘が二人とも招かれた。「文部省、映画教育審議会を設く」『国際映画新聞』一九二七年七月二〇日、二五頁。

（141）権田保之助『娯楽教育の研究』（小学館、一九四三年）、『権田保之助著作集　第三巻　国民娯楽の問題　娯楽教育の研究』文和書房、一九七五年、二三〇頁。

（142）Gerow, *Visions of Japanese Modernity*, Chapter 1.

（143）帝国教育会調査部「活動写真取締に関する決議」『帝国教育』一九一七年四月、八三頁。

（144）『帝国教育』一九一七年五月号掲載の、澤柳政太郎（文学博士）「活動写真に関する問題」（一～三頁）、湯本元一（東京音楽学校長）「活動写真の弊害及その救策」（一七～二〇頁）、三田谷啓（ドクトル）「活動写真の利害及改良私見」（二一～二三頁）、大澤謙二（医学博士）「活動写真の利害」（三一～三四頁）（それぞれの著者名の肩書は雑誌に記載されているもの）。さらに、三五頁以下には、「活動写真を子弟にみせしむるの可否」と題してさまざまな識者の声を掲載している。
(145) 中田『娯楽の研究』一三八〜一四二頁。
(146) 権田保之助・秋山暉二「活動写真興行の実際的方面」『帝国教育』一九一七年五月、一六〜一七頁。
(147) 大林『民衆娯楽の実際研究』三七〇頁。〔 〕内は、文脈から判断して引用者が補った。
(148) 松村『民衆之教化』三四三〜三四六頁、引用は三四六頁。こうした見方は、海野幸徳の『児童と活動写真』(一九二四年)にも共通している。海野もまた害悪と教育上の利点の両方を松村以上に広範囲にわたって記述した上で、「活動写真は凡て悪いと云うのではなく、寧ろそれは印刷術に対比すべき偉大なる教育上の利器であり、教育手段である」と記している。海野幸徳『児童と活動写真』表現社、一九二四年、四五〇頁。
(149) 大林『民衆娯楽の実際研究』一八八頁。
(150) 営利本位批判は、権田、大林、海野、乗杉、山根など広範囲に見られる。
(151) 例えば、藤田秀雄・大串隆吉編『日本社会教育史』エイデル研究所、一九八四年、四一〜四二頁を参照。
(152) 江幡亀壽『社会教育の実際的研究』博進館、一九二一年、乗杉嘉壽『社会教育の研究』同文館、一九二三年、中田俊造『娯楽の研究』東京法文堂、一九二四年。
(153) 小林「大正期社会教育官僚における〈社会〉の発見と〈社会教育〉」五三頁。
(154) 江幡『社会教育の実際的研究』一頁。社会教育論において社会の「改良」もしくは「改造」については、すでに山名次郎『社会教育論』(一八九二年)、佐藤善次郎『最近社会教育法』(一八九九年)で言及されていた。
(155) 例えば、乗杉『社会教育の研究』一六〇〜一六一、二九二頁。
(156) 同前、三一八頁および一〇頁。
(157) 同前、二頁。
(158) 同前、一六〇〜一六一頁。
(159) ルイーズ・ヤング『総動員帝国——満洲と戦時帝国主義の文化』加藤陽子他訳、二〇〇一年、二九五頁。
(160) 乗杉『社会教育の研究』一七三頁。
(161) 江幡『社会教育の実際的研究』五三三〜五四一頁、引用は五四一頁。
(162) 同前、二四四〜三七六頁、乗杉『社会教育の研究』二四〜二五、三一八頁。上杉・大庭編『社会教育の近代』所収の、上杉孝實「社会教育における成人教育の形成」(一九頁)および伊藤和男「第一次世界大戦の社会教育と「教育的社会政策」」(五七〜七〇頁)を参照。この点に関して、初期映画の受容が産業における時間の合理化に対応していたことを論じたメアリー・アン・ドーンの議論は興味深い。Mary Ann Doane, *The Emergence of Cinematic Time: Modernity, Contingecy, the Archive* (Cambridge, MA: Harvard University Press, 2002), Chapter 1.
(163) 乗杉『社会教育の研究』一二〜一三頁。
(164) 同前、一五六〜一五七頁。
(165) 同前、二八三頁。
(166) 春山作樹「社会教育学概論」『岩波講座教育科学』第一五冊、一九三二年、七頁、大槻宏樹「文部省社会教育課の特設と脱「通俗」論理」『早稲田大学教育学部學術研究　教育・社会教育・教育心理・体育編』二五号、一九七六年、一〇頁からの引用。
(167) 乗杉『社会教育の研究』一七五、二八三、三一九頁、江幡『社会教育の実際的研究』一〇〜一一頁。ただし、乗杉の説明ではこれらの問題が資本主義の結果というよりも日本の慣習の結果として論じられているところがある。

(168) 乗杉『社会教育の研究』一一～一六頁、関屋龍吉「社会教育の話」『政治論講座』第五号、一九二七年、二～三頁、小川利夫監修『社会教育基本文献資料集成』第Ⅰ期第四巻、大空社、一九九一年再録。
(169) ル・ボン『群衆心理』。
(170) 山内雄太郎「序」、江幡『社会教育の実際的研究』一二～一三頁。
(171) クラカウアー『大衆の装飾』四四～五七頁、ユルゲン・ハーバーマス『公共性の構造転換』細谷貞雄訳、未來社、一九七三年。柳田國男の常民に関しては、例えば「民間伝承論」(一九三四年)『柳田國男全集』第八巻、筑摩書房、一九八九年、一六～三三頁。
(172) 乗杉『社会教育の研究』三一九頁。
(173) 松尾尊兊『大正デモクラシー』岩波現代文庫、二〇〇一年、三八頁。初版刊行は一九七四年。
(174) 戸坂潤「民衆論」(一九三七年)『戸坂潤全集　第五巻　世界の一環としての日本』勁草書房、一九七六年、五六～六一頁。
(175) 江幡『社会教育の実際的研究』、乗杉『社会教育の研究』一五頁。
(176) 乗杉『社会教育の研究』二一頁。
(177) 同前、一五頁、江幡『社会教育の実際的研究』第三章。
(178) 江幡『社会教育の実際的研究』二一頁。
(179) 神野由紀『趣味の誕生――百貨店がつくったテイスト』勁草書房、一九九四年。
(180) 乗杉『社会教育の研究』一〇頁。
(181) 権田『活動写真の原理及応用』一三頁。〔　〕内は引用者による補足。
(182) 松村『民衆之教化』三一八頁。
(183) 中田『娯楽の研究』五～六頁。
(184) 赤澤『近代日本の思想動員と宗教統制』二四七～二四八頁を参照。
(185) 乗杉『社会教育の研究』二一頁。
(186) 権田『民衆娯楽論』二二五～三一八頁。また次を参照。青山貴子「明治・大正期の映像メディアにおける娯楽と教育――写し絵・幻灯・活動写真」『生涯学習・社会教育学研究』三三号、二〇〇八年、二八頁(ただし、表には『民衆娯楽論』一九二一年となっているが、同書の刊行は一九三一年)。
(187) 関屋「社会教育の話」二～三頁。
(188) 小尾範治「映画教育に関する内外の状況」、文部省普通学務局社会教育課『映画教育』東洋図書、一九二八年、一七頁、江幡『社会教育の実際的研究』第三章。
(189) 例えば、引用されることの多い、海野幸徳『学校と活動写真』内外出版、一七頁を参照。「電気の薄暗いのを利用して、男女互いにみだりがましき接近にいたり、甚だしいのは、殆んど抱擁せむばかりのものもあり、さては、女給に戯れる観客、乱雑なる観覧振り、不良少年の右往左往、弁士の野卑なる説明、薄暗いみだらな光景など」。
(190) 松村『民衆之教化』三四三～三四六頁、中田『娯楽の研究』一三八頁、海野『児童と活動写真』四五〇頁。
(191) 例えば、高松豊次郎主宰の活動写真資料研究会に参加し、高松の原案を基に、一九一九年に『労働問題』という題名の映画を脚色監督している。田中純一郎によれば、高松は片山潜に傾倒して労資問題に関心をもっていた。田中『日本教育映画発達史』三九～四〇頁。
(192) 山根幹人『社会教化と活動写真』帝国地方行政学会、一九二三年、五八～七三頁。
(193) 小尾範治「興行映画の問題」『社会教育』一九二八年八月、二頁。
(194) 小尾範治「映画教育に関する内外の状況」、文部省普通学務局社会教育課『映画教育』一二頁。
(195) 中田俊造「吾国に於ける教育映画の近況」、文部省普通学務局社会教育課『映画教育』二七～二九頁。
(196) 松田『近代日本社会教育の成立』一一七～一一九頁、青山「明治・大正期の映像メディアにおける娯楽と教育」二七頁。また、教育と興行のより微妙な関係については、大久保遼『映像のアルケオロジー――視覚理論・光学メディア・映像文化』青弓社、二〇一五年、第一、二、四章を参照。

（197）松田『近代日本社会教育の成立』一一六～一一七頁。

（198）江幡『社会教育の実際的研究』二〇六頁。

（199）乗杉『社会教育の研究』三六六頁。

（200）同前。また、次を参照。拙著『増殖するペルソナ』九三～九九頁、板倉史明「「史劇　楠公訣別」（一九二一年）の可燃性ネガフィルムを同定する」『東京国立近代美術館研究紀要』一四号、二〇一〇年、四五～五五頁。

（201）田中『日本教育映画発達史』三二～三三、五四～五七頁、稲田達雄『映画教育運動三十年――その記録と回想』日本映画教育協会、一九六二年、一四～一七頁、吉原順平『日本短編映像史――文化映画・教育映画・産業映画』岩波書店、二〇一一年、八～九頁。

（202）「文部省推薦映画」『社会と教化』一九二一年三月、八二～八三頁。『ヘレン・ケラー』、『コロンブス一代記』、『家庭の女』など二〇作品が選ばれた。一九二〇年代を通して、日本映画はほとんど選ばれなかった。

（203）赤上『ポスト活字の考古学』七二頁。

（204）例えば、高畠素之「教育映画と文部省」『国際映画新聞』一九二九年一月一〇日、七八頁。

（205）文部省社会教育局『文部省教育映画時報』一九一七年八月、橘高広『教育映画概論』明治図書、一九二九年、一一～一四頁、田中『日本教育映画発達史』第五章、稲田『映画教育運動三十年』一四～一七頁を参照。

（206）権田はさらにこの発展形を「教育映画運動」として構想していた。文部省普通学務局社会教育課編『映画教育』（一九二八年）に収録された権田保之助「教育映画の本質と教育映画運動」（一〇〇～一四五頁）、および、星野辰男・権田保之助「文部省映画対策の歴史を語る」『日本映画』一九三九年一一月、一七二頁を参照。

（207）権田『民衆娯楽論』二四〇～二四七頁。

（208）Miriam Bratu Hansen, *Babel and Babylon: Spectatorship in American Silent Film* (Cambridge, MA: Harvard University Press, 1991). これと同じ論旨のハンセンの論文――"Early Cinema, Late Cinema: Transformation of the Public Spher" in *Viewing Positions: Ways of Seeing Films*, ed. Linda Willisams (Brunswick, NJ: Rutgers University Press)――が次のように日本語に訳されている。「初期映画／後期映画――公共圏のトランスフォーメーション」瓜生吉則・北田暁大訳、吉見俊哉編『メディア・スタディーズ』せりか書房、二〇〇〇年。なお、"The Mass Production of the Senses: Classical Cinema as Vernacular Modernismn," in *Reinventing Film Studies*, eds. Christine Gledhill and Linda Williams (London: Arnold, 2000) や "Fallen Women, Rising Stars, New Horizons," *Film Quarterly* vol. 54, no. 1 (2000) などの、のちのハンセンの論考では、シフトよりも連続性が強調されている。

（209）長谷正人「検閲の誕生――大正期の警察と活動写真」『映画というテクノロジー経験』青弓社、二〇一〇年、第八章。初出は一九九四年。

（210）北田暁大「声の消長――徳川夢声からトーキーへ」『〈意味〉への抗い――メディエーションの文化政治学』せりか書房、二〇〇四年、第九章。初出は二〇〇二年。

（211）Gerow, *Visions of Modernity*, Chapter 5.

**第二章**

（1）権田保之助『国民娯楽の問題』（栗田書店、一九四一年）『権田保之助著作集　第三巻　国民娯楽の問題　娯楽教育の研究』文和書房、一九七五年、一三頁。

（2）「民衆娯楽」論については、権田保之助「民衆の文化か、民衆の為めの文化か――文化主義の一考察」『大観』（一九二〇年六月）『権田保之助著作集　第四巻　主要論文』文和書房、一九七五年、一八〜三一頁など。また、本書第一章を参照のこと。

（3）権田保之助『娯楽教育の研究』（小学館、一九四三年）『権田保之助著作集』第三巻、二四四頁。

（4）成田龍一『近現代日本史と歴史学――書き替えられてきた過去』中公新書、二〇一二年、第七章。

（5）山之内靖『総力戦体制』ちくま学芸文庫、二〇一五年、森武麿「総力戦・ファシズム・戦後改革」、成田龍一・吉田裕他編『岩波講座アジア・太平洋戦争　第一巻　なぜ、いまアジア・太平洋戦争か』岩波書店、二〇〇五年、一三二頁。

（6）成田『近現代日本史と歴史学』二〇四頁。

（7）山之内『総力戦体制』、とくに一七〜一八、五九頁。

（8）野口悠紀雄『一九四〇年体制――さらば「戦時経済」』東洋経済新報社、一九九五年、山之内靖・成田龍一・J・V・コシュマン編『総力戦と現代化』柏書房、一九九五年。

（9）佐藤卓己「「教育型」テレビ放送体制の成立」、三澤真美恵・川島真・佐藤卓己編『電波・電影・電視――現代東アジアの連鎖するメディア』青弓社、二〇一二年、三〇頁。

（10）佐藤卓己「ラジオ文明とファシスト的公共性」、貴志俊彦・川島真・孫安石編『戦争・ラジオ・記憶』勉誠出版、二〇〇六年、とくに三頁。

（11）例えば、同前。

（12）同前、引用は一三頁。

（13）ピーター・B・ハーイ『帝国の銀幕――十五年戦争と日本映画』名古屋大学出版会、一九九五年、Peter B. High, *The Imperial Screen : Japanese Film Culture in the Fifteen Years' War* (Madison, WI : University of Wisconsin Press, 2003).

（14）ハーイ『帝国の銀幕』i頁、High, *The Imperial Japan*, p. viii, xvii, 512. 英語版では、microcosm として日本語版よりもさらに強調されている。

（15）加藤厚子『総動員体制と映画』新曜社、二〇〇三年、古川隆久『戦時下の日本映画――人々は国策映画を観たか』吉川弘文館、二〇〇三年。

（16）ルイ・アルチュセール「イデオロギーと国家のイデオロギー諸装置」『再生産について――イデオロギーと国家のイデオロギー諸装置』上、西川長夫他訳、平凡社、二〇〇五年。その映画研究への影響については、本書序論と拙稿「序論　観客へのアプローチ」『観客へのアプローチ』森話社、二〇一一年、一四〜一五頁を参照されたい。

（17）装置論ではラカンの精神分析論がその根拠になっているが実証的な根拠はない。また、山之内が自ら指摘するところでは、総力戦論ではアルチュセールよりもむしろ、ミシェル・フーコーの権力論に近親性があり、本章でも自己規律的な主体を論じる点でフーコーの論を踏襲しているが、メディアを一種の装置――イデオロギー装置としてにしろ権力装置としてにしろ――として想定し、その観客への効果を実証的な根拠なしに前提としている点は、アルチュセールとフーコーに共通していると言える。山之内『総力戦体制』九五、三五六頁。

（18）Stephen Crofts, "Concepts of National Cinema," in *Oxford Guide to Film Studies*, eds. John Hill and Pamela Church Gibson (Oxford : Oxford University Press, 1998), 385-394. ナショナル・シネマを問題にした文献は、次のものを含め多数ある。Mette Hjort and Scott MacKenzie, eds. *Cinema and Nation* (London : Routledge, 2000) ; Alan Williams, ed. *Film and Nationalism* (New Brunswick, NJ : Rutgers University Press, 2002) ;

Valentina Vitali and Paul Willemen, eds. *Theorising National Cinema* (London : British Film Institute, 2006) ; Chris Berry and Mary Farquhar, eds. *China on Screen : Cinema and Nation* (New York : Columbia University Press, 2006) ; ジャン＝ミシェル・フロドン『映画と国民国家』野崎歓訳、岩波書店、二〇〇二年。

(19) テッサ・モーリス＝スズキ『日本を再発明する――時間、空間、ネーション』伊藤茂訳、以文社、二〇一四年、二四五頁。

(20) 有山輝雄『徳富蘇峰と国民新聞』吉川弘文館、一九九二年、一一～一五頁を参照。有山は、「平民」が「臣民」と差別化された概念である一方で「中等階級」であることを強調している。

(21) モーリス＝スズキ『日本を再発明する』二五～二六頁。

(22) アーネスト・ゲルナー『民族とナショナリズム』加藤節訳、岩波書店、二〇〇〇年、ベネディクト・アンダーソン『定本 想像の共同体――ナショナリズムの起源と流行』白石隆・白石さや訳、書籍工房早山、二〇〇七年、ジョージ・L・モッセ『大衆の国民化――ナチズムに至る政治シンボルと大衆文化』佐藤卓己・佐藤八寿子訳、柏書房、一九九四年。

(23) Takashi Fujitani, *Splendid Monarchy : Power and Pageantry in Modern Japan* (Berkeley : University of California Press, 1998).

(24) モーリス＝スズキ『日本を再発明する』一五一頁。

(25) 小尾範治「興行映画の問題」『社会教育』一九二八年八月、四頁。

(26) 『大日本帝国憲法』一八八九年二月一一日公布、一八九〇年一一月二九日施行、文部省編纂『国体の本義』一九三七年三月三〇日、文部省教学局編纂『臣民の道』一九四一年七月。言葉のカウントのために、それぞれ次のウェブ・サイトを利用した。WIKISOURCE (https://ja.wikisource.org/wiki/ 大日本帝国憲法)、J-TEXTS 日本文学電子図書館 (http://www.j-texts.com/showa/kokutaiah.html)、『臣民の道』(http://binder.gozaru.jp/shinmin0.htm)。

(27) 登川直樹「映画評論家から見た情報局勤務」『映画学』一四号、二〇〇〇年、一二五～一三〇頁。

(28) 加藤『総動員体制と映画』八八～八九頁。

(29) 不破祐俊「国民映画の樹立」『日本映画』一九四一年七月、一四頁。

(30) 清水芳一「事変と映画教育の新指針」『帝国教育』一九三九年五月、三六頁。

(31) 川面隆三「思想戦と映画」『日本映画』一九四二年九月、七頁。

(32) 例えば、不破祐俊「戦時下の映画並びに音楽政策について」『社会教育』一九三九年八月、一五～一六頁。

(33) 島尾良造「浅草興行街瞥見」『映画配給社報』一九四三年四月一日、二七頁。

(34) 不破祐俊『映画法解説』大日本映画協会、一九四一年、一二三頁。

(35) 同前、一二五、一三一頁、不破「国民映画の樹立」一六頁。

(36) 東京帝国大学経済学部機関誌『経済学研究』にクロポトキンに関する論文を掲載したことが新聞法の侵害にあたるとして起訴され、当時在職していた東京帝国大学も停職処分となった。

(37) 森戸辰男「臨戦段階における文化建設」『中央公論』一九四一年一一月、二二頁。

(38) Henry Jenkins, *Convergence Culture : Where Old and New Media Collide* (New York : New York University Press, 2006) ; マーク・スタインバーグ『なぜ日本は〈メディアミックスする国〉なのか』中川譲訳、角川書店、二〇一五年。「トランスメディア」と「メディア・ミックス」の概念については、本書第六・八章でより詳しく検討する。

(39) スタインバーグ『なぜ日本は〈メディアミックスする国〉なのか』序章～第三章。

(40) 山本武利「マスメディア論」『岩波講座日本通史 第一八巻 近代三』岩波書店、一九九四年、二九二～二九三頁。

(41) 同前、二九五頁。

（42）吉田則昭「出版メディアの歴史」、川井良介編『出版メディア入門』第二版、日本評論社、二〇一二年、二八～三一頁。
（43）山本「マスメディア論」二九三頁。また、佐藤卓己『『キング』の時代——国民大衆雑誌の公共性』岩波書店、二〇〇二年も参照。
（44）山本「マスメディア論」三〇頁。
（45）倉田喜弘『日本レコード文化史』東京書籍、一九九二年、一四八～一四九頁、佐藤『『キング』の時代』二三六頁。
（46）中井幸一『日本広告表現技術史——広告表現の一二〇年を担ったクリエイターたち』玄光社、一九九一年、一六一、一八八～一八九頁。
（47）John Clark, "Indices of Modernity : Changes in Popular Reprographic Representation, in *Being Modern in Japan : Culture and Society from the 1910s to the 1930s*, eds. Elise K. Tipton and John Clark (Honolulu : University of Hawai'i press, 2000), 27-29. また、姫路市立美術館・印刷博物館編『大正レトロ・昭和モダン広告ポスターの世界——印刷技術と広告表現の精華』国書刊行会、二〇〇七年、一九～三九頁も参照。
（48）拙著『増殖するペルソナ——映画スターダムの成立と日本近代』名古屋大学出版会、二〇〇七年、第五章。
（49）同前、一一二～一一七頁。
（50）Hideaki Fujiki, "Movie Advertisements and the Formation of a New Visual Environment in Interwar Japan," *Japan Forum* vol. 23, no. 1 (2011) : 68-70 ; 文倉三郎『東京に於ける活動写真』同人社、一九一九年、一〇六～一一〇頁、本間賢治「映画宣伝広告の考察」『日本映画事業総覧　昭和二年版』国際映画通信社、一九二六年、四九六～五〇三頁、岩崎昶『映画が若かったとき——明治・大正・昭和三代の記憶』平凡社、一九八〇年、一一三～一一四頁。
（51）Aaron Gerow, *Visions of Japanese Modernity : Articulations of Cinema, Nation, and Spectatorship, 1895-1925* (Berkeley : University of California Press, 2010), 133-173 ; 拙著『増殖するペルソナ』四一、八三、一一二～一一四頁。
（52）Fujiki, "Movie Advertisements and the Formation of a New Visual Environment in Interwar Japan," 75-77.
（53）多くの論者によって指摘されているが、例えば、永嶺重敏『雑誌と読者の近代』日本エディタースクール出版部、一九九七年、一一～一二頁。
（54）永嶺重敏「円本の誕生と「普選国民」」、吉見俊哉・土屋礼子『大衆文化とメディア』ミネルヴァ書房、二〇一〇年、二頁。
（55）倉田『日本レコード文化史』一四八頁。
（56）永嶺『雑誌と読者の近代』一三頁。
（57）竹山昭子『ラジオの時代——ラジオは茶の間の主役だった』世界思想社、二〇〇二年、二四～二五頁、吉見俊哉『「声」の資本主義——電話・ラジオ・蓄音機の社会史』河出文庫、二〇一二年、一九三～二二四頁。
（58）竹山『ラジオの時代』二四～二五頁。
（59）津金澤聡廣『現代日本メディア史の研究』ミネルヴァ書房、一九九八年、一二七頁。
（60）佐藤忠男『日本映画史Ⅰ　一八九六～一九四〇』岩波書店、一九九五年、三六頁。
（61）永嶺「円本の誕生と「普選国民」」一三頁に引用された「明治大正文学の民衆化を高唱」『国民』一九一六年一一月一五日。
（62）同前、二七頁。
（63）ピエール・ブルデュー『ディスタンクシオン——社会的判断力批判』石井洋二郎訳、藤原書店、一九九四年。
（64）竹山『ラジオの時代』一二頁。
（65）杉村廣太郎「ラヂオと新聞紙」『女性』一九二五年五月、津金澤

『現代日本メディア史の研究』一二一頁に引用。

(66) 赤上裕幸『ポスト活字の考古学――「活映」のメディア史 一九一一～一九五八』柏書房、二〇一三年、一六頁、吉原順平『日本短編映像史』岩波書店、二〇一一年、九頁。

(67) 佐藤『『キング』の時代』二八六頁。

(68) 志村三代子『映画人・菊池寛』藤原書店、二〇一三年、八五頁。

(69) 佐藤『『キング』の時代』二一〇～二一一頁。

(70) 倉田『日本レコード文化史』一五六頁。

(71) 兵藤裕己『〈声〉の国民国家・日本』日本放送出版協会、二〇〇〇年、二三〇～二三一頁。

(72) 竹山『ラジオの時代』二一八頁。

(73) 倉田『日本レコード文化史』一五七頁。

(74) 笹川慶子「忘却された音――浪曲映画の歴史とその意義」、神山彰・児玉竜一編『映画のなかの古典芸能』森話社、二〇一〇年、一七一頁。

(75) 有山輝雄「戦時体制と国民化」『年報・日本現代史 戦時下の宣伝と文化』七号、二〇〇一年、八頁。

(76) 永嶺「円本の誕生と「普選国民」」一三頁。

(77) 紅野謙介『書物の近代』ちくま学芸文庫、一九九九年、一八九～一九〇頁。

(78) 志村『映画人・菊池寛』一一三頁。

(79) 拙著『増殖するペルソナ』、第六、九章、津金澤『現代日本メディア史の研究』一九七頁、同前、四七頁。

(80) 真鍋昌賢「寄芸をめぐる受容史の再想像――一九二〇年前後の浪花節を焦点として」、吉見俊哉・土屋礼子編『大衆文化とメディア』ミネルヴァ書房、二〇一〇年、九八頁。

(81) 竹山『ラジオの時代』一二六頁。

(82) 笹川慶子「継承された音――日本映画のサウンド化と浪曲トーキーの構造」、山田幸平編『現代映画思想論の行方――ベンヤミン、ジョイスから黒澤明、宮崎駿まで』晃洋書房、二〇一〇年、三三五頁。

(83) 吉見『「声」の資本主義』二二〇頁。

(84) 真鍋昌賢「「新作」を量産する浪花節――口演空間の再編成と語り芸演者」、吉見俊哉編『一九三〇年代のメディアと身体』青弓社、二〇〇二年、二二一頁。

(85) 木下千花『溝口健二論――映画の美学と政治学』法政大学出版局、二〇一六年、一一〇頁。

(86) 藤岡篤弘「ニュース映画館〈誕生期〉の興行とその機能」『映像学』六八号、二〇〇二年、四〇～四二頁。

(87) 竹山『ラジオの時代』二六頁、津金澤『現代日本メディア史の研究』一三五頁。

(88) 水谷徳男「農村娯楽問題と映画及びラヂオ 下「新しき農村の建設」続篇」『調査時報』第三巻一四号、一九三三年、八頁。この論考によると、岡山では「レコード演奏とラヂオ放送とを以てその番組を編成した実例」があった。

(89) 竹山『ラジオの時代』第三章。

(90) Fujiki, "Movie Advertisements and the Formation of a New Visual Environment in Interwar Japan."「形象の美学」の概念は、David N. Rodowick, *Reading the Figural, or, Philosophy After the New Media* (Durham, NC: Duke University Press, 2001) に示唆を得た。Thomas Lamarre, *Shadows on the Screen: Tanizaki Jun'ichirō on Cinema and 'Oriental' Aesthetics* (Ann Arbor, MI: Center for Japanese Studies, University of Michigan, 2005) の第二章も、映画に関する初期谷崎作品を分析するにあたって似たような論を展開している。

(91) Gennifer Weisenfeld, "Japanese Modernism and Commercialism: Forging the New Artistic Field of 'Shōgyō Bijutus,'" in *Being Modern in*

*Japan*, eds. Tipton and Clark, 83.

(92) Simon A. Simon, "Designing Organizations for an Information Rich World," in *Computers, Communication, and the Public Interest*, ed. Martin Greenberg (Baltimore, MD : John Hopkins Press, 1971), 38-72. 石田英敬『大人のためのメディア論講義』ちくま新書、二〇一六年、一五八頁も参照。さらに、この概念のビジネス実践の指南書ともいうべき、トーマス・H・ダベンポート、ジョン・C・ベック『アテンション！——経営ビジネスのあたらしい視点』高梨智弘・岡田依里訳、シュプリンガー・フェアラーク東京、二〇〇五年も参照のこと。

(93) 佐藤『『キング』の時代』三四頁。

(94) Weisenfeld, "Japanese Modernism and Commercialism," 162.

(95) 石巻良夫「日本映画商事要綱」、市川彩編『日本映画事業総覧　昭和三〜四年版』国際映画通信社、一九二八年、三一八頁。

(96) これについての研究は枚挙にいとまがないが、例えば、Miriam Bratu Hansen, "Fallen Women, Rising Stars, New Horizons : Shanghai Silent Film as Vernacular Modernism," *Film Quarterly* vol. 54, no. 1 (2000) : 10-22 ; Ben Singer, *Melodrama and Modernity : Early Sensational Cinema and its Context* (New York : Columbia University Press, 2001) ; Lamarre, *Shadows on the Screen* ; トム・ガニング「驚きの美学」濱口幸一訳、岩本憲児・武田潔・斉藤綾子編『「新」映画理論集成　一　歴史／人種／ジェンダー』フィルムアート社、一九九四年、一〇二〜一一五頁、アン・フリードバーグ『ウィンドウ・ショッピング——映画とポストモダン』井原慶一郎・宗洋・小林朋子訳、松柏社、二〇〇八年、北田暁大『広告の誕生——近代メディア文化の歴史社会学』岩波書店、二〇〇〇年。

(97) Singer, *Melodrama and Modernity*, Chapter 3 ; ベン・シンガー「モダニティ、ハイパー刺激、そして大衆的センセーショナリズムの誕生」長谷正人訳、長谷正人・中村秀之編『アンチ・スペクタクル——沸騰する映像文化の考古学』東京大学出版会、二〇〇三年、二六三〜二九八頁。

(98) 権田「活動写真法の制定へ」（『法律春秋』一九二八年）『権田保之助著作集』第四巻、一五七〜一六〇頁、権田保之助『民衆娯楽論』（一九三一年）『権田保之助著作集　第二巻　娯楽業者の群　娯楽教育の研究』文和書房、一九七五年、二四〇〜二四七頁。

(99) 大宅壮一「モダン層とモダン相」（『中央公論』一九二九年二月）南博他編『日本モダニズム——エロ・グロ・ナンセンス』（現代のエスプリ一八八号）至文堂、一九八三年、一五頁。

(100) 土屋礼子「大正期の夕刊紙『東京毎夕新聞』にみる新聞の大衆化」、吉見俊哉・土屋礼子編『大衆文化とメディア』ミネルヴァ書房、二〇一〇年、三三頁。

(101) 権田保之助『民衆娯楽の基調』（一九二二年）『権田保之助著作集　第一巻　民衆娯楽問題　民衆娯楽の基調』文和書房、一九七四年、一九頁。

(102) 大宅「モダン層とモダン相」一四頁。

(103) 蔵原惟人「モダニズムの階級的基礎」（『東京朝日新聞』一九三〇年四月一日）『蔵原惟人評論集』第二巻、新日本出版社、一九六七年、七六〜七九頁。

(104) Fujiki, "Movie Advertisements and the Formation of a New Visual Environment in Interwar Japan," 87-95 を参照のこと。

(105) 藤岡「ニュース映画館〈誕生期〉の興行とその機能」四〇〜四二頁。

(106) ヴァルター・ベンヤミン「複製技術時代の芸術作品」〔第二稿〕『ベンヤミン・コレクション』第一巻、浅井健二郎・久保哲司訳、ちくま学芸文庫、一九九五年、五八三〜六四〇頁。

(107) ヴァルター・ベンヤミン「パリ——十九世紀の首都」同前、三二五〜三五六頁。

(108) 竹山『ラジオの時代』四四頁。
(109) 拙著『増殖するペルソナ』、とくに第三、四、八章。
(110) 代表的論者として、Janet Bergstorn, Carol Clover, Linda Williams, Patricia White, Elisabeth Cowie, Teresa de Laurentis, Pam Cook, Clair Jonston などが挙げられる。これらを要領よく概観した次の文献を参照。Michele Aaron, *Spectatorship : The Power of Looking On* (London : Wallflower Press, 2007), Chapter 1.
(111) 権田『民衆娯楽論』二四二頁。
(112) ハリー・ハルトゥーニアン『近代による超克――戦間期日本の歴史・文化・共同体』上、梅森直之訳、岩波書店、二〇〇七年、五七~八四頁。
(113) 同前。
(114)「国民はこう思う」『文藝春秋』一九四一年一月、二四二~二四三頁。
(115) 不破「戦時下の映画並びに音楽政策について」一四頁。
(116) 澤村勉『現代映画論』桃蹊書房、一九四一年、三三八~三三九頁。
(117) 例えば、永原幸男『映画入門』伊藤書店、一九四三年、一一〇~一一一頁、小笹正人「映画国策とその理想案」『映画年鑑』昭和一六年版、カ―二頁。
(118) ハンナ・アーレント『全体主義の起源〈三〉――全体主義』新版、大久保和郎・大島かおり訳、みすず書房、二〇一七年、一~四五頁。
(119) ハンナ・アレント『人間の条件』志水速雄訳、筑摩書房、一九九四年、六四~八七頁。
(120) 戸坂潤「民衆論」(一九三七年)『戸坂潤全集 第五巻 世界の一環としての日本』勁草書房、一九六七年、五八頁。
(121) 新居格「戦争と娯楽」『文藝春秋』一九三七年一〇月、二〇三頁。
(122) 宜野座菜央見『モダン・ライフと戦争――スクリーンのなかの女性たち』吉川弘文館、二〇一三年、一四一頁。
(123) 同前。
(124) 詳しくは、古川隆久『昭和戦中期の総合国策機関』吉川弘文館、一九九二年、第二章を参照。
(125) 吉田則昭『戦時統制とジャーナリズム』昭和堂、二〇一〇年、五一~五八頁。
(126) 同前、九三頁、柳澤治「日本経済思想史 戦前・戦時期の経済思想」『経済学史学会年報』四六号、二〇〇四年、七二頁。
(127) 宜野座『モダン・ライフと戦争』六六頁。
(128) 若桑みどり『戦争がつくる女性像――第二次世界大戦の日本女性動員の視覚的プロパガンダ』筑摩書房、一九九五年、六七~六八頁、難波功士『「撃ちてし止まむ」――太平洋戦争と広告の技術者たち』講談社、一九九八年、四八頁。
(129) 権田保之助「戦争と娯楽」『中央公論』一九三八年九月、一八三頁。
(130) 山中恒『暮らしの中の太平洋戦争――欲シガリマセン勝ツマデハ』岩波新書、一九八九年、第五、八章。
(131) 小野清一郎「思想戦と国民生活」、大日本言論報国会編『思想戦大学講座』時代社、一九四四年、一三一頁。
(132) モーリス=スズキ『日本を再発明する』一一八頁。
(133) 森戸「臨戦段階における文化建設」二二頁。
(134) 津村秀夫「何を破るべきか」、河上徹太郎他『近代の超克』冨山房、一九七九年、一二四頁。「近代の超克」座談会とその関連論考はもともと『文学界』(一九四二年九月・一〇月)に掲載。
(135) 飯島正『映画の見かた』文昭社教養文庫、一九四三年、三九頁。
(136) 権田『国民娯楽の問題』一四一頁。
(137) 今村太平『戦争と映画』第一芸文社、一九四二年、一〇四頁。
(138) 柴田芳男『世界映画戦争』東洋社、一九四四年、三三一~三三二頁。
(139) 不破『映画法解説』一二四頁。

(140) 不破祐俊「文化映画と国民教養」『社会教育』一九三九年一一月、八頁。

(141) 森川覚三「戦時下の国民娯楽」『新文化』一九四一年四月、五二頁。

(142) 城戸四郎「映画の最大使命は国民娯楽」『キネマ旬報』一九三九年九月一日、八頁。

(143) 御園生涼子は、映画法と城戸の発言を比較しながら、同様の対比を指摘している。御園生涼子『映画と国民国家——一九三〇年代松竹メロドラマ映画』東京大学出版会、二〇五〜二〇六頁。

(144) バラク・クシュナー『思想戦——大日本帝国のプロパガンダ』井形彬訳、明石書店、二〇一六年、六九頁。

(145) 不破「戦時下の映画並びに音楽政策について」一四頁。

(146) 相川春喜『文化映画論』霞ヶ関書房、一九四四年、一〇四頁。

(147) 不破「戦時下の映画並びに音楽政策について」一四頁、不破「国民映画の樹立」一六頁。

(148) 加藤『総動員体制と映画』八頁。

(149) 集団鑑賞によって興行収入がどれほど確保されたかについては、今後の調査を待たなければならない。

(150) 難波『「撃ちてし止まむ」』五三頁。

(151) 例えば、大久保遼『映像のアルケオロジー——視覚理論・光学メディア・映像文化』青弓社、二〇一五年、第四章、戸ノ下達也『音楽を動員せよ——統制と娯楽の十五年戦争』青弓社、二〇〇八年、一七頁、上田学『日本映画草創期の興行と観客——東京と京都を中心に』早稲田大学出版部、二〇一二年、第一章を参照。

(152) 新居格「戦争と娯楽」『文藝春秋』一九三七年一〇月、二〇〇頁。

(153) ルイーズ・ヤング『総動員帝国——満洲と戦時帝国主義の文化』加藤陽子他訳、岩波書店、二〇〇一年、第二章。

(154) 吉田裕『アジア・太平洋戦争』岩波新書、二〇〇七年、一七七頁。

(155) 「座談会　文部省大臣と文部省推薦映画」『映画旬報』一九四三年四月一日、一〇頁。

(156) 例えば、Miriam Silverberg, "Remembering Pearl Harbor, Forgetting Charlie Chaplin, and the Case of the Disappearing Western Woman : A Picture Story," in *Formations of Colonial Modernity in East Asia*, ed. Tani E. Barlow (Durham, NC : Duke University Press, 1997), 283-284 ; フィルムアート社編『小津安二郎を読む——古きものの美しい復権』フィルムアート社、一九八二年、三一頁。

(157) 権田保之助「民衆娯楽の崩壊と国民娯楽への準備」(『中央公論』一九三五年五月)『権田保之助著作集』第三巻、二〇〜二一頁。

(158) 権田保之助「事変勃発と娯楽の位置」(『改造』一九三八年六月)『権田保之助著作集』第三巻、四四頁。

(159) 河上他『近代の超克』二六〇頁。

(160) 拙著『増殖するペルソナ』、とくに第一、二章。

(161) 今村太平『映画芸術の性格』第一芸文社、一九三九年、五頁。

(162) 澤村『現代映画論』一七四頁。

(163) 「臨戦態勢下の台北から」『映画旬報』一九四一年一〇月一一日、二八頁。

(164) 古瀬傳蔵「東條内閣と文化政策」『農村文化』一九四一年一一月、七頁。

(165) 亀井勝一郎「文化戦について」『国際文化』一九四二年七月、三九頁。

(166) 例えば、佐藤『『キング』の時代』、佐藤「ラジオ文明とファシスト的公共性」。

(167) テッサ・モーリス゠スズキ「まえがき」、同他編『岩波講座アジア・太平洋戦争　第三巻　動員・抵抗・翼賛』岩波書店、二〇〇六年、ix頁。

(168) モーリス゠スズキ『日本を再発明する』一二三頁、上野千鶴子『ナショナリズムとジェンダー』青土社、一九九八年、三四、九三頁。

(169) 上野『ナショナリズムとジェンダー』三二、九一頁。

(170) 津村秀夫「映画観客は変貌する」『中央公論』一九四三年二月、八九頁。

(171) 岡邦雄「映画と女性――映画に対する女性の特質」『日本映画』一九三七年六月、二五頁。

(172) 吉田『アジア・太平洋戦争』一六四～一六五頁。

(173) 若桑『戦争がつくる女性像』六一～六二頁。

(174) 剣持隆「プロパガンダからパブリック・リレーションズ――プロパガンダとパブリック・リレーションズのコトバ史」『経済広報』二〇一三年九月（http://www.kkc.or.jp/plaza/magazine/201309_16.html?cid=14）。剣持が指摘するように、一九三七年に出版された小松孝彰『近代戦とプロパガンダ』は、同じ春秋社から二年後に『戦争と思想宣伝戦』に改名されて出版された（ただし、「思想宣伝」には「プロパガンダ」というルビが振られている）。

(175) 渋谷重光『大衆操作の系譜』勁草書房、一九九一年、一六九～一七二頁、クシュナー『思想戦』一四〇頁。

(176) ガース・S・ジャウエット、ビクトリア・オドンネル『大衆操作――宗教から戦争まで』松尾光晏訳、ジャパンタイムズ、一九九三年、五五頁。

(177) 同前、一七三頁。

(178) 同前、二二八～二二九頁。

(179) 同前、二三三～二三九頁、ナンシー・スノー『プロパガンダ株式会社――アメリカ文化の広告代理店』椿正晴訳、明石書店、二〇〇四年、三八～四四頁。

(180) Walter Lippman, *Public Opinion* (New York : Harcourt, 1922) ; Edward Bernays, *Crystallizing Public Opinion* (New York : Liverright, 1923) ; Harold D. Lasswell, *Propaganda Techniques in the World War* (New York : Peter Smith, 1927). 初の邦訳はそれぞれ、ウォルター・リップマン『輿論』中島行一・山崎勉治訳、大日本文明協会事務所、一九二三年、エドワード・バーネイズ『プロパガンダ教本――こんなにチョろい大衆の騙し方』中田安彦訳、成甲書房、二〇〇七年（原著の第九章を加えた、同じ訳者と出版社による邦訳は二〇一〇年）。なお、ここでは原著の英語書名を直訳した。

(181) ジャウエット、オドンネル『大衆操作』二三一頁。

(182) 同前、一六二～一六三頁、剣持「プロパガンダからパブリック・リレーションズ」。

(183) 朴順愛「「十五年戦争期」における内閣情報機構」『メディア史研究』二号、一九九五年、二頁。

(184) 赤澤史朗『近代日本の思想動員と宗教統制』校倉書房、一九八五年、二五五頁。

(185) 一部、剣持「プロパガンダからパブリック・リレーションズ」を参照した。

(186) 難波功士はルイーズ・ヤングが用いた「非公式のプロパガンディスト」(unofficial propagandists) を「民間のプロパガンディスト」と言い換えている。Louise Young, *Japan's Total Empire : Manchuria and the Culture of Wartime Imperialism* (Berkeley : University of California Press, 1998), 68-78 ; ヤング『総動員帝国』二三～三〇頁、難波功士「プロパガンディストたちの読書空間」、吉見俊哉編『一九三〇年代のメディアと身体』青弓社、二〇〇二年、九五頁。また、井上祐子「「国家宣伝技術者」の誕生――日中戦争期の広告統制と宣伝技術者の動員」『年報・日本現代史――戦時下の宣伝と文化』七号、二〇〇一年、八一～一一四頁、吉田『戦時統制とジャーナリズム』一二～一三頁も参照。

(187) 佐藤邦夫「戦争と映画宣伝戦」『映画之友』一九四二年二月、難波「プロパガンディストたちの読書空間」九五頁からの引用。

(188) 吉田『戦時統制とジャーナリズム』一二～一三頁を参照。

(189) 神田孝一『「思想戦」と宣伝』橘書店、一九三七年、一四頁。
(190) 佐藤正晴「戦時下日本の宣伝研究――小山栄三の宣伝論をめぐって」『メディア史研究』五号、一九九六年、一〇九頁。
(191) 佐藤「ラジオ文明とファシスト的公共性」一六頁。
(192) 小山弘建「現代総力戦の構想」『中央公論』一九四二年五月、一三〇頁。
(193) 佐藤「戦時下日本の宣伝研究」一〇七頁。
(194) 戸澤鐵彦「宣伝戦に就て」『中央公論』一九三七年一一月、五九頁。
(195) 津村秀夫『続映画と鑑賞』創元社、一九四三年、五一頁。
(196) 同前、六九頁。
(197) 佐藤邦夫「戦争と映画宣伝戦」『映画之友』一九四二年二月、四六頁、姜泰雄「思想戦と映画――劇映画『ハワイ・マレー沖海戦』をめぐって」『思想史研究』二号、二〇〇二年、一五七頁に引用。
(198) 内川芳美『マス・メディア法政策史研究』有斐閣、一九八九年、一九七頁。
(199) 同前、一九八頁。
(200) 有山「戦時体制と国民化」一四頁。
(201) 難波『「撃ちてし止まむ」』四八頁。
(202) 佐藤卓己「総力戦体制と思想戦の言説空間」、山之内靖・ヴィクター・コシュマン・成田龍一編『総力戦と現代化』柏書房、一九九五年、三一七頁。
(203) 有山「戦時体制と国民化」二四頁。
(204) 同前。
(205) 難波『「撃ちてし止まむ」』四八頁。
(206) 内川『マス・メディア法政策史研究』二〇四頁。
(207) 江橋崇「昭和期の特高警察」『季刊現代史』七号、一九七六年七月、荻野富士夫「総力戦下の治安体制」、吉田裕他編『岩波講座アジア・太平洋戦争　第二巻　戦争の政治学』岩波書店、二〇〇五年、一五三頁に引用。
(208) 竹山昭子『戦争と放送――史料が語る戦時下情報操作とプロパガンダ』社会思想社、一九九四年、一六頁。
(209) 難波『「撃ちてし止まむ」』五三頁、井上「「国家宣伝技術者」の誕生」一〇六頁。
(210) 吉田『アジア・太平洋戦争』七三頁。
(211) 田中寛次郎「思想謀略と国民傍聴」『文藝春秋』一九四二年七月、一〇一頁。
(212) モーリス＝スズキ『日本を再発明する』八七頁。
(213) 例えば、赤澤『近代日本の思想動員と宗教統制』二五三頁、難波『「撃ちてし止まむ」』七二頁、兵藤『〈声〉の国民国家・日本』二三八頁、高岡裕之「総力戦と都市――厚生運動を中心に」『日本史研究』四一五号、一九九七年、一六四頁。
(214) 佐藤「総力戦体制と思想戦の言説空間」三一九～三三二頁、佐藤卓己『言論統制――情報官・鈴木庫三と教育の国防国家』中公新書、二〇〇四年、二七九頁。
(215) 佐藤『言論統制』二八四頁。
(216) 高岡「総力戦と都市」一六四頁。
(217) 赤澤史朗「大日本言論報国会――評論会と思想戦」、赤澤史朗・北河賢三編『文化とファシズム――戦時期日本における文化の光芒』日本経済評論社、一九九三年、一七七頁。
(218) 吉田『戦時統制ジャーナリズム』一五頁。
(219) 加納実紀代『女たちの〈銃後〉』増補新版、インパクト出版会、一九九五年、二五三頁。
(220) 内閣情報部『思想戦展覧会図録』内閣情報部、一九三八年。
(221) 難波『「撃ちてし止まむ」』三四頁。
(222) ただし、学校などの団体による見学も含まれている可能性があり、より詳細な調査が必要である。とはいえ、会場が公共の施設ではなく、百貨店だったという事実は見過ごせない。

(223) 権田保之助「戦争と娯楽」『中央公論』一九三七年九月、一八六〜一八七頁。

(224) 稲田達雄『映画教育運動三〇年――その記録と回想』日本映画教育会、一九六二年、三二五頁。

(225) 同前、三二七頁。

(226) 不破祐俊「演劇、映画、音楽等改善委員会の設置とその活動」『社会教育』一九四〇年二月、七頁。

(227) 権田保之助「「国民文化」理念の昂揚と文化問題の展進」(『決戦下の社会諸科学』一九四四年四月)『権田保之助著作集』第四巻、三九二〜四五二頁。

(228) 大串潤児『「銃後」の民衆経験――地域における翼賛運動』岩波書店、二〇一六年、一八八頁。

(229) 岸田國士『生活と文化』青山出版社、一九四一年、一頁。

(230) 権田「「国民文化」理念の昂揚と文化問題の展進」。

(231) Jordan Sand, *House and Home in Modern Japan : Architecture, Domestic Space and Bourgeois Culture, 1880–1930* (Cambridge, MA : Harvard University Asia Center, 2003), Chapter 6.

(232) モーリス゠スズキ『日本を再発明する』八七頁。

(233) 亀井勝一郎「文化戦について」『国際文化』一九四二年七月、三九〜四一頁。

(234) 三木清「文化政策論」『中央公論』一九四〇年一二月、一三頁。

(235) 不破「国民映画の樹立」一四頁。

(236) 喜多壮一郎「生活新体制下の「映画」への一示唆」『日本映画』一九四〇年一二月、一一頁、岸田國士については、岸田國士『生活と文化』青山出版社、一九四一年、とくに七二頁。

(237) 今村太平『映画芸術の性格』第一芸文社、一九三九年、三五頁。

(238) 村山知義「ラヂオ戦術」『中央公論』一九三一年六月、一九三〜二〇一頁、吉見俊哉『声の資本主義――電話・ラジオ・蓄音機の社会史』講談社、二〇〇三年、二一六頁。

(239) 長谷川如是閑「ラヂオと統制時代」『中央公論』一九三五年九月、一九八〜二〇一頁、清澤洌「放送の右翼化」『中央公論』一九三五年九月、二〇二〜二〇六頁。また、津金澤『現代日本メディア史の研究』一三一〜一三二頁も参照。

(240) 吉見『「声」の資本主義』二一四頁。

(241) 同前、三〇三、三一二頁。

(242) 有山「戦時体制と国民化」一二頁、ヤング『総動員帝国』二八〜二九頁、ハーイ『帝国の銀幕』二三〜二七頁。

(243) 有山「戦時体制と国民化」一二頁。

(244) 同前、二六〜二七頁。

(245) 戸ノ下達也「電波に乗った歌声――『国民歌謡』から『国民合唱』へ」『年報・日本現代史　戦時下の宣伝と文化』七号、二〇〇一年、三三〜三七頁。

(246) 難波『「撃ちてし止まむ」』九四頁。

(247) 同前、一一三頁。

(248) 有山「戦時体制と国民化」一二頁、石田雄『日本の政治文化――同調と競争』東京大学出版会、一九七〇年。

(249) 有山「戦時体制と国民化」一一頁。

(250) 井上「「国家宣伝技術者」の誕生」八四頁。

(251) 倉田『日本レコード文化史』二〇四〜二〇七頁。倉田は、一九三八年から四三年に行われた「おもな懸賞募集」の愛国歌を五〇件以上示している。

(252) 難波『「撃ちてし止まむ」』六三頁。

(253) 戸ノ下「電波に乗った歌声」一二四頁。

(254) 渡辺裕『日本文化モダン・ラプソディ』春秋社、二〇〇二年、三〇〇〜三〇一頁。

(255)「国民精神総動員映画——文部省より各系に配給」『国際映画新聞』一九三七年一〇月二〇日、五三頁、有山「戦時体制と国民化」二四頁。

(256) 吉田『アジア・太平洋戦争』七六頁。

(257)「東條英機内閣総理大臣施政方針演説　第七七回帝国議会貴族院臨時会」一九四一年一一月一七日（https://www.youtube.com/watch?v=Srt7qi2XcwQ）。

(258) 例えば、永嶺重敏『雑誌と読者の近代』日本エディタースクール出版部、一九九七年。

(259) 竹山『戦争と放送』一〇頁。

(260) アンダーソン『定本　想像の共同体』。

(261) この棲み分けについては、今後詳細に調査するに値する。

(262) 広告技術者の動員については、難波『「撃ちてし止まむ」』を参照のこと。

(263) 竹山昭子「メディア・イベントとしてのニュース映画」、津金澤聡廣・有山輝雄編『戦時期日本のメディア・イベント』世界思想社、一九九八年、八三頁、古川『戦時下の日本映画』六三頁。

(264) 新居『戦争と娯楽』二〇二頁。

(265) 竹山『戦争と放送』一五頁。

(266) 森川「戦時下の国民娯楽」五二頁。

(267) 加納『女たちの〈銃後〉』二三三頁。

(268) 吉田『アジア・太平洋戦争』二〇〇～二〇二頁。

(269) 例えば、モガを消費に結びつけて批判し、労働者を模範的な娯楽享受者として想定していた権田の議論を思い出したい。権田『民衆娯楽論』二四二頁。

(270) 津金澤『現代日本メディア史の研究』一二頁、加納『女たちの〈銃後〉』一一九頁、上野『ナショナリズムとジェンダー』三九～四三頁。

(271) 加納『女たちの〈銃後〉』六六～七六頁。

(272) 同前、七三頁。

(273) さらに、帝国の問題も含めれば、ここに当時「内地」と呼ばれていた日本本土と植民地・占領地域との格差やエスニシティに関する格差も加えることができる。

(274) 例えば、ハルトゥーニアン『近代による超克』第一章。

(275) 例えば、船戸修一「「農本主義」研究の整理と検討——今後の研究課題を考える」『村落社会研究ジャーナル』第一六巻一号、二〇〇九年。

(276) Sharon Hayashi, "Travelling Film History : Language and Landscape in the Japanese Cinema, 1931–1945," PhD dissertation, University of Chicago, 2003, 130.

(277) 岸田『生活と文化』三八三頁。

(278) 権田は、先述の「「国民文化」理念の昂揚と文化問題の展進」の中で、こうした論の代表的著作として、上泉重信の『地方と文化』（一九四二年）、『文化の様相』（一九四二年）とともに、早川孝太郎の『農と農村文化』（一九四一年）と『農と祭』（一九四一年）、田村隆治の『日本農村の文化運動』（一九四一年）を挙げている。

(279) 同前。

(280) 岸田國士「農村文化について」（『農村文化』一九四四年二月一日）『岸田國士全集』第二六巻、岩波書店、一九九一年、三五七～三六五頁。

(281) 岸田『生活と文化』。

(282) Hayashi, "Travelling Film History," 130.

(283) 水谷徳男「農村娯楽問題と映画及びラヂオ　中「新しき農村の建設」続篇」『調査時報』第三巻一三号、一九三三年、一三頁。

(284) 古瀬傳蔵「東條内閣と文化政策」『農村文化』一九四一年一一月、七頁。

(285)注(278)の上泉著書に加えて、例えば、酒井三郎「地方文化運動の目標」『文藝春秋』一九四一年八月、六八～七三頁。
(286)福島県翼賛文化協会『福島県における文化活動報告書』一九四一年九月、大串『「銃後」の民衆経験』二〇五頁に引用。
(287)岸田「農村文化について」三五七～三六五頁。
(288)高岡「総力戦と都市」一六四頁。また、北河賢三「解説」、同編『資料総力戦と文化　第一巻　大政翼賛運動文化部と翼賛文化運動』大月書店、二〇〇〇年、五〇八頁、宜野座直美「戦時日本映画における断絶と継続」、細川周平・山田奨治・佐野真由子編『新領域・次世代の日本研究』国際日本文化研究センター、二〇一六年、八〇頁も参照。
(289)水谷「農村娯楽問題と映画及びラヂオ　下」九頁。

## 第三章

(1)「映画の観衆は年々一億九千万人」『社会教育』一九三二年一〇月、七頁、水谷徳男「映画法と社会教育」『社会教育』一九三九年五月、二二頁。
(2)「映画観客の増加率に就いて」『日本映画』一九三六年七月、二五～二八頁、伊藤亀雄「映画観覧者数の増加をみる」『映画旬報』一九四二年四月一一日、一〇～一一頁。
(3)古川隆久『戦時下の日本映画——人々は国策映画を観たか』吉川弘文館、二〇〇三年、六五頁。今村太平は「映画館客層の激増(中略)昭和一二年度の映画観客は、前年度に対して四千万人も増加、翌一三年度はさらに五千五百万人の増加」と述べている。竹山昭子「メディア・イベントとしてのニュース映画」、津金澤聡廣編『戦時期日本のメディア・イベント』世界思想社、一九九八年、八三頁に引用。
(4)より精緻な映画観客数の推移については、例えば井上雅雄「戦前昭和期映画産業の発展構造における特質——東宝を中心として」『立教経済学研究』第五六巻二号(二〇〇二年)、六頁を参照。
(5)不破祐俊『映画法解説』大日本映画協会、一九四一年、一二四頁。
(6)加藤厚子『総動員体制と映画』新曜社、二〇〇三年、三九頁に引用。
(7)今村太平「映画芸術の性格」第一芸文社、一九三九年、五頁。
(8)今村太平「芸術は大衆が理解する」『映画旬報』一九四二年四月二一日、一一頁。
(9)戸坂潤「映画の実写的特性と大衆性」『映画創造』一九三六年五月、一五頁。とはいえ、本書第五章で取り上げるように、戸坂は別の論考——「大衆の再考察」(一九三九年)『日本イデオロギー論』増補版、岩波文庫、一九七七年、三九六～四〇七頁——で、「大衆」の多数性について深い考察を行っている。
(10)北浦馨編『これだけは覚えて得な映画法』新聞合同通信社映画部、一九三九年、一一頁、姜泰雄「思想戦と映画——劇映画『ハワイ・マレー沖海戦』をめぐって」『思想史研究』二号、二〇〇二年、一五九頁。
(11)山根幹人『社会教化と活動写真』帝国地方行政学会、一九二三年、五八～七三頁。
(12)相川春喜『文化映画論』霞ヶ関書房、一九四四年、一〇四頁。
(13)小山栄三『戦時宣伝論』三省堂、一九四二年、佐藤正晴「戦時下日本の宣伝研究——小山映像の宣伝論をめぐって」『メディア史研究』五号、一九九六年、一〇七～一〇九頁を参照。
(14)津村秀夫『映画戦』朝日新聞社、一九四四年、三二頁。
(15)水谷徳男「農村娯楽問題と映画及びラヂオ　上　「新しき農村娯楽の建設」続篇」『調査時報』第三巻一二号、一九三三年、一二頁。
(16)水谷徳男「農村娯楽問題と映画及びラヂオ　中　「新しき農村娯楽の建設」続篇」『調査時報』第三巻一三号、一九三三年、一四頁。

(17)同前、一五頁。
(18)権田も一九四〇年代の論考では、伝統的な娯楽を「全村の競演会、全村運動家競技会、農村巡回演芸隊の公演、農村劇団試演会等に編成」する必要性と、「巡回映画の機構や、ラジオ、レコードの適切なる利用」などの「都会的」なものの導入を提唱している。権田保之助「農村と娯楽」(『関西学院新聞』一九四〇年七月)『権田保之助著作集 第三巻 国民娯楽の問題 娯楽教育の研究』文和書房、一九七五年、一四九～一五〇頁。また同「農村文化と農村娯楽」(『産業組合』一九四〇年九月)、同著作集、一五二～一六七頁。
(19)加藤『総動員体制と映画』二八頁。
(20)同前、三六頁、古川『戦時下の日本映画』四頁。
(21)奥平康弘「映画の国家統制」、今村昌平他編『岩波講座日本映画 第四巻 戦争と日本映画』岩波書店、一九八六年、二四六頁に引用。
(22)加藤『総動員体制と映画』三九頁。
(23)「映画法」、牧野守監修『日本映画論言説大系 第Ⅰ期 戦時下の映画統制期』第八巻、ゆまに書房、二〇〇三年、一五頁。
(24)加藤『総動員体制と映画』六七頁。
(25)澤村勉『現代映画論』桃蹊書房、一九四一年、三三八～三三九頁。
(26)加藤『総動員体制と映画』。
(27)同前、八八～八九頁。
(28)同前、一一二頁。
(29)同前、一四七頁。
(30)櫻本富雄『大東亜戦争と日本映画——立ち見の戦中映画論』青木書店、一九九三年、四五頁。
(31)加藤『総動員体制と映画』一六八頁。
(32)同前、一六六頁。
(33)澤村『現代映画論』二八四頁。
(34)とはいえ、もちろん、国営化されたドイツの映画産業も完全に資本主義的原理から離脱したわけではなかった。ドイツの映画産業国営化については、例えば、フェーリクス・メラー『映画大臣——ゲッベルスとナチ時代の映画』瀬川裕司他訳、白水社、二〇〇九年、第三章。
(35)同前。
(36)加藤『総動員体制と映画』五三頁。
(37)長谷川如是閑『日本映画論』大日本映画協会、一九四三年、三四頁。
(38)伊丹万作「映画と民族性」『映画評論』一九四四年一月、三六頁。
(39)飯島正『映画の見かた』文昭社教養文庫、一九四三年、三頁。
(40)不破『映画法解説』一二五頁。
(41)澤村『現代映画論』二八五頁。
(42)加藤『総動員体制と映画』六七頁。
(43)ピーター・B・ハーイ『帝国の銀幕——十五年戦争と日本映画』名古屋大学出版会、一九九五年、六三～六六頁。
(44)「座談会 観客層の拡大強化」『映画旬報』一九四二年四月、五〇頁。
(45)「国内態勢強化と映画界」『映画旬報』一九四三年一一月一日、九頁。
(46)ハーイ『帝国の銀幕』一四四頁。
(47)「国民映画座談会」『映画旬報』一九四一年六月一日、加藤『総動員体制と映画』一二七頁に引用。
(48)「座談会 観客層の拡大強化」四八頁、加藤『総動員体制と映画』一二七頁。
(49)岡田眞吉『映画と国家』生活社、一九四三年、一六一頁。
(50)岡田眞吉「新しい映画観客層の動員について」『日本映画』一九四二年八月、六九頁。
(51)今村太平『戦争と映画』第一芸文社、一九四二年、二〇二頁。

（52）「座談会　観客層の拡大強化」（五二頁）における不破の発言。
（53）津村秀夫『映画政策論』中央公論社、一九四三年、二四四～二四五頁。
（54）赤上裕幸『ポスト活字の考古学――「活映」のメディア史　一九一一～一九五八』柏書房、二〇一三年、八五頁。
（55）櫻本『大東亜戦争と日本映画』七二頁。櫻本は、大日本映画教育会の指導の下に、農山漁村文化協会と東宝文化映画部普及課が提携して、長野県庁企画課農村更生協会の主催で一九四一年三月に長野で開かれた移動映写会を例に挙げている。
（56）高岡裕之「大日本産業報国会と「勤労文化」――中央本部の活動を中心に」『年報・日本現代史――戦時下の宣伝と文化』七号、二〇〇一年、六四頁。
（57）時実象平「興行の計画化」『映画旬報』一九四二年四月一一日、三頁。
（58）大手新聞社のニュース映画部門を統合して一九四〇年四月一五日に設立された社団法人日本ニュース映画社に、東宝、松竹その他の文化映画会社、文化映画協会が吸収される形で四一年五月一日に設立された。加藤『総動員体制と映画』九八頁参照。
（59）時実「興行の計画化」三頁。また同号の、林高一「観客対位法　劇場観客と興行場外の観客」（一四～一五頁）も同じ認識を示している。
（60）「映画配給と巡回映画」『映画旬報』一九四二年六月一日、一六頁。
（61）加藤『総動員体制と映画』一五一頁。
（62）立花高四郎「観客層を拡大せよ」『日本映画』一九三六年六月、四六～四七頁。なお、『海の生命線』が地方でいつ封切られたかについて、正確なところは不明である。
（63）『映画年鑑』昭和十八年版、一七八～一七九頁。
（64）同前、一七八頁、櫻本『大東亜戦争と日本映画』四五頁、加藤『総動員体制と映画』一五〇頁。
（65）加藤『総動員体制と映画』一五〇頁。
（66）例えば、津村『映画政策論』二三五～二七五頁。
（67）同前、二七五頁。
（68）柴田芳男「映画館経営によせて――興行の距離を語る」『映画配給社報』一九四三年一〇月一日、八頁、『映画公社旧蔵　戦時統制下映画資料集　第Ⅰ期　統制下の映画界』第二巻、ゆまに書房、二〇一四年。
（69）三橋達吉「文化映画「上映」再検討――文化映画上映と観客層」『文化映画』一九四三年八月、二二頁。
（70）林高一「観客対位法　劇場観客と興行場外の観客」『映画旬報』一九四二年四月、一四頁。傍点および〔　〕内は引用者による。
（71）水谷「農村娯楽問題と映画及びラヂオ 上」一三頁。地方農村地域に、時代劇を含む多様なジャンルがどのように配給・上映されていたのかについては、今度の調査に期待したい。
（72）水谷「農村娯楽問題と映画及びラヂオ 中」一五頁。レオン・ムウシナック『ソヴィエト・ロシヤの映画』飯島正訳、往来社、一九三〇年。
（73）Sharon Hayashi, "Travelling Film History : Language and Landscape in the Japanese Cinema, 1931-1945," PhD dissertation, University of Chicago, 2003. シャロン・ハヤシは、農村映画を論じながら、一九三〇年代中頃から急に疲弊した農村を主題にした映画が現れたと指摘している。
（74）ハーイ『帝国の銀幕』一四四、三五〇頁、加藤『総動員体制と映画』六七頁。
（75）宜野座菜央見「戦時日本映画における断絶と継続」、細川周平・山田奨治・佐野真由子編『新領域・次世代の日本研究』国際日本文化研究センター、二〇一六年、七八頁。
（76）実際の受容については今後の調査が待たれる。

(77)「座談会　映画配給の理想と実際」『映画旬報』一九四一年二月二一日、三一〜四二頁。
(78) 権田保之助「事変勃発と娯楽の位置」(『改造』一九三八年六月)『権田保之助著作集』第三巻、四四〜五五頁、引用は四四、四五頁。
(79) 久米正雄「映画は大衆を指導せよ」『映画之友』一九三九年九月、八二頁。
(80)「座談会　映画配給の理想と実際」三六〜三八頁。
(81)「映画館の頁　興行概説」『映画旬報』一九四一年一二月一一日、五〇頁。
(82) 加藤『総動員体制と映画』一五六頁、古川『戦時下の日本映画』一三一頁。
(83) 波根康正「新時代の映画館」『映画配給社報』一九四三年五月一五日、二八頁、『映画公社旧蔵　戦時統制下映画資料集　第Ⅰ期　統制下の映画界』第二巻。
(84) 澤村『現代映画論』三四〇頁、澤村勉『映画の表現』菅書店、一九四二年、六七頁。
(85) 上野耕三『映画の認識』第一芸文社、一九四〇年、八一〜一〇〇頁。
(86) 例えば、津村秀夫『続映画と鑑賞』創元社、一九四三年、三一八頁。
(87) 津村『映画政策論』二九六〜二九七頁。
(88) 今村太平「芸術は大衆が理解する」『映画旬報』一九四二年四月二一日、一〇〜一二頁。
(89) 今村『戦争と映画』二七〜二八頁。
(90) 上野『映画の認識』九四頁。
(91) 今村「芸術は大衆が理解する」一一頁。今村はここで、「芸術の鑑賞」を説明するために、それを「『愛染かつら』の大衆性」と区別しながら、「休息慰安」と「高い精神労働」との組み合わせとして示していたが、この「芸術」の考え方は戸坂潤の「娯楽論」に通じるものだった。戸坂にとって、「社会性」や労働や生活に対する積極性・自主性を学ぶ機会となる「娯楽」こそが単なる「慰安」や「暇つぶし」と区別されるべきものだった。こうした議論からも、「芸術」や「娯楽」を同じような意味合いで使いながら、論者が任意に区別していることがわかる。戸坂潤「娯楽論」『唯物論研究』一九三七年八月、六〜二三頁。
(92) 岡田『映画と国家』一二五頁。先に引用したように、不破もこの言葉を使用していた。不破『映画法解説』一七、一二三頁。
(93) 岡田真吉「映画と大衆」『映画之友』一九四一年八月、四六頁。
(94) 津村『続映画と鑑賞』三一八頁、津村『映画政策論』四六頁。
(95) 津村『続映画と鑑賞』五一頁。
(96) 権田保之助『国民娯楽の問題』(栗田書店、一九四一年)『権田保之助著作集』第三巻、二〇〜二一頁。
(97) 今村『映画芸術の性格』五頁。
(98) 津村秀夫『映画と鑑賞』創元社、一九四一年、二五頁。
(99) 長谷川『日本映画論』三二頁。
(100) 中島健蔵「映画の効用に就いて」『日本映画』一九四一年二月、一〇頁。
(101) 酒井三郎「地方文化運動の目標」『文藝春秋』一九四一年八月、七三頁。
(102) 土田杏村『文明は何處へ行く』千倉書房、一九三〇年、第九・一〇講、とくに三三七頁。
(103)『土』『五人の斥候』などが巡回上映されて人気を博したのかどうかについては、今後の調査を待たなければならない。
(104) 岡邦雄「映画と女性——映画に対する女性の特質」『日本映画』一九三七年八月、二五頁。
(105) 津村秀夫「映画観客層は変貌する」『中央公論』一九四三年二月、

八九頁。
(106) 喜多壮一郎「生活新体制下の「映画」への一示唆」『日本映画』一九四〇年一二月、一二頁。
(107) 城戸四郎「映画の最大使命は国民娯楽」『キネマ旬報』一九三九年九月一日、八頁。
(108) 上野千鶴子『ナショナリズムとジェンダー』青土社、一九九八年、九四頁。
(109) 加藤『総動員体制と映画』七九頁。
(110)「国民映画座談会」『日本映画』一九四二年五月、加藤『総動員体制』一二七頁に引用。
(111) 櫻本富雄『大東亜戦争と日本映画――立見の戦中映画論』青木書店、一九九三年、三五～三六頁に引用。また、溝渕久美子「物語の動員――映画法下における映画原作・シナリオの懸賞制度をめぐって」『JunCture――超域的日本文化研究』三号、二〇一二年、一一四～一二四頁も参照。
(112) 不破『映画法解説』一二六頁。
(113) 不破祐俊「国民映画について」『映画旬報』一九四二年六月二一日、二四頁。
(114) 権田保之助「国民映画への要望」『サンデー毎日』一九四一年八月三一日、五一頁。
(115) 今村太平『日本芸術と映画』菅書店、一九四一年、一四〇～一四七頁。
(116) 今村『戦争と映画』一〇八頁。
(117) 加藤『総動員体制と映画』一二八頁。
(118) 同前、一二九～一三〇頁。
(119) 津村『映画政策論』四二～四七頁、津村秀夫「国策映画と国民映画」『新映画』一九四一年九月、一～九頁。
(120) 津村『続映画と鑑賞』三四四頁。
(121) 飯島正「国民映画と大衆性」『新文化』一九四二年一二月、四八～五一頁。
(122) 大塚恭一「国民映画の趣旨」『映画旬報』一九四二年一月一日、二九～三〇頁。
(123) 中村武羅夫「国民映画作品総評」『日本映画』一九四二年五月、一二頁。
(124)「映画教育　座談会」『映画旬報』一九四二年五月二一日、三六頁。
(125) 溝渕「物語の動員」一二一～一二三頁。
(126) 加藤『総動員体制と映画』一四二～一四六頁。
(127) 同前、一六五～一六八頁。
(128) 吉原順平『日本短編映像史――文化映画・教育映画・産業映画』岩波書店、二〇一一年、三三頁。
(129) 加藤『総動員体制と映画』三六頁。
(130) 田中純一郎『日本教育映画発達史』蝸牛社、一九七九年、一一一～一一三頁。例えば、日活文化映画部の製作として『南極猛鯨狩』(一九三六年)、『国際無線電信』(一九三七年)、『陸軍士官学校』(一九三七年)が、松竹文化映画部の製作として『輝く愛』(一九三一年)、『文化の母』(一九三五年)、『ベビー航空母艦』(一九三五年)がある。
(131) 一九四〇年九月九日の映画法施行規則第三五条改正で「文化映画」が明記された。「映画法施行規則」(昭和十五年九月九日第一回改正)、牧野『映画検閲史』六六一頁。
(132) 藤井仁子「文化する映画――昭和一〇年代における文化映画の言説分析」『映像学』六六号、二〇〇一年、五～二二頁。
(133) ソ連の映画は、映画作品自体はわずかな本数しか日本国内では見られなかったものの、言説上ではしばしば言及されていたし、亀井文夫や岡田桑三のように文化映画に携わった製作者にはソ連を訪問した経験があった。例えば、川崎賢子・原田健一『岡田桑三　映像の世紀——グラフィズム・プロパガンダ・科学映画』平凡社、二〇〇二年、Abé Mark Nornes, *Japanese Documentary Film: The Meiji Era Through Hiroshima* (Minneapolis: University of Minnesota Press, 2003), Chapter 6; Chika Kinoshita, "The Edge of Montage: A Case of Modernism/Modanizumu in Japanese Cinema," in *The Oxford Handbook of Japanese Cinema*, ed. Daisuke Miyao (Oxford: Oxford University Press, 2014), 138-141を参照。また、前章や次章で言及しているように、満洲に対する政策を介したソ連のプロパガンダ論の影響も考慮に入れたい。

(134) 例えば、関野嘉雄『映画教育の理論』小学館、一九四二年、四七六頁、今村太平『映画と文化』第一芸文社、一九四〇年、一七二頁。また、奥村賢「科学映画の興隆と迷走——文化映画論序説」、村山匡一郎編『映画は世界を記録する——ドキュメンタリー再考』森話社、二〇〇六年、一二一〜一二四頁も参照。

(135) Paul Rotha, *Documentary Film* (London: Faber and Faber, 1935); ポール・ルータ『文化映画論』厚木たか訳、第一芸文社、一九三八年。Abe Mark Nornes, "Poru Ruta/Paul Rotha and the Politics of Translation," *Cinema Journal* vol. 38, no. 3 (Spring 1999): 91-108も参照。

(136) 喜多「生活新体制下の「映画」への一示唆」一一〜一三頁。

(137) 今村太平『記録映画論』第一芸文社、一九四〇年、五八頁。

(138) 関野『映画教育の理論』五七頁。

(139) Bill Nichols, *Representing Reality: Issues and Concepts in Documentary* (Bloomington: Indiana University Press, 1992), 50, 108.

(140) 不破祐俊「文化映画と国民教養」『社会教育』一九三九年一一月、九頁。

(141) 今村『映画芸術の性格』四三〜四四頁。

(142) 今村『映画と文化』一七二頁、今村『戦争と映画』二七〜二八頁。

(143) 長谷川『日本映画論』二五頁。

(144) 吉原『日本短編映像史』三六頁に引用。

(145) 不破祐俊「国民映画と思想戦」『海之世界』一九四二年一〇月、一九頁。

(146) 相川『文化映画論』一〇四頁。

(147) 加藤『総動員体制と映画』一一三頁。

(148) 平出英夫「日米もし戦はば映画の使命いよいよ重し」『映画之友』一九四二年一月、二八頁、姜泰雄「思想戦と映画——劇映画『ハワイ・マレー沖海戦』をめぐって」一五八〜一五九頁に引用。

(149)「文部省（推定）内部文書「文化の意識調査」文化映画内容決定試案」、牧野守「文化映画の時代」、同監修『日本映画論言説大系　第Ｉ期　戦時下の映画統制期』第一巻、ゆまに書房、二〇〇三年、三八六〜三八七頁。

(150) 牧野「文化映画の時代」三七三〜三七五頁。

(151) 相川『文化映画論』一〇八頁。

(152) 南清一「総力戦と文化映画」『文化映画』一九四二年一月、六二頁。

(153) 今村『映画と文化』一七二頁、今村『戦争と映画』二七〜二八頁。

(154) 不破『映画法解説』七四頁。

(155) 不破「文化映画と国民教養」一〇頁。

(156) 三橋「文化映画『上映』再検討」二二頁。

(157) 三橋逢吉「文部省・認定室から最近の文化映画界を語る」『国際映画新聞』一九四〇年六月二〇日、四五六頁。

(158) 堀ひかり「厚木たかと『或る保姆の記録』——戦時下の「働く女性」たちと抵抗の表現をめぐって」『映像学』六六号、二〇〇一年、二三〜三九頁。

(159) 池川玲子『「帝国」の映画監督坂根田鶴子——『開拓の花嫁』・一九四三年・満映』吉川弘文館、二〇一一年、Hikari Hori, "Migration and Transgression: Female Pioneers of Documentary Filmmaking in Japan," *Asian Cinema* vol. 61, no. 1 (Spring/Summer 2005): 89-92.

（160）例えば、今村『戦争と映画』一四頁。

（161）堀「厚木たかと『或る保姆の記録』」三三頁。

（162）上野『ナショナリズムとジェンダー』九六頁。

（163）加納実紀代『女たちの〈銃後〉』増補新版、インパクト出版会、一九九五年、六七頁。

（164）上野『ナショナリズムとジェンダー』九四頁。

（165）同前、二二頁。

（166）George L. Mosse, *The Nationalization of the Masses: Political Symbolism and Mass Movements in Germany from the Napoleonic Wars through the Third Reich* (New York: Howard Fertig, 1975)、邦訳はジョージ・L・モッセ『大衆の国民化——ナチズムに至る政治シンボルと大衆文化』佐藤卓己・佐藤八寿子訳、柏書房、一九九四年、Benedict Anderson, *Imagined Communities: Reflections on the Origin and Spread of Nationalism* (London and New York: Verso, 1983)、邦訳はベネディクト・アンダーソン『想像の共同体——ナショナリズムの起源と流行』白石隆・白石さや訳、リブロポート、一九八七年、Ernest Gellner, *Nations and Nationalism* (Oxford: Blackwell, 1983)、邦訳はアーネスト・ゲルナー『民族とナショナリズム』加藤節訳、岩波書店、二〇〇〇年、Anthony D. Smith, *The Ethnic Origins of Nations* (Oxford: Blackwell, 1986)、邦訳はアントニー・D・スミス『ネイションとエスニシティ——歴史社会学的考察』巣山靖司・高城和義他訳、名古屋大学出版会、一九九九年、Eric J. Hobsbawm, *Nations and Nationalism since 1780: Programme, Myth, Reality* (Cambridge, UK: Cambridge University Press, 1992)、邦訳はエリック・J・ホブズボーム『ナショナリズムの歴史と現在』浜林正夫・嶋田耕也・庄司信訳、大月書店、二〇〇一年、西川長夫『国民国家論の射程——あるいは「国民」という怪物について』柏書房、一九九八年。

（167）代表的なものとして次の二編がある。Andrew Higson, "The Concept of National Cinema," *Screen* vol. 30, no. 4 (1989): 36–47; Stephen Crofts, "Conceptualizing National Cinema/s," *Quarterly Review of Film and Video* vol. 14, no. 3 (1993): 49–67. 本書第二章注(18)も参照のこと。

（168）例えば、高畠通敏「「国民」と「市民」」『国民文化』一九九七年一一月、二〜三頁。

（169）日本の「戦後」がいつまでを指すのかについては、さまざまな議論がある。例えば、次を参照。ハリー・ハルトゥーニアン「日本の長い戦後——持続する記憶、忘却される歴史」『歴史と記憶の抗争——「戦後日本」の現在』カッヒコ・マリアノ・エンドウ監訳、みすず書房、二〇一〇年、一二一〜一五七頁、キャロル・グラック『歴史で考える』梅崎透訳、岩波書店、二〇〇七年、第九〜一一章、吉見俊哉『ポスト戦後社会（シリーズ日本近現代史９）』岩波新書、二〇〇九年、小熊英二「右派の改憲　いまなぜ「反体制」なのか」『朝日新聞』二〇一七年六月二九日。ここでは敢えて曖昧な形で、「戦後・現代」と記した。

（170）内閣府男女共同参画局編『男女共同参画白書　平成二九年版』内閣府、二〇一七年、三〜三九頁。

（171）上野千鶴子『女たちのサバイバル作戦』文春新書、二〇一三年。上野は、男女雇用機会均等法を、「女性労働者をエリート女性労働者と他の多くの労働者とに二極化した」ものと位置づけながら、少数のエリート女性にしても、「もともと男に有利にできた」「アンフェアな競争に投げ込まれることを意味」していたと指摘している（四三〜四四頁）。また、次も参照。大沢真理「女性の抵抗が世界を持続可能にする」、天野正子他編『新編　日本のフェミニズム　第四巻　権力と労働』岩波書店、二〇〇九年、一一〜二〇頁、田端博邦「ジェンダーとネオ・リベラリズム」『女性労働研究』五八号、二〇一四年、一五〜一九頁。この問題については、本書第七・八章でより詳しく論じている。

(172) 例えば、上野千鶴子「日本のリブ——その思想と背景　付　増補編解説　記憶を手渡すために」、天野正子他編『新編　日本のフェミニズム　第一巻　リブとフェミニズム』岩波書店、二〇〇九年、一〜五二頁、Vera Mackie, *Feminism in Modern Japan: Citizenship, Embodiment and Sexuality* (Cambridge, UK: Cambridge University Press, 2003)、グラック『歴史で考える』三七一〜三八四頁。

(173)『朝日新聞』一九五五年六月一六日、山辺芳秀「国民文化会議の四〇年　一」『国民文化』一九九五年一月、三頁に引用。

(174) 山辺芳秀「国民文化会議の四〇年　二」『国民文化』一九九五年二月、一六頁。

(175) 小熊英二『〈民主〉と〈愛国〉』新曜社、二〇〇二年を参照。共産党については、とくに一七五頁。

(176) 国民文化会議の代表を務めたことのある社会学者の日高六郎によれば、「国民」という言葉は一九六五年頃から違和感があると批判され始めたという。日高六郎「歴史を学ぶこと」『国民文化』二〇〇五年五月、二頁。実際、『国民文化』一九六二年五月号で福田歓一は「「国民」の概念について——国民文化を根底から支えるものはなにか」と題した論考の中で、労働者であることを意識した「国民」は「エスノセントリシズムでないナショナリズム」だと主張し、「国民」概念への批判をかわそうとしている（一四頁）。

(177) 例えば、『NHK News Web』二〇一七年七月一三日（http://www3.nhk.or.jp/news/html/20170713/k10011057131000.html）。

(178)『日刊ゲンダイ Digital』二〇一七年七月一二日（https://www.nikkan-gendai.com/articles/view/news/209299）。

(179) 三島由紀夫「文化防衛論」（一九六八年）『三島由紀夫全集　第三三巻　評論IX』新曜社、一九七六年、三六六〜四〇一頁。

(180) 苅部直『丸山眞男——リベラリストの肖像』岩波新書、二〇〇六年、一七四頁。

(181) 同前、八六〜八七頁。

(182) 例えば、小熊『〈民主〉と〈愛国〉』七一〜八八、一一二頁。

(183) 例えば、新海善男「一九六〇年　映画界の問題」『国民文化』一九六〇年一〇月、八頁、「総評文化闘争方針（第二次草案）総論の部（二）」『国民文化』一九七五年九月、一三頁。

(184) 実際に、雑誌『国民文化』には消費文化批判が散見される。

(185) とくに、奥谷通「環境問題に日本の文化を生かすとき」『日本会議——設立五周年大会』(http://www.nipponkaigi.org/voice/5years)、中川雅治「誇りある国づくりへ邁進」『日本会議——設立十周年大会』(http://www.nipponkaigi.org/voice/10years#years1022)、および日本会議事務総局製作のビデオ『日本会議とは』(http://www.nipponkaigi.org/activity) を参照。

(186) 例えば、二〇一六年夏のリオジャネイロ・オリンピックのあとのオリンピック・パレードには、銀座に八〇万人もの人々が集まったと報道された。次に掲載された記事、写真、ビデオを参照のこと。「リオ五輪パレード」『毎日新聞』二〇一六年一〇月七日（http://mainichi.jp/sportsspecial/articles/20161007/k00/00e/040/220000c）。

(187)「国民文化会議資料インデックス」『法政大学大原社会問題研究所』。

(188)「総評文化闘争方針（第二次草案）」『国民文化』一九七五年八月、一二頁。

(189)「〈資料〉第十六回総評教宣集会資料より——大衆文化の性格と思想」『国民文化』一九七二年六月、一五〜一六頁。マックス・ホルクハイマー、テオドール・アドルノ「文化産業」『啓蒙の弁証法——哲学的断章』徳永恂訳、岩波書店、一九九〇年、一八三〜二六一頁。

(190)「〈資料〉第十六回総評教宣集会資料より」一六頁。

(191) 例えば、新海喜男「一九六〇年　映画界の問題」『国民文化』一九六〇年一〇月、八〜九頁、山之内重巳「映画運動の現状をさぐる」『国民文化』一九六二年一一月、一六頁。

(192) 新海「一九六〇年 映画界の問題」、山辺芳秀「国民文化会議の四〇年」『国民文化』二〇〇三年三月、一二頁、「一〇フィート映画運動最終作品ができた」『国民文化』一九八三年六月、一四頁。「一〇フィート映画運動」とは、アメリカ国立公文書館所蔵の核被害を記録したカラー映画フィルムから一〇フィートを一単位に市民のカンパにより日本に取り戻し、それを利用して映画を制作するという趣旨の運動だった。「平和博物館を創る会」(http://www.peace-museum.org/10feet/10feet.htm)を参照。

(193)「国民文化祭」『文化庁』(http: //www. peace-museum. org/10feet/10feet.htm)。

(194) 戦前戦中の障害者の扱いについては、杉本章『障害者はどう生きてきたか――戦前・戦後障害者運動史』増補改訂版、現代書館、二〇〇八年、二八頁。

(195) 例えば、EU(欧州共同体)や北米の先進国との国際比較による日本の障害者政策の遅れについての論文、勝又幸子「国際比較からみた日本の障害者政策の位置づけ――国際比較研究と費用統計比較からの考察」『季刊社会保障研究』第四四巻二号、二〇〇八年、一三八~一四九頁。

(196) 以下は、拙論「制度へいかに介入するか――「国立メディア芸術総合センター」構想から考える日本文化研究」『JunCture――超域的日本文化研究』一号、二〇一〇年、一〇一~一〇三頁に基づいている。

(197) 根木昭『日本の文化政策――「文化政策学」の構築に向けて』勁草書房、二〇〇一年、一一頁。

(198) 志村三代子「『羅生門』から『ゴジラ』へ――輸出産業のホープをめざして」、岩本憲児編『日本映画の海外進出――文化戦略の歴史』森話社、二〇一五年、二〇五~二〇七頁。

(199) 内閣官房内閣審議室分室・内閣総理大臣補佐官室編『大平総理の政策研究会報告書一 文化の時代:文化の時代研究グループ』一九八〇年、六九頁。

(200) Joseph Nye, *Bound to Lead* (New York: Basic Book, 1990). ソフトパワー論の日本における受容と広がりについては、岩渕功一『文化の対話力――ソフト・パワーとブランド・ナショナリズムを越えて』日本経済新聞出版社、二〇〇七年、八七~九四頁を参照。

(201) デヴィッド・ハーヴェイ『ポストモダンの条件』吉原直樹訳、青木書店、一九一~二五四頁。

(202) サスキア・サッセン『グローバリゼーションの時代――国家主権のゆくえ』伊豫谷登士翁訳、平凡社、一九九九年、七一~八〇頁。

(203) 経済産業省のウェブサイト(http://www.meti.go.jp/index.html)、および知的財産戦略本部のウェブサイト(http://www.kantei.go.jp/jp/singi/titeki2/)を参照。また、山口広文「コンテンツ産業振興の政策動向と課題」『レファレンス』二〇〇八年五月号(http://www.ndl.go.jp/jp/data/publication/refer/200805_688/068804.pdf)も参照。

(204) 国土交通省・観光庁「観光立国をめぐる現状」二〇〇九年四月、一〇頁(http://www.mlit.go.jp/kankocho/iinkai/pdf/kanminkyo01_3.pdf)。

(205)「文化庁メディア芸術祭」ウェブサイト(http://festival.j-mediaarts.jp)。

(206) 例えば、日本会議のウェブサイト(http://www.nipponkaigi.org)を参照。

(207) Harold Salomon, "Japan's Longest Days: Tōhō and the Politics of War Memory, 1967-1972," in *Chinese and Japanese Film on the Second World War*, eds. King-fai Tam and Timothy Y. Tus (London and New York: Routledge, 2014), 125.

(208) 林玉樹「邦画五社のGW作戦と国民映画――正月興行による各社六八の皮算用」『映画芸術』一九六八年五月、四四頁。

(209) テヅカヨシハル「日本映画ガラパゴス化の現在――シン・ゴジラ

etc. に見る文化政治の変容」、名古屋大学文学研究科附属「アジアの中の日本文化」研究センター・第一四回セミナー、二〇一七年一月二一日。

**第四章**

(1) 大江志乃夫「東アジア新旧帝国の交替」、同他編『岩波講座近代日本と植民地　第一巻　植民地帝国日本』岩波書店、一九九二年、一〇頁。さらに遡って、江戸期から明治初期における北海道と沖縄の領有も帝国主義の先駆けと見ることができる。Mark E. Caprio, *Japanese Assimilation Policies in Colonial Korea, 1910–1945* (Seattle, WA : University of Washington Press, 2009), 49 ; Alan S. Christy, "The Making of Imperial Subjects in Okinawa," in *Formations of Colonial Modernity in East Asia*, ed. Tani E. Barlow (Durham, NC : Duke University Press, 1997), 142, 163 を参照。

(2) ルイーズ・ヤング『総動員帝国――満洲と戦時帝国主義の文化』加藤陽子他訳、岩波書店、二〇〇一年および吉田裕『アジア・太平洋戦争』岩波書店、二〇〇七年を参照。ヤングは一九三〇年代の状況を「急速な帝国主義」(第三章)とともに「漸増する帝国主義」(第九章)としても説明しているが、ここでは単に明治期以降の長いスパンから見た帝国主義の進展における三〇年代の動向の相対的な位置づけを示している。

(3) ここでの「日本本土」は、沖縄から北海道にわたるまでの領土的範囲を指し、その領土の出身者に日本国籍が与えられたという意味で「本土」という語を用いているが、その範囲が固定的かつ明確であったということを意味するものではない。「内地」という呼称は、植民地・占領地を指す「外地」との対で用いられていた点で帝国のイデオロギーを反映していることがたびたび指摘されてきたが、「本土」も同様の問題を大なり小なり免れ得ないだろう。とはいえ、本書では便宜上「日本本土」または単に「本土」という言葉を使用する。

(4) ピーター・B・ハーイ『帝国の銀幕――十五年戦争と日本映画』名古屋大学出版会、一九九五年、加藤厚子『総動員体制と映画』新曜社、二〇〇三年、古川隆久『戦時下の日本映画――人々は国策映画を観たか』吉川弘文館、二〇〇三年など。

(5) 晏妮『戦時日中映画交渉史』岩波書店、二〇一〇年、三澤真美恵『「帝国」と「祖国」のはざま――植民地期台湾映画人の交渉と越境』岩波書店、二〇一〇年、池川玲子『「帝国」の映画監督坂根田鶴子――『開拓の花嫁』・一九四三年・満映』吉川弘文館、二〇一一年、李英載『帝国日本の朝鮮映画――植民地メランコリアと協力』三元社、二〇一三年など。

(6) Michael Baskett, *The Attractive Empire : Transnational Film Culture in Imperial Japan* (Honolulu : University of Hawai'i Press, 2008).

(7) アーロン・ジェロー「戦ふ観客――大東亜共栄圏の日本映画と受容の問題」『現代思想』二〇〇二年八月、一三六～一四九頁。ジェローは、一九四二年以降に盛んになった観客調査について、統計化によって観客が管理されやすい対象となった一方で、その管理の不可能性も明らかになったと指摘している。

(8) ここでの否認 (disavow) という考え方は、精神分析のファンタジー論・フェティシズム論に基づいている。また、この概念をポストコロニアリズム論に発展させたものとして、ホミ・バーバの論(『文化の場所――ポストコロニアリズムの位相』本橋哲也他訳、法政大学出版局、二〇〇五年、第三章)がよく知られている。とはいえ、本章の目的はそれらの理論の単純な適用ではなく、むしろ「東亜民族」のファンタジーの複雑な特徴を、それを規定している特定の歴史的文脈に照らし合わせながら繙くところにある。

(9) このアプローチは総じて、映画研究における装置論のモデルと似た前提に立っている。装置論モデルについては、本書序章と拙編『観客へのアプローチ』森話社、二〇一一年、序章を参照のこと。

(10) ただし、一九三〇年代の日本語言説のコンテクストにあって「大衆」という言葉は、マルクス主義的な階級性を含意する場合や、資本主義によって生み出されてきた階級を超越した人々の塊（マス）を示す場合など、ある程度の多義性と矛盾を含んでいた。第五章と六章でより詳しく論じる。

(11) 長谷川亮一『「皇国史観」という問題――十五年戦争期における文部省の修史事業と思想統制政策』白澤社、二〇〇八年、第二章。

(12) 清水亮太郎「映画をめぐる闘争――満洲国における映画支配の形成」『インテリジェンス』八号、二〇〇七年、九四頁。

(13) 長谷川『「皇国史観」という問題』一〇四頁。

(14) 同前、一〇六頁。

(15) Wan-yao Chou, "The Kōminka Movement in Taiwan and Korea: Comparisons and Interpretations," in *The Japanese Wartime Empire, 1931–1945*, eds. Peter Duus et al. (Princeton, NJ: Princeton University Press, 2010), 41-67 および近藤正己「植民者の戦争経験――総督政治以下の台湾」、杉原達他編『岩波講座アジア・太平洋戦争　第四巻　帝国の戦争経験』岩波書店、二〇〇六年、一四～一五頁。

(16) より複雑な状況については、駒込武『植民地帝国日本の文化統合』岩波書店、一九九六年、序章と終章を参照のこと。

(17) Duus, "Introduction," in *The Japanese Wartime Empire, 1931–1945*, xxi.

(18) 例えば、プランセジット・ドゥアラは帝国日本におけるアイデンティティ形成に関して、満洲、朝鮮、台湾で異なる形の複雑な緊張関係があったことを論じている。Prasenjit Duara, *Sovereignty and Authenticity: Manchukuo and the East Asian Modern* (Lanham, NY: Roman and Littlefield Publishers, 2010), 246.

(19) 遠藤正敬『近代日本の植民地統治における国籍と戸籍――満洲・朝鮮・台湾』明石書店、二〇一〇年、一八六～一八七頁、テッサ・モーリス＝スズキ『日本を再発明する――時間、空間、ネーション』伊藤茂訳、以文社、二〇一四年、二四六頁。

(20) タカシ・フジタニ「殺す権利、生かす権利――アジア・太平洋戦争下の日本人としての朝鮮人とアメリカ人としての日本人」、テッサ・モーリス＝スズキ他編『岩波講座アジア・太平洋戦争　第三巻　動員・抵抗・翼賛』岩波書店、二〇〇六年、一九一頁。

(21) 例えば、駒込『植民地帝国日本の文化統合』一〇～二四頁、小熊英二『〈日本人〉の境界――沖縄・アイヌ・台湾・朝鮮　植民地支配から復帰運動まで』新曜社、一九九八年、六三四～六六一頁、イ・ヨンスク「「同化」とはなにか」『現代思想』一九九六年六月、一四八～一五七頁。

(22) Leo T. S. Ching, *Becoming "Japanese": Colonial Taiwan and the Politics of Identity Formation* (Berkeley: University of California Press, 2001), 104-137.

(23) プラセンジット・ドゥアラ「満洲国における民族（エトノス）と民族学」、倉沢愛子他編『岩波講座アジア・太平洋戦争　第七巻　支配と暴力』岩波書店、二〇〇六年、四二頁。

(24) 同前、四一～四二頁。また、小熊英二『単一民族神話の起源――〈日本人〉の自画像の系譜』新曜社、一九九五年、三七〇～三七二頁も参照。

(25) 例えば、次を参照。Robert Thomas Tierney, *Tropics of Savagery: The Culture of Japanese Empire in Comparative Frame* (Berkeley: University of California Press, 2010), 22.

(26) Kevin M. Doak, "The Concept of Ethnic Nationality and Its Role in Pan-Asianism in Imperial Japan," in *Pan-Asianism in Modern Japanese History: Colonialism, Regionalism and Borders*, eds. Sven Saaler and J. Victor Koschmann (London and New York: Routledge, 2007), 168-181.

また、橋本満「民族——日本近代を統合する力」、戦時下日本社会研究会『戦時下の日本——昭和前期の歴史社会学』行路社、一九九二年、三〜二八頁も参照。

(27) 酒井直樹『日本／映像／米国——共感の共同体と帝国的国民主義』青土社、二〇〇七年、二六頁。酒井はここで、エティエンヌ・バリバールの言う「虚構としての民族性」を援用しながら、「国民主義」と「植民地主義」の共犯性について論じている。

(28) 米谷匡史『アジア／日本』岩波書店、二〇〇六年、一二九〜一四五頁。

(29) 趙寛子『植民地朝鮮／帝国日本の文化連環——ナショナリズムと反復する植民地主義』有志舎、二〇〇七年、一七七頁。

(30) 米谷『アジア／日本』一三九〜五二頁。

(31) 趙『植民地朝鮮／帝国日本の文化連環』一八四頁。

(32) 米谷『アジア／日本』一二九〜一四五頁。

(33) 同前、一五二頁。

(34) ヤング『総動員帝国』第九章。

(35) 加藤『総動員体制と映画』二八頁

(36) 不破祐俊『映画法解説』大日本映画協会、一九四一年、一三一頁。

(37) 川喜多長政「序」、岡田眞吉『映画と国家』生活社、一九四二年、一頁。大日本映画協会『本邦映画事業概要』（一九四四年一一月、一〜二頁）でも「対国内的使命」と「対国外的使命」が明確に区別されている。

(38) 晏『戦時日中映画交渉史』一九九頁。

(39) 岡田秀則「南方における映画工作——《鏡》を前にした「日本映画」」、岩本憲児編『映画と「大東亜共栄圏」』森話社、二〇〇四年、二七一頁。なお、岡田論文では「一九四〇年七月」に南部仏印への進駐が行われたと記述されているが、ここでは北部仏印進駐を「一九四〇年九月末」、南部仏印進駐を「一九四一年七月末」と記している吉田裕他編『アジア・太平洋戦争辞典』吉川弘文館、二〇一五年、四九〇、六〇八頁を参照した。以上の帝国の映画政策全般については、加藤『総動員体制と映画』における精緻な記述に多くを負っている。

(40) Hideaki Fujiki, *Making Personas: Transnational Film Stardom in Modern Japan* (Cambridge, MA: Harvard University Asia Center, 2014), 307-310.

(41) 内海愛子・村井吉敬『シネアスト許泳の「昭和」——植民地下で映画づくりに奔走した一朝鮮人の軌跡』凱風社、一九八七年、マイケル・バスケット「映画人たちの「帝国」——「大東亜共栄圏」の諸相」、岩本編『映画と「大東亜共栄圏」』一五七〜一七九頁、晏『戦時日中映画交渉史』一三二〜一三五、二六四〜二七四頁。よく知られているように、許泳は日夏英太郎という日本名をもち、他の多くの朝鮮人と同様に一九二〇年代後半から三〇年代前半に日本で映画製作に携わった。朝鮮で映画を製作したのち、一九四二年に陸軍の報道班員としてジャワに渡り、そこでも映画製作に従事した。

(42) 三澤『「帝国」と「祖国」のはざま』。

(43) 例外として、例えば、晏妮は中国アニメーションの『鉄扇公主』が日本本土で注目されたことを描写している。晏『戦時日中映画交渉史』二五六〜二五八頁。差別的な待遇としては、金京淑によれば、日本本土での朝鮮映画上映は映画館にとって日本人観客を失う恐れがあると認識されていたという。『家なき天使』の本土配給をめぐる文部省推薦と内務省検閲の齟齬も、日本本土と植民地との間の溝を示唆するものと言えるだろう。この件についての研究は複数あるが、例えば、金京淑「日本植民地支配末期の朝鮮と映画政策——『家なき天使』を中心に」、岩本憲児編『映画と「大東亜共栄圏」』森話社、二〇〇四年、二〇七〜二三六頁、加藤『総動員体制と映画』一二五〜一二六頁を参照。また、本土の人々が朝鮮の風習に無知であったり、無関心であったりしたことに葛藤を示す言説も少なくなかった。例えば、黒田省三「『授業料』『家なき天使』の次に来るもの」『映画評論』一九四一年七月、四八〜四九頁、日夏英太郎「内鮮両映画の交流について」『映画評論』一九四一年七月、四九〜五一頁。

(44) 加藤『総動員体制と映画』二二三頁。

(45) 津村秀夫『映画戦』朝日新聞社、一九四四年。

(46) 両地域の植民地政策の違いについては、とくに次を参照。Chou, "The Kōminka Movement in Taiwan and Korea."

(47) 三澤「『帝国』と『祖国』のはざま」第一章。

(48) 一九三九年一〇月一日に満映の理事に就任した甘粕正彦が日本の映画政策から分離・自立させる方針を打ち出し、その方針がある程度実行されたことはよく知られている。加藤『総動員体制と映画』一八七〜一八九頁。

(49) 晏『戦時日中映画交渉史』第五章。

(50) 岡田『映画と国家』二二一頁。

(51) 「座談会　大東亜映画建設の前提」『映画旬報』一九四二年三月号での川喜多長政の発言（七頁）。

(52) 両地域の違いについては、Narangoa Li and Robert Cribb, "Introduction: Japan and the Transformation of National Identities in Asia in the Imperial Era," in *Imperial Japan and National Identities in Asia, 1895–1945*, eds. Narangoa Li and Robert Cribb (London: Routledge, 2003), 17 および同書所収の Richardo T. Jose, "Accord and Discord: Japanese Cultural Policy and Phillipine National Identity during the Japanese Occupation (1942–1945)," 253 を参照。日本映画の受容については例えば、岡田「南方における映画工作」、および寺見元恵「日本占領下のフィリピン映画」、今村昌平他編『講座日本映画　第四巻　戦争と日本映画』岩波書店、一九八六年、二九〇〜二九八頁、および同書所収のミスバッハ・ユサ・ビラン「日本占領下のインドネシア映画」浜下昌宏訳、三〇三〜三一〇頁。

(53) 市川彩『アジア映画の創造及建設』国際映画通信社・大陸文化協会、一九四一年、二頁。

(54) 同前、三七〇〜三七七頁。傍点は引用者による。同書では「東亜民族」という言葉も使われており、「アジア民族」と同義に使われていると判断できる。

(55) 同前、二頁。

(56) 同前、二二頁。傍点は引用者による。

(57) 竹内晋「満洲映画の進路」『満洲映画』一九三八年四月、一二頁。この雑誌にはソヴィエトの思想からの影響が見られ、「イデオロギー」という言葉が使用されているのはそのためだと考えられる。実際同号には、後述するように、イ・ペ・トライニンというソ連の批評家の論考の日本語訳が掲載されている。

(58) ハーイ『帝国の銀幕』三二一〜三二二頁。

(59) Duus, "Introduction," in *The Japanese Wartime Empire, 1931–1945*, xxxiv.

(60) 『映画年鑑　昭和一七年度版』七の四頁。李『帝国日本の朝鮮映画』三五頁も参照。

(61) Tierney, *Tropics of Savagery*, 34.

(62) 長谷川如是閑『日本映画論』大日本映画協会、一九四三年、八三頁。

(63) テッサ・モーリス＝スズキ『日本を再発明する——時間、空間、ネーション』伊藤茂訳、以文社、二〇一四年、三五〜四三頁、Tierney, *Tropics of Savagery*, 25.

(64) 津村秀夫「何を破るべきか」、河上徹太郎他『近代の超克』冨山房、一九七九年、一二四頁。「近代の超克」座談会とその関連論考は、もともと『文学界』（一九四二年九月・一〇月）に掲載。

(65) 「座談会　文部省大臣と文部省推薦映画」『映画旬報』一九四三年

四月一日、一〇頁。

(66)「座談会　決戦下映画界の進路」『映画旬報』一九四三年三月二一日、一四頁における不破祐俊の発言、および星野辰男「南方映画工作より還りて」『映画旬報』一九四三年五月一一日、一六頁。

(67)不破祐俊は、「洋服から和服への着替え」を見せることを否定する一方で、具体的な事例を示すことなく「誤解を受けないような程度において日本の風習をわからせるような意図を持った映画」を推奨した。

(68)伊丹万作「映画と民族性」『映画評論』一九四四年一月、三六～三八頁、引用は三六頁。

(69)例えば、星野「南方映画工作より還りて」。

(70)「座談会　文部省大臣と文部省推薦映画」における津村の発言、山梨稔「満洲の映画統制の経験を語る」『国際映画新聞』一九四〇年一一月上旬号（山口猛『哀愁の満州映画――満州国に咲いた活動やたちの世界』三天書房、二〇〇〇年、二二七頁に引用）、不破祐俊「南方への映画工作」『宣伝』一九四二年四月、一〇頁。

(71)権田保之助『娯楽教育の研究』小学館、一九四三年、一～二頁。その他の例として、筈見恒夫「大東亜映画を指導するもの」『映画旬報』一九四二年四月二一日、三頁、不破「南方への映画工作」一一頁。

(72)山梨「満洲の映画統制の経験を語る」、市川『アジア映画の想像及建設』二〇頁。

(73)筈見「大東亜映画を指導するもの」。また、朝鮮映画に対する飯島正の発言（櫻本富雄『大東亜戦争と日本映画――立見の戦中映画論』青木書店、一九九三年、一一四頁に引用）。

(74)この事実については、吉田『アジア・太平洋戦争』一一九頁。

(75)李『帝国日本の朝鮮映画』五五頁。他に、駒込『植民地帝国日本の文化統合』三七〇～三七四頁。似たような差別構造にまつわる問題が、例えば次の研究でも指摘されている。米谷『アジア／日本』一一六～一二〇頁、Christy, "The Making of Imperial Subjects in Okinawa," 149；倉沢愛子「二〇世紀アジアの戦争――帝国と脱植民地化」、成田龍一他編『岩波講座アジア・太平洋戦争　第一巻　なぜ、いまアジア・太平洋戦争か』岩波書店、二〇〇五年、二〇六～二〇八頁。

(76)安鐘和「新体制와 映画人協会의 任務」『三千里』一九四一年六月、一九〇～一九一頁。他の例として、日夏英太郎「内鮮両映画の交流について」五〇～五一頁。マイケル・バスケットは、許泳（日夏）について、「我々は愛国熱と皇民化の姿を見せなければならない」といった彼の発言には曖昧な（朝鮮への）ナショナリズムと帝国への協力という両方が同時に示されていると指摘しながら、「帝国」という曖昧な空間であるからこそ日夏のような二面性をもつ存在がありえた」という興味深い見解を示している。バスケット「映画人たちの「帝国」」一六六～一六七頁。

(77)三澤真美恵「「皇民化」を目撃する――映画『台南州国民道場』に関する試論」『言語社会』七号、二〇一三年、一〇九～一一〇頁。こうした現象がより広く台湾と朝鮮の間に起こり、「民族主義の対抗関係が帝国主義を補完」していたことについては、駒込『植民地帝国日本の文化統合』二三～二四頁を参照。

(78)ありま生「皇民化という言葉」『朝鮮公論』一九四四年五月、九三頁。

(79)「座談会　中国映画の現状」『映画旬報』一九四三年五月二一日、二四～二五頁。野口はここで、「南方民族」を「文化的に遅れ」ているとみなしながら、それを「支那民族」と比較して述べている。

(80)市川『アジア映画の創造及建設』二〇頁。

(81)同前、二一頁。

(82)赤神良譲「映画に於ける国策と民族の問題」『日本映画』一九四一

年九月、四〜九頁。

(83)三木清「国民性の改造――支那を視て来て」『中央公論』一九四〇年六月、四一二、四二〇頁。〔 〕内は引用者による補足。三木は別の論考で、「外国文化との接触は何よりも自国の文化に批判の機会を与え」、その意味で「日本文化の発展にとって満洲や支那における文化の発達が重要な関係」をもつと訴えた。ここでも三木は、他の多くの論者と違って日本に苦言を呈しているが、日本と他を区別していることには変わりがない。三木清「文化政策論」『中央公論』一九四〇年一二月、一五頁。

(84)高田保馬『東亜民族論』岩波書店、一九三九年。清野正義「高田保馬の東亜民族論」、戦時下日本社会研究会『戦時下の日本』二九〜六〇頁を参照。

(85)小山弘建「現代総力戦の構想」『中央公論』一九四二年五月、一三〇頁。カール・フォン・クラウゼヴィッツはナポレン戦争に参加したプロイセンの軍人・軍事学者であり、死後の一八三二年に発表された『戦争論』で戦争思想と国家戦略に多大な影響を与えた。エーリヒ・フリードリヒ・ヴィルヘルム・ルーデンドルフはドイツ帝国国家総動員体制を構築した参謀本部次長であり、『国家総力戦』(一九三五年、邦訳三八年)の著者として知られている。例えば、佐藤卓己「ラジオ文明とファシスト的公共性」、貴志俊彦・川島真・孫安石編『戦争・ラジオ・記憶』勉誠出版、二〇〇六年、四〜五頁を参照。

(86)津村秀夫『続映画と鑑賞』創元社、一九四三年、三二、九三頁。

(87)これに関して、ハーイは、日本本土で大ヒットした『マレー戦記』(一九四二年八月公開)と、その一カ月後に公開されて興行的に失敗に終わった『ビルマ戦記』を比較し、前者が勝利の感情的満足を前面に出すのに対して、後者はラスト・シーンでボロボロのビルマ国旗を見せながらビルマの「独立」を見せて終幕することに注目しながら、「超国家主義と人種的ナルシシズムの時代に、外国国民の政治的独立の成否など一般の観客にはどうでもよかったのであろう」と推論している。ハーイ『帝国の銀幕』三三六〜三三七頁。

(88)ニュース映画の人気が兵士の家族や身内の関心に基づくところが大きかったことについては、例えば、同前、七三頁。

(89)ベネディクト・アンダーソン『想像の共同体』白石さや・白石隆訳、NTT出版、一九九七年。

(90)飯島正「大東亜建設戦のための映画」一九四二年(『新聞切抜』八頁、『映画公社旧蔵 戦時統制化映画資料集』第一一巻、ゆまに書房、二〇一四年)。

(91)高島金次『朝鮮映画統制史』朝鮮映画文化研究所、一九四三年、二八五頁。

(92)津村『続映画と鑑賞』五五頁。

(93)津村『映画戦』二頁。

(94)同前、四八頁。

(95)津村秀夫『映画政策論』中央公論社、三九五頁、津村「何を破るべきか」一二四頁、「映画法施行規則」(昭和十四年九月二十七日発令)第三五条(牧野守『日本映画検閲史』パンドラ、二〇〇三年、六六〇頁)。

(96)石川準吉『国家総動員史 資料編』第四巻、国家総動員史刊行会、一九七六年、四五二〜四五三頁。

(97)Fong Shiaw-chan, "Hegemony and Identity in the Colonial Experience of Taiwan, 1895–1945," in *Taiwanese under Japanese Colonial Rule, 1895–1945 : History, Culture, Memory*, eds. Liao Ping-Hui and David Der-Wei (New York : Columbia University Press, 2006), 173および趙『植民地朝鮮／帝国日本の文化連環』、二四一〜二四九頁。

(98)本書序章注(65)で示したように、本書では、情動を、感情と身体的反射の両方を含むものとして考えている。

(99) 不破祐俊『映画法解説』大日本映画協会、一九四一年、一二四頁。
(100) 石川『国家総動員史』四五二～四五三頁。
(101) 佐藤「ラジオ文明とファシスト的公共性」四頁。
(102) 佐藤卓己「連続する情報戦争——「十五年戦争」を超える視点」、テッサ・モーリス＝スズキ他編『岩波講座アジア・太平洋戦争　第三巻　動員・抵抗・翼賛』岩波書店、二〇〇六年、六八頁。
(103) 同前。
(104) バラク・クシュナー『思想戦——大日本帝国のプロパガンダ』井形彬訳、明石書店、二〇一六年、六三頁。
(105) 戦前に出版されたプロパガンダに関する書籍を調査した剣持隆によると、一九三〇年前後に「プロパガンダ」という用語が「宣伝」に置き換えられる傾向があったという。剣持隆「プロパガンダからパブリック・リレーションズ」『企業広報プラザ』ウェブサイト(http://www.kkc.or.jp/plaza/magazine/201309_16.html?cid=14)。
(106) 山本武利「「帝国」を担いだメディア」、岸本奈緒他編『岩波講座「帝国」日本の学知　第三巻　東洋学の磁場』岩波書店、二〇〇六年、一一頁。ただし、ラスウェルの論に関しては、シカゴ大学の彼の下で学んだ小西鐵男の著書『プロパガンダ』(一九三〇年)などですでに紹介されていた。剣持「プロパガンダからパブリック・リレーションズ」を参照。
(107) 長谷川濱「映画妄言」『満洲映画』日文版、一九三八年四月、一九～二三頁。
(108) イ・ペ・トライニン「文化と映画」舞俊夫訳、『満洲映画』日文版、一九三八年四月、四九～五一頁。
(109) 長谷川「映画妄言」。おそらく「共産主義」という言葉が入るであろうと推測できる箇所は伏せ字になっている。
(110) 市川『アジア映画の創造及建設』二頁。
(111) ピーター・B・ハーイ「津村秀夫——神経と評論」、牧野守監修『日本映画言説大系　第二期　映画のモダニズム期　第二〇巻　津村秀夫『映画と批評』』ゆまに書房、二〇〇四年、三頁。
(112) 佐藤「連続する情報戦争」。
(113) 津村『映画戦』二～九頁。
(114) 津村『映画政策論』三九五～三九八頁。
(115) 津村『映画戦』三二頁。
(116) 同前、四八頁。
(117) 山之内靖『総力戦体制』ちくま学芸文庫、二〇一五年。
(118) 山之内靖・岩崎稔・米谷匡史「座談会　空間・戦争・資本主義」『現代思想』一九九九年一二月、三〇～六〇頁。
(119) 高島『朝鮮映画統制史』三一九、三二九頁。前者は、大東亜文学者大会に際して発言されたものである。
(120) 今村太平『映画芸術の性格』第一芸文社、一九三九年、五頁。
(121) ベロ・ボラーツ「視覚的人間」佐々木能理男訳、『映画評論』一九二七年八月、一一二～一一九頁。原著初版は、一九二四年に *Der sichtbare Mensch oder die Kulter des Films* というタイトルで、ドイツ語で出版された。
(122) 今村『映画芸術の性格』四六頁。
(123) Béla Balázs, *Béla Balázs : Early Film Theory : Visible Man and the Spirit of Film*, ed. Erica Carter, trans. Rodney Livingstone (New York and Oxford : Berghahn Books, 2010). バラージュの思想的背景については、とくに Erica Carter による同書の序論を参照。
(124) 今村太平『日本芸術と映画』菅書店、一九四一年、一四三頁。
(125) 今村太平『戦争と映画』第一芸文社、一九四二年、七頁。今村は、『満洲印象記』でも、満洲の人々を「文字や言葉が通じず教養程度が低い」と記し、映画による啓蒙の必要性を訴えている。今村太平『満洲印象記』第一芸文社、一九四一年、一一六頁。
(126) クシュナー『思想戦』六九頁。

(127) 山之内『総力戦体制』、佐藤「ラジオ文明とファシスト的公共性」。
(128) 今村『日本芸術と映画』一四五頁。
(129) ヴァルター・ベンヤミン「複製技術時代の芸術作品」久保哲司訳、『ベンヤミン・コレクション1　近代の意味』筑摩書房、一九九五年、六二九頁。周知のようにベンヤミンはナチズムに見られる「政治の芸術化」を批判し、それに対抗する「芸術の政治化」を唱えた。
(130) 今村『戦争と映画』二八頁。
(131) 不破「南方への映画工作」『宣伝』一〇頁。他の例として、西村眞一郎「満洲文化の発展と映画の地位・役割に就て」『満洲映画』日文版、一九三八年五月、一九頁、「座談会　朝鮮映画新体制樹立のために」『映画旬報』一九四一年一月一日、一五～二二頁を挙げておきたい。
(132) 津村『映画戦』四一頁。
(133) 岡田「南方における映画工作」二七六頁。
(134) 台湾におけるこの矛盾については、三澤『「帝国」と「祖国」のはざま』一三頁。また、朝鮮では一九四〇年にすべての朝鮮語の新聞が廃刊になり、四二年には朝鮮語が学校のカリキュラムから消えた一方で、一五パーセント程度の朝鮮人しか日本語を話すことができなかったことが指摘されている。次を参照。Taylor E. Atkins, *Primitive Selves: Koreana in the Japanese Colonial Gaze, 1910–1945* (Berkeley: University of California Press, 2010), 45.
(135) 三澤『「帝国」と「祖国」のはざま』二三頁、Dong Hoon Kim, "Performing Colonial Identity: Byeonsa, Colonial Film Spectatorship, and the Formation of National Cinema in Korea Under Japanese Colonial Rule," *The Oxford Handbook of Japanese Cinema*, ed. Miyao, 172–187; Kuei-Fen Chiu, "The Question of Translation in Taiwanese Colonial Cinematic Space," *The Journal of Asian Studies* vol. 70, no. 1 (February 2011): 77–97.
(136) 今村『戦争と映画』一頁。〔　〕内は前文に出てくる言葉であり、引用者の判断による補足。
(137) 同前、九頁。〔　〕内は引用者による補足。
(138) 今村太平『映画芸術の形式』大塩書林、一九三八年、一四二頁。
(139) 今村太平『日本映画の本質』新太陽社、一九四三年、六八頁。
(140) 今村『戦争と映画』一四頁。
(141) 例えば、「上海映画館めぐり」『映画旬報』一九四二年一一月二一日、一九～二一頁、「満支の映画館」『映画旬報』一九四二年一月二一日、一一～一三頁。
(142) 例えば『映画旬報』では、「観客動態」に関する記事が一九四一年一一月一一日（五一頁）、一二月一日（五四～五五頁）、四二年一二月一一日（四六～四九頁）、四三年九月一一日（二七～三三頁）に掲載された。
(143) 例えば、増谷達之助「映画観客数一二年の回顧」『日本映画』一九三八年七月、一三九～一四二頁、岡田眞吉「新しい映画観客層の動員について」『日本映画』一九四二年八月、六九～七三頁、「座談会　観客層の拡大強化」『映画旬報』一九四二年四月一日特集号、四八～五六頁、「特集　映画観客の研究」『映画旬報』一九四七年四月一一日、四～一九頁。
(144) 例えば、大塚恭一「国民映画の趣旨」『映画旬報』一九四二年一月一日新年特別号、二九～三〇頁、「座談会　情報局　国民映画を語る」『映画旬報』一九四二年四月二一日、二八～三六頁、「座談会　文部省大臣賞と文部省推薦映画」『映画旬報』一九四三年四月一日、六～一三頁。
(145) 例えば、内務省警保局・文部省社会教育局『本邦映画事業概要』（一九三九年）、文部省社会教育局『本邦映画事業概要』（一九四一年）、大日本映画協会『本邦映画事業概要』（一九四四年）。
(146) 不破『映画法解説』一二五頁。

(147) 市川『アジア映画の創造及び建設』四頁。
(148) 不破『映画法解説』一七頁。
(149) 市川彩『わが映画事業論』国際映画通信社、一九四一年、一九頁。
(150) 加藤『総動員体制と映画』第一、二章。
(151) 山根正吉「大東亜映画圏確立の急務」『映画旬報』一九四二年二月二一日、五頁。
(152) 加藤『総動員体制と映画』一〇頁、佐藤卓己「総力戦体制と思想戦の言説空間」、山之内靖・ヴィクター・コシュマン・成田龍一編『総力戦と現代化』柏書房、一九九五年、三二八頁。
(153) 加藤『総動員体制と映画』二〇〇頁。
(154) 同前、一八七頁。
(155) 同前、二三八頁。
(156) 金「日本植民地支配末期の朝鮮と映画政策」一二五～一二六頁。
(157) Brian Yecies and Ae-Gyung Shim, *Korea's Occupied Cinemas, 1893-1948* (London : Routledge, 2011), p. 132.
(158) 例えば、関野嘉雄『映画教育の理論』小学館、一九四二年、五六～六〇頁。一方、岩崎昶は「文化映画」の強制上映が行われる以前から、戦争を題材にした「文化映画」の魅惑を論じる中で、資本主義と「国策」の共犯関係を指摘している。岩崎昶『映画論』三笠書房、一九三六年、一七〇～一七一頁。
(159) 古川『戦時下の日本映画』六三～六五頁。
(160) 津村は『マレー戦記』(一九四二年) と『空の神兵』(四二年) の興行成績を「驚異的」と呼び、この成功が集団鑑賞運動の飛躍的な発達につながったという認識を示している。津村『映画政策論』二七四頁。
(161) 両者の組み合わせによる上映プログラムが支配地域でどれほどの範囲で行われ、どこまで強制力をもったかについては今後の調査を待たなければならない。
(162) 今村『戦争と映画』一〇八～一〇九頁。普遍主義的な考え方の例としては、他に津村『映画政策論』二九六頁、内田岐三雄「半島映画について」『映画評論』一九四一年七月、四七～四八頁などがある。津村は「高度の優秀映画というものは決して国民の一部にしか理解されないような作品であってはならない」と言い、「いい映画なら、必ず人が見るようになる」と述べている。内田はその一方で、農村を舞台にした映画には「普遍性」がないことを示唆している。
(163) 今村『戦争と映画』一〇九～一一〇頁。
(164) 加藤『総動員体制と映画』一二六～一三三頁。第一回の情報局総裁賞は該当作品がないとされた。
(165) 大内秀邦「観客」『映画旬報』一九四二年六月一日、三六頁。
(166) 上村泰二「大東亜共栄圏の映画建設――南方観察より帰りて」『映画配給社報』一九四三年四月一五日、四～五頁。
(167) 津村『映画政策論』三〇〇頁。
(168) 「座談会　文部省大臣賞と文部省推薦映画」一三頁。
(169) 「座談会　決戦下映画界の進路」一五頁。
(170) 同前。
(171) 不破「南方への映画工作」一一頁。
(172) 「座談会　決戦期映画界の進路」一四頁、星野「南方映画工作より還りて」一六頁。
(173) 例えば、「座談会　決戦期映画界の進路」での不破の発言（一五頁)。
(174) 古川哲次郎「満洲文化の発展と映画の地位・役割に就て」『満洲映画』日文版一九三八年五月特別号、二二頁。
(175) 譚復「観衆心理的総分析」『満洲映画』漢文版一九三八年一二月、二四頁。
(176) 村尾薫「華北と日本映画――日本映画の地位」『映画旬報』一九四二年一一月一日、一九～二二頁。

(177)「座談会　文部省大臣賞と文部省推薦映画」での齋藤晌の発言（一〇頁）。

(178) 例えば、周国慶「満洲映画の諸問題」『満洲映画』日文版一九四〇年七月、七三頁。

(179) 晏『戦時日中映画交渉史』二〇二頁。

(180) 城戸四郎「大東亜映画の構想」『映画旬報』一九四三年一〇月、一三〜一五頁。

(181)「座談会　南方映画工作の現段階」『映画旬報』一九四三年七月一日号における内海信二の発言（二五頁）。日宣「所望於我国之映画」『満洲映画』日文版一九三八年一月号、一〇頁。

(182) 岡田『映画と国家』九六頁。

(183) 例えば、「座談会　大東亜映画建設の前提」での川喜多長政の発言（七頁）。

(184) 津村『映画戦』四一頁。

(185) 李『帝国日本の朝鮮映画』一一二頁。

(186) 例えば、拙著『増殖するペルソナ――映画スターダムの成立と日本近代』名古屋大学出版会、二〇〇七年を参照されたい。

(187) 岡田『映画と国家』九七頁。

(188) 永井孝男「台北の映画館」『映画旬報』一九四二年一二月一一日、四九頁。

(189)「朝鮮映画界」『映画年鑑　昭和十八年度版』五五四頁。一方、加藤厚子は、熊谷生「半島映画界新機構瞥見」『映画旬報』一九四二年三月一日に基づきながら、一九四二年には、朝鮮の人口が約二四〇〇万人だったのに対して年間入場者数約三〇〇〇万を達成したと記している。加藤『総動員体制と映画』二一八頁。

(190) 例えば、津村『映画戦』八九頁。

(191) 津村『映画政策論』二三五〜二五七頁、引用は二三五頁。

(192)「朝鮮映画界日誌」『映画年鑑　昭和十七年度版』七の四頁。

(193) 加藤『総動員体制と映画』一八四〜一八六頁、鈴木直子「『満洲映画』にみる文化の交錯――映画と演劇、日本と中国」、上田学・鈴木直子編『復刻版　満洲映画』第八巻、ゆまに書房、二〇一三年、二一〜四〇頁を参照。加藤によれば、上映部門は一九四〇年一二月の南満洲鉄道株式会社（満鉄）の組織改革の時に新設されたが、巡回映写自体は一九三九年四月に開始されていた。こうした実践は、一九二三年に創設された満映映画班による巡回映写にまで遡ることができる。

(194) 加藤『総動員体制と映画』一八九〜二〇〇頁、田中公「華北電影の現状」『映画旬報』一九四一年一〇月一一日、二七頁。

(195) 加藤『総動員体制と映画』二一七頁、Yecies and Shim, *Korea's Occupied Cinema, 1893–1948*, 139 を参照。

(196) 次を参照。趙『植民地朝鮮／帝国日本の文化連環』二四一〜二四八頁、近藤正己『総力戦と台湾――日本植民地崩壊の研究』刀水書房、一九九六年、三六一〜四〇四頁、三澤「「皇民化」を目撃する」、吉川尚「公民と新文化」『公民教育』一九四二年六月、二四頁。

(197) 趙『植民地朝鮮／帝国日本の文化連環』二四一〜二四八頁。

(198) 田中公「華北電影の現状」『映画旬報』一九四一年一〇月一一日、二七頁。

(199) 石井照夫「満州国の巡回映写と啓民映画」『文化映画』一九四二年一月、山口猛『幻のキネマ満映――甘粕正彦と活動屋群像』平凡社、一九八九年、二〇〇頁に引用。

(200) 上村「大東亜共栄圏の映画建設」二〜四頁。

(201) 例えば、Tierney, *Tropics of Savagery*, 14.

(202) Jun Uchida, *Brokers of Empire : Japanese Settler Colonialism in Korea, 1876–1945* (Cambridge, MA : Harvard University Asia Center, 2011), 378-385.

(203) Jie Li, "A National Cinema for a Puppet State : The Manchurian Motion

Picture Association," *The Oxford Handbook of Chinese Cinema*, ed. Carlos Rojas and Eileen Cheng-Yin Chow (Oxford : Oxford University Press, 2013), 79–97.

(204) キム・ドンフン「分離されたシネマ、絡み合う歴史——日本植民地支配下の一九二〇年代朝鮮映画文化」山﨑順子訳、拙編『観客へのアプローチ』一三九〜一七〇頁。

(205) 原貴美恵「継続するサンフランシスコ体制——政治・安全保障・領土」、成田龍一・吉田裕編『岩波講座アジア・太平洋戦争 戦後編 記憶と認識の中のアジア・太平洋戦争』岩波書店、二〇一五年、六七〜九六頁。

(206) Mariko Asano Tamanoi, *Memory Maps : The State and Manchuria in Postwar Japan* (Honolulu : University of Hawai'i Press, 2009) を参照。

(207) 中野聡『東南アジア占領と日本人——帝国・日本の解体』岩波書店、二〇一二年、二八七〜二九八頁を参照。

(208) Takashi Fujitani, Geoffrey M. White and Lisa Yoneyama, "Introduction," in *Perilous Memories : The Asia-Pacific War(s)*, eds. Fujitani, White, and Yoneyama (Durham, NC : Duke University Press, 2001), 12 を参照。

(209) 遠藤『近代日本の植民地統治における国籍と戸籍』五五〜六四頁。

(210) フジタニ「殺す権利、生かす権利」一九四頁、エティエンヌ・バリバール「人種主義とナショナリズム」、エティエンヌ・バリバール、イマニュエル・ウォーラーステイン『人種・国民・階級——揺らぐアイデンティティ』新版、若森章孝他訳、大村書店、一九九七年、七一頁。

(211) Uchida, *Brokers of Empire*, 378–385.

(212) 尹健次『日本国民論——近代日本のアイデンティティ』筑摩書房、一九九七年、一一六〜一二二頁、モーリス＝スズキ『日本を再発明する』二四七頁、Oliver Dew, *Zainichi Cinema : Korean-in-Japan Film Culture* (London : Palgrave Macmillan, 2016), 5.

(213) 尹『日本国民論』一二二頁。

(214) バリバール「人種主義とナショナリズム」七一頁。

(215) Dew, *Zainichi Cinema*, 19–20.

(216) 例えば、本橋哲也・成田龍一「ポストコロニアル——「帝国」の遺産相続人として」、ロバート・J・C・ヤング『ポストコロニアリズム』本橋哲也訳、岩波書店、二〇〇五年、二一八頁、米山リサ『広島——記憶のポリティクス』小沢弘明・小澤祥子・小田島勝浩訳、岩波書店、二〇〇五年、五頁、酒井『日本／映像／米国』一九頁、伊藤智永『忘却された支配——日本のなかの植民地朝鮮』岩波書店、二〇一六年など枚挙にいとまがない。

(217) 例外として、在日大韓民国民団による行事などがある。

(218) この種の議論も枚挙にいとまがないが、例えば、Baskett, *Attractive Empire*, Chapter 5; 米山『広島』一五頁、中野敏男「「戦後日本」に抗する戦後思想——その生成と挫折」、権赫泰・車承棋編『〈戦後〉の誕生——戦後日本と「朝鮮」の境界』中野宣子訳、神泉社、二〇一七年、三六頁。

(219) よく知られているように、竹内好はその例外の代表的な例だと言えるだろう。竹内好「日本のアジア主義」（一九六三年）『日本とアジア——竹内好評論集』第三巻、筑摩書房、一九六六年、二六〇〜二六九頁。

(220) ハリー・ハルトゥーニアン『歴史と記憶の抗争——「戦後日本」の現在』カツヒコ・マリアノ・エンドウ訳、みすず書房、二〇一〇年、一四頁。

(221) 次を参照。Lori Watt, *When Empire Comes Home : Repatriation and Reintegration in Postwar* (Cambridge, MA : Harvard University Asia Center, 2009), 18. 一方で、同書を含め近年の研究では、引揚や残留孤児は、その体験や、「帝国」から「国民国家」への再編をめぐって複雑な問題を提示していたことが指摘されている。例えば、浅野豊

美『帝国日本の植民地法制——法域統合と帝国秩序』名古屋大学出版会、二〇〇八年、第VI編を参照。

（222）吉田裕「せめぎあう歴史認識」、成田・吉田編『岩波講座アジア・太平洋戦争　戦後編　記憶と認識の中のアジア・太平洋戦争』五六頁、キャロル・グラック「記憶の作用——世界の中の「慰安婦」」『歴史で考える』梅﨑透訳、二〇〇七年、三七九頁、中野敏男「東アジアで「戦後」を問うこと——植民地主義の継続を把握する問題構成とは」、岩崎稔他編『継続する植民地主義——ジェンダー／民族／人種／階級』青弓社、二〇〇五年、一二頁。

（223）代表的なものとして、大江志乃夫他編『岩波講座近代日本と植民地』全八巻、岩波書店、一九九三年、Duus, Myers and Peattie, eds. *The Japanese Wartime Empire.*

（224）例えば、修正主義歴史観の問題点を要領よく分析したものとして、テッサ・モーリス＝スズキ『過去は死なない——メディア・記憶・歴史』田代泰子訳、岩波書店、二〇〇四年、第一章。また、吉田「せめぎあう歴史認識」四六〜五三頁。

（225）吉田「せめぎあう歴史認識」四四頁。

（226）日本会議については、そのウェブサイトを参照（http://www.nipponkaigi.org）。「戦後レジーム」を唱える言説については、日本国憲法をアメリカに規定されたものとしてみなしそれを修正することで日本の自立を達成しようと訴える一方で、経済的・軍事的にアメリカに依存しようとするという矛盾が指摘されている。この矛盾については、例えば、吉田「せめぎあう歴史認識」四六〜四八頁。

（227）成田龍一「現代社会の中の戦争像と戦後像」、成田・吉田編『岩波講座アジア・太平洋戦争　戦後編　記憶と認識の中のアジア・太平洋戦争』四頁。

（228）次の研究でも、戦前から植民地主義・帝国主義の否認があったことが強調されている。Nayoung Aimee Kwon, *Intimate Empire : Collaboration and Colonial Modernity in Korea and Japan* (Durham, NC : Duke University Press, 2015), 202–204.

（229）Fujitani, White and Yoneyama, "Introduction," 9–14.

（230）米山リサ・金富子・李孝徳「「戦後」を構成する暴力」、岩崎他編『継続する植民地主義』一二四〜一六五頁。

（231）Tamanoi, *Memory Map*, 5.

（232）権赫泰・車承棋「消去を通してつくられた「戦後」日本」、権・車編『〈戦後〉の誕生』一二頁。竹内好もすでに一九六一年の講演でこのことに言及している。竹内好「方法としてのアジア」（一九六〇年）『日本とアジア』第三巻、四一六頁。

（233）山之内靖「総力戦体制からグローバリゼーションへ」『総力戦体制』ちくま学芸文庫、二〇一四年、四三六〜四三七頁。

（234）アメリカ商業映画の配給を一手に担ったセントラル・モーション・ピクチャー・エクスチェンジを介した戦前戦中の日本の映画館配給・上映の継承・再編に関しては、谷川健司『アメリカ映画と占領政策』京都大学学術出版会、二〇〇二年、三六九〜三七八頁、北村洋『敗戦とハリウッド——占領下日本の文化再建』名古屋大学出版会、二〇一四年、第六章。谷川は映画雑誌の継承にも言及している。同書、二九六〜二九七頁。さらに、GHQの下部組織である民間情報局（CIE）は、文部省と各都道府県教育委員会社会教育課を介して、「ナトコ」十六ミリ映写機によるCIE教育映画の巡回映写を日本全国で行った。ここでも、前章と本章で論じた「新しい観客」の動員を狙った戦前戦中の映画配給・上映の方法が引き継がれたことが容易に察しがつく。土屋由香『親米日本の構築——アメリカの対日情報・教育政策と日本占領』明石書店、二〇〇九年、一八〇〜一八五頁、吉原順平『日本短編映像史——文化映画・教育映画・産業映画』岩波書店、二〇一一年、九二〜九六頁を参照。

（235）米谷『アジア／日本』一六一頁。

(236) 岩淵功一『トランスナショナル・ジャパン――アジアをつなぐポピュラー文化』岩波書店、二〇〇一年、五七頁、テヅカヨシハル『映像のコスモポリティクス――グローバル化と日本、そして映画産業』せりか書房、二〇一一年、第三章、Stephanie DeBoer, *Coproducing Asia: Locating Japanese-Chinese Regional Film and Media* (Minneapolis: University of Minnesota Press, 2014), 29–37.

(237) Sven Saaler, "Pan-Asianism in Modern Japanese History: Overcoming the Nation, Creating a Region, Forging an Empire," in *Pan-Asianism in Modern Japanese History: Colonialism, Regionalism and Border*, eds. Sven Saaler and J. Victor Koschmann (London: Routledge, 2007), 16–18.

## 第五章

(1) 吉村融「テレビ・コミュニケーションと人間の思考」『思想』一九五八年一一月、二一七頁。

(2) 詳しくは、次を参照。有馬哲夫『原発・正力・CIA――機密文書で読む昭和裏面史』新潮新書、二〇〇九年、有馬哲夫『日本テレビとCIA――発掘された「正力ファイル」』宝島SUGOI文庫、二〇一一年、佐藤卓己『テレビ的教養――一億総博知化への系譜』NTT出版、二〇〇八年、七八～八二頁、有馬哲夫『こうしてテレビは始まった――占領・冷戦・再軍備のはざまで』ミネルヴァ書房、二〇一三年、奥田謙造『戦後アメリカの対日政策と日本の技術再興――日本のテレビジョン放送・原子力導入と柴田秀利』大学教育出版、二〇一五年。

(3) 佐藤『テレビ的教養』七八頁、Simon Partner, *Assembled in Japan: Electrical Goods and the Making of the Japanese Consumer* (New York: Columbia University Press, 1999), 80.

(4) 例えば、清水幾太郎「テレビ文明論」『キネマ旬報　臨時増刊「テレビ大鑑」』一九五八年六月二〇日、二八頁。ヴェルナー・リンクス『第五の壁テレビ――その歴史的変遷と実態』山本透訳、東京創元社、一九六七年、八頁、白根孝之『テレビジョン――その教育機能と歴史的使命』アジア出版社、一九五九年（佐藤『テレビ的教養』一二七頁に引用）。佐藤は、この頃の西村三十二の、「二〇世紀の後半は、原子力の平和利用と相俟って、テレビによる新しい教育、文化の躍進が約束される」という発言も引用している（佐藤『テレビ的教養』七七頁）。

(5) 丸山眞男「日本におけるナショナリズム」（一九五一年）『現代政治の思想と行動』未來社、一九六四年、一六七頁、松下圭一「大衆国家の成立とその問題性」（一九五六年）『戦後政治の歴史と思想』ちくま学芸文庫、一九九四年、二三頁、西村勝彦『大衆社会論』誠信書房、一九五八年、一六、一八頁、佐藤毅「マス・コミュニケーションの理論」、清水幾太郎編『講座現代マス・コミュニケーション第一巻　マス・コミュニケーション総論』河出書房新社、一九六一年、八六頁、ハンナ・アーレント『全体主義の起源　第三巻　全体主義』新版、大久保和郎・大島かおり訳、みすず書房、二〇一七年、二二～四〇頁（原著一九五一年）。

(6) 以下でも言及するように、これらには、社会心理学やマルクス主義など他の潮流と考えられる領域も重なり合っているところがあった。

(7) 吉見俊哉「序論――メディア・スタディーズのために」、同編『メディア・スタディーズ』せりか書房、二〇〇〇年、七頁。

(8) 伊藤守・毛利義孝「序文」、同編『アフター・テレビジョン・スタディーズ』せりか書房、二〇一四年、九頁。

(9) レイモンド・ウィリアムズ『完訳　キーワード辞典』椎名美智他訳、平凡社、二〇〇二年、一九〇～一九六頁。

(10) 鶴見俊輔「大衆」『戦後史大事典――一九四五～二〇〇四』増補新版、三省堂、二〇〇五年、五六二～五六三頁。

(11) 後藤道夫『収縮する日本型「大衆社会」――経済グローバリズムと国民の分裂』旬報社、二〇〇一年、二六～二七頁。
(12) 松下圭一「日本における大衆社会論の意義――芝田氏その他の批判に答える」『中央公論』一九五七年八月、八〇～九三頁、日高六郎「大衆社会におけるマス・コミュニケーションの問題」『東京大学新聞研究所紀要』六号、一九五七年、一一八頁。松下の論をめぐる大衆社会論争については次も参照。山田竜作『大衆社会とデモクラシー――大衆・階級・市民』風行社、二〇〇四年、一四六～一四七頁、後藤道夫『戦後思想ヘゲモニーの終焉と新福祉国家構想』旬報社、二〇〇六年、一三二～一五六頁。趙星銀『「大衆」と「市民」の戦後思想――藤田省三と松下圭一』岩波書店、二〇一七年、一二四～一四九頁。
(13) 千葉亀雄「大衆文藝の本質」『中央公論』一九二六年七月、藤竹暁「大衆文化」、作田啓一・品川精二・藤竹暁編『文化と行動（今日の社会心理学5）』培風館、一九六三年、三七八頁を参照。
(14) 池田浩士「〈大衆〉というロマンティシズム――プロレタリア文学と大衆文学の読者像」、同編『「大衆」の登場――ヒーローと読者の二〇～三〇年代（文学史を読みかえる2）』インパクト出版会、一九九八年、七三頁を参照。
(15) 同前。
(16) 池田「〈大衆〉というロマンティスズム」七三頁。
(17) 大宅壮一「文学の大衆化と娯楽化」（一九二九年）『大宅壮一エッセンス　第二巻　世相料理法』講談社、一九七六年、五一頁。また、佐藤『テレビ的教養』一一二頁も参照。
(18) 例えば、永嶺重敏「円本の誕生と「普選国民」」、吉見俊哉・土屋礼子『大衆文化とメディア』ミネルヴァ書房、二〇一〇年、二頁、山本武利「マスメディア論」『岩波講座日本通史　第一八巻　近代三』岩波書店、一九九四年、二九二～二九三頁。
(19) 室伏高信『文明の没落　第三巻　大衆時代の解剖』改造社、一九二八年、四三頁。
(20) 同前、七五～七九頁。
(21) 同前、三四～三五頁。
(22) 同前、一八頁。
(23) 同前、五頁。
(24) 同前、四頁。
(25) オルテガ・イ・ガセット『大衆の反逆』神吉敬三訳、ちくま学芸文庫、一九九五年。原著（スペイン語版）は一九三〇年（元の原稿は一九二九年）に、日本語版は一九五八年に初版が刊行されている。
(26) とはいえ、パロディやアイロニーと解釈することも不可能ではない。
(27) 室伏高信「ラヂオ文明の原理」『改造』一九二五年七月、三〇～四七頁。
(28) 山川均「無産階級運動の方向転換」『前衛』一九二二年八月、ウェブ版（https://www.marxists.org/nihon/yamakawa/index.htm）。
(29) 鷲田小彌太『昭和の思想家六七人』ＰＨＰ新書、二〇〇七年、五五頁。
(30) 「二七年テーゼ」の全訳は、『マルクス主義』一九二八年三月に別冊付録として掲載された。綾目広治「中野重治におけるマルクス主義――初期の論争を中心にして」『文教国文学』一七号、一九八五年、三八頁を参照。
(31) 栗原幸夫「大衆化とプロレタリア大衆文学」、池田編『「大衆」の登場』二一六頁。
(32) 同前、二一二～二一三頁、綾目「中野重治におけるマルクス主義」三八～四〇頁。
(33) 綾目「中野重治におけるマルクス主義」三八～四〇頁。
(34) 大山郁夫『大衆は動く』アルス、一九三〇年、四頁。

(35)権田保之助「民衆娯楽の崩壊と国民娯楽への準備」(『中央公論』一九三五年五月)『権田保之助著作集　第三巻　国民娯楽の問題　娯楽教育の研究』文和書房、一九七五年、二〇～二六頁。ただし彼は、一九二〇年代に民衆論を展開したときにも「民衆」が資本主義によって生まれた存在であると論じていた。

(36)権田保之助「事変勃発と娯楽の位置」(『改造』一九三八年六月)『権田保之助著作集』第三巻、二六～五五頁。

(37)戸坂潤「大衆の再考察」(一九三九年)『日本イデオロギー論』増補版、岩波文庫、一九七七年、三九六～四〇七頁。

(38)仲木貞一「大衆芸術としての映画」『演劇研究』一九二八年七月、八～一一頁。

(39)同前。

(40)飯島正『映画の研究』厚生閣書店、一九二九年、六三頁。

(41)飯島正『映画論ノオト』青山書院、一九三六年、二一六頁。

(42)批評家の中には、この違いを、日本映画の観客と欧米映画の観客との違いに重ねるものも少なくなかった。例えば、井関種雄「外国もの映画興行に就いて」『映画科学研究』一九三〇年六月、二一三頁。

(43)長谷川如是閑「映画芸術の大衆性と階級的歪曲」『思想』一九三二年二月、二八～三九頁、引用は三九頁。

(44)例えば、城戸四郎「文部大臣に招かれて日本映画を語る」『日本映画』一九三六年八月、四〇頁。これは同時に、映画のプロパガンダ政策を推進しようとする政府への進言ともなっている。

(45)新興映画社編『プロレタリア映画運動理論』天人社、一九三〇年、八三頁。また、拙稿「制度としての映画の批判——岩崎昶の一貫性と揺らぎ」、牧野守監修『日本映画論言説大系　第二期　映画のモダニズム期』第一巻、ゆまに書房、二〇〇四年、一～二三頁も参照のこと。

(46)岩崎昶『映画と資本主義』(往来社、一九三一年、二六四～二七六頁)に所収されている「プロレタリア映画の大衆化とその現実性」と「世界の動き」。

(47)今村太平『映画芸術の性格』第一芸文社、一九三九年、五頁。

(48)ガブリエル・タルド『世論と群集』稲葉三千男訳、未來社、一九六四年。本書の訳者によれば、原著(フランス語版)の初版は一九〇一年に刊行された。

(49)同前、一二～一三頁。

(50)ユルゲン・ハーバーバス『公共性の構造転換——市民社会の一カテゴリーについての探究』細谷貞雄・山田正行訳、未來社、一九九九年。

(51)中井正一「集団美の意義」(一九三〇年)、久野収編『中井正一全集　第二巻　転換期の美学的課題』美術出版社、一九五六年、一七九～一八五頁、引用は一八四頁。

(52)木下長宏『中井正一——新しい「美学」の試み』平凡社、二〇〇二年、一五一頁。

(53)清水幾太郎『岩波講座現代思想　第八巻　社会心理学』岩波書店、一九五一年、一一五頁。本書では、キンボール・ヤングやルイス・ワースの大衆社会論が紹介されている。

(54)松下圭一「大衆国家の成立とその問題性」(『思想』一九五六年一一月)『戦後政治の歴史と思想』一三～六〇頁、芝田進午「「大衆社会」理論への疑問——マルクス主義学徒の立場から」『中央公論』一九五七年六月、一七〇～一八七頁。松下「日本における大衆社会論の意義」八〇～九三頁。

(55)福武直・日高六郎・高橋徹編『講座社会学　第七巻　大衆社会』東京大学出版会、一九五七年。

(56)同前に加えて、次を参照。日高六郎「大衆社会におけるマス・コミュニケーションの問題」『東京大学新聞研究所紀要』六号、一九五七年、一二七～一二七頁、西村勝彦『大衆社会論』誠信書房、一九五八年、同『大衆社会』誠信書房、一九六五年、田島節夫「大衆社会論争」、宮川透・中村雄二郎・古田光編『近代日本思想論争――民選議院論争から大衆社会論争まで』青木書店、一九六三年、三四五～三六六頁、南博監修『マス・カルチャー』紀伊國屋書店、一九六三年、辻村明『大衆社会と社会主義社会』東京大学出版会、一九六七年、西原達也・巽健一『マスコミと大衆社会の心理』誠文堂新光社、一九六八年。

(57) 実際、次のように邦訳が出版されている（カッコ内の年は、初訳の出版年）。Gustave Le Bon, *La psychologie des foules*, 1895（『群衆心理』大日本文明協会、一九一〇年）; Jean-Gabriel de Tarde, *L'opinion et la foule*, 1901（『輿論と群集』赤坂静也訳、刀江書院、一九二八年）; José Ortega y Gasset, *La rebelión de las masas*, 1929（『大衆の反逆』佐野利勝訳、筑摩書房、一九五三年）; Karl Mannheim, *Mensch und Gesellschaft im Zeitalter des Umbaus*, 1935（『変革期における人間と社会――現代社会構造の研究』福武直訳、みすず書房、一九六二年）; Emil Lederer, *State of Masses : The Threat of the Classless Society*, 1939（『大衆の国家――階級なき社会の脅威』青井和夫・岩城完之訳、東京創元社、一九六一年）; Erich Fromm, *Escape from Freedom*, 1941（『自由からの逃走』日高六郎訳、創元社、一九五一年）; Sigmund Neumann, *Permanent Revolution : The Total State in a World at War*, 1942（『大衆国家と独裁――恒久の革命』岩永健吉郎・岡義達・高木誠訳、みすず書房、一九六〇年）; David Riesman, *The Lonely Crowd : A Study of the Changing American Character*, 1950（『孤独なる群集』佐々木徹郎・鈴木幸壽・谷田部文吉訳、みすず書房、一九五五年）; Hannah Arendt, *The Origins of Totalitarianism*, 1951（『全体主義の起源』全三巻、大久保和郎・大島通義・大島かおり訳、みすず書房、一九七二～七四年）; E. H. Carr, *The New Society*, 1951（『新しい社会』清水幾太郎訳、岩波新書、一九五三年）; Charles Wright Mills, *The Power Elite*, 1956（『パワー・エリート』上・下、鵜飼信成・綿貫譲治訳、東京大学出版会、一九六八～六九年）; William Kornhauser, *The Politics of Mass Society*, 1959（『大衆社会の政治』辻村明訳、東京創元社、一九六一年）。

(58) 後藤『収縮する日本型「大衆社会」』二〇〇頁。

(59) Partner, *Assembled in Japan*, 71.

(60) 林進「テレビジョンの歴史」『思想』一九五八年一一月、一四四頁。

(61) 次を参照。Jayson Makoto Chun, *"A Nation of a Hundred Million Idiots"? : A Social History of Japanese Television, 1953–1973* (New York : Routledge, 2007), 43 ; 佐藤『テレビ的教養』九一頁。

(62) 次を参照。吉田則昭「雑誌文化と戦後の日本社会」、同編『雑誌メディアの文化史――変貌する戦後パラダイム』増補版、森話社、二〇一七年、一九～二五頁、および同書七頁の表。

(63) 例えば、清水は『社会心理学』の序文（五頁）で、アメリカ中心の議論にならないように警鐘を鳴らしている。

(64) こうした目的に準じる近年の文献として、後藤『収縮する日本型「大衆社会」』、山田『大衆社会とデモクラシー』、趙星銀『「大衆」と「市民」の戦後思想――藤田省三と松下圭一』岩波書店、二〇一八年などを参照。

(65) 例えば、南博『体系社会心理学』光文社、一九五七年、五三〇頁、西村『大衆社会論』一〇～一五頁、藤竹「大衆文化」、作田・品川・藤竹編『文化と行動』二四七頁。

(66) 西村『大衆社会論』一〇～一五頁。

(67) 南『体系社会心理学』五三〇頁

(68) 上記に加えて、石川実「大衆」、石川弘義他編『大衆文化事典』弘文堂、一九九一年、四五一～四五二頁も参照。

(69) カール・マンハイム『変革期における人間と社会』杉之原寿一・長谷川善計訳、潮出版社、一九七六年、六〇～九〇頁（原著一九三五年)。

(70) フェルディナント・テンニエス『ゲマインシャフトとゲゼルシャフト――純粋社会学の基本概念』杉之原寿一訳、岩波文庫、一九五七年(原著一八八七年)、エミール・デュルケーム『社会分業論』田原音和訳、青木書店、一九七一年(原著一八九三年)、チャールズ・クーリー『社会組織論――拡大する意識の研究』大橋幸・菊池美代志訳、青木書店、一九七〇年(原著一九〇九年)。言及しているものとしては、例えば、清水『社会心理学』一一三~一一六頁、西村『大衆社会論争』第一~三章、田島「大衆社会論争」三四五~三六六頁がある。

(71) 例えば、佐藤智雄「コミュニケーションとマス・ソサエティ」、清水幾太郎編『マス・コミュニケーション講座　第一巻　マス・コミュニケーションの原理』河出書房、一九五五年、一七五頁、西原・巽『マスコミと大衆社会の心理』三~四頁、ハンナ・アーレント『人間の条件』志水速雄訳、ちくま学芸文庫、一九九四年、六四、八七頁、清水『社会心理学』一一六頁、西村『大衆社会』一三頁。

(72) 西原・巽『マスコミと大衆社会の心理』三頁。

(73) 例えば、オルテガ『大衆の反逆』一五頁、佐藤「コミュニケーションとマス・ソサエティ」一七六頁。南博「大衆娯楽調査の意義」、思想の科学研究会編『夢とおもかげ――大衆娯楽の研究』中央公論社、一九五〇年、五頁。

(74) 上記に加えて、この点をうまく要約しているものとして、塩原勉「大衆」、見田宗介他編『社会学事典』弘文堂、一九九四年、五七六頁。

(75) 上記に加えて、この点をうまく要約しているものとして、ロジャー・W・ブラウン『社会心理学講座　大衆』青井和夫訳、みすず書房、一九五七年、八七~八八頁。

(76) コーンハウザー『大衆社会の政治』一八~四〇頁。

(77) オルテガ『大衆の反逆』一七頁。

(78) この点については、第二章で指摘した。

(79) アーレント『全体主義の起源』第三巻、六~四〇、三一八~三二四頁。

(80) スーザン・バック゠モース『夢の世界とカタストロフィ――東西における大衆ユートピアの消滅』堀江則雄訳、岩波書店、二〇〇八年、一七一~一七四頁。

(81) 清水『社会心理学』一一五頁。

(82) 日高六郎「マス・コミュニケーションの歴史と概論」、清水幾太郎編『マス・コミュニケーション講座　第一巻　マス・コミュニケーションの原理』河出書房、一九五五年、五三頁。

(83) 西村『大衆社会論』一〇二頁。

(84) 例えば、西村『大衆社会』一五、七七頁。後藤宏行『大衆社会論序説』思想の科学社、一九六六年、一九~二〇頁。

(85) 佐藤忠男「大衆社会状況と映画」、同他『レンズからみる日本現代史』現代思潮社、一九五四年、二七〇頁。〔 〕内は原文。

(86) 藤田省三「現在革命思想における若干の問題」『中央公論』一九五七年二月、二一三~二二三頁、橋本健二『「格差」の戦後史――階級社会　日本の履歴書』河出書房新社、二〇〇九年、一一三頁を参照。

(87) 加藤秀俊「中間文化論」(『中央公論』一九五七年三月)『中間文化』平凡社、一九五七年、二五九~二七三頁。

(88) Partner, *Assembled in Japan*, 188.

(89) Marilyn Ivy, "Formations of Mass Culture," in *Postwar Japan as History*, ed. Andrew Gordon (Berkeley: University of California Press, 1993), 249–250; Chun, *"A Nation of a Hundred Million Idiots"?*, 80; Partner, *Assembled in Japan*, Chapter 5.

(90) 犬田充『消費の思想――大衆社会を動かすもの』日本経済新聞社、

一九六七年、一八〜二八頁。
(91) 同前、二七頁。
(92) 芝田「大衆社会」理論への疑問」。
(93) 清水幾太郎「大衆社会論の勝利——安保改定阻止闘争の中で」『思想』一九六〇年一〇月、二六〜四三頁、佐々木基一・藤田省三・佐多稲子・橋川文三「大衆の思想と行動」『新日本文学』一九六〇年八月、二九頁。
(94) Partner, *Assembled in Japan*, 189.
(95) 佐藤「大衆社会状況と映画」二七一頁。
(96) 日本経済研究センター編『日本型大衆社会の展望』日本経済研究センター、一九八四年、二九頁。
(97) 加藤「中間文化論」二七五頁。
(98) 苅谷剛彦『大衆教育社会のゆくえ——学歴主義と平等神話の戦後史』中公新書、一九九五年、一二、三七頁。
(99) Partner, *Assembled in Japan*, 3.
(100) Ibid., Chapter 6.
(101) 例えば、大沢真理「逆機能に陥った日本型セーフティネット」、橘木俊詔編『リスク社会を生きる』岩波書店、二〇〇四年、六三頁、上野千鶴子『女たちのサバイバル作戦』文春新書、二〇一三年、一三〜一四頁。
(102) 加藤秀俊「日常生活と国民運動」『思想の科学』一九六〇年七月、二八〜三一頁、引用は三一頁。
(103) 丸山「日本におけるナショナリズム」一六七頁。次も参照。J・ヴィクター・コシュマン「知識人と政治」葛西弘隆訳、アンドルー・ゴードン編『歴史としての戦後日本』下、みすず書房、二〇〇一年、四一二頁、小熊英二『〈民主〉と〈愛国〉——戦後日本のナショナリズムと公共性』新曜社、二〇〇二年、九六頁。
(104) 竹内洋『メディアと知識人——清水幾太郎の覇権と忘却』中央公論新社、二〇一二年、三一八頁。ただし、竹内は、小熊英二の著書から「下町ラジカリズム」という言葉を引用して使用しているが、小熊は、一九四〇年代後半の清水は「近代的主体性への懐疑が、民主主義やヒューマニズムの解説記事からも染み出している」と記している。小熊英二『清水幾太郎——ある戦後知識人の軌跡』御茶の水書房、二〇〇三年、三二、四〇頁。
(105) オルテガ『大衆の反逆』六六頁。
(106) 清水「大衆社会論の勝利」二八〜二九頁。
(107) 佐々木・藤田・佐多・橋川「大衆の思想と行動」二七〜二九頁、引用は二九頁。この座談会の中で、橋川文蔵も藤田に同意して「大衆社会論的な分析は失敗」だったと述べている（三〇頁）。
(108) 久野収「市民主義の成立」『思想の科学』一九六〇年七月、九〜一六頁、上田耕一郎「大衆社会論と危機の問題」『思想』一九六〇年一〇月、一六〜二五頁。両者については、ともに山田『大衆社会とデモクラシー』一八一〜一八六頁を参照。ただし、上田は日本共産党の幹部でもあった。
(109) 山田『大衆社会とデモクラシー』一五頁。
(110) 同前、二九七頁。エルネスト・ラクラウ、シャンタル・ムフ『民主主義の革命——ヘゲモニーとポスト・マルクス主義』西永亮・千葉眞訳、ちくま学芸文庫、二〇一二年（原著一九八五年）。
(111) 松下「日本における大衆社会論の意義」八四頁。
(112) 同前。また、山田『大衆社会とデモクラシー』一一〇頁も参照。
(113) 松下圭一「大衆娯楽と今日の思想状況」『思想』一九六〇年五月、一九〜二〇頁。山田『大衆社会とデモクラシー』二〇三頁も参照。
(114) 松下「大衆国家の成立とその問題性」四三頁、松下「大衆娯楽と今日の思想状況」二一頁。
(115) 松下圭一「史的唯物論と大衆社会」『思想』一九五七年五月、山田『大衆社会とデモクラシー』一一五頁における引用と説明を参照。

(116) 松下圭一「忘れられた抵抗権」『中央公論』一九五八年一一月、四〇頁。
(117) 同前、四一頁。
(118) 犬田充『大衆消費社会の終焉』中公新書、一九七七年、二九頁。
(119) 山田『大衆社会とデモクラシー』二三二頁。
(120) 同前、一八〇頁。
(121) 松下圭一「大衆社会と管理社会」『現代の理論』一九六九年九月、四一頁。
(122) 日高六郎『戦後思想を考える』岩波新書、一九八〇年、栗原彬『管理社会と民衆理性――日常意識の政治社会学』新曜社、一九八二年。
(123) 同前と山田『大衆社会とデモクラシー』一九三～一九九頁とともに、日本経済研究センター編『日本型大衆社会の展望』一五四頁も参照。
(124) 松下「大衆社会と管理社会」四六頁。
(125) 村上泰亮『新中間大衆の時代――戦後日本の解剖学』中央公論社、一九八四年、一九四頁。
(126) 中野収「現代日本の大衆社会――大衆社会論への懐疑」『世界』一九八〇年一〇月、六六～八六頁、同「大衆社会論の錯誤」『経済評論』一九八一年一月、三九～五一頁、山崎正和『柔らかい個人主義の誕生』中央公論社、一九八四年。これらについては、山田『大衆社会とデモクラシー』二三六～二四四頁を参照した。
(127) 山田『大衆社会とデモクラシー』二四〇頁参照。ダニエル・ベル『脱工業社会の到来――社会予測の一つの試み』上・下、内田忠夫他訳、ダイヤモンド社、一九七五年（原著一九七三年）。なお、村上泰亮は、同書の訳者の一人だった。
(128) 藤岡和賀夫『さよなら、大衆――感性時代をどう読むか』ＰＨＰ研究所、一九八四年、博報堂生活総合研究所編『「分衆」の誕生――ニューピープルをつかむ市場戦略とは』日本経済新聞社、一九八五年、アクロス編集室編『いま、超大衆の時代――新商品環境論』ＰＡＲＣＯ出版、一九八五年、平島康久『「小衆」をつかむ――市場が変わる！ニーズが変わる！』日本実業出版社、一九八五年、Ivy, "Formations of Mass Culture," 253 も参照。
(129) 藤岡『さよなら、大衆』一八頁。
(130) 福祉国家的政策のピークは、「福祉元年」と謳われた田中角栄内閣による一九七三年制定の老人医療費無料化と教育公務員の特別給与外形人材保護法に見て取れる。佐藤『テレビ的教養』一四八頁を参照。また、以前は、政府が介入することによって産業界のレントシェアを介した所得分配の平等化が成立していたのに対して、一九八〇年代には政府がそれを否定し、規制緩和を推し進めるようになった。このことについては次を参照。寺西重郎『歴史としての大衆消費社会――高度成長とは何だったのか？』慶應義塾大学出版会、二〇一七年、三一九頁。
(131) 西部邁『大衆への反逆』文藝春秋、一九八三年、同『大衆の病理――袋小路にたちすくむ戦後日本』日本放送出版協会、一九八七年、佐伯啓思『擬装された文明――大衆社会のパラドックス』ＴＢＳブリタニカ、一九八八年。
(132) 引用は、西部『大衆の病理』四頁。
(133) 同前、九〇、一四二頁。
(134) 犬田『大衆消費社会の終焉』、日本経済研究センター編『日本型大衆社会の展望』、藤田省三「「安楽」への全体主義――充実を取り戻すべく」『思想の科学』一九八五年八月、二～七頁（同『全体主義の時代経験』みすず書房、一九九五年、三～一五頁に再録）、暉峻淑子『豊かさとは何か』岩波新書、一九八九年。
(135) 原山浩介『消費者の戦後史――闇市から主婦の時代へ』日本経済評論社、二〇一一年、第五章。長谷正人は、一九七九年に開かれたテレビに関するシンポジウムで消費社会を称揚する渡部昇一に対して批評家・津村喬が行った批判を紹介しながら、この頃に「エコロジー運動、コミューン主義、ヒッピー文化、ドラッグカルチャーといった、文明的な便利さを拒絶して物質的には貧しくても自然のなかで精神的に豊かに生きようとするオルタナティヴな生活を探求する運動が展開された」と指摘している。長谷正人『ヴァナキュラー・モダニズムとしての映像文化』東京大学出版会、二〇一七年、二一七頁。

(136) 犬田『消費の思想』三八頁。

(137) 犬田『大衆消費社会の終焉』一八一頁。

(138) 山田『大衆社会とデモクラシー』二五〇頁に引用。

(139) 佐藤毅『イメージ時代の逆説――転換する大衆文化のゆくえ』毎日新聞社、一九七一年、堀川直義編『現代マス・コミュニケーション論』川島書店、一九七四年、ジャン・ボードリヤール『物の体系――記号の消費』宇波彰訳、法政大学出版局、一九八〇年、同『消費社会の神話と構造』今村仁司・塚原史訳、紀伊國屋書店、一九七九年。

(140) 吉本隆明「日本のナショナリズム」『自立の思想的拠点』徳間書店、一九六六年、一五九～二〇二頁。吉見俊哉と成田龍一が指摘するように、吉本は鶴見を文字コミュニケーションと非文字コミュニケーションの断層に気づいていない点で批判しているが、吉本と鶴見はともに六〇年安保を経験し、「大衆」に権力や言説に先立つ原初性を見出している点では共通している。成田龍一・吉見俊哉「近代日本の形成と解体」、同編『二〇世紀日本の思想』作品社、二〇〇二年、一三～一四頁。

(141) 小熊『〈民主〉と〈愛国〉』七二六頁。

(142) 鶴見俊輔「思想の科学研究会――趣旨と活動」一九五一年、一～二頁、鶴見和子「「戦後」の中の『思想の科学』」、思想の科学研究会編『思想の科学　会報』第一巻、柏書房、一九八二年、九～一〇頁からの引用。

(143) 田島「大衆社会論争」三四六頁。

(144) 三浦つとむ『大衆組織の理論』勁草書房、一九六一年、五頁。

(145) 小熊『〈民主〉と〈愛国〉』七三六頁。

(146) 鶴見俊輔「大衆の時代」、同編『現代人の思想　第七巻　大衆の時代』平凡社、一九六九年、一一頁。

(147) 小熊『〈民主〉と〈愛国〉』二六七頁。

(148) 鶴見は『戦後史大事典　一九四五～二〇〇四』（佐々木毅他編、三省堂、二〇〇五年、五六四頁）の項目「大衆」の中で、「大衆」の立場に立つ知識人の実践の代表的な例として谷川に言及している。谷川についての研究は多々あるが、ここではとくに、佐藤泉「共同体の再想像――谷川雁の「村」」『日本文学』五六巻一一号、二〇〇七年、三五～四四頁を参照。民衆史については、例えばキャロル・グラック『歴史で考える』梅崎透訳、岩波書店、二〇〇七年、第一章、および本書第一章を参照のこと。

(149) 南「大衆娯楽調査の意義」五頁。

(150) 加藤「中間文化論」二七五頁。

(151) Hidetoshi Kato, "The Development of Communication Research in Japan," *Japanese Popular Culture: Studies in Mass Communication and Cultural Change*, ed. Hidetoshi Kato (Tokyo: C. R. Tuttle, 1959), 34. 傍点は引用者による。

(152) 鶴見俊輔「芸術の発展」『限界芸術論』ちくま学芸文庫、一九九九年、九～八八頁。同書の解題（四五〇頁）によれば、同論文は一九六〇年七月に『講座・現代芸術　第一巻　芸術とは何か』（勁草書房）に発表され、一九六七年に単行本『限界芸術論』（勁草書房）に収録された。

(153) 鶴見「大衆の時代」一二頁。

(154) 鶴見俊輔『戦後日本の大衆文化史——一九四五〜一九八〇年』岩波書店、一九八四年、小林直毅「「消費者」、「視聴者」、そして「オーディエンス」」、小林直毅・毛利嘉孝編『テレビはどう見られてきたのか——テレビ・オーディエンスのいる風景』せりか書房、二〇〇三年、四五〜四六頁も参照。

(155) Bernard Rosenberg and David Manning White, eds. *Mass Culture : Popular Arts in America* (Flencoe, IL : Free Press, 1957). 抄訳版が次のように刊行されている。南博監修『マス・カルチャー』紀伊國屋書店、一九六三年。

(156) Bernard Rosenberg, "Mass Culture in America," and David Manning White, "Mass Culture in America : Another Point of View," in *Mass Culture*, eds. Rosenberg and White, 3–12 and 13–21.

(157) Dwight MacDonald, "A Theory of Mass Culture," in *Mass Culture*, eds. Rosenberg and White, 59–73.

(158) 南博『孤独からの解放——芸術と生活の心理学』光書房、一九五九年、一三五頁。

(159) 南「解説」『マス・カルチャー』一八〇頁。

(160) 藤竹「大衆文化」二六三頁。〔 〕内は、引用者による補足。

(161) 多田道太郎「複製芸術について」、鶴見俊輔編『現代人の思想　第七巻　大衆の時代』平凡社、一九六九年、一二六〜一二七頁。この論考は、多田道太郎『複製芸術論』講談社学術文庫、一九八五年、一四〜五五頁に再録。

(162) ミリアム・ハンセン『映画と経験——クラカウアー、ベンヤミン、アドルノ』竹峰義和・滝浪祐紀訳、法政大学出版局、二〇一七年、第三章。

(163) 鶴見俊輔「大衆芸術論」（一九五二年）『鶴見俊輔著作集』第四巻、筑摩書房、五三〜五八頁。

(164) 尾崎秀樹『大衆文化論——活字と映像の世界』大和書房、一九六六年、一五〜一八頁、引用は一六頁。

(165) 鶴見「大衆の時代」八頁。

(166) Kato, "The Development of Communication Research in Japan," 42. 〔 〕内は引用者による補足。

(167) 吉見「序論」一三〜一四頁、引用は一四頁。

(168) 例えば、佐藤卓己『現代メディア史』岩波書店、一九九八年、五頁、Aaron Gerow, "From Film to Television : Early Theories of Television in Japan," in *Media Theory in Japan*, eds. Marc Steinburg and Alexander Zahlten (Durham, NC : Duke University Press, 2017), 40.

(169) Jefferson Pooley, "The New History of Mass Communication Research," in *The History of Media Communication Research : Contested Memories*, eds. David Park and Jefferson Pooley (New York : Peter Lang, 2008), 45.

(170) 西村『大衆社会論』一六五頁。また、佐藤卓己によれば、水野正次も著書『マス・コミへの抵抗』（虎書房、一九五七年）で、同様のことを指摘している。佐藤『テレビ的教養』九二頁。

(171) ガース・S・ジャウエット、ビクトリア・オドンネル『大衆操作——宗教から戦争まで』松尾光晏訳、ジャパンタイムズ、一九九三年、二三三〜二三九頁、ナンシー・スノー『プロパガンダ株式会社——アメリカ文化の広告代理店』椿正晴訳、明石書店、二〇〇四年、三八〜四四頁。

(172) Walter Lippman, *Public Opinion* (New York : Harcourt, 1922) ; Edward Bernays, *Crystallizing Public Opinion* (New York : Liverright, 1923) ; Harold D. Lasswell, *Propaganda Technique in the World War* (New York : Knopf, 1927). ここでは原書の英語書名を直訳した。初の邦訳はそれぞれ、ウォルター・リップマン『輿論』中島行一・山崎勉治訳、大日本文明協会事務所、一九二三年、エドワード・バーネイズ『プロパガンダ教本——こんなにチョろい大衆の騙し方』中田安彦訳、成甲書房、二〇〇七年（原著の第九章を加えた、同じ訳者と出版社による邦訳は二〇一〇年）。

(173) 佐藤『現代メディア史』五頁。

(174) Pooley, "The New History of Mass Communication Research," 49, 51; Timothy Glander, *Origins of Mass Communications Research during the American Cold War: Educational Effects and Contemporary Implications* (New York and London: Routledge, 2000), 115–118.

(175) Pooley, "The New History of Mass Communication Research," 55.

(176) Ibid., 56.

(177) Hadley Cantril, *The Invasion from Mars: A Study in the Psychology of Panic* (Princeton, NJ: Princeton University Press, 1940); Robert King Merton, *Mass Persuasion: The Social Psychology of a War Bond Drive* (New York: Harper, 1946). 初の邦訳は、それぞれハドレイ・キャントリル『火星からの侵入——パニックの社会心理学』斎藤耕二・菊池章夫訳、川島書店、一九八五年、ロバート・K・マートン『大衆説得——マス・コミュニケイションの社会心理学』柳井道夫訳、桜楓社、一九七〇年。引用は、吉見俊哉『メディア文化論——メディアを学ぶ人のための一五話』有斐閣、二〇〇四年、五七頁。

(178) Elihu Katz and Paul Felix Lazarsfeld, *Personal Influence: The Part Played by People in the Flow of Mass Communications* (Glencoe, IL: Free Press, 1955). 邦訳は、『パーソナル・インフルエンス——オピニオン・リーダーと人びとの意思決定』竹内郁郎訳、培風館、一九六五年。

(179) Pooley, "The New History of Mass Communication Research," 56.

(180) Joseph T. Klapper, *The Effects of Mass Communication* (Glencoe, IL: Free Press, 1960). クラッパーとOROやラザースフェルドとの関係については、Glander, *Origins of Mass Communications Research during the American Cold War*, 65, 84.

(181) カッツ、ラザースフェルド『パーソナル・インフルエンス』三〜六頁、引用は三頁。

(182) Paul F. Lazarsfeld and Robert K. Merton, "Mass Communication, Popular Taste, and Organized Social Action," in *The Communication of Ideas*, ed. Lyman Bryson (New York: Harper, 1948), 95–118.

(183) C. Wright Mills, *White Collar: The American Middle Classes* (New York: Oxford University Press, 1951); idem, *The Power Elite* (New York: Oxford University Press, 1956). 邦訳は、『ホワイト・カラー——中流階級の生活探求』杉正孝訳、東京創元社、一九五七年、前注(57)の『パワー・エリート』。

(184) ミルズ『パワー・エリート』第一三章。

(185) Erich Fromm, *Escape from Freedom* (New York: Holt, Rinehart and Winston, 1941). 初の邦訳は『自由からの逃走』日高六郎訳、創元社、一九五一年、二七六頁。

(186) David Reisman in collaboration with Reuel Denney and Nathan Glazer, *The Lonely Crowd: A Study of the Changing American Character* (New Haven, CT: Yale University Press, 1950). 初の邦訳は、『孤独なる群衆』佐々木徹郎・鈴木幸壽・谷田部文吉訳、みすず書房、一九五五年。

(187) 佐藤「マス・コミュニケーションの理論」九八頁、南博『社会心理学——社会行動の基礎理論』光文社、一九四九年、三三七〜三五〇頁。

(188) 井口一郎『マス・コミュニケイション——どんなふうに大衆へはたらきかけるか　その理論とその実証』光文社、一九五一年、一〜一八頁、清水『社会心理学』一〇四〜一二六頁。

(189) 清水『社会心理学』一一五頁。

(190) 清水「編者のことば」、同編『マス・コミュニケーション講座』第一巻、一頁。

(191) 鶴見「大衆の時代」九頁。

(192) 清水『社会心理学』八九頁。

(193) 佐藤智雄「コミュニケーションとマス・ソサエティ」、清水編『マス・コミュニケーション講座』第一巻、一七二〜一八六頁。

(194) 日高「大衆社会におけるマス・コミュニケーションの問題」一二二頁。

(195) 南博「群衆行動と大衆行動」、戸川行男編『講座現代社会心理学 第四巻 大衆現象の心理』中山書店、一九五九年、二六四頁。南『体系社会心理学』五二九〜五三四頁も参照。

(196) 藤竹「大衆文化」二六三頁。

(197) 藤竹暁『メディアになった人間——情報と大衆現象のしくみ』中央経済社、一九八七年、二二頁。

(198) 内川芳美「マス・コミュニケーションと政治過程」、日高六郎編『マス・コミュニケーション講座 第五巻 現代社会とマス・コミュニケーション』河出書房、一九五五年、七〜一五頁、西村『大衆社会論』、高橋徹「テレビと大衆操作」、南博編『テレビ時代』河出書房新社、一九六〇年、四六〜四七頁、後藤『大衆社会論序説』、松下「大衆娯楽と今日の思想状況」。

(199) 西村『大衆社会論』一七〇頁。

(200) カッツ、ラザースフェルド『パーソナル・インフルエンス』。ただし、全四〇〇頁からなるこの大著の中で、テレビへの言及は二一、二八頁の脚注に一言ずつある程度である。一九五四年に邦訳も出版されたWibur Schramm, ed., *Mass Communications : A Book of Readings* (Urbana, IL : University of Illinois Press, 1949) も、テレビに言及している箇所はあるものの（邦訳版一五八〜一五九頁）、ラジオの方が中心に論じられている。ウィルバ・シュラム編の同書邦訳は、清水幾太郎を代表とする学習院大学社会学研究室訳『マス・コミュニケーション』として東京創元社から出版された。

(201) 井口『マス・コミュニケイション』一八頁。

(202) 清水『社会心理学』一〇四〜一二六頁。一カ所だけ「テレビジョン」（一〇八頁）という言葉が出てくるが、それについて論じているわけではない。清水幾太郎は、その二年前に発表した「マス・コミュニケーション」（戒能通孝編『日本資本主義講座』第三巻、岩波書店、一九五三年、二二七〜二七三頁）でも、雑誌、新聞、ラジオを取り上げる一方で、テレビには触れていない。

(203) 日高「マス・コミュニケーションの歴史と概論」五二頁。

(204) 佐藤「コミュニケーションとマス・ソサエティ」五一〜六一頁。

(205) 南博編『マス・コミュニケーション講座 第四巻 映画・ラジオ・テレビ』河出書房、一九五四年。ただし、同書に収められた南博「放送と社会」は、「日夜たえまなく送られてくる番組は、現代社会のさまざまなからみあいを反映し、われわれの生活のすみずみにまできわめて強力に働きかけている」（二九四頁）という、後述するテレビ論とも関係する興味深い指摘を行っている。

またこの年に、前注(200)の、マス・コミュニケーション研究の代表的な文献の一つである、シュラム編『マス・コミュニケーション』が出版されたことも言及に値するだろう。

(206) 加藤秀俊『テレビ時代』中央公論社、一九五八年。

(207) 加藤「中間文化論」。

(208) 清水幾太郎「テレビ時代のマス・コミュニケーション」、同編『講座現代マス・コミュニケーション 第一巻 マス・コミュニケーション総論』河出書房新社、一九六一年、七〜一四頁。

(209) 南編『テレビ時代』。

(210) 例えば、清水「テレビ時代のマス・コミュニケーション」に加えて、日高六郎「テレビジョン研究のひとつの前提」『思想』一九五八年一〇月、二三〜二九頁、佐藤毅・滝沢正樹「ラジオおよびテレビジョンと視聴者——マス・コミュニケーションをめぐる一つの認識論」『思想』一九五八年一一月、八九〜一〇二頁。

(211) 野口雄一郎・稲葉三千雄「大衆娯楽と娯楽産業」『思想』一九六〇

年五月、八二頁。

(212) 日高「大衆社会におけるマス・コミュニケーションの問題」一二七頁。

(213) 近代化論と近代的個については、多数の研究で言及されているが、例えば次を参照。Harry Harootunian, "American's Japan/Japan's Japan," in *Japan in the World*, eds. Masao Miyoshi and Harry D. Harootunian (Durham, NC : Duke University Press, 1993), 196–221；小熊『〈民主〉と〈愛国〉』第二章、成田龍一『近現代日本史と歴史学』中公新書、二〇一二年、一〇頁。

(214) 井口『マス・コミュニケイション』一五頁。

(215) 後藤『大衆社会論序説』二一頁。

(216) 同前、五七頁。

(217) 佐藤忠男「映画史の目的と方法」『思想の科学』一九七二年三月、七五頁。

(218) 佐藤忠男「映画・演劇の観客たち」、日高六郎編『講座現代芸術第三巻　芸術を担う人々』勁草書房、一九五八年、一七九～一九二頁。

(219) 佐藤「マス・コミュニケーションの理論」九九頁。

(220) 同前。久野収「新聞の報道機能について——現代新聞論」『思想』一九五一年六月、一～五頁。

(221) 佐藤「マス・コミュニケーションの理論」九九～一〇〇頁、清水「マス・コミュニケーション」二六五頁。

(222) 佐藤「マス・コミュニケーションの理論」一〇三頁、加藤秀俊「ある家族のコミュニケイション生活——マス・コミュニケイション過程における小集団の問題」『思想』一九五七年二月、九二～一〇八頁。

(223) 松下圭一「現代政治過程におけるマス・コミュニケーション」、清水編『講座現代マス・コミュニケーション』第一巻、一五五～一九七頁。

(224) 鶴見「大衆の時代」一九頁。

(225) 江藤文夫他編『講座・コミュニケーション』全六巻、研究社出版、一九七二～七三年。

(226) 馬場修一「大衆化の論理と集団的主体性——戸坂潤・中井正一・三木清」、江藤文夫他編『講座現代マス・コミュニケーション　第六巻　コミュニケーションの典型』研究社出版、一九七三年、一四四～一六五頁。

(227) 堀川編『現代マス・コミュニケーション論』。

(228) 栗原彬「管理社会下の大衆文化」『ジュリスト増刊総合特集　日本の大衆文化』二〇号、一九八〇年、五九～六六頁、栗原『管理社会と民衆理性』一二三～一四一頁。吉見俊哉『メディア時代の文化社会学』新曜社、一九九四年、二四七～二四九頁も参照。

## 第六章

(1) 小熊英二『〈民主〉と〈愛国〉——戦後日本のナショナリズムと公共性』新曜社、二〇〇二年、とくに六九～七〇頁。

(2) 同前、一〇〇～一〇三頁。

(3) 同前、五二～五三頁。

(4) 同前、九八頁。

(5) 同前、六三四～六三七頁。

(6) 同前、六〇四頁。

(7) 同前、六四四頁。

(8) 同前、二四四頁。

(9) 同前、七二二～七三六頁。

(10) ここでは、かぎ括弧つきの「民主」を当時の言説に根差すものとして使用し、かぎ括弧なしの民主をより全般的な意味として使用する。

（11）佐藤卓己は、テレビの初期の歴史を、「街頭テレビ時代」（一九五三〜五五年）、「近隣テレビ時代」（五五〜五八年）、「お茶の間時代」（五八年〜）のように時代区分している。佐藤卓己『テレビ的教養――一億総博知化への系譜』NTT出版、二〇〇八年、一〇〇頁。ただし、この時代区分は研究者の間で必ずしも一致しているわけではない。例えば、石田佐恵子は、「街頭テレビ」（一九五四〜五七年）、「移行期」（五八〜六三年）、「茶の間の時代」（六四〜六九年）としている。石田佐恵子「CM表現のパターン化と〈専業主婦〉オーディエンスの構築――「選択という営み」」、高野光平・難波功士編『テレビ・コマーシャルの考古学――昭和三〇年代のメディアと文化』世界思想社、二〇一〇年、一三五頁。

（12）林進「テレビジョンの歴史」『思想』一九五八年一一月、一四三頁。

（13）契約数のデータは、伊豫田康弘他『テレビ史ハンドブック――読むテレビあるいはデータで読むテレビの歴史』自由国民社、一九九八年、二一六頁を参照。

（14）古田尚輝『『鉄腕アトム』の時代――映像産業の攻防』世界思想社、二〇〇九年、一五頁。

（15）佐々木基一『テレビ芸術』パトリア書店、一九五八年、室伏高信『テレビと正力』大日本雄弁会講談社、一九五八年、ラジオ東京・朝日新聞社編『テレビ・ラジオ事典』朝日新聞社、一九五九年、清水幾太郎編『マス・レジャー叢書　第一巻　テレビジョンの功罪』紀伊國屋書店、一九六一年、波多野完治『テレビ教育の心理学』日本放送教育協会、一九六三年、ジャン・カズヌーヴ『ラジオ・テレビの社会学』大賀正喜訳、白水社、一九六三年。

（16）清水幾太郎「テレビ文明論」『キネマ旬報』一九五八年六月二〇日、二八頁。

（17）清水幾太郎「テレビ時代のマス・コミュニケーション」、同編『講座現代マス・コミュニケーション　第一巻　マス・コミュニケーション総論』河出書房新社、一九六一年、一〇頁。

（18）波多野完治・寺内礼治郎「テレビ――人間と社会を変えるもの」『キネマ旬報』一九五八年六月二〇日、三二頁。なお、この「映像」という枠組みには、のちに積極的な意味が与えられて論じられるようになる。岡田晋『映像学・序説――写真・映画・テレビ・眼に見えるもの』九州大学出版会、一九八一年。岡田は、つくる側（送り手）にとっても見る側（受け手）にとっても、視覚的メッセージとして、映画・写真・テレビを区別する理由は、今日あまり意味がなくなってしまったとの見方を示した（五頁）。また、Yuriko Furuhata, *Cinema of Actuality: Japanese Avant-Garde Filmmaking in the Season of Image Politics* (Durham, NC: Duke University Press), 39–51 も参照のこと。

（19）戒能通孝「言論の自由とテレビジョン」『思想』一九五八年一一月、二二六〜二二四頁、引用は二〇八頁。

（20）日高六郎「テレビジョン研究のひとつの前提」『思想』一九五八年一〇月、二四頁。

（21）レイモンド・ウィリアムズ「テレビと社会」、デイヴィッド・クローリー、ポール・ヘイヤー編『歴史のなかのコミュニケーション――メディア革命の社会文化史』林進・大久保公雄訳、新曜社、一九九五年、二八四〜二八五頁。

（22）Theodor W. Adorno, “Democratic Leadership and Mass Manipulation,” in *Studies in Leadership: Leadership and Democratic Action*, ed. Alvin W. Gouldner (New York: Harper & Brother, 1950), 418–421; idem, “Television and the Patterns of Mass Culture,” in *Mass Culture: The Popular Culture Arts in America*, eds. Bernard Rosenberg and David Manning White (Flencoe, IL: Free Press, 1957), 474–488. 後者は少なくとも二度翻訳出版されている。T・W・アドルノ「テレビジョンと大衆文化の諸類型」滝沢正樹訳、清水幾太郎監修『テレビジョンの

功罪』紀伊國屋書店、一九六一年、一六九～一九五頁、T・W・アドルノ「テレビと大衆文化の諸形態」平沢正夫訳、鶴見俊輔編『現代人の思想　第七巻　大衆の時代』平凡社、一九六九年、一五三～一七四頁。

(23) 高橋徹「テレビと大衆操作」、鶴見編『大衆の時代』四七～四八頁。

(24) 松下圭一「大衆天皇制論」『中央公論』一九五九年四月、三〇～四七頁。

(25) 猪瀬直樹『欲望のメディア』小学館、一九九〇年。

(26) ヴェルナー・リンクス『第五の壁テレビ――その歴史的変遷と実態』山本透訳、東京創元社、一九六七年、八頁。

(27) 佐藤『テレビ的教養』七七頁。

(28) 林進・藤竹暁「テレビ時代の成立」、南博編『テレビ時代』河出書房新社、一九六〇年、三三～三四頁。

(29) 佐藤『テレビ的教養』九〇頁。この点について佐藤は有馬哲夫の研究を参照している。有馬哲夫『日本テレビとCIA――発掘された「正力ファイル」』宝島SUGOI文庫、二〇一一年、四二四～四二七頁。

(30) 佐藤『テレビ的教養』八九頁。

(31) 同前、九二頁。

(32) 同前、一〇二頁。

(33) ジョシュア・メイロウィッツ『場所感の喪失――電子メディアが社会的行動に及ぼす影響』上、高山啓子・上谷香陽訳、新曜社、二〇〇三年、とくに第七～九章。

(34) 「空間的同時性」は、藤竹暁の言葉。藤竹暁「ラジオ体験からテレビ体験へ」、北村日出夫・中野収編『日本のテレビ文化――メディア・ライフの社会史』有斐閣、一九八三年、六一頁。

(35) 荒瀬豊「テレビジョンと印刷メディア」『思想』一九五八年一一月、六九頁。

(36) メイロウィッツ『場所感の喪失』二四七～二四八頁。

(37) リンクス『第五の壁テレビ』二一～二二頁。

(38) 志賀信夫『テレビ媒体論――その理論と実践』紀伊國屋書店、一九六八年、五二頁。

(39) 加藤秀俊「テレビジョンと娯楽」『思想』一九五八年一一月、四八頁。

(40) ジャック・デリダ、ベルナール・スティグレール『テレビのエコーグラフィー――デリダ〈哲学〉を語る』原宏之訳、NTT出版、二〇〇五年、六二～六五頁。

(41) 稲葉三千男「テレビジョン・広告・大衆」『思想』一九五八年一一月、一二五頁。

(42) 中野収「生活空間のテレビ」、北村・中野編『日本のテレビ文化』九九頁。

(43) ウィリアムズ「テレビと社会」二八七～二八九頁。

(44) 清水「テレビ文明論」二八～二九頁。同様の論として、吉村融「テレビ・コミュニケーションと人間の思考」『思想』一九五八年一一月、二二六頁、高橋徹「テレビジョンと政治」『思想』一九五八年一一月、三四頁がある。

(45) 加藤「テレビジョンと娯楽」四三頁。

(46) 南博「テレビと人間」『テレビ時代』河出書房新社、一九六〇年、七頁。

(47) 波多野・寺内「テレビ」三七頁。

(48) 南「テレビと人間」七頁。

(49) 加藤秀俊『見世物からテレビへ』岩波新書、一九六五年、二〇〇頁。

(50) 藤竹暁『メディアになった人間――情報と大衆現象のしくみ』中央経済社、一九八七年、一〇頁。

(51) 南「テレビと人間」七頁。

(52) 志賀『テレビ媒体論』二一頁。
(53) 清水「テレビ文明論」二七～二八頁。
(54) 加藤秀俊『テレビ時代』中央公論社、一九五八年、五一頁。
(55) 波多野・寺内「テレビ」三一～三二頁。
(56) 犬田充『消費の思想――大衆社会を動かすもの』日本経済新聞社、一九六七年、一九～三三頁。
(57) 波多野『テレビ教育の心理学』六二頁。
(58) 加藤『テレビ時代』一二頁。
(59) 志賀『テレビ媒体論』五二頁。
(60) デリダ、スティグレール『テレビのエコーグラフィー』一三〇～一三二頁。
(61) ロジャー・シルバーストーン「テレビジョン、存在論、移行対象」土橋臣吾・伊藤守訳、吉見俊哉編『メディア・スタディーズ』せりか書房、二〇〇〇年、五五～八一頁。
(62) このパフォーマティヴィティの考え方については、ジュディス・バトラー『ジェンダー・トラブル――フェミニズムとアイデンティティの撹乱』竹村和子訳、青土社、一九九九年を参照。ただし、もちろん、ここでは習慣的蓄積の面に焦点を合わせ、撹乱の面は考慮に入れていない。
(63) 加藤『テレビ時代』一五頁。
(64) 加藤「テレビジョンと娯楽」四八頁。
(65) 加藤秀俊「テレビ文明の展望」『中央公論』一九五八年二月、二一一～二一二頁。
(66) 加藤「テレビジョンと娯楽」四九～五二頁。
(67) ダニエル・J・ブーアスティン『幻影の時代――マスコミが製造する事実』後藤和彦・星野郁美訳、東京創元社、一九六四年、二三頁（原著一九六二年）。
(68) 志賀『テレビ媒体論』九六頁。
(69) デリダ、スティグレール『テレビのエコーグラフィー』七一～七二頁。
(70) エドガール・モラン『大衆文化の社会学』宇波彰訳、法政大学出版局、一九七九年、三六頁。
(71) 加藤「テレビジョンと娯楽」四四頁。
(72) 同前、四六頁、佐々木基一「テレビ文化とは何か？」『思想』一九五八年一一月、二二七頁。
(73) 加藤『テレビ時代』五一頁。
(74) 井田美恵子「テレビと家族の五〇年――〝テレビ的〟一家団欒の変遷」『NHK放送文化研究所年報二〇〇四』四八号、日本放送協会、二〇〇四年、一一一～一四四頁、引用は一三八頁。水島久光『テレビジョン・クライシス――視聴率・デジタル化・公共圏』せりか書房、二〇〇八年、八五頁も参照。
(75) 波多野・寺内「テレビ」三五～三六頁。
(76) 同前、四〇頁。
(77) 南博「テレビと人間」一〇頁。
(78) 藤竹『メディアになった人間』三〇頁。
(79) 藤竹暁『テレビメディアの社会力――マジックボックスを解読する』有斐閣、一九八五年、一四四頁。また、同「思想の言葉　環境となったテレビ」『思想』二〇〇三年一二月、四頁。
(80) 佐藤『テレビ的教養』。
(81) ヴァルター・ベンヤミン「パリ――十九世紀の首都」『ベンヤミン・コレクション』第一巻、浅井健二郎・久保哲司訳、ちくま学芸文庫、一九九五年、三二五～三五六頁。
(82) 南博「テレビジョンと受け手の生活――受けとり反応と社会効果の問題点」『思想』一九五八年一一月、一〇四頁。
(83) 加藤『見世物からテレビへ』二〇〇～二〇二頁。
(84) 稲葉「テレビジョン・広告・大衆」一二〇頁。

(85) 佐藤卓己『現代メディア史』岩波書店、一九九八年、二〇一頁。

(86) カズヌーヴ『ラジオ・テレビの社会学』三七頁。

(87) 南「テレビジョンと受け手の生活」一〇三～一〇四頁。

(88) 同前、一一三頁。

(89) 高橋「テレビと大衆操作」八一頁。

(90) 藤竹暁「大衆文化」、作田啓一・品川精二・藤竹暁編『文化と行動（今日の社会心理学5）』培風館、一九六三年、三四四頁。他にも、西村勝彦はハドレイ・キャントリルとゴードン・オールポートに依拠しながら、ラジオと新聞を比較し、「心理にくいこんで情緒化せしめるはたらきからいえばラジオの方が一そう強烈」と指摘している（西村勝彦『大衆社会論』誠信書房、一九五八年、一五八頁）。

(91) とはいえ、上記のように、藤竹はテレビを含むマス・メディアの情動的・感覚的側面に言及することがしばしばあった。前掲論文に加えて、藤竹『メディアになった人間』二二頁、同「テレビジョン再考」『思想』二〇〇三年一二月、二～六頁。

(92) 高橋「テレビと大衆操作」四九頁。

(93) Miryam Sas, "The Culture Industries and Media Theory in Japan," in *Media Theory in Japan*, eds. Marc Steinberg and Alexander Zahlten (Durham, NC : Duke University Press, 2017), 56-57を参照。

(94) Raymond Williams, *Television : Technology and Cultural Form* (London : Routledge, 1974), 95.

(95) Jayson Makoto Chun, "*A Nation of a Hundred Million Idiots*"? : *A Social History of Japanese Television, 1953-1973* (London : Routledge, 2007), 11.

(96) マーシャル・マクルーハン『メディア論――人間の拡張の諸相』栗原裕・河本仲聖訳、みすず書房、一九八七年、七～二二頁。

(97) 同前、一〇八～一一五頁とChun, "*A Nation of a Hundred Million Idiots*"?, Chapter 6を参照。

(98) 加藤『テレビ時代』五一頁。

(99) 佐々木「テレビ文化とは何か？」二三〇頁。

(100) 近藤春雄『現代人の思考と行動――マス・コミュニケーションとその影響』上・下、文雅堂書店、一九六〇年。佐藤『テレビ的教養』一二〇頁を参照。

(101) 犬田『消費の思想』、とくに四、一八頁。

(102) 佐々木「テレビ文化とは何か？」二三〇頁。

(103) 例えば、加藤「テレビジョンと娯楽」四六頁。

(104) 大宅壮一「"一億総評論家"時代」（一九五八年一月）『大宅壮一エッセンス　第二巻　世相料理法』講談社、一九七六年、一一八～一一九頁。

(105) 鈴木みどり『テレビ・誰のためのメディアか』学藝書林、一九九二年、二頁。

(106) 鶴見俊輔『戦後日本の大衆文化史――一九四五～一九八〇年』岩波書店、一九八四年、六六～一三二頁。

(107) Furuhata, *The Cinema of Actuality*, 68-72.

(108) 志賀『テレビ媒体論』二一二頁。

(109) テレビにおける劇場型犯罪と権力への抵抗については、金嬉老事件も含め、古畑百合子が精緻な分析を行っている。Furuhata, *The Cinema of Actuality*, esp. Chapters 2, 3, 5.

(110) 林・藤竹「テレビ時代の成立」四〇頁。

(111) 文部省社会教育局視聴覚教育課『テレビと社会教育』一九五八年、藤竹暁『テレビの理論――テレビ・コミュニケーションの基礎理論』岩崎放送出版社、一九六九年、二一〇頁を参照。

(112) 桜井哲夫『ＴＶ――魔法のメディア』ちくま新書、一九九四年、一二三頁を参照。

(113) 『日本の素顔』については、次を参照。崔銀姫『日本のテレビドキュメンタリーの歴史社会学』明石書店、二〇一五年、丹羽美之「テレビ・ドキュメンタリーの成立――ＮＨＫ『日本の素顔』」『マスコミュニケーション研究』五九号、二〇〇一年、一六四～一七七頁、宮田章「『日本の素顔』と戦後近代――テレビ・ドキュメンタリーの初期設定　第一回」『放送研究と調査』二〇一四年八月、二四～五七頁。

(114) 藤竹『テレビの理論』二一〇頁。

(115) 桜井『ＴＶ』一二三頁。

(116) 小川文弥「コミュニケーション行為としてのテレビ視聴」、田中義久・小川文弥編『テレビと日本人――「テレビ五〇年」と生活・文化・意識』法政大学出版局、二〇〇五年、九五頁。

(117) 落合恵美子『二一世紀家族へ――家族の戦後体制の見かた・超えかた』有斐閣、一九九七年、国広陽子「テレビ娯楽の変遷と女性――テレビドラマを中心に」、同編『メディアとジェンダー』勁草書房、二〇一二年、六九頁に引用。

(118) 吉見俊哉『メディア文化論――メディアを学ぶ人のための一五話』有斐閣、二〇〇四年、一八六頁。

(119) 国広「テレビ娯楽の変遷と女性」六九頁。また次も参照。大沢真理「逆機能に陥った日本型セーフィティネット」、橘木俊詔編『リスク社会を生きる』岩波書店、二〇〇四年、六三頁、上野千鶴子『女たちのサバイバル作戦』文春新書、二〇一三年、一三～一四頁。不均衡な性別役割分業が高度経済成長を支えていたことについては、次章以降でも考察する。

(120) 石田「ＣＭ表現のパターン化と〈専業主婦〉オーディエンスの構築」一五〇～一五一頁。

(121) 『キネマ旬報』一九五八年六月二〇日の折り込み。

(122) ＮＨＫ放送世論調査所編『テレビと生活時間――昭和四〇年度国民生活時間調査解説編』日本放送協会、一九六七年、四九～五〇頁。

(123) こうした家庭内のテレビ視聴とジェンダーのポリティクスに関しては、イギリスのケースではあるが、よく知られたデイヴィッド・モーレーの次のエスノグラフィックな研究は参考になる。David Morley, *'Nationwide' Audience* (London : British Film Institute, 1980).

(124) 多田昇『テレビの思想――日本的発想からの転換』サイマル出版会、一九七二年、一五四～一五五頁。

(125) 佐藤『テレビ的教養』二〇三頁。

(126) 桜井『ＴＶ』一〇〇頁。

(127) 小川「コミュニケーション行為としてのテレビ視聴」九五頁。

(128) Thomas Lammare, *Anime Ecology : A Genealogy of Television, Animation, and Game Media* (Minneapolis : University of Minnesota Press, 2018), 136.

(129) 大江健三郎『世界の若者たち』新潮社、一九六二年、六六頁、佐藤『テレビ的教養』二〇一頁における引用。

(130) 同前、二〇二頁。

(131) 岡田晋「その交流点」『キネマ旬報』一九五九年五月下旬、五一頁。

(132) Jonathan Gray, *Show Sold Separately : Promos, Spoilers and other Media Paratexts* (New York : New York University Press, 2010), Chapter 1.

(133) 永嶺重敏『雑誌と読者の近代』日本エディタースクール、一九九七年。

(134) マーク・スタインバーグ『なぜ日本は〈メディアミックスする国〉なのか』中川譲訳、角川書店、二〇一五年、三五頁。

(135) 同前、第四章。

(136) 尾崎秀樹『大衆文化論――活字と映像の世界』大和書房、一九六六年、二二二頁。

(137) スタインバーグ『なぜ日本は〈メディアミックスする国〉なのか』第二、三章。

(138) 同前、第二章。

(139) 同前、一九三頁。

(140) ここで敢えて「一つの力として」と付け加えたのは、学術研究ではテレビがライブや速報性と結びつけられて想像される一方で、アニメーションとの関係が無視されがちだというトーマス・ラマールの批判を考慮してのことである。Lammare, *Anime Ecology*, 4.

(141)「テレビの受信契約数は、前年五月に一〇〇万件をこえたが、この結婚式の一週間前には、一挙に二〇〇万件を突破した」（伊豫田他『テレビ史ハンドブック』三〇頁）。

(142)「開会式の視聴率が八〇パーセントを超え」た（同前、四六頁）。

(143)「メディアポ」の記事（http://www.homemate-research-tv-station.com/useful/12385_facil_088/）によれば、アポロの月面着陸のＮＨＫの視聴率は六八パーセントだった。

(144) 井上宏『テレビ文化の社会学』世界思想社、一九八七年、一二二頁。

(145) Simon Partner, *Assembled in Japan : Electrical Goods and the Making of the Japanese Consumer* (New York : Columbia University Press, 1999), 163, 237.

(146) 中村光夫・安部公房「対談　テレビジョン時代と芸術」『思想』一九五八年一一月、二四三頁。

(147) ブーアスティン『幻影の時代』一五〜五三頁。引用は、桜井『ＴＶ』七六頁による要約。

(148) 今村金衛『映画産業』有斐閣、一九六〇年、一六三頁。今村と多少違い、日本映画製作者連盟「日本映画産業統計」（http://www.eiren.org/toukei/data.html）によれば、一九五八年の入場者数は一一億二七四五万二〇〇〇人、六八年は三億一三三九万八〇〇〇人。

(149) 同前、一六三頁。

(150) 北村洋『敗戦とハリウッド——占領下日本の文化再建』名古屋大学出版会、二〇一四年。

(151) 吉見俊哉「映画館という戦後——変容する東京の盛り場のなかで」、同他編『日本映画は生きている　第三巻　観る人、作る人、掛ける人』岩波書店、二〇一〇年、九七頁。

(152) 同前、九三頁。

(153) 社会心理研究所「映画はどうみられているか」、日高六郎編『マス・コミュニケーション講座　第五巻　現代社会とマス・コミュニケーション』河出書房、一九五五年、二八八頁。

(154) ＣＩＥ映画とＵＳＩＳ映画については、次を参照。中村秀之「占領下米国教育映画についての覚書——『映画教室』誌にみるナトコ（映写機）とＣＩＥ映画の受容について」『CineMagaziNet !』（http://www.cmn.hs.h.kyoto-u.ac.jp/CMN6/nakamura.htm）、土屋由香・吉見俊哉編『占領する眼・占領する声——ＣＩＥ／ＵＳＩＳ映画とＶＯＡラジオ』東京大学出版会、二〇一二年、土屋由香『親米日本の構築——アメリカの対日情報・教育政策と日本占領』明石書店、二〇〇九年。

(155) 佐藤『テレビ的教養』九二頁。

(156) Chun, "*A Nation of a Hundred Million Idiots*"?, 44.

(157) 加藤秀俊「中間音楽の問題」『中間文化論』平凡社、一九五七年、二九三頁。

(158) 日本長期信用銀行産業研究会『レジャー産業』東洋経済新報社、一九七〇年、五二〜六〇頁。

(159) 同前、五七頁でも、他のさまざまなレジャーに対するテレビの影響力の強さが示されている。

(160) 瓜生忠夫『マス・コミ産業——その日本における発展の特異性』増訂版、法政大学出版局、一九六二年、一〜三八、一九三〜二一一頁。

(161) 古田『「鉄腕アトム」の時代』三三頁。

(162) 同前、六七頁。

(163) 北浦寛之『テレビ成長期の日本映画——メディア間交渉のなかの

ドラマ』名古屋大学出版会、二〇一八年、六八頁。
(164) 古田『「鉄腕アトム」の時代』八二頁。
(165) 北浦「テレビ成長期の日本映画」六九頁。これら映画業界とテレビ局に関する一連の動きについては、古田尚輝「劇映画〝空白の六年〟完」『成城文藝』二〇一号、二〇〇七年、一二〇~一五〇頁も参照。
(166) 古田『「鉄腕アトム」の時代』五三頁。
(167) 瓜生忠夫「テレビジョンと映画」『思想』一九五八年一一月、八四頁。
(168) Furuhata, *The Cinema of Actuality*, 4.
(169) Alexander Zahlten, *The End of Japanese Cinema: Industrial Genres, National Times, and Media Ecologies* (Durham, NC: Duke University Press, 2017), Chapter 2 を参照。
(170) 望月衛「映画の大衆性」、思想の科学研究会編『夢とおもかげ——大衆娯楽の研究』中央公論社、一九五〇年、二二九頁。都市と地方の差については、次も参照。瓜生忠夫『映画的精神の系譜』月曜書房、一九四七年、五三~八六頁、東大学生・社会教育調査班「映画企業と観客動員」『社会教育』第六巻二号、一九五一年、四七~五一頁。
(171) Furuhata, *The Cinema of Actuality*.
(172) 佐々木基一「その分岐点」、「映画とテレビの分岐点・交流点」『キネマ旬報』一九五九年五月下旬、四九~五〇頁、引用は五〇頁。
(173) 岡田『映像学・序説』五頁。
(174) カズヌーヴ『ラジオ・テレビの社会学』三七頁。
(175) 岩崎昶「現代の映画・テレビ」、富永惣一他編『講座現代芸術　第七巻　今日の芸術』勁草書房、一九五九年、二八七頁。
(176) 洞ヶ瀬真人「対話を触発するドキュメンタリー——六〇年代学生運動映画の表現様式をめぐって」『JunCture——超域的日本文化研究』八号、二〇一七年、一四二~一四三頁を参照。
(177) 佐藤『テレビ的教養』一〇四頁。
(178) 波多野・寺内「テレビ」三七頁。
(179) 「映画観客の実態——法大映研の調査報告から」『映画新報』一九五〇年七月、二四~二六頁、東大学生・社会教育調査班「映画企業と観客動員」『社会教育』一九五一年二月、四七~五一頁、南「映画の観客調査」二四三~二五二頁。このほかに、「世論調査報告・映画観客の動態」『キネマ旬報』一九四九年一月、二四~二五頁も同種の調査として付け加えておきたい。
(180) 前掲『映画新報』掲載報告の題目「映画観客の実態」。
(181) 前掲『キネマ旬報』掲載報告の題目「映画観客の動態」。
(182) 東大学生・社会教育調査班「映画企業と観客動員」四七頁。
(183) 南博「大衆娯楽調査の意義」、思想の科学研究会編『夢とおもかげ』六頁。
(184) 市場調査については、加藤厚子「映画会社の市場認識と観客——一九三〇~一九六〇年代を中心に」、拙編『観客へのアプローチ』森話社、二〇一一年、八七~一一一頁を参照。
(185) 南博「映画の分析——社会心理学的方法」『思想の科学』一九四八年七月、三五~四〇頁。
(186) 南をはじめとするマス・コミュニケーション論では、ペイン財団研究所（Payne Fund）やラザースフェルドなどのアメリカの映画観客調査やメディアのオーディエンス調査を参照することが多かった。例えば、同前に加えて、井口一郎『マス・コミュニケーション——どんなふうに大衆へはたりかけるか　その理論とその実証』光文社、一九五一年、一七九~一八六頁。
(187) 南博「映画の観客心理」『映画新報』一九五〇年一〇月、一四~一五頁。
(188) 社会調査研究所（南博・加藤秀俊・高野悦子）「戦後日本における

映画コミユニケイシオンの実態」『思想』一九五一年八月、七八頁。また、思想の科学研究会編『夢とおもかげ』所収の南「映画の観客調査」(二四三〜二五三頁)でも同じ結果に触れている。

(189) 同前、七二一頁。

(190) 社会心理研究所「映画はどうみられているか」二八八〜二九七頁。社会調査研究所(南・加藤・高野)「戦後日本における映画コミュニケーションの実態」七二一〜七九頁、南「映画の観客調査」二四三〜二五二頁も参照のこと。

(191) 今村太平「日本映画と大衆思想」『思想』一九五一年八月、七二九頁。

(192) 瓜生『映画的精神の系譜』八五頁。

(193) 同前。瓜生は、『映画と近代精神』(学徒援護会、一九四七年)という題名の書籍も同時期に出版している。

(194) 印南高一『映画社会学』早稲田大学出版部、一九五五年、六五頁。

(195) 岡本博「行儀の悪さも〝批評〟である」『映画評論』一九五八年一一月、三九頁。

(196) 滝沢一「孤独と沈黙へのアンチテーゼ――関西の映画館と映画観客」『映画評論』一九五八年一一月、六九頁。

(197) 波多野『テレビ教育の心理学』六二頁。

(198) 滝沢「孤独と沈黙へのアンチテーゼ」四五〜四六頁。

(199) 印南『映画社会学』一三七頁。

(200) 菊盛英夫『われらの映画』くれは書店、一九四九年、八〜一〇、一七五〜一七九頁、引用は八頁。

(201) 岩崎「現代の映画・テレビ」二六三〜二九一頁。

(202) 菊盛『われらの映画』八頁。

(203) 岩崎「現代の映画・テレビ」二九一頁。

(204) 松本俊夫『映像の発見――アヴァンギャルドとドキュメンタリー』清流出版、二〇〇五年、二一七頁、初版は一九六三年。傍点は原文。

(205) 佐藤忠男「映画は何を総合するか」『映画芸術』一九五六年四月。同年に「日本映画の伝統」に改題されて『日本の映画』三一書房、一九五六年に所収され、のちに佐藤忠男『大衆文化の原像』岩波書店、一九九三年(三〜三八頁)に収められた。ここでは、以下同様に、『大衆文化の原像』に収められた論考を参照する。

(206) 同前、一八頁。

(207) 同前、二三頁。

(208) 同前、九頁。波多野完治『映画の心理学』(新潮社、一九五七年、七二頁)も同様のことを指摘している。

(209) 佐々木基一『現代の映画』大日本雄弁会講談社、一九五八年、五三頁。

(210) 同前、五六頁。

(211) 南博『孤独からの解放――芸術と生活の心理学』光書房、一九五九年、一四三頁。

(212) 同前、一五六〜一五七頁。

(213) 同前、一四五頁。

(214) 同前、一四二頁。

(215) 南「解説」、同監修『マス・カルチャー』紀伊國屋書店、一九六三年、一八〇頁。

(216) 瓜生『マス・コミ産業』二八〜三八頁。

(217) 「女性観客層の研究」『キネマ旬報』一九五七年一〇月一日、一四五〜一四九頁。

(218) Zahlten, *The End of Japanese Cinema*, Chapter 2.

(219) 「女性観客層の研究」一四九頁。

(220) 南「テレビジョンと受け手の生活」一〇三頁。南が一九五六年に訳出したロジャー・マンヴェルの『映画と大衆』――原題は *The Film and the Public* だが、南は *the Public* に「大衆」の訳を当てた

——もまた、映画観客が批判力をもつように成長してきていることを指摘しつつ、「観客を緊張させるより、緩めるもの、感情を掻き立てるよりも鎮めるもの」としての映画の機能を強調していた。ロジャー・マンヴェル『映画と大衆』南博訳、紀伊國屋書店、一九五六年、七二頁。

(221) 瓜生忠夫『日本の映画』岩波新書、一九五六年、一六頁。傍点は引用者による。

(222) 同前、五〜一四頁。

(223) Zahlten, *The End of Japanese Cinema*, Chapter 2.

(224) この点については、さらなる調査が必要である。

(225) 社会心理研究所「映画と社会」、南博編『マス・コミュニケーション講座　第四巻　映画・ラジオ・テレビ』河出書房、一九五四年、一六五頁も参照のこと。

(226) ピーター・B・ハーイ『帝国の銀幕——十五年戦争と日本映画』名古屋大学出版会、一九九五年、第五章、平野共余子『天皇と接吻——アメリカ占領下の日本映画検閲』草思社、一九九八年、第五章。

(227) 南博『体系社会心理学』光文社、一九五七年、五五八〜五六九頁。また、同様の見識を示すものとして、社会心理研究所「映画と社会」一六五頁も参照のこと。

(228) 中井怜「サークル運動の幾歳月」『映画評論』一九五八年一一月、六〇頁。

(229) 佐々木「テレビ文化とは何か?」二三〇頁。

(230) 山田和夫「観客は映画を管理できる——自主上映運動の意味するもの」『映画評論』第一七巻九号、一九六〇年、三六〜三九頁、時実象平「自主上映運動の問題点」『文化評論——日本共産党中央委員会思想文化誌』一九六二年四月、四六〜四九頁。

(231) 佐藤忠男「映画」、南博他編『講座現代芸術　第四巻　マス・コミのなかの芸術』勁草書房、一九六一年、一四一頁。またこの上映運動については、山田和夫「「松川事件」の成功を訴える——とくに〝自主上映〟の現在的意義について」『映画評論』第一八巻二号、一九六一年、一二四〜一二八頁を参照。さらに、映画サークル運動の全体像と詳細ついては、佐藤洋「映画を語り合う自由を求めて——映画観客運動史のために」、吉見他編『観る人、作る人、掛ける人』一一三〜四一頁を参照。

(232) 「原子力ムラ」については、例えば、福島原発事故独立検証委員会『調査・検証報告書』ディスカヴァー・トゥエンティワン、二〇一二年、第九章を、「原子力ロビー」については、コリン・コバヤシ『国際原子力ロビーの犯罪——チェルノブイリから福島へ』以文社、二〇一三年を参照。

(233) 例えば、「図解・国際　世界の原発（二〇一六年一二月）」『時事ドットコムニュース』(https://www.jiji.com/jc/graphics?p=ve_int_world20161226j-02-w680)。

(234) 中野「生活空間のテレビ」九八頁。

(235) Chun, “*A Nation of a Hundred Million Idiots*”?, 295.

(236) 例えば、日本経済研究センター編『日本型大衆社会の展望』日本経済研究センター、一九八四年、二九頁。

(237) Tessa Morris-Suzuki, *Beyond Computopia : Information, Automation and Democracy in Japan* (London : Kegan Paul International, 1998). 引用は、Gabriella Lukács, *Scripted Affects, Branded Selves : Television, Subjectivity, and Capitalism in 1990s Japan* (Durham, NC : Duke University Press, 2011), 39.

(238) 例えば、Ash Amin, “Post-Fordism : Models, Fantasies and Phantoms of Transition,” in *Post-Fordism : A Reader*, ed. Ash Amin (Oxford : Wiley-Blackwell, 1995), 7-11. また、デヴィッド・ハーヴェイ『ポストモダニティの条件』吉原直樹訳、青木書店、一九九九年、第八〜一一章も参照。

(239) スタインバーグ『なぜ日本は〈メディアミックスする国〉なのか』二〇六～二一八頁。

(240) Lukács, *Scripted Affects, Branded Selves*, Introduction and Chapter 1.

(241) 経済企画庁国民生活局編『消費構造変化の実態と今後の展望――「大衆消費」から「消費ルネサンス」へ』大蔵省印刷局、一九八四年、一頁。

(242) 安藤丈将『ニューレフト運動と市民社会――「六〇年代」の思想のゆくえ』世界思想社、二〇一三年、一三三～一三五頁。

(243) 渡辺治「日本の新自由主義――ハーヴェイ『新自由主義』に寄せて」、デイヴィッド・ハーヴェイ『新自由主義――その歴史的展開と現在』渡辺治・森田成也・木下ちがや他訳、作品社、二〇〇七年、二九〇～三二九頁を参照。ただし、渡辺は、中曽根内閣の試みを「早熟的な新自由主義改革」（二九七頁、傍点は原文）とみなし、一九九〇年代半ばの細川政権こそが新自由主義改革の端緒と位置づけていたり（二九七、三一四頁）、日本における「新自由主義改革」の進行が円滑なものではなかった点を強調したりしているように、ここでの記述よりも複雑な過程を論じている。

(244) 同前、三〇〇～三〇二、三一六～三一八頁、後藤道夫『収縮する日本型〈大衆社会〉――経済グローバリズムと国民の分裂』旬報社、二〇〇一年、第二章。

(245) 例えば、ハーヴェイ『ポストモダニティの条件』第三章。

(246) 例えば、ハーヴェイ『新自由主義』六四、二七四頁を参照。また、フレドリック・ジェイムソンは「ネオリベラリズム」という言葉こそ使わないものの、それと同等の「後期資本主義」のロジックとポストモダニズムの共犯関係を批判的に分析している。Fredrick Jameson, *Postmodernism or, the Cultural Logic of Late Capitalism* (Durham, NC : Duke University Press, 1997), Chapter 1.

(247) ジル・ドゥルーズ「追伸――管理社会について」『記号と事件――一九七二～一九九〇年の対話』宮林寛訳、河出書房新社、一九九二年、二九二～三〇〇頁、および水嶋一憲「ネットワーク文化の政治経済学――ポストメディア時代における〈共〉のエコロジーに向けて」、伊藤守・毛利嘉孝編『アフター・テレビジョン・スタディーズ』せりか書房、二〇一四年、一八～二〇頁を参照。「管理社会」（もしくはコントロール社会）については、次章でも「市民」とのかかわりで検討している。

(248) 例えば、Wendy Hui Kyong Chun, *Control and Freedom : Power and Paranoia in the Age of Fiber Optics* (Cambridge, MA : MIT Press, 2008) とアレクサンダー・R・ギャロウェイ『プロトコル――脱中心化以後のコントロールはいかに作動するのか』北野圭介訳、人文書院、二〇一七年を参照。いずれも、ドゥルーズ「追伸」に着想を得ている。

**第七章**

(1) 名古屋生活クラブは、後述する「生活クラブ」（現在の正式名称は、「生活クラブ事業連合生活協同組合連合会」）とは運営上の関係はない。

(2) 傍点は引用者による。

(3) 辞書的な意味としては、例えば、『広辞苑』第六版・電子辞書版（岩波書店、二〇一一年）によれば、「市民」は、一「市の住民。都市の構成員」、二「(citizen（イギリス）・Bürger（ドイツ））国政に参与する地位にある国民。公民。広く、公共空間の形成に自律的・自発的に参加する人々」、三「ブルジョワの訳語」と定義されている。

(4) 小市民映画については、例えば、筈見恒夫「小津安二郎の小市民性」『映画評論』一九三〇年七月、二四～二六頁、菊本武夫「小市民的世界」『映画評論』一九三〇年七月、三三～三四頁、池田壽夫「小市民《プチ・ブル》映画論――明るさ・ユーモア・ペーソスの階級性」『映画評論』一九三二年四月、一一八〜一二三頁、松井榮「小市民映画論」『キネマ旬報』一九三三年四月一一日、五四頁。また、次も参照。Woojeong Joo, *The Cinema of Ozu Yasujiro: Histories of the Everyday Life* (Edinburgh: Edinburgh University Press, 2017), Chapter 1. 一方、一九八〇年代以降「市民映画館」と称する施設も出現している。ここには、娯楽や消費文化と区別される公共性のニュアンスが加味されていることに注意したい。張智恩「日本における市民映画館の台頭と展開」『映像学』七一号、二〇〇三年三月、五〜二六頁を参照のこと。

(5) ここで敢えて「再定義」ではなく「再編成」という言葉を使用したのは、それが単なる言説上の意味の変更ではなく、以下の文献を参照しながらドゥルーズとガタリの概念 agencement/assemblage（邦訳では「アレンジメント」）に依拠して、非言説的な物質的条件や遂行行為ともかかわっていることを示唆しているからである。ジル・ドゥルーズ、フェリックス・ガタリ『千のプラトー——資本主義と分裂症』宇野邦一他訳、河出書房新社、一九九四年。Stephen E. Crofts Willey, Tabita Moreno and Daniel M. Sutko, "Subjects, Networks, Assemblages: A Materialist Approach to the Production of Social Space," in *Communication Matters: Materialist Approaches in Media, Mobility and Networks*, eds. Jeremy Packer and Stephen B. Crofts Willey (London and New York: Routledge, 2011), 183-195; ジュディス・バトラー『アセンブリ——行為遂行性・複数性・政治』佐藤嘉幸・清水知子訳、青土社、二〇一八年、九二頁（原著二〇一五年）。

(6) ウルリヒ・ベック『危険社会——新しい近代への道』東廉・伊藤美登里訳、法政大学出版局、一九九八年。

(7) ニクラス・ルーマン『リスクの社会学』小松丈晃訳、新泉社、二〇一四年、三八〜四五頁。

(8) ウィキペディアの「福島第一原子力発電所」のスレッドを参照。加えて、福島原発事故独立検証委員会『調査・検証報告書』ディスカヴァー・トゥエンティワン、二〇一二年、三二九〜三三一頁、「国策の果て 帰路の原発：一 信じた発展、福島の悲しみ」『朝日新聞』二〇一五年三月二四日、ウェブ版。また、船橋淳監督による『フタバから遠く離れて』（二〇一二年）でも双葉町と福島第一原発との歴史が紹介されている。

(9) 例えば、最終的に停止になった、三重県の芦浜原発建設をめぐる工作が知られている。季刊誌『ＮＡＧＩ凪』二〇一五年夏号から連載中の柴原洋一「芦浜闘争記」。また、ＮＨＫ名古屋放送局によるドキュメンタリー番組「金とく 原発ができなかった町で」（二〇一二年六月二九日）も参照のこと。加えて、青森県の六ヶ所再処理工場をめぐる『六ヶ所村ラプソディー』（鎌仲ひとみ監督、二〇〇六年）、山口県の上関原子力発電所建設計画をめぐる『祝の島』（纐纈あや監督、二〇一〇年）などのドキュメンタリー映画も参考になる。

(10) バトラー『アセンブリ』。

(11)『精選版 日本国語大辞典』電子辞書版、小学館、二〇〇六年。

(12) 福澤諭吉『文明論之概略』岩波文庫、一九九五年、二〇、一四四、一九四、一九七〜一九八、二二二〜二二三頁。ここでの記述と多少異なるが、趙星銀『「大衆」と「市民」の戦後思想——藤田省三と松下圭一』岩波書店、二〇一七年、一六頁も参照。

(13) 小熊英二『〈民主〉と〈愛国〉——戦後日本のナショナリズムと公共性』新曜社、二〇〇二年、二四三頁、Akihiro Ogawa, *The Failure of Civil Society?: The Third Sector and the State in Contemporary Japan* (Albany, NY: State University of New York Press, 2009), 148.

(14) 小熊『〈民主〉と〈愛国〉』二四三頁、Simon Avenell, *Making Japanese Citizens: Civil Society and the Mythology of the Shimin in Postwar Japan* (Berkeley: University of California Press, 2010), 23, 72. とはいえ、アヴェネルは他の論文で、マルクス主義研究者の中で、一九五〇年代以降に内田芳明が、六〇年代以降に平田清明が市民社会論を肯定

的に論じたことを検証している。Simon Avenell, "Japan and the Global Revival of the 'Civil Society' Idea: Contemporaneity and the Retreat of Criticality," *Japan Forum* vol. 23, issue 3 (October 2011): 319–320.

（15）竹内洋『丸山眞男の時代——大学・知識人・ジャーナリズム』中公新書、二〇〇五年、一五二頁。

（16）例えば、高畠道敏「「市民社会」問題——日本における文脈」『思想』二〇〇一年五月、一一頁、Ogawa, *The Failure of Civil Society?*, 149.

（17）Wesley Sasaki-Umemura, *Organizing the Spontaneous: Citizen Protest in Postwar Japan* (Honolulu: University of Hawai'i Press, 2001), 16–17.

（18）ウェズリー・ササキ＝ウメムラは、この反核運動は杉並区の中流家庭の主婦に焦点が当たることが多いが、実際にはさまざまな地域から主婦たちが自主的に参加したと主張している。Ibid., 31.

（19）例えば、ibid.; 栗原彬「市民政治のアジェンダ——生命政治の方へ」『思想』二〇〇〇年二月、七～九頁、高畠「「市民社会」問題」一〇～一一頁。

（20）加藤秀俊「日常生活と国民運動」『思想の科学』一九六〇年七月、二八～三五頁、鶴見俊輔「根もとからの民主主義」『思想の科学』一九六〇年七月、二〇～二七頁。また、小熊『〈民主〉と〈愛国〉』七二二～七三六頁、日高六郎「現代都市と市民」、篠原一編『岩波講座現代都市政策　第二巻　市民参加』岩波書店、一九七三年、三九～六〇頁も参照。

（21）小熊英二『清水幾太郎——ある戦後知識人の軌跡』御茶の水書房、二〇〇三年、七二頁を参照。

（22）日高六郎『一九六〇年五月一九日』岩波書店、一九六〇年、同「現代都市と市民」四二頁に引用。

（23）佐々木基一・藤田省三・佐多稲子・橋川文三「座談会　大衆の思想と行動」『新日本文学』一九六〇年八月、二九頁。

（24）鶴見「根もとからの民主主義」二五頁。

（25）例えば、日高六郎「戦後日本における個人と社会」、城塚登・日高六郎編『岩波講座哲学　第五巻　社会の哲学』岩波書店、一九六九年、四六～四七頁、山田竜作『大衆社会とデモクラシー——大衆・階級・市民』風行社、二〇〇四年、一九二頁、高畠「「市民社会」問題」一二頁。

（26）高畠「「市民社会」問題」一二頁。

（27）小熊『〈民主〉と〈愛国〉』五二四頁、Sasaki-Umemura, *Organizing the Spontaneous*, 35.

（28）高畠「「市民社会」問題」一〇頁。

（29）Avnell, *Making Japanese Citizens*, 11.

（30）Sasaki-Umemura, *Organizing the Spontaneous*, 21.

（31）加藤秀俊「日常生活と国民運動」『思想の科学』一九六〇年七月、二八頁。また、菅原和子「「声なき声の会」の思想と行動——戦後市民運動の原点をさぐる」『新潟国際情報大学情報文化学部紀要』一一号、二〇〇八年、四二頁。Sasaki-Umemura, *Organizing the Spontaneous*, 41–44, 155–156 も参照。

（32）Sasaki-Umemura, *Organizing the Spontaneous*, 42.

（33）ベトナムに平和を！市民連合編『資料・「ベ平連」運動』上、河出書房新社、一九七四年、天野正子『「生活者」とはだれか——自律的市民像の系譜』中公新書、一九九六年、一七三頁に引用。

（34）日高『一九六〇年五月一九日』、同「現代都市と市民」四二頁に引用。（ ）内は原文。

（35）久野収「市民主義の成立」『思想の科学』一九六〇年七月、『久野収集』第二巻、岩波書店、一九九八年、六六頁。

（36）小熊『〈民主〉と〈愛国〉』二四三頁を参照。

（37）苅部直『丸山眞男——リベラリストの肖像』岩波新書、二〇〇六年、八四頁を参照。

(38) 同前、一八〇～一八二頁を参照。
(39) 久野「市民主義の成立」七七頁。
(40) 同前。
(41) 加藤「日常生活と国民運動」三四頁。
(42) Avenell, *Making Japanese Citizens*, 65.
(43) 天野『「生活者」とはだれか』一八二頁に引用。
(44) 安藤丈将『ニューレフト運動と市民社会――「六〇年代思想のゆくえ」』世界思想社、二〇一三年、一〇～一七頁。ただし、安藤は「新左翼」に限定されないという意味で「ニューレフト」という言葉を使用している。
(45) 片桐新自「戦後日本における運動論の展開――理論的観点からの整理」『思想』一九八五年一一月、二一四頁を参照。
(46) 天野『「生活者」とはだれか』一八四～一九五頁、角一典「非日常と日常のはざまで――社会運動組織の変化」、大畑裕嗣他編『社会運動の社会学』有斐閣、二〇〇四年、一七七～一八〇頁。また、佐藤慶幸編『女性たちの生活ネットワーク――生活クラブに集う人々』文眞堂、一九八八年も参照。
(47) 和田修一「組合員の意識構造――意識からみた組合員のタイプ」、佐藤編『女性たちの生活ネットワーク』三〇八頁。
(48) 角「非日常と日常のはざまで」一八二頁。
(49) 渡辺治「日本の新自由主義――ハーヴェイ『新自由主義』に寄せて」、デヴィッド・ハーヴェイ『新自由主義――その歴史的展開と現在』渡辺治監訳、森田成也他訳、作品社、二〇〇七年、三二三頁。「開発主義保守政治」については、後藤道夫『収縮する日本型〈大衆社会〉――経済グローバリズムと国民の分裂』旬報社、二〇〇一年、第三章も参照。
(50) 栗原「市民政治のアジェンダ」九頁。
(51) 同前、一〇頁。栗原彬『「存在の現れ」の政治――水俣病という思想』以文社、二〇〇五年、一四四～一四七頁も参照。
(52) Sasaki-Umemura, *Organizing the Spontaneous*, 213.
(53) Margaret A. McKean, *Environmental Protest and Citizen Politics in Japan* (Berkeley : University of California Press, 1981), 6.
(54) 片桐「戦後日本における運動論の展開」二一四頁を参照。
(55) ユルゲン・ハーバーマス『コミュニケーション的行為の理論』下、丸山高司他訳、未來社、一九八七年、一二五頁（原著一九八一年）。高橋徹は、『思想』一九八五年一一月の特集「新しい社会運動」に収められた論考「後期資本主義社会における新しい社会運動」（二一～一四頁）で、ハーバーマスをクラウス・オッフェとともに詳しく紹介している。
(56) アラン・トゥレーヌ『新装 声とまなざし――社会運動の社会学』梶田孝道訳、新泉社、二〇一一年、一四～一五頁（初版一九八三年、原著七八年）。同書訳者の梶田は、『思想』一九八五年四月号に、「新しい社会運動――A・トゥレーヌの問題提示を受けて」という論考を寄稿している（二一一～二三七頁）。
(57) アルベルト・メルッチ『現在に生きる遊牧民《ノマド》――新しい公共空間の創出に向けて』山之内靖・貴堂嘉之・宮崎かすみ訳、岩波書店、一九九七年、四一～四二、五九頁、引用は四一～四二頁（原著一九八九年）。ハーバーマスへの批判については、同書二五六～一五七頁。
(58) 天野正子『「つきあい」の戦後史――サークル・ネットワークの拓く大地』吉川弘文館、二〇〇五年、五～六頁、J・リップナック、J・スタンプス『ネットワーキング――ヨコ型情報社会への潮流』政村公宏監修、社会開発統計研究所訳、プレジデント社、一九八四年（原著一九八二年）。高田昭彦は一九八五年一一月の『思想』の特集「新しい社会運動」に収められた論考「草の根運動の現代的位相――オールタナティヴを志向する新しい社会運動」の中で、「草の根運動」という言葉を使用しながら、共通の価値観をもつ草の根レベルの人々や集団が、相互にゆるく結びつき、全体として一つのネットワークを形成するようになった状況を図示している（一九六頁）。

(59) 同前、一二頁。

(60) 天野『「生活者」とはだれか』一三三頁。

(61) 同前、一三三〜一三四頁。

(62) 天野正子「「受」働から「能」働への実験——ワーカーズ・コレクティブの可能性」、佐藤編『女性たちの生活ネットワーク』四三六頁。

(63) McKean, *Environmental Protest and Citizen Politics in Japan*, 127.

(64) 天野『「つきあい」の戦後史』二五三〜二五四頁。

(65) 同前。上野千鶴子・電通ネットワーク研究会編『「女縁」が世の中を変える——脱専業主婦のネットワーキング』日本経済新聞社、一九八八年。

(66) この点については次の著書でも強調されている。ロビン・ルブラン『バイシクル・シティズン——「政治」を拒否する日本の主婦』尾内隆之訳、勁草書房、二〇一二年、二一三頁（原著一九九〇年）。

(67) 松下圭一「〈市民〉的人間型の現代的可能性」『思想』一九六六年六月、一七頁。

(68) 松下圭一『シビル・ミニマムの思想』東京大学出版会、一九七一年、二七〇〜三〇三頁、引用は二七七頁、同「シビル・ミニマムと都市政策」『岩波講座現代都市政策』第五巻、岩波書店、一九七三年、同『市民文化は可能か』岩波書店、一九八五年。また、Avenell, *Making Japanese Citizens*, Chapter 4 および mokohei というペン・ネームで書かれたウェブサイト上のエッセイ（http://d.hatena.ne.jp/mokohei/20160716/1468655751）も参照した。

(69) 松下圭一「忘れられた抵抗権」『中央公論』一九五八年一一月、四九頁。

(70) 松下『シビル・ミニマムの思想』、とくに二八六〜三〇三頁。

(71) 安藤『ニューレフト運動と市民社会』一一二、一三四頁。アヴェネルは一九七六年の三里塚闘争では学生活動家による過激な行為が多くの「市民」の主導者を狼狽させたと記している。Avenell, *Making Japanese Citizens*, 158.

(72) 例えば、黒田了一・大阪府知事（一九七一〜七九年）、蜷川虎三・京都府知事（一九五〇〜七八年）、屋良朝苗・沖縄県知事（一九七二〜七六年）、飛鳥田一雄・横浜市長（一九六三〜七八年）。

(73) 小松丈晃『リスク論のルーマン』勁草書房、二〇〇三年、一六二〜一八一、一九四〜一九五頁。

(74) 例えば、Avenell, *Making Japanese Citizens*, Chapter 4 ; Ogawa, *The Failure of Civil Society?*, 166-168 ; 後藤道夫『戦後思想ヘゲモニーの終焉と新福祉国家構想』旬報社、二〇〇六年、三〇八頁。

(75) 二〇〇一年に内閣府に移管された。

(76) Avenell, *Making Japanese Citizens*, 204. 国民生活審議会調査部会・コミュニティ問題小委員会「コミュニティ——生活の場における人間性の回復」経済企画庁国民生活課、一九六九年、国民生活審議会「市民意識と社会参加活動委員会報告——自覚と責任のある社会へ」国民生活審議会総合政策部会市民意識と社会参加活動委員会、一九九四年。

(77) 栗原「市民政治のアジェンダ」一一頁。

(78) Avenell, *Making Japanese Citizens*, 210-213.

(79) 天野『「生活者」とはだれか』二〇五〜二〇六頁、角「非日常と日常のはざまで」一八七〜一八九頁、ルブラン『バイシクル・シティズン』第五章。

(80) 天野『「生活者」とはだれか』二一〇頁、角「非日常と日常のはざまで」一八五頁、ルブラン『バイシクル・シティズン』第五章。

(81) 亀山俊朗「シティズンシップとコミュニティ」、木前利秋・亀山俊朗・時安邦治編『変容するシティズンシップ——境界をめぐる政治』白澤社、二〇一一年、四三～四五頁、渋谷望「〈参加〉への封じ込め――ネオリベラリズムと主体化する権力」『現代思想』一九九九年五月、九四～九七頁。

(82) 中野敏男「ボランティア動員型市民社会論の陥穽」『現代思想』一九九九年五月、七二～九三頁、Ogawa, *The Failure of Civil Society?*, 173–175.

(83) Ogawa, *The Failure of Civil Society?*, 170–173.

(84) Ibid., 175–178.

(85) Ibid., 178; 成元哲・樋口直人「現代社会の構造変動と社会運動の潜勢力」、大畑他編『社会運動の社会学』二六二頁。

(86) 田中弥生『市民社会政策論――3.11後の政府・NPO・ボランティアを考えるために』明石書店、二〇一一年、一二頁。

(87) イグナシオ・ラモネ、ラモン・チャオ、ヤセク・ヴォズニアク『グローバリゼーション・新自由主義批判事典』杉村昌昭・村澤真保呂・信友建志訳、作品社、二〇〇六年、六〇～六一頁（原著二〇〇三年）。

(88) 次を参照。同前、七～三〇頁、ハーヴェイ『新自由主義』序～第二章、亀山「シティズンシップとコミュニティ」三六～四五頁。

(89) 仁平典宏『「ボランティア」の誕生と終焉――〈贈与のパラドックス〉の知識社会学』名古屋大学出版会、二〇一一年、五頁。

(90) 同前、三五九～三六一頁。また Avenell, *Making Japanese Citizens*, 245も参照。なお、「ボランティア元年」を誰が命名したかは不明である。

(91) 坂本義和「相対化の時代――市民の世紀をめざして」『世界』一九九七年一月、四七、四八頁。

(92) 中野「ボランティア動員型市民社会論の陥穽」七六頁。傍点は原文。

(93) 栗原「市民政治のアジェンダ」一二頁。

(94) 亀山「シティズンシップとコミュニティ」二八頁。

(95) 例えば、ジョン・アーリー『社会を越える社会学――移動・環境・シチズンシップ』吉原直樹監訳、法政大学出版局、二〇〇七年（原著一九九九年）、第七章、ジェラード・デランティ『グローバル時代のシティズンシップ――新しい社会理論の地平』佐藤康行訳、日本経済評論社、二〇〇四年（原著二〇〇〇年）、メアリー・カルド『グローバル市民社会論――戦争へのひとつの回答』山本武彦他訳、法政大学出版局、二〇〇七年（原著二〇〇三年）、山田竜作「グローバル・シティズンシップの可能性――地球時代の「市民性」をめぐって」、藤原孝・山田竜作編『シティズンシップ論の射程』日本経済評論社、二〇一〇年、二四七～二九三頁。

(96) 日高「現代都市と市民」、佐伯啓思『「市民」とは誰か――戦後民主主義を問いなおす』PHP研究所、一九九七年。

(97) 同前、七一頁。

(98) 安田浩一『ネットと愛国――在特会の「闇」を追いかけて』講談社、二〇一二年。樋口直人『日本型排外主義――在特会・外国人参政権・東アジア地政学』名古屋大学出版会、二〇一四年を参照。在特会の参加者に対する見方について、後者は前者に対して批判的に再検討を行っている（一四～二三頁）。

(99) 岡野八代『シティズンシップの政治学――国民・国家主義批判』白澤社、二〇〇九年、二六頁。

(100) この点については、シャンタル・ムフの考え方に依拠している。ムフは次のように述べる。「主体は、多種多様な主体位置の結節点において構築され、これらの種々の主体位置については、何ら先験的ないし必然的関係は一切なく、それらの接合は、ひとり支配的な慣習の帰結にほかならない。その結果、いかなるアイデンティティも決定的な仕方で確立されているということはない。むしろそこには、複数の異なる主体位置の節合のされ方に即した仕方で、つねにある程度の開放性と曖昧性が存在する」（シャンタル・ムフ『政治的なるものの再興』千葉眞他訳、日本経済評論社、一九九八年、二五頁、原著一九九三年）。

(101) 例えば、同前、一七六頁に加えて、バトラー『アセンブリ』三九頁。

(102) Avenell, *Making Japanese Citizens*, 65. 上記のように、鶴見俊輔や栗原彬は「市民」の保守性や「地域エゴイズム」を十分に理解していたが、NIMBYについては深く追究していない。例えば、清水修二『NIMBY（ニンビイ）シンドローム考――迷惑施設の政治と経済』東京新聞出版局、一九九九年、土屋雄一郎『環境紛争と合意の社会学――NIMBYが問いかけるもの』世界思想社、二〇〇八年を参照のこと。

(103) FCT・市民のテレビの会（Forum for Citizens' Television）については、鈴木みどり『テレビ・誰のためのメディアか』学藝書林、一九九二年を参照。FCT・市民のテレビの会は一九七七年に発足し、テレビにおける戦争や女性の表象の偏向を批判的に検証するメディア・リテラシー活動を行った。一方、『靖国 YASUKUNI』と『ザ・コーヴ』に対する上映抗議については、沢辺有司『ワケありな映画』彩図社、二〇一四年、五六～六〇、七二～七五頁に簡単な状況説明がある。

(104) 岡野『シティズンシップの政治学』二五二頁、岡野八代『フェミニズムの政治学――ケアの倫理からグローバル社会へ』みすず書房、二〇一二年、一五五頁。

(105) ユルゲン・ハーバーマス『公共性の構造転換――市民社会の一カテゴリーについての探究』細谷貞雄・山田正行訳、未來社、一九九四年。

(106) このときのチラシは次を参照。http://www.ccnejapan.com/documents/20140208_CCNE_nagoya.pdf

(107) こうした事実は表に出にくいが、なんらかの社会運動に一定期間かかわればすぐにわかってくるように、公けには見えにくい形で常套化しているとも言える。工作の例を示すものとして次が参考になる。植村振作・山本賢治『市民運動の時代です――市民が主役の二一世紀』第三書房、二〇一一年、一三六～一三七頁、柴原「芦浜闘争記」と、NHK名古屋放送局によるドキュメンタリー番組「金とく　原発ができなかった町で」（二〇一二年六月二九日）も参照のこと。

(108) ベック『危険社会』一四頁。

(109) 長谷川公一「リスク社会という時代認識」『思想』二〇〇四年七月、六頁。

(110) 福田充『リスク・コミュニケーションとメディア――社会調査論的アプローチ』北樹出版、二〇一〇年、三七頁。

(111) 長谷川「リスク社会という時代認識」六頁。

(112) 山田昌弘『家族というリスク』勁草書房、二〇〇一年。

(113) 岩田正美「貧困になるリスク・貧困であることのリスク――福祉国家と社会的リスク管理の困難」、橘木俊詔編『リスク社会を生きる』岩波書店、二〇〇四年、一二八頁。

(114) 小熊英二『首相官邸の前で』集英社インターナショナル、二〇一七年、一九八～一九九頁。

(115) ベック『危険社会』、とくに第一、二章。

(116) 同前、二四、五一頁。

(117) 同前、四八頁。

(118) デヴィッド・ハーヴェイ『ポストモダニティの条件』吉原直樹監訳、青木書店、一九九九年、第八～一〇章。

(119) ミシェル・フーコー『生政治の誕生――コレージュ・ド・フランス講義　一九七八～一九七九年度』慎改康之訳、筑摩書房、二〇〇八年、二六五～二八七頁。

（120）バトラー『アセンブリ』一八頁。

（121）渋谷「〈参加〉への封じ込め」九八頁。

（122）バトラー『アセンブリ』一八頁、ハーヴェイ『新自由主義』第二章。

（123）例えば、上野千鶴子『女たちのサバイバル作戦』文春新書、二〇一三年、一六一～一六三頁。ただし、そこでは「リスク社会」については直接言及されてはいない。格差社会については、橋本健二『新・日本の階級社会』講談社現代新書、二〇一八年を参照。

（124）ハーヴェイ『新自由主義』三六～三七頁。

（125）大沢真理「逆機能に陥った日本型セーフティネット」、橘木編『リスク社会を生きる』六三頁。

（126）新自由主義導入以前から、日本が開発主義的で公的福祉制度が弱いことについては、後藤『収縮する日本型〈大衆社会〉』五六～七二、一八六頁、渡辺「日本の新自由主義」三〇〇～三〇二頁。

（127）Ann Alison, *Precarious Japan* (Durham, NC : Duke University Press, 2013), Chapter 2. 渡辺「日本の新自由主義」二九七～三二七頁。渡辺によれば、日本での本格的な新自由主義政策は、一九八〇年代の中曽根内閣における鉄道、電話、通信、タバコの民営化に始まるというよりも、「八〇年代後半に入り、円高や経済摩擦の結果、日本資本のグローバリゼーションが本格化すると、こうした競争力の優位は減殺され、冷戦終焉による経済グローバリゼーションの加速化、中国の開発資本主義化と競争への本格的参入によって、日本資本が本格的なグローバル競争に巻き込まれるに及んで、その競争力は喪失した。こうして、はじめて日本の新自由主義化が開始された」（二九八頁）。

（128）山田『家族というリスク』一四頁。

（129）同前、三五頁。

（130）大沢「逆機能に陥った日本型セーフティネット」六三頁。

（131）Glenn D. Hook and Takeda Hiroko, "'Self-responsibility' and the Nature of the Postwar Japanese State : Risk through the Looking Glass," *Journal of Japanese Studies* vol. 33, no. 1 (2007) : 115.

（132）ニクラス・ルーマン『信頼——社会的な複雑性の縮減メカニズム』大庭健・正村俊之訳、勁草書房、一九九〇年、三七～三八頁、第四章（増補・第二版、原著一九七三年）。小松『リスク論のルーマン』九二～九九頁。

（133）小松『リスク論のルーマン』二〇〇頁を参照。

（134）渋谷「〈参加〉への封じ込め」九九頁。

（135）同前、九五頁。

（136）同前、九七頁。ただし、渋谷は、「怠け者」や「モラルを欠いた者」についてはトニー・ブレア政権の「第三の道」を説明する文脈で言及している。ブレア政権は、それまでの新自由主義政策を見直しつつも、継承した部分も少なくない。

（137）上野『女たちのサバイバル作戦』一七～八五頁。

（138）国土交通省『平成一九年度　国土交通省白書』(http://www.mlit.go.jp/hakusyo/mlit/h24/hakusho/h25/html/n1213000.html)。

（139）内閣府『平成一八年度　年次経済財政報告——成長条件が復元し、新たな成長を目指す日本経済』二〇〇六年 (http://www5.cao.go.jp/j-j/wp/wp-je06/06-00301.html)。

（140）厚生労働省『平成二五年版　労働経済の分析構造変化の中での雇用・人材と働き方』、一九一頁 (https://www.mhlw.go.jp/wp/hakusyo/roudou/13/13-1.html)。

（141）上野『女たちのサバイバル作戦』二七～三二頁。

（142）Ayako Kano, *Japanese Feminist Debate : A Century of Contention on Sex, Love, and Labor* (Honolulu : University of Hawai'i Press, 2016), 179.

（143）山田『家族というリスク』一六〇頁。

（144）加野彩子は、『現代思想』二〇一二年一一月の特集「女性と貧困」

がそうした状況に対抗したと評している。Kano, *Japanese Feminist Debate*, 180.

(145) 上野『女たちのサバイバル作戦』二七〜三二頁。

(146) Manuel Castells, *The Rise of the Network Society : The Information Age : Economy, Society and Culture*, Vol. 1 (Oxford : Wiley-Blackwell, 2009), xviii.

(147) Ibid., 4.

(148) アントニオ・ネグリ、マイケル・ハート『〈帝国〉——グローバル化の世界秩序とマルチチュードの可能性』水嶋一憲他訳、以文社、二〇〇三年、序（原著二〇〇〇年）、同『マルチチュード——〈帝国〉時代の戦争と民主主義』上、幾島幸子訳、日本放送出版協会、二〇〇五年、とくに序、第二章二節（原著二〇〇四年）。

(149) ネグリ、ハート『〈帝国〉』五二〜五五頁。

(150) 同前、四二〜五〇頁。ただし、ここでネグリとハートは、ドゥルーズとガタリの論を「実体を欠いた無力な存在論」として批判し、自分たちの論をそれと差別化することもしている。

(151) ジル・ドゥルーズ「追伸——管理社会について」『記号と事件——一九七二〜一九九〇年の対話』宮林寛訳、河出書房新社、一九九二年、二九二〜三〇〇頁（原著一九九〇年）。ここでは、北野圭介『制御と社会——欲望と権力のテクノロジー』（人文書院、二〇一四年）と、北野による邦訳書、アレクサンダー・R・ギャロウェイ『プロトコル——脱中心化以後のコントロールはいかに作動するのか』（人文書院、二〇一七年、原著二〇〇四年）などを参考にして、les societies de controle（または、the societies of control, a society of control, the control society）の訳語として、「管理社会」ではなく「コントロール社会」という言葉を使用している。

(152) ギャロウェイ『プロトコル』、とくに四七〜四八頁。

(153) 同前、六四頁。

(154) 伊藤守『情動の社会学——ポストメディア時代における〝ミクロ知覚〟の探求』青土社、二〇一七年、三〇頁。

(155) 石田英敬『大人のためのメディア論講義』ちくま新書、二〇一六年、第四章を部分的に参照。

(156) 松下圭一「大衆社会と管理社会」『現代の理論』一九六九年九月、四四頁。

(157) ギャロウェイ『プロトコル』六四頁。

(158) Brian Massumi, *The Power at the End of Economy* (Durham, NC : Duke University Press, 2015).

(159) 渋谷望「排除空間の生政治——親密圏の危機の政治化のために」、齋藤純一編『親密圏のポリティクス』ナカニシヤ出版、二〇〇三年、一一〇頁。渋谷は、イギリスのケースに基づいてこのことを指摘しているが、多かれ少なかれ日本を含め新自由主義的政策をとる他の国にも当てはまる現象であろう。

(160) ネグリ、ハート『〈帝国〉』三七頁。

(161) この系統の「市民」の詳細な考察の一例として、小熊英二・上野陽子『〈癒し〉のナショナリズム——草の根保守運動の実証研究』慶應義塾大学出版会、二〇〇三年を参照のこと。

(162) ジル・ドゥルーズ、フェリックス・ガタリ『千のプラトー——資本主義と分裂症』宇野邦一他訳、河出書房新社、一九九四年（原著一九八〇年）。

(163) 安田『ネットと愛国』は、在特会と在日コリアンとのつながりも紹介している（三二五〜三三三頁）。

(164) 樋口『日本型排外主義』。ただし、樋口は資源動員論に基づいているため、イデオロギーとフレーム（解釈図式）の関係という知的なレベルを強調し、感情・情動の面を敢えて軽視する方法論を採っている。資源動員論と情動の関係については、本書次章を参照のこと。

(165) 石田『大人のためのメディア論講義』一五二〜一五四頁。

(166) イーライ・パリサー『閉じこもるインターネット——グーグル・パーソナライズ・民主主義』井口耕二訳、早川書房、二〇一二年、八五～一三七頁（原著二〇一一年）。

(167) Hook and Takeda, "'Self-responsibility' and the Nature of the Postwar Japanese State," 117.

(168) Ibid., 110–114.

## 第八章

(1) この問題に関する「市民」の多様性については、例えば、本章で取り上げる「市民」とは異なる立場に立つ「市民」を論じた次の文献が参考になる。五十嵐泰正『原発事故と「食」——市場・コミュニケーション・差別』中公新書、二〇一八年。

(2) ジュディス・バトラー『アセンブリ——行為遂行性・複数性・政治』佐藤嘉幸・清水知子訳、青土社、二〇一八年、一四～一八頁（原著二〇一五年）。

(3) 例えば、齋藤純一『公共性』岩波書店、二〇〇〇年、九二頁。詳しくは後述する。

(4) 例えば、岡野八代『フェミニズムの政治学——ケアの倫理からグローバル社会へ』みすず書房、二〇一二年。

(5) 枚挙にいとまがないが、例えば、J・リップナック、J・スタンプス『ネットワーキング——ヨコ型情報社会への潮流』政村公宏監修、社会開発統計研究所訳、プレジデント社、一九八四年（原著一九八二年）、アルベルト・メルッチ『現在に生きる遊牧民《ノマド》——新しい公共空間の創出に向けて』山之内靖他訳、岩波書店、一九九七年（原著一九八九年）、Mario Diani and Doug McAdam, eds., *Social Movements and Networks: Relational Approaches to Collective Action* (Oxford: Oxford University Press, 2003); Nick Couldry and James Curran, *Contesting Media Power: Alternative Media in a Networked World* (Lanham, MD: Rowman and Littlefield, 2003); Jeffrey Broadbent, *Environmental Politics in Japan: Networks of Power and Protest* (Cambridge, UK: Cambridge University Press, 1998); Jeffery S. Juris, *Networking Futures: The Movements Against Corporate Globalization* (Durham, NC: Duke University Press, 2008).

(6) Manuel Castells, *The Rise of the Network Society*, second ed. (Oxford,: Blackwell, 2000); idem, *Communication Power* (Oxford: Oxford University Press, 2009).

(7) Henry Jenkins, *Convergence Culture: Where Old and New Media Collide* (New York: New York University Press, 2006).

(8) ジェンキンスは、民主主義とメディアについての書籍を編集したりもしているが、そこでは主に投票行動が主題になっている。Henry Jenkins and David Thorburn, eds., *Democracy and New Media* (Cambridge, MA: MIT Press, 2003).

(9) 齋藤『公共性』九二頁。

(10) 同前、ハンナ・アレント『人間の条件』志水速雄訳、ちくま学芸文庫、一九九四年、第二章。

(11) アレント『人間の条件』四九～六九頁。

(12) 齋藤『公共性』三八頁。

(13) アレント『人間の条件』九八頁。

(14) ユルゲン・ハーバーマス『公共性の構造転換——市民社会の一カテゴリーについての探究』細谷貞雄・山田正行訳、未來社、一九九四年、二〇七～二一五頁。齋藤『公共性』八九～九〇頁も参照。

(15) ユルゲン・ハーバーマス『コミュニケイション的行為の理論』下、丸山高司他訳、未來社、一九八七年、一二五頁（原著一九八一年）。

(16) 齋藤『公共性』二一六頁。

(17) 栗原彬「市民政治のアジェンダ——生命政治の方へ」『思想』二〇〇〇年二月、一四頁。

(18) アントニオ・ネグリ、マイケル・ハート『コモンウェルス』水嶋一憲監訳、幾島幸子・古賀祥子訳、日本放送出版協会、二〇一二年、二一六～二二〇頁。
(19) 齋藤純一「親密圏と安全性の政治」、同編『親密圏のポリティクス』ナカニシヤ出版、二〇〇三年、二三一頁。
(20) 岡野『フェミニズムの政治学』一一四頁。
(21) 同前、四二頁。
(22) 同前、一五六頁、キャロル・ギリガン『もうひとつの声――男女の道徳観のちがいと女性のアイデンティティ』岩男寿美子監訳、川島書店、一九八六年、とくに三〇～三一頁(原著一九八二年)。
(23) 引用は、岡野八代『シティズンシップの政治学――国民・国家主義批判』増補版、白澤社、二〇〇九年、二〇五頁。Joan C. Tronto, *Moral Boundaries: A Political Argument for an Ethics of Care* (London and New York: Routledge, 1993), 162-164を参照。
(24) バトラー『アセンブリ』六〇頁。
(25) シャンタル・ムフ『政治的なるものの再興』千葉眞他訳、日本経済評論社、一九九八年、一六七頁(原著一九九三年)。
(26) 齋藤編『親密圏のポリティクス』二二五頁。
(27) 例えば、「自主避難者」と呼ばれる避難指示区域外の避難者に対して、放射能の脅威を誇張することを揶揄する「放射脳」という誹謗・中傷が浴びせられたり、事故後も福島県内の自宅に住み続けている人たちの一部からインターネット上で非難を受けることがあるという報告もある。青木美希『地図から消される街――三・一一後の「言ってはいけない真実」』講談社現代新書、二〇一八年、二四九頁。
(28) 同前。
(29) ムフ『政治的なるものの再興』一六七頁、田村哲樹『政治理論とフェミニズムの間――国家・社会・家族』昭和堂、二〇〇九年、岡野『フェミニズムの政治学』一四頁。
(30) ムフ『政治的なるものの再興』一六一頁。
(31) バトラー『アセンブリ』二〇頁。
(32) 中野敏男「ボランティア動員型市民社会論の陥穽」『現代思想』一九九九年五月、九一頁、岡野『フェミニズムの政治学』三三四～三三五頁。
(33) バトラー『アセンブリ』三六頁。
(34) 同前、一八頁。
(35) 同前、三一頁。ただし、この邦訳書ではvulnerabilityが「加傷性」と訳されているが、ここでは本書の趣旨に合わせて「脆弱さ」と訳した。
(36) 同前、一五九頁。
(37) 栗原「市民政治のアジェンダ」一二頁。
(38) 天野正子『「つきあい」の戦後史――サークル・ネットワークの拓く大地』吉川弘文館、二〇〇五年、五頁。
(39) 同前、一三頁。
(40) アジア女性資料センターウェブサイト(http://ajwrc.org/jp/modules/pico/index.php?content_id=11)。
(41) 天野『「つきあい」の戦後史』二二一頁。
(42) 井上輝子・長尾洋子・船橋邦子「ウーマンリブの思想と運動――関連資料の基礎的研究」『東西南北』二〇〇六年、一三七頁。
(43) 天野『「つきあい」の戦後史』二二一、二三六頁。
(44) 同前、二三八～二三九頁。
(45) 同前、二三八頁。
(46) 同前、二三八～二三九頁。
(47) 上野千鶴子『ケアの社会学――当事者主権の福祉社会へ』太田出版、二〇一一年、一四頁。
(48) 同前、九二頁。

(49) 山本英弘「社会運動論——国家に対抗する市民社会」、坂本治也編『市民社会論——理論と実証の最前線』法律文化社、二〇一七年、四〇〜四五頁。また、政治的機会構造論については、成元哲・角一典「政治的機会構造論の理論射程——社会運動をとりまく政治環境はどこまで操作化できるのか」『ソシオロゴス』二二号、一九九八年、一〇二〜一二三頁も参照。

(50) Jeff Goodwin, James M. Jasper and Francesca Polletta, "Why Emotions Matter," in *Passionate Politics : Emotions and Social Movements*, eds. Jeff Goodwin et al. (Chicago : University of Chicago Press), 1-24 ; 平沢祐子「何が「デモのある社会」をつくるか——ポスト三・一一のアクティヴィズムとメディア」、田中重好・舩橋晴俊・正村俊之編『東日本大震災と社会学——大災害を生み出した社会』ミネルヴァ書房、二〇一三年、一六四頁。

(51) 毛利嘉孝『ストリートの思想——転換期としての一九九〇年代』日本放送出版協会、二〇〇九年、五野井郁夫『「デモ」とは何か——変貌する直接民主主義』ＮＨＫ出版、二〇一二年、一四九〜一七二頁、伊藤昌亮『デモのメディア論——社会運動社会のゆくえ』筑摩書房、二〇一二年、六八〜七八、一六九〜一七二頁、Noriko Manabe, *The Revolution Will Not Be Televised : Protest Music after Fukushima* (Oxford : Oxford University Press, 2014).

(52) これら六つの側面については、山本節子、大沼淳一、柴原洋一などが主導している「市民」の社会運動のさまざまな活動を参考にしている。以下、それらの活動や、ここで取り上げる自主上映会に集まってきた人たちが、本章の「市民」に関する主要な情報源になっている。

(53) 伊藤『デモのメディア論』二三三頁。また、メルッチ『現在に生きる遊牧民《ノマド》』第三章も参照。

(54) 同前、二三六頁。

(55) 同前、二四二頁。

(56) Leah A. Lievrouw, *Alternative and Activist New Media* (Cambridge, UK : Polity Press, 2011), 56 を参照。

(57) 伊藤『デモのメディア論』八一頁を参考にして、省略したり付け加えたりしたところがある。

(58) 藤竹暁「ラジオ体験からテレビ体験へ」、北村日出夫・中野収編『日本のテレビ文化——メディア・ライフの社会史』有斐閣、一九八三年、六八頁、井上宏『テレビ文化の社会学』世界思想社、一九八七年、三七頁、ＦＣＴ市民のテレビの会編『環境化するテレビ——市民の役割を考える』ＦＣＴ、一九八八年、藤竹暁「テレビジョン再考」『思想』二〇〇三年一二月、二〜六頁。

(59) 渡邊大輔『イメージの進行形』人文書院、二〇一二年、一一頁。

(60) レフ・マノヴィッチ『ニューメディアの言語——デジタル時代のアート、デザイン、映画』堀潤之訳、みすず書房、二〇一三年、六九〜九七頁（原著二〇〇一年）、Lievrouw, *Alternative and Activist New Media*, 6.

(61) Ibid., 226.

(62) Castells, *The Rise of the Network Society*, 36-37.

(63) Lievrouw, *Alternative and Activist New Media*, 216-217. リメディエーションについては、Jay David Bolter and Richard Grusin, *Remediation : Understanding New Media* (Cambridge, MA : MIT Press, 2000) も参照。

(64) Lievrouw, *Alternative and Activist New Media*, 6.

(65) 池田陽子は次の論考で、科学的な手続きを踏まないインターネット上の情報を「作り話」「わかりやすい噂」「デマ」として批判している。「「汚染」と「安全」——原発事故後のリスク概念の構築と福島復興の力」、トム・ギル、ブリギッテ・シテーガ、デビッド・スレイター編『東日本大震災の人類学——津波、原発事故と被災者たちの「その後」』人文書院、二〇一三年、一六九〜一九三頁。

(66) 伊藤『デモのメディア論』八四頁。

(67) 例えば、Juris, *Networking Futures*, 27-36.

(68) 田村紀雄・志村章子編『ガリ版文化史――手づくりメディアの物語』新宿書房、一九八五年、三一〜四三頁。

(69) 次を参照のこと。拙稿「制度としての映画の批判――岩崎昶の一貫性と揺らぎ」、牧野守監修『日本映画論言説大系 第II期 映画のモダニズム期』第一一巻、ゆまに書房、二〇〇四年、四〜五頁、Abé Mark Nornes, *Japanese Documentary Film: The Meiji Era Through Hiroshima* (Minneapolis: University of Minnesota Press, 2003), Chapter 2.

(70) 丸山尚『ローカル・ネットワークの時代――ミニコミと地域と市民運動』日外アソシエーツ、一九九七年、七五頁。

(71) 岡部一明『パソコン市民ネットワーク』技術と人間、一九八六年。

(72) Jurie Feeman, "Mobilizing and Demobilizing the Japanese Public Sphere: Mass Media and the Internet in Japan," in *The State of Civil Society in Japan*, eds. Frank Schwartz and Susan J. Pharr (Cambridge, UK: Cambridge University Press, 2003), 246.

(73) とはいえ、手紙と電話が社会運動にどのように活用されていたかに関する研究は、私の知る限りこれまでのところ皆無であり、今後の調査研究が待たれる。

(74) Juris, *Networking Futures*, 11.

(75) Lievrouw, *Alternative and Activist New Media*, 7.

(76) Ibid., 7-8.

(77) 伊藤『デモのメディア論』一〇四〜一〇五頁。

(78) 林香里「ポスト・マスメディア時代の〝ジャーナリズム〟研究――デジタル時代における「公共圏の構造転換」の可能性とリスク」、伊藤守・毛利嘉孝編『アフター・テレビジョン・スタディーズ』せりか書房、二〇一四年、八三頁、水越伸『二一世紀メディア論』放送大学教育振興会、二〇一一年、九六〜九九頁。

(79) 例えば、伊藤守『情動の社会学――ポストメディア時代における〝ミクロ知覚〟の探求』青土社、二〇一七年。

(80) Jenkins, *Convergence Culture*, 10.

(81) ユーストリームを使用して、その映画上映そのものや、ゲストの講演や質疑応答を中継し、会場の内外部でのコミュニケーションを促進する方法も考えられるが、DVDの著作権などの関係や、手間や人手不足などの理由で、「市民」の自主上映会でこの方法が採られることはあまりない。

(82) なお、「六ヶ所村ラプソディー again」のウェブサイトは二〇一八年までに閉鎖されたようである。

(83) 拙稿「制度としての映画の批判」四〜五頁、Nornes, *Japanese Documentary Film*.

(84) 木崎敬一郎「映画の鑑賞運動」、山田和夫編『映画論講座 第四巻 映画の運動』合同出版、一九七七年、一四七頁。木崎によれば、これも岩崎昶の発案だという。

(85) 山形雄作「自主制作と自主上映」、山田編『映画の運動』一二四頁。山形は会員数の減少の理由を大手会社からの「団体割引停止の攻撃」のためだとしているが、木崎は、「環境衛生法（五七年制定）で法制化された興行協会から割引提携の停止が各地で強行されたこともあって、運動の量的減退がはじまる」と説明している。木崎「映画の鑑賞運動」一五一頁。

(86) 山形「自主制作と自主上映」一二五頁。

(87) 木崎「映画の鑑賞運動」一六七頁。

(88) 例えば、張智恩「日本における市民映画館の台頭と展開」『映像学』七一号、二〇〇三年、一三〜一四頁を参照のこと。

(89) Abé Mark Nornes, *Forest of Pressure: Ogawa Shinseki and Postwar Japanese Documentary* (Minneapolis: University of Minnesota Press, 2007), 39-53.

(90) 伏屋博雄（インタビュー）「自主メディアの夜明け」、細谷修平編『メディアと活性』インパクト出版、二〇一二年、一四頁。

(91) Nornes, *Forest of Pressure* 44-45；伏屋（インタビュー）「自主メディアの夜明け」二二頁。それ以前の自主上映運動でも映画雑誌や共産党の雑誌とのトランスメディア的連動性はあったが、小川プロの自主上映のように、特定の映画、その他の映画作品群（この場合、小川プロの他の作品群）、そして三里塚のような特定の問題に関する情報をもとに、複数のメディア・プラットフォームが自主上映会を起点にネットワークをなすといったことがあったかどうかは疑問である。この点については今後のさらなる調査が待たれる。その一つの端緒として次を参照のこと。佐藤洋「映画を語り合う自由を求めて――映画観客運動史のために」、吉見俊哉他編『日本映画は生きている　第三巻　観る人、作る人、掛ける人』岩波書店、二〇一〇年、一三～四一頁。

(92) 松原明（インタビュー）「ペーパータイガーTVと日本のメディア運動」、細谷編『メディアと活性』三八～四六頁。

(93) 小泉修吉「ドキュメンタリー制作と上映の実際」、佐藤忠男編『シリーズ日本のドキュメンタリー　第一巻　ドキュメンタリーの魅力』岩波書店、一五一頁。ただし、これはグループ現代を中心にした話なので、自主上映会全般の歴史については、今後、より広範囲にわたる調査が必要である。

(94) 「ぶんぶんフィルムズ」ウェブサイトの「自主上映」(http://kamanaka.com/selfscreening/)。

(95) 六ヶ所会議 in うえだ「六ヶ所会議 in うえだ版　自主上映会のつくり方」(http: //kamanaka. com/wp/wp-content/themes/kamanaka-com/common/doc/jouei_tsukurikata_6rapuagain_version.pdf)。

(96) 例えば、「内部被ばくを生きる」ウェブサイトの「上映会開催申込」(https://www.naibuhibaku-ikinuku.com/上映会開催申込/)。

(97) Lievrouw, *Alternative and Activist New Media*, 12.

(98) 「ミツバチの羽音と地球の回転」ウェブサイトの「上映スケジュールカレンダー」(http://888earth.net/trailer.html)。

(99) 「ぶんぶんフィルムズ」ウェブサイト (http://kamanaka.com) を参照のこと。

(100) Masae Yasuma, "Whistle in the Graveyard: Safty Discourse and Hiroshima/Nagasaki Authority in Post-Fukushima Japan," in *Japan 3/11 Disaster as Seen from Hiroshima: A Multidisciplinary Approach*, ed. Hiroshima City University Faculty of International Studies (Tokyo: Sōeisha/Sanseidō Shoten, 2013), 266；矢ケ崎克馬「放射線による人体の影響――なぜ内部被曝の研究が進まなかったのか」、市民と科学の内部被曝問題研究会主催講演会『福島原発事故の影響と放射線による人体への影響』於名古屋大学、二〇一三年一二月二一日。

(101) コリン・コバヤシ『国際原子力ロビーの犯罪――チェルノブイリから福島へ』以文社、二〇一三年、第一章、山本節子「Wonderful World」ウェブサイト (http://wonderful-ww.jugem.jp/?eid=963)、ウラデミール・チェルコフとエマヌエラ・アンデレオリによるドキュメンタリー映画『真実はどこに？――WHOとIAEA放射能汚染を巡って』(*La Sacrifice*, 2003) は痛烈なIAEA批判を行っている。この点に関連して、チェルノブイリ原発事故の健康被害を矮小化する傾向があるとしてIAEAを批判している、アカデミー賞短編ドキュメンタリー映画賞受賞作品のマリオン・デレオ監督『チェルノブイリ・ハート』(*Chernobyl Heart*, 2003) に対して、身体への可視的被害ばかりを過剰に見せているとして異議を示している次の文献にも言及の価値がある。というのも、『真実はどこに？』も『チェルノブイリ・ハート』と同様に、子どもたちの身体上の外的被害を頻繁に見せているからである。Olga Kuchinskaya, *The Politics of Invisibility: Public Knowledge about Radiation Health Effects after Chernobyl*

(Cambridge, MA : MIT Press, 2014), 85–93, 115–136.

(102) コバヤシ『国際原子力ロビーの犯罪』。

(103) Majia Homer Nadesan, *Fukushima and the Privatization of Risk* (London : Palgrave Mcmillan, 2013), esp. Chapter 1.

(104) 池田「「汚染」と「安全」」一九〇頁。

(105) 中西準子『原発事故と放射線のリスク学』日本評論社、二〇一四年、二四一頁。

(106) 同前、二九四頁。

(107) 正村俊之「リスク社会論の視点からみた東日本大震災——日本社会の三つの位相」、田中・船橋・正村編『東日本大震災と社会学』二五三頁。

(108) 小熊英二『首相官邸の前で』集英社インターナショナル、二〇一七年、三六頁。

(109) 例えば、小熊英二「東北と東京の分断くっきり」『朝日新聞』二〇一一年六月一二日、ウェブ版。

(110) OutPlant-TVとＩＷＪについては、次を参照のこと。Nicola Liscutin, "Indignes-Vous! : 'Fukushima,' New Media and Anti-Nuclear Activism in Japan," *The Asia-Pacific Journal : Japan Focus* (November 2011) (http://www.japanfocus.org/-Nicola-Liscutin/3649).

(111) 町村敬志他「三・一一以後における「脱原発運動」の多様性と重層性——福島第一原発事故後の全国市民団体調査の結果から」『一橋社会科学』第七巻、二〇一五年、一九頁。

(112) 例えば、「がんばれ。福島」(http://www47.atwiki.jp/info_fukushima/)。

(113) 個人情報の扱いに細心の注意を払うことを条件に、自主上映会のアンケートを含む大量の資料を提供していただいた鎌仲ひとみ監督に謝意を表したい。

(114) 山下祐介・市村高志・佐藤彰彦『人間なき復興——原発避難と国民の「不理解」をめぐって』明石書店、二〇一三年、一一二頁。

(115) 五十嵐『原発事故と「食」』一〇頁。

(116) 同前、一五九頁。イアン・トーマス・アッシュのドキュメンタリー映画『A2BC』(二〇一三年)にはこの点が描かれている。

(117) 食をめぐる差別感覚に関しては五十嵐『原発事故と「食」』一三頁、震災瓦礫をめぐる差別感覚に関しては池田「「汚染」と「安全」」一九二頁。なお、広域瓦礫処理に関してはさまざまな意見があるが、これに対する反対運動を法的に弁護する論として次を参照。山本節子「震災がれきの広域処理に隠された法的問題」、本間慎・畑明朗編『福島原発事故の放射能汚染——問題分析と政策提言』世界思想社、二〇一二年、一二三〜一三八頁。

(118) 例えば、「福島避難　中一男子いじめで不登校に」『毎日新聞』二〇一六年一一月九日、ウェブ版、「(東日本大震災五年)避難先、孤独感いまなお　福島原発事故、住民に共同調査」『朝日新聞』二〇一六年三月一〇日、ウェブ版、青木『地図から消される街』第五章。

(119) 中西『原発事故と放射線のリスク学』二〇二頁。

(120) ブリギッテ・シテーガ「「皆一緒だから」——岩手県山田町の避難所における連帯感」、ギル、シテーガ、スレイター編『東日本大震災の人類学』二九六頁。

(121) 「座談会　暮らしと仕事を再建する」、萩原久美子・皆川満寿美・大沢真理編『復興を取り戻す——発信する東北の女たち』岩波書店、二〇一三年、五七頁の大沢の発言。

(122) 森岡梨香「立ち上がる母——受け身の大衆とマヒした政府の間で戦う女性たち」ギル、シテーガ、スレイター編『東日本大震災の人類学』二六三頁。

(123) 同前、二六〇頁。

(124) 同前、二六五頁。

(125) 松原(インタビュー)「ペーパータイガーTVと日本のメディア運

動」四三頁。

(126) この種のドキュメンタリー映画と映画分析については、次の拙稿を参照のこと。Hideaki Fujiki, "Problematizing Life: Documentary Film on the 3.11 Nuclear Catastrophe," in *Fukushima and the Arts: Negotiating Nuclear Disaster*, eds. Kristina Iwata Weickgenannt and Barbara Geilhorn (London and New York: Routledge, 2016), 90-109; 拙論「アントロポセンの脱自然化――三・一一原発災害後のドキュメンタリーにおけるランドスケープ、動物、場(所)」『JunCture――超域的日本文化研究』八号、二〇一七年、四八〜六五頁。

(127) とはいえ、完全に好意的とは言えないところもある。これについては、私の詳細な映画分析を参照のこと。Ibid., 100.

(128) 次の環境省のウェブサイトで視聴できる。「除染情報プラザ」(http://josen-plaza.env.go.jp)。

(129) ハーバーマス『公共性の構造転換』。また、同『コミュニケイション的行為の理論』下、九〜一二五頁も参照。

(130) 齋藤『公共性』一五頁に簡潔な要約がある。

(131) ハーバーマス『公共性への構造転換』i〜xlviii頁、同『事実性と妥当性――法と民主的法治国家の討議理論にかんする研究』下、河上倫逸・耳野健二訳、未來社、二〇〇二年、第八章。また、林「ポスト・マスメディア時代の〝ジャーナリズム〟研究」七一〜八〇頁も参照。

(132) この種のリスク・コミュニケーションの問題については、次を参照のこと。島薗進「「帰還のための放射線リスクコミュニケーション」の内容は適切か」、沢田昭二他『福島への帰還を進める日本政府の四つの誤り――隠される放射線障害と健康に生きる権利』旬報社、二〇一四年、五一〜六四頁。

(133) この施設の危険性や「市民」の反対活動については、「危うい「地上の太陽」核融合発電　岐阜・土岐で実験へ」『中日新聞』二〇一三年二月七日、一三頁を参照。島田恵は次作の『チャルカ――未来を紡ぐ糸車』(二〇一六年)でこの問題を取り上げている。核融合実験は二〇一七年三月七日に開始された。核融合科学研究所は、この実験を「重水素実験」と呼び、その安全性を強調している(http://www.nifs.ac.jp/briefing/open_1808.html)。

(134) Seyla Benhabib, *The Reluctant Modernism of Hannah Arendt* (London: Sage, 1996), esp. 211-215; 齋藤『公共性』九五〜九九頁。

(135) 福島からの避難者は、「逃げる必要がないのに逃げた」などの批判を受けることを恐れて、自分や自分の子どもが避難者であることを口外しないようにしているという報告がある。例えば、青木『地図から消される街』二五〇〜二五一頁。また、表には出にくいが、放射性物質による健康被害のリスクを気にして食品の生産地を選ぶといったことを口外するのはためらわれるという話もよくきく。

(136) 前注(27)の事例を参照のこと。

(137) 佐藤彰彦「タウンミーティングから見えてきたもの――多重の被害を可視化する」、山下・市村・佐藤『人間なき復興』一六三頁。

(138) 松井愛「自主上映会を通じて」『山形新聞』二〇一一年八月七日。

(139) 例えば、「若者」(満一三歳から満二九歳)に限定してはいるが、内閣府「平成二五年度　我が国と諸外国の若者の意識に関する調査」とそれに基づいた記事「若者の政治への関心度、日本は他国と比べて高い？　低い？」『ガベージニュース』二〇一四年六月一六日(http://www.garbagenews.net/archives/2169908.html)。

(140) 同前。

(141) 例えば、河合は『原発と日本』『原発と日本　四年後』に続いて『日本と再生』(二〇一七年)を発表し、太陽光パネル発電と風力発電のプロモーションを行っているが、私個人の関心から言えば、太陽光パネルや風車の設置のために自然環境の破壊をものともしないような土地の乱開発が行われ、付近の住民の健康被害も問題になっているにもかかわらず、これらの問題が無視されていることに疑念をもっている。この問題に関しては、坂村健「太陽光発電　急成長のひずみ」『毎日新聞』二〇一八年四月一九日、ウェブ版、山本節子「風車の低周波音被害、裁判所が認める（豪）」（http://wonderful-ww.jugem.jp/?eid=1906）、「メガソーラーの健康被害」（http://wonderful-ww.jugem.jp/?eid=1909）、山本『WONDERFUL WORLD』ウェブサイト。

(142) 中西正司・上野千鶴子『当事者主権』岩波新書、二〇〇三年、三頁。ただし、「ニーズの主人公」という言葉は、上野『ケアの社会学』八〇頁。

(143) 上野『ケアの社会学』五九〜八〇頁。

(144) 武田徹『私たちはこうして「原発大国」を選んだ　増補版「核」論』中公新書ラクレ、二〇一一年、一〇〜一一、一五六〜一八一、二〇九〜二四三頁。福島原発事故独立検証委員会『調査・検証報告書』ディスカヴァー・トゥエンティワン、二〇一二年、二九二〜二九九頁を参照。

(145) この点で私は、「当事者」概念の有効性を論じた、本章の前段階の次の論文を大きく修正した。Hideaki Fujiki, "Networking Citizens through Film Screenings: Cinema and Media in the Post-3.11 Social Movement," in *Media Convergence in Japan*, eds. Jason G. Karlin and Patrick Galbraith (Ann Arbor, MI: Kinema Club, 2016), 60-87.

(146) 二〇一七年四月四日の今村雅弘復興相の「（避難者が帰らないのは）本人の責任でしょ」という発言は、非難の責任が福島第一原発を導入したシステムにあり、復興相はその責任を請け負っているにもかかわらず、それを忘れて個人の責任に転嫁するという、リスク社会の矛盾を露呈している。今村の発言については、「今村復興相「自己責任」発言を撤回」『毎日新聞』二〇一七年四月七日、ウェブ版。

## 終章

(1) アントニオ・ネグリ、マイケル・ハート『マルチチュード――〈帝国〉の時代の戦争と民主主義』上・下、幾島幸子訳、日本放送出版協会、二〇〇五年（原著二〇〇四年）。

# あとがき

ＡＩが普及すれば偶発性は減少するだろうか。何事も計算通りに遂行され、合理的な社会が実現するのだろうか。日常生活のあらゆる場面で確率の高い選択を行い、そうすることでリスクを避け、生産力を高めたり、快適な暮らしを手に入れたりすることができるようになるのだろうか。仕事がもっとはかどり、後悔することのない人生を送ることができるのだろうか。もはや主体の政治性を問題にする必要はなくなるのだろうか。

言うまでもなく、ＡＩと偶発性の関係といった問題は、本書の射程をはるかに超えている。とはいえ、歴史的偶発性の中の社会主体という観点からメディア史を考察した本書の関心からすれば、社会的レベルでも個人的レベルでもこの問題を追究してみたいという気持ちに駆られる。本書のプロジェクトを例に振り返ってみただけでも、事はそれほど単純ではないと言えるだろう。ＡＩに頼ることができていればもっと効率よく書けていたかもしれないと思う一方で、本書に着手してからこの十年余りの間の、あるいは自分が生まれた時からこれまでの間の、不測の出来事、出会い、行き違い、思いつき、そしてさらに言えば身体そのものとその位置といった数え切れないほどの偶発的なものの、それゆえの唯一無二の絡まり合いを経験してこなければ、本書と同じ形にはならなかったという感慨があるからだ。

計画を立てること自体には、もちろん意義があった。「民衆」を題材に、最初にこの研究テーマで学会発表を行ったのは、二〇〇五年四月にサンフランシスコで開催されたアジア研究学会（ＡＡＳ）だったが、そこでの発表に向けて準備をすることが、この研究に取り組む一つの大きなきっかけとなった。その後、二〇〇七年から一五年まで連続してこの研究課題で科研費をいただいた。その際、申請書を三度書く機会があったが、そのおかげで必要な調査の見通しを立てることができたし、学会発表や論文発表の予定を立てることができた。学会での人との偶発的な出会いや、研究発表へのコメントや質問が得られたのも、こうした計画を立ててそれをある程度は遂行したからこそだと言える。

とはいえ、研究が申請書の計画通り進んだことは、それほど多くなかったというのが正直なところである。もし計画通りに進めることができていたなら、科研費をいただいていた九年間に著書を刊行できただろう。しかし、二〇一五年の段階ではそれは到底無理だった。さらにそれに輪をかけて、最初に申請した二〇一七年度の科研費出版助成は不採択に終わった。こうした経緯からもわかるように、本書は実際、試行錯誤と紆余曲折の連続であり、何度も何度も構想を練り直し修正を繰り返すことで、なんとか完成にまで漕ぎ着けることができたものである。

しかし、そのように悪戦苦闘したことは、無駄でないばかりか非常に有益だったと今では感じている。最初の科研費出版助成が不採択になったことも、今考えればとても幸運だった。もしあのとき助成金をいただいてその年度内に出版しなければならなかったとすれば、本書はかなり貧弱なものになっていただろう——不採択にしていただいた審査員の方々の慧眼に感謝したい。さらに幸いなことに、同じ科研費出版助成を次年度にはいただくことができ（日本学術振興会 平成三〇年度 科学研究費補助金 研究成果公開促進費「学術図書」）、そのおかげで、ある程度の達成感を感じながら本書を刊行することできる。加えて、こうした経緯を経てきた今、私にとって何ものにも替えがたく貴重に思えるのは、この間、多くの方たちにいろいろな形で支えてきてもらったことであり、そうした方たちのありがたさを身をもって感じることができたということである。これまで何度挫折しそうになったかわからないが、それでも本書を書き切ることができたのは、ひとえにそうした方たちのおかげである。ＡＩに頼っていれば、果たしてこうした気持ちになれただろうか。

＊

本書は、この十年間に発表してきたいくつかの拙論を基にしているところがあるものの、書き直しを含め実質的にはこの二年ほどの間にすべてを一から新たに執筆したものである。その意味で、私自身は本書全体を書き下ろしだと思っている。第一章は、前段階の論文として「「社会」の構築と民衆／観客――戦間期の社会教育・民衆娯楽としての映画」（拙編『観客へのアプローチ』森話社、二〇一一年）と“Creating the Audience : Cinema as Popular Recreation and Social Education in Modern Japan”（Daisuke Miyao, ed. *Oxford Handbook of Japanese Cinema*, Oxford UP, 2014）の二本があるが、本書ではそれらよりも詳細な議論を行うとともに、結論を中心に論旨を大きく変更している。第二、三章は、その執筆中に一部を「「国民」への動員――総力戦と「新興娯楽」による社会主体の更新」（『名古屋大学文学部論集　史学篇』六二号、二〇一七年）と「総力戦とトランスメディア的消費文化――「国民」の再定義と矛盾をめぐって」（『JunCture――超域的日本文化研究』八号、二〇一八年）として発表したため、これらの論文と重なっている箇所がある。第四章は、当初から本書にそのまま組み込むつもりで書いた「映画観客と「東亜民族」（上）――帝国日本のファンタジー」（『メディア史研究』四〇号、二〇一六年）と「映画観客と「東亜民族」（下）――帝国日本の総動員システムをめぐって」（『メディア史研究』四一号、二〇一七年）に加筆・修正を行ったものである。第五、六章は、前段階の論文として「「大衆」としての映画観客」（ミツヨ・ワダ・マルシアーノ編『「戦後」日本映画論――一九五〇年代を読む』青弓社、二〇一二年）があるが、それとはまったく別の論考になっている。第七、八章は、前段階の論文として「「市民」と映画のネットワーク――三・一一後の原発をめぐる社会運動の中で」（『JunCture――超域的日本文化研究』五号、二〇一四年）と“Networking Citizens through Film Screenings : Cinema and Media in the Post-3.11 Social Movement”（Jason G. Karlin and Patrick Galbraith, eds. *Media Convergence in Japan*, Kinema Club, 2016）があるが、論旨を大きく変えたところがある。そのほか、本書の数カ所で、いくつかの既発表の拙論を部分的に利用している箇所があるが、それらについてはその都度、注で書誌情報を記した。

このように本書の完成に至るさまざまな文脈を振り返ってみると、謝辞を述べたい方たちがたくさん思い浮かんでくる。そうした方たちの中には、ご本人は意識していないかもしれないが私にとってはありがたかった方もいるし、逆に私が気のつかないところで私を支えてくれた方がいる可能性があることも自覚している。以下ではそうした方たちのお名前を（最小限にとどめつつ）挙げさせていただくが、本書の研究を直接的に支えていただいたにせよ、間接的に支えていただいたにせよ、お名前を挙げない方にも同等の感謝の気持ちがあることをまずはお断りしておきたい。

本書のプロジェクトに取り組んでいる際によく思ったのは、「民衆」から「市民」に至るまで先行研究が数多く存在していて助かったということである。本書では批判的に取り上げたものもあれば、賛同的に取り上げたものもあるが、いずれにしてもそうした先行研究がなければ本書は実現し得えず、そのどれもが私にとってはありがたいものだった。学会、研究会、講演などの際にコメントや質問をしてくださった方にもお礼を言いたい。とりわけ、映画メディア学会（SCMS）で行った何度かの発表では聴衆が五人もいない（どうかすると二人だけ）ということがよくあったが、そうした中でわざわざ足を運んで意見を述べてくださった方は私にとって天使のようにさえ思えた。上記の共著書の監修者や編者の方々と、本研究に関連したテーマの講演や研究発表を企画してくださったブリンマー大学、ウォリック大学、メディア史研究会の関係者の方々には、本書の構想を発展させる上で欠かせない発表と応答の場をいただいたと思っている。「市民」の社会運動や自主上映会の調査では、鎌仲ひとみ監督に協力していただいたほか、市民活動に従事している方々からその経験談も含め多くの情報を提供していただいた。

私の研究に興味を示してくれたり温かい言葉をかけてくれたり、あるいは批判的なコメントによって知的刺激を与えてくれた研究者仲間の存在も大いに励みになった。七年ほど前の *The Japanese Cinema Book*（英国映画協会）の企画開始から、二〇一九年発足予定の名古屋大学とウォリック大学の共同学位プログラムに至るまで、さまざまな仕事を一緒に行い親交を深めてきたアラステア・フィリップス氏からはどれほど多くのことを学んだかわからない。アメリカの大学院でともに勉強した頃からの友人であり、今回も校正前に終章以外の全原稿を読んでくれた北村洋氏はいつも私にとって心強い味方である。翻訳の仕事などを通じて知の奥深くまで私をいざなってくれてきたトーマス・ラマール氏からの、本書への興味と励ましが記されたメールには、偶然にも自分がひどく落ち込んでいるときにそれを受信したこともあり、今でも忘れられないほど勇気づけられた。

本書の成果は、仕事場の環境に恵まれたことによるところも間違いなく大きい。それまで歴史にまったく興味のなかった私に、映画史を通じて近代史のおもしろさと重要性を教えてくれた上に、この分野の研究者になるきっかけまで与えてくれたピーター・B・ハーイ氏の存在は、今なお私にとってかけがえのないものだということを本書の執筆中あらためて実感した。一方で、私の大学院ゼミ——私にとってそれなしでは生きられないほど、もっともやりがいを感じる場——に参加してくれた学生の皆さんは、本書のプロジェクトを進める上で常に私の知的かつ身体的な活力の源泉であった。この五年ほどの間、グローバル30プログラムの設置、人文学研究科への再編、映像学の発足など、それ以前には想像もつかなかったほどの学内環境のめまぐるしい変化にかかわることになったが、そうした流れの中で飯田祐子、馬然、小川翔太、朱宇正、洞ヶ瀬真人の各氏をはじめ研究科附属センター、映像学、日本文化学に携わる多くの良き同僚たちに恵まれたことは、私の研究にとって計り知れないほど幸運なことだった。

本書は、名古屋大学出版会の橘宗吾氏による強力なバックアップなしには形になり得なかった。橘さんからは、この十年もの間、毎年新年になると本書への期待を込めた年賀状をいただいた上に、最後は科研費出版助成に半ば強引に、見切り発車的に申請するという策まで講じて——幸い、最初の試みは失敗に終わったことは上記の通りだが——脱稿にまで導いていただき、さらには校正の段階になるとご自身の著書であるかのように親身に編集上のアドバイスをいただいた。

本書をほとんど鬱病状態とも言える中で完成することができたのは、とりもなおさずこうした方たち、さらにはここに記すことができなかったけれども私を支えてくださった方たちのおかげである。この場を借りて、心からの謝意を表したい。

最後に、本書のいく末について希望を書かせていただくとすれば、好意的に受け止められるにしろ、批判的に受け止められるにしろ、本書が、どの分野の研究者、学生、一般の別を問わず偶発的に手にとって読んでくださった読者にとって、思考を触発し、社会的・歴史的ビジョンを広げるものであれば、この上なく幸いである。本書が一人でも多くの方に役立つものであることを願って、幕を閉じたい。

著　者

二〇一九年一月

藤木秀朗著
増殖するペルソナ　A5・486 頁
―映画スターダムの成立と日本近代―　本体 5,600 円

ミツヨ・ワダ・マルシアーノ著
ニッポン・モダン　A5・280 頁
―日本映画 1920・30 年代―　本体 4,600 円

ピーター・B・ハーイ著
帝国の銀幕　A5・524 頁
―十五年戦争と日本映画―　本体 4,800 円

北村　洋著
敗戦とハリウッド　A5・312 頁
―占領下日本の文化再建―　本体 4,800 円

北浦寛之著
テレビ成長期の日本映画　A5・312 頁
―メディア間交渉のなかのドラマ―　本体 4,800 円

トーマス・ラマール著　藤木秀朗監訳
アニメ・マシーン　A5・462 頁
―グローバル・メディアとしての日本アニメーション―　本体 6,300 円

ミツヨ・ワダ・マルシアーノ著
デジタル時代の日本映画　A5・294 頁
―新しい映画のために―　本体 4,600 円

ボードウェル／トンプソン著　藤木秀朗監訳
フィルム・アート　A4・552 頁
―映画芸術入門―　本体 4,800 円

坪井秀人著
声の祝祭　A5・432 頁
―日本近代詩と戦争―　本体 7,600 円

飯田祐子著
彼女たちの文学　A5・376 頁
―語りにくさと読まれること―　本体 5,400 円

アントワーヌ・リルティ著　松村博史他訳
セレブの誕生　A5・474 頁
―「著名人」の出現と近代社会―　本体 5,400 円

《著者略歴》


藤木《ふじき》 秀朗《ひであき》

ウィスコンシン大学マディソン校PhD

ハーバード・イェンチン研究所客員研究員（2006〜07年），ウォリック大学映画テレビ研究学科客員教授（2014年）などを経て

現　在　名古屋大学大学院人文学研究科・映像学分野・専門／超域文化社会センター教授

著　書　『増殖するペルソナ——映画スターダムの成立と日本近代』（名古屋大学出版会，2007年）／*Making Personas : Transnational Film Stardom in Modern Japan*（Harvard University Asia Center, 2013），『観客へのアプローチ』（編著，森話社，2011年），*The Japanese Cinema Book*（co-ed., BFI, 2019），D・ボードウェル他『フィルム・アート——映画芸術入門』（監訳，名古屋大学出版会，2007年），T・ラマール『アニメ・マシーン——グローバル・メディアとしての日本アニメーション』（監訳，名古屋大学出版会，2013年）ほか



映画観客とは何者か

2019年2月28日　初版第1刷発行

定価はカバーに
表示しています

著　者　藤　木　秀　朗

発行者　金　山　弥　平

発行所　一般財団法人　名古屋大学出版会

〒464-0814　名古屋市千種区不老町1名古屋大学構内
電話(052)781-5027/FAX(052)781-0697



© Hideaki Fujiki, 2019



Printed in Japan

印刷・製本 ㈱太洋社

ISBN978-4-8158-0938-6

乱丁・落丁はお取替えいたします。



JCOPY〈出版者著作権管理機構　委託出版物〉

本書の全部または一部を無断で複製（コピーを含む）することは，著作権法上での例外を除き，禁じられています。本書からの複製を希望される場合は，そのつど事前に出版者著作権管理機構（Tel：03-5244-5088，FAX：03-5244-5089，e-mail：info@jcopy.or.jp）の許諾を受けてください。

# 索　引

## ア　行

## カ　行

## サ　行

## タ　行

## ナ　行

## ハ　行

## マ　行

## ヤ　行



## ラ　行

## ワ　行

# 図版一覧

# 参照文献


**日本語文献**（一部中国語，朝鮮・韓国語）

アーリー，ジョン『社会を越える社会学——移動・環境・シチズンシップ』吉原直樹監訳，法政大学出版局，2007 年

アーレント，ハンナ『全体主義の起源　第 3 巻　全体主義』新版，大久保和郎・大島かおり訳，みすず書房，2017 年

———（ハンナ・アレント）『人間の条件』志水速雄訳，筑摩書房，1994 年

相川春喜『文化映画論』霞ヶ関書房，1944 年

青木美希『地図から消される街——3.11 後の「言ってはいけない真実」』講談社現代新書，2018 年

青山貴子「明治・大正期の映像メディアにおける娯楽と教育——写し絵・幻灯・活動写真」『生涯学習・社会教育学研究』33 号，2008 年，23〜34 頁

赤上裕幸『ポスト活字の考古学——「活映」のメディア史 1911〜1958』柏書房，2013 年

赤神良譲「映画に於ける国策と民族の問題」『日本映画』1941 年 9 月，4〜9 頁

赤澤史朗『近代日本の思想動員と宗教統制』校倉書房，1985 年

———「大日本言論報国会——評論会と思想戦」，赤澤史朗・北河賢三編『文化とファシズム——戦時期日本における文化の光芒』日本経済評論社，1993 年

赤澤史朗・北河賢三編『文化とファシズム』日本経済評論社，1993 年

アクロス編集室編『いま，超大衆の時代——新商品環境論』PARCO 出版，1985 年

浅野豊美『帝国日本の植民地法制——法域統合と帝国秩序』名古屋大学出版会，2008 年

アドルノ，テオドール「テレビジョンと大衆文化の諸類型」滝沢正樹訳，清水幾太郎監修『テレビジョンの功罪』紀伊國屋書店，1961 年

———「テレビと大衆文化の諸形態」平沢正夫訳，鶴見俊輔編『現代人の思想　第 7 巻　大衆の時代』平凡社，1969 年

アドルノ，テオドール，マックス・ホルクハイマー「文化産業」『啓蒙の弁証法——哲学的断想』徳永恂訳，岩波書店，1990 年

天野正子「「受」働から「能」働への実験——ワーカーズ・コレクティブの可能性」，佐藤慶幸編『女性たちの生活ネットワーク——生活クラブに集う人々』文眞堂，1988 年

———『「生活者」とはだれか——自律的市民像の系譜』中公新書，1996 年

———『「つきあい」の戦後史——サークル・ネットワークの拓く地平』吉川弘文館，2005 年

「危うい「地上の太陽」　核融合発電 岐阜・土岐で実験へ」『中日新聞』2013 年 2 月 7 日，13 頁

綾目広治「中野重治におけるマルクス主義——初期の論争を中心にして」『文教国文学』17 号，1985 年，33〜49 頁

荒瀬豊「テレビジョンと印刷メディア」『思想』1958 年 11 月，69〜76 頁

ありま生「皇民化という言葉」『朝鮮公論』1944 年 5 月，93〜94 頁

有馬哲夫『原発・正力・CIA——機密文書で読む昭和裏面史』新潮新書，2009 年

———『こうしてテレビは始まった——占領・冷戦・再軍備のはざまで』ミネルヴァ書房，2013年
———『日本テレビとCIA——発掘された「正力ファイル」』宝島SUGOI文庫，2011年
有山輝雄『近代日本のメディアと地域社会』吉川弘文館，2009年
———『徳富蘇峰と国民新聞』吉川弘文館，1992年
———「戦時体制と国民化」『年報・日本現代史——戦時下の宣伝と文化』7号，2001年，1〜36頁
アルチュセール，ルイ「イデオロギーと国家のイデオロギー諸装置」『再生産について——イデオロギーと国家のイデオロギー諸装置』上，西川長夫他訳，平凡社，2005年
安鐘和「新体制와 映画人協会의 任務」『三千里』1941年6月，190〜191頁
アンダーソン，ベネディクト『定本　想像の共同体——ナショナリズムの起源と流行』白石隆・白石さや訳，書籍工房早山，2007年
安藤丈将『ニューレフト運動と市民社会——「60年代」の思想のゆくえ』世界思想社，2013年
晏妮『戦時日中映画交渉史』岩波書店，2010年
李英載『帝国日本の朝鮮映画——植民地メランコリアと協力』三元社，2013年
イ・ペ・トライニン「文化と映画」舞俊夫訳，『満洲映画』日文版，1938年4月，49〜51頁
イ・ヨンスク「「同化」とはなにか」『現代思想』1996年6月，148〜157頁
飯島正『映画の研究』厚生閣書店，1929年
———『映画の見かた』文昭社教養文庫，1943年
———『映画論ノオト』青山書院，1936年
———「国民映画と大衆性」『新文化』1942年12月，48〜51頁
———「大東亜建設戦のための映画」『新聞切抜』，『映画公社旧蔵　戦時統制下映画資料集』第11巻，ゆまに書房，2014年再録
飯田泰三「吉野作造——“ナショナル・デモクラット”と社会の発見」，小松茂夫・田中浩編『日本の国家思想』下，青木書店，1980年
五十嵐泰正『原発事故と「食」——市場・コミュニケーション・差別』中公新書，2018年
井口一郎『マス・コミュニケイション——どんなふうに大衆へはたらきかけるか　その理論とその実証』光文社，1951年
池川玲子『「帝国」の映画監督坂根田鶴子——『開拓の花嫁』・1943年・満映』吉川弘文館，2011年
池田壽夫「小市民（プチ・ブル）映画論——明るさ・ユーモア・ペーソスの階級性」『映画評論』1932年4月，118〜123頁
池田浩士「〈大衆〉というロマンティシズム——プロレタリア文学と大衆文学の読者像」，同編『大衆の登場——ヒーローと読者の20〜30年代（文学史を読みかえる2）』インパクト出版会，1998年
池田陽子「「汚染」と「安全」——原発事故後のリスク概念の構築と福島復興の力」，トム・ギル，ブリギッテ・シテーガ，デビッド・スレイター編『東日本大震災の人類学——津波，原発事故と被災者たちの「その後」』人文書院，2013年
石川準吉『国家総動員史　資料編』第4巻，国家総動員史刊行会，1976年
石川弘義「エリートにあらわれた民衆のイメージ」，南博・社会心理研究所『大正文化 1905〜1927』勁草書房，1965年

―――編『娯楽の戦前史』東京書籍，1981 年
石田英敬『大人のためのメディア論講義』ちくま新書，2016 年
石田佐恵子「CM 表現のパターン化と〈専業主婦〉オーディエンスの構築――「選択という営み」」，高野光平・難波功士編『テレビ・コマーシャルの考古学――昭和 30 年代のメディアと文化』世界思想社，2010 年
石田雄『日本の政治文化――同調と競争』東京大学出版会，1970 年
石巻良夫「日本映画商事要綱」，市川彩編『日本映画事業総覧　昭和 3～4 年版』国際映画通信社，1928 年，309～319 頁
井関種雄「外国もの映画興行に就いて(1)」『映画科学研究』1930 年 6 月，208～217 頁
井田美恵子「テレビと家族の 50 年――“テレビ的”一家団欒の変遷」『NHK 放送文化研究所年報 2004』48 号，日本放送協会，2004 年
板倉史明『映画と移民――在米日系移民の映画受容とアイデンティティ』新曜社，2016 年
―――「「史劇　楠公訣別」（1921 年）の可燃性ネガフィルムを同定する」『東京国立近代美術館研究紀要』14 号，2010 年，45～55 頁
伊丹万作「映画と民族性」『映画評論』1944 年 1 月，36～38 頁
市川彩『アジア映画の創造及建設』国際映画通信社・大陸文化協会，1941 年
―――『わが映画事業』国際映画通信社，1941 年
伊藤和男「第一次大戦後の社会教育と「教育的社会政策」」，上杉孝實・大庭宣尊編『社会教育の近代』松籟社，1996 年
伊藤亀雄「映画観覧者数の増加をみる」『映画旬報』1942 年 4 月 11 日，10～11 頁
伊藤智永『忘却された支配――日本のなかの植民地朝鮮』岩波書店，2016 年
伊藤昌亮『デモのメディア論――社会運動社会のゆくえ』筑摩書房，2012 年
伊藤守『情動の社会学――ポストメディア時代における“ミクロ知覚”の探求』青土社，2017 年
伊藤守・毛利嘉孝編『アフター・テレビジョン・スタディーズ』せりか書房，2014 年
稲田達雄『映画教育運動三十年――その記録と回想』日本映画教育協会，1962 年
稲葉三千男「テレビジョン・広告・大衆」『思想』1958 年 11 月，116～206 頁
犬田充『消費の思想――大衆社会を動かすもの』日本経済新聞社，1969 年
―――『大衆消費社会の終焉』中公新書，1977 年
井上輝子・長尾洋子・船橋邦子「ウーマンリブの思想と運動――関連資料の基礎的研究」『東西南北』2006 年，134～158 頁
井上宏『テレビ文化の社会学』世界思想社，1987 年
井上雅雄「戦前昭和期映画産業の発展構造における特質――東宝を中心として」『立教経済学研究』第 56 巻 2 号，2002 年，1～24 頁
井上祐子「「国家宣伝技術者」の誕生――日中戦争期の広告統制と宣伝技術者の動員」『年報・日本現代史――戦時下の宣伝と文化』7 号，2001 年，81～114 頁
猪瀬直樹『欲望のメディア』小学館，1990 年
今村金衛『映画産業』有斐閣，1960 年
今村昌平他編『講座日本映画　第 4 巻　戦争と日本映画』岩波書店，1986 年
今村太平『映画芸術の性格』第一芸文社，1939 年
―――『映画芸術の形式』大塩書林，1938 年
―――『映画と文化』第一芸文社，1940 年

———『記録映画論』第一芸文社，1940 年
———「芸術は大衆が理解する」『映画旬報』1942 年 4 月 21 日，10〜12 頁
———『戦争と映画』第一芸文社，1942 年
———「日本映画と大衆思想」『思想』1951 年 8 月，80〜87 頁
———『日本映画の本質』新太陽社，1943 年
———『日本芸術と映画』菅書店，1941 年
———『満洲印象記』第一芸文社，1941 年
「今村復興相「自己責任」発言を撤回」『毎日新聞』2017 年 4 月 7 日，ウェブ版
伊豫田康弘他『テレビ史ハンドブック——読むテレビあるいはデータで読むテレビの歴史』自由国民社，1998 年
岩崎昶『映画が若かったとき——明治・大正・昭和三代の記憶』平凡社，1980 年
———『映画と資本主義』往来社，1931 年
———『映画論』三笠書房，1936 年
———「現代の映画・テレビ」，富永惣一他編『講座現代芸術　第 7 巻　今日の芸術』勁草書房，1959 年
岩崎稔・大川正彦・中野敏男・李孝徳編『継続する植民地主義——ジェンダー／民族／人種／階級』青弓社，2005 年
岩田正美「貧困になるリスク・貧困であることのリスク——福祉国家と社会的リスク管理の困難」，橘木俊詔編『リスク社会を生きる』岩波書店，2004 年
岩渕功一『トランスナショナル・ジャパン——アジアをつなぐポピュラー文化』岩波書店，2001 年
———『文化の対話力——ソフト・パワーとブランド・ナショナリズムを越えて』日本経済新聞出版社，2007 年
岩本憲児「幻燈から映画へ——明治・大正期における社会教化と民衆娯楽論」『早稲田大学大学院文学研究科紀要』第 45 巻 3 号，1999 年，75〜87 頁
岩本憲児・武田潔・斉藤綾子編『「新」映画理論集成　第 1 巻　歴史／人種／ジェンダー』フィルムアート社，1998 年
岩本憲児編『映画と「大東亜共栄圏」』森話社，2004 年
印南高一『映画社会学』早稲田大学出版部，1955 年
ウィリアムズ，レイモンド『完訳　キーワード辞典』椎名美智他訳，平凡社，2002 年
———「テレビと社会」，デイヴィッド・クローリー，ポール・ヘイヤー編『歴史のなかのコミュニケーション——メディア革命の社会文化史』林進・大久保公雄訳，新曜社，1995 年
上杉孝實「社会教育における成人教育の形成」，同他編『社会教育の近代』松籟社，1996 年
上杉孝實・大庭宣尊編『社会教育の近代』松籟社，1996 年
上田耕一郎「大衆社会論と危機の問題」『思想』1960 年 10 月，16〜25 頁
上田学『日本映画草創期の興行と観客——東京と京都を中心に』早稲田大学出版部，2012 年
上野耕三『映画の認識』第一芸文社，1940 年
上野千鶴子『女たちのサバイバル作戦』文春新書，2013 年
———『ケアの社会学——当事者主権の福祉社会へ』太田出版，2011 年
———『ナショナリズムとジェンダー』青土社，1998 年

———「日本のリブ——その思想と背景　付　増補編解説　記憶を手渡すために」，天野正子他編『新編　日本のフェミニズム　第1巻　リブとフェミニズム』岩波書店，2009年
上野千鶴子・電通ネットワーク研究会編『「女縁」が世の中を変える——脱専業主婦のネットワーキング』日本経済新聞社，1988年
植村振作・山本賢治『市民運動の時代です——市民が主役の21世紀』第三書房，2011年
氏原正治郎「第一次大戦後の労働調査と『余暇生活の研究』」『生活古典叢書　第8巻　余暇生活の研究』光生館，1970年
内川芳美「マス・コミュニケーションと政治過程」，日高六郎編『マス・コミュニケーション講座　第5巻　現代社会とマス・コミュニケーション』河出書房，1955年
———『マス・メディア法政策史研究』有斐閣，1989年
内田岐三雄「半島映画について」『映画評論』1941年7月，47〜48頁
内海愛子・村井吉敬『シネアスト許泳の「昭和」——植民地下で映画づくりに奔走した一朝鮮人の軌跡』凱風社，1987年
瓜生忠夫『映画的精神の系譜』月曜書房，1947年
———『映画と近代精神』学徒援護会，1947年
———『日本の映画』岩波新書，1956年
———『マス・コミ産業——その日本における発展の特異性』増訂版，法政大学出版局，1962年
海野幸徳『学校と活動写真』内外出版，1924年
———『児童と活動写真』表現社，1924年
「映画観客の研究」『映画旬報』1947年4月11日，4〜19頁
「映画観客の実態——法大映研の調査報告から」『映画新報』1950年7月，24〜26頁
「映画観客の増加率に就いて」『日本映画』1936年7月，25〜28頁
「映画館の頁　興行概説」『映画旬報』1941年12月11日，50頁
「映画教育 座談会」『映画旬報』1942年5月21日，35〜38頁
『映画年鑑　昭和17年度版』日本映画雑誌協会，1943年
『映画年鑑　昭和18年度版』日本映画雑誌協会，1944年
「映画の観衆は年々一億九千万人」『社会教育』1932年10月，7頁
「映画配給と巡回映画」『映画旬報』1942年6月1日，16〜17頁
「映画法」，牧野守監修『日本映画論言説大系　第I期　戦時下の映画統制期』第8巻，ゆまに書房2003年再録
「映画法施行規則」，牧野守『日本映画検閲史』パンドラ，2003年再録
江藤文夫他編『講座・コミュニケーション』全6巻，研究社出版，1972〜73年
NHK放送世論調査所編『テレビと生活時間——昭和40年度国民生活時間調査解説編』日本放送協会，1967年
江幡亀壽『社会教育の実際的研究』博進館，1921年
FCT市民のテレビの会編『環境化するテレビ——市民の役割を考える』FCT，1988年
遠藤正敬『近代日本の植民地統治における国籍と戸籍——満洲・朝鮮・台湾』明石書店，2010年
大内秀邦「観客」『映画旬報』1942年6月1日，36頁
大江健三郎『世界の若者たち』新潮社，1962年

大江志乃夫「東アジア新旧帝国の交替」，同他編『岩波講座近代日本と植民地　第1巻　植民地帝国日本』岩波書店，1992年
大江志乃夫他編『岩波講座近代日本と植民地』全8巻，岩波書店，1993年
大串潤児『「銃後」の民衆経験——地域における翼賛運動』岩波書店，2016年
大久保遼『映像のアルケオロジー——視覚理論・光学メディア・映像文化』青弓社，2015年
———「映像文化へのアプローチ——遍在するスクリーンのアルケオロジー」，石田英敬，吉見俊哉，マイク・フェザーストーン編『デジタル・スタディーズ　第3巻　メディア都市』東京大学出版会，2015年
大阪市社会部調査課編『余暇生活の研究』弘文堂，1923年
大澤謙二「活動写真の利害」『帝国教育』1917年5月，31〜34頁
大沢真理「逆機能に陥った日本型セーフティネット」，橘木俊詔編『リスク社会を生きる』岩波書店，2004年
———「女性の抵抗が世界を持続可能にする」，天野正子他編『新編　日本のフェミニズム　第4巻　権力と労働』岩波書店，2009年
大杉栄「新しき世界の為めの新しき芸術」『早稲田文学』1917年10月，232〜251頁
大塚恭一「国民映画の趣旨」『映画旬報』1942年1月1日，29〜30頁
大槻宏樹「文部省社会教育課の特設と脱「通俗」論理」『早稲田大学教育学部學術研究　教育・社会教育・教育心理・体育編』25号，1976年，1〜13頁
大庭宣尊「近代日本時間秩序と社会教育」，上杉孝實・大庭宣尊編『社会教育の近代』松籟社，1996年
大畑裕嗣他編『社会運動の社会学』有斐閣，2004年
大林宗嗣『民衆娯楽の実際研究』大原社会問題研究所，1922年
大宅壮一「“一億総評論家”時代」『大宅壮一エッセンス　第2巻　世相料理法』講談社，1976年
———「文学の大衆化と娯楽化」『大宅壮一エッセンス　第2巻　世相料理法』講談社，1976年
———「モダン層とモダン相」『中央公論』1929年2月，南博他編『日本モダニズム——エロ・グロ・ナンセンス』（現代のエスプリ188号）至文堂，1983年
大山郁夫『大衆は動く』アルス，1930年
岡邦雄「映画と女性——映画に対する女性の特質」『日本映画』1937年8月，20〜25頁
岡田眞吉「新しい映画観客層の動員について」『日本映画』1942年8月，69〜73頁
———『映画と国家』生活社，1943年
———「映画と大衆」『映画之友』1941年8月，46頁
岡田晋『映像学・序説——写真・映画・テレビ・眼に見えるもの』九州大学出版会，1981年
———「その交流点」『キネマ旬報』1959年5月下旬，51頁
岡田秀則「南方における映画工作——《鏡》を前にした「日本映画」，岩本憲児編『映画と「大東亜共栄圏」』森話社，2004年
岡野八代『シティズンシップの政治学——国民・国家主義批判』白澤社，2009年
———『フェミニズムの政治学——ケアの倫理からグローバル社会へ』みすず書房，2012年

岡本博「行儀の悪さも“批評”である」『映画評論』1958年11月，38～39頁
小川佐和子『映画の胎動——1910年代の比較映画史』人文書院，2016年
小川文弥「コミュニケーション行為としてのテレビ視聴」，田中義久・小川文弥編『テレビと日本人——「テレビ50年」と生活・文化・意識』法政大学出版局，2005年
荻野富士夫「総力戦下の治安体制」，吉田裕他編『岩波講座アジア・太平洋戦争　第2巻　戦争の政治学』岩波書店，2005年
萩原久美子・皆川満寿美・大沢真理編『復興を取り戻す——発信する東北の女たち』岩波書店，2013年
奥田謙造『戦後アメリカの対日政策と日本の技術再興——日本のテレビジョン放送・原子力導入と柴田秀利』大学教育出版，2015年
奥平康弘「映画の国家統制」，今村昌平他編『講座日本映画　第4巻　戦争と日本映画』岩波書店，1986年
奥谷通「環境問題に日本の文化を生かすとき」『日本会議——設立5周年大会』（http://www.nipponkaigi.org/voice/5years）
小熊英二「右派の改憲——いまなぜ「反体制」なのか」『朝日新聞』2017年6月29日，ウェブ版
———『清水幾太郎——ある戦後知識人の軌跡』御茶の水書房，2003年
———『首相官邸の前で』集英社インターナショナル，2017年
———『単一民族神話の起源——〈日本人〉の自画像の系譜』新曜社，1995年
———「東北と東京の分断くっきり」『朝日新聞』2011年6月12日，ウェブ版
———『〈日本人〉の境界——沖縄・アイヌ・台湾・朝鮮 植民地支配から復帰運動まで』新曜社，1998年
———『〈民主〉と〈愛国〉——戦後日本のナショナリズムと公共性』新曜社，2002年
小熊英二・上野陽子『〈癒し〉のナショナリズム——草の根保守運動の実証研究』慶應義塾大学出版会，2003年
奥村賢「科学映画の興隆と迷走——文化映画論序説」，村山匡一郎編『映画は世界を記録する——ドキュメンタリー再考』森話社，2006年
尾崎秀樹『大衆文化論——活字と映像の世界』大和書房，1966年
小澤考人「大正期における娯楽（非労働時間）の成立平面——民衆娯楽論の社会政策的側面の分析をとおして」『現代社会理論研究』14号，2004年，378～390頁
落合恵美子『21世紀家族へ——家族の戦後体制の見かた・超えかた』有斐閣，1997年
小野清一郎「思想戦と国民生活」，大日本言論報国会編『思想戦大学講座』時代社，1944年
小尾範治「映画教育に関する内外の状況」，文部省普通学務局社会教育課『映画教育』東洋図書，1928年
———「興行映画の問題」『社会教育』1928年8月，2～5頁
オルテガ・イ・ガセット，ホセ『大衆の反逆』神吉敬三訳，ちくま学芸文庫，1995年
カー，E・H『新しい社会』清水幾太郎訳，岩波新書，1953年
戒能通孝「言論の自由とテレビジョン」『思想』1958年11月，216～224頁
梶田孝道「新しい社会運動——A・トゥレーヌの問題提示を受けて」『思想』1985年4月，211～237頁
春日淳一「ダブル・コンティンジェンシーについて」『経済論集』第55巻3号，関西大学，2005年12月，445～455頁

カズヌーヴ，ジャン『ラジオ・テレビの社会学』大賀正喜訳，白水社，1963年
片桐新自「戦後日本における運動論の展開——理論的観点からの整理」『思想』1985年11月，200〜220頁
カッツ，エリフ，ポール・ラザースフェルド『パーソナル・インフルエンス——オピニオン・リーダーと人びとの意思決定』竹内郁郎訳，培風館，1965年
勝又幸子「国際比較からみた日本の障害者政策の位置づけ——国際比較研究と費用統計比較からの考察」『季刊社会保障研究』第44巻2号，2008年，138〜149頁
角一典「非日常と日常のはざまで——社会運動組織の変化」，大畑裕嗣他編『社会運動の社会学』有斐閣，2004年
加藤厚子「映画会社の市場認識と観客——1930〜1960年代を中心に」，藤木秀朗編『観客へのアプローチ』森話社，2011年
———『総動員体制と映画』新曜社，2003年
加藤秀俊「ある家族のコミュニケイション生活——マス・コミュニケイション過程における小集団の問題」『思想』1957年2月，92〜108頁
———『テレビ時代』中央公論社，1958年
———「テレビジョンと娯楽」『思想』1958年11月，41〜52頁
———『中間文化』平凡社，1957年
———「日常生活と国民運動」『思想の科学』1960年7月，28〜31頁
———『見世物からテレビへ』岩波新書，1965年
加藤典洋『敗戦後論』講談社，1997年
加藤幹郎『映画館と観客の文化史』中公新書，2006年
ガニング，トム「驚きの美学」濱口幸一訳，岩本憲児・武田潔・斉藤綾子編『「新」映画理論集成　第1巻　歴史／人種／ジェンダー』フィルムアート社，1998年
加納実紀代『女たちの〈銃後〉』増補新版，インパクト出版会，1995年
上村泰二「大東亜共栄圏の映画建設——南方観察より帰りて」『映画配給社報』1943年4月15日，4〜5頁
亀井勝一郎「文化戦について」『国際文化』1942年7月，39〜46頁
亀山俊朗「シティズンシップとコミュニティ」，木前利秋・亀山俊朗・時安邦治編『変容するシティズンシップ——境界をめぐる政治』白澤社，2011年
苅谷剛彦『大衆教育社会のゆくえ——学歴主義と平等神話の戦後史』中公新書，1995年
カルド，メアリー『グローバル市民社会論——戦争へのひとつの回答』山本武彦他訳，法政大学出版局，2007年
苅部直『丸山眞男——リベラリストの肖像』岩波新書，2006年
川合隆男『近代日本における社会調査の軌跡』恒星社厚生閣，2004年
河上徹太郎他『近代の超克』冨山房，1979年
川喜多長政「序」，岡田眞吉『映画と国家』生活社，1942年
川崎賢子・原田健一『岡田桑三　映像の世紀——グラフィズム・プロパガンダ・科学映画』平凡社，2002年
姜泰雄「思想戦と映画——劇映画『ハワイ・マレー沖海戦』をめぐって」『思想史研究』2号，2002年，156〜168頁
神田孝一『「思想戦」と宣伝』橘書店，1937年
菊本武夫「小市民的世界」『映画評論』1930年7月，33〜34頁

菊盛英夫『われらの映画』くれは書店，1949 年
木崎敬一郎「映画の鑑賞運動」，山田和夫編『映画論講座　第 4 巻　映画の運動』合同出版，1977 年
岸田國士『生活と文化』青山出版社，1941 年
———「農村文化について」『農村文化』1944 年 2 月，『岸田國士全集』第 26 巻，岩波書店，1991 年再録
喜多壮一郎「生活新体制下の「映画」への一示唆」『日本映画』1940 年 12 月，10〜13 頁
北浦馨編『これだけは覚えて得な映画法』新聞合同通信社映画部，1939 年
北浦寛之『テレビ成長期の日本映画——メディア間交渉のなかのドラマ』名古屋大学出版会，2018 年
北河賢三「解説」，同編『資料集　総力戦と文化　第 1 巻　大政翼賛運動文化部と翼賛文化運動』大月書店，2000 年
———編『資料集　総力戦と文化　第 1 巻　大政翼賛運動文化部と翼賛文化運動』大月書店，2000 年
北川鉄夫編『日本の独立プロ』映画「若者たち」全国上映員会，1970 年
北田暁大『〈意味〉への抗い——メディエーションの文化政治学』せりか書房，2004 年
———『広告の誕生——近代メディア文化の歴史社会学』岩波書店，2000 年
北野圭介『制御と社会——欲望と権力のテクノロジー』人文書院，2014 年
北村日出夫・中野収編『日本のテレビ文化——メディア・ライフの社会史』有斐閣，1983 年
北村洋『敗戦とハリウッド——占領下日本の文化再建』名古屋大学出版会，2014 年
城戸四郎「映画の最大使命は国民娯楽」『キネマ旬報』1939 年 9 月 1 日，8〜9，13 頁
———「大東亜映画の構想」『映画旬報』1943 年 10 月 1 日，13〜15 頁
宜野座菜央見「戦時日本映画における断絶と継続」，細川周平・山田奨治・佐野真由子編『新領域・次世代の日本研究』国際日本文化研究センター，2016 年
———『モダン・ライフと戦争——スクリーンのなかの女性たち』吉川弘文館，2013 年
木下千花『溝口健二論——映画の美学と政治学』法政大学出版局，2016 年
木下長宏『中井正一——新しい「美学」の試み』平凡社，2002 年
木前利秋・亀山俊朗・時安邦治編『変容するシティズンシップ——境界をめぐる政治』白澤社，2011 年
金京淑「日本植民地支配末期の朝鮮と映画政策——『家なき天使』を中心に」，岩本憲児編『映画と「大東亜共栄圏」』森話社，2004 年
キム・ドンフン「分離されたシネマ，絡み合う歴史——日本植民地支配下の 1920 年代朝鮮映画文化」山﨑順子訳，藤木秀朗編『観客へのアプローチ』森話社，2011 年
ギャロウェイ，アレクサンダー・R『プロトコル——脱中心化以後のコントロールはいかに作動するのか』北野圭介訳，人文書院，2017 年
キャントリル，ハドレイ『火星からの侵入——パニックの社会心理学』斎藤耕二・菊池章夫訳，川島書店，1985 年
清澤冽「放送の右翼化」『中央公論』1935 年 9 月，202〜206 頁
ギリガン，キャロル『もうひとつの声——男女の道徳観のちがいと女性のアイデンティティ』岩男寿美子監訳，川島書店，1986 年
ギル，トム・ブリギッテ・シテーガ，デビッド・スレイター編『東日本大震災の人類学

——津波，原発事故と被災者たちの「その後」』人文書院，2013 年
クーリー，チャールズ『社会組織論——拡大する意識の研究』大橋幸・菊池美代志訳，青木書店，1970 年
クシュナー，バラク『思想戦——大日本帝国のプロパガンダ』井形彬訳，明石書店，2016 年
国広陽子「テレビ娯楽の変遷と女性——テレビドラマを中心に」，同編『メディアとジェンダー』勁草書房，2012
久野収『久野収集』第 2 巻，岩波書店，1998 年
———「市民主義の成立」『思想の科学』1960 年 7 月，9〜16 頁
———「新聞の報道機能について——現代新聞論」『思想』1951 年 6 月，1〜5 頁
久米正雄「映画は大衆を指導せよ」『映画之友』1939 年 9 月，82〜83 頁
クラカウアー，ジークフリート『大衆の装飾』船戸満之・野村美紀子訳，法政大学出版局，1996 年
———「プロパガンダとナチの戦争映画」『カリガリからヒトラーへ——ドイツ映画 1918-1933 における集団心理の構造分析』丸尾定訳，みすず書房，1970 年
倉沢愛子「20 世紀アジアの戦争——帝国と脱植民地化」，成田龍一他編『岩波講座アジア・太平洋戦争　第 1 巻　なぜ，いまアジア・太平洋戦争か』岩波書店，2005 年
倉田喜弘『日本レコード文化史』東京書籍，1992 年
グラック，キャロル『歴史で考える』梅崎透訳，岩波書店，2007 年
蔵原惟人「モダニズムの階級的基礎」『東京朝日新聞』1930 年 4 月 1 日，『蔵原惟人評論集』第 2 巻，新日本出版社，1967 年再録
栗原彬『管理社会と民衆理性——日常意識の政治社会学』新曜社，1982 年
———「市民政治のアジェンダ——生命政治の方へ」『思想』2000 年 2 月，5〜14 頁
———『「存在の現れ」の政治——水俣病という思想』以文社，2005 年
栗原幸夫「大衆化とプロレタリア大衆文学」，池田浩士編『「大衆」の登場——ヒーローと読者の 20〜30 年代（文学史を読みかえる 2）』インパクト出版会，1998 年
黒川みどり『共同性の復権——大山郁夫研究』信山社，2000 年
黒田省三「『授業料』『家なき天使』の次に来るもの」『映画評論』1941 年 7 月，48〜49 頁
経済企画庁国民生活局編『消費構造変化の実態と今後の展望——「大衆消費」から「消費ルネサンス」へ』大蔵省印刷局，1984 年
ゲルナー，アーネスト『民族とナショナリズム』加藤節訳，岩波書店，2000 年
剣持隆「プロパガンダからパブリック・リレーションズ——プロパガンダとパブリック・リレーションズのコトバ史」『経済広報』第 35 巻 9 号，2013 年 9 月，16〜19 頁
小泉修吉「ドキュメンタリー制作と上映の実際」，佐藤忠男編『シリーズ日本のドキュメンタリー　第 1 巻　ドキュメンタリーの魅力』岩波書店
厚生労働省『平成 25 年版　労働経済の分析構造変化の中での雇用・人材と働き方』（https://www.mhlw.go.jp/wp/hakusyo/roudou/13/13-1.html）
紅野謙介『書物の近代』ちくま学芸文庫，1999 年
コーンハウザー，ウィリアム『大衆社会の政治』辻村明訳，東京創元社，1961 年
「国策の果て　帰路の原発 1　信じた発展，福島の悲しみ」『朝日新聞』2015 年 3 月 24 日，ウェブ版
国土交通省『平成 19 年度　国土交通省白書』（http://www.mlit.go.jp/hakusyo/mlit/h24/hakusho/

h25/html/n1213000.html）
国土交通省・観光庁「観光立国をめぐる現状」2009年4月（http://www.mlit.go.jp/kankocho/iinkai/pdf/kanminkyo01_3.pdf）
国民生活審議会「市民意識と社会参加活動委員会報告——自覚と責任のある社会へ」国民生活審議会総合政策部会市民意識と社会参加活動委員会，1994年
国民生活審議会調査部会・コミュニティ問題小委員会「コミュニティ——生活の場における人間性の回復」経済企画庁国民生活課，1969年
「国民精神総動員映画——文部省より各系に配給」『国際映画新聞』1937年10月20日，53頁
「国民文化会議資料インデックス」『法政大学大原社会問題研究所』（https://oisr-org.ws.hosei.ac.jp/archives/darc/bunkakaigi/）
「国民文化会議の活動の方向と内容について」『国民文化』1995年1月，4～5頁
小笹正人「映画国策とその理想案」『映画年鑑　昭和16年版』大同社
コシュマン，J・ヴィクター『戦後日本の民主主義革命と主体性』葛西弘隆訳，平凡社，2011年
———「知識人と政治」葛西弘隆訳，アンドルー・ゴードン編『歴史としての戦後日本』下，みすず書房，2001年
古瀬傳蔵「東條内閣と文化政策」『農村文化』1941年11月，7頁
後藤道夫『収縮する日本型「大衆社会」——経済グローバリズムと国民の分裂』旬報社，2001年
———『戦後思想ヘゲモニーの終焉と新福祉国家構想』旬報社，2006年
後藤宏行『大衆社会論序説』思想の科学社，1966年
五野井郁夫『「デモ」とは何か——変貌する直接民主主義』NHK出版，2012年
コバヤシ，コリン『国際原子力ロビーの犯罪——チェルノブイリから福島へ』以文社，2013年
小林直毅「「消費者」，「視聴者」，そして「オーディエンス」」，小林直毅・毛利嘉孝編『テレビはどう見られてきたのか——テレビ・オーディエンスのいる風景』せりか書房，2003年
小林嘉宏「大正期社会教育官僚における〈社会〉の発見と〈社会教育〉」，本山幸彦教授退官記念論文集編集委員会編『日本教育史論叢』思文閣出版，1988年
———「大正期における社会教育政策の新展開——生活改善運動を中心に」，「講座日本教育史」編集委員会編『講座日本教育史　第3巻　近代2/近代3』第一法規出版，1984年
駒込武『植民地帝国日本の文化統合』岩波書店，1996年
小松孝彰『近代戦とプロパガンダ』春秋社，1937年
———『戦争と思想宣伝戦』春秋社，1939年
小松丈晃『リスク論のルーマン』勁草書房，2003年
小山栄三『戦時宣伝論』三省堂，1942年
小山弘建「現代総力戦の構想」『中央公論』1942年5月，130頁
権赫泰・車承棋「消去を通してつくられた「戦後」日本」，権赫泰・車承棋編『〈戦後〉の誕生——戦後日本と「朝鮮」の境界』中野宣子訳，新泉社，2017年
権田速雄「父・権田保之助（1）——小伝風に」『権田保之助研究』1号，1982年，42～47頁

権田保之助「教育映画の本質と教育映画運動」，文部省普通学務局社会教育課編『映画教育』東洋図書，1928年
―――『活動写真の原理及応用』内田老鶴圃，1914年
―――「現代人の求める民衆娯楽の要素」『活動雑誌』1923年11月，64～66頁
―――「国民映画への要望」『サンデー毎日』1941年8月31日，51頁
―――『権田保之助著作集　第1巻　民衆娯楽問題　民衆娯楽の基調』文和書房，1974年
―――『権田保之助著作集　第2巻　娯楽業者の群　民衆娯楽論』文和書房，1974年
―――『権田保之助著作集　第3巻　国民娯楽の問題　娯楽教育の研究』文和書房，1975年
―――『権田保之助著作集　第4巻　主要論文』文和書房，1975年
―――「戦争と娯楽」『中央公論』1938年9月，180～189頁
―――『美術工芸論』内田老鶴圃，1921年
―――「民衆娯楽殊に活動写真に就いて」『社会と教化』1922年2月，37～43頁
―――『民衆娯楽の基調』同人社書店，1922年
権田保之助・秋山暉二「活動写真興行の実際的方面」『帝国教育』1917年5月，4～17頁
近藤春雄『現代人の思考と行動――マス・コミュニケーションとその影響』上・下，文雅堂書店，1960年
近藤正己「植民者の戦争経験――総督政治以下の台湾」，杉原達他編『岩波講座アジア・太平洋戦争　第4巻　帝国の戦争経験』岩波書店，2006年
―――『総力戦と台湾――日本植民地崩壊の研究』刀水書房，1996年
齋藤純一『公共性』岩波書店，2000年
―――「親密圏と安全性の政治」，同編『親密圏のポリティクス』ナカニシヤ出版，2003年
―――編『親密圏のポリティクス』ナカニシヤ出版，2003年
佐伯啓思『擬装された文明――大衆社会のパラドックス』TBSブリタニカ，1988年
―――『「市民」とは誰か――戦後民主主義を問いなおす』PHP研究所，1997年
酒井三郎「地方文化運動の目標」『文藝春秋』1941年8月，68～75頁
酒井隆史「日本における社会的なものをめぐる抗争」，市野川容孝・宇城輝人編『社会的なもののために』ナカニシヤ出版，2013年
酒井哲哉「国際関係論と「忘れられた社会主義」――大正期日本における社会概念の析出状況とその遺産」『思想』2003年1月，121～137頁
酒井直樹『日本／映像／米国――共感の共同体と帝国的国民主義』青土社，2007年
坂内夏子「社会教育における映画の歴史――民衆娯楽と教育映画」『学術研究　教育・社会教育学編』50号，2001年，15～29頁
坂田稔「生活様式――モダンライフから「自力生存」へ」，南博・社会心理研究所編『昭和文化 1925～1945』勁草書房，1987年
坂村健「太陽光発電 急成長のひずみ」『毎日新聞』2018年4月19日，ウェブ版
坂本治也編『市民社会論――理論と実証の最前線』法律文化社，2017年
坂本義和「相対化の時代――市民の世紀をめざして」『世界』1997年1月，35～67頁
桜井哲夫『TV――魔法のメディア』ちくま新書，1994年
櫻本富雄『大東亜戦争と日本映画――立見の戦中映画論』青木書店，1993年
笹川慶子『近代アジアの映画産業』青弓社，2018年
―――「継承された音――日本映画のサウンド化と浪曲トーキーの構造」，山田幸平編『現

代映画思想論の行方――ベンヤミン，ジョイスから黒澤明，宮崎駿まで』晃洋書房，2010 年
――― 「忘却された音――浪曲映画の歴史とその意義」，神山彰・児玉竜一編『映画のなかの古典芸能』森話社，2010 年
佐々木基一『現代の映画』大日本雄弁会講談社，1958 年
――― 「映画とテレビの分岐点・交流点」『キネマ旬報』1959 年 5 月下旬，49～50 頁
――― 『テレビ芸術』パトリア書店，1959 年
――― 「テレビ文化とは何か？」『思想』1958 年 11 月，225～231 頁
佐々木基一・藤田省三・佐多稲子・橋川文三「大衆の思想と行動」『新日本文学』1960 年 8 月，27～35 頁
「座談会　映画配給の理想と実際」『映画旬報』1941 年 2 月 21 日，31～42 頁
「座談会　観客層の拡大強化」『映画旬報』1942 年 4 月 1 日，48～56 頁
「座談会　決戦下映画界の進路」『映画旬報』1943 年 3 月 21 日，14～22 頁
「座談会　情報局 国民映画を語る」『映画旬報』1942 年 4 月 21 日，28～36 頁
「座談会　大東亜映画建設の前提」『映画旬報』1942 年 3 月 11 日，4～14 頁
「座談会　中国映画の現状」『映画旬報』1943 年 5 月 21 日，23～28 頁
「座談会　朝鮮映画新体制樹立のために」『映画旬報』1941 年 1 月 1 日，15～22 頁
「座談会　南方映画工作の現段階」『映画旬報』1943 年 7 月 1 日，8～10 頁
「座談会　文部省大臣と文部省推薦映画」『映画旬報』1943 年 4 月 1 日，6～13 頁
清野正義「高田保馬の東亜民族論」，戦時下日本社会研究会『戦時下の日本昭和前期の歴史社会学』行路社，1992 年，29～60 頁
サッセン，サスキア『グローバリゼーションの時代――国家主権のゆくえ』伊豫谷登士翁訳，平凡社，1999 年
佐藤彰彦「タウンミーディングから見えてきたもの――多重の被害を可視化する」，山下祐介・市村高志・佐藤彰彦『人間なき復興――原発避難と国民の「不理解」をめぐって』明石書店，2013 年
佐藤泉「共同体の再想像――谷川雁の「村」」『日本文学』第 56 巻 11 号，2007 年
佐藤卓己「「教育型」テレビ放送体制の成立」，三澤真美恵・川島真・佐藤卓己編『電波・電影・電視――現代東アジアの連鎖するメディア』青弓社，2012 年
――― 『『キング』の時代――国民大衆雑誌の公共性』岩波書店，2002 年
――― 『現代メディア史』岩波書店，1998 年
――― 『言論統制――情報官・鈴木庫三と教育の国防国家』中公新書，2004 年
――― 「総力戦体制と思想戦の言説空間」，山之内靖・ヴィクター・コシュマン・成田龍一編『総力戦と現代化』柏書房，1995 年
――― 『テレビ的教養――一億総博知化への系譜』NTT 出版，2008 年
――― 「ラジオ文明とファシスト的公共性」，貴志俊彦・川島真・孫安石編『戦争・ラジオ・記憶』勉誠出版，2006 年
――― 「連続する情報戦争――「十五年戦争」を超える視点」，テッサ・モーリス＝スズキ他編『岩波講座アジア・太平洋戦争　第 3 巻　動員・抵抗・翼賛』岩波書店，2006 年
佐藤毅『イメージ時代の逆説――転換する大衆文化のゆくえ』毎日新聞社，1971 年
――― 「マス・コミュニケーションの理論」，清水幾太郎編『講座現代マス・コミュニケーション　第 1 巻　マス・コミュニケーション総論』河出書房新社，1961 年

佐藤毅・滝沢正樹「ラジオおよびテレビジョンと視聴者――マス・コミュニケーションをめぐる一つの認識論」『思想』1958年11月，89〜102頁
佐藤忠男「映画」，南博他編『講座現代芸術　第4巻　マス・コミのなかの芸術』勁草書房，1961年
―――「映画・演劇の観客たち」，日高六郎編『講座現代芸術　第3巻　芸術を担う人々』勁草書房，1958年
―――「大衆社会状況と映画」，佐藤忠男他『レンズからみる日本現代史』現代思潮社，1954年
―――『大衆文化の原像』岩波書店，1993年
―――『日本映画史I　1896-1940』岩波書店，1995年
―――『日本の映画』三一書房，1956年
佐藤智雄「コミュニケーションとマス・ソサェティ」，清水幾太郎編『マス・コミュニケーション講座　第1巻　マス・コミュニケーションの原理』河出書房，1955年
佐藤正晴「戦時下日本の宣伝研究――小山栄三の宣伝論をめぐって」『メディア史研究』5号，1996年，98〜114頁
佐藤洋「映画を語り合う自由を求めて――映画観客運動史のために」，吉見俊哉他編『日本映画は生きている　第3巻　観る人，作る人，掛ける人』岩波書店，2010年
佐藤慶幸編『女性たちの生活ネットワーク――生活クラブに集う人々』文眞堂，1988年
沢辺有司『ワケありな映画』彩図社，2014年
澤村勉『映画の表現』菅書店，1942年
―――『現代映画論』桃蹊書房，1941年
澤柳政太郎「活動写真に関する問題」『帝国教育』1917年5月，1〜3頁
ジェロー，アーロン「戦ふ観客――大東亜共栄圏の日本映画と受容の問題」『現代思想』2002年7月，136〜149頁
塩原勉「大衆」，見田宗介他編『社会学事典』弘文堂，1994年
志賀信夫『テレビ媒体論――その理論と実践』紀伊國屋書店，1968年
思想の科学研究会編『夢とおもかげ――大衆娯楽の研究』中央公論社，1950年
シテーガ，ブリギッテ「「皆一緒だから」――岩手県山田町の避難所における連帯感」，トム・ギル，ブリギッテ・シテーガ，デビッド・スレイター編『東日本大震災の人類学――津波，原発事故と被災者たちの「その後」』人文書院，2013年
芝田進午「「大衆社会」理論への疑問――マルクス主義学徒の立場から」『中央公論』1957年6月，170〜187頁
柴田芳男「映画館経営によせて――興行の距離を語る」『映画配給社報』1943年10月1日，8頁，『映画公社旧蔵　戦時統制下映画資料集　第I期　統制下の映画界』第2巻，ゆまに書房，2014年再録
―――『世界映画戦争』東洋社，1944年
柴原洋一「芦浜闘争記」『NAGI凪』61〜74号，2015〜2018年
渋谷重光『大衆操作の系譜』勁草書房，1991年
渋谷望「〈参加〉への封じ込め――ネオリベラリズムと主体化する権力」『現代思想』1999年5月，94〜105頁
―――「排除空間の生政治――親密圏の危機の政治化のために」，齋藤純一編『親密圏のポリティクス』ナカニシヤ出版，2003年

島尾良造「浅草興行街瞥見」『映画配給社報』1943 年 4 月 1 日，27 頁
島薗進「「帰還のための放射線リスクコミュニケーション」の内容は適切か」，沢田昭二他『福島への帰還を進める日本政府の 4 つの誤り――隠される放射線障害と健康に生きる権利』旬報社，2014 年
島村輝「群集・民衆・大衆――明治末から大正期にかけての「民衆暴動」」，小森陽一他編『岩波講座近代日本の文化史　第 5 巻　1920～30 年代　編成されるナショナリズム』岩波書店，2002 年
清水幾太郎「国内文化の刷新」『改造』1950 年 5 月，『清水幾太郎著作集　第 5 巻　組織の條件・美しき行為』講談社，1992 年再録
―――『岩波講座現代思想　第 8 巻　社会心理学』岩波書店，1951 年
―――「大衆社会論の勝利――安保改定阻止闘争の中で」『思想』1960 年 10 月，26～43 頁
―――「テレビ時代のマス・コミュニケーション」，同編『講座現代マス・コミュニケーション　第 1 巻　マス・コミュニケーション総論』河出書房新社，1961 年
―――「テレビ文明論」『キネマ旬報　臨時増刊「テレビ大鑑」』1958 年 6 月 20 日，27～29 頁
―――「マス・コミュニケーション」，戒能通孝編『日本資本主義講座』第 3 巻，岩波書店，1953 年
―――編『マス・コミュニケーション講座　第 1 巻　マス・コミュニケーションの原理』河出書房，1955 年
―――編『マス・レジャー叢書　第 1 巻　テレビジョンの功罪』紀伊國屋書店，1961 年
清水修二『NIMBY（ニンビイ）シンドローム考――迷惑施設の政治と経済』東京新聞出版局，1999 年
清水芳一「事変と映画教育の新指針」『帝国教育』1939 年 5 月，36～38 頁
清水亮太郎「映画をめぐる闘争――満洲国における映画支配の形成」『インテリジェンス』8 号，2007 年，94～104 頁
志村三代子『映画人・菊池寛』藤原書店，2013 年
―――「『羅生門』から『ゴジラ』へ――輸出産業のホープをめざして」，岩本憲児編『日本映画の海外進出――文化戦略の歴史』森話社，2015 年
ジャウエット，ガース・S，ビクトリア・オドンネル『大衆操作――宗教から戦争まで』松尾光晏訳，ジャパンタイムズ，1993 年
社会心理研究所「映画と社会」，南博編『マス・コミュニケーション講座　第 4 巻　映画・ラジオ・テレビ』河出書房，1954 年
―――「映画はどうみられているか」，日高六郎編『マス・コミュニケーション講座　第 5 巻　現代社会とマス・コミュニケーション』河出書房，1955 年
社会調査研究所（南博・加藤秀俊・高野悦子）「戦後日本における映画コミユニケイシオンの実態」『思想』1951 年 8 月，72～79 頁
周国慶「満洲映画の諸問題」『満洲映画』日文版，1940 年 7 月，73 頁
「一〇フィート映画運動最終作品ができた」『国民文化』1983 年 6 月，14 頁
シュラム，ウィルバー編『マス・コミュニケーション』学習院大学社会学研究室訳，創元社，1954 年
「女性観客層の研究」『キネマ旬報』1957 年 10 月 1 日，145～149 頁
白根孝之『テレビジョン――その教育機能と歴史的使命』アジア出版社，1959 年

「〈資料〉第十六回総評教宣集会資料より——大衆文化の性格と思想」『国民文化』1972 年 6 月，15〜16 頁
シルバーストーン，ロジャー「テレビジョン，存在論，移行対象」土橋臣吾・伊藤守訳，吉見俊哉編『メディア・スタディーズ』せりか書房，2000 年
シンガー，ベン「モダニティ，ハイパー刺激，そして大衆的センセーショナリズムの誕生」長谷正人訳，長谷正人・中村秀之編『アンチ・スペクタクル——沸騰する映像文化の考古学』東京大学出版会，2003 年
新海善男「1960 年 映画界の問題」『国民文化』1960 年 10 月，8 頁
新興映画社編『プロレタリア映画運動理論』天人社，1930 年
神野由紀『趣味の誕生——百貨店がつくったテイスト』勁草書房，1994 年
「図解・国際　世界の原発（二〇一六年一二月）」『時事ドットコムニュース』（https://www.jiji.com/jc/graphics?p=ve_int_world20161226j-02-w680）
菅原和子「「声なき声の会」の思想と行動——戦後市民運動の原点をさぐる」『新潟国際情報大学情報文化学部紀要』11 号，2008 年，41〜57 頁
杉本章『障害者はどう生きてきたか——戦前・戦後障害者運動史』増補改訂版，現代書館，2008 年
鈴木直子「『満洲映画』にみる文化の交錯——映画と演劇，日本と中国」，上田学・鈴木直子編『復刻版　満洲映画』第 8 巻，ゆまに書房，2013 年
鈴木みどり『テレビ・誰のためのメディアか』学藝書林，1992 年
スタインバーグ，マーク『なぜ日本は〈メディアミックスする国〉なのか』中川讓訳，角川書店，2015 年
スノー，ナンシー『プロパガンダ株式会社——アメリカ文化の広告代理店』椿正晴訳，明石書店，2004 年
スミス，アントニー・D『ネイションとエスニシティ——歴史社会学的考察』巣山靖司・高城和義他訳，名古屋大学出版会，1999 年
関野嘉雄『映画教育の理論』小学館，1942 年
関屋龍吉「社会教育の話」『政治論講座』第 5 号，1927 年，小川利夫監修『社会教育基本文献資料集成』第 I 期第 4 巻，大空社，1991 年再録
戦時下日本社会研究会『戦時下の日本——昭和前期の歴史社会学』行路社，1992 年
「総評文化闘争方針（第 2 次草案）総論の部（2)」『国民文化』1975 年 9 月，13 頁
成元哲・角一典「政治的機会構造論の理論射程——社会運動をとりまく政治環境はどこまで操作化できるのか」『ソシオロゴス』22 号，1998 年，102〜123 頁
成元哲・樋口直人「現代社会の構造変動と社会運動の潜勢力」，大畑裕嗣他編『社会運動の社会学』有斐閣，2004 年
「大東亜戦争下の正月興行」『映画旬報』1942 年 1 月 21 日，11 頁
大日本映画協会『本邦映画事業概要』1944 年
『大日本帝国憲法』一八八九年二月一一日公布，一八九〇年一一月二九日施行（WIKISOURCE，https://ja.wikisource.org/wiki/ 大日本帝国憲法）
高岡裕之「総力戦と都市——厚生運動を中心に」『日本史研究』415 号，1997 年，145〜175 頁
———「大日本産業報国会と「勤労文化」——中央本部の活動を中心に」『年報・日本現代史——戦時下の宣伝と文化』7 号，2001 年，37〜80 頁

高島金次『朝鮮映画統制史』朝鮮映画文化研究所，1943 年
高田昭彦「草の根運動の現代的位相――オールタナティヴを志向する新しい社会運動」『思想』1985 年 11 月，176〜199 頁
高田保馬『社会と国家』岩波書店，1922 年
―――『東亜民族論』岩波書店，1939 年
高橋徹「後期資本主義社会における新しい社会運動」『思想』1985 年 11 月，2〜14 頁
―――「テレビと大衆操作」，鶴見俊輔編『現代人の思想　第 7 巻　大衆の時代』平凡社，1969 年
高畠通敏「「国民」と「市民」」『国民文化』1997 年 11 月，2〜3 頁
―――「「市民社会」問題――日本における文脈」『思想』2001 年 5 月，4〜23 頁
高畠素之「教育映画と文部省」『国際映画新聞』1929 年 1 月 10 日，78 頁
滝沢一「孤独と沈黙へのアンチテーゼ――関西の映画館と映画観客」『映画評論』1958 年 11 月，45〜47 頁
竹内晋「満洲映画の進路」『満洲映画』1938 年 4 月，12 頁
竹内洋『メディアと知識人――清水幾太郎の覇権と忘却』中央公論新社，2012 年
―――『丸山眞男の時代――大学・知識人・ジャーナリズム』中公新書，2005 年
竹内好「日本のアジア主義」（1963 年）『日本とアジア――竹内好評論集』第 3 巻，筑摩書房，1966 年
―――「方法としてのアジア」（1960 年）『日本とアジア――竹内好評論集』第 3 巻，筑摩書房，1966 年
武田徹『私たちはこうして「原発大国」を選んだ　増補版「核」論』中公新書ラクレ，2011 年
竹山昭子『戦争と放送――史料が語る戦時下情報操作とプロパガンダ』社会思想社，1994 年
―――「メディア・イベントとしてのニュース映画」，津金澤聡廣・有山輝雄編『戦時期日本のメディア・イベント』世界思想社，1998 年
―――『ラジオの時代――ラジオは茶の間の主役だった』世界思想社，2002 年
田島節夫「大衆社会論争」，宮川透・中村雄二郎・古田光編『近代日本思想論争――民選議院論争から大衆社会論争まで』青木書店，1963 年
多田昇『テレビの思想――日本的発想からの転換』サイマル出版会，1972 年
多田道太郎『複製芸術論』講談社学術文庫，1985 年
立花高四郎「観客層を拡大せよ」『日本映画』1936 年 6 月，46〜47 頁
橘高廣『民衆娯楽の研究』警眼社，1920 年
―――『教育映画概論』明治図書，1929 年
谷川健司『アメリカ映画と占領政策』京都大学学術出版会，2002 年
田端博邦「ジェンダーとネオ・リベラリズム」『女性労働研究』58 号，2014 年，15〜19 頁
田中寛次郎「思想謀略と国民傍聴」『文藝春秋』1942 年 7 月，98〜101 頁
田中公「華北電影の現状」『映画旬報』1941 年 10 月 11 日，2〜28 頁
田中重好・舩橋晴俊・正村俊之編『東日本大震災と社会学――大災害を生み出した社会』ミネルヴァ書房，2013 年
田中純一郎『日本教育映画発達史』蝸牛社，1979 年
田中弥生『市民社会政策論――3.11 後の政府・NPO・ボランティアを考えるために』明石

書店，2011 年
ダベンポート，トーマス・H，ジョン・C・ベック『アテンション！――経営とビジネスのあたらしい視点』高梨智弘・岡田依里訳，シュプリンガー・フェアラーク東京，2005 年
田村哲樹『政治理論とフェミニズムの間――国家・社会・家族』昭和堂，2009 年
田村紀雄・志村章子編『ガリ版文化史――手づくりメディアの物語』新宿書房，1985 年
タルド，ガブリエル『世論と群集』稲葉三千男訳，未來社，1964 年
譚復「観衆心理的総分析」『満洲映画』漢文版，1938 年 12 月，24 頁
崔銀姫『日本のテレビドキュメンタリーの歴史社会学』明石書店，2015 年
趙寛子『植民地朝鮮／帝国日本の文化連環――ナショナリズムと反復する植民地主義』有志舎，2007 年
趙星銀『「大衆」と「市民」の戦後思想――藤田省三と松下圭一』岩波書店，2017 年
張智恩「日本における市民映画館の台頭と展開」『映像学』71 号，2003 年，5～26 頁
チョウ，レイ『女性と中国のモダニティ』田村加代子訳，みすず書房，2003 年
津金澤聡廣『現代日本メディア史の研究』ミネルヴァ書房，1998 年
辻村明『大衆社会と社会主義社会』東京大学出版会，1967 年
土田杏村『文明は何處へ行く』千倉書房，1930 年
土屋雄一郎『環境紛争と合意の社会学――NIMBY が問いかけるもの』世界思想社，2008 年
土屋由香『親米日本の構築――アメリカの対日情報・教育政策と日本占領』明石書店，2009 年
土屋由香・吉見俊哉編『占領する眼・占領する声――CIE/USIS 映画と VOA ラジオ』東京大学出版会，2012 年
土屋礼子「大正期の夕刊紙『東京毎夕新聞』にみる新聞の大衆化」，吉見俊哉・土屋礼子編『大衆文化とメディア』ミネルヴァ書房，2010 年
津村秀夫「映画観客層は変貌する」『中央公論』1943 年 2 月，84～89 頁
―――『映画政策論』中央公論社，1943 年
―――『映画戦』朝日新聞社，1944 年
―――「国策映画と国民映画」『新映画』1941 年 9 月，1～9 頁
―――「国内態勢強化と映画界」『映画旬報』1943 年 10 月 1 日，3 頁
―――『映画と鑑賞』創元社，1941 年
―――『続映画と鑑賞』創元社，1943 年
―――「何を破るべきか」，河上徹太郎他『近代の超克』冨山房，1979 年
鶴見和子「「戦後」の中の『思想の科学』」，思想の科学研究会編『思想の科学 会報』第 1 巻，柏書房，1982 年
鶴見俊輔『限界芸術論』ちくま学芸文庫，1999 年
―――『戦後日本の大衆文化史――1945～1980 年』岩波書店，1984 年
―――「大衆」『戦後史大事典――1945～2004　増補新版』三省堂，2005 年
―――「大衆芸術論」『鶴見俊輔著作集』第 4 巻，筑摩書房，1975 年
―――「大衆の時代」，同編『現代人の思想　第 7 巻　大衆の時代』」平凡社，1969 年
―――「根もとからの民主主義」『思想の科学』1960 年 7 月，20～27 頁
―――「民衆娯楽から国民娯楽へ――『権田保之助著作集』（全 4 巻）」『思想』1976 年 6 月，

1012〜1022 頁
―――編『現代人の思想　第 7 巻　大衆の時代』」平凡社，1969 年
帝国教育会調査部「活動写真取締に関する決議」『帝国教育』1917 年 4 月，83 頁
テヅカヨシハル『映像のコスモポリティクス――グローバル化と日本，そして映画産業』せりか書房，2011 年
―――「日本映画ガラパゴス化の現在――シン・ゴジラ etc. に見る文化政治の変容」，名古屋大学文学研究科附属「アジアの中の日本文化」研究センター・第 14 回セミナー，2017 年 1 月 21 日
デュルケーム，エミール『社会分業論』田原音和訳，青木書店，1971 年
寺西重郎『歴史としての大衆消費社会――高度成長とは何だったのか？』慶應義塾大学出版会，2017 年
寺見元恵「日本占領下のフィリピン映画」，今村昌平他編『講座日本映画　第 4 巻　戦争と日本映画』岩波書店，1986 年
デランティ，ジェラード『グローバル時代のシティズンシップ――新しい社会理論の地平』佐藤康行訳，日本経済評論社，2004 年
デリダ，ジャック，ベルナール・スティグレール『テレビのエコーグラフィー――デリダ〈哲学〉を語る』原宏之訳，NTT 出版，2005 年
暉峻淑子『豊かさとは何か』岩波新書，1989 年
テンニエス，フェルディナント『ゲマインシャフトとゲゼルシャフト――純粋社会学の基本概念』杉之原寿一訳，岩波文庫，1957 年
ドゥアラ，プラセンジット「満洲国における民族（エトノス）と民族学」，倉沢愛子他編『岩波講座アジア・太平洋戦争　第 7 巻　支配と暴力』岩波書店，2006 年
洞ヶ瀬真人「対話を触発するドキュメンタリー――60 年代学生運動映画の表現様式をめぐって」『JunCture――超域的日本文化研究』8 号，2017 年，136〜149 頁
「東條英機内閣総理大臣施政方針演説 第七七回帝国議会貴族院臨時会」1941 年 11 月 17 日（https://www.youtube.com/watch?v=Srt7qi2XcwQ）
東大学生・社会教育調査班「映画企業と観客動員」『社会教育』第 6 巻 2 号，1951 年，47〜51 頁。
ドゥルーズ，ジル「追伸――管理社会について」『記号と事件――1972〜1990 年の対話』宮林寛訳，河出書房新社，1992 年
ドゥルーズ，ジル，フェリックス・ガタリ『千のプラトー――資本主義と分裂症』宇野邦一他訳，河出書房新社，1994 年
トゥレーヌ，アラン『新装　声とまなざし――社会運動の社会学』梶田孝道訳，新泉社，2011 年
登川直樹「映画評論家から見た情報局勤務」『映画学』14 号，2000 年，125〜130 頁
時実象平「興行の計画化」『映画旬報』1942 年 4 月 11 日，3 頁
―――「自主上映運動の問題点」『文化評論　日本共産党中央委員会思想文化誌』1962 年 3 月，46〜49 頁
戸坂潤「映画の実写的特性と大衆性」『映画創造』1936 年 5 月，6〜16 頁
―――「娯楽論」『唯物論研究』1937 年 8 月，6〜23 頁
―――『日本イデオロギー論』増補版，岩波文庫，1977 年
―――「民衆論」『戸坂潤全集　第 5 巻　世界の一環としての日本』勁草書房，1976 年

戸澤鐵彦「宣伝戦に就て」『中央公論』1937 年 11 月，54〜70 頁
戸ノ下達也『音楽を動員せよ——統制と娯楽の十五年戦争』青弓社，2008 年
———「電波に乗った歌声——『国民歌謡』から『国民合唱』へ」『年報・日本現代史——戦時下の宣伝と文化』7 号，2001 年，115〜146 頁
内閣官房内閣審議室分室・内閣総理大臣補佐官室編『大平総理の政策研究会報告書 1 文化の時代：文化の時代研究グループ』1980 年
内閣情報部『思想戦展覧会図録』内閣情報部，1938 年
内閣府『平成 18 年度　年次経済財政報告——成長条件が復元し，新たな成長を目指す日本経済』2006 年（http://www5.cao.go.jp/j-j/wp/wp-je06/06-00301.html）
内閣府男女共同参画局編『男女共同参画白書　平成 29 年版』内閣府，2017 年
内務省警保局・文部省社会教育局『本邦映画事業概要』1939 年
中井幸一『日本広告表現技術史——広告表現の 120 年を担ったクリエイターたち』玄光社，1991 年
中井正一「集団美の意義」，久野収編『中井正一全集　第 2 巻　転換期の美学的課題』美術出版社，1965 年
中井怜「サークル運動の幾歳月」『映画評論』1958 年 11 月，60〜63 頁
永井孝男「台北の映画館」『映画旬報』1942 年 12 月 11 日，49 頁
中川雅治「誇りある国づくりへ邁進」『日本会議——設立 10 周年大会』（http://www.nipponkaigi.org/voice/10years#years1022）
仲木貞一「大衆芸術としての映画」『演劇研究』1928 年 7 月，8〜11 頁
中島健蔵「映画の効用に就いて」『日本映画』1941 年 2 月，10 頁
中筋直哉『群衆の居場所——都市騒乱の歴史社会学』新曜社，2005 年
中田俊造『娯楽の研究』社会教育協会，1924 年
———「吾国に於ける教育映画の近況」，文部省普通学務局社会教育課『映画教育』東洋図書，1928 年
中西準子『原発事故と放射線のリスク学』日本評論社，2014 年
中西正司・上野千鶴子『当事者主権』岩波新書，2003 年
中野収「現代日本の大衆社会——大衆社会論への懐疑」『世界』1980 年 10 月，66〜86 頁
———「生活空間のテレビ」，北村日出夫・中野収編『日本のテレビ文化——メディア・ライフの社会史』有斐閣，1983 年
———「大衆社会論の錯誤」『経済評論』1981 年 1 月，39〜51 頁
中野聡『東南アジア占領と日本人——帝国・日本の解体』岩波書店，2012 年
中野敏男「東アジアで「戦後」を問うこと——植民地主義の継続を把握する問題構成とは」，岩崎稔・大川正彦・中野敏男・李孝徳編『継続する植民地主義——ジェンダー／民族／人種／階級』青弓社，2005 年
———「「戦後日本」に抗する戦後思想——その生成と挫折」，権赫泰・車承棋編『〈戦後〉の誕生——戦後日本と「朝鮮」の境界』中野宣子訳，神泉社，2017 年
———「ボランティア動員型市民社会論の陥穽」『現代思想』1999 年 5 月，72〜93 頁
永原幸男『映画入門』伊藤書店，1943 年
永嶺重敏「円本の誕生と「普選国民」」，吉見俊哉・土屋礼子『大衆文化とメディア』ミネルヴァ書房，2010 年
———『雑誌と読者の近代』日本エディタースクール出版部，1997 年

中村秀之「占領下米国教育映画についての覚書——『映画教室』誌にみるナトコ（映写機）と CIE 映画の受容について」『CineMagaziNet!』（http: //www. cmn. hs. h. kyoto-u. ac. jp/CMN6/nakamura.htm）
中村光夫・安部公房「対談　テレビジョン時代と芸術」『思想』1958 年 11 月，240〜252 頁
中村武羅夫「国民映画作品総評」『日本映画』1942 年 5 月，3〜12 頁
成田龍一『近現代日本史と歴史学——書き替えられてきた過去』中公新書，2012 年
———「現代社会の中の戦争像と戦後像」，成田龍一・吉田裕編『岩波講座アジア・太平洋戦争　戦後編　記憶と認識の中のアジア・太平洋戦争』岩波書店，2015 年
———「「国民」の跛行的形成」，小森陽一・成田龍一編『日露戦争スタディーズ』紀伊國屋書店，2004 年
———『大正デモクラシー』岩波新書，2007 年
成田龍一・吉見俊哉「近代日本の形成と解体」，成田龍一・吉見俊哉編『20 世紀日本の思想』作品社，2002 年
———編『20 世紀日本の思想』作品社，2002 年
難波功士『「撃ちてし止まむ」——太平洋戦争と広告の技術者たち』講談社，1998 年
———「プロパガンディストたちの読書空間」，吉見俊哉編『1930 年代のメディアと身体』青弓社，2002 年
新居格「戦争と娯楽」『文藝春秋』1937 年 10 月，198〜204 頁
西川長夫『国民国家論の射程——あるいは「国民」という怪物について』柏書房，1998 年
西原達也・巽健一『マスコミと大衆社会の心理』誠文堂新光社，1968 年
西部邁『大衆の病理——袋小路にたちすくむ戦後日本』日本放送出版協会，1987 年
———『大衆への反逆』文藝春秋，1983 年
西村勝彦『大衆社会』誠信書房，1965 年
———『大衆社会論』誠信書房，1958 年
西村眞一郎「満洲文化の発展と映画の地位・役割に就て」『満洲映画』日文版，1938 年 5 月，19 頁
日宣「所望於我国之映画」『満洲映画』日文版，1938 年 1 月，10 頁
仁平典宏『「ボランティア」の誕生と終焉——〈贈与のパラドックス〉の知識社会学』名古屋大学出版会，2011 年
日本映画製作者連盟「日本映画産業統計」（http://www.eiren.org/toukei/data.html）
日本経済研究センター編『日本型大衆社会の展望』日本経済研究センター，1984 年
日本長期信用銀行産業研究会『レジャー産業』東洋経済新報社，1970 年
丹羽美之「テレビ・ドキュメンタリーの成立——NHK『日本の素顔』」『マスコミュニケーション研究』59 号，2001 年，164〜177 頁
ネグリ，アントニオ，マイケル・ハート『〈帝国〉——グローバル化の世界秩序とマルチチュードの可能性』水嶋一憲他訳，以文社，2003 年
———『マルチチュード——〈帝国〉時代の戦争と民主主義』上・下，幾島幸子訳，日本放送出版協会，2005 年
根木昭『日本の文化政策——「文化政策学」の構築に向けて』勁草書房，2001 年
ノイマン，ジグマンド『大衆国家と独裁——恒久の革命』岩永健吉郎・岡義達・高木誠訳，みすず書房，1960 年
野口雄一郎・稲葉三千雄「大衆娯楽と娯楽産業」『思想』1960 年 5 月，81〜89 頁

野口悠紀雄『一九四〇年体制――さらば「戦時経済」』東洋経済新報社，1995 年
乗杉嘉壽『社会教育の研究』同文館，1923 年
ハーイ，ピーター・B『帝国の銀幕――十五年戦争と日本映画』名古屋大学出版会，1995 年
―――「津村秀夫――神経と評論」，牧野守監修『日本映画言説大系　第 2 期　映画のモダニズム期　第 20 巻　津村秀夫『映画と批評』』ゆまに書房，2004 年
ハーヴェイ，デヴィッド『新自由主義――その歴史的展開と現在』渡辺治・森田成也・木下ちがや他訳，作品社，2007 年
―――『ポストモダニティの条件』吉原直樹訳，青木書店，1999 年
バーネイズ，エドワード・『プロパガンダ教本――こんなにチョろい大衆の騙し方』中田安彦訳，成甲書房，2010 年
バーバ，ホミ『文化の場所――ポストコロニアリズムの位相』本橋哲也他訳，法政大学出版局，2005 年
ハーバーマス，ユルゲン『公共性の構造転換』細谷貞雄訳，未來社，1973 年
―――『コミュニケイション的行為の理論』下，丸山高司他訳，未來社，1987 年
―――『事実性と妥当性――法と民主的法治国家の討議理論にかんする研究』下，河上倫逸・耳野健二訳，未來社，2002 年
朴順愛「「十五年戦争期」における内閣情報機構」『メディア史研究』2 号，1995 年，1〜29 頁
博報堂生活総合研究所編『「分衆」の誕生――ニューピープルをつかむ市場戦略とは』日本経済新聞社，1985 年
橋本健二『「格差」の戦後史――階級社会日本の履歴書』河出書房新社，2009 年
―――『新・日本の階級社会』講談社現代新書，2018 年
橋本満「民族――日本近代を統合する力」，戦時下日本社会研究会『戦時下の日本――昭和前期の歴史社会学』行路社，1992 年
バスケット，マイケル「映画人たちの「帝国」――「大東亜共栄圏」の諸相」，岩本憲児編『映画と「大東亜共栄圏」』森話社，2004 年
筈見恒夫「小津安二郎の小市民性」『映画評論』1930 年 7 月，24〜26 頁
―――「大東亜映画を指導するもの」『映画旬報』1942 年 4 月 21 日，3 頁
長谷正人『ヴァナキュラー・モダニズムとしての映像文化』東京大学出版会，2017 年
―――「検閲の誕生――大正期の警察と活動写真」『映画というテクノロジー経験』青弓社，2010 年
長谷川濱「映画妄言」『満洲映画』日文版，1938 年 4 月，19〜23 頁
長谷川如是閑「映画芸術の大衆性と階級的歪曲」『思想』1932 年 2 月，28〜39 頁
―――『日本映画論』大日本映画協会，1943 年
―――「ラヂオと統制時代」『中央公論』1935 年 9 月，198〜201 頁
長谷川亮一『「皇国史観」という問題――十五年戦争期における文部省の修史事業と思想統制政策』白澤社，2008 年
波多野完治『映画の心理学』新潮社，1957 年
―――『テレビ教育の心理学』日本放送教育協会，1963 年
波多野完治・寺内礼治郎「テレビ――人間と社会を変えるもの」『キネマ旬報』1958 年 6 月 20 日，30〜42 頁

バック-モース，スーザン『夢の世界とカタストロフィ——東西における大衆ユートピアの消滅』堀江則雄訳，岩波書店，2008年
バトラー，ジュディス『アセンブリ——行為遂行性・複数性・政治』佐藤嘉幸・清水知子訳，青土社，2018年
———『ジェンダー・トラブル——フェミニズムとアイデンティティの攪乱』竹村和子訳，青土社，1999年
波根康正「新時代の映画館」『映画配給社報』1943年5月15日，28頁，『映画公社旧蔵　戦時統制下映画資料集　第I期　統制下の映画界』第2巻，ゆまに書房，2014年再録
馬場修一「大衆化の論理と集団的主体性——戸坂潤・中井正一・三木清」，江藤文夫・鶴見俊輔・山本明編『講座コミュニケーション　第6巻　コミュニケーションの典型』研究社出版，1973年
林香里「ポスト・マスメディア時代の“ジャーナリズム”研究——デジタル時代における「公共圏の構造転換」の可能性とリスク」，伊藤守・毛利嘉孝編『アフター・テレビジョン・スタディーズ』せりか書房，2014年
林高一「観客対位法——劇場観客と興行場外の観客」『映画旬報』1942年4月11日，141～151頁
林進「テレビジョンの歴史」『思想』1958年11月，128～145頁
林進・藤竹暁「テレビ時代の成立」，南博編『テレビ時代』河出書房新社，1960年
林玉樹「邦画五社のGW作戦と国民映画——正月興行による各社68の皮算用」『映画芸術』1968年5月，44頁
林宥一『「無産階級」の時代——近代日本の社会運動』青木書店，2000年
原貴美恵「継続するサンフランシスコ体制——政治・安全保障・領土」，成田龍一・吉田裕編『岩波講座アジア・太平洋戦争　戦後編　記憶と認識の中のアジア・太平洋戦争』岩波書店，2015年
バラージュ，ベラ（ベロ・ボラーツ）「視覚的人間」佐々木能理男訳，『映画評論』1927年8月，112～119頁
原山浩介『消費者の戦後史——闇市から主婦の時代へ』日本経済評論社，2011年
パリサー，イーライ『閉じこもるインターネット——グーグル・パーソナライズ・民主主義』井口耕二訳，2012年
バリバール，エティエンヌ「人種主義とナショナリズム」，エティエンヌ・バリバール，イマニュエル・ウォーラーステイン『人種・国民・階級——揺らぐアイデンティティ』新版，若森章孝他訳，大村書店，1997年
ハルトゥーニアン，ハリー『近代による超克——戦間期日本の歴史・文化・共同体』上，梅森直之訳，岩波書店，2007年
———『歴史と記憶の抗争——「戦後日本」の現在』カツヒコ・マリアノ・エンドウ訳，みすず書房，2010年
ハンセン，ミリハム・ブラトゥ『映画と経験——クラカウアー，ベンヤミン，アドルノ』竹峰義和・滝浪祐紀訳，法政大学出版局，2017年
———「感覚の大量生産ヴァナキュラー・モダニズムとしての古典的映画」滝浪祐紀訳，『SITE ZERO/ZERO SITE』3号，2010年，206～306頁
———「初期映画／後期映画——公共圏のトランスフォーメーション」瓜生吉則・北田暁大訳，吉見俊哉編『メディア・スタディーズ』せりか書房，2000年

「(東日本大震災五年) 避難先，孤独感いまなお　福島原発事故，住民に共同調査」『朝日新聞』2016 年 3 月 10 日，ウェブ版
樋口直人『日本型排外主義——在特会・外国人参政権・東アジア地政学』名古屋大学出版会，2014 年
樋口秀雄『群衆論』中央書院，1913 年
日高六郎「現代都市と市民」，篠原一編『岩波講座現代都市政策　第 2 巻　市民参加』岩波書店，1973 年
———『戦後思想を考える』岩波新書，1980 年
———「戦後日本における個人と社会」，城塚登・日高六郎編『岩波講座哲学　第 5 巻　社会の哲学』岩波書店，1969 年
———「大衆社会におけるマス・コミュニケーションの問題」『東京大学新聞研究所紀要』6 号，1957 年，117〜127 頁
———「テレビジョン研究のひとつの前提」『思想』1958 年 10 月，23〜29 頁
———「マス・コミュニケーションの歴史と概論」，清水幾太郎編『マス・コミュニケーション講座　第 1 巻　マス・コミュニケーションの原理』河出書房，1955 年
———「歴史を学ぶこと」『国民文化』2005 年 5 月，2〜3 頁
———編『マス・コミュニケーション講座　第 5 巻　現代社会とマス・コミュニケーション』河出書房，1955 年
———編『1960 年 5 月 19 日』岩波新書，1960 年
日夏英太郎「内鮮両映画の交流について」『映画評論』1941 年 7 月，49〜51 頁
姫路市立美術館・印刷博物館編『大正レトロ・昭和モダン広告ポスターの世界——印刷技術と広告表現の精華』国書刊行会，2007 年
ビュッヒァー，カール『経済的文明史論——国民経済の成立』権田保之助訳，内田老鶴圃，1917 年
兵藤裕己『〈声〉の国民国家・日本』日本放送出版協会，2000 年
平沢祐子「何が「デモのある社会」をつくるか——ポスト三・一一のアクティヴィズムとメディア」，田中重好・舩橋晴俊・正村俊之編『東日本大震災と社会学——大災害を生み出した社会』ミネルヴァ書房，2013 年
平島康久『「小衆」をつかむ——市場が変わる！ニーズが変わる！』日本実業出版社，1985 年
平野共余子『天皇と接吻——アメリカ占領下の日本映画検閲』草思社，1998 年
フィルムアート社編『小津安二郎を読む——古きものの美しい復権』フィルムアート社，1982 年
ブーアスティン，ダニエル・J『幻影の時代——マスコミが製造する事実』後藤和彦・星野郁美訳，東京創元社，1964 年
フーコー，ミシェル『言説の領界』慎改康之訳，河出文庫，2014 年
———『生政治の誕生——コレージュ・ド・フランス講義　1978〜1979 年度』慎改康之訳，筑摩書房，2008 年
福澤諭吉『文明論之概略』岩波文庫，1995
福島原発事故独立検証委員会『調査・検証報告書』ディスカヴァー・トゥエンティワン，2012 年
「福島避難　中一男子いじめで不登校に」『毎日新聞』2016 年 11 月 9 日，ウェブ版

福嶋寛之「『社会教育』官僚の登場」『九州史学』129 号，2001 年，19～46 頁
福田歓一「「国民」の概念について——国民文化を根底から支えるものはなにか」『国民文化』1962 年 5 月，14～19 頁
福田充『リスク・コミュニケーションとメディア——社会調査論的アプローチ』北樹出版，2010 年
福武直・日高六郎・高橋徹編『講座社会学　第 7 巻　大衆社会』東京大学出版会，1957 年
藤井仁子「文化する映画——昭和 10 年代における文化映画の言説分析」『映像学』66 号，2001 年，5～22 頁
藤岡篤弘「ニュース映画館〈誕生期〉の興行とその機能」『映像学』68 号，2002 年，28～46 頁
藤岡和賀夫『さよなら，大衆——感性時代をどう読むか』PHP 研究所，1984 年
藤木秀朗「アントロポセンの脱自然化——3.11 原発災害後のドキュメンタリーにおけるランドスケープ，動物，場（所）」『JunCture——超域的日本文化研究』8 号，2017 年，48～65 頁
———「『ザ・コーヴ』と情動の文化——序に代えて」『JunCture——超域的日本文化研究』2 号，2011 年，14～23 頁
———「制度としての映画の批判——岩崎昶の一貫性と揺らぎ」，牧野守監修『日本映画論言説大系　第 2 期　映画のモダニズム期』第 1 巻，ゆまに書房，2004 年
———「制度へいかに介入するか——「国立メディア芸術総合センター」構想から考える日本文化研究」『JunCture——超域的日本文化研究』1 号，2010 年，98～2010 頁
———『増殖するペルソナ——映画スターダムの成立と日本近代』名古屋大学出版会，2007 年
———編『日本映画史叢書　第 14 巻　観客へのアプローチ』森話社，2011 年
藤田省三「現在革命思想における若干の問題」『中央公論』1957 年 2 月，213～223 頁
———『全体主義の時代経験』みすず書房，1995 年
藤田秀雄・大串隆吉編『日本社会教育史』エイデル研究所，1984 年
藤竹暁「思想の言葉　環境となったテレビ」『思想』2003 年 12 月，2～6 頁
———「大衆文化」，作田啓一・品川精二・藤竹暁編『文化と行動（今日の社会心理学 5）』培風館，1963 年
———『テレビメディアの社会力——マジックボックスを解読する』有斐閣，1985 年
———『メディアになった人間——情報と大衆現象のしくみ』中央経済社，1987 年
———「ラジオ体験からテレビ体験へ」，北村日出夫・中野収編『日本のテレビ文化——メディア・ライフの社会史』有斐閣，1983 年
フジタニ，タカシ「殺す権利，生かす権利——アジア・太平洋戦争下の日本人としての朝鮮人とアメリカ人としての日本人」，テッサ・モーリス = スズキ他編『岩波講座アジア・太平洋戦争　第 3 巻　動員・抵抗・翼賛』岩波書店，2006 年
藤野裕子『都市と暴動の民衆史——東京 1905～1923 年』有志舎，2015 年
藤原保信「大山郁夫——民本主義からマルクス主義へ」，小松茂夫・田中浩編『日本の国家思想』下，青木書店，1980 年
伏屋博雄（インタビュー）「自主メディアの夜明け」，細谷修平編『メディアと活性』インパクト出版，2012 年
船戸修一「「農本主義」研究の整理と検討——今後の研究課題を考える」『村落社会研究ジ

ャーナル』第16巻1号，2009年，13〜24頁
文倉三郎『東京に於ける活動写真』同人社，1919年
ブラウン，ロジャー・W『社会心理学講座　大衆』青井和夫訳，みすず書房，1957年
フリードバーグ，アン『ウィンドウ・ショッピング――映画とポストモダン』井原慶一郎他訳，松伯社，2008年
古川隆久『昭和戦中期の総合国策機関』吉川弘文館，1992年
――『戦時下の日本映画――人々は国策映画を観たか』吉川弘文館，2003年
古川哲次郎「満洲文化の発展と映画の地位・役割に就て」『満洲映画』日文版，1938年5月特別号，21頁
古田尚輝「劇映画“空白の六年”完」『成城文藝』201号，2007年，120〜150頁
――『『鉄腕アトム』の時代――映像産業の攻防』世界思想社，2009年
ブルデュー，ピエール『ディスタンクシオン――社会的判断力批判』石井洋二郎訳，藤原書店，1994年
フロドン，ジャン＝ミシェル『映画と国民国家』野崎歓訳，岩波書店，2002年
フロム，エーリッヒ『自由からの逃走』日高六郎訳，創元社，1951年
不破祐俊『映画法解説』大日本映画協会，1941年
――「演劇，映画，音楽等改善委員会の設置とその活動」『社会教育』1940年2月，7〜11頁
――「国民映画と思想戦」『海之世界』1942年10月，18〜20頁
――「国民映画について」『映画旬報』1942年6月21日，23〜27頁
――「国民映画の樹立」『日本映画』1941年7月，14〜16頁
――「戦時下の映画並びに音楽政策について」『社会教育』1939年8月，15〜20頁
――「南方への映画工作」『宣伝』1942年4月，10〜11頁
――「文化映画と国民教養」『社会教育』1939年11月，8頁
ベック，ウルリヒ『危険社会――新しい近代への道』東廉・伊藤美登里訳，法政大学出版局，1998年
ベル，ダニエル『脱工業社会の到来――社会予測の一つの試み』上・下，内田忠夫他訳，ダイヤモンド社，1975年
ベンヤミン，ヴァルター「パリ――十九世紀の首都」『ベンヤミン・コレクション』第1巻，浅井健二郎・久保哲司訳，ちくま学芸文庫，1995年
――「複製技術時代の芸術作品」〔第2稿〕『ベンヤミン・コレクション』第1巻，浅井健二郎・久保哲司訳，ちくま学芸文庫，1995年
ボードウェル，デヴィッド『小津安二郎――映画の詩学』杉山昭夫訳，青土社，1992年
ボードリヤール，ジャン『消費社会の神話と構造』今村仁司・塚原史訳，紀伊國屋書店，1979年
――『物の体系――記号の消費』宇波彰訳，法政大学出版局，1980年
星野辰男「南方映画工作より還りて」『映画旬報』1943年5月11日，15〜20頁
星野辰男・権田保之助「文部省映画対策の歴史を語る」『日本映画』1939年11月，172〜179頁
細川周平『シネマ屋，ブラジルを行く――日系移民の郷愁とアイデンティティ』新潮社，1999年
細谷修平編『メディアと活性』インパクト出版，2012年

ホブズボーム，エリック・J『ナショナリズムの歴史と現在』浜林正夫・嶋田耕也・庄司信訳，大月書店，2001 年
堀ひかり「厚木たかと『或る保姆の記録』――戦時下の「働く女性」たちと抵抗の表現をめぐって」『映像学』66 号，2002 年，23〜39 頁
堀川直義編『現代マス・コミュニケーション論』川島書店，1974 年
本間賢治「映画宣伝広告の考察」『日本映画事業総覧　昭和 2 年版』国際映画通信社，1926 年，496〜503 頁
本間久雄「民衆芸術の意義及価値」『早稲田文学』1916 年 8 月，2〜13 頁
マートン，ロバート・K『大衆説得――マス・コミュニケイションの社会心理学』柳井道夫訳，桜楓社，1970 年
牧野守『日本映画検閲史』パンドラ，2003 年
マクルーハン，マーシャル『メディア論――人間の拡張の諸相』栗原裕・河本仲聖訳，みすず書房，1987 年
正村俊之「リスク社会論の視点からみた東日本大震災――日本社会の三つの位相」，田中重好・舩橋晴俊・正村俊之編『東日本大震災と社会学――大災害を生み出した社会』ミネルヴァ書房，2013 年
増谷達之助「映画観客数 12 年の回顧」『日本映画』1938 年 7 月，139〜142 頁
町村敬志他「3.11 以後における「脱原発運動」の多様性と重層性――福島第一原発事故後の全国市民団体調査の結果から」『一橋社会科学』第 7 巻，2015 年，1〜32 頁
松井愛「自主上映会を通じて」『山形新聞』2011 年 8 月 7 日
松井榮「小市民映画論」『キネマ旬報』1933 年 4 月 11 日，54 頁
松尾尊兊『大正デモクラシー』岩波書店，1976 年
松下圭一「現代政治過程におけるマス・コミュニケーション」，清水幾太郎編『講座現代マス・コミュニケーション　第 1 巻　マス・コミュニケーション総論』河出書房新社，1961 年
――― 「シビル・ミニマムと都市政策」『岩波講座現代都市政策』第 5 巻，岩波書店，1973 年
――― 『シビル・ミニマムの思想』東京大学出版会，1971 年
――― 「〈市民〉的人間型の現代的可能性」『思想』1966 年 6 月，16〜30 頁
――― 『市民文化は可能か』岩波書店，1985 年
――― 『戦後政治の歴史と思想』ちくま学芸文庫，1994 年
――― 「大衆国家の成立とその問題性」『思想』1956 年 11 月，1317〜1338 頁
――― 「大衆娯楽と今日の思想状況」『思想』1960 年 5 月，19〜50 頁
――― 「大衆社会と管理社会」『現代の理論』1969 年 9 月，41〜55 頁
――― 「大衆天皇制論」『中央公論』1959 年 4 月，30〜47 頁
――― 「日本における大衆社会論の意義――芝田氏その他の批判に答える」『中央公論』1957 年 8 月，80〜93 頁
――― 「忘れられた抵抗権」『中央公論』1958 年 11 月，38〜49 頁
松田武雄『近代日本社会教育の成立』九州大学出版会，2004 年
松原明（インタビュー）「ペーパータイガー TV と日本のメディア運動」，細谷修平編『メディアと活性』インパクト出版，2012 年
松村松盛『民衆之教化』帝国地方行政学会，1922 年

松本俊夫『映像の発見――アヴァンギャルドとドキュメンタリー』清流出版，2005年
真鍋昌賢「「新作」を量産する浪花節――口演空間の再編成と語り芸演者」，吉見俊哉編『1930年代のメディアと身体』青弓社，2002年
―――「寄芸をめぐる受容史の再想像――1920年前後の浪花節を焦点として」，吉見俊哉・土屋礼子編『大衆文化とメディア』ミネルヴァ書房，2010年
マノヴィッチ，レフ『ニューメディアの言語――デジタル時代のアート，デザイン，映画』堀潤之訳，みすず書房，2013年
マルヴィ，ローラ「視覚的快楽と物語映画」斉藤綾子訳，岩本憲児・武田潔・斉藤綾子編『「新」映画理論集成　第1巻　歴史／人種／ジェンダー』フィルムアート社，1998年
丸山尚『ローカル・ネットワークの時代――ミニコミと地域と市民運動』日外アソシエーツ，1997年
丸山眞男『現代政治の思想と行動』未來社，1964年
―――『日本の思想』岩波新書，1961年
マンヴェル，ロジャー『映画と大衆』南博訳，紀伊國屋書店，1956年
マンハイム，カール『変革期における人間と社会――現代社会構造の研究』福武直訳，みすず書房，1962年
三浦つとむ『大衆組織の理論』勁草書房，1961年
三木清「国民性の改造――支那を視て来て」『中央公論』1940年6月，412～420頁
―――「文化政策論」『中央公論』1940年12月，4～15頁
三澤真美恵「「皇民化」を目撃する――映画『台南州国民道場』に関する試論」『言語社会』7号，2013年，101～120頁
―――『「帝国」と「祖国」のはざま――植民地期台湾映画人の交渉と越境』岩波書店，2010年
三島由紀夫「文化防衛論」『三島由紀夫全集　第33巻　評論IX』新曜社，1976年
水越伸『21世紀メディア論』放送大学教育振興会，2011年
水嶋一憲「ネットワーク文化の政治経済学――ポストメディア時代における〈共〉のエコロジーに向けて」，伊藤守・毛利義孝編『アフター・テレビジョン・スタディーズ』せりか書房，2014年
水島久光『テレビジョン・クライシス――視聴率・デジタル化・公共圏』せりか書房，2008年
水谷徳男「映画法と社会教育」『社会教育』1939年5月，22～31頁
―――「農村娯楽問題と映画及びラヂオ 上「新しき農村娯楽の建設」続篇」『調査時報』第3巻12号，1933年，12～13頁
―――「農村娯楽問題と映画及びラヂオ 中「新しき農村の建設」続篇」『調査時報』第3巻13号，1933年，13～15頁
―――「農村娯楽問題と映画及びラヂオ 下「新しき農村の建設」続篇」『調査時報』第3巻14号，1933年，8～9頁
ミスバッハ・ユサ・ビラン「日本占領下のインドネシア映画」，浜下昌宏訳・今村昌平他編『講座日本映画　第4巻　戦争と日本映画』岩波書店，1986年
御園生涼子『映画と国民国家――一九三〇年代松竹メロドラマ映画』東京大学出版会，2012年
溝渕久美子「物語の動員――映画法下における映画原作・シナリオの懸賞制度をめぐって」

『JunCture——超域的日本文化研究』3 号，2012 年，114〜124 頁
三田谷啓「活動写真の利害及改良私見」『帝国教育』1917 年 5 月，21〜23 頁
南博「映画の観客調査」，思想の科学研究会編『夢とおもかげ——大衆娯楽の研究』中央公論社，1950 年
———「映画の分析——社会心理学的方法」『思想の科学』1948 年 7 月，35〜40 頁
———「群衆行動と大衆行動」，戸川行男編『講座現代社会心理学　第 4 巻　大衆現象の心理』中山書店，1959 年
———『孤独からの解放——芸術と生活の心理学』光書房，1959 年
———『社会心理学——社会行動の基礎理論』光文社，1949 年
———『体系社会心理学』光文社，1957 年
———「大衆娯楽調査の意義」，思想の科学研究会編『夢とおもかげ——大衆娯楽の研究』中央公論社，1950 年
———「テレビジョンと受け手の生活——受けとり反応と社会効果の問題点」『思想』1958 年 11 月，103〜115 頁
———編『テレビ時代』河出書房新社，1960 年
———編『マス・コミュニケーション講座　第 4 巻　映画・ラジオ・テレビ』河出書房，1954 年
———監修『マス・カルチャー』紀伊國屋書店，1963 年
———他編『講座現代芸術　第 4 巻　マス・コミのなかの芸術』勁草書房，1961 年
南清一「総力戦と文化映画」『文化映画』1941 年 1 月，62〜65 頁
三橋逢吉「文化映画「上映」再検討——文化映画上映と観客層」『文化映画』1943 年 8 月，20〜23 頁
———「文部省・認定室から最近の文化映画界を語る」『国際映画新聞』1940 年 6 月 20 日，456 頁
宮田章「『日本の素顔』と戦後近代——テレビ・ドキュメンタリーの初期設定　第 1 回」『放送研究と調査』2014 年 8 月，24〜57 頁
三好一『日本のポスター——明治 大正 昭和』紫紅社文庫，2003 年
ミルズ，チャールズ・ライト『ホワイト・カラー——中流階級の生活探求』杉正孝訳，東京創元社，1957 年
———『パワー・エリート』上・下，鵜飼信成・綿貫譲治訳，東京大学出版会，1968〜69 年
ムウシナック，レオン『ソヴィエト・ロシヤの映画』飯島正訳，往来社，1930 年
ムフ，シャンタル『政治的なるものの再興』千葉眞・土井美徳・田中智彦・山田竜作訳，日本経済評論社，1998 年
村尾薫「華北と日本映画——日本映画の地位」『映画旬報』1942 年 11 月 1 日，19〜21 頁
村上泰亮『新中間大衆の時代——戦後日本の解剖学』中央公論社，1984 年
村山知義「ラヂオ戦術」『中央公論』1931 年 6 月，193〜201 頁
室伏高信『テレビと正力』大日本雄弁会講談社，1958 年
———『文明の没落　第 3 巻　大衆時代の解剖』改造社，1928 年
———「ラヂオ文明の原理」『改造』1925 年 7 月，30〜47 頁
メイロウィッツ，ジョシュア『場所感の喪失——電子メディアが社会的行動に及ぼす影響』上，高山啓子・上谷香陽訳，新曜社，2003 年

メラー，フェーリクス『映画大臣——ゲッベルスとナチ時代の映画』瀬川裕司他訳，白水社，2009 年
メルッチ，アルベルト『現在に生きる遊牧民《ノマド》——新しい公共空間の創出に向けて』山之内靖・貴堂嘉之・宮崎かすみ訳，岩波書店，1997 年
毛利嘉孝『ストリートの思想——転換期としての 1990 年代』日本放送出版協会，2009 年
モーリス＝スズキ，テッサ『過去は死なない——メディア・記憶・歴史』田代泰子訳，岩波書店，2004 年
——『日本を再発明する——時間，空間，ネーション』伊藤茂訳，以文社，2014 年
——「まえがき」，同他編『岩波講座アジア・太平洋戦争　第 3 巻　動員・抵抗・翼賛』岩波書店，2006 年
モーレー，デビッド「テレビジョン，オーディエンス，カルチュラル・スタディーズ」成実弘至訳，吉見俊哉編『メディア・スタディーズ』せりか書房，158〜202 頁
望月衛「映画の大衆性」，思想の科学研究会編『夢とおもかげ——大衆娯楽の研究』中央公論社，1950 年
本橋哲也・成田龍一「ポストコロニアル——「帝国」の遺産相続人として」，ロバート・J・C・ヤング『ポストコロニアリズム』本橋哲也訳，岩波書店，2005 年
モッセ，ジョージ・L『大衆の国民化——ナチズムに至る政治シンボルと大衆文化』佐藤卓己・佐藤八寿子訳，柏書房，1994 年
モラン，エドガール『大衆文化の社会学』宇波彰訳，法政大学出版局，1979 年
森武麿「総力戦・ファシズム・戦後改革」，成田龍一・吉田裕他編『岩波講座アジア・太平洋戦争　第 1 巻　なぜ，いまアジア・太平洋戦争か』岩波書店，2005 年
森岡梨香「立ち上がる母——受け身の大衆とマヒした政府の間で戦う女性たち」，トム・ギル，ブリギッテ・シテーガ，デビッド・スレイター編『東日本大震災の人類学——津波，原発事故と被災者たちの「その後」』人文書院，2013 年
森川覚三「戦時下の国民娯楽」『新文化』1941 年 4 月，52〜53 頁
森戸辰男「臨戦段階における文化建設」『中央公論』1941 年 11 月，4〜35 頁
文部省編纂『国体の本義』1937 年 3 月 30 日（J-TEXTS 日本文学電子図書館，http://www.j-texts.com/showa/kokutaiah.html）
「文部省，映画教育審議会を設く」『国際映画新聞』1927 年 7 月 29 日，25 頁
文部省教学局編纂『臣民の道』1941 年 7 月（http://binder.gozaru.jp/shinmin0.htm）
文部省社会教育局『本邦映画事業概要』文部省，1941 年
——『文部省教育映画時報』文部省，1917 年
「文部省推薦映画」『社会と教化』1921 年 3 月，82〜83 頁
「文部省（推定）内部文書「文化の意識調査」文化映画内容決定試案」，牧野守「文化映画の時代」，牧野守監修『日本映画論言説大系　第 I 期　戦時下の映画統制期　第 1 巻　上野耕三『映画の認識』・相川春喜『文化映画論』』ゆまに書房，2003 年
文部省普通学務局社会教育課『映画教育』東洋図書，1928 年
——『教育映画業者調査概要』文部省，1929 年
——『教育と活動写真』文部省，1918 年
——『現行映画興行と教育との関係に関する調査概要』文部省，1928 年
——『全国に於ける活動写真状況調査』文部省，1921 年
「文部大臣に招かれて日本映画を語る」『日本映画』1936 年 8 月，38〜43 頁

矢ケ崎克馬「放射線による人体の影響――なぜ内部被曝の研究が進まなかったのか」，市民と科学の内部被曝問題研究会主催講演会『福島原発事故の影響と放射線による人体への影響』於名古屋大学，2013 年 12 月 21 日
安田常雄『暮らしの社会思想――その光と影』勁草書房，1987 年
安田浩一『ネットと愛国――在特会の「闇」を追いかけて』講談社，2012 年
安田浩『大正デモクラシー史論――大衆民主主義体制への転形と限界』校倉書房，1994 年
柳澤治「日本経済思想史――戦前・戦時期の経済思想」『経済学史学会年報』46 号，2004 年，67～82 頁
柳田國男「民間伝承論」『柳田國男全集』第 8 巻，筑摩書房，1989 年，16～33 頁
山形雄作「自主制作と自主上映」，山田和夫編『映画論講座　第 4 巻　映画の運動』合同出版，1977 年
山川均「無産階級運動の方向転換」『前衛』1922 年 8 月（https://www.marxists.org/nihon/yamakawa/index.htm）
山崎正和『柔らかい個人主義の誕生』中央公論社，1984 年
山下祐介・市村高志・佐藤彰彦『人間なき復興――原発避難と国民の「不理解」をめぐって』明石書店，2013 年
山口猛『哀愁の満州映画――満州国に咲いた活動屋たちの世界』三天書房，2000 年
――― 『幻のキネマ満映――甘粕正彦と活動屋群像』平凡社，1989 年
山口広文「コンテンツ産業振興の政策動向と課題」『レファレンス』2008 年 5 月（http://www.ndl.go.jp/jp/data/publication/refer/200805_688/068804.pdf）
山田和夫「観客は映画を管理できる――自主上映運動の意味するもの」『映画評論』第 17 巻 9 号，1960 年，36～39 頁
――― 「「松川事件」の成功を訴える――とくに“自主上映”の現在的意義について」『映画評論』第 18 巻 2 号，1961 年，124～128 頁
―――編『映画論講座 第 4 巻 映画の運動』合同出版，1977 年
山田昌弘『家族というリスク』勁草書房，2001 年
山田竜作「グローバル・シティズンシップの可能性――地球時代の「市民性」をめぐって」，藤原孝・山田竜作編『シティズンシップ論の射程』日本経済評論社，2010 年
――― 『大衆社会とデモクラシー――大衆・階級・市民』風行社，2004 年
山中恒『暮らしの中の太平洋戦争――欲シガリマセン勝ツマデハ』岩波新書，1989 年
山根正吉「大東亜映画圏確立の急務」『映画旬報』1942 年 2 月 21 日，4～5 頁
山根幹人『社会教化と活動写真』帝国地方行政学会，1923 年
山之内重巳「映画運動の現状をさぐる」『国民文化』1962 年 11 月，16 頁
山之内靖『総力戦体制』ちくま学芸文庫，2015 年
山之内靖，成田龍一，ヴィクター・コシュマン編『総力戦と現代化』柏書房，1995 年
山之内靖・岩崎稔・米谷匡史「座談会 空間・戦争・資本主義」『現代思想』1999 年 12 月，30～60 頁
山辺芳秀「国民文化会議の 40 年」1『国民文化』1995 年 1 月，2～5 頁
――― 「国民文化会議の 40 年」2『国民文化』1995 年 2 月，13～16 頁
山本節子「震災がれきの広域処理に隠された法的問題」，本間慎・畑明朗編『福島原発事故の放射能汚染――問題分析と政策提言』世界思想社，2012 年
山本武利「「帝国」を担いだメディア」，岸本奈緒他編『岩波講座「帝国」日本の学知　第 3

巻　東洋学の磁場』岩波書店，2006 年
———「マスメディア論」『岩波講座日本通史　第 18 巻　近代 3』岩波書店，1994 年
山本英弘「社会運動論——国家に対抗する市民社会」，坂本治也編『市民社会論——理論と実証の最前線』法律文化社，2017 年
ヤング，ルイーズ『総動員帝国——満洲と戦時帝国主義の文化』加藤陽子他訳，岩波書店，2001 年
湯本元一「活動写真の弊害及その救策」『帝国教育』1917 年 5 月，17〜20 頁
尹健次『日本国民論——近代日本のアイデンティティ』筑摩書房，1997 年
吉川尚「皇民と新文化」『公民教育』1942 年 6 月，16〜24 頁
吉田則昭「出版メディアの歴史」，川井良介編『出版メディア入門』第 2 版，日本評論社，2012 年
———「雑誌文化と戦後の日本社会」，同編『雑誌メディアの文化史——変貌する戦後パラダイム』増補版，森話社，2017 年
———『戦時統制とジャーナリズム——1940 年代メディア史』昭和堂，2010 年
———編『雑誌メディアの文化史——変貌する戦後パラダイム』増補版，森話社，2017 年
吉田裕『アジア・太平洋戦争』岩波新書，2007 年
———「せめぎあう歴史認識」，成田龍一・吉田裕編『岩波講座アジア・太平洋戦争　戦後編　記憶と認識の中のアジア・太平洋戦争』岩波書店，2015 年
———他編『アジア・太平洋戦争辞典』吉川弘文館，2015 年
吉原順平『日本短編映像史——文化映画・教育映画・産業映画』岩波書店，2001 年
吉野作造「民衆運動対策」『中央公論』1918 年 10 月，『吉野作造選集』第 10 巻，岩波書店，1995 年再録
———「民衆的示威運動を論ず」『中央公論』1914 年 4 月，24〜25 頁
吉見俊哉「映画館という戦後」，同他編『日本映画は生きている　第 3 巻　観る人，作る人，掛ける人』岩波書店，2010 年
———『「声」の資本主義——電話・ラジオ・蓄音機の社会史』河出文庫，2012 年
———「序論——メディア・スタディーズのために」，同編『メディア・スタディーズ』せりか書房，2000 年
———『都市のドラマトゥルギー——東京・盛り場の社会史』弘文堂，1987 年
———『ポスト戦後社会（シリーズ日本近現史 9）』岩波新書，2009 年
———『メディア時代の文化社会学』新曜社，1994 年
———『メディア文化論——メディアを学ぶ人のための 15 話』有斐閣，2004 年
———編『1930 年代のメディアと身体』青弓社，2002 年
———編『メディア・スタディーズ』せりか書房，2000 年
———他編『日本映画は生きている　第 3 巻　観る人，作る人，掛ける人』岩波書店，2010 年
吉見俊哉・土屋礼子編『大衆文化とメディア』ミネルヴァ書房，2010 年
吉村融「テレビ・コミュニケーションと人間の思考」『思想』1958 年 11 月，261〜224 頁
吉本隆明「日本のナショナリズム」『自立の思想的拠点』徳間書店，1966 年，159〜202 頁
米谷匡史『アジア／日本』岩波書店，2006 年
米山リサ『広島——記憶のポリティクス』小沢弘明・小澤祥子・小田島勝浩訳，岩波書店，2005 年

米山リサ・金富子・李孝徳「「戦後」を構成する暴力」，岩崎稔・大川正彦・中野敏男・李孝徳編『継続する植民地主義――ジェンダー／民族／人種／階級』青弓社，2005 年
「世論調査報告・映画観客の動態」『キネマ旬報』1949 年 1 月，24〜25 頁
ラクラウ，エルネスト『現代革命の新たな考察』山本圭訳，法政大学出版局，2014 年
ラクラウ，エルネスト，シャンタル・ムフ『民主主義の革命――ヘゲモニーとポスト・マルクス主義』西永亮・千葉眞訳，ちくま学芸文庫，2012 年
ラジオ東京・朝日新聞社編『テレビ・ラジオ事典』朝日新聞社，1959 年
ラモネ，イグナシオ，ラモン・チャオ，ヤセク・ヴォズニアク『グローバリゼーション・新自由主義批判事典』杉村昌昭・村澤真保呂・信友建志訳，作品社，2006 年
李武嘉也「大正社会の改造と潮流」，同編『大正社会と改造の潮流』吉川弘文館，2004 年
リースマン，デイヴィッド『孤独なる群衆』佐々木徹郎・鈴木幸壽・谷田部文吉訳，みすず書房，1955 年
――― 『孤独な群集』上・下，加藤秀俊訳，みすず書房，2013 年
「リオ五輪パレード」『毎日新聞』2016 年 10 月 7 日，ウェブ版
リップナック，ジェシカ，ジェフリー・スタンプス『ネットワーキング――ヨコ型情報社会への潮流』政村公宏監修，社会開発統計研究所訳，プレジデント社，1984 年
リップマン，ウォルター『輿論』中島行一・山崎勉治訳，大日本文明協会事務所，1923 年
「臨戦態勢下の台北から」『映画旬報』1941 年 10 月 11 日，51 頁
リンクス，ヴェルナー『第五の壁テレビ――その歴史的変遷と実態』山本透訳，東京創元社，1967 年
ルーマン，ニクラス『近代の観察』馬場靖雄訳，法政大学出版局，2003 年
――― 『社会システム理論』上，佐藤勉監訳，恒星社厚生閣，1993 年
――― 『信頼――社会的な複雑性の縮減メカニズム』大庭健・正村俊之訳，勁草書房，1990 年
――― 『リスクの社会学』小松丈晃訳，新泉社，2014 年
ルブラン，ロビン『バイシクル・シティズン――「政治」を拒否する日本の主婦』尾内隆之訳，勁草書房，2012 年
ル・ボン，ギュスターヴ『群衆心理』櫻井成夫訳，講談社学術文庫，1993 年
レーデラー，エミール『大衆の国家――階級なき社会の脅威』青井和夫・岩城完之訳，東京創元社，1961 年
ローサ，ポール（ルータ，ポール）『文化映画論』厚木たか訳，第一芸文社，1938 年
ローティ，リチャード『偶然性・アイロニー・連帯――リベラル・ユートピアの可能性』齋藤純一・山岡龍一・大川正彦訳，岩波書店，2000 年
若桑みどり『戦争がつくる女性像――第二次世界大戦下の日本女性動員の視覚的プロパガンダ』筑摩書房，1995 年
鷲田小彌太『昭和の思想家六七人』PHP 新書，2007 年
和田修一「組合員の意識構造――意識からみた組合員のタイプ」，佐藤慶幸編『女性たちの生活ネットワーク――生活クラブに集う人々』文眞堂，1988 年
渡辺治「日本の新自由主義――ハーヴェイ『新自由主義』に寄せて」，デイヴィッド・ハーヴェイ『新自由主義――その歴史的展開と現在』渡辺治・森田成也・木下ちがや他訳，作品社，2007 年
渡邉大輔『イメージの進行形――ソーシャル時代の映画と映像文化』人文書院，2012 年

———「「民衆」はいかに教育されるか——高松豊次郎と大正期社会教育映画の主題」『映像学』84号，2010年5月，59〜76頁
渡辺裕『日本文化モダン・ラプソディ』春秋社，2002年

**英語文献**

Aaron, Michele. *Spectatorship : The Power of Looking On*. Chicago : University of Chicago Press, 2007.
Adorno, Theodor W. "Democratic Leadership and Mass Manipulation." In *Studies in Leadership : Leadership and Democratic Action*, ed. Alvin W. Gouldner. New York : Harper & Brother, 1950.
Alison, Ann. *Precarious Japan*. Durham, NC : Duke University Press, 2013.
Amin, Ash. "Post-Fordism : Models, Fantasies and Phantoms of Transition." In *Post-Fordism : A Reader*, ed. Ash Amin. Oxford : Wiley-Blackwell, 1995.
Anderson, Benedict. *Imagined Communities : Reflections on the Origin and Spread of Nationalism*. London and New York : Verso, 1983.
Anderson, Mark Lynn. "Taking Liberties : The Payne Fund Studies and the Creation of the Media Expert." In *Inventing Film Studies*, eds. Lee Grieveson and Haidee Wasson. Durham, NC : Duke University Press, 2008.
Annett, Sandra. *Anime Fan Communities : Transcultural Flows and Frictions*. New York : Palgrave Macmillan, 2014.
Atkins, Taylor E. *Primitive Selves : Koreana in the Japanese Colonial Gaze, 1910–1945*. Berkeley : University of California Press, 2010.
———. "Television and the Patterns of Mass Culture." In *Mass Culture : The Popular Arts in America*, eds. Bernard Rosenberg and David Manning White. Flencoe, IL : Free Press, 1957.
Avenell, Simon. "Japan and the Global Revival of the 'Civil Society' Idea : Contemporaneity and the Retreat of Criticality." *Japan Forum* Vol. 23, Issue 3 (October 2011) : 311–338.
———. *Making Japanese Citizens : Civil Society and the Mythology of the* Shimin *in Postwar Japan*. Berkeley : University of California Press, 2010.
Balázs, Béla. *Béla Balázs : Early Film Theory : Visible Man and The Spirit of Film,* ed. Erica Carter, trans. Rodney Livingstone. New York and Oxford : Berghahn Books, 2010.
Baskett, Michael. *The Attractive Empire : Transnational Film Culture in Imperial Japan*. Honolulu : University of Hawai'i Press, 2008.
Baudry, Jean-Louis. "Ideological Effects of the Basic Cinematographic Apparatus," trans. Alan Williams. In *Narrative, Apparatus, Ideology : A Film Theory Reader*, ed. Philip Rosen. Bloomington, IN : Indiana University Press, 1981.
Benhabib, Seyla. *The Reluctant Modernism of Hannah Arendt*. London : Sage, 1996.
Bernays, Edward. *Crystallizing Public Opinion*. New York : Liverright, 1923.
Berry, Chris and Mary Farquhar, eds. *China on Screen : Cinema and Nation*. New York : Columbia University Press, 2006.
Bolter, Jay David, and Richard Grusin. *Remediation : Understanding New Media*. Cambridge, MA : MIT Press, 2000.
Bordwell, David. *Making Meaning : Inference and Rhetoric in the Interpretation of Cinema*. Cambridge, MA : Harvard University Press, 1991.

———. *Narration in the Fiction Film*. Madison, WI : University of Wisconsin Press, 1985.
Broadbent, Jeffrey. *Environmental Politics in Japan : Networks of Power and Protest*. Cambridge, UK : Cambridge University Press, 1998.
Bruno, Guiliana. *Streetwalking on a Ruined Map : Cultural Theory and the City Films of Elvira Notari*. Princeton, NJ : Princeton University Press, 1993.
Burch, Noël. *Life to Those Shadows*, trans. Ben Brewster. Berkeley : University of California Press, 1990.
Butler, Judith. "Contingent Foundations : Feminism and the Question of 'Postmodernism.'" In *Feminists Theorize the Political*, eds. Judith Butler and Joan W. Scott. New York and London : Routledge, 1992.
Campbell, Jan. *Film and Cinema Spectatorship : Melodrama and Mimesis*. Cambridge, UK : Polity Press, 2008.
Cantril, Hadley. *The Invasion from Mars : A Study in the Psychology of Panic*. Princeton, NJ : Princeton University Press, 1940.
Caprio, Mark E. *Japanese Assimilation Policies in Colonial Korea, 1910–1945*. Washington, WA : University of Washington Press, 2009.
Cartwright, Lisa. *Moral Spectatorship : Technologies of Voice and Affect in Postwar Representation of the Child*. Durham, NC : Duke University Press, 2008.
Casetti, Francesco. *Eye of the Century : Film, Experience, Modernity*. New York : Columbia University Press, 2008.
Castells, Manuel. *Communication Power*. Oxford : Oxford University Press, 2009.
———. *The Rise of the Network Society : The Information Age : Economy, Society and Culture*, Vol. 1. Oxford : Wiley-Blackwell, 2009.
Ching, Leo T. S. *Becoming "Japanese" : Colonial Taiwan and the Politics of Identity Formation*. Berkeley : University of California Press, 2001.
Chiu, Kuei-Fen. "The Question of Translation in Taiwanese Colonial Cinematic Space." *The Journal of Asian Studies* Vol. 70, No. 1 (February 2011) : 77–97.
Chou, Wan-yao. "The Kōminka Movement in Taiwan and Korea : Comparisons and Interpretations." In *The Japanese Wartime Empire, 1931–1945*, eds. Peter Duus et al. Princeton, NJ : Princeton University Press, 2010.
Christy, Alan S. "The Making of Imperial Subjects in Okinawa." In *Formations of Colonial Modernity in East Asia*, ed. Tani E. Barlow. Durham, NC : Duke University Press, 1997.
Chun, Jayson Makoto. *"A Nation of a Hundred Million Idiots"? : A Social History of Japanese Television, 1953–1973*. London and New York : Routledge, 2007.
Chun, Wendy Hui Kyong. *Control and Freedom : Power and Paranoia in the Age of Fiber Optics*. Cambridge, MA : MIT Press, 2008.
Clark, John. "Indices of Modernity : Changes in Popular Reprographic Representation. In *Being Modern in Japan : Culture and Society from the 1910s to the 1930s*, eds. Elise K. Tipton and John Clark. Honolulu : University of Hawai'i press, 2000.
Coates, Jennifer. *Making Icons : Repetition and the Female Image in Japanese Cinema, 1945–1964*. Hong Kong : Hong Kong University Press, 2016.
Couldry, Nick, and James Curran. *Contesting Media Power : Alternative Media in a Networked World*.

Lanham, MD : Rowman and Littlefield, 2003.
Cowie, Elizabeth. "The Popular Film as Progressive Text : A Discussion of Coma," Part 1, *m/f* No. 3 (1979) : 59–82.
———. "The Popular Film as Progressive Text : A Discussion of Coma," Part 2, *m/f* No. 4 (1980) : 57–69.
Crofts, Stephen. "Concepts of National Cinema." In *Oxford Guide to Film Studies*, eds. John Hill and Pamela Church Gibson. Oxford : Oxford University Press, 1998.
DeBoer, Stephanie. *Coproducing Asia : Locating Japanese-Chinese Regional Film and Media*. Minneapolis : University of Minnesota Press, 2014.
de Lauretis, Teresa. *Alice Doesn' t : Feminism, Semiotics, Cinema*. Bloomington, IN : Indiana University Press, 1984.
Dew, Oliver. *Zainichi Cinema : Korean-in-Japan Film Culture*. London : Palgrave Macmillan, 2016.
Diani, Mario, and Doug McAdam, eds. *Social Movements and Networks : Relational Approaches to Collective Action*. Oxford : Oxford University Press, 2003.
Doak, Kevin M. "The Concept of Ethnic Nationality and Its Role in Pan-Asianism in Imperial Japan." In *Pan-Asianism in Modern Japanese History : Colonialism, Regionalism and Borders*, eds. Sven Saaler and J. Victor Koschemann. London and New York : Routledge, 2007.
Doane, Mary Ann. *The Emergence of Cinematic Time : Modernity, Contingency, the Archive*. Cambridge, MA : Harvard University Press, 2002.
Duara, Prasenjit. *Sovereignty and Authenticity : Manchukuo and the East Asian Modern*. Lanham, MD : Roman and Littlefield Publishers, 2010.
Duus, Peter. "Introduction." In *The Japanese Wartime Empire, 1931–1945*, eds. Peter Duus, Ramon H. Myers and Mark R. Peattie. Princeton, NJ : Princeton University Press, 2010.
Duus, Peter, Ramon H. Myers and Mark R. Peattie, eds. *The Japanese Wartime Empire, 1931–1945*. Princeton : Princeton University Press, 2010.
Duus, Peter, and Irwin Scheiner. "Socialism, Liberalism, and Marxisim, 1901–1931." In *The Cambridge History of Japan*, Vol. 6 : *The Twenties Century*, ed. Peter Duus. Cambridge, UK : Cambridge University Press, 1988.
Elsaesser, Thomas, and Malte Hagener. *Film Theory : An Introduction through the Senses*. London : Routledge, 2010.
Fanon, Franz. *Black Skin, White Masks*. New York : Grove Press, 1967.
Feeman, Jurie. "Mobilizing and Demobilizing the Japanese Public Sphere : Mass Media and the Internet in Japan." In *The State of Civil Society in Japan*, eds. Frank Schwartz and Susan J. Pharr. Cambridge, UK : Cambridge University Press, 2003.
Fong, Shiaw-chan. "Hegemony and Identity in the Colonial Experience of Taiwan, 1895–1945." In *Taiwanese under Japanese Colonial Rule, 1895–1945 : History, Culture, Memory*, eds. Liao Ping-Hui and David Der-Wei. New York : Columbia University Press, 2006.
Fromm, Erich. *Escape from Freedom*. New York : Holt, Rinehart and Winston, 1941.
Fujiki, Hideaki. "Movie Advertisements and the Formation of a New Visual Environment in Interwar Japan." *Japan Forum* Vol. 23, No. 1 (2011) : 67–98.
———. *Making Personas : Transnational Film Stardom in Modern Japan*. Cambridge, MA : Harvard University Asia Center, 2014.

———. "Networking Citizens through Film Screenings : Cinema and Media in the Post-3.11 Social Movement.," In *Media Convergence in Japan*, eds. Jason G. Karlin and Patrick Galbraith. Ann Arbor, MI : Kinema Club, 2016.

———. "Problematizing Life : Documentary Film on the 3.11 Nuclear Catastrophe." In *Fukushima and the Arts : Negotiating Nuclear Disaster*, eds. Kristina Iwata Weickgenannt and Barbara Geilhorn. London and New York : Routledge, 2016.

———. "The Spectator as the Subject and the Agent." In *The Japanese Cinema Book*, eds. Hideaki Fujiki and Alastair Phillips. London : British Film Institute/Bloomsbury, 2019.

Fujitani, Takashi. *Splendid Monarchy : Power and Pageantry in Modern Japan*. Berkeley : University of California Press, 1998.

———. "*Minshūshi* as Critique of Orientalist Knowledge." *Positions* Vol. 6, No. 2 (Fall 1998) : 303–322.

Fujitani, Takashi, Geoffrey M. White and Lisa Yoneyama. "Introduction." In *Perilous Memories : The Asia-Pacific War(s)*, eds. Takashi Fujitani, Geoffrey M. White and Lisa Yoneyama. Durham, NC : Duke University Press, 2001.

Furuhata, Yuriko. *Cinema of Actuality : Japanese Avant-Garde Filmmaking in the Season of Image Politics*. Durham, NC : Duke University Press, 2013.

Garon, Sheldon. *Molding Japanese Minds : The State in Everyday Life*. Princeton, NJ : Princeton University Press, 1997.

Gellner, Ernest. *Nations and Nationalism*. Oxford : Blackwell, 1983.

Gerow, Aaron. "From Film to Television : Early Theories of Television in Japan." In *Media Theory in Japan*, eds. Marc Steinburg and Alexander Zahlten. Durham, NC : Duke University Press, 2017.

———. *Visions of Japanese Modernity : Articulations of Cinema, Nation, and Spectatorship, 1895–1925*. Berkeley : University of California Press, 2010.

Glander, Timothy. *Origins of Mass Communications Research during the American Cold War : Educational Effects and Contemporary Implications*. New York and London : Routledge, 2000.

Gluck, Carol. "The People in History : Recent Trends in Japanese Historiography." *The Journal of Asian Studies* Vol. 38, No. 1 (November 1978) : 25–50.

Gomery, Douglas. *Shared Pleasure : A History of Movie Presentation in the United States*. Madison, WI : University of Wisconsin Press, 1992.

Goodwin, Jeff, James M. Jasper and Francesca Polletta. "Why Emotions Matter." In *Passionate Politics : Emotions and Social Movements*, eds. Jeff Goodwin et al. Chicago : University of Chicago Press.

Gordon, Andrew. *Labor and Imperial Democracy in Prewar Japan*. Berkeley : University of California Press, 1992.

Gray, Jonathan. *Show Sold Separately : Promos, Spoilers and Other Media Paratexts*. New York : New York University Press, 2010.

Hall, Stuart. "Encoding/Decoding." In *Culture, Media, Language*, eds. Stuart Hall et al. London : Routledge, 1980.

Hansen, Miriam Bratu. *Babel and Babylon : Spectatorship in American Silent Film*. Cambridge, MA : Harvard University Press, 1991.

———. *Cinema and Experience : Siegfried Kracauer, Wlater Benjamin, and Theodor W. Adorno.*

Berkeley : University of California Press, 2012.
———. "Early Cinema, Late Cinema : Transformation of the Public Sphere." In *Viewing Positions : Ways of Seeing Film*, ed. Linda Willisams. Brunswick, NJ : Rutgers University Press, 1995.
———. "Fallen Women, Rising Stars, New Horizons : Shanghai Silent Film as Vernacular Modernism." *Film Quarterly* Vol. 54, No. 1 (2000) : 10–22.
———. "The Mass Production of the Senses : Classical Cinema as Vernacular Modernism." In *Reinventing Film Studies*, eds. Christine Gledhill and Linda Williams. London : Arnold, 2000.
Harootunian, Harry. "American's Japan/Japan's Japan." In *Japan in the World*, eds. Masao Miyoshi and Harry D. Harootunian. Durham, NC : Duke University Press, 1993.
Hayashi, Sharon. "Travelling Film History : Language and Landscape in the Japanese Cinema, 1931–1945." PhD dissertation, University of Chicago, 2003.
High, Peter B. *The Imperial Screen : Japanese Film Culture in the Fifteen Years' War*. Madison, WI : University of Wisconsin Press, 2003.
Higson, Andrew. "The Concept of National Cinema." *Screen* Vol. 30, No. 4 (1989) : 36–47.
Hills, Matte. *Fan Cultures*. London : Routledge, 2002.
Hjort, Mette, and Scott MacKenzie, eds. *Cinema and Nation*. London : Routledge, 2000.
Hobsbawm, Eric J. *Nations and Nationalism since 1780 : Programme, Myth, Reality*. Cambridge, UK : Cambridge University Press, 1992.
Hook, Glenn D., and Takeda Hiroko. "'Self-responsibility' and the Nature of the Postwar Japanese State : Risk through the Looking Glass." *Journal of Japanese Studies* Vol. 33, No. 1 (2007) : 93–123.
hooks, bell. *Black Looks : Race and Representation*. Boston : South End Press, 1992.
Hori, Hikari. "Migration and Transgression : Female Pioneers of Documentary Filmmaking in Japan." *Asian Cinema* Vol. 61, No. 1 (Spring/Summer 2005) : 89–92.
Ivy, Marilyn. "Formations of Mass Culture." In *Postwar Japan as History*, ed. Andrew Gordon. Berkeley : University of California Press, 1993.
Jameson, Fredrick. *Postmodernism or, the Cultural Logic of Late Capitalism*. Durham, NC : Duke University Press, 1997.
Jancovich, Mark, and Lucy Faire. *The Place of the Audience : Cultural Geographies of Film Consumption*. London : British Film Institute, 2003.
Jenkins, Henry. *Convergence Culture : Where Old and New Media Collide*. New York : New York University Press, 2006.
Jenkins, Henry, and David Thorburn, eds. *Democracy and New Media*. Cambridge, MA : MIT Press, 2003.
Jenkins, Henry, Sam Ford and Joshua Green. *Separable Media : Creating Value and Meaning in a Networked Culture*. New York : New York University Press, 2013.
Joo, Woojeong. *The Cinema of Ozu Yasujiro : Histories of the Everyday Life*. Edinburgh : Edinburgh University Press, 2017.
Jose, Richardo T. "Accord and Discord : Japanese Cultural Policy and Philippine National Identity during the Japanese Occupation (1942–1945)." In *Imperial Japan and National Identities in Asia, 1895–1945*, eds. Narangoa Li and Robert Cribb. London : Routledge, 2003.
Juris, Jeffery S. *Networking Futures : The Movements Against Corporate Globalization*. Durham, NC :

Duke University Press, 2008.
Kano, Ayako. *Japanese Feminist Debate : A Century of Contention on Sex, Love, and Labor*. Honolulu : University of Hawai'i Press, 2016.
Kato, Hidetoshi. "The Development of Communication Research in Japan." *Japanese Popular Culture : Studies in Mass Communication and Cultural Change*, ed. Hidetoshi Kato. Tokyo : C. R. Tuttle, 1959.
Katz, Elihu, and Paul Felix Lazarsfeld. *Personal Influence : The Part Played by People in the Flow of Mass Communications*. Glencoe, IL : Free Press, 1955.
Kim, Dong Hoon. *Eclipsed Cinema : The Film Culture of Colonial Korea* Edinburgh : Edinburgh University Press, 2018.
———. "Performing Colonial Identity : Byeonsa, Colonial Film Spectatorship, and the Formation of National Cinema in Korea Under Japanese Colonial Rule." In *The Oxford Handbook of Japanese Cinema*, ed. Daisuke Miyao. Oxford : Oxford University Press, 2014.
Kinoshita, Chika. "The Edge of Montage : A Case of Modernism/Modanizumu in Japanese Cinema." In *The Oxford Handbook of Japanese Cinema*, ed. Daisuke Miyao. Oxford : Oxford University Press, 2014.
Klapper, Joseph T. *The Effects of Mass Communication*. Glencoe, IL : Free Press, 1960.
Klinger, Barbara. "Film History Terminable and Interminable : Recovering the Past in Reception Studies." *Screen* Vol. 38, No. 2 (1997) : 107–128.
———. *Melodrama and Meaning : History, Culture, and the Films of Douglas Sirk*. Bloomington, IN : Indiana University Press, 1994.
Kuchinskaya, Olga. *The Politics of Invisibility : Public Knowledge about Radiation Health Effects after Chernobyl*. Cambridge, MA : MIT Press, 2014.
Kwon, Nayoung Aimee. *Intimate Empire : Collaboration and Colonial Modernity in Korea and Japan*. Durham, NC : Duke University Press, 2015.
Lamarre, Thomas. *Anime Ecology : A Genealogy of Television, Animation, and Game Media*. Minneapolis : University of Minnesota Press, 2018.
———. *Shadows on the Screen : Tanizaki Jun'ichirō on Cinema and 'Oriental' Aesthetics*. Ann Arbor, MI : Center for Japanese Studies, University of Michigan, 2005.
Lasswell, Harold D. *Propaganda Techniques in the World War*. New York : Peter Smith, 1927.
Lazarsfeld, Paul F., and Robert K. Merton. "Mass Communication, Popular Taste, and Organized Social Action." In *The Communication of Ideas*, ed. Lyman Bryson. New York : Harper, 1948.
Lewis, Michael Lawrence. *Rioters and Citizens : Mass Protest in Imperial Japan*. Berkeley : University of California Press, 1990.
Li, Jie. "A National Cinema for a Puppet State : The Manchurian Motion Picture Association." In *The Oxford Handbook of Chinese Cinema*, eds. Carlos Rojas and Eileen Cheng-Yin Chow. Oxford : Oxford University Press, 2013.
Li, Narangoa, and Robert Cribb, eds. *Imperial Japan and National Identities in Asia, 1895–1945*. London : Routledge, 2003.
———."Introduction : Japan and the Transformation of National Identities in Asia in the Imperial Era." In *Imperial Japan and National Identities in Asia, 1895–1945*, eds. Narangoa Li and Robert Cribb. London : Routledge, 2003.

Lievrouw, Leah A. *Alternative and Activist New Media*. Cambridge, UK : Polity Press, 2011.
Lippman, Walter. *Public Opinion*. New York : Harcourt, 1922.
Liscutin, Nicola. "Indignes-Vous! : 'Fukushima,' New Media and Anti-Nuclear Activism in Japan." *The Asia-Pacific Journal : Japan Focus* (November 2011) (http: //www. japanfocus. org/-Nicola-Liscutin/3649)
Lukács, Gabriella. *Scripted Affects, Branded Selves : Television, Subjectivity, and Capitalism in 1990s Japan*. Durham, NC : Duke University Press, 2011.
MacDonald, Dwight. "A Theory of Mass Culture." In *Mass Culture : Popular Arts in America*, eds. Bernard Rosenberg and David Manning White. Flencoe, IL : Free Press, 1957.
Mackie, Vera. *Feminism in Modern Japan : Citizenship, Embodiment and Sexuality*. Cambridge, UK : Cambridge University Press, 2003.
Manabe, Noriko. *The Revolution Will Not Be Televised : Protest Music after Fukushima*. Oxford : Oxford University Press, 2014.
Marks, Laura U. *The Skin of the Film : Intercultural Cinema, Embodiment, and the Sense*. Durham, NC : Duke University Press, 2000.
Massumi, Brian. *The Power at the End of Economy*. Durham, NC : Duke University Press, 2015.
Mayne, Judith. *Cinema and Spectatorship*. London : Routledge, 1993.
McKean, Margaret A. *Environmental Protest and Citizen Politics in Japan*. Berkeley : University of California Press, 1981.
Merton, Robert King. *Mass Persuasion : The Social Psychology of a War Bond Drive*. New York : Harper, 1946.
Mills, C. Wright. *The Power Elite*. New York : Oxford University Press, 1956.
———. *White Collar : The American Middle Classes*. New York : Oxford University Press, 1951.
Miyao, Daisuke, ed. *The Oxford Handbook of Japanese Cinema*. Oxford : Oxford University Press, 2014.
Morley, David. *The "Nationwide Audience" : Structure and Decoding*. London : British Film Institute, 1980.
Morris-Suzuki, Tessa. *Beyond Computopia : Information, Automation and Democracy in Japan*. London : Kegan Paul International, 1998.
Mosse, George L. *The Nationalization of the Masses : Political Symbolism and Mass Movements in Germany from the Napoleonic Wars through the Third Reich*. New York : Howard Fertig, 1975.
Nadesan, Majia Homer. *Fukushima and the Privatization of Risk*. London : Palgrave Mcmillan, 2013.
Nichols, Bill. *Representing Reality : Issues and Concepts in Documentary*. Bloomington, IN : Indiana University Press, 1992.
Nornes, Abé Mark. *Forest of Pressure : Ogawa Shinseki and Postwar Japanese Documentary*. Minneapolis : University of Minnesota Press, 2007.
———. *Japanese Documentary Film : The Meiji Era Through Hiroshima*. Minneapolis : University of Minnesota Press, 2003.
———. "'Poru Ruta'/Paul Rotha and the Politics of Translation." *Cinema Journal* Vol. 38, No. 3 (Spring 1999) : 91–108.
Nye, Joseph. *Bound to Lead*. New York : Basic Book, 1990.
Ogawa, Akihiro. *The Failure of Civil Society? : The Third Sector and the State in Contemporary*

*Japan*. Albany, NY : State University of New York Press, 2009.
Partner, Simon. *Assembled in Japan : Electrical Goods and the Making of the Japanese Consumer*. New York : Columbia University Press, 1999.
Plantinga, Carl. *Moving Viewers : American Film and the Spectator's Experience*. Berkeley : University of California Press, 2008.
Plantinga, Carl, and Greg M. Smith, eds. *Passionate Views : Film, Cognition, and Emotion*. Baltimore, MD : Johns Hopkins University Press, 1999.
Pooley, Jefferson. "The New History of Mass Communication Research." In *The History of Media Communication Research : Contested Memories*, eds. David Park and Jefferson Pooley. New York : Peter Lang, 2008.
Rassell, Andrea Jenny Robinson, Darrin Verhagen, Sarah Pink, Sean Redmond and Jane Stadler, "Seeing, Sensing Sound : Eye-tracking Soundscapes in Saving Private Ryan and Monsters, Inc." In *Making Sense of Cinema : Empirical Studies into Film Spectators and Spectatorship*, eds. Carrielynn D. Reinhard and Christopher J. Olson. London : Bloomsbury, 2016.
Reinhard, Carrielynn D., and Christopher J. Olson, eds. *Making Sense of Cinema : Empirical Studies into Film Spectators and Spectatorship*. London : Bloomsbury, 2016.
Reisman, David in collaboration with Reuel Denney and Nathan Glazer. *The Lonely Crowd : A Study of the Changing American Character*. New Haven, CT : Yale University Press, 1950.
Rodowick, David N. *Reading the Figural, or, Philosophy After the New Media*. Durham, NC : Duke University Press, 2001.
Rosenberg, Bernard. "Mass Culture in America." In *Mass Culture : Popular Arts in America*, eds. Rosenberg, Bernard and David Manning White. Flencoe, IL : Free Press, 1957.
Rosenberg, Bernard, and David Manning White, eds. *Mass Culture : Popular Arts in America*. Flencoe, IL : Free Press, 1957.
Rotha, Paul. *Documentary Film*. London : Faber and Faber, 1935.
Saaler, Sven. "Pan-Asianism in Modern Japanese History : Overcoming the Nation, Creating a Region, Forging an Empire." In *Pan-Asianism in Modern History : Colonialism, Regionalism and Border*, eds. Sven Saaler and J. Victor Koschmann. London : Routledge, 2007.
Saaler, Sven, and J. Victor Koschmann, eds. *Pan-Asianism in Modern History : Colonialism, Regionalism and Border*. London : Routledge, 2007.
Salomon, Harold. "Japan's Longest Days : Tōhō and the Politics of War Memory, 1967–1972." In *Chinese and Japanese Film on the Second World War*, eds. King-fai Tam and Timothy Y. Tus. London and New York : Routledge, 2014.
Sand, Jordan. *House and Home in Modern Japan : Architecture, Domestic Space and Bourgeois Culture, 1880–1930*. Cambridge, MA : Harvard University Asian Center, 2003.
Sas, Miryam. "The Culture Industries and Media Theory in Japan." In *Media Theory in Japan*, eds. Marc Steinberg and Alexander Zahlten. Durham, NC : Duke University Press, 2017.
Sasaki-Umemura, Wesley. *Organizing the Spontaneous : Citizen Protest in Postwar Japan*. Honolulu : University of Hawai'i Press, 2001.
Schramm, Wibur, ed. *Mass Communications : A Book of Readings*. Urbana, IL : University of Illinois Press, 1949.
Schwartz, Frank, and Susan J. Pharr, eds. *The State of Civil Society in Japan*. Cambridge, UK :

Cambridge University Press, 2003.
Shaviro, Steven. *The Cinematic Body*. Minneapolis : University of Minnesota, 1993.
Shimamura, Arthur P. *Psychocinematics : Exploring Cognition at the Movies*. Oxford : Oxford University Press, 2013.
Shohat, Ella, and Robert Stam. "Film Theory and Spectatorship in the Age of the 'Posts.'" In *Reinventing Film Studies*, eds. Christin Gledhill and Linda Williams. London : Arnold, 2000.
———. "From the Imperial Family to the Transnational Imaginary : Media Spectatorship." In *Global/Local : Cultural Production and the Transnational Imaginary*, eds. Rob Willson and Wimal Dissanayake. Durham, NC : Duke University Press, 1996.
———. *Unthinking Eurocentrism : Multiculturalism and the Media*. London : Routledge, 1994.
Silverberg, Miriam. "Remembering Pearl Harbor, Forgetting Charlie Chaplin, and the Case of the Disappearing Western Woman : A Picture Story." In *Formations of Colonial Modernity in East Asia*, ed. Tani E. Barlow. Durham, NC : Duke University Press, 1997.
Simon, Simon A. "Designing Organizations for an Information Rich World." In *Computers, Communication, and the Public Interest*, ed. Martin Greenberg. Baltimore, MD : John Hopkins Press, 1971.
Singer, Ben. "Manhattan Nickelodeons : New Data on Audiences and Exhibitions." *Cinema Journal* Vol. 34, No. 3 (Spring 1995) : 5-35.
———. *Melodrama and Modernity : Early Sensational Cinema and Its Contexts*. New York : Columbia University Press, 2001.
Smith, Anthony D. *The Ethnic Origins of Nations*. Oxford : Blackwell, 1986.
Sobchack, Vivian. *Carnal Thoughts : Embodiment and Moving Image Culture*. Berkeley : University of California Press, 2004.
———. "Phenomenology and the Film Experience." In *Ways of Seeing Film*, ed. Linda Williams. New Brunswick, NJ : Rutgers University Press , 1994.
Stacy, Jackie. *Star Gazing : Hollywood Cinema and Female Spectatorship*. London : Routledge, 1993.
Staiger, Janet. *Interpreting Films : Studies in the Historical Reception of American Cinema*. Princeton, NJ : Princeton University Press, 1992.
———. *Perverse Spectator : The Practices of Film Reception*. New York : New York University Press, 2000.
Stamp, Shelley. *Movie-Struck Girls : Women and Motion Picture after the Nickelodeon*. Princeton, NJ : Princeton University Press, 2000.
Steinberg, Marc, and Alexander Zahlten, eds. *Media Theory in Japan*. Durham, NC : Duke University Press, 2017.
Tamanoi, Mariko Asano. *Memory Maps : The State and Manchuria in Postwar Japan*. Honolulu : University of Hawai'i Press, 2009.
Tierney, Robert Thomas. *Tropics of Savagery : The Culture of Japanese Empire in Comparative Frame*. Berkeley : University of California Press, 2010.
Tipton, Elise K., and John Clark, eds. *Being Modern in Japan : Culture and Society from the 1910s to the 1930s*, Honolulu : University of Hawai'i Press, 2002.
Tronto, Joan C. *Moral Boundaries : A Political Argument for an Ethics of Care*. London and New York : Routledge, 1993.

Uchida, Jun. *Brokers of Empire : Japanese Settler Colonialism in Korea, 1876–1945*. Cambridge, MA : Harvard University Asia Center, 2011.

Vitali, Valentina, and Paul Willemen, eds. *Theorising National Cinema*. London : British Film Institute, 2006.

Watt, Lori. *When Empire Comes Home : Repatriation and Reintegration in Postwar*. Cambridge, MA : Harvard University Asia Center, 2009.

Weisenfeld, Gennifer. "Japanese Modernism and Commercialism : Forging the New Artistic Field of 'Shōgyō Bijutus." In *Being Modern in Japan : Culture and Society from the 1910s to the 1930s*, eds. Elise K. Tipton and John Clark. Honolulu : University of Hawai'i Press, 2002.

White, David Manning. "Mass Culture in America : Another Point of View." In *Mass Culture : Popular Arts in America*, eds. Rosenberg, Bernard and David Manning White. Flencoe, IL : Free Press, 1957.

Willey, Stephen E. Crofts, Tabita Moreno and Daniel M. Sutko. "Subjects, Networks, Assemblages : A Materialist Approach to the Production of Social Space." In *Communication Matters : Materialist Approaches in Media, Mobility and Networks*, eds. Jeremy Packer and Stephen B. Crofts Willey. London and New York : Routledge, 2011.

Williams, Alan, ed. *Film and Nationalism*. New Brunswick, NJ : Rutgers University Press, 2002.

Williams, Linda. "Something Else Besides a Mother" : Stella Dallas and the Maternal Melodrama." In *Issues in Feminist Film Criticism*, ed. Patricia Erens. Bloomington, IN : Indiana University Press, 1990.

———, ed. *Ways of Seeing Film*. New Brunswick, NJ : Rutgers University Press , 1994.

Williams, Raymond. *Television : Technology and Cultural Form*. London : Routledge, 1974.

Yasuma, Masae. "Whistle in the Graveyard : Safty Discourse and Hiroshima/Nagasaki Authority in Post-Fukushima Japan." In *Japan 3/11 Disaster as Seen from Hiroshima : A Multidisciplinary Approach*, ed. Hiroshima City University Faculty of International Studies. Tokyo : Sōeisha/Sanseidō Shoten, 2013.

Yecies, Brian, and Ae-Gyung Shim. *Korea's Occupied Cinemas, 1893–1948*. London : Routledge, 2011.

Young, Louise. *Beyond the Metropolis : Second Cities and Modern Life in Interwar Japan*. Berkeley : University of California Press, 2013.

———. *Japan's Total Empire : Manchuria and the Culture of Wartime Imperialism*. Berkeley : University of California Press, 1998.

Zahlten, Alexander. *The End of Japanese Cinema : Industrial Genres, National Times, and Media Ecologies*. Durham, NC : Duke University Press, 2017.